歷代碑誌彙編

名臣碑傳琬琰集校證

二

【宋】杜大珪 編
顧宏義 蘇賢 校證

上海古籍出版社

名臣碑傳琬琰集上卷二十一

周安惠公起神道碑[一]　荆公王安石

公諱某[二]，字某①，姓周氏。爲人倜儻有大節，敏於文學，達於政事。真宗初即位，以進士甲科除將作監丞[三]，通判齊州，即有能名。召還，爲著作郎、直史館，提點開封府諸縣鎮公事，歷三司户部、度支判官，又皆有能名。遂以右正言知制誥，判吏部流内銓。數進見奏事，真宗以爲材。其後置登聞鼓院，糾察在京刑獄，及考進士以糊名謄録法，真宗皆自選主者，而輒以屬公[四]。居糾察未幾，遂以樞密直學士知開封府，聽斷明審，無留事。真宗滋以爲材，至嘗幸其府問勞，賦詩樂飲然後去。以公更外事未久，故不即大用，而以公知河中府。又以知永興，移天雄軍，所至輒有聲績，數賜詔書獎諭。於是真宗知公果可付以政，即召還[五]，除給事中、同知樞密副使②。真宗得疾幾不痞，丁晉公用事，逐去寇萊公，而以公爲黨，亦逐去之。以尚書户部侍郎知青州[六]，既而

① 公諱某字某　隆平集、東都事略、宋史周起傳稱周起字萬卿。

② 除給事中同知樞密副使　王文公文集卷八三、臨川集卷八九周公神道碑作「除給事中、同知樞密院事，既而又以爲尚書禮部侍郎、樞密副使」。宋宰輔編年録卷三及宋史周起傳、卷二一〇宰輔表一亦云周起先拜同知樞密院事，再爲樞密副使。按，碑文此處當有脱文。

又以爲太常少卿、知光州。仁宗即位，稍遷祕書監，知杭、揚二州①。晉公得罪去，還公禮部侍郎，留守南京。召見之，將復用，公病矣，乃請知潁州。自潁徙陳，自陳徙汝。至汝若干年，以某年某月某甲子卒②，春秋五十九。訃聞，天子爲震悼，贈禮部尚書，賻賜、録其子孫加等，謚曰安惠。

初，公奮白衣，數年遂知制誥，特爲真宗所禮，禁中事大臣所不得聞者，往往爲公道之〔七〕。公亦慷慨爲上言事無所撓，而其言祕，世莫得盡聞。東封還，公卿大夫皆獻文章頌功德，公獨上書進戒〔八〕。及在樞密，進止侃侃，不以丁晉公方盛爲之詘節，故爲所逐。

公好收挽後進士，得一善汲汲如世之夸者爲己進取。未嘗問家人生産。好讀書，善爲文，集二十卷，獨奏事諸草，則公既焚之矣，無在者〔九〕。愛其弟越甚篤③，與越皆以能書爲世所稱④，每書輒爲人取去。積階至金紫光禄大夫⑤，勳至上柱國，爵至汝南郡開國公，食邑至四千一百户，食實封至九百户。嘗爲東京留守判官、東封考制度副使，亦皆真宗所自選也。

---

① 知杭揚二州　宋史周起傳云其「徙揚、杭二州」，東都事略周起傳作「知杭州，又知揚州」。按，長編卷一〇〇天聖元年二月丁巳條云「太常少卿、知光州周起爲祕書監、知揚州」。乾道臨安志卷三牧守云：「天聖元年九月丁亥，徙知揚州、祕書監周起知杭州。」則周起先知揚州，再知杭州，碑文此處「杭揚」二字倒誤。

② 以某年某月某甲子卒　「某年某月」原作「某正其月」，據庫本及王文公文集卷八三周公神道碑改。按，據長編卷一〇六載，周起卒於天聖六年五月庚戌日。

③ 愛其弟越甚篤　「越」，宋史周起傳作「超」，誤。按隆平集周起傳亦作「越」。又長編卷一一九景祐三年冬十月乙巳朔條載「國子博士周越爲膳部員外郎、知國子監書學。越上所纂集古今人書并所更體法，名曰書苑，凡二十九卷，特除之。越，起弟也」。

④ 與越皆以能書爲世所稱　「書」字原脱，據王文公文集卷八三、臨川集卷八九周公神道碑補。

⑤ 積階至金紫光禄大夫　「階」原作「時」，據王文公文集卷八三周公神道碑改。

周氏世爲淄州鄒平人。公曾祖考諱某，皆儒者①，以學行知名山東。考諱某②，任歷御史，終尚書都官員外郎。及公貴，贈曾祖考某官，祖考某官，考某官。公夫人王氏，北海郡夫人，先公一年卒。於公之卒也，公子延荷爲大理寺丞，延讓爲太常寺太祝，延壽爲東頭供奉官、閤門祗候，延雋爲大理評事。以某年某月某甲子，葬公鄭州新鄭縣平康鄉之北原，而以王氏祔。其後若干年，公子延雋爲尚書都官郎中，累贈公至某官，始追序公世次、伐閱、行治來請曰：「先人名位功德嘗顯矣，而墓碑無刻。諸孤獨延雋爲後死，微夫子許我銘，無以詒永久。」嗟乎！公之事遠矣，葢雖公子有所不及知，故所次止於如此。然觀公所以進，而公之材可見；視公所以逐，而公之行可知。懍懍乎一世之名臣矣，所次如此，不爲略也。銘曰：

群獻俁俁，御于帝所。出入百年，將相文武。有如周公，左右真宗。自初筮仕，以至謀國。晦顯險夷，考終一德。公去州郡，無民不思。公來朝廷，天子所知。發論造功，每成無隳。誰私黨讎，用國威福。聞上不豫，乃讒乃逐。既投有罪，而以公歸。退施一州，遂隕于腓。美矣邦士，公之季子。銘詩墓門，戴以龜趾。

辨證：

[一]周安惠公起神道碑　本碑文又載於王安石王文公文集卷八三、臨川集卷八九，題曰「贈禮部尚書安惠周公神道碑」。按，周起，隆平集卷一〇、東都事略卷四四、宋史卷二八八有傳。

[二]公諱某　東都事略周起傳云其「母得吉夢而生起，父異之，謂其必大其門，因名之曰起」。

---

① 公曾祖考諱某皆儒者　王文公文集卷八三周公神道碑作「公曾祖考諱某，祖考諱某，皆儒者」。按，此處當脱「祖考諱某」四字。

② 考諱某　宋史周起傳稱周起父名意。

〔三〕真宗初即位以進士甲科除將作監丞　隆平集周起傳稱其「咸平二年登進士第」。按，真宗於至道三年即位，咸平元年、二年皆開科。故此處云「真宗初即位」者不確。

〔四〕真宗皆自選主者而輒以屬公　按隆平集周起傳云：「景德中，詔改鼓司爲登聞鼓院，首以起主判。……起常患貢舉之弊，因建議糊名以革之。至今爲著令。初置糾察司，起居其職，言止閲文案，慮不能盡情，請已決而事枉及考掠非理並聽訴於本司。從之。」又長編卷六七景德四年十二月壬寅條注曰：「按周起傳云起創糊名之法，又陳靖傳亦云糊名考校始於靖。蓋靖先請用之殿試，起復用之禮部，故起首爲封彌官也。」又卷七二大中祥符二年七月丁巳條云：「先是，開封府劾進士廖符，械繫庭中，曝裂其背，訊之無狀。上以炎暑之月，罪未見情，横罹虐罰，良可嗟惻。丁巳，特置糾察在京刑獄司，命金部員外郎知制誥周起、侍御史趙湘領之，應御史臺、開封府及在京凡有刑禁處徒以上罪，即時具收禁移報。内未盡理及淹延者，取欵詞駁奏。若曠於舉職，致有枉濫，因事彰露，則重罰之。」

〔五〕即召還　按，據長編卷八五大中祥符八年閏六月壬午條，周起知天雄軍後，嘗自樞密直學士、刑部郎中加右諫議大夫、知并州。碑文缺載。

〔六〕以尚書户部侍郎知青州　長編卷九六天禧四年九月己未條載「以樞密副使周起爲户部侍郎、知青州，簽署樞密院事曹瑋爲宣徽南院使、環慶路都部署兼管勾秦州兵馬。起素善寇準，而瑋亦不附丁謂，謂惡之，并指爲準黨，故俱罷出」。又卷九八乾興元年二月戊辰條載貶道州司馬寇準爲雷州司户參軍，而周起等人因「前附寇準者並再加貶黜」，周起自户部侍郎、知青州責授太常少卿、知光州。按，周起以户部侍郎知青州，宋史周起傳作「户部郎中」，誤。

〔七〕禁中事大臣所不得聞者往往爲公道之　長編卷七三大中祥符三年四月癸亥條載「是日，後宫李氏生子，知開封府周起方奏事，上謂起曰：『知朕有喜乎？』起曰：『臣不知也。』上曰：『朕始生子。』即入禁中，懷金錢出，探以賜起」。按，李氏所生子，即仁宗。

〔八〕公獨上書進戒　隆平集周起傳稱時「起獨上書言：『天下之勢，常患恬於安逸，而忽於兢慎，願無以告成爲恃。』」

〔九〕獨奏事諸草則公既焚之矣無在者　長編卷九六天禧四年九月己未條云：「起性樂易，好飲酒。準前在中書，嘗與起過瑋家飲，同列多先去者，準及起盡醉，夜漏上乃歸。翌日，引咎伏謝，上笑謂曰：『天下無事，而大臣和樂，何過之有？』然起謹密，凡奏事及答禁中所問，隨輒焚草，故其言外無知者。」

王待制質神道碑[一]　文忠公歐陽脩

公諱質，字子野。其先大名莘人。自唐同光初，公之皇曾祖魯公舉進士第一[二]，顯名當時，官至右拾遺，歷晉、漢、周。而皇祖晉公，益以文章有大名，逮事太祖、太宗，官至兵部侍郎。當真宗時，伯父文正公居中書二十餘年，天下稱爲賢宰相。今天子慶曆三年，公與其弟素皆待制天章閣①。自同光至慶曆蓋百有二十餘年，王氏更四世，世有顯人，或以文章，或以功德。

公生累世富貴，而操履甚於寒士。性篤孝悌，厚於朋友，樂施與以賙人，而妻子常不自給。視榮利澹若無意。平居苦疾病，退然如不自勝，及臨事介然，有仁者之勇、君子之剛。樂人之善，如自己出。初，范仲淹以言事貶饒州，方治黨人甚急，公獨扶病率子弟餞於東門，留連數日[三]。大臣有以讓公曰：「長者亦爲此乎？何苦自陷朋黨？」公徐對曰：「范公天下賢者，顧某何敢望之？然若得爲黨人，公之賜某厚矣。」聞者爲公縮頸。其爲待制之明年，出守于陝[四]。又明年，小人連構大獄，坐貶廢者十餘人，皆公素所賢者，聞之悲憤歎息，或終日不食，因數劇飲大醉。公既素病，益以酒，遂卒[五]。

公初以蔭補太常寺太祝，監都進奏院。獻其文章[六]，召試，賜進士及第，校勘館閣書籍，遂爲集賢校理。通判蘇州，州守黄宗旦負材自喜，頗以新進少公，議事則曰：「少年乃與丈人争事②？」公曰：「受命佐君，事有當

① 公與其弟素皆待制天章閣　按，據本書本集卷二三王文正公旦全德元老之碑、中集卷二七王懿敏公素墓誌銘，王素爲王旦之子，王質從弟。

② 少年乃與丈人争事　「丈人」原作「文人」，據庫本及居士集卷二二王公神道碑銘改。

争，職也。」宗旦雖屢屈折，而政常得無失，稍德公助己，爲之加禮。宗旦得盗鑄錢者百餘人以詫公，公曰：「事發無跡，何從得之？」曰：「吾以術鉤出之。」公愀然曰：「仁者之政，以術鉤人寘之死，而又喜乎？」宗旦慙服，悉緩出其獄，始大稱公曰：「君子也。」判尚書刑部、吏部南曹，知蔡州。始至，發大姦吏一人去之，繩諸豪猾以法。與轉運使争曲直，事有下而不便者，皆格不用[七]。既去其害政者，然後崇學校，一以仁恕臨下。其政知寬猛，必使吏畏而民愛[八]。其爲他州，州率大而難治，必常有善政，皆用此。

入爲開封府推官，已而其兄雍爲三司判官①，公曰：「省府皆要職，吾豈可兄弟居之？」求知壽州，徙廬州②。盗有殺其徒而并其財者，獲之，寘于法。大理駁曰：「法當原。」公以謂：「盗殺其徒而自首者原之，所以疑壞其黨而開其自新。若殺而不首，既獲而亦原，則公行爲盗，而第殺一人，既得兼其財，又可以贖罪，不獲則肆爲盗，獲則引以自原，如此，盗不可止，非法意。」疏三上，不能争。公歎曰：「吾不勝法吏矣。」乃上書自劾，請不坐佐吏。公坐貶監靈仙宫。其後議更定不首之罪，卒用公言爲是[九]，而公貶猶不召。資政殿學士葉清臣訟公無罪③，始起知泰州④，遷荆湖北路轉運使。當用兵西方，急於財用之時，獨不進羨餘，其賦斂近寬平，治

① 已而其兄雍爲三司判官　按，據蘇舜欽集卷一五兩浙路轉運使司封郎中王公墓表，王雍乃王旦長子，王質從兄。

② 徙廬州　「徙」原作「賜」，按居士集卷二一王公神道碑銘、宋史王質傳作「徙」，據改。又按，本書中集卷七王待制質墓誌銘、蘇舜欽集卷一六王子野行狀亦云王質由知壽州改廬州。

③ 資政殿學士葉清臣訟公無罪　居士集卷二一王公神道碑銘作「資政殿學士鄭戩、翰林學士葉清臣訟公無罪」。按，本書中集卷七范仲淹王待制質墓誌銘作「今資政殿學士鄭公戩、翰林學士葉公清臣」，蘇舜欽集卷一六王子野行狀作「今資政殿大學士鄭公戩、翰林侍讀學士葉公清臣」，宋史王質傳亦作「鄭戩、葉清臣」二人云云。又檢宋史卷二九五葉清臣傳，其未嘗爲資政殿學士，則知此處有脱文，當以居士集所載爲是。

④ 始起知泰州　「泰州」原作「秦州」，按居士集卷二一王公神道碑銘并序、蘇舜欽集卷一六王子野行狀及東都事略、宋史王質傳皆作「泰州」，據改。又按，本書中集卷七范仲淹王待制質墓誌銘作「海陵郡」，乃泰州郡名。

以常法。故他路不勝其弊，而荆湖之人自若。權知荆南府，民有訟婚者，訴曰：「貧無貲，故後期。」問其用幾何，以俸錢與之，使婚。獲盜竊人衣者，曰：「迫於飢寒而爲之。」公爲之哀憐，取衣衣之，遣去。荆人比公爲子產。

召爲史館修撰[一〇]，遂拜天章閣待制，判吏部流内銓，號爲稱職，而於選法未嘗有所更易。人或問之，公曰：「選法具備如權衡，在執者不欺其輕重爾，何必屢更其法？」是歲，天子開天章閣，召大臣問天下事，以手詔責范公等，而議事者爭言天下利害，務欲更革諸事。公獨無一言，問之，則曰：「吾病，未能也。」公於榮利既薄，臨禍福不爲喜懼。其視世事，若無一可以動其心者，惟以天下善人君子亨否爲己休戚，遂以此卒。此其爲志豈小哉？有病而不能者哉？公誠素病，而任之以事，所至必皆有爲。使其壽且不死而用，其必有所爲，豈其不欲空言而已者哉？嗚呼！

公享年四十有五，官至度支郎中，階朝奉大夫，勳上護軍，爵平晉男。娶周氏，某縣君①，生子某②。曾祖諱某，祖諱某，皆贈太師、尚書、中書令。考諱某③，官至兵部郎中，有賢行，贈户部尚書。公以某年某月某日卒于陝④，某年某月某日葬于某所先塋之次。銘曰：

① 某縣君　本書中集卷七范仲淹王待制質墓誌銘、蘇舜欽集卷一六王子野行狀云「褒信縣君」。

② 生子某　按，本書中集卷七范仲淹王待制質墓誌銘云：「生子男三人：曰毖，將作監主簿；曰規，前明州奉化縣主簿；曰復，太廟室長。女二人：長適太常寺太祝范純仁，次女尚幼。」

③ 考諱某　據本書中集卷七范仲淹王待制質墓誌銘、宋史卷二六九王旭傳，王質父名旭。

④ 公以某年某月某日卒于陝　按，本書中集卷七范仲淹王待制質墓誌、蘇舜欽集卷一六王子野行狀稱其卒於慶曆五年七月二十六日。又類說卷二名臣傳云：「質以七月二十六日生，以是日卒，人皆異之。」

士不爲利，以行其仁。處豐自薄，而清厥身。其仁誰思？不在利民。其清孰似？以遺子孫。銘以昭之，以告後人。

辨證：

〔一〕王待制質神道碑　本碑文又載於歐陽脩居士集卷二一，題曰「尚書度支郎中天章閣待制王公神道碑銘」。按，王質，東都事略卷四〇、宋史卷二六九有傳，蘇舜欽集卷一六載有王子野行狀，本書中集卷七載有范仲淹王待制質墓誌銘。

〔二〕公之皇曾祖魯公舉進士第一　據宋史卷二六九王祜傳，王祜父徹「舉後唐進士，至左拾遺」。本書中集卷七范仲淹王待制質墓誌銘云王徹「累贈太師、尚書令兼中書令」。然諸書皆云其官左拾遺，無稱其「舉進士第一」者。按，王徹追封魯國公，其子王祜追封晉國公，其孫即真宗朝名相王旦，謚文貞，因避仁宗諱而改作「文正」。

〔三〕公獨扶病率子弟餞於東門留連數日　長編卷一一八景祐三年五月丙戌條載宰相吕夷簡既貶責范仲淹，「侍御史韓瀆希夷簡意，請以仲淹朋黨牓朝堂，戒百官越職言事，從之。時治朋黨方急，士大夫畏宰相，少肯送仲淹者，天章閣待制李紘、集賢校理王質皆載酒往餞，質又獨留語數夕。或以誚質，質曰：『希文賢者，得爲朋黨幸矣。』」

〔四〕出守于陝　本書中集卷七王待制質墓誌云：「天子以西北數藩鎮皆須巨人，乃擇近列而褒遣之，公得領陝州。」

〔五〕小人連搆大獄至遂卒　類説卷二名臣傳云：「慶曆中，杜、韓、范、富諸公在兩府，名士並布臺諫，於是道不同者有朋黨之論。既而諸公皆出外補，而蘇舜欽輩以酒食之過，下獄竄逐。質大慟曰：『天下所以治者，衆賢扶持之。今賢者日退，此可憂也。人世一頃耳，吾不樂在於世矣。』遂以憂憤而卒。」據本書中集卷七王待制質墓誌、蘇舜欽集卷一六王子野行狀，王質卒于慶曆五年七月二十六日。按，夏竦誣富弼、王拱辰陷蘇舜欽等人事在慶曆四年，范仲淹罷參政、富弼罷樞密副使、杜衍罷相、韓琦罷樞密副使事在慶曆五年。

〔六〕獻其文章　蘇舜欽集卷一六王子野行狀云其「改大理丞，尚未冠，又以文聞奏御」。

〔七〕事有下而不便者皆格不用　蘇舜欽集卷一六王子野行狀云：「蔡之圭田頗瘠，民歲輸租，甚苦之。公至郡，悉蠲除不取。」

〔八〕其政知寬猛必使吏畏而民愛　長編卷一一八景祐三年五月丙戌條載：「質嘗知蔡州，州人歲時祠吳元濟廟，質曰：『安有逆醜而廟食於民者！』毀之，爲更立狄仁傑、李愬像而祠之，蔡人至今號『雙廟』。」又，本書中集卷七王待制質墓誌云其「斷獄必以情，按吏必有禮，横者繩之，弱者持之」。

〔九〕其後議更定不首之罪卒用公言爲是　長編卷一二四寶元二年八月庚午條云：「先是，盗殺其黨不自言，而獲者舊止坐杖六十。時知廬州王質輒論殺之，大理寺援舊比，駁以爲非是。質曰：『盗殺其徒，自首者原之，所以疑壞其黨，且許之自新，此法意也。今殺人取貲，而捕獲貸之，豈法意乎？』數上疏，不報。判大理寺杜曾言：『群盗自相屠害，初因并取其財，或以强凌弱，而罪止杖六十，故爲盗者肆行剽劫，第殺其黨一人，則雖就執，皆可以自免，惠養姦惡，恐非法意。請付有司議。』朝廷以方劾廬州官吏，曾不當因事請改法，降曾知密州。質尋亦罷廬州，監靈仙觀。然論者以曾、質所言爲得。」蘇舜欽集卷一六王子野行狀云：「巨盗張雄殺其黨，并所貲而遁，邏者獲之。」又云王質「又上書自劾，願不坐群吏，又不聽。願自爲首，乃聽。遂左降知舒州靈仙觀，他吏得減一等」。又，本書中集卷七范仲淹王待制質墓誌銘云：「後一年，今資政殿學士昌黎韓公琦知審刑院，議盗殺其徒，非自首而悛惡者，宜勿原之，朝廷始頒示天下，且知公前所斷獄不爲失矣。」

〔一〇〕召爲史館修撰　本書中集卷七王待制質墓誌銘云：「會資政殿學士富公弼拜職，尚帶史館修撰，與公未嘗識面，聞公風義，舉公以代修撰，朝廷從而除之。」

夏文莊公竦神道碑[一]　文恭公王珪

皇祐三年秋，武寧軍節度使、檢校太師兼侍中、判河陽鄭國公以疾請歸于京師，天子方憂思公，飭太醫馳視，又以肩輿往迓之，而公疾寖劇矣。既就第，未幾，以薨聞。乘輿亟臨其喪，視公形容槁瘁，嗟悼者久之[二]。贈太師、中書令，謚曰文莊[三]，輟視朝二日。五年七月辛酉，葬公于許州陽翟縣三封鄉洪長之原。既葬，有詔史臣珪論次公之世系與夫行事，以刻其墓碑。

臣珪嘗讀皇帝以來姓氏之書①，蓋夏出姒氏，其後世乃弗顯，至漢大司徒勤，始顯于永初之間。繇漢涉唐，至于五代，益復不顯。公諱竦，字子喬，姓夏氏。其先九江人②。曾祖昱，避世不仕。祖奐，獻書僞唐，爲晉陵尉，仕不得志，退居于家。考承皓，太平興國初上平晉策，太宗召見，壯其説，補右侍禁，隸大名節下。一日，虜騎突境上，夜從間道發兵，還與寇遇，力戰以没，贈崇儀使。自公之顯，曾祖而下皆贈太師、中書令、尚書令，封晉、

---

① 臣珪嘗讀皇帝以來姓氏之書　「皇帝」，華陽集卷四七夏文莊公竦神道碑作「黄帝」。

② 其先九江人　按，東都事略、宋史夏竦傳稱其江州德安人。

齊、魏三國公。曾祖妣陳氏，封周國太夫人；祖妣黄氏，燕國太夫人；妣盛氏，越國太夫人。

初，魏公死事，朝廷録孤，以公爲潤州丹陽縣主簿[四]。景德四年，登賢良方正能直言極諫科[五]，擢光禄寺丞、通判台州，遷著作佐郎。召還，遷祕書丞、直集賢院，同編脩國史，判三司都磨勘司，遷右正言。車駕幸亳，爲東京留守推官。仁宗封慶國公，初選文學之士以傳道經義，宰臣旦屢以公言於真宗，遂命勸學資善堂。未幾，同脩起居注，爲玉清昭應宫判官[六]，兼領景靈宫、會靈觀事①，遷尚書禮部員外郎、知制誥。國史成，遷户部員外郎[七]。是時，參知政事丁謂請大治城西礮場，釃金水作后土祠，以擬汾陰脽上②。三司使林特欲於上林中爲複道，壞元武門以屬玉清③。江淮發運使李溥又欲致海上鉅石，于會靈池中爲三神山④，跨閣道，以幾遇神仙之屬。方群臣争言符瑞，公獨抗疏以謂其事闊遠⑤，非所以承天意，遂皆寢。景靈宫成，遷禮部郎中。

天禧初，坐閨門之故[八]，左遷職方員外郎、知黄州。後二年，復其禮部郎中，徙鄧州，又徙襄州。屬歲大飢，百姓流亡，盗賊相乘。公既發公廩，又募富人出粟十餘萬斛⑥，以賑救之，其全活者四十六萬餘口⑦。巡撫使姜

① 兼領景靈宫會靈觀事　「會靈觀」，宋史夏竦傳作「會真觀」。按，宋會要輯稿職官五四之二、宋史卷八真宗紀亦作「會靈觀」。

② 以擬汾陰脽上　「脽」原作「睢」，據長編卷八三大中祥符七年十一月己酉條改。按，史記卷一二孝武紀云「始立后土祠汾陰脽上」。

③ 三司使林特欲於上林中爲複道壞元武門以屬玉清　「上林中」，隆平集、東都事略夏竦傳作「玉清昭應宫」。按，長編卷八三大中祥符七年十一月己酉條云「林特欲跨玄武門爲複道，以屬玉清昭應宫」，因真宗詔令避聖祖趙玄朗諱，故改「玄武門」作「元武門」。

④ 于會靈池中爲三神山　「會靈池」，隆平集、東都事略夏竦傳作「會靈觀池」。

⑤ 公獨抗疏以謂其事闊遠　「遠」原作「遷」，據庫本及華陽集卷四七夏文莊公竦神道碑改。

⑥ 又募富人出粟十餘萬斛　按，長編卷九五天禧四年四月壬辰條稱「京西轉運使言知襄州夏竦勸部民出粟八萬餘石，賑濟飢民，詔奬之」，而宋史夏竦傳云僅「二萬斛」。

⑦ 其全活者四十六萬餘口　按，隆平集、東都事略夏竦傳稱全活「數萬人」，宋史夏竦傳稱「四十餘萬人」。據宋史卷八五地理志一，襄州崇寧時丁口十九萬二千六百五，則總人口數約四、五十萬，天禧年間人口數遠低於此。故碑文「四十六萬餘口」云云，頗有誇飾。

遵上其事，賜書褒諭。後民思其惠，以其所賜詔書作金石刻焉。

仁宗即位，遷户部郎中，又徙壽、安、洪三州。洪之風俗，右鬼尚巫，所居設壇場，陳旗幟，依神以下禍福①，病者輒屏去親愛，其醫藥飲食，如神曰「未可」，即不敢以忤神②。苟死於飢渴，則規罔寡孤，維其意所出。公索其部中，凡得千九百餘家，妖符、怪籙、神衣、鬼帽、鐘角、刀笏之類以萬計，悉令燔毁之。乃言：「漢、晉張角、孫恩之亂，不可不察。」朝廷爲下詔更立重法，自江淛以南悉禁絶之③。

天聖三年，丁越國太夫人憂。是時章獻太后臨朝，以公東宫舊僚，又復其知制誥，欲服喪，不許[九]。爲景靈宫判官，判集賢院。奉使契丹，公以魏國之没虜難，又母喪未除，義不得行，乃抗章力辭之[一〇]。明年，以左司郎中召入翰林爲學士，同勾當三班院，尋兼侍讀學士、知審官院，又兼龍圖閣學士，遂拜右諫議大夫、樞密副使。又明年，遷給事中。右府主進絀武吏，而大臣多闊略，吏得因緣爲姦。公乃集考前後賞罰之所當者，列爲諸房定例，而吏不得欺矣。朝廷與契丹約和二十餘年，北地久不習武事，公以謂戎狄荒忽不常，而邊備不可弛，乃屢陳所以守禦之策。又明年，拜參知政事、祥源觀使。於是請復六科[一一]，又請復百官轉對，置理檢使[一二]。已而爲宰相所忌，復以爲樞密副使[一三]，累遷尚書左丞。太后上仙，兩府大臣皆罷，公爲禮部尚書、知襄州。未行，改潁州。景祐元年，徙青州④。明年，徙應天府，兼南京留守。後二年，以户部尚書入爲三司使⑤。

① 依神以下禍福　「下」，華陽集卷四七夏文莊公竦神道碑銘作「卜」，似是。

② 即不敢以忤神　「忤」，庫本及華陽集卷四七夏文莊公竦神道碑銘作「忤」，似是。

③ 自江淛以南悉禁絶之　「江淛」，隆平集、東都事略夏竦傳作「江淮」，長編卷一〇一天聖元年十一月戊戌條乃詳稱「江南東西、荆湖南北、廣南東西、兩浙、福建路」。

④ 景祐元年徙青州　按，長編卷一一二云夏竦徙知青州在明道二年七月丙戌。

⑤ 後二年以户部尚書入爲三司使　按，夏竦入爲三司使，隆平集夏竦傳在景祐三年，長編卷一二一載於寶元元年三月戊戌朔。

趙元昊反，陝西用兵，乃拜公奉寧軍節度使、知永興軍。康定元年，改忠武軍節度使、知涇州。明年，拜宣徽南院使，兼陝西四路經略安撫、招討等使，還判永興軍[一四]，又詔進屯鄜州[一五]。始公西行，天子遣使問所以攻討之册，公乃言：「太平興國中，李繼遷以窮蹙之兵屢寇朔方。太宗嘗命李繼隆等五路並出，旋亦無功而還。真宗不欲罷關中之民，唯戒邊吏嚴斥候以備之。今元昊略有河外之地，貿易華戎，顧其勢相萬於繼遷也。雖然，其欲僭竊名號者，不過要市朝廷爾。天下久不見兵革，一旦遽議深討，臣未知其完計也。願下令諸將，虜即入寇，亟入收保，毋得與戰。彼既絶中原賜予，又喪其緣邊和市，可坐待其弊也。」是時議者咸以公言爲不然，於是罷公節制[一六]，判河中府。慶曆二年，徙蔡州。始，朝廷鋭意興師，及劉平、葛懷敏繼以輕賊失軍，天子悔不用公言，又申思今宰相臣琦使還陝西，嘗言公所以制邊之狀，於是召爲樞密使。議者尤以爲公怯於用兵，今而用之，則邊將之志墮矣。帝爲不得已，聽罷之鎮[一七]，密詔慰存之甚厚。公既厭煩言，乃上還節旄，願得益徙閒郡①，遂以爲吏部尚書、知亳州[一八]。明年，加資政殿大學士。又明年，朝廷貸元昊之罪，而西邊罷兵。仁宗終以公言爲是，復拜宣徽南院使、河陽三城節度使、判并州。又明年，拜同中書門下平章事、判大名府，兼北京留守。又明年，召公入爲宰相。制下外廷矣，而議者詆公終不已，乃復以爲樞密使[一九]，進爵英國公。仁宗親作飛白文「行忠信」字及「乘險」字以賜之，且言：「爲時謗傷者甚衆，而朕獨知卿也。」又明年，出判河南府，兼西京留守[二〇]。

皇祐元年，加兼侍中，赴三城，用祀明堂恩，改武寧軍節度使、徐州大都督府長史，徙封鄭國公。明年，會夏秋雨不已，河水大溢。公親行隄上，已而得疾，其薨蓋九月乙酉也②，享年六十七。

---

① 願得益徙閒郡　「閒」原作「間」，據庫本及華陽集卷四七夏文莊公竦神道碑銘改。

② 其薨蓋九月乙酉也　「乙酉」，長編卷一七一皇祐三年九月乙卯條作「乙卯」。按，皇祐三年九月己酉朔，乙卯乃七日，是月無乙酉日，故疑「乙酉」乃「己酉」之譌。

公少好學，自經史、百氏、陰陽、律曆之書，無所不學。其學必究古今治亂、天人災變之原，其爲文章，閎衍瓌麗，殆非學者之所能至。凡朝廷有大典册，屢以屬之，其譽滿天下。雖出臨軍旅①，入幹機務，未嘗輒廢書也。祥符中，郡國多獻古鼎鍾盤敦之器，而其上多科斗文字，公乃學爲古文奇字，至偃卧以指畫侵膚，其勤若此。所治有風迹，爲民立伍保之法，而盜賊不敢發閭里。又善遇士卒，其疾病飲食，自拊視之。在陝西嘗上十策，若通哺廝囉②、結屬羌、增弓手、練彊弩、併小寨、絶互市之類，皆當時施用之。公自以材器高，未嘗過許人，故士大夫遂生憚疑，而少己附者〔二一〕。公居亦防畏，不敢以貴埶自安也。

臣珪伏思先帝臨御之日久，其選用材賢可謂至矣。公始以文學輔東宫，及帝躬親政事，屢倚以爲宰臣，惜其數離讒呰，卒不得從容廟堂，與圖太平之功，非命也耶？始，樞密使田況嘗從公幕府，及公薨，以謂公有王佐之藴而不及施，信矣夫！雖然，出入榮華四十餘年，可謂盛矣。所著文集百餘卷③。

公娶楊氏，封榮國夫人。子男一人：安期，爲龍圖閣學士、右諫議大夫。女二人〔二二〕：長封仁壽郡君，適尚書駕部員外郎賈守訥；次適光禄寺丞賈延年。孫二人：長伯孫④，國子博士；次伯卿，太常寺太祝。銘曰：

夏出姒氏，自帝錫命。其後分封，以國爲姓。爰自三代，涉漢東京。厥緒可考，顯維一人。又千餘年，曠不世食。嶷嶷維公，實荒鄭國。始以孤童，朅來京師。乃賜之策，大放厥辭。於皇仁宗，英照四方。擥收群豪，寤寐弗忘。帝曰汝咨，東宫舊臣。左右予躬，道德循循。乃服大僚，顯允文武。豈無嘉謀？告于帝所。西方用兵，

---

① 雖出臨軍旅　「旅」原作「於」，據庫本改。

② 若通哺廝囉　「哺廝囉」，疑當作「唃廝囉」，宋史卷四九二有唃廝囉傳。

③ 所著文集百餘卷　按，宋史夏竦傳稱「一百卷」，晁志卷一九、陳録卷一七著録夏文莊集一百卷。

④ 長伯孫　「伯孫」，華陽集卷四七夏文莊公竦神道碑作「伯生」。按，晁志卷一九夏文莊集條云「其集夏伯孫編次」，則當以「伯孫」爲是。

戰屢不克。天子悔之，莫如公畫①。位隆隙開，公豈不畏？卒遭讒言，不相虜內。凡今在位，孰遇如公？尚復公嗟，靡志之從。刻碑高原，萬祀無止。其誰詩之？有臣太史。

辨證：

[一] 夏文莊公竦神道碑　本碑文又載於王珪華陽集卷四七，題曰「夏文莊公竦神道碑銘」。按，夏竦，隆平集卷一一、東都事略卷五四、宋史卷二八三有傳。

[二] 乘輿亟臨其喪視公形容槁瘁嗟悼者久之　長編卷一七一皇祐三年九月甲子條云時「爲夏竦成服於苑中。先是，禮院擇日以進，上謂輔臣曰：『竦嘗仕東宮，情所憫傷，若依所擇日，則在大燕後，豈可先作樂而後發哀？』故用此日。竦初以疾求還京師，或言於上曰：『竦求還京師，圖大用爾。稱疾，詐也。』竦既卒，上臨奠，命內侍去竦面冪視之，見竦顏色枯悴，謂左右曰：『竦枯悴若此，疾豈詐乎？』然議者謂竦嘗欲剖石介棺，此其陰報也」。又東軒筆録卷九云：「夏鄭公之死也，仁宗將往澆奠，吳奎言於上曰：『夏竦多詐，今亦死矣。』仁宗憮然，至其家澆奠畢，躊躇久之，命大閹去竦面幕而視之。世謂剖棺之與去面幕，其爲人主疑一也。」按，東都事略卷一一三石介傳云：「介既卒，夏竦欲以奇禍中傷富弼，指介以起事，謂其詐死而北走契丹矣，請發棺。仁宗察其誣，得不發。」

[三] 謚曰文莊　隆平集夏竦傳云「初謚『文正』，考功劉敞以爲世謂竦姦邪，謚『文正』未允公議，改曰『文莊』」。按長編卷一七一皇祐三年九月乙卯條云：「武寧節度使、兼侍中夏竦卒，贈太師、中書令，賜謚文獻。知制誥王洙當草制，封還其目曰：『臣下不當與僖祖同謚。』遂改曰『文正』。同知禮院司馬光言，謚之美者極於『文正』，竦何人，乃得此謚？判考功劉敞言：『謚者，有司之事也。竦姦邪，而陛下謚之以正，不應法，且侵臣官。』光疏再上，敞疏三上，詔爲更謚曰文莊。」

[四] 朝廷録孤以公爲潤州丹陽縣主簿　按默記卷中云：「夏英公其父侍禁名承皓，因五鼓入朝，時冬月盛寒，見道左有嬰孩啼甚

① 莫如公畫　「畫」原作「晝」，據庫本及華陽集卷四七夏文莊公竦神道碑銘改。

急，蓋新生子也。立馬遣人燭下視之，錦繃文葆，插金釵子二隻，且男子也。夏無子，因攜去育之，竟不知誰氏子焉。稍長，其父没王事，得官潤州丹陽主簿。」東軒筆録卷二云：「夏鄭公竦以父殁王事，得三班差使，然自少好讀書，攻爲詩。一日，攜所業，伺宰相李文靖公沆退朝，拜於馬首而獻之。文靖讀其句，有『山勢蜂腰斷，溪流燕尾分』之句，深愛之，終卷皆佳句。翌日，袖詩呈真宗，及叙其死事之後，家貧，乞與换一文資，遂改潤州金壇主簿。」按，「金壇」當爲「丹陽」之譌。

［五］登賢良方正能直言極諫科　默記卷中云：「姚鉉作浙漕，見其人物文章，薦試大科。」又鐵圍山叢談卷二云：「大科始進文字，有合則召試祕書省，出六論題於九經、諸子百家、十七史及其傳釋中爲目。而六論者，以五通爲過焉。以是學士大夫自非性天明洽，筆陣豪異，則不能爲之也。頃聞夏英公就試過，適天大風吹試卷去，不得所在，因令重作，亦得過。」

［六］爲玉清昭應宫判官　長編卷八三大中祥符七年十一月己酉條云：置玉清昭應宫判官，以左正言、直集賢院夏竦爲之。「王旦之爲景靈宫朝修使也，竦實掌其牋奏。竦嘗卧病，旦親爲調藥飲之，數稱其才，因使教慶國公書。又同修起居注，及是爲判官，皆旦所薦也。初，丁謂欲大治城西礮場，釃金水作后土祠，以擬汾陰脽上。林特欲跨玄武門爲複道，以屬玉清昭應宫。李溥欲致海上巨石，于會靈池中爲三神山，起閣道，幾遇神仙之屬。群臣亦争言符瑞，竦獨抗疏，皆以爲不可，其事遂罷。及爲判官，居月餘，乃奏寶符閣奉神果實，旦起視之，無有查滓，狼籍左右，殆神食之。」注曰：「竦未爲判官，故數有正論，王旦因喜之。及爲判官，即附會神怪，僥倖速進，寶符所奏是也。既有寶符之奏，則必不排丁謂等矣。今悉著之，姦人情狀或可由此見爾。」按，東都事略夏竦傳亦云：「及大臣領玉清昭應宫使，以竦爲判官。竦由是附會神怪，僥倖進取，遂遷知制誥。」

［七］國史成遷户部員外郎　長編卷八六大中祥符九年二月戊子條云：「監修國史王旦等上兩朝國史一百二十卷，優詔答之。戊子，加旦守司徒，修史官趙安仁、晁迥、陳彭年、夏竦、崔［遵］度並進秩賜物有差，王欽若、陳堯叟、楊億嘗預修史，亦賜之。」

［八］坐閨門之故　長編卷九〇天禧元年十二月庚寅條載夏竦左遷之因，云「竦娶楊氏，頗工筆札，有鉤距。竦浸顯，多内寵，與楊不睦。楊與弟倡疏竦陰事，竊出訟之。又竦母與楊氏母相詬罵，皆詣開封府，府以聞，下御史臺置劾而責之，仍令與楊離異」，而夏竦自玉清昭應宫判官、禮部郎中、知制誥責授職方員外郎、知黄州。

［九］是時章獻太后臨朝以公東宫舊僚又復其知制誥欲服喪不許　長編卷一〇三天聖三年七月壬寅條載「以前户部郎中夏竦起復

知制誥。竦才術過人，然急於進取，喜交結，任術數，傾側反覆，世目爲奸邪。嘗上疏乞與修真宗實録，不報。既而丁母憂，潛至京師，求起復，依内官張懷德爲内助。而王欽若雅善竦，因左右之，故有是命」。按，是時王欽若爲宰相。

[一〇] 奉使契丹公以魏國之没虜難又母喪未除義不得行乃抗章力辭之　歸田録卷上云：「夏英公竦父官於河北，景德中契丹犯河北，遂歿於陣。後公爲舍人，丁母憂，起復，奉使契丹，公辭不行，其表云：『父歿王事，身丁母憂。義不戴天，難下穹廬之拜；禮當枕塊，忍聞夷樂之聲。』當時以爲四六偶對最爲精絶。」

[一一] 於是請復六科　長編卷一〇七天聖七年閏二月壬子條載詔復置制科，云「初盛度建言於真宗，請設四科以取士」，故「景德二年遂置六科，蓋緣度之議也。時度方責洪州，密詔度撰策自馳驛以進。及議封禪，吏部科目皆廢。夏竦既執政，建請復制舉，廣置科目，以收遺才，上從之。更采度前議而降是詔」。

[一二] 置理檢使　長編卷一〇七天聖七年閏二月癸丑條載「置理檢使，以御史中丞爲之」，云：「時上封者言自至道三年廢理檢院，而朝廷得失，天下冤枉，浸不能自達。會上讀唐史，見匭函故事，與近臣言之。夏竦因請復置使領，上從其議。」

[一三] 已而爲宰相所忌復以爲樞密副使　隆平集夏竦傳云天聖七年，因其「與宰相吕夷簡不協」，故復爲樞密副使。

[一四] 康定元年至還判永興軍　據長編卷一二四載夏竦知涇州在寶元二年七月戊午。又據長編卷一二七，夏竦於康定元年五月己未改忠武節度使；戊寅，夏竦自知涇州、忠武節度使、涇原秦鳳路緣邊經略安撫使爲陝西都部署兼經略安撫使、緣邊招討使、知永興軍，注曰「夏竦還知永興，以六月三十日到任」。又拜宣徽南院使，據長編卷一三〇，在慶曆元年正月丁丑。按，碑文此處所述夏竦任職年月，頗見紊亂。

[一五] 又詔進屯鄜州　長編卷一三二慶曆元年五月辛未條云：「詔陝西經略安撫招討使、判永興軍夏竦屯鄜州，同陝西經略安撫招討使、知永興軍陳執中屯涇州。時兩人議邊事不合，故分任之。」又六月壬午條載命新知河中府、吏部侍郎范雍知永興軍，云「初命夏竦判永興，又以陳執中知永興，及兩人分出按邊，而領府事猶如故。乃復使雍守京兆，於是一府三守，公吏奔趨往來，不勝其擾，自昔未嘗有也」。

[一六] 是時議者咸以公言爲不然於是罷公節制　長編卷一三四慶曆元年十月甲午條載徙判永興軍、宣徽南院使、忠武節度使、陝西馬步軍都部署兼經略安撫、緣邊招討使夏竦判河中府，知永興軍、資政殿學士、工部侍郎、同陝西馬步軍都部署兼經略安撫、緣邊招討

使陳執中知陜州，云「竦雅意在朝廷，及任西事，頗依違顧避，久之無功，又與執中議論多不合，皆上表乞解兵柄，而諫官張方平亦請罷竦統帥。執中又言兵尚神密，千里稟命，非所以制勝，宜屬四路各保疆圉，與方平議論略同。朝廷是之，於是兩人俱罷」。又，本書中集卷二二張文定公方平墓誌銘亦云：「時夏竦并護四路，劉平、石元孫、任福之敗，皆貶主帥，而竦獨不問。賊圍麟府，詔竦出兵牽制。竦逗留不出，使賊平豐州，夷靈遠而去。公極言之，詔罷竦節制。始分陜西爲四路焉。」

［一七］議者尤以爲公怯於用兵至聽罷之鎮　長編卷一四〇慶曆三年四月乙巳條載以樞密副使、吏部侍郎杜衍依前官充樞密使，宣徽南院使、忠武節度使夏竦赴本鎮，云：「先是，以樞密使召竦於蔡州，臺諫交章論『竦在陜西，畏懦苟且，不肯盡力，每論邊事，但列衆人之言，至遣敕使臨督，始陳十策。嘗出巡邊，置侍婢中軍帳下，幾至軍變。又元昊嘗牓塞下，得竦首者予錢三千，爲賊所輕如此。卒於敗喪師徒，略無成效。今而用之，則邊將之志怠矣。』且言：『竦挾詐任數，姦邪傾險，與呂夷簡不協，夷簡畏其爲人，不肯引爲同列，既退而後薦之，以釋宿憾。方陛下孜孜政事，首用懷詐不盡忠之臣，何以求治？』侍御史沈邈又言『竦陰交内侍劉從愿，内濟險譎，竦外專機務，姦黨得計，人主之權去矣』。其言尤切。會竦已至國門，言者益急，請毋令入見。諫官余靖又言：『竦累表引疾，及聞召用，即兼驛而馳。若不早決，竦必堅求面對，叙恩感泣，復有左右爲之解釋，則聖聽惑矣。』御史中丞王拱辰對上極言，上未省，遽起，拱辰引上裾畢其説。前後言者合十八疏，上乃罷竦而用衍代之。」又宋史夏竦傳云：「竦之及國門也，帝封彈疏示之。」

［一八］遂以爲吏部尚書知亳州　長編卷一四二慶曆三年七月己巳條載徙宣徽南院使、忠武節度使夏竦判亳州，云「竦之及國門也，上封章疏示焉。竦既還鎮，言者猶不已。會韓億致仕，竦請代之，故有是命。竦又自請納節還文資，仍不帶職。乃除吏部尚書、知亳州。既至亳州，因上書自辨，幾萬餘言。詔付學士批答，孫抃爲之辭，略曰：『圖功效莫若罄忠勤，弭謗言莫若修實行。』竦得之甚恨，語人曰：『恨於孫素無嫌，而批答見詆如此，何哉？』」

［一九］乃復以爲樞密使　長編卷一六〇慶曆七年三月乙未條載河陽三城節度使、同平章事、判大名府夏竦依前官充樞密使，云：「故事，文臣自使相除樞相，必納節還舊官，獨竦不然。初，降制召竦爲宰相，諫官、御史言大臣和則政事起，竦與陳執中論議素不合，不可使共事。越三日，遂貼麻改命焉。」又，春明退朝録卷上云：「文臣自使相除樞相，罷節而還舊官。……慶曆七年，夏鄭公自使相入樞，仍帶節度使，亦非舊制也。」

〔二〇〕出判河南府兼西京留守　宋史夏竦傳云：「親事官夜入禁中，欲爲亂，領皇城司者皆坐逐，獨楊懷敏降官，領入内都知如故。言者以爲竦結懷敏而曲庇之。會京師同日無雲而震者五，帝方坐便殿，趣召翰林學士張方平至，謂曰：『夏竦姦邪，以致天變如此，宜出之。』罷知河南府。」長編卷一六宋慶曆八年五月辛酉條載夏竦罷樞密使，判河南府，云「言者既數論竦姦邪，會京師同日無雲而震者五，上方坐便殿，趣召翰林學士，俄頃張方平至，上謂曰：『夏竦姦邪，以致天變如此，亟草制出之。』方平請撰駁辭，上意遽解，曰：『且以均勞逸命之。』」

〔二一〕又善遇士卒至而少己附者　長編卷一七一皇祐三年九月乙卯條稱夏竦「治軍尤嚴，敢誅殺。即疾病死喪，撫循甚至。嘗有龍騎卒戍邊，群剽州郡，莫能止。或密以告竦，竦時在關中，俟其至，召詰之，誅斬殆盡，軍中大震。其威略多類此。然性貪，每商販部中。至并州，使其僕貿易，爲所侵盜，至杖殺之。積財累鉅萬，自奉尤侈，畜聲伎甚衆。所在陰間僚屬，使相猜阻，以鈎致其事。遇家人亦然」。

〔二二〕女二人　據長編卷一九〇嘉祐四年十二月甲子條，夏竦別有子婿名高直温：「初，右諫議大夫周湛知襄州，襄人不善陶瓦，率爲竹屋，歲久侵據官道，簷廡相逼，故火數爲害。湛至，度其所侵，悉毁撤之，自是無火患，然豪姓不便。」其中「故相夏竦邸店最廣，而郡從事高直温乃竦子壻，譏之」提點刑獄李穆，李穆上奏，「徙湛知相州」。

龐莊敏公籍神道碑①〔一〕　翰林學士王珪

嘉祐八年三月丙午②，太子太保致仕龐公薨于其家。是時先帝方寢疾〔二〕，乘輿不及臨奠，而震嗟者久之。於是其孤以公之功狀上于太常，而博士李育乃謚公曰莊敏。六月壬申，葬公于雍丘縣之谷林山③。明年，會修

① 龐莊敏公籍神道碑　「籍」原作「藉」，據隆平集、東都事略、宋史龐籍傳改。按，下文同。
② 嘉祐八年三月丙午　「丙午」，本書中集卷六龐莊敏公籍墓誌銘同，宋史卷一二仁宗紀作「戊申」。按，是月癸卯朔，則丙午爲初四，戊申爲初六。
③ 葬公於雍丘縣之谷林山　「谷林山」，本書中集卷六龐莊敏公籍墓誌銘作「東山」。

仁宗實録，其孤又請於史官王珪曰：「我先公位丞相于朝，蓋顯矣。其葬也，諫官司馬光實爲之銘。今墓隧之碑未立，願得史官所書以刻之，以信其後人。」余遂考次公之族氏、官封與夫行事之始終，復爲之銘。其序曰：

惟龐氏之先，自周文王之子畢公高之後，别食于龐，因以爲氏。近世或家東平，又徙成武，遂爲成武人。公諱籍，字醇之。皇曾祖贈太師、中書令諱武，皇祖追封秦國公諱文進，皇考國子博士、追封魏國公諱格，皆贈太師、中書令兼尚書令。曾祖妣越國太夫人何氏，祖妣楚國太夫人陳氏，妣燕國太夫人邢氏①。

公大中祥符八年舉進士及第，爲黄州司理參軍，再調江州軍事判官，知開封府薛田舉公爲兵曹參軍[三]。薛奎代田，又舉公爲法曹。改大理寺丞、知襄邑縣。與修天聖勑，爲刑部詳覆官。歷群牧判官[四]，累遷尚書屯田員外郎，出知秀州，入爲殿中侍御史。

初，章獻太后臨朝，命有司定其出入儀物，著内東門儀制三卷②。及章獻上僊，而章惠太后欲踵垂簾故事，公亟奏請焚之[五]。其後章惠卒不敢出與政事。尋爲開封府判官。尚美人方有寵，遣内侍韓從禮下教旨[六]。公上言：「陛下初顓聽斷，而美人僭恣撓法，不亦上累聖德邪？」於是仁宗怒杖從禮，并濮王偏廟。美人③。遷祠部

① 祖妣楚國太夫人陳氏妣燕國太夫人邢氏　「楚國」、「燕國」，本書中集卷六司馬光龐莊敏公籍墓誌銘作「秦國」、「魏國」。

② 著内東門儀制三卷　「内東門儀制」，本書中集卷六司馬光龐莊敏公籍墓誌銘作「垂簾儀科」，隆平集、東都事略、宋史龐籍傳作「垂簾儀制」。按，長編卷一一〇天聖九年六月庚辰條云：「翰林學士宋綬、西上閤門使曹琮夏元亨上新編皇太后儀制五卷，詔名曰内東門儀制。」通志卷六四藝文略第二、玉海卷六九景德閤門儀制引國史志、宋史藝文志三皆著録作宋綬内東門儀制五卷。故疑此作「三卷」者不確。

③ 并濮王偏廟美人　「濮王偏廟」原作大字正文。按，濮王名允讓，英宗生父。華陽集卷四八龐公神道碑銘作「并責美人」。故推知原文當作「并讓美人」，因避濮王諱或改「讓」爲「責」，或加注「濮王偏廟」，其「偏廟」義同「偏諱」。因傳抄間小字注文且摻入正文作大字，故改「濮王偏廟」四字作小字注文。

員外郎、廣南東路轉運使[七]。初，龍圖閣學士范諷放縱不拘禮法，公爲御史時，已嘗奏劾之，及之官，益疏諷過失，會諷請辨，乃詔置獄於南京，已而責授諷鄂州行軍司馬，亦左遷公爲太常博士、知臨江軍[八]。數月，徙福建轉運使，復其官如故。頃之，以侍御史入爲三司户部判官①。仁宗謂執政曰：「龐某其止是職邪②？」後數日，改刑部員外郎兼侍御史知雜事，判大理寺，糾察在京刑獄，知審官院，爲天章閣待制、陝西體量安撫，歷知汝、同二州[九]。

趙元昊反，舉兵圍延州，總管劉平遇戰於北川口，監軍黄德和望敵退走，平遂爲賊所害[一〇]。德和懼，使人給言平實降賊。朝廷以兵圍平之第，且收繫其子弟，詔殿中侍御史文彦博馳往河中府案其獄，既又命公并訊之。公至，具得其狀以聞，於是朝廷要斬德和，而劉氏子弟咸拔用之。除陝西都轉運使。慶曆元年，拜龍圖閣直學士、知延州，再遷吏部郎中[一一]。明年，改延州觀察使③，辭不拜，進左諫議大夫，爲陝西四路緣邊都總管兼經略、招討等使，仍知延州。是時元昊數寇邊，公下令諸將毋得輕出兵，其欲出兵，必問其所以可勝之計，然後遣之，故其出未嘗不有功。凡築十一城以扼其要害[一二]，又其下多美地薦屮，募民耕之，歲得穀以省大費。

一日，元昊遣親信李文貴者以其酋領野利旺榮書來，願納款塞下。公曰：「彼固多詐，未可以信也[一三]。」因留不遣。會朝廷欲貸元昊之罪，而詔公招徠之。公以謂元昊屢勝王師，今若遽馳介以往，恐其氣益驕，於是召文貴謂曰：「國家之撫四夷，靡有不至也。今元昊放命不恭，以毒我邊民，且自視其區區之地，乃敢與中國争衡邪？若天子赫然大舉師西鄉而加誅之④，將安爲計哉？夫慮不至于久遠，而徼一時之利者，豈知也歟！其歸語

① 以侍御史入爲三司户部判官　「侍御史」原作「待御史」，據文海本、庫本、華陽集卷四八龐公神道碑銘及宋史卷一六八職官志八改。
② 龐某其止是職邪　「龐」原作「寵」，據文海本、庫本及華陽集卷四八龐公神道碑銘改。
③ 改延州觀察使　「延州」，長編卷一三五慶曆二年四月己亥條、卷一三六慶曆二年五月癸亥條及宋會要輯稿職官六一之九作「鄜州」。
④ 若天子赫然大舉師西鄉而加誅之　「大」下，華陽集卷四八龐公神道碑銘有「怒」字。

王孰計之[一四]。」踰月，文貴復來，然其言未肯去僭號。天子既厭西兵，復詔公曰：「元昊若稱臣，餘一切勿拒之。」公曰：「假之僭號，則安肯復臣邪？」執以爲不可[一五]。方是時修復涇原，恐虜益復入寇，久之乃復書曰：「所陳非邊臣所聞。」明年，元昊遣伊州刺史賀從神廟傍諱。來①，自稱「男邦面令國兀卒曩霄上書父大宋皇帝②」，公使謂曰：「天子臣妾四夷③。今不稱臣，不敢以聞朝廷。」從神廟傍諱。曰：「大王願以子事父，猶臣事君也。使得至京師，天子不許，歸而更議之。」公乃上言[一六]：「西邊用兵以來，虜人喪其和市，國中愁困。今其辭稍屈，必有悔過自新之意，可遣使與之約也。」於是詔著作郎邵民佐與其使并往④。既而元昊果稱臣⑤，西邊罷兵矣[一七]。公遂入爲樞密副使⑥。

八年，改參知政事。皇祐元年，以尚書工部侍郎爲樞密使。公始召還，以謂方用兵時，邊饟煩苦，關中蕭然，請減緣邊之兵，還食內地。議者以爲不可，公卒減兵二十餘萬[一八]。至是又以天下之力困於養兵，況兵衆而不

---

① 元昊遣伊州刺史賀從神廟傍諱者來　「神廟傍諱」，長編卷一三九慶曆三年正月癸巳條、東都事略卷六仁宗紀、宋史龐籍傳皆作「勖」。按，宋神宗名頊，「勖」字乃屬嫌名諱，即「傍諱」。又按，下文同。

② 自稱男邦面令國兀卒曩霄上書父大宋皇帝　「邦面令」，宋史卷四八五夏國傳上、九朝編年備要卷一二作「邦泥定」；「曩霄」，九朝編年備要卷一二作「朗霄」，宋史全文卷八上、石林燕語卷八作「郎霄」，皆屬譯音而異。

③ 天子臣妾四夷　「妾」原作「妄」，據庫本及華陽集卷四八龐公神道碑銘改。

④ 於是詔著作郎邵民佐與其使并往　「邵民佐」，長編卷一四〇慶曆三年四月癸卯條，東都事略卷六本紀、卷一二七附録五，宋史卷一一仁宗紀三、卷四八五夏國傳上等皆作「邵良佐」，「民」字似誤。

⑤ 既而元昊果稱臣　「元昊」原作「无昊」，據文海本、庫本及華陽集卷四八龐公神道碑銘改。

⑥ 公遂入爲樞密副使　「副」字原脱，據華陽集卷四八龐公神道碑銘、本書中集卷六龐莊敏公籍墓誌銘、長編卷一五四慶曆五年正月丙戌條及隆平集、東都事略、宋史龐籍傳補。

可用，方其無事，請以法加汰之。議者又以爲不可，公卒汰兵八萬餘人[一九]。二年，加户部侍郎。三年，拜同中書門下平章事、昭文館大學士、監脩國史[二〇]。公爲相，不敢以毫髪私人。端明殿學士程戡除知益州[二一]，仁宗使公諭之曰：「善撫遠人，還當以二府處之。」公曰：「二府惟天子許之，臣不敢以言。」其後遂召戡爲參知政事，而程卒不知也。

廣源州蠻儂知高舉兵陷邕州①，又下沿江九郡[二二]，進圍廣州數月，還據于邕，所過多被害，而張忠、蔣偕等繼以輕敵失軍。仁宗問誰可將者，公言：「樞密副使狄青，昔在臣麾下，其沈勇有策慮，可屬以南方事[二三]。」明日，青奏事殿中，遂以爲宣徽使，宣撫荆湖南北路，經制廣南盜賊公事。或言青起行伍，難使自專其謀，當更擇文臣以副之。公曰：「鄉者偏師之出，號令之不一，進退之無法，以故數不利。今命大將，若使文臣副之，則威令復不得行，豈不視前日之敗也？」公復請下詔嶺南，一皆受青節制[二四]。青既至，斬别將一人之不用命者[二五]，於是軍中皆恐畏，未幾，果破賊而還。

仁宗欲以青爲樞密使、同中書門下平章事。公曰：「昔曹彬下江南，太祖謂曰：『西有汾晉之師，北有幽薊之難，欲用卿爲使相，則誰復爲朕立功邪？』今寵青太過，後益有勝青功者[二六]，陛下何以賞之哉？」於是復以青爲樞密副使[二七]，加檢校太尉、河中尹。入内内侍省都知王守忠以畏謹得幸，求爲節度使。公曰：「昔王繼恩平兩川，宰相以其有大功，屢欲優拜之，太宗怒，以爲宦者不可使與政事，乃召學士錢若水議立宣政使以授之。今守忠無功，以爲節度使，後復有求爲宣徽使者，奈何？」帝乃爲止。

公在位久，而無它宰相[二八]，故謗言屢以及公。會道士趙清貺者，公之外親，嘗詐爲人求官，有小吏告之，公

① 廣源州蠻儂知高舉兵陷邕州　按，「儂知高」，諸書大都寫作「儂智高」。

即捕繫開封府，既而窮得其姦狀。初，言者指公私於人，及流清既海上，又言公縱法行事。朝廷雖知公被誣，而言者不已，遂罷相，出知鄆州[二九]。尋加觀文殿大學士[三〇]。前此，契丹嘗遣使來求御容[三一]，仁宗顧左右，皆嘿然不敢對，因曰：「能斷大事，孰有如龐某者？」

至和二年，除昭德軍節度使、知并州。明年，以災異詔中外咸言得失，公密疏曰：「太子，天下本。今陛下春秋顧方盛，然太子不豫建，使四方無所繫心。願擇宗室之宜爲嗣者早決之，群情既安，則天異可塞矣。臣歷位將相，恐先犬馬無以報，雖冒萬死而不悔也。」

虜盜耕屈野河田，朝廷恐益復侵邊，遣使更定其地。既而召虜人不至，公遂禁邊毋與爲和市。虜人怨之，日夜聚兵境上。公又戒毋得輒舉師，久之，虜且去。公命通判并州司馬光詣麟州，與知州武戡計事。戡乃請築二堡於屈野之西，使虜不敢耕故地。光還，公雖許之，而堡實未築也。已而虜兵輒復聚，管勾麟府兵馬郭恩、走馬承受公事黄道元乃與戡擅率兵至怱里堆①，欲出其不意以擊之，會伏發，恩、道元皆戰没，而戡僅以身免[三二]。未幾，虜送道元歸，詔御史鞫之，乃言與戡等行視堡地，因爲虜所掩。公坐是罷節度使，復爲觀文殿大學士、知青州[三三]。於是司馬光上書曰：「擅議築堡，臣光實陳之。今戡等輕出亡師，傷國威重，罪在臣光。」公聞，亦上奏自咎，皆不報。徙知定州。

公在并時，年甫七十矣，欲謝事于朝，而以得罪迺不敢。及過京師，遂上疏曰：「臣疲老不足以任邊事，願乞骸骨以歸。」詔不許。遷尚書左丞，辭不拜。至定一年，復請老。召還，又數自陳悃愊，天子不得已，聽以太子太

① 走馬承受公事黄道元乃與戡擅率兵至怱里堆　「怱里堆」，文海本、華陽集卷四八龐公神道碑、東都事略龐籍傳及宋史卷三二六郭恩傳、卷四八五夏國傳上皆作「忽里堆」。「怱」字疑誤。

保致仕[三四]。後三年，公薨，享年七十六。今天子追贈公司空兼侍中。

公爲人明知有餘，果於臨事。少好學，及老而家居，終日窮擥詩書而不知倦也。天性精於法令，常曰：「大臣當遵畏天子法，其敢自爲重輕邪？」獨嚴於治軍，其下如有犯，必以便宜從事，或至於誅磔而無所容。然善視其居處飲食，故士卒知所畏，而樂以出死力[三五]。其遇僚吏從容，使得盡所長。其薦於朝，皆天下賢士大夫，與司馬光尤相厚也。所著文集五十卷[三六]。

公先娶邊氏，樞密直學士肅之女，封嘉興縣君；繼劉氏，供備庫使永崇之女，累封彭國夫人。子男五人：元魯，登進士第，爲大理寺丞，早卒；元英，太常博士；元常，大理寺丞；元中，太子右贊善大夫；元直，大理寺丞。女七人：其封安康郡君，適冀州支使陳琪①；其封德安縣君，適都官員外郎宋充國；其封仁壽縣君，適屯田員外郎程嗣隆；其封永康縣君，繼適宋充國；其封安德縣君②，適大理寺丞、館閣校勘趙彦若；餘未行。銘曰：

龐氏之先，實畢公裔③。爲成武人，自公三世。成武之顯，公所自發。其發伊何？文武維烈。孰暴其武？萬兵以西。頓甲來歸，綏如嬰兒。孰施其文？亦既入輔。風雨節時，樂其衆甫。逮公去位，天異載仍。天子曰咨，丐言予聽。公曰大器，維承之艱。豫建天子，萬世其安。公過京師，公曰臣老。天子謂公，公力尚少。其往爲予，更撫予埸。豈無威名，以動夷狄？公休于家，大事數問。公喪未行，忽出審訓。孰不相將？會莫如公。君

① 適冀州支使陳琪　「支使」，華陽集卷四八龐公神道碑銘作「度支使」。按，司馬光集卷七六太子太保龐公墓誌銘、臨川集卷五四故贈司空兼侍中龐籍遺表長女南安縣君冀州支使陳琪妻安康郡君制、陳師道後山集卷一六先君事狀皆作「支使」，是。

② 其封安德縣君　「安德縣君」，司馬光集卷七六太子太保龐公墓誌銘作「榮德縣君」。按，輿地廣記卷一〇載安德縣，德州治所；卷三一載榮州榮德縣本旭川縣，「皇朝治平四年改爲榮德」。故作「榮德縣君」者不確。

③ 實畢公裔　「實」原作「食」，據庫本及華陽集卷四八龐公神道碑銘改。

臣始終，令問何窮！隧有豐碑，行者下拜。史臣作詩，以示千載。

辨證：

〔一〕龐莊敏公籍神道碑　本碑文又載於王珪華陽集卷四八，題曰「推誠保德翊戴功臣開府儀同三司太子太保致仕上柱國潁國公食邑八千四百户食實封二千一百户贈司空兼侍中龐公神道碑銘」。按，龐籍，隆平集卷五、東都事略卷六六、宋史卷三一一有傳，本書中集卷六載有司馬光龐莊敏公籍墓誌銘。又，石林燕語卷一〇云：「王禹玉作龐潁公神道碑，其家送潤筆金帛外，參以古書名畫三十種，杜荀鶴及第時試卷，亦是一種。」

〔二〕是時先帝方寢疾　據宋史卷一二仁宗紀，仁宗卒於嘉祐八年三月辛未，即二十九日。

〔三〕爲黄州司理參軍再調江州軍事判官知開封府薛田舉公爲兵曹參軍　本書中集卷六龐莊敏公籍墓誌銘稱其「釋褐黄州司理參軍。秩滿，居魏公憂。服除，調江州判官。未之官，用舉者除開封府兵曹參軍」。

〔四〕歷群牧判官　本書中集卷六司馬光龐莊敏公籍墓誌銘云：「會群牧判官缺，是時章獻太后臨朝，用中旨求之者以十數。執政患之，謀曰：『得孤寒中有聲望、才節可以服人者與之，則中旨可塞矣。』乃以公名進，太后果從之。」

〔五〕公亟奏請焚之　長編卷一一二明道二年五月辛未條載「籍奏請下閤門取垂簾儀制盡焚之，又奏：『陛下躬親萬幾，用人宜辨邪正，防朋黨，勿使受恩人主，歸感權臣。進擢近列，願采公論，毋令出於執政。』孔道輔嘗謂人曰：『言事官多觀望宰相意，獨龐君可謂天子御史也。』」

〔六〕尚美人方有寵遣内侍韓從禮下教旨　長編卷一一四景祐元年四月丁酉條云：「尚美人遣内侍稱教旨免工人市租，籍言：『祖宗以來，未有美人稱教旨下府者。』帝爲杖内侍，切責美人，詔有司自今宫中傳命毋得輒受。」

〔七〕遷祠部員外郎廣南東路轉運使　長編卷一一五景祐元年八月乙酉條云：「殿中侍御史龐籍言故駙馬都尉吴元扆從子東頭供奉官守則近與尚繼斌結婚，前權三司使范諷遺以金鞍勒。守則監左藏庫，諷爲矯奏羨餘，改一官。請付臺鞫其事。宰相李迪雅善諷，寢不報。乙酉，籍與左司諫滕宗諒並坐言宮禁事不實，改祠部員外郎，出籍爲廣東轉運使、宗諒知信州。」

［八］已而責授諷鄂州行軍司馬亦左遷公爲太常博士知臨江軍　宋史龐籍傳云龐籍「數劾范諷罪，諷善李迪，皆寢不報，反坐言宮禁事不得實，以祠部員外郎罷爲廣南東路轉運使。又言范諷事有不盡如奏，諷坐貶，籍亦降太常博士、知臨江軍」。長編卷一一五景祐元年十月癸亥條云：「新廣東轉運使龐籍言：『昨爲御史奏彈吴守則、范諷交通尚繼斌事，諷既出守兖州，乃給言家貧，假翰林銀器數千兩自隨，而增産於齊州，市官田虧平估，請併行按劾。』詔諷以所假銀器還官。」又卷一一六景祐二年二月丁卯條云載龍圖閣學士、給事中、知兖州范諷責授武昌行軍司馬，不簽書公事；新廣東轉運使、祠部員外郎龐籍降授太常博士、知臨江軍；東頭供奉官吴守則追一官，云：「先是，籍爲御史，數劾諷，宰相李迪右諷弗治，反左遷籍。籍既罷，益追劾諷不置，且言諷放縱不拘禮法，苟釋不治，則敗亂風俗，將如西晉之季，不可不察。會諷亦請辨，乃詔即南京置獄，遣淮南轉運使黄總、提點河北刑獄張嵩訊之。籍坐所劾諷有不如奏，法當免，諷當以贖論。諷不待論報，擅還兖州。吕夷簡疾諷詭激多妄言，且欲因諷以傾迪，故特寬籍而重貶諷，凡與諷善者皆絀削。……人謂籍劾諷不置，實夷簡陰教之云。」注曰：「諷請辨，據王珪所爲籍神道碑，他書並無有也。」

［九］歷知汝同二州　宋史龐籍傳云其「坐令開封府吏馮士元市女口，降知汝州」。長編卷一二五寶元二年十一月丁酉條云：「先是，權知開封府鄭戩按使院行首馮士元姦贓及私藏禁書事。」而龐籍「嘗令士元雇女口」，故以刑部員外郎、天章閣待制出知汝州。

［一〇］總管劉平遇戰於北川口監軍黄德和望敵退走平遂爲賊所害　按宋史卷三二五劉平傳云劉平軍敗，「與（石）元孫皆被執。初，德和言平降賊，朝廷發禁兵圍其家，及命殿中侍御史文彦博即河中府置獄，遣龐籍往訊焉，具得其實，遂釋其家，德和坐腰斬。而延州吏民亦詣闕訴平戰没狀，遂贈朔方軍節度使兼侍中，謚壯武。……其後降羌多言平在興州未死，生子于賊中。及石元孫歸，乃知平戰時被執，後没于興州」。

［一一］再遷吏部郎中　長編卷一三四慶曆元年十月甲午條載「始分陝西爲四路焉」，以龍圖閣直學士、禮部郎中、管勾鄜延路部署司事兼知延州龐籍爲吏部郎中，並兼本路馬步軍都部署、經略安撫緣邊招討使。

［一二］凡築十一城以扼其要害　據長編卷一三五慶曆二年四月戊子條，時築清水、安定、黑水、佛堂、北橫山、乾谷、土明、柳谷、雕窠、虞兒、原安寨十一堡。

〔一三〕公曰彼固多詐未可以信也　宋史龐籍傳云：「元昊遣李文貴齎野利旺榮書來送款，籍曰：『此詐也。』乃屯兵青澗城。後數月，果大寇定川。」

〔一四〕其歸語王孰計之　涑水記聞卷一一云：西夏使來，鄜延經略招討使龐籍「以元昊新寇涇原，止之於邊，不使前。朝廷亦厭兵，欲赦元昊之罪，密詔籍褒之。籍上言：『虜驟勝方驕，若中國自遣人説之，彼益偃蹇，不可與言。』乃召文貴詣延州問狀，文貴言求和，籍謂之曰：『汝先王及今王嚮事朝廷甚謹，由汝輩群下妄加之名號，遂使得罪於朝廷，致彼此之民血塗原野。汝民習於戰鬬，吾民習於太平，故王師數不利，然汝能保其常勝邪？吾敗不害，汝敗社稷可憂。今若能悔過從善，出於款誠，名體俱正，當相爲奏之，庶幾朝廷或開允耳。』因贈遣遣歸」。

〔一五〕文貴復來執以爲不可　按東都事略龐籍傳云：「既而文貴復以旺榮書來，元昊未肯削去僭號。籍未敢答，乃請於朝。仁宗曰：『朕非不能以天下力誅此小戎，然朕爲天下主，豈與犬戎較曲直哉？其務安吾民。』因使籍答書稱旺榮爲太尉。籍復請曰：『太尉，天子上公。使旺榮稱之，則元昊不可得臣矣。其書自稱「寧令」或「謨寧令」，皆虜中官，於義無嫌。』詔從之。」

〔一六〕公乃上言　宋史龐籍傳稱「籍送使者闕下，因陳便宜」云云。長編卷一三九慶曆三年正月癸巳條云「於是文貴與從勖持元昊書至保安軍，籍令保安軍簽書判官事邵良佐視其書。……而從勖亦自請詣闕，籍使謂之曰：『天子至尊，荆王叔父也，猶奉表稱臣。今名體未正，終不敢以聞。』從勖曰：『子事父，猶臣事君也。使從勖得至京師，而天子不許，請歸更議之。』籍乃具以聞，且言：『虜自背叛以來，雖屢得勝，然喪和市之利，民甚愁困。今其辭稍順，必誠有改事中國之心。願聽從勖詣闕，更選使者往其國申諭之。彼必稱臣，凡名稱禮數及求匄之物，當力加裁損，必不得已則少許之。若所求不違，恐豺狼之心未易盈厭也。』」

〔一七〕既而元昊果稱臣西邊罷兵矣　涑水記聞卷一一云慶曆「四年五月，元昊自號夏國主，始遣使稱臣。八月，朝廷聽元昊稱夏國主，歲賜絹茶銀綵合二十五萬五千，元昊乃獻誓表。十月，賜詔答之。十二月，册命元昊爲夏國主，更名曩霄」。按，後山談叢卷四云：「元昊既效順而不肯臣，請稱東朝皇帝爲父，國號『吾祖』，年用私號，求割三州十六縣地，朝議彌年不決。既而報書，年用甲子，國號易其一字。虜使過延，公（龐籍）坐堂上，召虜使立前而謂曰：『爾主欲戰則戰，今不戰而降，則朝廷所賜藩臣詔與頒朔封國，皆有常制，不必論。自古夷狄盜中國之地則聞之，未聞割地與夷狄也。三州十六縣，豈可得耶？』使曰：『清遠故屬虜，且墳墓所在，故欲得耳。』公曰：『中國所失州縣，今未十年，若論墳墓所在，則中國多矣。』使語塞。公曰：『爾主既受封，歲祿多少，此則可議，餘不足論。』虜使畏服。」

〔一八〕議者以爲不可公卒減兵二十餘萬　長編卷一五八慶曆六年二月戊寅條云：「詔陝西經略安撫及轉運司：『朝廷開納夏國，本欲寬財息民。自其受封進誓，已及一年，而調度猶不減用兵時，其議裁節諸費及所增置官員、指使、使臣今無用者，悉條奏之。』從樞密副使龐籍之言也。」其注引籍本傳云「籍言自陝西用兵，公私困匱，請并省官屬，退近塞之兵，就食内地，於是邊費頗省」。又據本書上集卷二六范忠獻公雍神道碑云：「自陝西休兵，議者皆以兵冗宜汰，而行之不以漸。公（范雍）知人心不厭，密疏，以爲急而用之，緩而棄之，後無以復用人。」

〔一九〕公卒汰兵八萬餘人　涑水記聞卷五云：「文彦博爲相，龐公爲樞密使，以國用不足，同議省兵。於是揀放爲民者六萬餘人，減其衣糧之半者二萬餘人。衆議紛然，以爲不可，施昌言、李昭亮尤甚，皆言：『衣食於官久，不願爲農，又皆習弓刀，一旦散之閭閻，必皆爲盜賊。』上亦疑之，以問二公，二公曰：『今公私困竭，上下遑遑，其故非他，正由蓄養冗兵太多故也。今不省去，無由蘇息。萬一果有聚爲盜賊者，二臣請以死當之。』既而，昭亮又奏：『兵人揀放所以如是多者，大抵皆縮頸曲膕，詐爲短小，以欺官司耳。』公乃言：『兵人苟不樂歸農，何爲詐欺如此？』上意乃決，邊儲由是稍蘇。」按，長編卷一六七皇祐元年十二月壬戌條云：「詔陝西保捷兵五十以上及短弱不任役者聽歸農，若無田園可歸者，減爲小分，凡放歸者三萬五千餘人，皆讙呼反其家。在籍者尚五萬餘人，皆悲涕恨己不得去。陝西緣邊計一歲費緡錢七十千養一保捷兵，自是省緡錢二百四十五萬，陝西之民力稍蘇。」又云：「其後王德用爲樞密使，許懷德爲殿前都指揮使，始復奏選廂軍以補禁軍，議者非之。」

〔二〇〕拜同中書門下平章事昭文館大學士監脩國史　宋史龐籍傳云「籍初入相，且獨員，而遽爲昭文館大學士，出殊拜也」。而春明退朝録卷上亦云：「本朝置二相，昭文、修史，首相領焉；集賢，次相領焉。三館職，惟修史有職事，而頗以昭文爲重，自次相遷首相乃得之。……近時王章惠、龐莊敏初拜及獨相，悉兼昭文、修史二職，非舊制也。」

〔二一〕端明殿學士程戡除知益州　長編卷一七三皇祐四年十二月丁丑條載樞密直學士、給事中程戡爲端明殿學士、知益州，云：「初，孟知祥據蜀，李順起爲盜，歲皆在甲午。或言明年甲午，蜀且有變。上謂宰相龐籍曰：『朕擇重任之臣以鎮撫西南，莫如戡者。』遂再使守蜀。」

〔二二〕又下沿江九郡　宋史卷四九五蠻夷傳三廣源州云儂智高「相繼破橫、貴、龔、潯、藤、梧、封、康、端九州」。而東齋記事卷一載其「破邕、貴、橫、賀、潯、藤、梧、封、康、端十州」。按，其中有龔州、賀州之異，又九州加邕州即爲十州。

〔二三〕樞密副使狄青昔在臣麾下其沈勇有策慮可屬以南方事　長編卷一七三皇祐四年九月庚午條云：「楊畋、曹脩經制蠻事既無功，改命孫沔及余靖等，上猶以爲憂。或言智高欲得邕、桂七州節度使即降。樞密副使梁適曰：『若爾，二廣非朝廷有矣。』上問宰相龐籍誰可將者，籍薦樞密副使狄青」。

〔二四〕公復請下詔嶺南一皆受青節制　長編卷一七三皇祐四年十月辛巳條云：「右正言韓絳言狄青武人，不可獨任。帝以問龐籍，籍曰：『青起行伍，若用文臣副之，必爲所制，而號令不專。不如不遣。』乃詔廣南將佐皆稟青節制；若孫沔、余靖分路討擊，亦各聽沔等指揮。」

〔二五〕斬别將一人之不用命者　按本書上集卷二五狄武襄公青神道碑云：「會廣西鈐轄陳曙以步卒八千潰于崑崙關，公即按曙以不應令，并殿直袁用等三十一人，咸以軍法誅之。」

〔二六〕後益有勝青功者　本書中集卷六龐莊敏公籍墓誌銘、東都事略龐籍傳乃稱「異日復有寇盜，青更立功」云云。

〔二七〕於是復以青爲樞密副使　長編卷一七四皇祐五年二月癸未條載狄青爲護國節度使、樞密副使，依前宣徽南院使。時「遂欲擢青樞密使、同平章事，籍以爲不可，力争之乃罷」。又五月乙巳條云參知政事梁適主張狄青當擢樞密使，而是時樞密使爲高若訥，「適意以若訥爲樞密使，位在己上，宰相有闕，若訥當次補；青武臣，雖爲樞密使，不妨己塗轍，故於上前争之。既不得，退甚不懌，乃密爲奏言狄青功大賞薄，無以勸後，又密使人以上前之語告青，又使人語入内押班石全斌，使於禁中自訟其功，及言青與孫沔褒賞太薄，適許爲外助。上既日日聞之，不能無信。於是兩府進對，上忽謂籍曰：『平南之功，前者賞之太薄。今以狄青爲樞密使，孫沔爲副；石全斌先給觀察使俸，更俟一年除觀察使；高若訥遷一官，加近上學士，置之經筵。召張堯佐歸宣徽院。』聲色俱厲，籍錯愕，對曰：『容臣等退至中書商議，明日再奏。』上曰：『勿往中書，只於殿門閤内議之，朕坐於此以俟。』籍乃與同列議於殿門閤内，具奏皆如聖旨，復入對，上容色乃和。」

〔二八〕公在位久而無它宰相　據宋史宰輔表二，龐籍獨相自皇祐三年十一月庚子文彦博罷相始，至皇祐五年閏七月壬申罷相。

〔二九〕遂罷相出知鄆州　長編卷一七五皇祐五年閏七月壬申條載户部侍郎、平章事龐籍以本官知鄆州，云：「初，齊州學究皇甫淵獲賊，法當得賞錢，淵上書願易一官。道士趙清貺者，籍甥也，給爲淵白籍，而與堂吏共受淵賂。淵數詣待漏院自言，籍乃勒淵歸齊州。有小吏告清貺等受賂事，籍即捕送開封府。清貺及堂吏皆坐贓刺配嶺外，行至許州死。諫官韓絳言籍陰諷府杖殺清貺以滅口，又言事當付樞密院，不當中書自行，故罷之。然謂籍陰諷開封，覆之無實。」

〔三〇〕尋加觀文殿大學士　長編卷一七五皇祐五年十月己亥條載户部侍郎、知鄆州龐籍爲觀文殿大學士，龍圖閣學士、刑部郎中、集賢殿修撰、知徐州吕公綽復爲侍讀學士。因吕公綽罷權知開封府後，嘗「以趙清貺之死自辨於朝，上察其情，故并籍皆復舊職。於是知諫院韓絳力争，不報。絳家居待罪，上遣使慰勞之。尋除禮部員外郎，罷諫院」。

〔三一〕前此契丹嘗遣使來求御容　長編卷一七七至和元年月乙亥條云：「契丹遣忠正節度使、同平章事蕭德，翰林學士、左諫議大夫、知制誥、史館修撰吴湛來告與夏國平，且言：『通好五十年，契丹主思南朝皇帝，無由一會見，嘗遣耶律防來使，竊畫帝容貌，曾未得其真。欲交馳畫象，庶瞻覿以紓兄弟之情。』德等又乞親進本國酒饌，不許。」注曰：「交馳畫象，朝廷多有議論。」按，龐籍加觀文殿大學士在皇祐五年十月己亥，碑文此處稱「前此」者不確。

〔三二〕會伏發恩道元皆戰没而戡僅以身免　長編卷一八五嘉祐二年五月庚辰條云：「初，夏人歲侵屈野河西地，至耕穫時，輒屯兵河西以誘官軍。經略使龐籍每戒邊將，敵至，斂兵河東毋與戰。敵屯月餘，食盡而去者屢矣。是歲正月，没藏訛龙領兵至境上，比及三月，稍益至數萬人。又自鄜延以北發民耕牛，計欲盡耕屈野河西之田。會國人有與之異議者，復召其兵還，衆皆空壁去。然銀城以南侵耕者猶自若，蓋以其地外則蹊徑險狹，杉栢叢生，漢兵難入，内則平壤肥沃宜粟麥，故敵不忍棄也。于是籍檄通判并州司馬光行邊至河西白草平，數十里無敵跡。時知麟州武戡、通判夏倚已築一堡爲候望，又與光議曰：『乘敵去，出不意更增二堡，以據其地，可使敵不復侵耕。請還白經略使，益禁兵三千、役兵五百，不過二旬，壁壘可成。然後廢横戎、臨塞二堡，撤其樓櫓，徙其甲兵，以實新堡，列烽燧以通警急。從衙城紅樓之上，俯瞰其地，猶指掌也。有急，則州及横陽堡出兵救之；敵來耕則驅之，已種則蹂踐之；敵衆盛則入堡以避。如是，則堡外三十里之田敵必不敢種矣，是州西五十里之内無患也。』籍遂檄麟州如其議。于是，恩及戡、道元等以巡邊爲名，往按視之。會詗者言，敵屯沙黍浪，亘十五里。恩欲止不行，道元怒，以言脅恩，夜率步騎一千四百餘人，不甲者半，循屈野河北而行，無復部伍。夏人舉火卧牛㟴，戡指以謂恩曰：『敵已知吾輩出矣。』道元曰：『此爾曹爲之，欲以沮止我。』俄又聞鼓聲，道元猶不信。行至谷口，恩欲休軍，曰：『天未明，可須曉乃登山。』道元奮衣起曰：『幾年聞郭恩名。今日懦怯，與賈逵何殊？』恩亦愠曰：『不過死爾！』乃行。比明，至忽里堆。敵數十人皆西走，相去數十步，上。恩等踞胡牀，遣從騎呼之，敵不應，亦不動。俄而起火，敵騎張左右翼，自南北交至。堆東有長塹，其中有梁，謂之『斷道塢』。恩等東據梁口，與力戰。自旦至食時，敵自兩旁塹中攀緣而上，四面合擊，恩衆大潰。倚方在紅樓，見敵騎自西山大下，與推官劉公弼率城中諸軍閉門乘城。戡走東山，趨城東，抉門以入。恩與道元皆爲敵所執，恩不肯降，自殺。」府州寧府寨監押劉慶亦被執，「又死者使臣五人，軍士三百八十七人，已馘耳鼻得還者百餘人，亡失器甲萬七千八百九十九、馬二百八十」。

〔三三〕復爲觀文殿大學士知青州　長編卷一八六嘉祐二年十一月戊戌條載龐籍爲觀文殿大學士、户部侍郎、知青州，云：「初，司馬光建議築堡，籍檄麟州如光議。及郭恩等敗没，詔侍御史張伯玉按鞫，籍匿光初所陳事，故光得以去官免責，而籍爲御史劾奏，由是罷節度使。光不自安，守闕三上書，乞獨坐其罪。不報。」

〔三四〕聽以太子太保致仕　涑水記聞卷五云：「始平公自定州歸朝，既入見，退詣中書，白執政以求致仕。執政曰：『康寧如是，又主上意方厚，而求去如此之堅，何也？』始平公曰：『若待筋力不支、人主厭棄然後去，乃不得已也，豈得爲止足哉？』因退歸私第，堅卧不起。自青州至是，三年凡七上表，其劄子不可勝數，朝廷乃許之，以太保致仕。」

〔三五〕獨嚴於治軍至故士卒知所畏而樂以出死力　長編卷一九八嘉祐八年三月戊申條云「籍曉律令，長於吏事，持法深峭，軍中有犯者，至或斷斬刳磔，或累笞至死，以故士卒聞風畏服。而治民有惠愛。及爲相，爲言者所詆，聲望減於治郡時。」注曰：「案此不載言者姓名，宋史載籍嘗受道士趙清貺賂，韓絳論之不已，乃罷知鄆州。或即此事也。」

〔三六〕所著文集五十卷　按，遂初堂書目著録有龐莊敏清風集。

名臣碑傳琬琰集上卷二十三

余襄公靖神道碑[一]　文忠公歐陽脩

始興襄公既葬于曲江之明年，其子仲荀走于亳以來告曰：「余氏世爲閩人，五代之際，逃亂于韶。自曾高以來，晦迹嘉遁，至于博士府君，始有禄仕，而襄公繼之以大。曲江僻在嶺表，自始興張文獻公有聲于唐，爲賢相，至公復出，爲宋名臣。蓋余氏徙韶歷四世，始有顯仕，而曲江寂寥三百年，然後再有聞人。惟公位登天臺，正秩三品，遂有爵土，開國鄉州，以繼美前哲，而爲韶人榮。至於褒卹贈謚，始終之寵盛矣。蓋褒有詔，卹有物，贈有告，而謚行、考功有議有狀，合而誌之以閟諸幽有銘，可謂備矣。惟是螭首龜趺，揭于墓隧，以表見於後世，而昭示其子孫者，宜有辭而闕焉，敢以爲請。」謹按：

余氏韶州曲江人，曾祖諱某，祖諱某，皆不仕；父諱某①，太常博士，累贈太常少卿。公諱靖，字安道，官至朝散大夫、守工部尚書、集賢院學士、知廣州軍州事，兼廣南東路兵馬鈐轄、經略安撫使，柱國，始興郡開國公，食邑二千六百户、食實封二百户。治平元年，自廣朝京師。六月癸亥，以疾薨于金陵。天子惻然，輟視朝一日，賻

① 曾祖諱某祖諱某皆不仕父諱某　按，據蔡襄集卷四〇余公墓誌銘，其曾大父名從，大父名誉，父名慶。

以粟帛，贈刑部尚書，謚曰襄。明年七月某甲子①，返葬于曲江之龍歸鄉成山之原。

公爲人質重剛勁，而言語恂恂，不見喜怒。自少博學强記，至於歷代史記、雜家、小説、陰陽、律曆，外暨浮屠、老子之書，無所不通。天聖二年舉進士[二]，爲贛縣尉。書判拔萃，改將作監丞、知新建縣。再遷祕書丞，刊校三史[三]，充集賢校理。天章閣待制范公仲淹以言事觸宰相得罪，諫官、御史不敢言，公疏論之，坐貶監筠州酒税[四]，稍徙泰州。已而天子感悟，亟復用范公，而因之以被斥者皆召還，惟公以便親乞知英州②，遷太常博士。丁母憂，服除，遂還爲集賢校理，同判太常禮院。

景祐、慶曆之間，天下怠於久安，吏習因循，多失職。及趙元昊以夏叛，師出久無功，縣官財屈而民重困。天子赫然思振頽弊以修百度，既已更用二三大臣。又增置諫官四員，使言天下事，公其一人也[五]，即改右正言供職。公感激奮勵，遇事輒言，無所迴避，姦諛權倖屏息畏之，其補益多矣，然亦不勝其怨嫉也。

慶曆四年，元昊納誓請和，將加封册，而契丹以兵臨境上，遣使言爲中國討賊，且告師期，請止毋與和。朝廷患之，欲聽，重絶夏人而兵不得息；不聽，生事北邊。議未決，公獨以謂中國厭兵久矣，此契丹之所幸，一日使吾息兵養勇，非其利也，故用此以撓我爾，是不可聽。朝廷雖是公言，猶留夏册不遣，而假公諫議大夫以報[六]。公從十餘騎馳出居庸關，見虜於九十九泉，從容坐帳中，辯折往復數十③，卒屈其議，取其要領而還。朝廷遂發夏

① 明年七月某甲子　按，據蔡襄集卷四〇余公墓誌銘，其葬於七月二十七日。
② 已而天子感悟亟復用范公而因之以被斥者皆召還惟公以便親乞知英州　按，據長編卷一二三，授余靖知英州在寶元二年六月甲申，而此時范仲淹知越州，尚未復用。
③ 辯折往復數十　「折」，居士集卷二三余襄公神道碑銘作「言」。

册，臣元昊。西師既解嚴，而北邊亦無事。是歲，以本官知制誥、史館修撰。而契丹卒自攻元昊。明年，使來告捷，又以公往報。坐習虜語，出知吉州[七]。怨家因之中以事，左遷將作少監，分司南京[八]。公怡然還鄉里，闔門謝賓客，絶人事，凡六年。天子每思之，欲用者數矣，大臣有不喜者，第遷光禄少卿于家，又以爲某衛將軍、壽州兵馬鈐轄，辭不拜[九]。

皇祐二年，祀明堂覃恩，遷衛尉卿。明年，知虔州[一〇]，丁父憂去官。而蠻賊儂智高陷邕州，連破嶺南州縣，圍廣州。乃即廬中起公爲秘書監、知潭州，即日疾馳。在道，改知桂州、廣南西路經略安撫使[一一]。公奏曰：「賊在東而徙臣西，非臣志也。」天子嘉之，即詔公經制廣東西賊盜。乃趨廣州，而智高復西走邕州①。自智高初起，交趾請出兵助討賊②，詔不許。公以謂智高交趾叛者，宜聽出兵，毋沮其善意。累疏論之，不報。至是公曰：「邕州與交趾接境，今不納，必忿而反助智高。」乃以便宜趣交趾會兵[一二]。又募儂、黄諸姓酋豪，皆縻以職，與之誓約，使聽節制。或疑其不可用，公曰：「使不與智高合，足矣。」及智高入邕州，遂無外援[一三]。既而宣撫使狄青會公兵，敗賊於歸仁。智高走入海，邕州平。公請服終喪，不許。諸將班師，以智高尚在，請留公廣西，委以後事[一四]。遷給事中，諫官、御史列疏言公功多而賞薄，再遷尚書工部侍郎。公留廣西逾年，撫緝完復，嶺海肅然。又遣人入特磨，襲取智高母及其弟一人，俘于京師，斬之[一五]。拜集賢院學士。

久之，徙知潭州[一六]，又徙青州，再遷吏部侍郎。嘉祐五年，交趾寇邕州，殺五巡檢。天子以謂恩信著於嶺

① 而智高復西走邕州　「西」原作「四」，據庫本及居士集卷二三余襄公神道碑銘改。

② 交趾請出兵助討賊　「討」原作「詩」，據庫本及居士集卷二三余襄公神道碑銘改。

外而爲交趾所畏者①，公也，驛召以爲廣西體量安撫使，悉發荆湖兵以從。公至州，移檄交趾，召其臣費嘉祐詰責之。嘉祐皇恐，對曰：「種落犯邊，罪當死，願歸取首惡以獻。」即械五人送欽州，斬于界上〔一七〕。公還，邕人遮道留之不得。明年，以尚書左丞知廣州。英宗即位，拜工部尚書，代還。道病卒〔一八〕，享年六十有五。

公經制五管，前後十年，凡治六州，所至有惠愛。雖在兵間，手不釋卷。有文集二十卷②、奏議五卷、三史刊誤四十卷③。娶林氏④，封魯郡夫人。子男三人：伯莊，殿中丞，早卒；仲荀，今爲屯田員外郎；叔英，太常寺太祝。女六人，皆適仕族⑤。孫四人⑥，孫女五人。銘曰：

余遷曲江，仍世不顯。奮自襄公，有聲甚遠。始興開國，襲美于前。兩賢相望，三百年間。躔歟襄公⑦，惟邦之直。始登于朝，官有言責。左右獻納，姦諛屏息。慶曆之治，實多補益。逢時有事，奔走南北。功書史官，名在夷狄。出入艱勤，險夷一德。小人之讒，公廢于里。一方有警，公起于家。威行信結，嶺海幽遐。公之在焉，帝不南顧。胡召其還？殞于中路。返柩來歸，韶人負土。伐石刻辭，立于墓門。以貽來世，匪止韶人。

---

① 天子以謂恩信著於嶺外而爲交趾所畏者　「恩」原作「思」，據庫本及居士集卷二三余襄公神道碑銘改。

② 有文集二十卷　按，余靖文集，直齋書録解題卷一七題作「武溪集」。

③ 三史刊誤四十卷　按，通志卷六五藝文略三、文獻通考卷二〇〇經籍考二七引崇文總目皆著録作「四十五卷」。

④ 娶林氏　按，蔡襄集卷四〇余公墓誌銘云林氏爲「贈尚書工部侍郎從周之女」。

⑤ 女六人皆適仕族　按，蔡襄集卷四〇余公墓誌銘稱其「女六人：長適尚書屯田員外郎郭師愈，次秘書丞孫邵，次建州司法參軍周熊，次秘書省校書郎章惇裕，二尚幼」。

⑥ 孫四人　按，蔡襄集卷四〇余公墓誌銘云其「男孫四人：嗣恭、嗣昌，皆太常寺奉禮郎；嗣隆、嗣徽，未仕」。

⑦ 躔歟襄公　「躔」，居士集卷二三余襄公神道碑銘作「偉」。

辨證：

〔一〕余襄公靖神道碑　本碑文又載於歐陽脩居士集卷二三，題曰「贈刑部尚書余襄公神道碑銘」。按，余靖，隆平集卷一四、東都事略卷七五、宋史卷三二〇有傳，蔡襄集卷四〇載有工部尚書集賢院學士贈刑部尚書謚曰襄余公墓誌銘。

〔二〕天聖二年舉進士　涑水記聞卷一〇云：「余靖本名希古，韶州人。舉進士，未預解薦，曲江主簿王仝善遇之，爲言于知韶州者舉制科。知州怒，以爲玩己，捃其罪，無所得，惟得仝與希古接坐，仝坐違勅停任，希古杖臀二十。仝遂閒居虔州，不復仕進。希古更名靖，字安道，取他州解及第。」

〔三〕刊校三史　宋史余靖傳云其「建言班固漢書舛謬，命與王洙并校司馬遷、范曄二史。書奏，擢集賢校理」。按長編卷一一七景祐二年九月壬辰條載「詔翰林學士張觀等刊定前漢書，下國子監頒行。前代經史皆以紙素傳寫，雖有舛誤，然尚可參讎。至五代，官始用墨版摹印六經，誠欲一其文字，使學者不惑。太宗朝又摹印司馬遷、班固、范曄諸史，與六經皆傳。於是世之寫本悉不用。然墨版訛駁初不是正，而後學者更無它本可以刊驗。會祕書丞余靖進言前漢書官本謬誤，請行刊正。詔靖及國子監王洙盡取祕閣古本對校，踰年乃上漢書刊誤三十卷。至是，改舊摹本以從新校，然猶有未盡，而司馬遷、范曄等史尤脱亂，惜其後不復有古本可是正也」。

〔四〕公疏論之坐貶監筠州酒税　長編卷一一八景祐三年五月壬辰條云：「范仲淹既貶，諫官、御史莫敢言，祕書丞、集賢校理余靖言：『仲淹前所言事，在陛下母子夫婦之間，猶以其合典禮，故加優奬。今坐刺譏大臣，重加譴謫。儻其言未協聖慮，在陛下聽與不聽爾，安可以爲罪乎？……陛下自專政已來，三逐言事者，恐非太平之致也。請追改前命。』壬辰，靖落職監筠州酒税。」

〔五〕又增置諫官四員使言天下事公其一人也　長編卷一四〇慶曆三年三月癸巳條云：「侍御史魚周詢爲起居舍人，職方員外郎王素爲兵部員外郎，太子中允、集賢校理歐陽修爲太常丞，並知諫院。周詢固辭之，以太常博士、集賢校理余靖爲右正言，諫院供職。時陝右師老兵頓，京東西盜起，吕夷簡既罷相，上遂欲更天下弊事，故增諫官員，首命素等爲之。」又四月戊申條載以「著作佐郎、館閣校勘蔡襄爲祕書丞、知諫院」。

〔六〕而假公諫議大夫以報　長編卷一五一慶曆四年八月戊戌條載右正言、集賢校理、同修起居注余靖假右諫議大夫、史館修撰爲回謝契丹使。按，余靖前後三使契丹，據長編卷一四四，余靖嘗於慶曆三年十月丁未爲契丹國母正旦使；癸丑條載「諫官余靖使契丹，入辭，書所當奏事於笏，各以一字爲記，凡數十字。上顧見之，指其字，令一一條奏，日幾昃乃罷」。

［七］坐習虜語出知吉州　長編卷一五五慶曆五年五月庚午條云：「知制誥余靖前後三使契丹，益習外國語，嘗對契丹主爲蕃語詩，侍御史王平、監察御史劉元瑜等劾奏靖失使者體，請加罪。元瑜又言靖知制誥，不當兼領諫職。庚午，出靖知吉州。」按，劉攽中山詩話載「余靖兩使契丹，情益親，習能北語，作北語詩。契丹主曰：『卿能道，我爲卿飲。』靖舉曰：『夜宴設邏厚盛也。臣拜洗，受賜。兩朝厥荷通好。情感勤。厚重。微臣雅魯拜舞。祝若統，福祐。聖壽鐵擺嵩高。俱可忒。無極。』主大笑，遂爲醻觴」。

［八］怨家因之中以事左遷將作少監分司南京　涑水記聞卷一〇云：「秘書丞茹孝標喪服未除，入京師私營身計，靖上言：『孝標冒哀求仕，不孝。』孝標由是獲罪，深恨靖。靖遷龍圖閣直學士，王仝數以書干靖求貸，靖不能應其求。孝標聞靖嘗犯刑，詐匿應舉，乃自詣韶州購求其案，得之。時錢子飛爲諫官，方攻范黨，孝標以其事語之，子飛即以聞。詔下虔州問王仝。靖陰使人諷仝令避去，仝辭以貧不能出，靖置銀百兩于茶籠中，託人餉之。所託者怪其重，開視，竊銀而致茶於仝，仝大怒。及詔至，州官勸仝對『當日接坐者余希古，今不知所在』，仝不從，對稱『希古即靖是也』。靖竟坐以左屯衛將軍分司。」又長編卷一五九慶曆六年七月丙申條載「右正言、知制誥、知吉州余靖爲將作少監、分司南京，許居韶州。初，靖爲諫官，嘗劾奏太常博士茹孝標不孝，匿母喪，坐廢。靖既失勢，孝標因與知諫院錢明逸言靖少遊廣州，犯法受笞。明逸即劾奏靖不宜在近侍。靖聞之，不自安，求侍養去。會朝廷下廣州按得其實，……案牘具在，故有是命」。

［九］又以爲某衛將軍壽州兵馬鈐轄辭不拜　長編卷一六六皇祐元年六月丙戌條載「光禄少卿、分司南京余靖爲左神武大將軍、雅州刺史、壽州鈐轄。尋請以舊官侍養，許之。有司議斷禄，賜詔不許」。

［一〇］知虔州　長編卷一七一皇祐三年八月丙戌條載衛尉卿余靖落分司，知虔州。

［一一］在道改知桂州廣南西路經略安撫使　長編卷一七二皇祐四年六月乙亥條載起復前衛尉卿余靖爲秘書監、知潭州，時余靖「居父喪。先是，靖與知韶州者結輯農兵，完葺堡障，共爲守禦計。朝廷聞而嘉之」，故「既即喪次命靖，後七日，改爲廣南西路安撫使、知桂州」。

［一二］乃以便宜趣交阯會兵　按宋史卷二九〇狄青傳云：「始，交阯願出兵助討智高，余靖言其可信，具萬人糧于邕、欽待之。詔

以緡錢三萬賜交阯爲兵費，許賊平厚賞之。青既至，檄余靖無通使假兵，即上奏曰：『李德政聲言將步兵五萬、騎一千赴援，非其情實。且假兵于外以除内寇，非我利也。以一智高而横蹂二廣，力不能討，乃假兵蠻夷，蠻夷貪得忘義，因而啓亂，何以禦之？請罷交阯助兵。』從之。」

［一三］又募儂黄諸姓酋豪至遂無外援　涑水記聞卷一三云：「先朝時，所司奏：余安道募人能獲智高者，有孔目官楊元卿、進士石鎮等十人皆獻策請行，安道一一問之，以元卿策爲善。元卿曰：『西山諸蠻，凡六十族，皆附智高，其中元卿知其一族，請往以順逆諭之，一族順從，使之轉諭他族，無不聽矣。若皆聽命，則智高將誰與處此？必成擒矣。』安道悦，使賫黄牛、鹽等往説之。二族隨元卿出見安道，安道皆補教練使，裝飾補牒如告身狀，慰勞燕犒，厚賜遣之。于是轉相説諭，稍稍請降。」又云：「石鑑，邕州人，嘗舉進士，不中第。儂智高陷邕州，鑑親屬多爲賊所殺，鑑逃奔桂州。智高攻廣州不下，還據邕州。秘書監余靖受朝命討賊，鑑以書干靖，言：『邕州三十六洞蠻，素受朝廷官爵恩澤，必不附智高。曏者從智高東下，皆廣源州蠻及中國亡命者，不過數千人，其餘皆驅掠二廣之民也。今智高據邕州，財力富强，必誘脅諸蠻，再圖進取，若使智高盡得三十六洞之兵，其爲中國患未可量也。鑑素知諸洞山川人情，請以朝廷威德説諭諸蠻酋長，使之不附智高，智高孤立，不足破矣。』靖乃假鑑昭州軍事推官，間道説諸洞酋長，皆聽命。」按，涑水記聞「石鎮」當爲「石鑑」之譌。又，長編卷一七三皇祐四年十一月戊申條載「詔余靖所招九溪峒蠻願助王師者，恐畜姦謀，陰爲賊用，其與狄青、孫沔察防之」。

［一四］請留公廣西委以後事　長編卷一七四皇祐五年二月乙酉條云「仍詔靖留屯邕州，經制餘黨，候處置畢，乃還桂州」。

［一五］又遣人入特磨襲取智高母及其弟一人俘于京師斬之　長編卷一七五皇祐五年十二月丁酉條云：「廣西安撫司言，捕獲儂智高母阿儂及智高弟智光、子繼宗繼封，詔護送京師。……智高敗走，阿儂入保特磨，依其夫儂夏卿，收殘衆約三千餘人，習騎戰，復欲入寇。余靖督部吏黄汾黄獻珪石鑑、進士吴舜舉發峒兵入特磨掩襲，并智高弟、子皆獲之。」宋史卷四九五蠻夷傳三廣源州云至和初，余靖督「發峒兵入特磨掩襲之，獲阿儂及智高弟智光、子繼宗繼封，檻至京師。初未欲殺，日給食飲，欲以誘出智高。或傳智高死，乃悉棄市」。又涑水記聞卷一三云王堯臣（字伯庸）「上言：『智高母致病，不誅無以懲蠻夷，又徒費國財，養之無用，請戮之。』上怒曰：『余靖欲存此以招智高，而卿等專欲殺之耶？』自是群臣不敢言」。按，據長編一八〇，阿儂等人被誅在至和二年六月乙巳，時傳儂智高已死。

［一六］徙知潭州　蔡襄集卷四〇余公墓誌銘云余靖「自言久官嶺外，瘴毒所侵，惟陛下哀憐。又移潭州」。

〔一七〕即械五人送欽州斬于界上　長編卷一九二嘉祐五年八月乙亥條云：「靖至廣西，移檄交阯，召其用事臣費嘉祐詰責之。嘉祐對以近邊種落相侵，誤犯官軍，願悉推治，還所掠及械罪人以自贖。靖信其詐，厚賂遣去。嘉祐既歸，遂不復出。」注曰：「神道碑云『即械五人送欽州，戮于界上』，蓋飾説也。」

〔一八〕道病卒　能改齋漫録卷一八神仙鬼怪秦亭之夢云：「余左丞靖嘗夢人告己云：『官至八座，死在秦亭。』常自思曰：『然則我不過爲天水郡將耳。』其後靖過江寧，泊舟秦淮亭下，得疾而亡。」詩話總龜前集卷三三詩讖門引摭遺云：「余安道自番禺詔赴闕，過韶陽，游龍光寺詩云：『暫離人世界，且至佛家鄉。』議者謂非吉兆，果卒於秦淮亭下。嘗有日者謂曰：『到秦地當有災。』果如其言。」

孫威敏公沔神道碑〔一〕　學士畢仲游代范純禮作〔二〕

故觀文殿學士、行尚書户部侍郎、鄜延路馬步軍都總管、經略安撫使兼知延州、贈兵部尚書威敏孫公既葬之十有二年，其子之文欲爲公墓隧之碑，乃抵高平范純禮，泣血再拜而言曰：「願銘我公之碑。」純禮曰：「嘻！昔先正太師嘗與威敏誌其父，而吾先正與威敏乃景祐、至和之間出入内外①，事仁宗皇帝久，同忠義之人也。純禮聞公之事而不敢忘，銘其可辭？」乃序而銘之。序曰：

公諱沔，字元規，會稽山陰人也。少孤，隨其母家許下，以孝聞。天禧間，舉進士得官〔三〕，爲趙州司理參軍、開封府扶溝縣主簿、保静軍節度推官，號爲能吏。改著作佐郎，遷秘書丞。用韓億、楊偕薦，爲監察御史裏

① 而吾先正與威敏乃景祐至和之間出入内外　「先正」，庫本作「先文正」。按，「先文正」指范仲淹。

行①[四]。景祐元年，將奉册中宫，而明肅太后三年之喪未除，請終制而後行，從之[五]。三司判官許申薦方士能導引行氣，公上言：「氣行於身，隙不在天②，呼吸之間，或紉而爲患，是詭道也。申素無行，不知力耕以圖報，而援詭道以市恩寵，罪在無赦。乞斥遠方士，置申于理。」從之。

會孔道輔、先文正公以言事謫去，而布衣李安世上書[六]，其言皆市井事，不實，下吏。公上言：「安世誠有罪，而欲天下户知之亦難。人見道輔、范某方以言事謫去③，而安世復以上書得罪，當以重法，則安世之罪，人不以爲訕上，而以爲納忠；陛下之法，人不以爲治狂，而以爲拒諫。願寬安世，以慰天下之望。」乃謫知潭州衡山。謫未下，公復上書論視朝雙日之制，曰：「雙日之制行，是一歲三百六旬廢其半也，而誕辰、嘉節、休日、受釐又廢三分之一。然則一歲之中，視朝者纔百餘日耳。而大臣奏事殿中，率漏下數刻而退，天下之務，豈不曠哉？」因極言事得失，乃復謫監永州酒④。徙通判潭、處、楚州⑤。

召爲左正言⑥，同知諫院。公入諫，建言：「治道之本在家，並后之寵，漸不可長，請立貴近夫人爲宫師，以

---

① 爲監察御史裏行　「裏」原作「衷」，據文海本、庫本及東都事略、宋史孫沔傳改。

② 隙不在天　「天」，庫本及宋朝諸臣奏議卷八四孫沔上仁宗論許申安薦狂人作「大」。

③ 人見道輔范某方以言事謫去　按，長編卷一一五景祐元年十二月癸未條云「況自道輔、仲淹被黜之後」，因本碑文乃代范純禮撰，故「仲淹」改作「范某」。

④ 乃復謫監永州酒　「永州」，東都事略孫沔傳作「衡州」，不確。

⑤ 徙通判潭處楚州　按，宋史孫沔傳云其「移通判潭州，知處州，復爲監察御史，再知楚州」；東都事略孫沔傳作「移通州，知處州，遷監察御史，又知楚州」。則孫沔乃遷潭州通判，再知處州、楚州，本碑文云云不確。又，東都事略孫沔傳云「通州」者亦不確。

⑥ 召爲左正言　「左正言」，宋史孫沔傳同，東都事略孫沔傳作「右正言」。又，長編卷一二七康定元年五月丁巳條作「右正言」，而卷一三二慶曆元年五月壬戌條作「左正言」。

肅內政。」又言：「內侍遷官不以次，非故事，可止。都知、押班舊班閤門、引進之下，今序於上，可復。內降之出，斜封之弊也，可革。」其年二月，豫王薨，仁宗皇帝欲厚葬之，期以五月。公言：「啓土礱山，期日迫難就。非特此也。自元昊盜邊，三司力屈。今一品之葬，其飾頗繁，而祔葬者復衆，非五六年計不可①，是又益一邊費也。元昊之窺中國久矣，以水旱不調，謂得天時；以將帥不和，謂合人事。如因我之役工倉猝之際，悉力幸災，以驚邊吏，則重爲陛下之憂，豈可不慮？願緩葬期，以俟西事之定。」書凡再上〔七〕。是時上悼豫王甚，人莫敢言者，公獨言之自如也。

元昊使高延德奉書至延州，聲言請和，而猶載所僭位號名而不臣。是時先文正公爲延州帥，以書責而還之。聞諸朝，執政議不一，故曰：「范某可斬也〔八〕。」公言：「范某有時望，士多歸之。今爲邊帥，得士卒心，元昊之所憚，故使延德奉不正之書至塞下，欲間范某而去之。今執政之議不一，如使元昊刺知，佯爲交結之意，而致慢言於朝，則范某逐，是元昊之計行也。」居無何，元昊果使延德奉書至闕下〔九〕，有慢言，如公所策。先文正公纔降一官，知耀州〔一〇〕。

西師未解，上日夜以爲憂，乃移永興軍夏竦知鄜州、陳執中知涇州，各爲路分總統以應敵。公曰：「西寇可平矣，而北虜不可不備。」乃上言：「陛下勞心於西，而隙在北。夷狄之人見利忘義，誓書不可常守也。願移高經宣守定，王果守瀛，何九齡守安肅，程琳守真定。更選良吏居貝②、冀、洺，益團諸州步騎屯於真定、高陽、大名三州，則誓書始言可守矣。」先是，京師久陰不雨，蒙氣蔽日。公言：「傳稱：『皇之不極，厥咎常陰，必有下人謀上

① 非五六年計不可　長編卷一三一慶曆元年二月己亥條作「非五十萬計不可」。
② 更選良吏居貝　「貝」原作「具」，按宋史卷八六地理志二載河北有貝州而無「具州」，據改。

者。』願陛下嚴左右，察姦謀，以消天變。」未幾，北人果遣汎使叛盟，而禁中衛士竊發，捕得伏誅。公既見事輒言，無所迴避，上倚用之，而權倖側目。乃薦田況、歐陽脩、張方平、曾公亮、蔡襄、王素可任諫官自代，遂遷工部員外郎，出提點兩浙路刑獄公事。

遷起居舍人、陝西轉運使，就除天章閣待制，爲都轉運使。移環慶路經略安撫使、知慶州，徙知渭州，復知慶州[一一]。當大閱，軍成列矣，公按轡徐行不前，遂罷。而天大風折木，塵霧晝晦，人方服公而不之測也。會杜祁公、富韓公、先文正公相繼去，徙知陝州。移河東路轉運使，除龍圖閣直學士，復知慶州，改樞密直學士、知益州。丁內艱。服除，爲陝西都轉運使，知徐州[一二]，遷右諫議大夫、秦鳳路經略安撫使、知秦州。

皇祐四年，廣源蠻儂智高反，陷邕管，連陷緣江九郡，掠廣州，官軍數敗，中書不時以聞。公適過京師，入見，仁宗皇帝勞公，且曰：「智高反，吾欲畀卿以南事。今南事稍息，西州之寄秦爲重，卿其行也。」公頓首謝，因曰：「誰告陛下以南事息者？臣聞智高掠邕、廣，收寶聚以億計，日縱酒高會，亡命歸之者不絕。臣料之，南事恐未息也。」居一日，楊畋、蔣偕軍敗聞，上謂左右曰：「孫某固言之矣。」遂還公以爲湖南江西安撫使[一三]。智高既掠廣州，移兵北首，欲度嶺，江、湖以南皆驚，人心洶洶。公聞，乃檄江西、湖南，令「極辦營宇犒賞，大軍且至」。人遂安不搖，智高亦不敢度嶺。行至鼎州，詔以公爲廣南東西路安撫使，而以樞密副使狄公青爲宣撫使。自智高反，諸將用兵，各以所利進退而無節制，故數敗。公至，下令曰：「出兵而無節制，遺賊擒也。自今已往，一以節制從事，不用節制而勝，猶敗也。」狄公青至，問公曰：「事將何如？」公曰：「欲知我之勝負，則料敵得失可也。爲智高之策有三：遷兵巢穴，伏而不出，上策；守邕州以老我師，中策；揀其衆進戰，與我較一日之勝，下策。然智高猝起，官軍數敗，橫行嶺外，有驕我心。戰勝而驕，輕與我戰，不難敗也。」狄公青大喜，然之。軍行至歸仁，智高果棄邕州出戰。

先是，公辭未行，請挾騎兵爲奇，不許。既行踰嶺，使更製大刀長斧，雜短兵用之，人亦以爲非是。狄公青來，始益騎兵三千。及戰歸仁，望智高軍皆翳蠻盾，翼兩襟，置陣甚堅①，矢石不可動。乃先伏騎兵於山間，而更用短兵搏戰。得所製大刀長斧，襟盾始破散。所伏騎兵亦繞出智高軍後麾之，呼聲動山谷，蠻人死者過半，遂大敗。智高率其餘衆逃入海〔一四〕，嶺南平。

公自爲御史臺官，數引大體言事，天下稱之。後去言路外徙，稍遷至侍從帥邊，滋有時望。國家有緩急，未嘗不在選中。及平智高，入見，仁宗皇帝解所服玉帶賜之，遷給事中，且大用矣。而公固請居外治民，得杭州。至睢陽，召還爲樞密副使〔一五〕。公既在位，益感激任事，數爲上陳治道，及論列它得失，每言輒盡，有不悦公者。會貴妃張氏薨，治喪皇儀殿，詔葬爲園陵，禮官謚曰「恭德」。公言：「太宗四后，皆謚曰『德』，從廟謚也。而郭氏、張氏二后不聞有謚。今謚妃子曰『恭德』，雖禮官之罪，而實貽譏于陛下。」因併論皇儀治喪、詔葬爲園陵非是②。遂改謚温成，園陵亦罷。已而詔公讀温成哀册，公奏言：「章穆皇后喪，比葬，行事皆兩制官。而温成追謚，反詔二府大臣行事，不可。」翌日，執册立前陳故事，且曰：「以臣孫某讀册則可，以樞密副使讀册則不可。」置册而退。宰相陳執中取而讀之。遂以資政殿學士出知杭州〔一六〕。歲滿，加大學士，知青州。

麟府將郭恩輕出軍敗，乃以公爲觀文殿大學士、尚書禮部侍郎、河東路經略安撫使、知并州。過鄭，而夏人之使適至州，除館以待之。公止其館未行，州將以告，公曰：「彼陪臣也，豈吾所當避者？」不去，州改館以待夏人，夏

① 翼兩襟置陣甚堅　「襟」原作「標」，據文海本、庫本及下文改。按，底本闕「襟置陣甚堅」至「不畏强禦而輕進退」一葉，據鐵琴銅劍樓本、庫本補。又，底本此處錯置別書一葉，不詳其爲何書與撰者，然其文字亦涉及孫沔事跡，故特附録於篇末。

② 因併論皇儀治喪詔葬爲園陵非是　「園陵」原作「國陵」，據文海本、庫本及上下文改。

人亦不敢言。未至河東，是時虜占有麟州故地，争不已。公至，乃徙其衆遠去。後陰遣問至河東，捕得，公遺金帛而還之。夏人亦畏公，不敢近邊。初，公守杭州。州人喜浮圖法，男女晝夜雜會，其徒因伏匿爲姦，遂以成俗。公出過市中，有塔廟甚麗，公命撤之①，皆重扉複墻，得亡逸婦女百數，因併捕其徒置于法[一七]，杭人懲艾，俗遂革。而其罪人散去，往往造爲飛語以中傷公。會樞密使田況病，參知政事王堯臣薨，上問公所在，欲召用，而言者果以飛語聞上，上不信，封其章示公。上適小不豫，言者乘而益讙，遂罷河東，知壽州，道貶寧國軍節度副使[一八]。久之，以光禄卿分司南京②。起知杭州，公不起而請老，遂以禮部侍郎致仕[一九]，居符離。明年，英宗皇帝即位，遷户部侍郎③。當文忠在西府，薦公材略絶衆，不畏强禦而輕進退，今雖老矣，猶壯也可用。英宗亦雅知公名，遂以資政殿學士起公知河中府[二〇]，詔趣上道，辭不獲，入見，英宗以官召之而不名也。比退，曰晏。改觀文殿大學士、知慶州，徙知延州。道得疾，聞上，上使中貴人挾醫視公，賜黄金、良藥。公泣曰：「老臣蒙上知，未效犬馬而病，死目不瞑矣。」四月甲申薨于鄜州④，年七十一。

公爲御史、諫官有名，及平智高之亂，人以古之將帥處之。後爲樞密副使，争温成事罷去，人又以古之輔相期之。然公天資警絶，敏於事，尤能決煩去惑，方事至前，衆持難，相倚徘徊，未有所定，公至出片言，遂以無事。其爲政尚方略耳目，人莫能測知。縛制强豪，一切以理，爲人所稱道。在符離，時莊獻明肅太后共政，州守江鈞有墜言於坐中，爲通判者欲上其事，州官皆往謝之，至再拜而請，不許。公獨後至，不拜，通判怒，乃曰：「而與守

---

① 公命撤之 「撤」原作「撒」，據文海本、庫本改。

② 以光禄卿分司南京 「南京」，長編卷一九一嘉祐五年六月戊辰條下作「西京」。

③ 遷户部侍郎 「遷户部」三字原闕，據宋史孫沔傳補。

④ 四月甲申薨于鄜州 「四月」原作「四年」，據長編卷二〇八治平三年四月甲申條改。

同耶？」公曰：「守今謫去，異時之資也。公今陷守，異時無葬所矣。」通判悟，大恐，返謝守而與之歡①。在慶州，時特支絹帛惡，軍中口語藉藉，公聞之，大饗士。優人以估帛爲俳語以進，公召謂曰：「邊城無警，士衣食縣官，不見敵，數蒙上賞賜，未知所以報効，而汝敢以上賜爲戲②，可斬也。今姑舍汝死③。」竄之。軍中帖服。

皇祐五年，契丹使來，請曰：「願觀廟樂而歸。」上以問宰相，陳執中曰：「樂非祠享不作，請以是告之。」公時在西府，乃曰：「此可告而未能止也。願使告之曰：『廟樂之作，以祖有功、宗有德，而詠歌之也。使者能留與吾祭，則可觀。』」仁宗使人告之，使者乃退。有中人嘗任外官，率它武臣上書乞遷，仁宗曰：「法不可得也。」訴不已，仁宗以語公，公曰：「臣請退而問之。」乃召問曰：「曩汝在邊，某軍當給帛，汝不時給，何耶？」對曰：「帛，官物也，不敢妄以與人。」又問曰：「某人戰，當奏功，汝不時奏，何耶？」對曰：「是幸賞也，故不奏。」公曰：「而能知此，而返自爲，何耶？」皆皇懼再拜趨出。

初至杭州，屬縣令來謁請辭，公曰：「吾欲與令從容。」余杭令黄世永曰：「前日縣有剽行路錢六十萬者，請往捕之。」公曰：「無煩令往也。」翌日張宴，賓客滿堂，坐未定，捕盜者已得盜至矣。桐廬遂昌民楊日用以猾居鄉里，人患苦之，令尉至者必與之交而行其私，否則持其長短陷之，前後所陷令尉甚衆。令沈紳免官過杭，公問其故，紳具言爲日用所陷。公曰：「此可治也。」乃使吏受紳辭，檄桐廬捕日用屬吏。其子私與鈐轄吏宋昇飲酒，酒酣，出黄金一斤以遺昇。酒未竟，公使人逮捕昇至廷，問：「楊日用事，汝預也？」昇曰：「不預。」「然則酒酣遺汝

---

① 返謝守而與之歡　「歡」原作「歎」，據庫本改。

② 而汝敢以上賜爲戲　「汝」原作「汶」，據庫本及下文改。

③ 今姑舍汝死　「舍」，庫本作「赦」。

之金，以何事也？」昇情得，皇恐謝。即黥日用，并其子流之，昇亦抵罪。杭人以此畏公①，重足一跡，不敢爲姦，雖窮里空舍，皆如公在其旁。滕甫、楊忱游公門，以材自負，不信曰：「是安能皆知之？」乃相謂曰：「居明日之湖上，游蘭若，素約而不往，若縱飲而行博，公安能知我哉？」及其往，未坐，有呼於門甚急，曰：「公使人遺二客。」持小奩，發之，五木也，大驚，乃服公之筭也。

故相國王珪嘗誌其墓，凡公之行事與三代封爵贈謚、所娶所生之子[二二]，皆誌之矣，故今專序公出處進退之本末。有略之者，以其見於誌也。其異於誌者：子之文，今爲承議郎、管勾杭州洞霄宮。幼女，適朝散郎、司勳郎中莊公岳。孫男六人，孫女六人。孫男：長某，早亡；延壽，爲豪州司户參軍②；延賓、延宏、延通、延祖，未仕。孫女之長者適前進士黎確。而子之文集録公之詩、文章、奏議，爲集二十卷③，藏之家。銘曰：

在昔仁祖，好是文武。文而皐益，武也方虎。德名參會，熙我王度。在時威敏，出以類鳴。作而有言，如金

---

① 杭人以此畏公　「杭」原作「抗」，據庫本及上文改。

② 爲豪州司户參軍　按，「豪州」，宋吴曾能改齋漫録卷九辨豪州字誤云：「洪慶善辨韓退之徐泗豪三州節度掌書記廳石記曰：『豪』今誤作『濠』。唐地理志云『「濠」初作「豪」，元和三年刺史崔公表請其事，由是改爲「濠」，取水名也』。退之作記在貞元十五年，尚爲『豪』。諸本作『濠』，誤矣。以上皆洪説。予按杜佑通典：『濠州，春秋末鍾離子之國，至晉僑置徐州。安帝時置鍾離郡，宋齊因之，兼置徐州，梁因之。北齊改爲西楚州，隋改曰濠州，因濠水爲名。濠，音豪。煬帝復置鍾離郡，唐武德八年爲濠州，或爲鍾離郡。』然則據佑所言，初不見『豪』字，兼亦不本於唐，自隋改曰濠州矣。況佑所上通典在貞元十年，及稱『因濠水爲名。濠，音豪』，其誤甚明。以此知韓文作『濠』爲是，而所以致洪之辨者，地理志之失耳。」然隋書卷三一地理志下云：「鍾離郡，後齊曰西楚州，開皇二年改曰豪州。」通鑑卷二〇一注亦云：「濠州，漢鍾離縣地，晉安帝分置鍾離郡，梁置北徐州，後齊曰西楚州，隋開皇二年改曰豪州，唐曰濠州。」又宋王溥唐會要卷七〇州縣改置上曰「豪州，元和三年六月改豪州字爲『濠』，失印故也」。可證唐元和三年確嘗改豪州爲濠州，吴曾辨豪州字誤云云不確。又按，碑文此處「豪州」亦當作「濠州」。

③ 爲集二十卷　宋史卷二〇八藝文志七著録孫沔集十卷。

奏廷。沄沄谹谹，衆耳以傾。嶺巒睢盱，我則轢之①。夏童陸梁，我則斥之。以言以功，帝用識之。識而在位，正直是謀。有猷有言，天子之休。公言孔嘉，昧者是疑。或違或行，公守不移。奉册而告，置册而辭。辭而抑抑，南國是式。惟蠹是抉，惟姦是擿。擿姦抉蠹，人莫予測。窮里突奥，如公在側。既用而張，亦毁而折。毁而譽還，如火燁燁。今雖遠矣，而猶不殁。非鼎而名，有山之石。

辨證：

[一] 孫威敏公沔神道碑　按，孫沔，隆平集卷一一、東都事略卷七〇、宋史卷二八八有傳。

[二] 學士畢仲游代范純禮作　畢仲游（一〇四七～一一二一年）字公叔，代州雲中人。舉進士，歷集賢校理、祕閣校理等職，官至禮部郎中。東都事略卷四一、宋史卷二八一有傳。又，范純禮（一〇三一～一一〇六年）字彝叟。范仲淹子。官拜尚書右丞。東都事略卷五九下、宋史卷三一四有傳。

[三] 天禧間舉進士得官　隆平集孫沔傳稱其天禧三年登進士第。

[四] 爲監察御史裏行　長編卷一一四景祐元年五月辛未條稱「監察御史裏行始此」。

[五] 將奉册中宫而明肅太后三年之喪未除請終制而後行從之　按長編卷一一五景祐元年九月乙巳條云當時「有司奏用冬至日行册禮，監察御史裏行會稽孫沔言莊獻三年之喪未除，請終制而後行，祕書丞曲江余靖亦以爲言，不報」。又十一月己丑條載「册皇后」。按，碑文「從之」云者，飾詞也。

[六] 而布衣李安世上書　按，長編卷一一五景祐元年十二月癸未條、皇朝編年綱目備要卷一〇景祐二年正月「貶孫沔」條、太平治迹統類卷九仁宗諸臣謀國遠略、宋史孫沔傳皆稱李安世乃同安縣尉，則非布衣。又長編卷一一五景祐元年十二月癸未條載孫沔上言有

① 我則轢之　「轢」，庫本作「鑠」。

「今竊見上封事人同安縣尉李安世輒因狂悖，妄進瞽言，不識朝廷之儀，惟摭市井之事，毀欺日月，干犯雷霆，死有餘辜，身不容責」云云。

［七］書凡再上　長編卷一三一慶曆元年二月己亥條稱其「書凡再上，不報」。

［八］范某可斬也　長編卷一三一慶曆元年四月癸未條云時「大臣皆謂仲淹不當輒與元昊通書，又不當焚其報」，故參知政事宋庠「因言於上曰：『仲淹可斬也！』」

［九］元昊果使延德奉書至闕下　長編卷一三一慶曆元年四月癸未條注曰：「按高延德之來，初無書，以仲淹與元昊書可考也。畢仲游作沔神道碑，乃云延德奉書至延州及闕下，誤矣。元昊有書，蓋因韓周使歸。……高延德雖詔令赴京師，然已先爲仲淹發回夏州，及韓周使還，不云與延德俱，不知延德復還或否也，果復還，且赴京師，亦無書。元昊所遣使與韓周俱還者，要未嘗到闕下也。」

［一〇］先文正公纔降一官知耀州　長編卷一三一慶曆元年四月癸未條載范仲淹自户部郎中降爲户部員外郎，自知延州遷知耀州，「職如故」。故稱「纔降一官」。

［一一］知慶州徙知渭州復知慶州　長編卷一四五慶曆三年十一月己巳條載陝西都轉運使、起居舍人、天章閣待制孫沔爲禮部郎中、環慶路都部署、知慶州。又卷一四九慶曆四年五月己巳條載徙知慶州孫沔知渭州，尹洙知慶州，「用歐陽修之議也」。卷一五〇慶曆四年六月癸卯條云改新知慶州孫沔復知慶州，新知慶州尹洙知晉州，云「始朝廷欲卒城水洛，故令洙與沔易任，沔以病辭，乃別徙洙。於是渭州闕守，詔委狄青」。故諫官余靖言之，有曰：「且慶州極邊，帥府非養病之地。伏乞朝廷別選才智之人以守渭州，兼進止一路兵馬專委狄青鬬將之事。其孫沔儻或不病，則當發遣赴任渭州。如實有病，即召歸京師診理，所以示朝廷憂邊謹罰之意。」則孫沔「託疾不行」，實爲避免捲入築水洛城而引起之紛爭。

［一二］知徐州　長編卷一七〇皇祐三年七月乙亥條云：「初，龍圖閣直學士、吏部郎中孫沔既除母喪，授陝西都轉運使。沔求知明州，許之。於是京東多盜，乃徙沔知徐州。沔明購賞誅罰，盜以故止。」又，折獄龜鑒卷七察賊趙廣漢條按云：「孫沔副樞知徐州時，淮陽軍有强盜數人，捕之急，過徐境，沔即知之。方晏客，淮陽檄至，召吏諭曰：『淮陽賊幾人，易衣冠舍某處。』少頃，皆捕至庭下。」

［一三］遂還公以爲湖南江西安撫使　長編卷一七三皇祐四年八月辛卯條載改新知秦州孫沔爲荆湖南路江南西路安撫使，云「沔初入見，帝以秦事勉之，對曰：『臣雖老，然秦州不足煩聖慮，陛下當以嶺南爲憂也。臣覩賊勢方張，官軍朝夕當有敗奏。』既而聞張忠

死，蔣偕敗，帝諭執政曰：『南事誠如沔料。』宰相龐籍因奏遣沔行，故有是命，仍許沔便宜從事」。則孫沔未嘗赴秦州任，而改任嶺南。

［一四］智高率其餘衆逃入海　按，據長編卷一七四皇祐五年正月丁巳條，儂智高敗於歸仁，「復趨邕州，王師追奔五十里」，故「智高夜縱火燒城遁，由合江入大理國」。則碑文所云不確。

［一五］召還爲樞密副使　涑水記聞卷五云時參知政事梁適「意以（高）若訥爲樞密使，位在己上，宰相有缺，若訥當次補；（狄）青武臣，雖爲樞密使，不妨己塗轍，故於上前爭之。既不能得，退甚不懌，乃密爲奏，言狄青功大，賞之太薄，無以勸後；又密令人以上前之語告青；又使人語内侍省押班石全彬，使於禁中自訟其功，及言青與孫沔褒賞太薄，適許爲外助。上既日日聞之，不能無信。頃之，兩府進對，上忽謂（龐）籍曰：『平南之功，前者賞之太薄，今以狄青爲樞密使，孫沔爲樞密副使。』」按，龐籍時爲宰相。

［一六］遂以資政殿學士出知杭州　按長編卷一七六至和元年二月壬戌條云：「樞密副使、給事中孫沔數言追册温成於禮不可，且曰：『皆由佞臣贊茲過舉。』宰相陳執中等甚銜之。沔不自安，力求解職。」遂授資政殿學士、知杭州。

［一七］因併捕其徒置于法　長編卷一七六至和元年二月壬戌條云「浙俗貴僧，或縱婦女與交，沔嚴察之，杖配者甚衆」。

［一八］遂罷河東知壽州道貶寧國軍節度副使　宋史孫沔傳云：「諫官吴及、御史沈起奏沔淫縱無檢，守杭及并所爲不法，乃徙壽州。詔按其迹，而使者奏：『沔在處州時，於遊人中見白牡丹者，遂誘與姦。及在杭州，嘗從蕭山民鄭昊市紗，昊高其直，沔爲恨。會昊貿紗有隱而不税者，事覺，沔取其家簿記，積計不税者幾萬端，配隸昊他州。州人許明有大珠百，沔妻弟邊珣以錢三萬三千强市之。沔愛明所藏郭虔暉畫鷹圖，明不以獻。初，明父禱水仙大王廟生明，故幼名『大王兒』。沔即捕按明僭稱王，取其畫鷹，刺配之。及沔罷去，明詣提點刑獄，斷一臂自訟，乃得釋。杭州人金氏女，沔白晝使吏卒輿致，亂之。有趙氏女已許嫁莘旦，沔見西湖上，遂設計取趙女至州宅，與飲食卧起。所刺配人以百數，及罷，盜其案去，後有訴冤者多以無案，不能自解。在并州，私役使吏卒，往來青州、麟州市賣紗、絹、綿、紙、藥物。官庭列大梃，或以暴怒擊訴事者，嘗剔取盜足後筋斷之。』奏至，乃責寧國節度副使，監司坐失察，皆被絀。」隆平集孫沔傳亦云：「在杭、并，淫資貪暴，杭州黜配人以百數。及徙青州，皆竊其文案以行，而訴者無以自解。慶曆初，監司稱寬弛，故加轉運司按察之名。自是，雖將相大臣出守方郡者，不免窘辱，遂罷去按察，稍抑其權。而嘗歷要官者，輒復輕肆。及沔之罷，監司皆坐黜。」

［一九］起知杭州公不起而請老遂以禮部侍郎致仕　宋史孫沔傳云其「居宿州。會恩，知濠州，以尚書禮部侍郎致仕」。按，長編及

東都事略孫沔傳亦未載其嘗「起知杭州」事，此處所云疑不確。

〔二〇〕當文忠在西府至遂以資政殿學士起公知河中府　宋史孫沔傳云：「帝與執政議守邊者，難其人，參知政事歐陽脩奏：『孫沔向守環慶，養練士卒，招撫蕃夷，恩信最著。今雖七十，心力不衰，中間曾以罪廢，然宜棄瑕使過。』遂起爲資政殿學士、知河中府。」又長編卷二〇四治平二年正月癸酉條載：「參知政事歐陽脩言：『諒祚猖狂，漸違誓約。朝廷禦備之計，先在擇人。而自慶曆罷兵以來，當時經用舊人，唯户部侍郎致仕孫沔尚在。沔守環慶，養練士卒，招撫蕃部，恩信著於一方。今雖七十，聞其心力不衰，飛鷹走馬，尚如平日。雖中間曾以罪廢，棄瑕收使，政是用人之術。欲乞朝廷察訪，特加獎用，庶於人才難得之時，可備一方之寄。』詔以沔爲資政殿學士、知河中府。」

〔二一〕凡公之行事與三代封爵贈謚所娶所生之子　長編卷二〇八治平三年四月甲申朔條云孫沔「卒于道，贈兵部尚書，謚曰威敏。沔居官以才力聞，强直少所憚，然喜燕遊女色，故中間坐廢。妻邊氏，肅之孫，悍妬爲一時所傳」。

附録：

按，此下文字乃一葉殘文，底本錯置於孫威敏公沔神道碑「望智高軍皆翳蠻盾，翼兩」至「今雖老矣」間，不詳撰者爲誰，且爲何書，然其文字亦涉及孫沔事跡，且未見他書記載，故特附録於左。

（上闕）軍對壘，士卒惶恐，皆有退懼不敢直前之態。狄公見之，因呼智高曰：「率土之濱，莫非王臣。汝食宋之粟，履宋之土，何負固不服，蠢動一隅？若徒恃以勇，終必至敗，何如早順歸正，是爲達者。」智高曰：「兩軍相遇，止知勝負；兵刃相接，有死無二。此外某未有知也。」狄公曰：「今日之言，試爲子悟耳。來日定戰。」各返。深夜，狄公私與公謂曰：「敵我之勢，勇怯相殊，智高之兵，屢戰屢勝，意氣甚鋭，有不戰而屈人之勢。朝廷素受其侮，而楊畋、蔣偕新敗，吾軍見之，不鬬而自寒，不戰而股栗，觀其鋒，誠未易可挫。爲今日計，必先鼓三軍之氣，勵士卒之勇，然後與之戰。」越一日，狄公爲士卒約曰：「今我與智高戰，勝負誠未可知。若我勝，則擲百文錢，字字皆仰。如不勝，則參差不一。」言畢，遂以錢擲地，視之則皆字文仰也。公喜甚，即命以針釘地，俟破敵後而取。於是軍心始肅，欣然破賊，全無畏懼。智高因屢勝之後，自恃莫敵，虎踞崑崙，揚威必勝之形。狄公又謂公曰：「窺智高之兵，鋭氣方利，若漫爲之戰，亟難取勝，必先示之以怯，驕其氣，然後出奇兵擊之，則成禽矣。青先引一軍精騎，從間道潛進，俟其出戰，即抵其嶺，奪關斬將，攻殺其後，使彼不測，捄援不及。」公然之。時值上元，狄公晏飲將士，遂引精騎三千，從間道啣枚疾進。及智高與公戰，智高長驅直入，公命以弩射之。智高曰：「屢敗之軍，止能射陣，豈解殺敵！」鼓噪而進。公又命弩稍退。智高曰：「是即敗也。」奮勇追襲。公乃使大刀長斧雜戟短兵奮擊砍殺。智高怒，命將士死鬭，無許生還。兩軍鏖戰，劍戟相迎，嶺後一軍突地飛至，智高駭，主持不敵，遂大敗，亟奔嶺，嶺已陷失，斷無歸路，智高遁逃，一軍覆没。公與狄公會軍掩襲，奪其輜重，斬俘獲覬，智高遂平。狄公與公即撫士民曰：「禍亂之作，在於一人，若爾士民，皆係無辜。今已殄滅，毋自驚惶。」見有傷者，亟視醫藥，并賚以錢。公凱奏曰：「臣蒙不棄，苟以重任，得司征伐，殄寇剿氛。更藉狄青戮力同心，運籌有謀，設施有法，鼓三軍之鋭氣，勵士卒之忠勇，深入敵境，奮不顧身，殲邊隅、醜惡，戡屢叛之强逞。苟非禦寇奇才，何能頓息安民？若臣狄青，可稱周之散宜，漢之亞夫。」上深嘉之。遷給事中，知杭州，召拜樞密副使，賜金百兩，衣帶、厩馬。公辭曰：「臣老矣，願歸故鄉，守廬墓。」上曰。（下闕）

名臣碑傳琬琰集上卷二十四

歐陽文忠公脩神道碑[一]　文定公蘇轍[二]

熙寧五年秋七月①，歐陽文忠公薨于汝陰②。八年秋九月③，諸子奉公之喪葬于新鄭旌賢鄉[三]。自葬至崇寧五年，凡三十有二年矣。公子棐以墓隧之碑來請，轍方以罪廢于家，且病不能執筆，辭不獲命，乃曰：「病苟不死，當如君志。」既而病已。謹按：

歐陽氏自唐率更令之四世孫琮爲吉州刺史，後世因家于吉。曾祖諱郴，南唐武昌令，贈太師、中書令。妣劉氏，追封楚國太夫人。祖諱偃，南唐南京衙院判官④，贈太師、中書令兼尚書令。妣李氏，追封吴國太夫人。考

---

① 熙寧五年秋七月　「秋七月」，歐陽脩全集附録卷三行狀、安陽集卷五〇故觀文殿學士太子少師致仕贈太子太師歐陽公墓誌銘皆稱歐陽脩卒于「閏七月二十三日」。此處當脱「閏」字。

② 歐陽文忠公薨于汝陰　「歐陽」上，欒城集後集卷二三歐陽文忠公神道碑有「觀文殿學士、太子少師致仕」十一字。

③ 八年秋九月　「九月」，歐陽脩全集附録卷三行狀作「九月二十六日」。

④ 南唐南京衙院判官　「衙院」，歐陽脩全集附録卷三行狀、安陽集卷五〇故觀文殿學士太子少師致仕贈太子太師歐陽公墓誌銘作「街院」，不確。

諱觀，泰州軍事推官①，贈太師、中書令兼尚書令，封鄭國公。妣鄭氏，追封韓國太夫人。

公諱脩，字永叔。生四歲而孤，韓國守節自誓，親教公讀書，家貧，至以荻畫地學書。公敏悟過人，所覽輒能誦。比成人，將舉進士，爲一時偶儷之文，已絶出倫輩。翰林學士胥公時在漢陽[四]，見而奇之，曰：「子必有名於世。」館之門下。公從之京師，兩試國子監，一試禮部，皆第一人[五]，遂中甲科，補西京留守推官。始從尹師魯遊，爲古文，議論當世事，迭相師友。與梅聖俞遊，爲歌詩相倡和。遂以文章名冠天下。留守王文康公知其賢，還朝薦之[六]。景祐初召試，遷鎮南節度掌書記、館閣校勘。

時范文正公知開封府，每進見，輒論時政得失，宰相惡之，斥守饒州。公見諫官高若訥，若訥詆誚范公，以爲當黜②，公爲書責之，坐貶峽州夷陵令[七]。明年，移乾德令[八]，復爲武成節度判官。康定初，范公起爲陝西經略招討安撫使，辟公掌書記。公笑曰：「吾論范公，豈以爲利哉？同其退，不同其進，可也。」辭不就[九]。召還，復校勘，遷太子中允，與修崇文總目。慶曆初，遷集賢校理，同知太常禮院。求補外，通判滑州事。

時西師未解，契丹初復舊約，京東西盜賊蜂起，國用不給。仁宗知朝臣不任事，始登進范公及杜正獻公、富文忠公、韓忠獻公，分列二府；增諫員，取敢言士。公首被選，以太常丞知諫院[一〇]，賜五品服[一一]。未幾，修起居注。公每勸上延見諸公，訪以政事。上再出手詔，使諸公條天下事，又開天章閣召對賜坐，給紙筆使具疏于前。諸公惶恐退而上時所宜先者十數事，於是有詔勸農桑，興學校，革磨勘、任子等弊，中外悚然。而小人不便，

① 泰州軍事推官　欒城集後集卷二三歐陽文忠公神道碑作「秦州軍事推官」，歐陽脩全集附録卷三行狀、安陽集卷五〇故觀文殿學士太子少師致仕贈太子太師歐陽公墓誌銘、本書中集卷四〇瀧岡阡墓表皆作「泰州軍事判官」。按，作「秦州」者誤，作「推官」者亦不確。

② 以爲當黜　「黜」原作「默」，據庫本及欒城集後集卷二三歐陽文忠公神道碑改。

相與騰口謗之。公知其必爲害，常爲上分別邪正，勸力行諸公之言[一二]。

初，范公之貶饒州，公與尹師魯、余安道皆以直范公見逐，目之黨人。自是朋黨之論起，久而益熾。公乃爲朋黨論以進[一三]，言君子以同道爲朋，小人以同利爲朋，人君但當退小人之僞朋，用君子之真朋。其言懇惻詳盡。其後諸公卒以黨議，不得久留於朝。公性疾惡，論事無所回避，小人視之如仇讎，而公愈奮厲不顧。上獨深知其忠，改右正言、知制誥[一四]，賜三品服，仍知諫院。故事，知制誥必試。上知公之文，有旨不試，與近世楊文公、陳文惠公比，逮公三人而已。嘗因奏事，論及人物，上目公曰：「如歐陽脩，何處得來[一五]？」蓋欲大用而未果也。

四年，大臣有言河東芻粮不足，請廢麟州，徙治合河津，或請廢其五寨，命公往視利害[一六]。公曰：「麟州天嶮，不可廢也。麟州廢，則五寨不可守。五寨不守，則府州遂爲孤壘。今五寨存，故虜在二三百里外；若五寨廢，則夾河皆虜巢穴，河内州縣皆不安居矣。不若分其兵駐並河清塞堡，緩急不失應副，而平時可省轉輸。」由是麟州得不廢。又言：「忻代州、岢嵐火山軍並邊民田廢不得耕，號爲禁地。吾雖不耕，而虜常盜耕之。若募民計口出丁爲兵，量入租粟以耕，歲可得數百萬斛。不然，它日且盡爲虜有。」議下，太原帥臣以爲不便，持之久之乃從[一七]。凡河東賦斂過重，民所不堪，奏罷者十數事。

自河東還，會保州兵亂，又以公爲龍圖閣直學士、河北都轉運使①[一八]。陛辭，上面諭：「無爲久留計，有所欲言，言之。」公曰：「諫官得風聞言事，外官越職而言，罪也。」上曰：「第以聞，勿以中外爲意。」河北諸軍怙亂驕

① 河北都轉運使　長編卷一五一慶曆四年八月癸卯條作「河北都轉運按察使」。

恣，小不如意，輒脅持州郡。公奏乞優假將帥，以鎮壓士心，軍中乃定。初，保州亂兵皆招以不死，既而悉誅之[一九]，脅從二千人亦分隸諸州。富公爲宣撫使，恐後生變，與公相遇於内黄①，夜半屏人謀，欲使諸州同日誅之。公曰：「禍莫大於殺已降，況脅從乎？既非朝命，州郡有一不從，爲變不細。」富公悟，乃止[二〇]。

公奏置御河催綱司，以督粮餉，邊州賴之。又置磁相州都作院，以繕一路戎器。河北方小治，而二府諸公相繼以黨議罷去，公慨然上書論之[二一]，用事者益怒。會公之外甥女張嫁公族人晟，以失行繫獄。言事者乘此欲并中公，遂起詔獄，窮治張貲産。上使中官監劾之，卒辨其誣，猶降官知滁州事[二二]。居二年，徙揚州，又徙潁州。遷禮部郎中，復龍圖閣直學士，留守南京，遷吏部郎中。丁韓國太夫人憂。至和初服除，入見，鬚髮盡白。上怪之，問勞惻然，恩意甚厚，命判吏部流内銓。小人畏公且大用，僞爲公奏，乞澄汰宦官。宦官聞之果怒。會選人胡宗堯當改官，坐嘗以官舟假人，經赦去官，法當循資。公引對取旨，上特令改官。宦官有密奏者曰：「宗堯，翰林學士宿之子，有司右之，私也。」遂出公知同州[二三]。言者多謂公無罪，上悟，留刊修唐書[二四]，俄入翰林爲學士。自滁州之貶，至是十二年矣。

上臨御既久，遍閲天下士，群臣未有以大稱上意。上思富公、韓公之賢，復召寘二府。時慶曆舊人惟二公與公三人皆在朝廷，士大夫知上有致治之意，翕然相慶。公以學士判三班院[二五]。二年，奉使契丹。契丹使其貴臣宗愿、宗熙、蕭知足、蕭孝友四人押燕，曰：「此非常例，以卿名重故爾。」嘉祐初，判太常寺。二年，權知貢舉。是時進士爲文，以詭異相高，文體大壞。公患之，所取率以詞義近古爲貴②，凡以險怪知名者，黜去殆盡。榜出，

---

① 與公相遇於内黄　「内」字原脱，據欒城集後集卷二三歐陽文忠公神道碑、歐陽脩全集附録卷三行狀及宋史歐陽修傳、卷八六地理志二補。

② 所取率以詞義近古爲貴　「取」下庫本有「士」字。

怨謗紛然，久之乃服，然文章自是變而復古[二六]。三年，加龍圖閣學士，權知開封府事[二七]。所代包孝肅公以威嚴御下，名震都邑。公簡易循理，不求赫赫之譽。有以包公之政勵公者，公曰：「凡人材性不一，用其所長，事無不舉，强其所短，勢必不逮。吾亦任吾所長耳。」聞者稱善。四年，求罷，遷給事中，充群牧使。唐書成，拜禮部侍郎，俄兼翰林侍讀學士[二八]。

公在翰林凡八年，知無不言，所言多聽。河決商胡，賈魏公留守北京，欲開横壠故道，回河使東。有李仲昌者，欲道商胡入六塔河。詔兩省、臺諫集議。公故奉使河北，知河決根本，以爲「河水重濁，理無不淤，淤從下流①，下流既淤，上流必決。水性避高，決必趋下。以近事驗之，決河非不能力塞，故道非不能力復，但勢不能久，必決於上流耳。横壠功大難成，雖成，必有復決之患。六塔狹小，不能容受大河，以全河注之，濱、棣、德、博必被其害。不若因水所趨，增治隄防，疏其下流，浚之入海，則河無決溢散漫之憂，數十年之利也」。陳恭公當國，主横壠之議。恭公罷去，而宰相復以仲昌之言爲然[二九]，行之而敗，河北被害者凡數千里。狄武襄公爲樞密使，奮自軍伍，多戰功，軍中服其威名。上不豫，諸軍訛言籍籍。公言：「武臣掌機密而得軍情，不惟於國不便，鮮不爲身害。請出之外藩，以保其終始。」遂罷知陳州。公嘗因水災上言：「陛下臨御三十餘年，而儲宫未建，此久闕之典也。漢文帝即位，群臣請立太子。群臣不自疑而敢請，文帝亦不疑其臣有二心。後唐明宗尤惡人言太子事。然漢文帝立太子之後，享國長久，爲漢太宗。明宗儲嗣不早定，而秦王以窺覬陷于大禍，後唐遂亂。陛下何疑而久不定乎[三〇]？」公言事不擇劇易類如此。

五年，以本官爲樞密副使[三一]。明年，爲參知政事。公在兵府，與曾魯公考天下兵數及三路屯戍多少、地理

① 淤從下流　「流」，欒城集後集卷二三歐陽文忠公神道碑作「起」。

遠近，更爲圖籍，凡邊防久闕屯戍者，必加蒐補。其在政府，凡兵民、官吏、財利之要，中書所當知者，集爲總目，遇事不復求之有司〔三二〕。時富公久以母憂去位，公與韓公同心輔政。每議事，心所未可，必力争，韓公亦開懷不疑。故嘉祐之政，世多以爲得。

時東宫猶未定，臣僚間有言者，然皆不克行。最後諫官司馬光、知江州吕誨言之，中書因將二疏以請，幸上有可意，相與力贊之。一日，奏事垂拱，讀二疏，未及有言，上曰：「朕有意久矣，顧未得其人耳。宗室中誰可者？」韓公對曰：「宗室不接外人，臣等無由知之。抑此事非臣下所敢議，當自出聖斷。」上乃稱英宗舊名曰：「宫中嘗養此人，今三十許歲矣，惟此人可耳。」是日，君臣定議於殿上，將退，公奏曰：「此事至大①，臣等未敢便行。陛下今夕更思之，來日取旨。」明日，請之崇政，上曰：「決無疑矣。」諸公皆曰：「事當有漸，容臣等議所除官。」時英宗方居濮王憂，遂議起復，除泰州防禦使、判宗正寺。來日復對，上大喜。諸公奏曰：「此事既行，不可中止，乞陛下斷之於心，内批付臣等行之可也。」上曰：「此豈使婦人知之？中書行之足矣。」時六年十月也。及命下，英宗力辭，上聽候服除。七年二月，英宗既免喪，稱疾不出。至七月，韓公議曰：「宗正之命既出，外人皆知必爲皇子矣。今不若遂正其名，使知愈退而愈進，示朝廷不可回之意。」衆稱善，乃以其累表上之。上曰：「今當如何？」韓公未對，公進曰：「宗室舊不領職事，今有此命，天下皆知陛下意矣。然誥勑付閤門，得以不受。今若以爲皇子，詔書一出而事定矣。」上以爲然，遂下詔。及宫車晏駕，皇子嗣位，海内泰然，有磐石之固，然後天下皆詠歌仁宗之聖以及諸公之賢。而向之黨議，消釋無餘，至於小人，亦磨滅不見矣。

英宗即位之初，以疾未親政，慈聖光獻太后臨朝。公與諸公往來二宫，彌縫其間，卒復明辟〔三三〕。樞密使嘗

① 此事至大　「大」原作「太」，據庫本及欒城集後集卷二三歐陽文忠公神道碑改。

闕人，公當次補。韓公、曾公議將追擬，不以告公。公覺其意，謂二公曰：「今天子諒陰，母后垂簾，而二三大臣自相位置，何以示天下？」二公大服而止。其後張康節公去位，英宗復將用公，公又力辭不拜[三四]。公再辭重位，諸公不喻其意，而服其難。八年，遷户部侍郎。治平初，特遷吏部。神宗即位，遷尚書左丞。

公性剛直，平生與人盡言無所隱。及在二府，士大夫有所干請，輒面喻可否。雖臺諫論事，亦必以是非詰之，以此得怨，而公不卹也[三五]。朝廷議加濮王典禮，詔下禮官與從官定議。衆欲改封大國，稱伯父[三六]。議未下，臺官意公主此議，遂專以詆公。言者既以不勝補外[三七]，而來者持公愈急[三八]。御史蔣之奇并以飛語汙公，公杜門求辨其事。神宗察其誣，連詔詰問，詞窮逐去[三九]。公亦堅求退，上知不可奪，除觀文殿學士、知亳州事[四〇]。

熙寧初，遷兵部尚書、知青州事，充京東東路安撫使①。時諸路散青苗錢，公乞令民止納本錢，以示不爲利，罷提舉管勾官，聽民以願請，不報。三年，除檢校太保、宣徽南院使、判太原府、河東路經略安撫使。公辭，求知蔡州，從之[四一]。公在亳，已六請致仕；比至蔡逾年，復請。四年，以觀文殿學士、太子少師致仕[四二]。公年未及謝事，天下益以高公。

公昔守潁上，樂其風土，因卜居焉。及歸，而居室未完，處之怡然，不以爲意。公之在滁也，自號醉翁，作亭瑯邪山，以「醉翁」名之。晚年又自號六一居士，曰：「吾集古録一千卷，藏書一萬卷，有琴一張，有碁一局，而常置酒一壺，吾老於其間，是爲『六一』。」自爲傳刻石[四三]，亦名其文曰居士集。居潁一年而薨，享年六十有六。贈太子太師，謚文忠[四四]。天下學士聞之，皆出涕相弔。後以諸子贈太師，追封兗國公。

公之於文，天材有餘，豐約中度，雍容俯仰，不大聲色，而義理自勝，短章大論，施無不可。有欲效之，不詭則

---

① 充京東東路安撫使　「充」，欒城集後集卷二三歐陽文忠公神道碑作「兼充」。

俗，不淫則陋，終不可及。是以獨步當世，求之古人，亦不可多得。公於六經，長於易、詩、春秋，其所發明，多古人所未見。嘗奉詔撰唐本紀表志[四五]、撰五代史二書[四六]。本紀法嚴而詞約，多取春秋遺意，其表、傳、志、考與遷、固相上下。凡爲易童子問三卷、詩本義十四卷、唐本紀表志七十五卷、五代史七十四卷、居士集五十卷、外集若干卷、歸榮集一卷、外制集三卷、内制集八卷、奏議集十八卷、四六集七卷、集古録跋尾十卷、雜著述十九卷。

昔孔子生於衰周而識文武之道，其稱曰：「文王既没，文不在兹乎！」雖一時諸侯不能用，功業不見於天下，而其文卒不可揜。孔子既没，諸弟子如子貢、子夏皆以文名於世。數傳之後，子思、孟子、孫卿並爲諸侯師。秦人雖以塗炭遇之，不能廢也。及漢祖以干戈定亂，紛紜未已，而叔孫通、陸賈之徒以詩書、禮樂彌縫其闕矣。其後賈誼、董仲舒相繼而起，則西漢之文，後世莫能髣髴。蓋孔氏之遺烈，其所及者如此。自漢以來，更魏晉，歷南北，文弊極矣。雖唐正觀、開元之盛①，而文氣衰弱，燕許之流，倔强其間，卒不能振。惟韓退之一變復古，閎其頹波，東注之海，遂復西漢之舊。自退之以來，五代相承，天下不知所以爲文。祖宗之治，禮文法度，追迹漢唐，而文章之士，楊劉而已。及公之文行於天下，乃復無愧於古。於乎！自孔子至今千數百年，文章廢而復興，惟得二人焉，夫豈偶然也哉！

公篤於朋友，不以貴賤生死易意。尹師魯、石守道、孫明復、梅聖俞既没，皆經理其家，或言之朝廷，官其子弟。尤獎進文士，一有所長，必極口稱道，惟恐人不知也[四七]。公前後歷七郡守，其政察而不苛，寬而不弛，吏民安之。滁、揚之人，至爲立生祠。鄭公嘗有遺訓，戒慎用死刑，韓國以語公，公終身行之。以謂漢法惟殺人者死，

① 雖唐正觀開元之盛　按，「正觀」即「貞觀」，宋人避仁宗諱改。

今法多雜犯死罪，故死罪非殺人者多所平反，蓋鄭公意也①。

公初娶胥氏，即翰林學士偃之女；再娶楊氏，集賢院學士大雅之女；後娶薛氏，資政殿學士簡肅公奎之女[四八]，追封岐國太夫人。男八人：發，故承議郎；奕，故光禄寺丞；棐，朝奉大夫；辯，故承議郎；餘早亡。孫男六人②：愻，故臨邑縣尉；憲，通仕郎；恕，奉議郎；愬，故宣義郎；愿③、懋，皆將仕郎。孫女七人④，皆適士族[四九]。

公之在翰林也，先君文安先生以布衣隱居鄉閭。聞天子復用正人，喜以書遺公。公一見其文，曰：「此孫卿子之書也[五〇]。」及公考試禮部，亡兄子瞻以進士試稠人中，公與梅聖俞得其程文，以爲異人。是歲轍亦中下第，公亦以謂不忝其家。先君不幸捐館舍，亡兄與轍皆流落不偶。元祐初會於京師，公家以公碑諉子瞻，子瞻許焉，既又至於大故。轍之不敏，以父兄故，不敢復辭。銘曰：

於穆仁宗，有臣文忠。自嶮而夷，保其初終。惟古君臣，終之實難。匪不用賢，有孽其間。公奮自南，聲被四方。允文且忠，有煒其光。上實開之，下實柅之⑤。三起三僨，誰實使之？僨而復全，惟天子明。克明克忠，

① 公篤於朋友至蓋鄭公意也　按此段文字，欒城集後集卷二三歐陽文忠公神道碑置於上段「昔孔子生於衰周而識文武之道」之前。

② 孫男六人　歐陽脩全集附録卷三行狀、安陽集卷五〇故觀文殿學士太子少師致仕贈太子太師歐陽公墓誌銘作「孫男四人」。按，行狀、墓誌銘撰於熙寧八年，本碑文撰於崇寧五年，故有此別。下文言孫女數之異，原因同此。

③ 愿　原作「原」，據欒城集後集卷二三歐陽文忠公神道碑及欒城集卷二五歐陽文忠公夫人薛氏墓誌銘改。按，歐陽修諸孫名皆以「心」偏旁，作「原」字誤。

④ 孫女七人　歐陽脩全集附録卷三行狀、安陽集卷五〇故觀文殿學士太子少師致仕贈太子太師歐陽公墓誌銘作「孫女六人」。

⑤ 下實柅之　「柅」，欒城集後集卷二三歐陽文忠公神道碑作「泥」。

乃卒有成。逮歲嘉祐，君臣一德。左右天造，民用飲食。舜禹相授，不改舊臣。白髮蒼顏，翼然在廷。功成而歸，維公本心。彼亦何知①？言恐不深。潁水之濱，甲第朱門。新鄭之墟，茂木高墳。野人指之，文忠之遺。忠臣不危，仁祖之思。

辨證：

[一] 歐陽文忠公脩神道碑　本碑文又載於蘇轍欒城集後集卷二三，題曰「歐陽文忠公神道碑」。按，歐陽脩，東都事略卷七二、宋史卷三一九有傳，韓琦安陽集卷五〇載有故觀文殿學士太子少師致仕贈太子太師歐陽公墓誌銘；又，歐陽脩全集附録卷二載有神宗實録本傳、重修實録本傳、神宗舊史本傳、四朝國史本傳，卷三載有吴充行狀。

[二] 蘇轍　轍（一〇三九～一一一二年）字子由，號潁濱遺老，眉州眉山人。蘇軾弟。嘉祐二年進士。官至門下侍郎。謚文定。東都事略卷九三、宋史卷三三九有傳；本書下集卷一一、卷一二載有蘇轍自撰潁濱遺老傳。

[三] 諸子奉公之喪葬于新鄭旌賢鄉　按獨醒雜志卷三云：「歐陽公之父崇公與母韓國太夫人，皆葬於沙溪瀧岡。胥、楊兩夫人之喪，亦歸祔葬。公辭政日，屢乞豫章，欲歸省墳墓，竟不得請。里中父老至今相傳云：公葬太夫人時，常指其山之中曰：『此處他日，當葬老夫。』後葬於新鄭，非公意也。」按，歐陽脩全集附録卷三行狀云歐陽脩葬於「開封府新鄭縣旌賢鄉之原」。

[四] 翰林學士胥公時在漢陽　歐陽脩居士外集卷十三云胥氏夫人墓誌銘云：「修年二十餘，以其所爲文見胥公于漢陽，公一見而奇之，曰：『子當有名于世。』因留置門下，與之偕至京師，爲之稱譽於諸公之間。明年當天聖八年，修以廣文館生舉，中甲科。又明年，胥公遂妻以女。」按，胥公諱偃，字安道，潭州人。宋史卷二九四有傳。又，長編卷一一八景祐三年正月己酉條載「糾察刑獄胥偃言權知開封府范仲淹判異阿朱刑名不當，乞下法寺詳定。詔仲淹自今似此情輕者，毋得改斷，並奏裁。初，偃愛歐陽修有文名，置門下，妻以

① 彼亦何知　「亦」，欒城集後集卷二三歐陽文忠公神道碑作「其」。

女。及偃數糾仲淹立異，不循法，修方善仲淹，因與偃有隙」。

〔五〕一試禮部皆第一人　默記卷中云：御史中丞晏殊（謚元獻）「知貢舉，出司空掌輿地之圖賦。既而舉人上請者，皆不契元獻之意。最後，一目眊瘦弱少年獨至簾前，上請云：『據賦題，出周禮司空，鄭康成注云：「如今之司空，掌輿地圖也」；若周司空，不止掌輿地之圖而已。若如鄭說，「今司空掌輿地之圖也」，漢司空也。不知做周司空與漢司空也？』元獻微應曰：『今一場中，惟賢一人識題，正謂漢司空也。』蓋意欲舉人自理會得寓意于此。少年舉人，乃歐陽公也，是榜爲省元。」

〔六〕留守王文康公知其賢還朝薦之　按，王文康公即王曙，謚文康。長編卷一一一景祐元年閏六月乙酉條載前西京留守推官歐陽修爲鎮南節度掌書記、館閣校勘。「樞密使王曙所薦也」。又云：「始，錢惟演留守西京，修及尹洙爲官屬，皆有時名。惟演待之甚厚，修等遊飲無節。惟演去，曙繼至，數加戒敕，嘗厲色謂修等曰：『諸君知寇萊公晚年之禍乎？政以縱酒過度耳。』衆客皆唯唯，修獨起對曰：『以修聞之，寇公之禍，政以老而不知止耳。』曙默然，終不怒，更薦修及洙置之館閣，議者賢之。」

〔七〕坐貶峽州夷陵令　長編卷一一八景祐三年五月戊戌條載，貶鎮南節度掌書記、館閣校勘歐陽修爲夷陵縣令，云：「初，右司諫高若訥言：『范仲淹貶職之後，臣諸處察訪端由，參驗所聞，與敕牓中意頗同，因不敢妄有營救。今歐陽修移書抵臣，言仲淹平生剛直，通古今，班行中無與比者，責臣不能辨仲淹非辜，猶能以面目見士大夫，出入朝中稱諫官，及謂臣不復知人間有羞恥事。仍言今日天子與宰臣以迕意逐賢人，責臣不得不言。臣謂賢人者，國家恃以爲治也。若陛下以迕意逐之，臣合諫；宰臣以迕意逐之，臣合爭。臣愚以爲范仲淹頃以論事切直，急加進用，今茲狂言，自取謫辱，豈得謂之非辜？恐中外聞之，謂天子以迕意逐賢人，所損不細。請令有司召修戒諭，免惑衆聽。』因繳進修書，修坐是貶。」

〔八〕移乾德令　長編卷一二〇景祐四年十二月壬辰條載徙知饒州范仲淹知潤州，監筠州稅余靖監泰州稅，夷陵縣令歐陽修爲光化縣令，「上諭執政令移近地故也。先是，京師地震」，直史館葉清臣上疏，有曰：「頃范仲淹、余靖以言事被黜，天下之人齰舌，不敢議朝政者行將二年。願陛下深自咎責，詳延忠直敢言之士，庶幾明威降鑒，而善應來集也。」故「書奏數日，仲淹等皆得近徙」。按，宋史卷八五地理志云乾德二年置乾德縣，隸光化軍。熙寧五年廢軍，改乾德爲光化縣，隸襄州。元祐初，復爲軍，乾德縣隸。則長編稱「光化縣令」者不確。

〔九〕范公起爲陝西經略招討安撫使至辭不就　長編卷一二七康定元年六月辛亥條云：「始，范仲淹副夏竦爲陝西經略安撫招討，辟修掌書記。修以親爲辭，且曰：『今世所謂四六者，非修所好，兼此末事，有不待修而能者。』又曰：『古人所與成事者，必有國士共之。非惟在上者以知人爲難，士雖貧賤，以身許人，固亦未易。欲其盡死，必深相知，知之不盡，士不爲用。今奇怪豪俊之士，往往已蒙收擇，顧用之如何爾。然尚慮山林草莽有挺特知義、慷慨自重之士未得出門下也，宜少思焉。』」

〔一〇〕仁宗知朝臣不任事至以太常丞知諫院　歐陽脩全集附録卷三行狀云：「慶曆初，公方登朝，數論天下事，爲策以揣敵情，及指陳利害甚衆。既而有詔百官上封事，公又上疏言三五弊事，力陳當時之所宜憂者。仁宗增諫官員，首預其選。」按本書上集卷五富鄭公弼顯忠尚德之碑云：「時晏殊爲相，范仲淹爲參知政事，杜衍爲樞密使，韓琦與公（富弼）副之，歐陽脩、余靖、王素、蔡襄爲諫官，皆天下之望。」長編卷一四〇慶曆三年三月癸巳條云：「以王素、歐陽修並知諫院，余靖爲右正言，諫院供職。「時陝右師老兵頓，京東西盜起，呂夷簡既罷相，上遂欲更天下弊事，故增諫官員，首命素等爲之。」注曰：「朱史修傳云：『呂夷簡罷相，夏竦除樞密使，既除復罷，更用杜衍。又范仲淹、富弼、韓琦同時擢執政，收覽一時名士，增諫官員，而修首在選中。』按修除諫官時，韓、范、富俱未入也。據晏殊傳，修乃殊所薦。朱史誤矣。」

〔一一〕賜五品服　長編卷一四三慶曆三年九月戊辰條云：「賜知諫院王素三品服，余靖、歐陽修、蔡襄五品服，面諭之曰：『卿等皆朕所自擇，數論事，無所避，故有是賜。』」

〔一二〕常爲上分別邪正勸力行諸公之言　按，歐陽脩全集奏議卷五有論乞主張范仲淹富弼等行事劄子。

〔一三〕公乃爲朋黨論以進　按，朋黨論載於居士集卷一七。

〔一四〕上獨深知其忠改右正言知制誥　默記卷下云：「歐陽文忠公慶曆中爲諫官。仁宗更用大臣韓、富、范諸公，將大有爲。公鋭意言事，如論杜曾家事，通嫂婢有子，曾出知曹州，即自縊死；又論參知政事王舉正不才；及宰臣晏殊、賈昌朝舉館職凌景陽娶富人女，夏有章有贓，魏庭堅踰濫，三人皆廢終身。如此之類極多，大忤權貴，遂除修起居注、知制誥。」長編卷一四五慶曆四年十二月辛丑條稱「太常丞、集賢校理、同修起居注、知諫院歐陽修爲右正言、知制誥。初，中書召試而修辭不赴，特除之」。

〔一五〕如歐陽脩何處得來　據宋史歐陽修傳，仁宗「面賜五品服，顧侍臣曰：『如歐陽修者，何處得來？』同修起居注，遂知制誥」。

與碑文所述有異。

〔一六〕命公往視利害　長編卷一四八慶曆四年四月己亥條云：「上謂輔臣曰：『上封者以河東芻糧不繼，數請廢麟州，其利害如何？』章得象對曰：『麟州四面蕃漢皆爲元昊所掠，今野無耕民，故一路困於饋運，欲更其寨，徙其州少近府州，以省邊民之役。』上曰：『州不可廢，但徙屯軍馬近府州，别置一城，亦可紓其患也。』乃命右正言、知制誥歐陽修往河東與轉運使議之。　初，河東轉運使張奎於晉州鑄鐵錢，而民多盜鑄，又晉州礬比歲課益虧，并下修計度之。」

〔一七〕議下太原帥臣以爲不便持之久之乃從　長編卷一五四慶曆五年二月甲寅條云其議「仍下緣邊議，以爲岢嵐、火山軍其地可耕，而代州、寧化軍去敵近，不可使民盡耕也。　於是詔并代經略司，聽民請佃岢嵐、火山軍閑田在邊壕十里外者。　然所耕極寡，無益邊備，歲羅如故。」又卷一七八至和二年二月丙午條云：「先是，潘美帥河東，避寇鈔爲己累，令民内徙，空塞下不耕，號禁地，而忻代州、寧化火山軍廢田甚廣。　歐陽修嘗奏乞耕之，詔范仲淹相視，請如修奏。　尋爲明鎬沮撓，不克行。　及（韓）琦至，遣人行視，曰：『此皆我腴田，民居舊跡猶存，今不耕，適留以資敵，後且皆爲敵人有矣。』訂鎬議非是，遂奏代州、寧化軍宜如岢嵐軍例，距北界十里爲禁地，餘則募弓箭手居之。　會琦去，即詔（富）弼議，弼請如琦奏。　凡得户四千，墾地九千六百頃。」按，據長編卷一三七慶曆二年六月乙未條載，明鎬自河東都轉運使、户部郎中、天章閣待制爲龍圖閣直學士、知并州兼河東經略安撫緣邊招討使。

〔一八〕又以公爲龍圖閣直學士河北都轉運使　默記卷下云歐陽修「以龍圖閣直學士爲河北都運，令計議河事邊事。　其實宰相欲以事中之也」。　注曰：「二相賈昌朝、陳執中。」又云：「歐陽公爲河北都運使，時程文簡知大名府。　歐公性急自大，而文簡亦狷介不容物。　宰相意令二人憤争，因從而罪之。　公悟其旨，初至大名，文簡迎于郊，因問歐公所以外補之由。　公嘆曰：『吾儕要會得，此正唐宰相用李紳、韓愈，令不臺參故例耳。　吾二人豈可墮其計中耶？』文簡亦大歎。　二人遂益交歡相好。」

〔一九〕保州亂兵皆招以不死既而悉誅之　長編卷一五一慶曆四年八月甲寅條載保州兵變，大臣田況等率兵圍攻，右侍禁郭逵登城勸諭，「賊信之，争投兵下城降者二千餘人，遂開門納官軍，其造逆者四百二十九人，況具得其姓名，令楊懷敏率兵入城，悉阬殺之」。

〔二〇〕富公悟乃止　長編卷一五一慶曆四年八月甲寅條注曰：「朱史附傳誤以富弼爲夏竦，今從蘇轍所作歐陽修傳。」按，蘇轍所撰即此歐陽修神道碑。

［一一一］而二府諸公相繼以黨議罷去公慨然上書論之　宋史宰輔表二載：慶曆五年正月乙酉，參知政事范仲淹爲資政殿學士、知邠州兼陝西四路緣邊安撫使，樞密副使富弼爲資政殿學士、京東西路安撫使、知鄆州；丙戌，同平章事杜衍罷爲尚書左丞、知兖州。三月辛酉，樞密副使韓琦爲資政殿學士、知揚州。長編卷一五五慶曆四年三月「是月」條載歐陽修上疏論杜衍、韓琦、范仲淹、富弼等「四人各無大過，而一時盡逐。富弼與仲淹委任尤深，而忽遭離間，必有朋黨專權之説上惑聖聰」云云。「疏入不報，指修爲朋黨者益惡焉」。

［一一二］猶降官知滁州事　長編卷一五七慶曆五年三月甲戌條云載降河北都轉運按察使、龍圖閣直學士、右正言歐陽修爲知制誥、知滁州，太常博士、權發遣户部判官蘇安世爲殿中丞、監泰州鹽税，入内供奉官王昭明監壽春縣酒税，云：「修既上疏論韓琦等不當罷，爲黨論者益忌之。初，修有妹適張龜正，卒而無子，有女寔前妻所生，甫四歲，以無所歸，其母攜養於外氏。及笄，修以嫁族兄之子晟。會張氏在晟所與奴姦，事下開封府，權知府事楊日嚴前守益州，修嘗論其貪恣，因使獄吏附致其言以及修，諫官錢明逸遂劾修私于張氏，且欺其財。詔安世及昭明雜治，卒無狀，乃坐用張氏奩中物買田，立歐陽氏券。安世等坐直牒三司取録問吏人，而不先以聞，故皆及於責。安世開封人也，獄事起，諸怨惡修者必欲傾修，而安世獨明其誣，雖忤執政意，與昭明俱得罪，然君子多之」。又默記卷下云歐陽脩「甥張氏，妹壻龜正之女，非歐生也，幼孤，鞠育于家，嫁姪晟。晟自虔州司户罷，以替名僕陳諫同行，而張與諫通。事發，鞠于開封府右軍巡院。張懼罪，且圖自解免，其語皆引公未嫁時事，詞多醜異。軍巡判官、著作佐郎孫揆止劾張與諫通事，不復支蔓。宰相聞之怒，再命太常博士、三司户部判官蘇安世勘之，遂盡用張前後語成案。俄又差王昭明者監勘，蓋以公前事，欲令釋恨也。昭明至獄，見安世所劾案牘，視之駭曰：『昭明在官家左右，無三日不説歐陽修；今省判所勘，乃迎合宰相意，加以大惡，異日昭明喫劍不得。』安世聞之大懼，竟不敢易揆所勘，但劾歐公用張氏資買田産立户事奏之。宰相大怒。公既降知制誥、知滁州。」

［一一三］遂出公知同州　長編卷一七六至和元年七月戊子條載龍圖閣直學士、吏部郎中歐陽修知同州。先是修授「判吏部流内銓，小人恐修復用，乃僞爲修奏，乞汰内侍挾恩令爲姦利者，宦官人人忿怨。楊永德者，陰求所以中修。會選人張俅、胡宗堯例改京官，批旨以二人嘗犯法，並循資。宗堯前任常州推官，知州以官舟假人，宗堯連坐。及引對，修奏宗堯所坐薄，且更赦去官，於法當遷。讒者因是言宗堯翰林學士宿子，故修特庇之，奪人主權。修坐是出守。修在銓曹未浹旬也」。

［一一四］言者多謂公無罪上悟留刊修唐書　宋史歐陽修傳云歐陽修出知同州，「帝納吴充言而止。遷翰林學士，俾修唐書」。然長

編卷一七六至和元年七月戊子條載吴充「上疏爲歐陽修辨，不報」。又戊申條云「歐陽修罷判流内銓，吴充、馮京罷判南曹，知諫院范鎮言：『銓曹承禁中批旨，疑則奏稟，此有司之常也。今讒人以爲撓權，竊恐上下更相畏，誰敢復論是非。請出言者主名，正其罪，復修等職任。』凡再言之，帝意解，而宰臣劉沆亦請留修。帝謂沆曰：『卿召修諭之。』沆曰：『修明日陛辭，若面留之，則恩出陛下矣。』」遂「命修刊修唐書」。又，石林燕語卷四云：「慶曆五年，賈文元（昌朝）爲相，始建議重修唐書。……是時，歐陽文忠公非文元所善，且方黜出，獨不得預。嘉祐初，文忠還，范蜀公（鎮）爲諫官，乃請以紀、志分文忠。」汪應辰辨云：「至和元年八月命歐陽公刊修，此云嘉祐初，非也。」按，默記卷下所載歐陽修出知同州之原因有異，云：「歐陽文忠公在兩禁，因赴李都尉家會，至五鼓，傳呼呵殿而歸。至内前，禁中訝趋朝之早，呼歐公官，使人密覘之，知赴李氏集方歸。明日，出知同州。執政留之甚力，以修唐書爲言，方不行。」此當屬傳聞不實之言。

［一二五］公以學士判三班院　長編卷一八〇至和二年六月己丑條載翰林學士歐陽修爲翰林侍讀學士、知蔡州，知制誥賈黯知荆南，「皆從所乞也」。並云先是歐陽修奏疏言「宰臣陳執中自執政以來，不協人望，累有過惡，招致人言，而執中遷延，尚玷宰府」，乞罷之。「已而修及黯皆得補外」。於是殿中侍御史趙抃上言「竊見近日以來，所謂正人賢士者紛紛引去，朝廷奈何自翦除羽翼，臣未見其能致遠也。憂國之人，莫不爲之寒心」。知制誥劉敞亦言「邪臣正臣進退之分」，故「修、黯遂復留」。按，碑文未載此事。

［一二六］文章自是變而復古　長編卷一八五嘉祐二年正月癸未條云：「翰林學士歐陽修權知貢舉。先是，進士益相習爲奇僻，鉤章棘句，寖失渾淳，修深疾之，遂痛加裁抑，仍嚴禁挾書者。及試牓出，時所推譽，皆不在選。囂薄之士，候修晨朝，群聚詆斥之，至街司邏吏不能止；或爲祭歐陽修文投其家，卒不能求其主名置於法。然文體自是亦少變。」歐陽脩全集附録卷二先公事迹云：「嘉祐二年，先公知貢舉。時學者爲文以新奇相尚，文體大壞。公深革其弊，一時以怪僻知名在高等者，黜落幾盡。二蘇出於西川，人無知者，一旦拔在高等。榜出，士人紛然，驚怒怨謗。其後，稍稍信服。而五六年間，文格遂變而復古，公之力也。」又夢溪筆談卷九云：「嘉祐中，士人劉幾，累爲國學第一人，驟爲怪嶮之語，學者翕然效之，遂成風俗，歐陽公深惡之。會公主文，決意痛懲，凡爲新文者，一切弃黜，時體爲之一變，歐陽之功也。有一舉人論曰：『天地軋，万物茁，聖人發。』公曰：『此必劉幾也。』戲續之曰：『秀才刺，試官刷。』乃以大朱筆横抹之，自首至尾，謂之『紅勒帛』，判『大紕繆』字榜之，既而果幾也。」

〔二七〕權知開封府事　長編卷一八七嘉祐三年七月己卯條云：「內降劄子：『臣僚上言：開封府推官吴充與權知開封府歐陽修爲親家，遂除户部判官。近制推官或改判官，通三年方授三司判官。充在府始逾年而遷之，頗爲僥倖。』中書請以元奏付外施行，御批：『已焚毁。』又請上封人姓名，不報。」

〔二八〕俄兼翰林侍讀學士　長編卷一九二嘉祐五年九月丁亥朔條載翰林學士歐陽修兼侍讀學士。按，長編卷一八七嘉祐三年三月辛未朔條載翰林學士歐陽修兼侍讀學士，然「固辭不拜」。故此時復授之。

〔二九〕而宰相復以仲昌之言爲然　據長編卷一八一至和二年九月丙子條注言，「宰相蓋指富弼也」。

〔三〇〕狄武襄公爲樞密使至陛下何疑而久不定乎　長編卷一八三嘉祐元年七月丙戌條云：「文彦博、富弼等之共議建儲，未嘗與西府謀也。樞密使王德用聞之，合掌加額曰：『置此一尊菩薩何地？』或以告翰林學士歐陽修，修曰：『老衙官何所知！』於是上疏請天子「出於聖斷，擇宗室之賢，依古禮文，且以爲子，未用立爲儲副也，既可以徐察其賢否，亦可以俟皇子之生」。又云：「臣又見樞密使狄青出自行伍，遂掌樞密，始初議者已爲不可，今三四年間，外雖未見過失，而不幸有得軍情之名，且武臣掌國機密而得軍情，豈是國家之利？臣前有封奏，其説甚詳，具述青未是奇材，但於今世將帥中稍可稱爾。雖其心不爲惡，而不幸爲軍士所喜，深恐因此陷青以禍，而爲國家生事。欲乞且罷青樞務，任以一州，既以保全青，亦爲國家消未萌之患。蓋緣軍中士卒及閭巷人民，以至士大夫間，未有不以此事爲言者，惟陛下未知之爾。」然「疏凡再上，皆留中不出」。

〔三一〕以本官爲樞密副使　後山談叢卷五云：「韓魏公屢薦歐陽公，而仁宗不用。他日復薦之曰：『韓愈，唐之名士，天下望以爲相，而竟不用。使愈爲之，未必有補於唐，而談者至今以爲謗。歐陽修，今之韓愈也，而陛下不用，臣恐後人如唐，謗必及國，不特臣輩而已。陛下何惜不一試之，以曉天下後世也？』上從之。」

〔三二〕公在兵府至遇事不復求之有司　長編卷二〇五治平二年五月丙戌條云：「樞密院編機要文字九百八十一册以進，賞執事者有差。」注曰：「嘉祐六年八月初編，六年十一月成一千一百六十二册。今未三年，復九百八十一册，當考其同異。」又云：「京師百司所行兵民官吏財用皆無總數，中書有一行移，則下有司考會。參知政事歐陽修因暇日，盡以中書所當知者集爲總目，上有所問，宰相以總目對。修常奉祠家居，上遣内侍就中書閣取而閱之。」

〔三三〕公與諸公往來二宮彌縫其間卒復明辟　宋史歐陽修傳云：「英宗以疾未親政，皇太后垂簾，左右交構，幾成嫌隙。韓琦奏事，太后泣語之故。琦以帝疾爲解，太后意不釋，脩進曰：『太后事仁宗數十年，仁德著於天下。昔温成之寵，太后處之裕如；今母子之間，反不能容邪？』太后意稍和，脩復曰：『仁宗在位久，德澤在人。故一日晏駕，天下奉戴嗣君，無一人敢異同者。今太后一婦人，臣等五六書生耳，非仁宗遺意，天下誰肯聽從？』太后默然，久之而罷。」

〔三四〕樞密使嘗闕人至公又力辭不拜　據宋史宰輔表二，嘉祐六年三月，同平章事富弼丁母憂；閏八月庚子，張昇（謚康節）除樞密使。八年五月戊午，富弼既除喪，授樞密使、同平章事。治平二年七月癸亥，富弼出判河陽；庚辰，張昇以疾出判許州，文彦博除樞密使。綜上可知，當慈聖光獻太后垂簾時，樞密使未嘗闕人，碑文云云不確。宰相韓琦、曾公亮「議將進擬，不以告公」，與英宗「復將用公，公又力辭不拜」，皆爲治平二年七月間事。按，長編卷二〇五治平二年七月庚辰條載樞密使張昇罷爲彰信節度使、同平章事、判許州，云「昇久在病告，求罷，凡七上章，乃得請」，後載此事，注曰「此據蘇轍神道碑」，亦不確。推知歐陽修堅辭樞密使，當與「濮議」之紛争有關。

〔三五〕以此得怨而公不卹也　長編卷二〇九治平四年三月壬申條云：「初，英宗以疾未親政，太皇太后垂簾，修與二三大臣主國論，每簾前奏事，或執政聚議，事有未同，修未嘗不力争。臺諫官至政事堂論事，事雖非己出，同列未及啓口，而修已直前折其短。士大夫建明利害及所請，前此執政多媕阿，不明白是非，至修必一二數之，曰『某事可行，某事不可行』。用是怨誹者益多。英宗嘗稱修曰：『性直，不避衆怨。』修亦嘗誦故相王曾之言曰：『恩欲歸己，怨使誰當？』」

〔三六〕朝廷議加濮王典禮詔下禮官與從官定議衆欲改封大國稱伯父　宋史歐陽修傳云英宗「將追崇濮王，命有司議，皆謂當稱皇伯，改封大國。脩引喪服記，以爲：『「爲人後者，爲其父母報。」降三年爲期，而不没父母之名，以見服可降而名不可没也。若本生之親，改稱皇伯，歷考前世，皆無典據。進封大國，則又禮無加爵之道。』故中書之議，不與衆同。太后出手書，許帝稱親，尊王爲皇，三夫人爲后。帝不敢當。」按，濮王乃英宗生父。又三朝名臣言行録卷二之一參政歐陽文忠公引蘇氏談訓云：「公平生不甚留意禮經，嘗與祖父説濮議事，自云：『脩平生何嘗讀儀禮，偶一日至子弟書院中，几間有之，因取讀，見「爲人後者，爲其父齊衰杖期」云云，其言與脩意合，由是破諸異議，自謂得之多矣。』」

〔三七〕臺官意公主此議遂專以詆公言者既以不勝補外　長編卷二〇七治平三年正月壬午條載：工部員外郎兼侍御史知雜事呂誨與侍御史范純仁、太常博士監察御史裏行呂大防合奏，略曰：「豺狼當路，擊逐宜先；姦邪在朝，彈劾敢後。伏見參知政事歐陽修首開邪議，妄引經據，以枉道悅人主，以近利負先帝，欲累濮王以不正之號，將陷陛下于過舉之譏。朝論駭聞，天下失望，政典之所不赦，人神之所共棄。哀桓之失，既難施於聖朝；褒猶之奸，固難逃于公論。當屬吏議，以安衆意。至於宰臣韓琦，初不深慮，固欲飾非，傅會其辭，詿誤上聽，以至儒臣輯議，禮院講求，經義甚明，僉言無屈，自知己失，曾不開陳，大臣事君，詎當如是？公亮及概，備位政府，受國厚恩，苟且依違，未嘗辨正，此而不責，誰執其咎！臣等地居言職，勢不嘿全。請尚方之劍，雖古人所難；舉有國之刑，況典章猶在。伏請下修于理，及正琦等之罪，以謝中外。」諸臺諫官上奏不絕，故「詔罷尚書省集議濮安懿王典禮。中書進呈呂誨等所申奏狀，上問執政當如何，韓琦對曰：『臣等忠邪，陛下所知。』歐陽修曰：『御史以爲理難並立，若以臣等爲有罪，即當留御史；若以臣等爲無罪，則取聖旨。』上猶豫久之，乃令出御史，既而曰：『不宜責之太重也。』誨罷侍御史知雜事，以工部員外郎知蘄州；純仁以侍御史通判安州；大防落監察御史裏行，以太常博士知休寧縣」。按，據本書下集卷一〇呂正獻公公著傳云「御史呂誨、傅堯俞、范純仁、呂大防、趙瞻坐論濮王事貶」，又云呂公著亦因此事出知蔡州。又，長編卷二〇九治平四年三月壬申條云：參知政事吴奎嘗對神宗言：「『仁宗本意，止在先帝，更無它擇。臣自壽州召還，已見仁宗意，爲大臣間有異議者，遂輟。後每見，必知其微，終能決意建立。此天地之恩，不可忘也。追尊事，誠牽私恩。』上深然之，又言：『此爲歐陽修所誤。』奎對曰：『韓琦於此事亦失衆心。臣數爲琦所薦，天下公論，不敢君前有所隱。』」

〔三八〕而來者持公愈急　鶴林玉露丙編卷二引葉水心曰：「至如歐陽修，先爲諫官，後爲侍從，尤好立論。士之有言者，皆依以爲重，遂以成俗。及濮園議起，未知是非所在，而傾國之人回戈向之。平日盛美，一朝隳損，善人君子，化爲仇敵。然則歐陽氏之所以攻之者，亦其所以受攻而不自知也。」并論云：「水心之説，蓋張方平之遺論也。方平之論，前輩固已深闢之矣。……諺云：『喫拳何似打拳時。』此言雖鄙，實爲至論。惟歐陽公爲諫官、侍從時，最號敢言。及爲執政，主濮園稱親之議，諸君子譁然起而攻之，而歐陽公乃不能受人之攻，執之愈堅，辯之愈激，此則歐公之過也。公自著濮議兩篇，其間有曰：『一時臺諫謂因言得罪，猶足取美名，是時聖德恭儉，舉動無差，兩府大臣亦各無大過，未有事可以去者，惟濮議未定，乃曰此好題目，所謂奇貨不可失也，於是相與力言。』歐公此論，却欠反思。

若如此，則前此己爲諫官、侍從時，每事争辯，豈亦是貪美名、求奇貨、尋好題目耶？」

［三九］御史蔣之奇并以飛語汙公公杜門求辨其事神宗察其誣連詔詰問詞窮逐去　長編卷二〇七治平三年三月甲子條載太常博士蔣之奇爲監察御史裏行，此乃神宗「特批之奇與御史。歐陽修素厚之奇，之奇前舉制策不入等，嘗詣修，盛言追崇濮王爲是，深非范百禄所對，修因力薦之」。既而「命之奇入對，上面諭曰：『朕鄉覽卿所對策甚善，而有司誤遺，故親有是除。』」又卷二〇九治平四年三月條載降工部侍郎、御史中丞彭思永爲給事中、知黄州，主客員外郎、殿中侍御史裏行蔣之奇爲太常博士、監道州酒稅，云：「先是，監察御史劉庠劾參知政事歐陽修入臨福寧殿，衰服下衣紫衣，上寢其奏，遣使諭修令易之。朝論以濮王追崇事疾修者衆，欲擊去之，其道無由。有薛良孺者，修妻之從弟也，坐舉官被劾，會赦免，而修乃言不可以臣故徼幸，乞特不原，良孺竟坐免官，怨修切齒。修長子發，娶鹽鐵副使吴充女，良孺因謗修帷薄，事連吴氏。集賢校理劉瑾與修亦仇家，亟騰其謗，思永聞之，間以語其僚屬之奇。之奇始緣濮議合修意，修特薦爲御史，方患衆論指目爲姦邪，求所以自解，及得此，遂獨上殿劾修，乞肆諸市朝。上疑其不然，之奇引思永爲證，伏地叩首，堅請必行。之奇初不與同列謀，之後數日，乃以奏稿示思永。思永助之奇，言修罪當貶竄，且曰：『以陰訟治大臣誠難，然修首議濮園事犯衆怒。』上乃以之奇、思永所奏付樞密院。修上章自列曰：『之奇誣罔臣者，乃是禽獸不爲之醜行，天地不容之大惡。臣苟有之，是犯天下大惡；無之，是負天下至冤。犯大惡而不誅，負至冤而不雪，則上累聖政，其體不細。乞選公正之臣，爲臣辨理，先次詰問之奇所言是臣閨門内事，自何所得，因何彰敗，據其所指便，可推尋盡理根窮，必見虚實。』上初欲誅修，以手詔密問天章閣待制孫思恭，思恭極力救解，上悟，復取之奇、思永所奏以入，并修章批付中書，令思永、之奇分析所聞，具傳達人姓名以聞。之奇言得自思永，而思永辭以出於風聞，年老昏繆，不能記主名。且言『法許御史風聞言事者，所以廣聰明也，若必問其所從來，因而罪之，則後不得聞矣，寧從重謫，不忍塞天子之言路』。因極陳大臣朋黨專恣，非朝廷福。修復言：『之奇初以大惡誣臣，本期朝廷更不推窮，即有行遣。及累加詰問，懼指出所説人姓名，朝廷推鞫，必見虚妄，所以諱而不言。臣忝列政府，動繫國體，不幸枉遭誣陷，惟賴朝廷推究虚實，使罪有所歸。』章凡三上，而充亦上章乞朝廷力與辨正虚實，明示天下，使門户不致枉受汙辱。於是上復批付中書曰：『凡朝廷小有闕失，故許博議聞奏。豈有致人大惡，便以風聞爲託？宜令思永等不得妄引浮説，具傳達人姓名并所聞因依，明據以聞。』思永與瑾同鄉，力爲瑾諱，乃言：『臣待罪憲府，凡有所聞，合與僚屬商議，故對之奇説風聞之由，然曖昧無實，嘗戒之奇勿言，無所逃罪。』而之奇亦奏：『此事臣止得於思永，遂以上聞，

如以臣不當用風聞言大臣事，臣甘與思永同貶。』故思永、之奇同降黜。上手詔賜修曰：『數日來，以言者污卿以大惡，朕曉夕在懷，未嘗舒釋，故數批出詰其所從來，訖無以報。前日見卿文字，力要辨明，遂自引過。今日已令降黜，仍榜朝堂，使中外知其虚妄。事理既明，人疑亦釋，卿宜起視事如初，無恤前言。』它日，上謂吴奎曰：『蔣之奇敢言，而所言曖昧，既罪其妄，欲賞其敢。』奎曰：『賞罰難並行。』乃止。」注曰：「墨史孫思恭傳云：『思恭性不忤物，犯之不校。歐陽修初不知思恭，以爲詐。及修爲言者所攻，上將誅修，手詔密問思恭，思恭極力捄解。』朱史以爲爲言者攻修，先帝加詰問，既辨明，賜手詔召之，豈有誅修之意，遂删去。按司馬光日記以之奇等奏付樞密院，後數日乃復取入，密詔問思恭，必非墨史之妄，今仍掇取附見。」

〔四〇〕公亦堅求退上知不可奪除觀文殿學士知亳州事　長編卷二〇九治平四年三月壬申條云「彭思永等既以論修貶，而知雜御史蘇寀、御史吴申言猶不已，修亦三表乞罷，故命出守」亳州。歐陽修「既出守，遂連六表乞致仕，不從。修年才六十也」。

〔四一〕公辭求知蔡州從之　長編卷二一三熙寧三年七月辛卯條云：「詔新判太原府歐陽修罷宣徽南院使，復爲觀文殿學士、知蔡州。先是，修病，辭宣徽使至五六，因論青苗法，又移書責王安石，安石不答而奏從其請。」又東都事略歐陽修傳云：歐陽修「丐易蔡州，大略以久疾昏耗，不任重寄，復曰『時多喜新奇，而臣思守拙；衆方興功利，而臣欲循常』，以譏切王安石，遂聽以舊官知蔡州」。東軒筆録卷九云：「歐陽文忠公自歷官至爲兩府，凡有建明於上前，其詞意堅確，持守不變，且勇於敢爲，王荆公嘗歎其可任大事。及荆公輔政，多所更張，而同列少與合者。是時歐陽公罷參知政事，以觀文殿學士知蔡州。荆公乃進之爲宣徽使，判太原府，許朝覲，意在引之執政，以同新天下之政。而歐陽公懲濮邸之事，深畏多言，遂力辭恩命，繼以請老而去。荆公深歎惜之。」按，稱「荆公深歎惜之」者，似不然。

〔四二〕以觀文殿學士太子少師致仕　按揮麈前録卷二云：「國朝百官致仕，庶僚守本官，以合遷一官回授任子，侍從仍轉一官，宰執换東宫官。熙寧初，歐陽文忠公始以太子少師帶觀文殿學士致仕，示特恩也，故謝表云：『道愧師儒，乃忝春宫之峻秩；身居畎畝，猶兼書殿之隆名。』自是以爲例。」又，宋朝事實類苑卷五三歐陽文忠公引倦遊雜録云：「歐陽文忠公在蔡州，屢乞致仕。門下生蔡承禧因間言曰：『公德望爲朝廷倚重，且未及引年，豈容遽去也？』歐陽答曰：『某平生名節，爲後生描畫盡，惟有進退以全節，豈可更俟驅逐乎？』承禧歎息，無以答。既而以太子少保致仕。」按，稱「太子少保致仕」者，誤。

[四三] 自爲傳刻石　按，歐陽修自撰六一居士傳，載於居士集卷四四。

[四四] 謚文忠　長編卷二三七熙寧五年八月甲申條云「太常初謚曰『文』，常秩曰：『修有定策之功，請加以「忠」。』乃謚文忠」。按，老學庵筆記卷五云：「歐陽文忠公初但謚『文』，蓋以配韓文公。常夷甫方兼太常，晚與文忠相失，乃獨謂公有定策功，當加『忠』字，實抑之也。李邦直（清臣）作議，不能固執，公論非之。當時士大夫相謂曰：『永叔不得謚文公，此謚必留與介甫耳。』其後言然。」

[四五] 嘗奉詔撰唐本紀表志　晁志卷五著録新唐書二百二十五卷，云：「皇朝嘉祐中曾公亮等被詔刪定。歐陽修撰紀、志，宋祁撰列傳。舊書約一百九十萬，新書約一百七十四萬，而其中增表，故書成上於朝，自言曰：『其事則增於前，其文則省於舊也。』而議者頗謂永叔學春秋，每務褒貶，子京通小學，唯刻意文章，采雜説既多，往往牴牾，有失實之歎焉。」按，三朝名臣言行録卷二之一參政歐陽文忠公引遺事云：「修唐書，最後置局，專修紀、志而已，列傳則尚書宋祁修也。朝廷以一書出於兩手，體不能一，遂詔公看詳列傳，令刪修爲一體。公雖受命，退而歎曰：『宋公於我爲前輩，且人所見多不同，豈可悉如己意？』於是一無所易。及書成奏御，吏白：『舊制，修書只列書局中官高者一人姓名，云某等奉敕撰。而公官高，當書。』公曰：『宋公於列傳用功深而爲日久，豈可掩其名而奪其功乎？』於是紀、志書公姓名，列傳書宋姓名。此例皆前未有，自公爲始也。宋公聞而喜曰：『自古文人不相讓，而好相陵掩，此事前所未聞也。』」

[四六] 撰五代史二書　晁志卷五著録五代史記七十五卷，云「歐陽修永叔以薛居正史繁猥失實，加修定，藏於家。永叔没後，朝廷聞之，取以付國子監刊行。國史稱其可以繼班固、劉向，人不以爲過。特恨其晉出帝論，以爲因濮園議而發也」。按，三朝名臣言行録卷二之一參政歐陽文忠公引遺事云：「濮議初不出於公，及臺諫有言，公獨力辨於朝，故議者指公爲立議之人，公不自辨，唯曰：『今人以濮議爲非，使我獨當罪，則韓、曾二公宜有愧於我；後世以濮議爲是，而獨稱我善，則我宜愧於二公。』又撰濮議四卷，悉記當時議論本末甚詳。又於五代史記書晉元帝父敬儒、周世宗父柴守禮事，及李彦詢傳發明人倫父子之道，尤爲詳悉。」

[四七] 尤獎進文士一有所長必極口稱道惟恐人不知也　夢溪筆談卷一五云：「歐陽文忠好推挽後學。王向少時爲三班奉職，幹當滁州一鎮，時文忠守滁州。有書生爲學子不行束脩，自往詣之，學子閉門不接，書生訟於向，向判其牒曰：『禮聞來學，不聞往教。先生既已自屈，弟子寧不少高？盍二物以收威，豈兩辭而造獄？』書生不直向判，徑持牒以見歐公，公一閱，大稱其才，遂爲之延譽獎進，成就美名，卒爲聞人。」又曲洧舊聞卷三云：「歐公下士，近世無比。作河北轉運使，過滑州，訪劉羲叟於陋巷中。羲叟時爲布衣，未有知

者。公任翰林學士，嘗有空頭門狀數十紙隨身。或見賢士大夫稱道人物，必問其所居，書填門狀，先往見之。果如所言，則便以延譽，未嘗以位貌驕人也。」冷齋夜話卷二韓歐范蘇嗜詩云：「歐陽文忠喜士爲天下第一，嘗好誦孔北海『坐上客常滿，樽中酒不空』。」宋史歐陽修傳稱其「獎引後進，如恐不及，賞識之下，率爲聞人。曾鞏、王安石、蘇洵、洵子軾轍，布衣屏處，未爲人知，脩即游其聲譽，謂必顯於世。」

〔四八〕後娶薛氏資政殿學士簡肅公奎之女　欒城集卷二五歐陽文忠公夫人薛氏墓誌銘云：「初，簡肅見文忠公，願以夫人歸焉，未及而薨。及文忠公貶夷陵令，金城以簡肅之志，嫁夫人于許州，不數日從公南遷。」按，金城，乃薛夫人母。

〔四九〕孫女七人皆適士族　按欒城集卷二五歐陽文忠公夫人薛氏墓誌銘云：「孫女七人，長適權忠武軍節度判官蘇京，次適承事郎元耆弼，次適許州長社縣主簿范祖朴，次適承奉郎王微，次適承務郎王景文，次許嫁承務郎蘇迨，次尚幼。適范、王氏三人皆早卒。」

〔五〇〕公一見其文曰此孫卿子之書也　長編卷一九二嘉祐五年八月甲子條載眉州進士蘇洵爲試校書郎，云洵「嘉祐初，與其二子軾、轍至京師，翰林學士歐陽修上其所著權書、衡論、機策二十二篇，宰相韓琦善之。召試舍人院，再以疾辭。本路轉運使趙抃等皆薦其行義推于鄉里，而修又言洵既不肯就試，乞就除一官，故有是命」。

名臣碑傳琬琰集上卷二十五

狄武襄公青神道碑[一]　文恭公王珪

至和三年八月，上以樞密使、護國軍節度使、檢校太尉、河中尹、天水狄公拜同中書門下平章事，出判陳州。明年三月，感疾于州，未幾以薨聞①。天子畫然，輟視朝二日，發哀苑中，贈中書令。太常誄行，謚曰武襄。既葬于汾之西河，有詔史臣以刻其墓隧之碑。臣謹案：

狄始周成王封少子於狄城，因以爲氏。其後代居天水，至梁文惠公乃大顯于有唐，其子孫或徙汾、晉間。公實西河人[二]。贈太傅曰應之，於公爲曾王父。是生真，贈太師。太師生普，贈中書令。其配曰兗國太夫人侯氏。公其次子也②，諱青，字漢臣。生而風骨奇偉，善騎射。少好將帥之節，里閭俠少多從之[三]。初游京師③，遂補拱聖籍中[四]。寶元之初，元昊叛河西，兵出數無功。自散直爲延州指使[五]。延帥知公敢行，故常使當賊

① 未幾以薨聞　按，狄青卒日，長編卷一八五作嘉祐二年三月庚子，宋史卷一二仁宗紀作嘉祐二年三月癸卯。因三月朔丁丑，則庚子爲二十四日，癸卯二十七日。

② 公其次子也　「次子」，武溪集卷一九宋故狄令公墓銘云「少子」。

③ 初游京師　「初」，武溪集卷一九宋故狄令公墓銘云「弱冠」。

鋒。凡數歲，出大里、清化、榆林、歸娘嶺、東女之崖、木匱山、渾州川、白草、南安、安遠等，戰大小二十有五，中流矢者八，斬首捕虜萬有餘，獲馬、牛、羊、槖駞、鎧仗、符印、車輜、器物以數萬計。嘗破賊金湯城，至于乾谷、三堆、杏林原，遂略宥州之境，屠呢咩、歲香、毛奴、尚羅等族，燔其積聚數萬，廬舍數千，收其帳二千三百、生口五千七百。又城橋子谷，築招安、豐林、新寨、大郎堡①，皆扼賊要害，使不能闚邊。以功亟遷至泰州刺史②、涇原儀渭兵馬部、英宗廟諱。③經略招討副使〔六〕。上欲召見公，會寇薄平涼，因命圖形以進〔七〕，由是天下知公名。

公提涇原之師，威震羌夷。既而曩霄復稱臣，西陲少事矣。乃以公爲捧日天武四廂都指揮使〔八〕，徙鎮定路兵馬部，英宗廟諱。④遷侍衛親軍步軍、馬軍、殿前都虞候，歷惠州團練使、眉州防禦使、保大軍節度觀察留後〔九〕，遷步軍、馬軍副都指揮使，遂領彰化軍節度使、知延州〔一〇〕。一日，天子顧將帥之臣無踰公者，乃召爲樞密副使〔一一〕，加檢校司空。

---

① 築招安豐林新寨大郎堡　「堡」，華陽集卷四七狄武襄公青神道碑作「等堡」。

② 以功亟遷至泰州刺史　「泰州」，華陽集卷四七狄武襄公青神道碑、東都事略狄青傳同；山右石刻叢編卷一三狄公神道碑銘、武溪集卷一九宋故狄令公墓銘、長編卷一三八慶曆二年十月己酉條、宋史狄青傳皆作「秦州」，似是。又，隆平集狄青傳作「澶州」，誤。

③ 涇原儀渭兵馬部英宗廟諱　「英宗廟諱」，庫本及華陽集卷四七狄武襄公青神道碑、山右石刻叢編卷一三狄公神道碑銘皆作「部署」，此乃避英宗諱而然。按，下文同。又，武溪集卷一九宋故狄令公墓銘作「涇原路兵馬副部署」，宋史狄青傳作「涇原路副都總管」。按，因避英宗嫌名，宋人此追改「部署」爲「總管」。

④ 徙鎮定路兵馬部英宗廟諱　宋史狄青傳作「徙真定路副都總管」，武溪集卷一九宋故狄令公墓銘作「徙真定府路部署」。按，宋朝事實類苑卷一四狄武襄云「韓魏公言狄青作定副帥」；默記卷上云「韓魏公帥定，狄青爲總管」。則此時狄青當官「副部署」。

皇祐四年，廣源州蠻酋儂知高僭竊服號①，以盛夏舉兵陷邕州②，濟舟而東，又陷沿江九郡，進圍廣州，力屈不能下，還據于邕。所過吏民多被害，江湖之南③，人心爲之蕭然。公於是抗章請行[一二]，又因侍上間自言：「臣結髮起行伍，顧無以報國。今遠夷跳梁，不足爲陛下憂。願將鋭兵數千，當羈叛蠻之頸，致之闕下。」上壯其言，遂改宣徽南院使、宣撫荆湖南北路、經置廣南盜賊事[一三]，加檢校司徒。上親餞于垂拱，所以臨遣之意厚甚。先是，蔣偕、張忠等繼以輕敵失軍，士卒莫有戰鬭志。明年正月，自桂林次賓州[一四]。會廣西鈐轄陳同英廟諱。以步卒八千潰于崑崙關④，公即按同英廟諱。以不應令，并殿直袁用等三十一人⑤，咸以軍法誅之，衆莫不惴恐[一五]。既而頓甲軍中，又下令且調十日之糧，或莫能測。賊使人覘吾軍而還。黎明，遂合三將之兵以行，乃絶崑崙[一六]，出歸仁鋪，先自爲陣。賊果失守險，遂悉其衆逆王師以戰。前鋒孫節搏賊死山下[一七]，賊氣乘鋭确吾軍。公親執旗鼓，麾騎兵，縱左右翼，出賊非意。時會暮，賊前後不勝敵，遂大敗[一八]。馳騎追之，斬捕二千二百級，僞英宗廟諱。黄師宓、儂建忠等五十七人没于陣⑥，知高夜縱火城中而遁。明日，破賊入城，獲金貝之物以鉅

① 廣源州蠻酋儂知高僭竊服號　「儂知高」，文海本、庫本作「儂智高」。按，下文同。

② 以盛夏舉兵陷邕州　「陷」下原衍「于」字，據華陽集卷四七狄武襄公青神道碑删。

③ 江湖之南　「湖」，華陽集卷四七狄武襄公青神道碑、山右石刻叢編卷一三狄公神道碑銘作「湘」。

④ 會廣西鈐轄陳同英廟諱以步卒八千潰于崑崙關　「陳同英廟諱」，庫本、華陽集卷四七狄武襄公青神道碑、山右石刻叢編卷一三狄公神道碑銘及隆平集、宋史狄青傳皆作「陳曙」。按，此乃避英宗諱。下文同。

⑤ 并殿直袁用等三十一人　「三十一人」，長編卷一七四皇祐五年正月丁未條、宋朝事實卷一六、宋史卷四九五蠻夷傳三作「三十二人」，武溪集卷一九宋故狄令公墓銘、宋史狄青傳作「三十人」。

⑥ 僞英宗廟諱黄師宓儂建忠等五十七人没于陣　「英宗廟諱」，華陽集卷四七狄武襄公青神道碑、山右石刻叢編卷一三狄公神道碑銘作「署」，乃英宗嫌名。又「儂建忠」，長編卷一七四皇祐五年正月丁巳條、宋史狄青傳作「儂建中智忠」，疑脱「中智」二字。

萬，畜數千，悉分其戲下。招復老壯七千二百嘗爲賊所俘脅者①，皆慰遣以歸〔一九〕。又斂群屍，築京觀于城之北隅。初，有衣金龍之衣、又金飾神龍于楯仆其傍②，或言知高已死亂兵中，有欲爲公亟作奏者。公曰：「安知其非詐也？寧失知高，敢誣朝廷以貪功邪？」二月班師，遂曲赦五嶺，又布德音至于江湖之南。

公還爲樞密副使，進位檢校太尉、河中尹，俄拜樞密使，賜第城南一區〔二〇〕，子悉優以官。公固謝曰：「賴陛下神靈，出師大捷，皆諸校力戰之功也。臣之諸子非有勤勞，何敢拜君命？」上固以寵之。在樞密四年，自以遭時奮用，乃夙夜一心，進圖國事，雖權倖不可撓以法。上累訪以邊機，嘗從容陳所以攻守之計，天子深然之。晚以盛滿爲戒，思避時柄，遽終于陳州〔二一〕，享年五十。

公爲人慷慨尚節義，有大慮，謹密寡言，外剛重静鋭而内寬。其計事，必審中機會而後發〔二二〕；其行師，必正部伍營陳，明賞罰，雖敵猝犯之，無一士敢後先者，故常以少擊衆，而所鄉無不靡〔二三〕。與士卒同寒飢勞苦，而又分功與人，未嘗自言。安遠之戰③，方被創甚，聞寇且至，即挺身以前，衆莫不争爲用。間嘗獨被髮面銅具，馳突賊圍中〔二四〕，見者爲之辟易。今丞相韓公琦、故資政殿學士范公仲淹同秉武節，經于西邊，公時爲裨將，殊爲二公見器〔二五〕。

仲淹又嘗以左氏春秋授公，以謂爲將者不可不知書，匹夫之勇，無足尚也。公於是自春秋、戰國至于漢以來成敗之迹④，概而能通。公爲涇原招討，起居舍人尹洙知渭州，因與公善。洙學通古今，嘗與公談用兵之術，稱

---

① 招復老壯七千二百嘗爲賊所俘脅者　「二百」，武溪集卷一九上宋故狄令公墓銘作「三百」。

② 又金飾神龍于楯仆其傍　「仆」原作「什」，據庫本及華陽集卷四七狄武襄公青神道碑、山右石刻叢編卷一三狄公神道碑銘改。

③ 安遠之戰　「安遠」原作「安連」，據華陽集卷四七狄武襄公青神道碑、山右石刻叢編卷一三狄公神道碑銘及宋史狄青傳改。

④ 公於是自春秋戰國至于漢以來成敗之迹　「漢」，華陽集卷四七狄武襄公青神道碑作「秦漢」。

曰：「雖古名將，殆無以過。」其後洙以貶死，爲周旋其家事，唯恐不及。其徒真定，道過故鄉，謁縣，先下車，趨至令庭，遂燕故老於纛下，里中榮之[二六]。公事親孝，遭中令之喪，雖衽金革之事，而哀慼過人。方秉樞於朝，奉兖國太夫人膝下，日舉觴于堂，間又天子賜珍其家，極榮養矣。征南之日，戒内外不以聞，懼遺其親憂。始行至邕，會瘴霧之氣昏鬱中人，或謂賊流毒水中，且士飲者多死。忽一夕，泉湧于郊，汲之甘洌，遂濟其軍。此非誠所感邪？

公薨之初，詔衛公匱歸殯京師。其葬也，寵以鼓吹旌輅，送于都城之西。又勑所過郡治道上共具，發材官輕車，至于西河，卜用嘉祐四年二月甲申之吉。是歲，以祫饗恩加贈兼尚書令。

臣嘗伏讀兵法曰：「以治待亂，以逸待勞，此善用兵者也。」又考前史之載，將而持重有謀者，其出靡不有功。如武襄之西定靈夏，南平嶠外，未嘗不擇形勝、整師徒，先計而後戰，遂摧兇陷敵，名動殊俗，爲國虎臣。善夫！臣洙以謂有古名將之略①，豈誣也哉！

公娶魏氏，封定國夫人。六男：長曰諒，三班奉職，蚤卒；次曰諮②，西上閤門副使；次曰詠，内殿崇班、閤門祗候；次曰諗，内殿崇班；次曰說，東頭供奉官；次曰諫，内殿崇班。說、諫蚤卒。二女，許嫁而卒。孫曰璋，左侍禁；曰璹③，尚幼。銘曰：

汾晉之氣，蒙于崆峒。有如其人，武襄之雄。始來京師，感慨從軍④。以節自發，孰莫不聞。元昊雄姦，歸節塞下。西邊用兵，露甲在野。公出大里，至于杏林。奇謀縱橫，以讋戎心。上顧將帥，威名無如。來汝陪予，

① 臣洙以謂有古名將之略　按，「臣洙」，指尹洙。
② 六男長曰諒三班奉職蚤卒次曰諮　按，武溪集卷一九上宋故狄令公墓銘云「五男：長諮」。
③ 曰璹　「璹」原作「擣」，據華陽集卷四七狄武襄公青神道碑、山右石刻叢編卷一三狄公神道碑銘及武溪集卷一九上宋故狄令公墓銘改。
④ 感慨從軍　「慨」原作「概」，據庫本及華陽集卷四七狄武襄公青神道碑改。

秉國之樞。盜起南荒，乘邊弛防。陷邕圍廣，妖雰以猖。公於上前，憤然請討。賊失崑崙，膏血原艸。還服在廷，越茲累年。夙夜乃事，匪圖弗宣。將相出藩，年甫五十。公不復還，天子爲泣。生莫與榮，没莫與哀。彝常之載①，其績有來。有勤其初，有大其後。書德於詩②，以質不朽。

辨證：

[一] 狄武襄公青神道碑　本碑文又載於王珪華陽集卷四七，題曰「狄武襄公神道碑」；山右石刻叢編卷一三，題曰「宋故推誠保德守正翊戴功臣護國軍節度管内觀察處置使特進檢校太尉同中書門下平章事行河中尹判陳州軍州事兼管内堤堰橋道勸農使上柱國天水郡開國公食邑七千七百户食實封貳阡壹伯户贈中書令兼尚書令謚武襄狄公神道碑銘」。春明退朝録卷上云仁宗御篆狄青碑額曰「旌忠元勳」。按，狄青，隆平集卷一一、東都事略卷六二、宋史卷二九〇有傳，余靖武溪集卷一九載有宋故狄令公墓銘。

[二] 公實西河人　按夢溪筆談卷九人事一云：「狄青爲樞密使。有狄梁公之後，持梁公畫像及告身十餘通，詣青獻之，以爲青之遠祖。青謝之曰：『一時遭際，安敢自比梁公？』厚有所贈而還之。比之郭崇韜哭子儀之墓，青所得多矣。」

[三] 里閭俠少多從之　東都事略狄青傳云其「家世爲農。青年十六時，其兄素與里人號鐵羅漢者鬭於水濱，至溺殺之。保伍方縛素，青適餉田見之，曰：『殺羅漢者我也。』人皆釋素而縛青，青曰：『我不逃死，然待我救羅漢，庶幾復活。若決死者，縛我未晚也。』衆從之。青默祝曰：『我若貴，羅漢當蘇。』乃舉其尸，出水數斗而活，人咸異之」。

[四] 初游京師遂補拱聖籍中　東都事略狄青傳云其「初爲騎馬小底，後隸拱聖軍，選爲散直」。又畫墁録云：「狄武襄西河書佐也，逋罪入京，竄名赤籍，以三班差使殿侍出爲清澗城指使。种世衡知城，范文正帥鄜延，科閲軍書至夜分，從者皆休，唯狄不懈，呼之即

① 彝常之載　「彝」，華陽集卷四七狄武襄公青神道碑作「旂」。
② 書德於詩　「書」，華陽集卷四七狄武襄公青神道碑作「考」。

至。每供事，兩手如玉，种以此異之，授以兵法，然又延之於范公，遂成名。」

［五］自散直爲延州指使　長編卷一二五載，寶元二年十一月，夏兵寇保安軍，爲鄜延軍擊走。十二月乙丑，「賞保安軍守禦之功」，其中都巡檢司指使散直狄青爲右班殿直，「青功最多，故超四資授官」。按，宋史卷二八八范雍傳云范雍帥陝西時，「狄青爲小校時，坐法當斬，雍貸之」。

［六］經略招討副使　長編卷一三八慶曆二年十月己酉條載鄜延鈐轄、西京作坊使、貴州刺史王信爲保州刺史、本路部署，鄜延都監、西上閤門使狄青爲秦州刺史、涇原部署，涇原都監兼知原州，「皆賞其破賊之功也。後三日，信及青各兼本路經略安撫招討副使」。

［七］因命圖形以進　長編卷一三八慶曆二年十月己酉條云：「上以西邊諸將數有戰功，特召見之。」而「狄青時亦被召，會賊寇渭州急，乃命圖形以進」。

［八］乃以公爲捧日天武四廂都指揮使　據隆平集卷十九劉滬傳云時劉滬主築水洛城，「涇原帥尹洙檄令罷役，不從，益增版趣役，召之屢，亦不至。洙令狄青械滬及董士廉付獄」，大起風波，「朝廷遣魚周詢、程戡相視，乃復以滬訖役而任以城事」。又據長編卷一五〇慶曆四年六月癸卯條，言官因此論奏不已，故「尋有詔徙青權并代部署」，即「暫徙之，不三月却歸舊任」。故卷一五一慶曆四年八月乙巳條載秦州刺史、權并代部署狄青爲惠州團練使、捧日天武四廂都指揮使、涇原部署。按，此事碑文未載。

［九］保大軍節度觀察留後　宋史狄青傳稱狄青嘗爲「保大安遠二軍節度觀察留後」。胡宿文恭集卷一七載有狄青可安遠軍節度觀察留後加食邑五百户周美可檢校兵部尚書耀州刺史充侍衛親軍步軍副都指揮使耀州觀察使加食邑五百户實封二百户制。按，碑文漏載狄青嘗官安遠軍節度觀察留後。

［一〇］遂領彰化軍節度使知延州　按碧雲騢云：「狄青與文彦博同鄉人，青在定州，彦博令門客往游索青，遺之薄。客歸，彦博以書責青，再遣客往謁青，於是厚遺之。明年，青建節知延州，彦博又令客詣青曰：『延州之行，我有力焉。』」

［一一］乃召爲樞密副使　按長編卷一七七皇祐四年六月丁亥條載彰化節度使、知延州狄青爲樞密副使，云：「御史中丞王舉正言『青出兵伍爲執政，本朝所無，恐四方輕朝廷』。左司諫賈黯言：『國初武臣宿將扶建大業，平定列國，有忠勳者不可勝數，然未有起兵伍登帷幄者。今其不可有五：四裔聞之，有輕中國心，不可一也。小人無知，聞風傾動，翕然嚮之，撼摇人心，不可二也。朝廷大臣，將耻

與爲伍，不可三也。不守祖宗之成規，而自比五季衰亂之政，不可四也。青雖才勇，未聞有破敵功，失駕御之術，乖勸賞之法，不可五也。』御史韓贄亦以爲言，皆不聽。時青面涅猶存，帝嘗敕青傅藥除字，青指其面曰：『陛下擢臣以功，不問門地閥閱。臣所以有今日，由此涅爾。願留此以勸軍中，不敢奉詔。』」

［一二］公於是抗章請行　長編卷一七三皇祐四年九月庚午條載，時「上問宰相龐籍誰可將者，籍薦樞密副使狄青，青亦上表請行」。

［一三］遂改宣徽南院使宣撫荊湖南北路經置廣南盜賊事　長編卷一七三皇祐四年九月庚午條云：「初欲用入内都知任守忠爲青副，諫官李兑言『唐失其政，以宦者觀軍容，致主將掣肘，是不足法』。遂罷守忠。」又十月辛巳條云時「右正言韓絳言狄青武人，不可獨任，帝以問龐籍，籍曰：『青起行伍，若用文臣副之，必爲所制，而號令不專，不如不遣。』乃詔廣南將佐皆稟青節制」。按，石林燕語卷九亦云：「狄武襄以樞密副使出討儂智高，換宣徽南院使，宣撫荊湖南北路，經制廣南盜賊事。師還，復舊任，蓋不欲以本官外使也。」

［一四］自桂林次賓州　長編卷一七三皇祐四年十月丙子條載：「詔鄜延、環慶、涇原路擇蕃落廣鋭軍曾經戰鬭者各五千人，仍逐路遣使臣一員，押赴廣南行營，從狄青之請也。青言：『賊便於乘高履險，步兵力不能抗，故每戰必敗。願得西邊蕃落兵自從。』或謂南方非騎兵所宜，樞密使高若訥言：『蕃落善射耐艱苦，上下山如平地，當瘴未發時，疾馳破之，必勝之道也。』青卒用騎兵破賊。」

［一五］咸以軍法誅之衆莫不惴恐　默記卷上云：「儂智高犯廣南，破諸郡。官軍屢敗，朝廷震動，遂遣狄青作宣撫招討使。青至洪州，聞陶弼在外邑丁憂，蓋弼久作廣南官也。青至，微服往見弼，問籌策。弼察其誠，爲青言廣南利害曰：『官吏皆貪墨不法，惟欲溪洞有邊事，乘擾攘中濟其所欲，不問朝廷安危，謂之「做邊事」，涵養以至今日。非智高能至廣州，乃官吏不用命，誘之至此。智高豈能出其巢穴至廣州哉？今誠能誅不用命官吏，使兵權在我，一變舊俗，則賊不足破也。』青大奇之，所以初至廣州，按法誅不遵節制、出兵而敗陳崇儀而下三十餘人。明日一鼓而破賊，二廣晏然者，用弼之策也。」按，長編卷一七四皇祐五年正月丁未條注曰：「呂晦誌陳曙墓銘稱：『曙先與孫抗有隙，抗時爲廣西漕，權桂州，與余靖秘狄青所下令，趣曙出戰。曙遣其副蘇緘詣靖，抗言不可，抗怒，趣戰愈急，曙果戰敗。及狄青至桂州，抗悉以敗軍事歸曙，故坐誅。』與國史事異，當考。」

［一六］乃絶崑崙　夢溪筆談卷一三權智云：「狄青爲樞密副使，宣撫廣西。時儂智高守崑崙關，青至賓州，值上元節，令大張燈燭，首夜燕將佐，次夜燕從軍官，三夜饗軍校。首夜樂飲徹曉，次夜二鼓時，青忽稱疾，暫起如内。久之，使人諭孫元規，令暫主席行酒，

少服藥乃出。數使人勤勞座客。至曉，各未敢退。忽有馳報者云，是夜三鼓，青已奪崑崙矣。」東軒筆録卷四亦云：「狄青之征儂智高也，自過桂林，即以辨色時先鋒行。先鋒既行，青乃出帳，受衙罷，命諸將坐飲酒一巵，小餐，然後中軍行，率以爲常。及頓軍崑崙關下，翊日將度關，辰起，諸將詣帳立甚久，而青尚未坐，殆至日高，親吏疑之，遽入帳周視，則不知青所在。諸將方相顧驚愕，俄有軍候至曰：『宣徽傳語諸官，請過關喫食。』方知青已微服同先鋒度關矣。」

〔一七〕前鋒孫節搏賊死山下　武溪集卷一九宋故狄令公墓銘稱孫節爲「左第一將」，長編卷一七四皇祐五年正月丁巳條稱「右將」，并注曰：「按武貴傳稱前軍孫節，賈逵傳稱右將孫節，而狄青傳乃稱前鋒孫節，蓋爲前軍之右將，當軍鋒最前爾。張玉實將先鋒，實録即稱節爲先鋒，恐誤，玉傳可攷也。」

〔一八〕公親執旗鼓至遂大敗　長編卷一七四皇祐五年正月丁巳條稱狄青「自執白旗，麾蕃落騎兵張左右翼，出賊後交擊，左者右，右者左，已而右者復左，左者復右。賊衆不知所爲，大敗走，儂智高復趨邕州，王師追奔五十里」。

〔一九〕招復老壯七千二百嘗爲賊所俘脅者皆慰遣以歸　長編卷一七四皇祐五年二月乙酉條載孫沔、余靖佐狄青平儂智高，復邕州。時「青治附賊者多誅殺，沔與青分治，所免釋數百人」。

〔二〇〕公還爲樞密副使進位檢校太尉河中尹俄拜樞密使賜第城南一區　長編卷一七四皇祐五年二月癸未條載云宣徽南院使、彰化節度使狄青爲護國節度使、樞密副使，依前宣徽南院使。注曰：「案宋史宰相表作護國節度、檢校太尉、河中尹，兼御史大夫。」又二月丁亥條載「賜狄青敦教坊第一區」。五月乙巳條載狄青爲樞密使。按，其「賜第城南一區」在狄青拜樞密使之前。又五朝名臣言行録卷八之二樞密使狄武襄公引范蜀公東齋記事云：「狄青爲樞密使，是時予爲諫官，人有相語童謡云：『漢似胡人胡似漢，改頭換面總一般，只在汾河川子畔。』以青汾河人，面有刺字，不肯滅去，又姓狄，爲漢人。此歌爲是人作也，爲不疑矣，欲予言之。予應之曰：『此唐太宗殺李君羡事，上安忍爲？適以啟君臣疑心耳。』」

〔二一〕晚以盛滿爲戒思避時柄遽終于陳州　長編卷一八三嘉祐元年八月癸亥條載樞密使、護國節度使狄青罷樞密使，加同平章事，判陳州，云：「青在西府四年，京城小民聞青驟貴，相與推説，誦詠其材武。青每出入，輒聚觀之，至壅路不得行。上自正月不豫，青益爲都人所指目。又青家犬生角，數有光怪。知制誥劉敞請出青於外以保全之，未聽。敞出知揚州，又極言：『今外説紛紛，雖不足信，要當使無後憂，寧負青，無使負國家。』并謂宰相曰：『向者天下有可大憂者，又有可大疑者。今上體平復，大憂去矣。而大疑者尚在。』具以青事告之，宰相應對唯唯。敞既至官，拜表，又徧遺公卿書曰：『汲黯之忠，不難於淮陽，而眷眷於李息。』朝廷皆知爲青發也。及京師大水，青避水，徙家於相國寺，行坐殿上，都下喧然；執政聞之始懼，以熟狀出青判陳州。」又石林燕语卷七云：「狄武襄起行伍，位近臣，不肯出其黥文，時特以酒濯面，使其文顯，士卒亦多譽之。或云其家數有光怪，且姓合讖書，歐陽文忠脩、劉原甫敞。皆屢爲之言。獨范景仁鎮。爲諫官，人有諷之者，景仁謝曰：『此唐太宗所以殺李君羨，上安忍爲也？』然武襄亦竟出知陳州。」野老紀聞云：「狄青爲樞密使，自恃有功，驕蹇不恭，怙惜士卒，每得衣糧，皆負之曰：『此狄家爺爺所賜。』朝廷患之。時文潞公彦博。當國，建言以兩鎮節度使出之。青自陳無功而受兩鎮節旄，無辜而出典外藩，仁宗亦然之。及文公以對，上道此語，且言狄青忠臣。公曰：『太祖豈非周世宗忠臣？但得軍情，所以有陳橋之變。』上默然。青未知，到中書，再以前語白文公。文公直視語之曰：『無他，朝廷疑爾。』青驚怖，卻行數步。青在鎮，每月兩遣中使撫問。青聞中使來，即驚疑終日，不半年，疾作而卒。皆文公之謀也。」默記卷上云：「魏公（韓琦）還朝，青位樞密使，避火般家于相國寺殿。一日，衩衣衣淺黄袄子坐殿上，指揮士卒，盛傳都下。及其家遺火，魏公謂救火人曰：『你見狄樞密出來救火時，着黄袄子否？』青每語人曰：『韓樞密功業、官職與我一般，我少一進士及第耳。』其後彗星出，言者皆指青跋扈可慮，出青知陳州。同日，以魏公代之。是夕彗滅。」

［一二二］其計事必審中機會而後發　夢溪筆談卷一三權智云：「狄青戍涇原日，嘗與敵戰，大勝，追奔數里。敵忽壅遏山路，知其前必遇險，士卒皆奮擊，青遽鳴鉦止之，敵得引去。驗其處，果臨深澗，將佐皆悔不擊。青獨曰：『不然。奔亡之敵，忽止而拒我，安知非謀？軍已大勝，殘寇不足利，得之無所加重，萬一落其術中，存亡不可知。寧悔不擊，不可悔不止。』青後平嶺寇，賊帥儂智高兵敗奔邕州，其下皆欲窮其窟穴，青亦不從，以爲趨利乘危入不測之城，非大將事。智高因而獲免，天下皆罪青不入邕州，脱智高於垂死。然青之用兵，主勝而已，不求奇功，故未嘗大敗，計功最多，卒爲名將。譬如奕棊，已勝敵可止矣。然猶攻擊不已，往往大敗。此青之所戒也。臨利而能戒，乃青之過人處也。」

［一二三］故常以少擊衆而所鄉無不靡　夢溪筆談卷一三權智云：「青在涇原，嘗以寡當衆，度必以奇勝，預戒軍中盡捨弓弩，皆執短兵器，令軍中聞鉦一聲則止，再聲則嚴陣而陽却，鉦聲止則大呼而突之，士卒皆如其教。纔遇敵，未接戰，遽聲鉦，士卒皆止。再聲，皆

却。虜人大笑，相謂曰：『孰謂狄天使勇？』時虜人謂青爲『天使』。鉦聲止，忽前突之，虜兵大亂，相蹂踐死者，不可勝計也。」

〔二四〕間嘗獨被髪面銅具馳突賊圍中　東齋記事卷三云：「狄武襄公青初爲延州指揮使，與西賊大小二十五戰，每戰帶銅面具，被髪出入行陣間。」又，長編卷一二九康定元年十一月丁卯條云：「青每臨敵，被髪面銅具，出入賊中，皆披靡無敢當者。」

〔二五〕公時爲裨將殊爲二公見器　邵氏聞見録卷八云：狄青「尤爲范文正、韓忠獻、范正獻諸公所知。文正公授以春秋、漢書曰：『爲將而不知古今，匹夫之勇耳。』武襄感服，自勉勵無怠。……每至韓忠獻家，必拜於廟廷之下，入拜夫人甚恭，以郎君之禮待其子弟，其異於人如此。」按，范文正即范仲淹、韓忠獻即韓琦，而范正獻當爲范雍（謚忠獻）之譌。又清波雜志卷五云：「狄武襄青受范忠獻之知，每至范氏，必拜於家廟，入拜夫人甚恭，以郎君之禮事其子弟。」按，二書所記不同，疑「范忠獻」、「范氏」爲是。長編卷一二九康定元年十一月丁卯條云「尹洙爲經略判官，青以指使見洙，與談兵，善之，薦於副使韓琦、范仲淹，曰：『此良將才也。』二人一見奇之，待遇甚厚。仲淹以左氏春秋授之，曰：『將不知古今，匹夫勇耳。』青折節讀書，悉通秦漢以來將帥兵術，由是益知名」。又，默記卷上云：「韓魏公帥定，狄青爲總管。一日會客，妓有名白牡丹者，因酒酣勸青酒曰：『勸班兒一盞。』譏其面有涅文也。青來日遂笞白牡丹者。後青舊部曲焦用押兵過定州，青留用飲酒，而卒徒因訴請給不整，魏公命擒焦用，欲誅之。青聞而趨就客次救之。魏公不召，青出立于子階之下，懇魏公曰：『焦用有軍功，好兒。』魏公曰：『東華門外以狀元唱出者乃好兒，此豈得好兒耶！』立青而面誅之。青甚戰灼，久之，或曰：『總管立久。』青乃敢退，蓋懼并誅也。」

〔二六〕道過故鄉謁縣先下車趨至令庭遂燕故老於纛下里中榮之　武溪集卷一九上宋故狄令公墓銘云：「其徙真定也，過家上冢，還謁縣長，步趨令庭，以脩桑梓之恭，然令不敢當，議者重其得體。遂留里中，與故老釃酒相歡，揮金而去。」

种院使世衡神道碑〔一〕　文正公范仲淹

公諱世衡①，字仲平，國之勞臣也，不幸云亡，其子泣血請銘於予。予嘗經略陝西，知君最爲詳，懼遺其善，

① 公諱世衡　「公」，范文正公文集卷一五東染院使种君墓誌銘作「君」。

不可不從而書之。

初，康定元年春，夏戎犯延安，我師不利。朝廷以堡障衆多，有分兵之患，其間遠不足守者，即命罷之。寇驕而貪，益侵吾疆，百姓被其毒。君時爲大理丞，任鄜州從事，建言延安東北二百里有故寬州，請因其廢壘而興之①，以當寇衝，左可致河東之粟，右可固延安之勢，北可圖銀夏之舊，有是三利。朝廷從之，以君董役事。君膽勇過人，雖俯逼戎落，曾不畏憚，與民暴露數月②，且戰且城。然處險無泉③，議不可守。鑿地百有五十尺，始至于石，工徒拱手④：「自是不可井矣。」君曰：「過石而下，將無泉耶？爾攻其石，屑而出之，凡一畚，償爾百金⑤。」工復致其力，過石數重，泉果霈發，飲甘而不耗。萬人歡呼曰：「神乎！雖虜兵重圍，吾無困渴之患矣。」用是復作數井，兵、馬牛皆大足。自茲西陲保障患無泉者悉倣此，大蒙利焉。既而朝廷署故寬州爲青澗城，授君内殿承制⑥、知城事[二]。復遷供備庫副使，旌其勞也。

塞下多屬羌，向時漢官不能恩信，羌皆持兩端。君乃親入部落中，勞問如家人意，多所周給[三]。嘗自解佩帶，與其酋豪可語者。有得虜中事來告於我，君方與客飲，即取坐中金器以奬之。屬羌愛服，皆願效死。清澗東北一舍而遠距無定河，河之北有虜塞，虜常濟河爲患。君使屬羌擊之，往必破走，前後取首級數百、牛羊萬計，未

---

① 請因其廢壘而興之　「因」，庫本及范文正公文集卷一五東染院使种君墓誌銘作「發」。

② 與民暴露數月　「民」，范文正公文集卷一五東染院使种君墓誌銘作「兵民」。

③ 然處險無泉　「泉」原作「是」，據庫本及范文正公文集卷一五東染院使种君墓誌銘改。

④ 工徒拱手　「拱手」下，范文正公文集卷一五東染院使种君墓誌銘有「曰」字。

⑤ 償爾百金　「百金」，隆平集、東都事略、宋史种世衡傳及長編卷一二八康定元年九月庚午條、涑水記聞卷九皆作「百錢」。

⑥ 授君内殿承制　按，隆平集、東都事略、宋史种世衡傳稱授其「内殿崇班」。

嘗勞士卒也，故功多而費寡。建營田二千頃①，歲取其利。募商賈使通其貨，或先貸之本，速之流轉，歲時間②，其息十倍。乃建白凡城中芻糧、錢幣暨軍須、城守之具，不煩外計，自給③。使一子專視士卒之疾，調其湯餌，常戒以笞責，期于必瘳，士卒無不感泣。今翰林承旨王公堯臣安撫陝西，言君治狀。上悦，降詔褒之曰：「邊臣若此，朕復何憂！」二年，就兼鄜延路駐泊兵馬都監，制置本路粮草。遷洛苑副使。

慶曆二年春，予按巡環州，患屬羌之多而素不爲用，與夏戎潛連，助爲邊患。乃召蕃官慕恩與諸族酋長僅八百人，犒于麾下，與之衣物繒綵，以悦其意[四]。又采忠順者，增銀帶馬鞍以旌之，然後諭以好惡，立約束④，俾之遵向。然悍猾之性，久失其馭，非智者處之，恐復爲變。時青澗既完，人可循守，乃請于朝，願易君理環⑤。朝廷方以青澗倚君，又延帥上言「人重其去」，命予更擇之。予謂「夏戎日夜誘吾屬羌，羌愛其類，易以外向⑥，非斯人親之，不能革其心」。朝廷始如其請[五]。

君既至環，按邊之利害，大要在屬羌難制，懼合夏戎爲暴發之患；又地瘠穀貴，屯師爲難，聚糧則力屈，損兵則勢危，斯急病也。迺周行境内，入屬羌聚落，撫以恩意，如青澗焉。有牛家族首奴訛者，倔强自處，未嘗出見官長。聞君之聲，始來郊迎。君戒曰：「吾詰朝行勞爾族。」奴訛曰：「諾。」是夕天雪三尺，左右曰：「此羌凶詐，嘗

① 建營田二千頃　「二千頃」，長編卷一二八康定元年九月庚午條作「一千頃」。
② 歲時間　「間」原作「問」，據范文正公文集卷一五東染院使种君墓誌銘改。
③ 自給　范文正公文集卷一五東染院使种君墓誌銘作「一請自給」。
④ 立約束　范文正公文集卷一五東染院使种君墓誌銘作「立約束四」。
⑤ 願易君理環　「願」原作「頭」，據鐵琴銅劍樓本、庫本及范文正公文集卷一五東染院使种君墓誌銘改。
⑥ 易以外向　「易」，庫本及范文正公文集卷一五東染院使种君墓誌銘作「益」。

與高使君繼嵩挑戰①。又所處險惡，冰雪非可前。」君曰：「吾方與諸羌樹信，其可失諸？」遂與士衆緣險而進。奴訛初不之信，復會大雪，謂君必不來，方坦卧帳中，君已至，蹵而起之。奴訛大驚曰：「我世居此山，漢官無敢至者，公了不疑我耶？」乃與族衆拜伏讙呼曰：「今而後惟父所使。」自是屬羌咸信於君。有兀二族，受夏戎僞署。君遣人招之，不聽，即使慕恩出兵誅之，死者半，誅者半②，盡以其地暨牛羊賞諸有功。其僭受僞署如兀二族者百餘帳，咸股栗請命，納其所得文券、袍帶。自是屬羌無復敢二③。君戒諸族各致烽火④，夏戎時來抄掠，則舉烽相告，衆必介馬而待之，破賊者數四。

涇原帥葛懷敏定川之敗，戎馬入縱于渭。予領慶州蕃漢兵往扼邠城⑤，又召君分援涇原。君即時而赴，羌兵從者數千人。屬羌爲吾用，自此始。君曰：「羌兵既可用矣。」乃復教土人習弧矢以佐官軍。吏民有請某事、辭某事者，君咸使之射，從其中否而與奪之。坐過失者，亦用此得贖。吏農工商，無不樂射焉。由是緣邊諸城獨環不求增兵益粮⑥，而武力自振。夏戎聞屬羌不可誘，土人皆善射，烽火相望，無日不備，乃不復以環爲意。

前後經略使交薦君之才能，朝廷益知可倚。明年，遷東染院使，充環慶路兵馬鈐轄，仍領環州。惟環西南占原州之疆，有明珠、滅臧、康奴三種，居屬羌之大，素號强梗，在原爲孽，寖及于環。撫之，很不我信；伐之，險不

① 此羌凶詐嘗與高使君繼嵩挑戰　「詐嘗」原作「嘗詐」，據庫本及范文正公文集卷一五東染院使种君墓誌銘乙改。
② 誅者半　「誅」，庫本及范文正公文集卷一五東染院使种君墓誌銘作「歸」。
③ 自是屬羌無復敢二　「二」，庫本及范文正公文集卷一五東染院使种君墓誌銘作「貳」。
④ 君戒諸族各致烽火　「致」，庫本及范文正公文集卷一五東染院使种君墓誌銘作「置」，似是。
⑤ 予領慶州蕃漢兵往扼邠城　「予」原作「子」，據庫本及范文正公文集卷一五東染院使种君墓誌銘改。
⑥ 獨環不求增兵益粮　「益粮」，庫本及范文正公文集卷一五東染院使种君墓誌銘作「不煩益糧」。

可入。北有二川，交通于夏戎，朝廷患焉。其二州之間①，有古細腰城，復之可斷其交路。又明年，予爲宣撫使，乃諭君與原守蔣偕共幹其事。君久悉利病，即日起兵，會偕于細腰，使甲士晝夜築之。夏戎固忌此城，君遣人入虜中，以計欵之，兵遂不至。又召明珠等三族酋長犒撫之，俾以禦寇。彼既出其不意，又亡外援，因而服從，君之謀也。君處細腰月餘，逼以苦寒，城成而疾作[六]，以慶曆五年正月七日甲子啓手足，神志不亂，享年六十一，葬于京兆萬年縣之神和原。

君之先河南洛陽人也。曾祖存諮，河南壽安令。祖仁詡，京兆長安令，贈太常博士。父昭衍，登進士第，累贈職方員外郎。季父放，字明逸，初隱于終南山。君少孤依之，服勤左右，以力學稱[七]。明逸道高德純，太宗朝再詔，以事親不起。真宗復加聘禮，起拜左司諫、直昭文館，累遷尚書工部侍郎。

大中祥符五年，君用工部蔭得將作監主簿，五遷至太子中舍。初監秦州太平監，以母老求養。又監京兆府渭橋倉、邛州惠民監，知涇之保定、京兆之武功涇陽三邑。在武功，毁淫祀，崇夫子廟以來學者。在涇陽，有里胥王知謙者，姦利事露，逃之，逼郊禮乃出。君曰：「送府則會恩，益以長惡。」從所坐杖脊于縣庭，而請待罪[八]。府君李公諮奏釋之。自是豪黠莫不斂手。其嫉惡如此。又邑有三白渠，比年浚疏，用數邑力。主者非其才，而勞逸弗等，功利日削。君使勤惰齊其力，故功倍，貧富均其流，故利廣，至今民能言之。

歷通判鎮戎軍、環鳳二州。鳳之守王蒙正託章憲外姻，以私干君，復欲以賄污君，君正色不納。蒙正大怨之，乃使人諭王知謙訟君，蒙正内爲之助。獄成，流竇州。上親政，量移汝州。君之弟世材以一官讓君，乃除孟州司馬。龍圖閣直學士李公紘雪于朝，授衛尉丞，主隨州榷酤。又禮部尚書宋公綬、工部侍郎狄公棐皆言君非

① 其二州之間 「州」，庫本及范文正公文集卷一五東染院使种君墓誌銘作「川」。

辜，改知虔州贛縣。君辭，得監京兆軍資庫。以同、鄜交辟，改簽署同州判官事①，又移鄜州。因從軍延安，乃有故寬州之請。

君少尚氣節，兄弟有欲析其産者②，君推資産與之，惟取季父圖書而已。莅官能擿惡庇民，青澗與環人皆畫君之象而享事之[九]。及終，吏民暨屬羌酋長朝夕臨柩前者數日。朝廷深惜之，賜三子恩。

君娶劉氏，封萬年縣君。男八人：長曰古③，文雅純篤，養志不仕[一〇]，有叔祖明逸之風；次曰詒④，試將作監主簿；曰詠，同州澄城尉；曰諮，郊社齋郎；曰謂，三班奉職[一一]，皆有力人也；訢、記、誼三子，尚幼。一女，適西頭供奉官田守政。

君在邊數年，聚貨殖，教弧矢，撫養士伍，牢籠羌夷⑤，無賢不肖皆稱之。又出奇以濟幾事，嘗遣諜者入虜中，凡半歲間，而虜誅握兵用事者二三人。諜者還，其諜得行，會君已歿，又天子方懷來，故其績不顯[一二]。銘曰：

嗚呼种公⑥，出于賢門。吾志必立，吾力是陳。寧以剛折，果由直伸。還自瘴海，試于塞垣⑦。權以從事，意

---

① 改簽署同州判官事　「署」原作「著」，據范文正公文集卷一五東染院使种君墓誌銘改。

② 兄弟有欲析其産者　「析」原作「折」，據庫本及范文正公文集卷一五東染院使种君墓誌銘改。又「産」，范文正公文集卷一五東染院使种君墓誌銘作「家」。

③ 長曰古　「古」原作「占」，據范文正公文集卷一五東染院使种君墓誌銘、宋史种世衡傳改。按：种古，隆平集、東都事略种世衡傳及宋章定名賢氏族言行類稿卷一等作「种詁」。疑初名「詁」，後改曰「古」。

④ 次曰詒　「詒」，范文正公文集卷一五東染院使种君墓誌銘、宋史种世衡傳及涑水記聞卷九作「診」，隆平集种世衡傳作「諺」。

⑤ 牢籠羌夷　「牢」字原脱，據范文正公文集卷一五東染院使种君墓誌銘補。

⑥ 嗚呼种公　「公」，范文正公文集卷一五東染院使种君墓誌銘作「君」。

⑦ 試于塞垣　「于」原作「干」，據文海本、庫本及范文正公文集卷一五東染院使种君墓誌銘改。

其出人。悍虜之患，乂邊之民①。夙夜迺職，星霜厥身。生則有涯②，死宜不泯。邊俗祀之，子子孫孫。

辨證：

［一］种院使世衡神道碑　本碑文又載於范仲淹范文正公文集卷一五，題曰「東染院使种君墓誌銘」。按，長編卷一三五慶曆二年三月庚午條注有「仲淹作世衡墓誌稱慶曆二年春」云云，涑水記聞卷九載世衡築青澗城，其注有「出希文所作墓誌」之文，則范仲淹所撰當爲「墓誌銘」，非「神道碑」。种世衡，隆平集卷一九、東都事略卷六一、宋史卷三三五有傳。

［二］授君内殿承制知城事　長編卷一二八康定元年九月庚午條載大理寺丞、簽書定國節度判官事种世衡爲内殿承旨、知延州青澗城，云：「安遠、塞門既陷賊，東路無藩籬，賊益内侵。世衡言於范仲淹，請營故寬州，州西南直延安二百里，當賊衝，右捍延安，左可致河東粟，北可圖銀夏。仲淹爲請於朝，詔世衡即廢壘興築。……城成，賜名青澗，世衡改秩主之。」

［三］君乃親入部落中勞問如家人意多所周給　長編卷一二八康定元年九月庚午條云其「間出行部族，慰勞酋長，或解與所服帶。嘗會客飲，有得敵事來告者，即予飲器。繇是屬羌皆樂爲用。無定河蕃部抄邊，率屬羌討擊，前後斬首數百」。

［四］乃召蕃官慕恩與諸族酋長僅八百人犒于麾下與之衣物繒綵以悦其意　涑水記聞卷九云：「胡酋慕恩部落最强，世衡皆撫而用之。嘗夜與慕恩飲，出侍姬以佐酒。既而世衡起入内，潛于壁隙窺之。慕恩竊與侍姬戲，世衡遽出掩之。慕恩慙懼請罪，世衡笑曰：『君欲之耶？』即以遺之，由是得其死力。諸部有貳者，使慕恩討之，無不克。」東都事略、宋史种世衡傳略同。按，种世衡傳及涑水記聞所云，乃种世衡至環州以後之事。

［五］朝廷始如其請　長編卷一三五慶曆二年「是春」條云：「是春，范仲淹巡邊至環州，州屬羌陰連敵爲邊患，仲淹謂种世衡素得

① 乂邊之民　「乂」原作「又」，據庫本及范文正公文集卷一五東染院使种君墓誌銘改。
② 生則有涯　「生」原作「主」，據庫本及范文正公文集卷一五東染院使种君墓誌銘改。

屬羌心，而青澗城已堅固，乃奏世衡知環州以鎮撫之。龐籍請留世衡，詔仲淹更擇人。仲淹言非世衡則屬羌不可懷。詔從仲淹所請。」又云：「初，世衡在青澗，爲屬吏所訟以不法事，按驗皆有狀。龐籍言：『世衡披荆棘，立青澗城，若一拘以法，則邊將無所措手足。』詔勿問。及徙環州，詣籍拜且泣曰：『世衡心腸鐵石也，今日爲公下淚矣。』」

［六］君處細腰月餘逼以苦寒城成而疾作　隆平集种世衡傳云其「在環慶病告中，得范仲淹檄，與蔣偕同築細腰城，力疾奔命，城成而卒」。

［七］君少孤依之服勤左右以力學稱　長編卷一二八康定元年九月庚午條稱「世衡，放兄子，幼從放學，任氣有才略」。

［八］從所坐杖脊于縣庭而請待罪　長編卷一二八康定元年九月庚午條云其「嘗知涇陽縣，里胥王知謙以姦利事敗，法當徒，遁去，比郊赦輒出。世衡曰：『送府則會赦。』杖其脊而請罪於府，知府李諮奏釋之」。

［九］青澗與環人皆畫君之象而享事之　長編卷二三三熙寧五年五月條云秦鳳路緣邊安撫司「又言通遠軍宜建學，亦許之。王安石曰：『种世衡在環州建學，令蕃官子弟入學，監司疑其事，遣官體量。世衡以爲非欲得蕃官子弟爲門人，但欲與之親狎，又平居無事時，家家如有質子在州。』上曰：『世衡事事輒有計謀，其建學，非苟然也。』」

［一〇］長曰古文雅純篤養志不仕　宋史卷三三五种古傳稱「世衡卒，録古爲天興尉」。

［一一］曰諤三班奉職　東都事略卷六一种諤傳云其「以父世衡蔭補三班奉職」。

［一二］又出奇以濟幾事至故其績不顯　五朝名臣言行録卷七之三東染院使种公引吕與叔文集云：「始，元昊寇邊，王師屢撓，虜之氣焰益張，常有并吞關中之意。其將剛浪唛號野利王，某號天都王，各統精兵于別都，元昊倚以爲腹心，凡所以能勝我軍，皆二將之策也。种將軍方城青澗，謀有以去之。有王嵩者，本青澗僧，將軍察其堅朴，誘令冠帶，因出師以賊級予之，白於帥府，表授三班借職，充經略司指使，且力爲辦其家事，凡居室、騎從、衣食之具，悉出將軍。嵩感恩既深，將軍反不禮，以奴畜之，或掠治械繫數日，嵩雖不勝其苦，卒無一辭望將軍。將軍知可任以事，居半年，召嵩謂之曰：『吾將以事使汝，吾戒汝所不言，其苦雖有甚於此者，汝能爲吾卒不言否？』嵩泣對曰：『嵩貧賤無狀，蒙將軍恩教，致身榮顯，常誓以死報，而未知其所，況敢辭捶楚乎！』將軍乃草遺野利書，書辭大抵如世間問起居之儀，惟以數句隱辭，如嘗有私約，而勸其速行之意。書於尺素，且膏以蠟，置衲衣間密縫之，告嵩：『此非瀕死不得泄，如泄之，當以

負恩不能成吾事爲言。』并以畫龜一幅、棗一篰爲信，俾遣野利。嵩受教至野利所居，致將軍命，出棗、龜投之。野利知見侮，笑曰：『吾素奇种將軍，今何兒女子見識？』度嵩別有書，索之。嵩佯目左右，既而答以無有。野利不敢匿，乃封其信上元昊。數日，元昊召野利與嵩俱，西北行數百里，至一大城，曰興州。先詣一官寺，曰樞密院，次曰中書，有數胡人雜坐，野利與焉。召嵩廷詰將軍書問所在。嵩堅執前對，稍稍去巾櫛，加執縛，至於捶楚極苦，嵩終不易其言。又數日，召入一官寺，廳事廣楹，皆垂班竹箔，緑衣小竪立其左右。嵩意元昊宮室也。少頃，箔中有人出，又以前問責之，曰：『若速言！死矣。』嵩對如前，乃命曳出誅之。嵩大號，且言曰：『始將軍遣嵩密遺野利王書，戒不得妄泄。今不幸空死，不了將軍事，吾負將軍！吾負將軍！』箔中急使人追問之，嵩具以對。乃褫衲衣，取書以進。書入移刻，始命嵩就館，優待以禮。元昊於是疑野利，陰遣愛將假爲野利使，使于將軍。將軍知元昊所遣，未即見，命屬官日館勞之。問虜中山川地形，在興州左右言則詳，迨野利所部多不能悉。適擒生虜數人，因令隙中視之，生虜能言其姓名，果元昊使。將軍意決，乃見之。將軍燕服據案坐，屬官皆朝衣抱文籍，鳧雁侍左右。於是賓贊引使者出拜，使者傳野利語，將軍慢罵元昊，而稱野利有心内附，乃厚遺使者曰：『爲吾語若王，速決無遲留也。』度使者至，嵩即還，而野利已報死矣。將軍知謀已行，因欲并間天都，又爲置祭境上，作文書於版以弔，多述野利與天都相結，有意本朝，悼其垂成而失。其文雜紙幣，伺有虜至，急爇之以歸。版字不可遽滅，虜人得之，以獻元昊。天都以此亦得罪。元昊既失二將，久之，始悟爲將軍所賣，遂定講和之策焉。西師既平，天子録諸將功，元帥蔽將軍不以聞。將軍不自辨，至于終身。嘉祐元年，其子古詣匭訴之，事下御史府，按驗如古狀不誣，詔付史官，於是士大夫始知將軍之功。將軍果決縱横，有城府，不測人也。舉秦之人皆能道之。」又夢溪補筆談卷二權智亦載：「种世衡初營清澗城，有紫山寺僧法崧，剛果有謀，以義烈自名。世衡延置門下，恣其所欲，供億無算。崧酗酒狎博，無所不爲。世衡遇之愈厚。留歲餘，崧亦深德世衡，自處不疑。一日，世衡忽怒謂崧曰：『我待汝如此，而陰與賊連，何相負也？』拽下械繫，捶掠極其苦楚，凡一月，濱於死者數矣，崧終不伏，曰：『崧丈夫也，公聽姦人言欲見殺，則死矣，終不以不義自誣。』毅然不顧。世衡審其不可屈，爲解縛沐浴，復延入卧内，厚撫謝之曰：『爾無過，聊相試耳。欲使爲間，萬一可脅，將洩吾事。設虜人以此見窮，能不相負否？』崧默然曰：『試爲公爲之。』世衡厚遺遺之，以軍機密事數條與崧曰：『可以此藉手，仍僞報西羌。』臨行，世衡解所服絮袍贈之曰：『胡地苦寒，以此爲別。至彼須萬計求見遇乞，非此人無以得其心腹。』遇乞，虜人之謀臣也。崧如所教，間關求通遇乞，虜人覺而疑之，執於有司，數日，或發袍領中，得世衡與遇乞書，詞甚款密。崧初不知領中書，虜人苦之備至，終不言情。虜人因疑遇乞，舍崧，遷於北境。久之，遇乞終以疑死。崧邂逅得亡歸，盡得虜中事以報。……康定之後，世衡數出奇計，予在邊，得於邊人甚詳。」又卷一三權智云：「元昊之臣野利，常爲謀主，守天都山，號天都大王，與元昊乳母白姥有隙。歲除日，野利引兵巡邊，深涉漢境數宿，白姥乘間乃譖其欲叛，元昊疑之。世衡嘗得蕃酋之子蘇吃曩，厚遇之，聞元昊嘗賜野利寶刀，而吃曩之父得幸於野利，世衡因使吃曩竊野利刀，許之以緣邊職任、錦袍、真金帶。吃曩得刀以還，世衡乃唱言野利已爲白姥譖死，設祭境上，爲祭文，叙歲除日相見之歡。入夜，乃火燒紙錢，川中盡明。虜見火光，引騎近邊窺覘，乃佯委祭具，而銀器凡千餘兩悉棄之。虜人争取器皿，得元昊所賜刀，及火爐中見祭文已燒盡，但存數十字。元昊得之，又識其所賜刀，遂賜野利死。野利有大功，死不以罪，自此君臣猜貳，以至不能軍。平夏之功，世衡計謀居多，當時人未甚知之。世衡卒，乃録其功，贈觀察使。」此事又見録於東軒筆録卷八，稍異：「元昊分山界戰士爲二厢，命兩將統之，剛浪崚統明堂左厢，野利遇乞統天都右厢，二將能用兵，山界人户善戰，中間劉平、石元孫、任福、葛懷敏之敗，皆二將之謀也。慶曆中，种世衡守青澗城，謀用間以離之。有悟空寺僧光信者，落魄耽酒，邊人謂之『土和尚』，多往來蕃部中。世衡嘗厚給酒肉，善遇之，一日語信曰：『我有書答野利相公，若爲我賫之。』以書授信。臨發，復召飲之酒而謂曰：『界外苦寒，吾爲若納一襖，可衣之以行，回日當復以歸我。』信始及山界，即爲邏兵所擒，及得賫書以見元昊。元昊發其書，即尋常寒暄之問，元昊疑之，遂縛信拷掠千餘，至脅以兵刃，信終言無他。元昊益疑，顧見信所衣之襖甚新潔，立命剺拆，即中得與遇乞之書，具言：『前承書有歸投之約，尋聞朝廷，及云只候信回得報，當如期舉兵入界，惟盡以一厢人馬爲内應，儻獲元昊，朝廷當以靖難軍節度使、西平王奉賞。』元昊大怒，自此奪遇乞之兵，既又殺之。遇乞死，山界無良將統領，不復有侵掠之患，而邊陲亦少安矣。洎西戎入貢，信得歸，改名嵩，仕終左藏庫副使。」東都事略种世衡傳載种世衡遣王嵩使間，云：「世衡所至有恩信，出奇以濟幾事。在青澗也，嘗遣入賊境，召與之飲，謂曰：『虜若得汝，考掠求實，汝不勝痛，當以實告耶？』嵩曰：『誓死不言。』世衡曰：『先試之。』乃縛於庭而掠之數百，嵩不屈，世衡曰：『汝真可也。』王嵩者，本青澗僧。世衡察其可使，誘令冠帶，因出師，以賊級與之，白於帥府，授以三班借職。時元昊使其妻之兄弟寧令舅野利旺榮及剛浪凌分將左右厢兵，最用事。世衡使嵩齎書遺以棗及畫龜，欲其早歸，以離間之。旺榮知見侮，笑曰：『吾素奇种將軍，今何兒女子見識？』度嵩別有書，索之。嵩佯目左右，既而答以無有，旺榮乃封其信上元昊，鎖嵩囚于地牢。一日，召入一官寺，聽事廣楹皆垂斑竹箔，綠衣小童立其左右。嵩意元昊宫室也。少頃，箔中有人出，詰責嵩。嵩對如前，乃命曳出誅之。嵩大號，且言曰：『始將軍遣嵩遺旺榮書，戒不得妄泄，今不幸空死，不了將軍事。』箔中急使人追問之，嵩具以對。乃褫衲衣，取書以入，命嵩就館。元昊於是始疑旺榮，乃釋嵩囚，而使旺榮遺邊將書送嵩還。嵩既還，而旺榮已報死矣。世衡知謀將行，因欲并間剛浪凌。又欲致祭境上，作文書於版以弔，多述旺榮與剛浪凌相結有意，本朝悼其垂成而失。其文雜紙幣，伺有虜至，急爇之以歸。版字不可遽泯，虜人得之以獻元昊。剛浪凌無以自明，亦得罪。元昊既失二將，始悟爲世衡所賣，遂稱臣。世衡又嘗以非罪怒一蕃落將，杖其背，屬爲之請，莫能得。其人杖已，即奔元昊，元昊甚親信之。歲餘，盡洞得其機事以歸，衆乃知世衡用爲間也。」涑水記聞卷九云种世衡長子古「皇祐中，詣闕自言：『父世衡遣王嵩入夏虜，離間其用事臣，野利旺榮兄弟皆被誅，元昊由是勢衰，稱臣請服。經略使龐籍掩臣父子之功，自取兩府。』龐公時爲樞密使，奏稱：『嵩入虜境即被囚，元昊委任旺榮如故。及元昊請服之時，先令旺榮爲書遺邊將。元昊妻即旺榮妹，元昊黜其妻，旺榮兄弟怨望。元昊既稱臣，後二年，旺榮謀因寧令娶婦之夕作亂殺元昊，事覺，族誅，非因嵩離間而死。』」宋史种世衡傳云：「初，世衡在青澗城，元昊未臣，其貴人野利剛浪唛、遇乞兄弟有材謀，皆號大王，親信用事，邊臣欲以謀間之。慶曆二年，鄜延經略使龐籍，兩爲保安軍守劉拯書，賂蕃部破丑以達野利兄弟，而涇原路王沿、葛懷敏亦遣人持書及金寶以遺遇乞。會剛浪唛令浪埋、賞乞、媚娘等三人詣世衡請降，世衡知其詐，曰：『與其殺之，不若因以爲間。』留使監商稅，出入騎從甚寵。有僧王光信者，趫勇善騎射，習知蕃部山川道路。世衡出兵，常使爲鄉導，數盪族帳，奏以爲三班借職，改名嵩。世衡爲蠟書，遣嵩遺剛浪唛，言浪埋等已至，朝廷知王有向漢心，命爲夏州節度使，奉錢月萬緡，旌節已至，趣其歸附，以棗綴畫龜，喻其早歸之意。剛浪唛得書大懼，自所治執嵩歸元昊。元昊疑剛浪唛貳己，不得還所治，且錮嵩穽中。使其臣李文貴以剛浪唛旨報世衡，且言不達所遺書意，或許通和，願賜一言。世衡以白籍。時朝廷已欲招拊，籍召文貴至，諭以國家寬大開納意，縱使還報。元昊得報，出嵩，禮之甚厚，使與文貴偕來。自是繼遣使者請降，遂稱臣如舊。世衡聞野利兄弟已誅，爲文越境祭之。籍疏嵩勞，具言元昊未通時，世衡畫策遣嵩冒艱險間其君臣，遂成猜貳，因此與中國通，請優進嵩官。遷三班奉職。……世衡死，籍爲樞密使。世衡子古上書訟父功，爲籍所抑。古復上書，遂贈世衡成州團練使，詔流内銓授古大縣簿尉，押還本貫。籍既罷，古復辯理，下御史考驗，以籍前奏王嵩疏爲定。詔以其事付史官。」又長編卷一三八慶曆二年注曰：「世衡傳云『李文貴至青澗城，世衡以白籍』。按世衡春時已徙環州，以文貴書白籍必非世衡。若始謀遣嵩，則固世衡也。」卷一五五慶曆五年五月壬子條云：「三班奉職王嵩爲右侍禁，閤門祇候。西人既和，龐籍言：『元昊未通時，种世衡畫策，遣嵩冒艱險間其君臣，遂成猜貳，因此與中國通。請優進嵩官。』」注曰：「此據种世衡傳，又云『世衡聞野利兄弟已誅，爲文越境祭之』。按世衡以慶曆五年正月七日卒，此時野利兄弟未誅，兵家詭道，世衡或繆爲此，亦不可知。然非事實也。今不取。又按夏國傳云：『渭州百姓范仁美、姚家堡十將張遂詣王沿言，遇乞、綱浪淩、城逋諸人陰欲内附，沿遣仁美、遂持書入西界，事覺，元昊族三家，并殺仁美，配遂居攤糧城。』此傳要未可信，然亦足以見野利兄弟被誅，不緣王嵩也。嵩但能離間元昊，使不仕野利兄弟爾。世衡越境設祭，果非事實。其事實當從記聞所載，龐籍奏仁美等，仍于皇祐二年四月見之。又據世衡傳，籍奏乞優進嵩官，亦止云離間元昊君臣，遂成猜貳，不云野利兄弟被誅也。然仲淹誌世衡墓，乃云『嘗遣諜者入敵中，凡半歲，敵誅握兵用事者二三人，諜者還言其謀得行，而世衡已殁。上方懷來，故其績不顯』。墓誌蓋亦謂野利兄弟果被誅，與世衡傳合，當更考之。或仲淹但憑世衡子古之言，要非事實也。」又卷一六七皇祐元年十一月丙申條載加贈虢州刺史种世衡爲成州團練使，云：「先是，世衡之長子古慕其從祖放爲人，抗志不仕，於是詣闕自言：『父世衡在青澗城，嘗遣王嵩入夏國，反間其用事臣野利旺榮兄弟皆被誅，元昊由是勢衰，納欵稱臣。經略使龐籍掩父功，自取兩府。』籍時在樞密院，具言：『嵩入夏國即被囚，元昊委任旺榮如故。元昊欲和，先令旺榮爲書遺邊將。元昊妻即旺榮妹，元昊出其妻，旺榮兄弟怨望。元昊既稱臣後二年，旺榮謀殺元昊，事覺夷族，非因嵩反間。臣與范仲淹、韓琦皆預受中書劄子，候西事平除兩府。既而仲淹、琦先除，臣次之，非專以招懷之功。文書具在可驗。』朝廷雖知古妄言，猶念世衡舊勞，自東染院使贈刺史，録其子之未仕者。古復上書訴賞薄，於是加贈團練使，特授古天興尉，令御史臺押出城，趣使之官。及籍罷，古復辨理，下御史考實，以籍前奏王嵩疏爲定。詔以其事付史官，聽古徙官便郡。」注曰：「實録載种古訟其父功，本末殊不詳，今專從記聞，仍參取世衡正傳。『詔流内銓授古大縣簿尉，押還本貫』，蓋與記聞不同，今亦從記聞。正傳又云『籍既罷，古復辨理，下御史考驗，以籍前奏王嵩疏爲定，詔付史官，聽古徙官便郡』。今從之。」

名臣碑傳琬琰集上卷二十六

呂惠穆公公弼神道碑[一]　忠文公范鎮

熙寧六年三月辛亥①，東平呂公薨于管城之第。訃聞，天子震悼，輟視朝二日，贈太尉，録其子孫有差。太常考行，「遺愛在民曰惠，恭明其德曰穆」，易其名曰惠穆。

曾祖殿中丞諱龜祥，追封魯國公。祖大理寺丞諱蒙亨，追封韓國公。父太尉致仕、許國公諱夷簡，追封楚國公。皆贈太師、中書令兼尚書令。曾祖妣李氏，祖妣王氏，妣馬氏，追封魯、韓、楚三國太夫人。國朝呂氏顯者十五人，而公家與有七人：文穆公實相太宗、真宗，而文靖公相仁宗，公又爲治平、熙寧樞密使。其從父、昆弟爲學士、扈從、出藩鎮者，更進於時。於乎，其盛矣乎！昔之「賞延於世」「不顯亦世」，以言臣下能世其家，可以推見當時用人之美，其光烈焜耀於其後者蓋如此。

公諱公弼，字寶臣。初以蔭補將作監主簿，累至大理寺丞。召試禁林，賜進士出身。歷殿中丞，太常博士，

① 熙寧六年三月辛亥　「辛亥」，王魏公集卷七呂公行狀作「八日」，長編卷二四三熙寧六年三月丙辰條作「丙辰」。按，三月甲辰朔，則辛亥爲八日，丙辰爲十三日。

尚書屯田、度支、兵部三員外郎，同判太府寺、尚書祠部，通判鄭州、吏部南曹，提點府界諸縣鎮公事，再爲三司鹽鐵判官、淮南轉運使、度支判官，糾察在京刑獄、直史館，爲河北轉運使，擢工部郎中、天章閣待制、都轉運使。

自寶元、慶曆以來，河北宿重兵。其後夏人稱臣，契丹既講和，而屯戍不少損，民疲於轉餉。公始通御河，轉粟塞下，減戍兵，使食京東。增置壯城軍，專版築之役。義勇之惰弛不教者，以時教之。又興鐵冶，佐縣官之用。方是時，河決累年，泛濫爲民患。乃修郭固口，順其性而疏道之，河遂安流。滑州以河漲來謁急，且求假楗梢，而僚官難之。公曰：「彼急矣，尚可以鄰路拒之邪？」隨其所須而應接之，滑州得無患。前後四年，除民之逋負凡數百萬，省役之不時者又不可勝計[二]。故一路財用饒，而民樂其生，則公之才爲可知也。

入判吏部流内銓，加龍圖閣直學士、高陽關路經略安撫使、知瀛州，遷兵部、知開封府。開封自文靖公號稱善治，而公兄弟三人相繼皆有聲[三]，世以爲美談。俄除樞密直學士、知益州，辭不拜，留充群牧使[四]、契丹祭奠使，復以樞密直學士爲涇原路經略安撫使、知渭州，遷右諫議大夫，徙鄜延路、知延州。羌酋異時亡去者輒不究治，至公時，胡守忠者亡去[五]，即檄宥州取之，斬于境上。終公去，無敢亡者。

復入爲群牧使，判尚書兵部，提舉醴泉觀，進龍圖閣學士、知成都[六]。成都一都會也，得便宜從事，列城觀望，有唐之藩鎮流風存焉。爲政者務威猛爲擊搏以操切之，民有輕犯則移鄉，甚者或配徙内地，終身不復還。公閲其籍，移鄉者即釋之，配内地者奏而貸還之，而一切鎮以寬簡，人心大安。歲屢豐，穀賤至傷農，軍食不售，公爲高其估，穀價適平乃止，故農不傷而軍食得售。人益喜，乃相與請圖公之像爲生祠，公拒止之。比去，至有作蜀父吟以思公者。

改給事中、尚書工部侍郎、群牧使，權三司使。天下奏計及文移填委，若不可究者，公爲之以閑暇。一日奏事，英宗顧謂曰：「蔡襄時訴訟不即決，事多留，公何以處之裕如也？」公對：「襄於事勤，未嘗有慢失，殆言者妄爾。」帝素知公才，由是又知公爲長者[七]。月餘，拜樞密副使。是時帝始親政，言事者數見斥，公奏：「諫官御史，陛下耳目，而大臣爲股肱。股肱、耳目必相爲用，然後身安而元首尊。宜考其言、視其所行事而進退之，則下情通而聰明無所遺矣。」又請陳祖宗故事於前而日省覽之，命邇英進讀，以代前世之史，則切於時而有所規模也。

今上即位，遷刑部侍郎、檢校太傅，充樞密使。武臣子弟多不教，三班入流又無法以考視之，請試方略才武，然後任以官。異時北兵戍嶺外者多物故，更用東南教閱兵[八]。京師禁旅戍河北者冗食，公上以京東武衛如陝西土兵之制，使更戍四路。又分河北義勇爲五，而以其一最優者課其養馬，習騎射而復除之。公之所陳，或初議不合，或合而未即行，及後施行則皆著以爲令者，率如此。有欲合鄜延、環慶爲一路者，公言：「東自河①，西至定邊，中間列寨凡二十二，千里而遥，緩急寇至，首尾若何而爲援乎？」議者又欲下邊臣，公曰：「廟堂之上不處決，而以諉邊臣，不可。」乃止。未幾，公之弟公著爲御史中丞[九]。公以爲門户之寵不可多，乃上疏請罷免，上以至公之意申諭之再三，乃起視事如初。

明年，爲觀文殿學士、吏部侍郎，河東路經略安撫使、知太原府[一〇]。先是，夏人數寇邊，朝廷患之，遣大臣宣撫陝西、河東[一一]，以相視利害。既而獻計者言：「乘其不意出兵，必有功。」遂取囉兀城之；又築三寨，開荒堆，道綏銀，屬之麟州[一二]；既又檄太原調二萬人轉餉之，且戒以期。公曰：「大兵通行則可，糧道遇伏，將何以繼之？永和關回遠，雖違期，可無後虞。」遂出永和關。而神堂援兵道荒堆者，伏發不得進。事聞，手詔褒諭，以爲有先識。其獻計者又欲增堡鄣，公言：「三寨之役，民已不支，其勢又散闊不相維制。守之固

① 東自河　王魏公集卷七呂公行狀稱「東自黃河白草」。

未易也，奈何增堡鄣以重自困邪？虜方懷憤伺隙，日夜謀有以報怨，宜少持重，以制其變。」已而囉兀不能守，舉三寨悉棄之如公言，虜亦不敢復動。初，詔將吏有功者得承制除授，而冒恩爲多[一三]。公言：「諸道兵會囉兀，初無大敵，所捕獲特老弱、牛羊、雜畜爾。其所得地，又舉棄之，則將吏爲無功明矣，而賞不次，請更下二府裁定。」遂殺其恩有差。轉運使以調發煩擾被劾，公言：「事不素慮而起倉猝，其勢不能不然，請薄其責。」於是遂得薄責[一四]。

俄請知鄭州，會朝廷有事于洮河，乃拜公宣徽南院使、判秦州[一五]。召對，面加慰勞。既至，董氈用舊事貽公以書，且稱「勅」，公遣謂曰：「若藩臣，安得妄稱邪！」董氈皇恐，不敢復妄稱。邊人用是益知畏伏。後數月，王韶取洮河，降附者又以萬計，乃建熙州，而遷公檢校太尉。公自以爲無功固辭，不聽。俄以疾請内徙，除判河陽，遣内侍將高醫療治，聽歸管城第。改西太一宫使，使便輔養。其所以待公者無不至，而疾益侵，遂不復起。嗚呼，其命矣夫！其命矣夫！享年六十七①。其年五月庚申，葬于懷忠里先公之塋。

公資孝友，而器宇深博，家居未嘗妄喜怒。暇則讀書，究觀古今治亂之要，而不爲章句之學，故所至有治功。其在朝，耻言人過，及遇事則必争，無所回屈。處大事，雖甚遽，常從容若有餘[一六]。而治邊尤不憙生事，務安静鎮重而已。所薦士多至百餘人，往往爲名臣，其間有未之識者。自真皇帝題文靖公名於屏風以遺仁皇，仁皇帝復題公名於殿柱以遺英皇，故其感慨瘁盡，謨猷風采有以似之也。熙寧初，以旱詔求直言，公奏：「人主不可以聖自尊，當用晦以接下。方今之病，在於知人之難。務虚文而無實，不可不察，察之則天應旋至矣。」前後諷切甚

① 享年六十七　王魏公集卷七吕公行狀稱其「享年七十六」。按，東都事略、宋史吕公弼傳皆云其終年六十七，又古今事文類聚前集卷四四同庚俱貴云吕公弼「以丁未生」，則行狀所云誤。

多，常懇懇出於忠厚[一七]，然慎秘，人莫得知。及樞密之制下，其略有「屢陳憂國之言，多發便時之策」者，然後天下之人知公爲有言也。

娶扈氏，贊皇郡夫人；再娶王氏[一八]，清源郡夫人，皆先公以亡。四子：希逸，太常寺奉禮郎；希彦，尚書庫部員外郎；希仁[一九]，大理評事；希明，太常寺太祝。而希逸、希仁又先公以亡，希明尚幼，獨希彦好學有吏能，爲公所器愛。女四人：長適太常博士、祕閣校理韓忠彦，次適保州軍事判官向紀，次繼室忠彦，次許嫁光禄寺丞趙元緒①。孫四人：淑問，大理評事；善問、淵問，並太常寺太祝；請問②，未仕。曾孫二人：師中，試將作監主簿；舉中，未仕。

公在開封時，鎮嘗從事於府中，希彦奉公之狀來求銘[二〇]。銘曰：

姜姓自古，得胙於吕。太公封齊，遂荒東土。維申及甫，爲周卿士。崧高之詩，既好且肆。宋興百載，愈顯益大。維公之門，國相者再。伯祖皇考，三朝倚賴。民富于内，兵偃于外。維文靖公，實相仁宗。緝熙彌縫，致平底隆。有德有功，有初有終。廟享之從，見于歌工。慶流源源，澤被後昆。維公之生，氣直而温。規爲設施，無所不宜。匪急而集，匪嚴而威。外臺將輸，阜康是圖。國裕於用，家豐有儲。方面翰屏，慎重鎮静。有懷者恩，必信維令。廟論和壹，樞機精密。出入始卒，周旋如一。公訃上報，維皇震悼。大用未究，胡不耆耄？神崧之原兮博大且長，松柏森成兮林林蒼蒼。附于先公兮永固以藏，福流無窮兮子孫其昌。

---

① 次許嫁光禄寺丞趙元緒　「趙元緒」，王魏公集卷七吕公行狀作「趙倧」。按，據王珪華陽集卷六〇太子少師致仕上柱國天水郡開國公食邑四千五百户食實封一千四百户贈太子太師謚康靖趙公墓誌銘，趙元緒乃趙概子。

② 請問　王魏公集卷七吕公行狀作「清問」。

辨證：

[一]呂惠穆公公弼神道碑　按，呂公弼，東都事略卷五二、宋史卷三一一有傳，王安禮王魏公集卷七載有呂公行狀。

[二]前後四年除民之逋負凡數百萬省役之不時者又不可勝計　長編卷一七〇皇祐三年四月辛丑條載河北轉運使、工部郎中、直史館呂公弼爲天章閣待制、河北都轉運使，云「公弼在職踰年，通御河，漕粟實塞下，又置鐵冶佐經用；減近邊屯兵，使就食京東，以省支移；諸州增壯城兵，專給版築，以寬民役。又蠲冗賦及民負責不能償者數百萬計，而官用亦饒。上以爲能，故加秩而因任之。諫官陳旭言：『公弼藉父餘蔭，干求薦引，不當遽有此除。』公弼因是乞罷。上謂輔臣曰：『古之君子，貴夫幾諫，今則務訐人陰私，以沽直名，朕不取也。』」注曰：「上以公弼爲能，據本傳，云『在部四年』，恐誤。皇祐二年二月，公弼始除河北漕，三年四月遂除都漕，在部才一年餘爾。陳旭彈奏上云云，則據寶訓也。」

[三]而公兄弟三人相繼皆有聲　按，兄弟三人，指呂公弼與其兄弟公綽、公著。據宋史卷三一一呂公綽傳、卷三三六呂公著傳，此二人亦嘗知開封府。

[四]知益州辭不拜留充群牧使　長編卷一七六至和元年七月己巳條載權知開封府、龍圖閣直學士、兵部郎中呂公弼爲樞密直學士、知益州，云：命呂公弼代程戡知益州，「先是，上每念呂夷簡，聞公弼有才，書其名於殿柱。公弼奏事，上目送之，語宰相曰：『公弼甚似其父。』既召程戡入輔，因使公弼代戡。公弼固辭，乃復授龍圖閣直學士、同群牧使；乃詔同群牧使權增一員，後不爲例」。

[五]胡守忠者亡去　王魏公集卷七呂公行狀稱時「番官胡乙叛歸夏國」。

[六]進龍圖閣學士知成都　長編卷一九二嘉祐五年十二月戊寅條云：呂公弼初至成都府，「人疑其少威斷，會營卒犯法當杖，不肯受，曰：『寧請劍，不能受杖。』公弼再三諭之，不從，乃曰：『杖，國法，不可不受。劍，汝所請，亦不汝違也。』命杖而復斬之，軍中肅然」。

[七]帝素知公才由是又知公爲長者　長編卷二〇四治平三年二月辛丑條載呂公弼權三司使，以代蔡襄，云：「至和初，公弼爲三司使，帝在藩邸，常得賜馬給使，吏以馬不善，求易之。公弼曰：『此朝廷近親，且有素望，宜避嫌，不可許。』至是，公弼奏事，帝曰：『朕往在宮中，卿不欲與朕易馬，是時朕固已知卿也。』公弼頓首謝。又曰：『卿繼蔡襄爲使，襄訴訟不以時決，頗多留事，卿何以處之？』公

弼知帝不説襄，對曰：『襄勤於事，未常有慢失，恐言者妄爾。』帝益以公弼爲長者。公弼既爲三司使，乞於前任群牧使合被兵級内權留十一，詔公弼三任群牧使，特與教駿兵士七人，不得爲例。」按，據長編卷一七六至和元年七月己巳條，是時吕公弼乃爲同群牧使耳，此云「至和初，公弼爲三司使」者，誤。

［八］異時北兵戍嶺外者多物故更用東南教閲兵　長編卷二一八熙寧三年十二月己未條注曰「吕公弼傳云：『公弼議更東南教閲兵以戍二廣，稍減北軍之踰嶺者。』當考。然公弼七月壬辰已罷樞密使」。

［九］公之弟公著爲御史中丞　宋史吕公弼傳云：「王安石知政事，嗛公弼不附己，白用其弟公著爲御史中丞以偪之。公弼不自安，立上章避位，不許。」東軒筆録卷五云：「國朝舊制，父子兄弟及親近之在兩府者，與侍從執政之官，必相迴避。熙寧初，吕公弼爲樞密，其弟公著除御史中丞，制曰：『久欲登於近用，尚有避於當途。』公弼聞之，義不能安，遂乞罷樞府。」

［一〇］爲觀文殿學士吏部侍郎河東路經略安撫使知太原府　長編卷二一三熙寧三年七月壬辰條載吕公弼罷樞密使，出知太原府，云：「王安石變法，公弼數言宜務安静，又與韓絳不協。從孫嘉問竊公弼論事奏草以示安石，安石輒先白上，上始不樂公弼。及胡宗愈攻絳，上疑公弼使之，於是謂執政曰：『公弼屢反覆，朕以其務沮李復圭邊事嘗戒之，而公弼乘間乃云復圭但忌陳升之、韓絳耳，此乃以樞密院事責中書也。今并州闕人，宜即使公弼往。』安石請明著其罪，上曰：『太原重地，不欲顯斥之。』曾公亮請自内批出，又言公弼先朝兩府，欲與轉兩官，上曰：『陳升之出時，乃不曾轉官。』然卒從公亮言，又以手札諭文彦博曰：『太原重地，須諳知邊事之人乃可寄委。早來已指揮中書差吕公弼，見是樞臣，故不及與卿議，要卿知耳。』」注曰：「蔡惇祖宗官制舊典云：『執政罷政，樞密使除宣徽使，轉一兩官判藩府，其次除觀文殿學士，皆宣麻。熙寧間，吕惠穆公弼因争新法求去，王安石陰沮之，只送舍人院命詞。先公時掌外制，繳詞頭，舉典故論之。安石勸上内批：「今後樞密使罷，更不宣麻。」此恩數遂廢。元豐中，馮京以樞密使改除節度使、知大名府罷政，乃以建節宣麻。知樞密院罷，即除觀文殿學士；同知院以上，皆除資政殿學士；若簽書，只除端明殿學士，各轉一官知藩郡。或罷不甚美，多不遷官，或只除端明者。』惇所以稱先公，蓋指蔡延慶也。張德遠辨云：『仁廟欲用狄青作樞使，龐相云：「高若訥無罪，何可罷？」仁廟色頗厲，云：「若訥除觀文殿學士，留經筵，即今行出。」乃召當制舍人，就殿廊草詞。此時樞使罷，已不宣麻。其後有宣麻者，自是舊相并帶節相者耳。吕惠穆當時最號助王介甫者，裕録并介甫日録可考也。其罷政知太原，似是避文潞公之歸耳。此書牴牾多如此。』」

〔一一〕遣大臣宣撫陝西河東　按，此大臣，據宋史吕公弼傳乃指韓絳。

〔一二〕遂取囉兀城之又築三寨開荒堆道綏銀屬之麟州　宋史卷四八六夏國傳下云：「种諤謀取横山，領兵先城囉兀，進築永樂川、賞逋嶺二砦，分遣都監趙璞、燕達築撫寧故城，及分荒堆三泉、吐渾川、開光嶺、葭蘆川四砦與河東路修築，各相去四十餘里。」

〔一三〕初詔將吏有功者得承制除授而冒恩爲多　據王魏公集卷七吕公行狀云：「初，宣撫使之出，以知制誥爲判官，將吏當賞者得承制專行，而所賞多所未當」。

〔一四〕轉運使以調發煩擾被劾至於是遂得薄責　長編卷二二一熙寧四年三月丙午條載禮部郎中、集賢殿修撰張問落職，知光化軍；刑部郎中、直史館陳汝羲落職，知南康軍。云「問、汝羲爲河東轉運使調發勞民」。

〔一五〕會朝廷有事于洮河乃拜公宣徽南院使判秦州　長編卷二三〇熙寧五年二月丙寅條載觀文殿學士、吏部侍郎、知鄭州吕公弼爲宣徽南院使、判秦州，云「始用王安石之言也」。又云：「上諭中書曰：『公弼在河東，當五路出師倉猝，綏御有方，故使代（郭）逵，恐王韶生事，則委之鎮撫。』朝廷初疑公弼辭避，使内侍李憲齎敕告往賜，詔便道之官。公弼聞命即戒行，上喜，復召對，面加慰勞而遣之。」注曰：「恐王韶生事，則委公弼鎮撫，此據墨史本傳，朱史遂删去。」

〔一六〕處大事雖甚遽常從容若有餘　按元城語録解附行録云劉安世嘗言：「元祐間嘗謁馮當世，當世言：『熙寧初，與陳暘叔、吕寶臣同任樞密，暘叔聰明少比，遇事之來，迎刃而解。而寶臣尤善秤停，每事之來，必秤停輕重，令得所而後已也。事經寶臣處者，人情事理無不允當。』因極言『秤停』二字，最吾輩當今所宜致力。」

〔一七〕前後諷切甚多常懇懇出於忠厚　按曲洧舊聞卷九云：「熙寧六年，上以犯刑者衆，欲别立法，韓子華乞復肉刑。吕寶臣公弼以爲不可，且論其曲折，乃止。」

〔一八〕再娶王氏　王魏公集卷七吕公行狀云其「再娶王氏，太尉文正公之女」，即宰相王旦女。

〔一九〕希仁　長編卷二〇七治平三年正月丙子條云：「樞密副使吕公弼奏乞以南郊封贈三代恩追贈亡子希仁一官，從之。」注曰：「實録云二男一女，今從會要。回三代恩以授男女，蓋前此未有，當考。」

〔二〇〕希彦奉公之狀來求銘　「公之狀」，當即王安禮所撰之吕公行狀。

范忠獻公雍神道碑[一]　蜀公范鎮

資政殿大學士、禮部尚書、贈太子太傅忠獻范公既没之十九年，其子宗賢始以公之行狀與故范文正公所爲銘文，求文於鎮以爲碑。景祐中，公將赴洛陽，鎮適受命爲新安主簿，一見于京師，其後不與公接，獨得其平生行己大略於士大夫之傳，以爲公天資忠孝，篤善好學，通敏有籌略，以是起縣主簿，至樞密副使，歷事二帝，皆知其賢，而公亦以此屢用。公幾於先事，建言朝廷，欲奮厲有所立，故常得位志行而卒不克[二]。其在延州，所以守禦應敵者未有遺策，而大將劉平、石元孫敗于外①，城幾不守，而公亦坐是左遷[三]。故君子以爲公之所欲爲者甚壯，而上亦非不用，公遭時不幸，故止于此。然劉、石之敗，非公延州不守。而公之去延州也，范文正公承其後，得公之事爲詳，及公之没而誌其墓，則推其功爲能全延州以捍關中者，其於不幸之中，猶能有立如此。此鎮所聞於人者，而考之於其行狀、墓銘，又得其世次出入始終之詳。

公諱雍②，字伯純。其先太原人。皇考諱仁恕③，事後唐爲校書郎，從孟氏辟于并門，卒與俱入蜀，遂相之。以老授太子太保，終于家，及公之貴，累贈太保。王考諱從龜④，事蜀爲刑部侍郎，入朝終於左屯衛大將軍，累贈

---

① 石元孫敗于外　「石元孫」原作「右元孫」，據宋史卷二五〇石元孫傳改。

② 公諱雍　按，隆平集范雍傳云其「初名犯聖祖諱，故改今名」。據長編卷七九大中祥符五年閏十月壬申條載「詔聖祖名上曰玄、下曰朗，不得斥犯」。是則范雍當初名朗。

③ 皇考諱仁恕　「皇考」，庫本作「曾祖」。

④ 王考諱從龜　「王考」，庫本作「祖考」。「從龜」，宋史范雍傳同，然隆平集、東都事略范雍傳及名賢氏族言行類稿卷四一、古今紀要卷一八「范雍」條皆作「龜從」。

太傅。考諱德隆，以太傅蔭爲供奉官，累贈太師、中書令①。妣韓氏，封安康郡太夫人，追封京兆郡，生三子，公最少。十歲而孤，夫人質衣爲資，使公就學。公幼而警悟。咸平三年舉進士，釋褐補洛陽主簿，再調錢塘尉，改筠州從事。秩滿，除大理寺丞、知建州崇安縣，遷殿中丞、知端州。還朝，獻所著文二十卷，進太常博士。

初，公爲洛陽主簿，張公詠過洛，聞其所爲[四]，賢之，書公姓名屏風，遇人輒以識否爲問。至是，張公鎮淮陽，即引公爲倅。未行，會寇萊公出守洛陽，奏公爲留守通判，詔從萊公辟。二公於天下士少所推與，而争欲得公爲僚，朝廷以此知公可用。尋召判三司開拆司，改尚書屯田員外郎。

天禧中，河决滑臺，齊魯皆被其害。朝廷發兵萬人塞之，不給，則命調發丁夫，邑官荷校督役嚴甚，山東騷然。上患之，使宰相與三司使擇可行者[五]，皆以公爲能，詔除京東轉運副使。公至，以爲民愁無聊，今急之，愈怨，作愈不力，不如一寬之，與民緩期。民皆奮曰：「公長者，無敢後。」先期而河隄成。即拜度支員外郎、河北轉運使。舊制以重估募民入粟於邊，而縣官常苦其費。公視德、博間民有餘穀，乃斂諸州緡錢，以平價就糴，而官自漕致于邊，至今以爲便。是時陝西邊食不足，農民皆遠輸塞上，朝廷以爲憂，徙公轉運本路。公建議以池鹽募民入粟于邊，而農得以休。就遷兵部員外郎，召拜户部副使，尋改度支副使。未幾，拜工部郎中、天章閣待制②，充陝西都轉運使。逾年召還，提舉京百司。會環、原州屬羌叛，寇邊，遣公安撫。公親見其酋長，諭以逆順利害，即皆首服，願守約束如舊[六]。

還拜右諫議大夫、權三司使。以奉使契丹還，加龍圖閣直學士[七]。公爲三司使，號稱職，上知其才，擢拜樞

① 中書令　本書中集卷一〇范忠獻公雍墓誌銘作「尚書令」。
② 天章閣待制　本書中集卷一〇范忠獻公雍墓誌銘及隆平集、東都事略、宋史范雍傳皆作「龍圖閣待制」。此處似誤。

密副使。歲餘，丁太夫人憂，詔以給事中起復視事[八]。籍田禮畢，遷禮部侍郎[九]。時玉清昭應宮災，宮之西北隅有數小殿存者，章獻太后有意修復。兩府簾對①，太后悲泣久之，曰：「幸有存者。」公揣知其意，即抗言：「先帝朝以此空府庫，今一夕爲灰燼，天意可見。如幸其存而復興，民將不堪。臣以爲存不如亡。」群公皆助之，太后意解[一〇]，曰：「不復勞人矣。」上説，翌日詔諭中外。

明道二年，以户部侍郎知陝州[一一]，逾月改京兆府。是歲，諸道旱蝗疾疫，關中尤甚。公自減廪食以爲民先，富人皆争出財助官貸，活數萬人。躬自撫視，至染疾不悔。移鎮河陽。公既屢受任陝西，出入邊徼，知元昊且反，而朝廷未有以待者，遂自河陽上書陳邊事，得召見，獻策六。進吏部侍郎、資政殿學士，出守西京。

既而元昊果反，天子思其言，即拜振武軍節度使、知延州[一二]。公以爲延州西夏咽喉，而戍兵寡弱，若賊併兵急攻，延州不守，則關輔擧危，非厚集兵以待之不可，乃累上章乞師。朝廷不甚以爲意。一旦元昊引兵十餘萬，破李士彬等[一三]，徑至城下。會大將石元孫領兵出境上，守者纔數百人，老幼皆登城，公以身先之。賊圍愈急，使召統帥劉平于慶州。平領軍來援，合元孫兵與賊夜戰，王師不利，二帥陷没，城中大恐。公慨然曰：「我死國足矣，民何罪？」禱于州南嘉嶺山之神。會暮大雪，賊暴露不能軍，乃引去，城卒以完。朝廷聞之，封其神靈顯公[一四]。然公卒以是左遷户部侍郎、知安州。

吏民相率守闕，訟公無罪[一五]。天子亦知之，故一歲間，起公至吏部侍郎、知河中府。未行，改京兆府[一六]，且許朝覲，復資政殿學士，兼四路糧草。至鎮歲餘，以邊食足而民不勞，加尚書左丞，進大學士，復守西京。有盜

① 兩府簾對 「簾對」原作「廉封」，據本書中集卷一〇范忠獻公雍墓誌銘改。

起襄鄧間，流及汝洛，朝廷以屬公，公命討且降之，盡獲[一七]。是歲許、汝大蝗，獨不入境。守洛三年，拜禮部尚書。慶曆六年正月丁亥①，以疾薨于位，享年六十有八。上爲廢朝，贈賻加等。以其年三月丙申葬于洛陽金谷鄉宣武里之先原。

公初娶魏氏，追封鉅鹿郡夫人；再娶臧氏，始封遂寧郡夫人，改封仁壽郡。子六人：長曰宗傑，尚書兵部員外郎、直史館、陝西轉運使、三路制置解鹽使，先公一年而亡。次曰宗良、宗衍，並守將作監主簿；曰宗古，未仕，皆早亡。曰宗師、宗賢，並爲大理寺丞。女七人：其三人亡②；次適眉州防禦使高繼宣，次適光禄寺丞吴安度，次適尚書屯田員外郎唐諲，次適屯田員外郎韓繹③。孫八人：宗本，尚書虞部員外郎；子開，國子博士；子明，尚書虞部員外郎；子儀，太子右贊善大夫；子諒，大理寺丞；子奇，光禄寺丞；子淵，大理評事；子正，未仕。

公性篤學，至老且貴不廢。有集五十卷④。其在樞府，嘗繪尚書四代圖以進。所嘗薦舉者，後皆至公卿，世以爲知人。大將狄青初爲散直，肄麾下⑤，坐法當斬，公貸之，卒爲名將。平居無事，常欲爲久遠計[一八]，尤惡輕作苟止。自陝西休兵，議者皆以兵冗宜汰，而行之不以漸。公知人心不厭，密疏以爲急而用之，緩而棄之，後無以復用人，乃止[一九]。及病且革，聞朝廷有事于田狩，猶拜疏不已。凡四任洛陽，始爲邑佐，構亭於縣南，父老思之，名曰「范亭」云。銘曰：

---

① 慶曆六年正月丁亥　「丁亥」，長編卷一五八慶曆六年正月癸巳條作「癸巳」。按，是月壬午朔，則丁亥爲六日，癸巳爲十二日。

② 女七人其三人亡　按，本書中集卷一〇范忠獻公雍墓誌銘云范雍有女十人，其中「六人早亡」。

③ 次適屯田員外郎韓繹　「韓」原作「輒」，據鐵琴銅劍樓本、庫本改。

④ 有集五十卷　按，本書中集卷一〇范忠獻公雍墓誌銘云其「著明道集三十卷、後集十卷，彌綸集十卷」。

⑤ 肄麾下　「肄」，據上下文義，似當作「隸」。

嗟我范公，其先太原。從主于蜀，崎嶇艱難。遭時不祥，再世不顯。集爲我公，碩大光明。初仕于洛，有駿厥聲。時之望人，惟寇與張。公之所從，爲彼得喪。用公京東，東人以紓。用公河朔，邊廩告餘。公在關中，帝不西顧。化鹽爲糧，農不釋畝。公還京師，羌叛于西。公出西撫，羌拜其馬。召還三司，屢試有成。公在樞府，亹亹六年。自陝徙雍，復臨河陽。羌飽必叛，以詔天子。公言卒效，寄以西鄙。二帥殞顛，城賴公全。公斥不訴，民爲號冤。天子知之，旋踵用公。繼守三鎮，有光于終。天錫之報，子孫滿前。以没元身，克多歷年。嗚呼賢哉！

辨證：

[一] 范忠獻公雍神道碑　按，范雍，隆平集卷一〇、東都事略卷五四、宋史卷二八八有傳，本書中集卷一〇載有范仲淹范忠獻公雍墓誌銘。

[二] 欲奮厲有所立故常得位志行而卒不克　宋史范雍傳云「雍爲治尚恕，好謀而少成。在陝西，嘗請於商、虢置監鑄鐵錢，後不可行；又括諸路牛以興營田，亦隨廢」。

[三] 而大將劉平石元孫敗于外城幾不守而公亦坐是左遷　宋史范雍傳云：「元昊先遣人通款於雍，雍信之，不設備。一日，引兵數萬破金明砦，乘勝至城下。會大將石元孫領兵出境，守城者纔數百人。雍召劉平于慶州，平帥師來援，合元孫兵與賊夜戰三川口，大敗，平、元孫皆爲賊所執。雍閉門堅守，會夜大雪，賊解去，城得不陷。左遷户部侍郎、知安州。」長編卷一二六康定元年正月壬申條云：「初，西賊自承平寨退，聲言將攻延州，范雍聞之懼甚，即奏疏言延州最當賊衝，地闊而寨柵踈，士兵寡弱，又無宿將爲用，請濟師。疏入，未報。而元昊詐遣人乞和，雍信之，不爲備。元昊乃盛兵攻保安軍，自土門路入。壬申，聲言取金明寨，李士彬嚴兵以待之，夜分不至。士彬釋甲而寢。翌日奄至，士彬父子俱被擒，遂乘勝抵延州城下。雍先以檄召鄜延環慶副都部署劉平於慶州，使至保安，與鄜延副都部署石元孫合軍趨土門。及是，雍復召平、元孫還軍救延州。」其軍至三川口遇伏擊，大敗。「賊圍延州凡七日，及失二將，城中憂沮，不知所爲。會是夕大雪，賊解去，城得不陷」。二月癸丑，降振武節度使、知延州范雍爲吏部侍郎、知安州，「坐失劉平、石元孫也」。

〔四〕聞其所爲　按本書中集卷一〇范忠獻公雍墓誌銘稱「公爲洛陽主簿，實典廩納，而邑多權要，公必先細民而後形勢」。

〔五〕使宰相與三司使擇可行者　按，時向敏中爲宰相，李士衡爲三司使。

〔六〕願守約束如舊　按宋史范雍傳云范雍「建言：『屬羌因罪罰羊者，舊輸錢，而比年責使出羊，羌人頗以爲患。請輸錢如舊，罪輕者以漢法贖金。』從之」。

〔七〕以奉使契丹還加龍圖閣直學士　宋史范雍傳稱「雍在京東時，平滑州水患。以勞加龍圖閣直學士」。長編卷一〇五天聖五年十一月己亥條亦云「以河平，宰臣率百官稱賀，遂燕崇德殿。自天禧三年河決，至是積九載乃復塞，凡費芻藁千六百二十萬，他費不與焉。遣官告謝天地、社稷、宗廟、諸陵，命翰林學士章得象祭于河，宋綬撰脩河記」。故「凡督役者第遷官」，范雍加龍圖閣直學士。

〔八〕詔以給事中起復視事　長編卷一〇七天聖七年三月癸酉條載「范雍丁母憂起復」。又卷一〇八天聖七年八月辛卯條載諸宰執加官，其中樞密副使范雍、姜遵、陳堯佐並加給事中。卷一一〇天聖九年六月辛巳條載「樞密副使范雍免喪，落起復」。則范雍並非以「給事中起復」，碑文所云乃承范文正公文集卷一四資政殿大學士禮部尚書贈太子太師謚忠獻范公墓誌銘之誤。

〔九〕籍田禮畢遷禮部侍郎　按，據長編卷一一二，籍田禮在明道二年二月丁未，三月庚午「加恩百官」。

〔一〇〕群公皆助之太后意解　按長編卷一〇八天聖七年六月丁未條云：時「大雷雨。玉清昭應宮災，宮凡三千六百一十楹，獨長生崇壽殿存焉。翌日，太后對輔臣泣曰：『先帝力成此宮，一夕延燔殆盡，猶幸一二小殿存爾。』樞密副使范雍度太后有再興葺意，乃抗言曰：『不若燔之盡也。』太后詰其故，雍曰：『先朝以此竭天下之力，遽爲灰燼，非出人意。如因其所存，又將葺之，則民不堪命，非所以祗天戒也。』宰相王曾、吕夷簡亦助雍言，夷簡又推洪範災異以諫，太后默然」。又七月己巳條云：「議者尚疑將復修宮，（左司諫范）諷又言：『山木已盡，人力已竭，雖復修，必不成。臣知朝廷亦不爲此，其如疑天下何！願明告四方，使户知之。』己巳，下詔以不復修宮之意諭天下，改長生崇壽殿爲萬壽觀。」

〔一一〕以户部侍郎知陝州　長編卷一一二明道二年四月己未條載「樞密副使、禮部侍郎范雍罷爲户部侍郎、知荆南府，尋改揚州，又改陝州」。時劉太后崩，仁宗與宰相吕夷簡謀，以諸執政「皆太后所任用，悉罷之」。

〔一二〕即拜振武軍節度使知延州　長編卷一二二載，寶元元年十二月癸酉范雍知延州，己卯兼鄜延路都部署、鄜延環慶路安撫使。又卷一二四載，寶元二年七月戊午，范雍兼鄜延環慶路緣邊經略安撫使、鄜延路都部署。

［一三］一旦元昊引兵十餘萬破李士彬等　涑水記聞卷一二載：「范帥雍在鄜延，命李金明士彬分兵守三十六寨，勿令虜得入寨。其子諫曰：『虜大舉，將入寇，宜聚兵以待之，兵分則勢弱，不能拒也。』士彬不從。康定元年，虜兵大至，士彬所部皆降，其子力戰而死，士彬遂爲所擒。」長編卷一二六康定元年正月庚辰條云：「士彬世守金明，有兵近十萬人，延州專使控扼中路，衆號『鐵壁相公』，夏人畏之。元昊叛，遣使誘士彬，士彬殺之。元昊乃使其民詐降士彬，士彬白范雍，請徙置南方。雍曰：『討而禽之，孰若招而致之？』乃賞以金帛，使隸士彬。於是降者日至，分隸諸寨甚衆。元昊使其諸將每與士彬遇，輒不戰而走，曰：『吾士卒聞鐵壁相公名，莫不膽墜於地，狼狽奔走，不可禁止也。』士彬由是益驕。又以嚴酷御下，而多所侵欲，其下多怨憤者。元昊乃陰以金爵誘其所部渠帥，往往受之，而士彬不知。是春，元昊遣衙校賀真來見范雍，自言欲改過，歸命朝廷。雍喜，厚禮而遣之。凡先所獲俘梟首于市者，皆歛而葬之，官爲致祭。真既出境，賊騎大入，諸降賊皆爲內應。士彬時在黃堆寨，聞賊至，索馬，左右以弱馬進，遂鞚以詣元昊，與其子懷寶俱陷沒。士彬先使其腹心赤豆軍主以珠帶示母妻使逃，母妻策馬奔延州。范雍猶疑之，使人詗寇賊，皆爲所禽。雍初聞賊大舉，令士彬分兵守三十六寨，勿令賊得入，懷寶諫曰：『今當聚兵禦寇，分則勢弱，不能支也。』士彬不從，懷寶遂力戰死。」

［一四］封其神靈顯公　長編卷一二六康定元年三月甲申條云：「延州之圍也，范雍禱於嘉嶺山神。其夕，賊望城上若有鬼物持兵狀，遽解圍去。雍以其事聞，甲申，詔封山神爲威顯公。」沈括長興集卷一〇延州重修嘉嶺英烈王廟碑記亦云當時「州之人禱於嘉山，中夜大雪，虜驚起，視南山草木皆兵也，於是師潰而歸。始命爵爲威顯公」。按「靈顯公」，本書中集卷一〇范忠獻公雍墓誌銘及宋大詔令集卷一三七封嘉嶺山神詔、長編卷一二六康定元年三月甲申條皆作「威顯公」。又按，宋會要輯稿禮二〇之八八云：「嘉嶺山神祠在膚施縣。仁宗康定元年，劉平與石元孫皆戰歿，而延州將陷，范雍禱嘉嶺山神。其夜天大雪，又城上若鬼神被甲之狀，賊遂驚而退。雍以其事聞。」三月，詔「加封號威顯公」。至「神宗治平四年十二月封王。徽宗大觀二年加封英烈徽美王，政和八年九月改封徽美顯靈王」。則碑文此處稱「靈顯公」者，似後人據政和年間所封「顯靈王」而誤改。

［一五］吏民相率守闕訟公無罪　長編卷一二六康定元年二月癸丑條載范雍貶知安州，因「賊兵尚圍塞門、安遠寨，延州諸將畏避莫敢出救，及聞范雍責命，衆憂駭，訴於安撫使韓琦，願無使雍去。琦奏：『雍二府舊臣，盡瘁邊事，邊人德之，且乞留雍以安民心。』」

〔一六〕改京兆府　陸游老學庵筆記卷六云：「慶曆初，西鄙未定，命夏竦判永興，陳執中、范雍知永興。……一府三守，不知當時如何分職事？既非長貳，文移書判之類必有程式，官屬胥吏何所稟承，國史皆不載，莫可考也。然當時諫官、御史不以爲非，諸公受之亦不力辭，豈在其時亦爲便於事耶？」按長編卷一三二慶曆元年六月壬午條載范雍知永興軍，云：「初，命夏竦判永興，又以陳執中知永興，及兩人分出按邊，而領府事猶如故，乃復使雍守京兆。於是一府三守，公吏奔趨往來，不勝其擾。自昔未嘗有也。」則雖一府三守，然夏竦、陳執中「按邊」，京兆城中僅范雍一人。

〔一七〕公命討且降之盡獲　按本書中集卷一〇范忠獻公雍墓誌銘稱當時「公夙夜乃事，遣兵驅遏，兼示恩貸，故其寇歸者半，戮者半」。然長編卷一四五慶曆三年「是歲」條載：「韓琦既至陝西，屬歲大饑，群盜嘯聚商虢之郊，張海、郭邈山、黨君子、范三、李宗者爲之渠率，衆相合涉京西界，劫掠州縣。環繞虢州盧氏之東，洛陽、長水之西，脅從者僅千餘人。繼而光化軍宣毅叛卒五百餘人，邵興爲之長，至商於灑口，衆已千餘人，與上官珙戰，珙死之，餘軍以失主將，悉潰散於藍田界上，藏匿山谷間。邵興又距百里，揭榜招誘本州鑄錢監兵約二千人，皆鄜延、涇原失陷主將正軍及鼎澧岳鄂累作過配隸籍中者。商虢、藍田馳急報於延雍，而帥臣未有所處。琦尋遣屬官乘傳往商於，料簡錢監役兵。其舊係沿邊禁兵，即令卻歸元配州軍，仍隸籍鼎澧岳鄂州；壯健役兵，並押赴陝府，填龍猛、龍騎、壯勇闕額。邵興誘致之謀遂不得行。又遣內侍黃琮、范遷齎宣撫司榜，收集上官珙下散軍，諭以免罪歸所屬，仍召謝雲行等將沿邊土兵，入山捕張海等。邵興以無援，竄入興洋界，被殺，張海等相繼殲剪，擒捕餘黨殆盡，關輔遂安堵矣」。則群盜時掠州縣，僅一部涉及京西界，碑文云云，頗涉誇詞。

〔一八〕平居無事常欲爲久遠計　宋史范雍傳云：「初，完永興城，或言其非便，詔止其役，雍匿詔而趣成之。明年，賊犯定川，邠、岐之間皆恐，而永興獨不憂寇。」

〔一九〕乃止　據長編卷一五八慶曆六年二月戊寅條載，時「詔陝西經略安撫及轉運司：『朝廷開納夏國，本欲寬財息民。自其受封進誓，已及一年，而調度猶不減用兵時，其議裁節諸費及所增置官員、指使、使臣今無用者，悉條奏之。』從樞密副使龐籍之言也」。據此，則碑文云「乃止」者不確。

名臣碑傳琬琰集上卷二十七

周侍郎沆神道碑[一]　文正公司馬光[二]

周以國爲氏，漢魏以來，世有顯人。公之先家於益都。曾祖考諱仁貴，不仕。祖考諱子元，舉三禮登科，爲深州司法參軍。契丹覆深州，舉室罹禍①，朝廷哀之，贈大理寺丞②。祖妣田氏，追封仙遊縣太君。考諱圭，時適在外，得免，朝廷賜以官，終太子中舍，累贈尚書左僕射。妣李氏，累封常山縣太君③。

君諱沆④，字子真。舉進士，一上中第⑤，除膠水縣主簿。初試吏事，精敏如素習，上下稱其能。徙諸城主

① 爲深州司法參軍契丹覆深州舉室罹禍　按，鄖溪集卷二〇户部侍郎致仕周公墓誌銘云其「爲涇州司法參軍，雍熙間，胡騎剽州，與田夫人俱殁」。按：涇州在陝西，則作「涇州」者誤。

② 贈大理寺丞　「理」原作「禮」，據文海本、庫本及司馬光集卷七八户部侍郎周公神道碑改。

③ 累封常山縣太君　「常山縣太君」，鄖溪集卷二〇户部侍郎致仕周公墓誌銘作「常山郡太君」。據宋史卷一七〇職官志十叙封載，宋制，侍郎母封贈郡太君。碑文作「縣太君」，似不確。

④ 君諱沆　「君」，司馬光集卷七八户部侍郎周公神道碑作「公」。按下文亦稱「公」，且據碑文撰例，似作「公」爲是。

⑤ 舉進士一上中第　「一上中第」原作「一中上第」，據司馬光集卷七八户部侍郎周公神道碑乙改。按，宋尹洙河南集卷一三趙公墓（轉下頁）

簿，用蔡文忠公薦，遷鎮海軍節度推官①，知渤海縣。濱州大吏恃府勢，築室鄣民居，害其出入，民訴縣以十數，前令莫敢直。公立表撤室，收吏抵罪，豪猾惕息。歲餘召入，改著作佐郎。縣民詣轉運使杜祁公，爲奏②，詔許之。會公以母老疾，求監青州税，尋以憂去職。服除，知嘉興縣。

趙元昊擾西陲，詔近臣舉可通判陝西諸州者，富丞相時知制誥，以公名聞，擢通判鳳翔府。以權發遣鹽鐵判官召還，改江西轉運判官。公固辭，願得近鄉里一官以謀葬，乃改知沂州。過京師，入對言事，仁宗善之，賜服銀緋。到官數月，召還爲開封府推官，俄遷判官。

會湖南蠻唐、盤二族殺掠居民，官軍討之數不利。有詔本路遣人招撫，蠻輒殺之，乃以公爲轉運使，委之經畫。辭行，仍服金紫。公至，上言：「蠻驟勝方驕，未易懷服，宜須秋冬進兵擊之。蠻地險氣毒，其人驍悍，善用鋋盾，北軍不能與之确。請選邕、宜、融三州澄海忠敢，知其山川、習其伎藝者三千人，入擣巢穴。餘兵絡山足，出則獵取之。俟其勢窮力屈，然後可招撫也。」朝廷用其策，二族皆降③，湖南遂平[三]。是時軍旅暴興，運路險澁，公隨宜區處，資糧豐給，而民不疲病。召爲度支判官，行未至，復加直史館、知潭州[四]，兼荆湖南路安撫使。先是，北軍戍湖南山谿者，或朞年、或再朞乃代去，再朞者多死瘴癘。公奏以爲不均，請皆以朞年爲斷，所生全甚衆。

（接上頁）誌銘有「年二十六，舉進士，一上中第」，張方平集卷三五祭女夫故河北路轉運判官殿中丞蔡天中文有「任子校書，一上中第，聲光煒如，學問滋洽」，卷三九蔡君墓誌銘有「擢衛尉丞，更從進士舉，一上中第，换光禄」，晁補之雞肋集卷三四石遠叔集序有「舉進士，一上中第」，知「一上中第」乃宋人熟語。又按，鄖溪集卷二〇户部侍郎致仕周公墓誌銘云其「天聖二年擢進士科」。

① 遷鎮海軍節度推官　「鎮海軍」，鄖溪集卷二〇户部侍郎致仕周公墓誌銘作「鎮寧軍」。

② 縣民詣轉運使杜祁公爲奏　「杜祁公」下，司馬光集卷七八户部侍郎周公神道碑有「請留祁公」四字，當是。

③ 二族皆降　「降」原作「除」，據司馬光集卷七八户部侍郎周公神道碑改。

歸朝，除河東路轉運使。自慶曆以來，河東行鐵錢，民多盜鑄，吏以峻法懲之，抵罪者日繁，終不能禁。公乃命高估鐵價，盜鑄者無利，不禁自息。入爲度支副使。

儂智高寇掠廣南，既敗走，詔以公爲西路安撫使。天子以嶺南地惡，命公非賊所殘州縣不必往，公曰：「天子之命至仁也，然遠民新罹荼毒爾①，敢不究宣天子之澤以面慰之乎？」遂徧行州縣，雖窮僻無不到者。民避賊，多棄田里遠去，吏以常法滿半歲不還者，皆聽人占佃。公曰：「是豈與凶年逃租役者同乎？」奏更延期一年，召使復業。有已爲人占佃者，皆奪還之，仍免其一年租、三年役，貧者縣官貸以種糧。由是嶺南民復安集。又奉使契丹，還加天章閣待制，爲陜西都轉運使。未幾，改河北。

初，河自横隴西徙，趨德、博；後十餘年，又自商胡西徙，趨恩、冀。朝廷皆以功大，遂不復塞。有李仲昌者，建議請自商胡口下鑿六塔渠，引河東注横隴故道，用功省而利大。詔遣使者與公行視利害[五]。公上言：「國家近議塞商胡，計用薪蘇千六百四十五萬，役工五百八十三萬。今仲昌奏塞六塔，計用薪蘇三百萬計②。共是一河，其塞之工力不容若是之殊。蓋仲昌故爲小計，以求興役，殆非事實。又即日河水廣二百餘步，六塔渠廣四十餘步，必不能容。且横隴下流自河徙以來③，填閼成高陸，其西隄粗完，東隄或在或亡。前日六塔水微通，分大河之水，曾不及十分之三，濱水之民喪業者已三萬餘户。就使如仲昌言，全河東注，必横潰泛濫，齊、博、德、棣、

---

① 然遠民新罹荼毒爾　「爾」，司馬光集卷七八户部侍郎周公神道碑作「余」，屬下句。

② 計用薪蘇三百萬計　司馬光集卷七八户部侍郎周公神道碑無「計」字，長編卷一八二嘉祐元年六月戊寅條引周沆上言作「用薪蘇三百萬、工一萬」，九朝編年備要卷十五引周沆上言作「用薪蘇三百萬、工一百萬」，則推知諸本於「三百萬計」下脱「工一百萬」四字，而長編「工一萬」當作「工一百萬」，脱「百」字。

③ 且横隴下流自河徙以來　「來」，司馬光集卷七八户部侍郎周公神道碑作「東」。

濱五州之民皆爲魚鼈食矣。今自六塔距海不啻千餘里，若果欲壅河使東，宜先治水所過兩隄，使皆高厚，仍備置吏兵分守其地，多積薪蘇，以防衝決，乃可爲也。然其勞費甚大，恐未易可辦。以臣度之，六塔實不可塞。」朝廷卒用仲昌議塞之。既塞，不終朝復決，齊、博等州果大被水害。朝廷乃竄仲昌於嶺南，諸阿附其議者亦抵罪〔六〕，衆始知公議爲是。公又上言：「民罹水災①，皆結廬隄冢②，糧乏可哀。臣欲輒發近倉賑之，顧大恩當自上出，臣不敢竊取爲名，願亟遣使者案視收恤之。」朝廷從之。

未幾，徙河東都轉運使。踰年，遷龍圖閣直學士、知慶州，兼環慶路經略安撫使。邊民多闌出塞販青鹽，抵重法。公請損官鹽之價，犯者稍衰。入判三班院、兵部、太常寺、通進銀臺司、仁宗山陵鹵簿使，又以遺留物奉使契丹。公以二使皆有厚賚，不欲專之，因託以力不能兼，辭使契丹不行，士大夫美之。

英宗初即位，契丹遣使賀乾元節，公爲館伴。詔取書入置柩前，使者固請見上，曰：「取書非故典也。」上以方衰絰不許，使者執書不肯授閤門。公曰：「昔北朝有喪，南使至柳河而還。朝廷重鄰好③，聽君前至京師，達命於先帝，恩禮厚矣。奈何更以取書爲嫌乎？」使者立授書。是時朝廷未知契丹主之年，公從容雜它語以問使者，使者出不意，遽以實對，既而悔之，相顧愕眙曰④：「今復應兄事南朝矣。」

頃之，遷樞密直學士、知成德軍，兼真定府路安撫使。士俗多棄親事浮圖⑤，公案籍閱其不如法者，皆斥還其

① 民罹水災　「罹」原作「惟」，據司馬光集卷七八戶部侍郎周公神道碑及長編卷一八二嘉祐元年六月戊寅條改。
② 皆結廬隄冢　「冢」原作「家」，據司馬光集卷七八戶部侍郎周公神道碑及長編卷一八二嘉祐元年六月戊寅條改。
③ 朝廷重鄰好　「朝廷」上，司馬光集卷七八戶部侍郎周公神道碑有「今」字。
④ 相顧愕眙曰　「眙」原作「貽」，據庫本及司馬光集卷七八戶部侍郎周公神道碑改。
⑤ 士俗多棄親事浮圖　「士」，司馬光集卷七八戶部侍郎周公神道碑作「土」。

家，凡斥數千人。在真定數年，以疾辭位。治平四年，以户部侍郎致仕。其年八月丁未朔薨於家①，年六十九。

公爲人莊重，動止皆有法，不妄笑語。居家孝友甚至，而當官謹嚴，始終如一。鉏姦衛良，摧疆撫弱。去嘉興二十年②，人有過其縣，聞民間猶思咏之，以爲前後無有。罷潭州，民遮道不得行，公諭解不能却，乃旋鞚而南曰：「當與汝歸耳。」衆喜奔呼争先，道稍開，公躍馬北去，追至境者尚數百人。與僚佐議事，其言當者立從之；不當，不面斥其短，徐曰：「某意欲如此爲安。」衆亦不能易也。所部官屬有罪，先以好言諭之，不變，乃案致於法③，猶爲虧除，不盡繩也。有死於官下，其家孤貧不能自歸者，必爲賻斂衛送。或無歸者④，則爲存處立生業，嫁其女，誨其子弟，視如親戚。故人始望其貌，皆懍然畏之，久而求其心，乃知實仁厚長者也。

先娶王氏；再娶劉氏，封彭城郡君，皆先公即世。三男：莘，將作監主簿⑤；百藥，大理寺丞；常，大理評事。二女，適太常博士祭安道、來安令江懋簡。公薨之歲十月己酉葬于先塋⑥。百藥暨常欲刻碑臨道，俾異日鄉人皆得瞻公之墓，不忘公之德，請館閣校勘梁君燾狀公之功行以授某⑦，命爲之銘。某昔通判并州事，事公於

① 其年八月丁未朔薨於家　按，鄖溪集卷二〇户部侍郎致仕周公墓誌銘云「治平四年八月甲子終於正寢」。其甲子日爲八月十八日。
② 去嘉興二十年　「二十年」，鄖溪集卷二〇户部侍郎致仕周公墓誌銘作「三十年」。
③ 不變乃案致於法　司馬光集卷七八户部侍郎周公神道碑作「不變，乃誚責之，懼而自改者蓋十七八。苟尚不變，乃案致於法」。
④ 或無歸者　「或」原作「成」，據庫本及司馬光集卷七八户部侍郎周公神道碑改。
⑤ 將作監主簿　「主簿」下，鄖溪集卷二〇户部侍郎致仕周公墓誌銘有「早卒」二字。
⑥ 公薨之歲十月己酉葬於先塋　按，鄖溪集卷二〇户部侍郎致仕周公墓誌銘云葬於十月甲子日。治平四年十月丙午朔，己酉爲十月四日，甲子爲十九日。
⑦ 請館閣校勘梁君燾狀公之功行以授某　「某」，司馬光集卷七八户部侍郎周公神道碑作「光」。按，下文同。

河東，雖自知無文，不敢終辭。銘曰：

古之君子，德盛道尊。望之儼然，即之也温。公正衣冠，嚴不可干。施之於政，乃仁乃寬。吏畏而悛，民思不諼。款銘垂美，以告後昆。

辨證：

[一] 周侍郎沆神道碑　本碑文又載於司馬光集卷七八，題曰「户部侍郎周公神道碑」。按，周沆，宋史卷三三一有傳，鄭獬鄖溪集卷二〇載有户部侍郎致仕周公墓誌銘。

[二] 司馬光　光（一〇一九～一〇八六年）字君實，號迂叟，陝州夏縣人。寶元元年進士，官至尚書左僕射。謚文正。東都事略卷八七、宋史卷三三六有傳。本書上集卷六載有蘇軾司馬文正公光忠清粹德之碑，中集卷八載有范鎮司馬文正公光墓誌銘、卷五一載有蘇軾司馬文正公光行狀。

[三] 朝廷用其策二族皆除湖南遂平　按鄖溪集卷二〇户部侍郎致仕周公墓誌銘云：「徼下蒐講賊計，以謂僚人伏於窮山荒林絶險之間，持盾出鬬，僄如群鳥之躍。此兵雖壯大，被鎧挾矛，而刓鈍不可支，故屢奔折不救。此未易倒穴而誅，獨可鉤致之耳。乃募土豪鐫諭之，繇是盤、唐之族四百餘人攜持而出，伏於旗下，餘黨悉解散遁去，賊遂平。」然長編卷一五八慶曆六年二月癸亥條、宋史周沆傳所載平蠻之策與本碑文同，當源自碑文。

[四] 召爲度支判官行未至復加直史館知潭州　鄖溪集卷二〇户部侍郎致仕周公墓誌銘云時「湖湘間方恃公，而召爲度支判官，議者謂奪之非宜，復以直史館知潭州」。

[五] 詔遣使者與公行視利害　長編卷一八一至和二年十二月戊子條載知澶州、天平留後李璋爲修河都部署，河北轉運使、兵部郎中、天章閣待制周沆權同知澶州、都大管勾應副修河公事。

[六] 諸阿附其議者亦抵罪　宋史卷九一河渠志一云：「（張）懷恩、仲昌仍坐取河材爲器，懷恩流潭州，仲昌流英州，施昌言、李璋

以下再謫，蔡挺奪官勒停。」

趙樞密瞻神道碑[一]　范太史祖禹[二]

元祐三年四月登進輔臣，以尚書户部侍郎趙公爲樞密直學士、簽書樞密院事，明年六月拜中大夫、同知院事，五年三月丙寅薨于位，年七十有二。訃聞，皇帝、太皇太后震悼，趣駕臨奠，哭之哀，輟視朝二日，賻襚加等，贈右銀青光禄大夫[三]。諸孤奉喪歸盩厔①，詔遣使護之。其年九月壬午，葬孟兆社先塋②。中書侍郎傅堯俞誄公行而銘諸墓，其孤又以狀請于太史氏，將刻之碑。祖禹竊惟元祐之初，太皇太后保佑皇帝，功格于天，眷求老成，經緯萬事，凡所建置，必視祖宗之舊與吾民之所欲。是以海内歡欣震動，頌詠聖德，如祖宗時，豈有他哉？由用得其人也。當是時，公召自滄州，不三歲登右府，人不以爲速。既在位，天下想聞其風，所言於上前者，人不得而悉知，其所可見者，寬厚清静，息兵省刑，民無勞役，四方安枕。公既没而人皆歎恨，以爲未盡其用也。然則宜以是銘于碑。

公諱瞻，字大觀。其先亳州永城人。曾祖贈太子太保諱翰，曾祖妣昌國夫人王氏。祖供備庫使、贈司徒諱彬，祖妣岐國夫人李氏③。考太子賓客、贈太尉諱剛，妣慶國夫人張氏。自太尉始徙鳳翔，今爲盩厔人。

---

① 諸孤奉喪歸盩厔　「奉喪」，文海本作「舉哀」。

② 葬孟兆社先塋　「社」原作「杜」，據太史范公文集卷四一同知樞密院趙公神道碑銘、四川歷代碑刻之趙公神道碑改。

③ 祖妣岐國夫人李氏　「岐」原作「歧」，據文海本及太史范公文集卷四一同知樞密院趙公神道碑銘、四川歷代碑刻之趙公神道碑改。

公少力學，以行義高鄉里。登慶曆六年進士第，初仕爲孟州司户參軍，移河中府萬泉令。以圭田修學校，鄰邑之士裹糧而至。改秘書省著作佐郎、知陝州夏縣。作八監堂，書古賢令長治迹以自爲監①。不煩刑罰而獄訟理，父老至今稱誦之。以秘書丞知彭州永昌縣。築六堰，均灌溉，以絶水訟，民以比召、杜。改太常博士、知威州。公以威、茂雜夷獠，險甚而難守，不若合之而建郡於汶川，因條著其詳，爲西山别録。及熙寧中，朝廷經略西南，就公取其書考焉。遷尚書屯田員外郎。

英宗治平元年，自都官員外郎除侍御史②。上疏請攬威柄、慎賞罰、廣聰明、更積弊[四]。帝嘉納，對垂拱殿，稱善久之。詔遣内侍王昭明等四人使陝西招撫蕃部。公言：「唐用宦者爲觀軍容、宣慰等使③，後世以爲至戒，宜追還使者，責成守臣。」章三上，甚激切。會文彦博、孫沔經略西鄙，又遣馮京安撫諸路，公請罷京使，專委宿將。夏人入寇王官，慶帥孫長卿不能禦。會長卿加集賢院學士，公言：「長卿當黜，賞罰倒置。」京東盜賊數起，公請易置曹、濮守臣之不才者，未報。乃求對，力言乞追還昭明等，不則受顯逐，帝爲改容納之[五]。

二年秋，京師大水，詔百官言事，多留中④，公請悉出章疏，付兩省官詳擇以聞，帝從之。先是六月⑤，詔議追

① 書古賢令長治迹以自爲監　「令」字原闕，據庫本及太史范公文集卷四一同知樞密院趙公神道碑銘、四川歷代碑刻之趙公神道碑補。
② 自都官員外郎除侍御史　「官」原作「宫」，據文海本、庫本及太史范公文集卷四一同知樞密院趙公神道碑銘、四川歷代碑刻之趙公神道碑改。
③ 唐用宦者爲觀軍容宣慰等使　「宦」原作「臣」，據太史范公文集卷四一同知樞密院趙公神道碑銘、四川歷代碑刻之趙公神道碑及宋史趙瞻傳改。
④ 多留中　「中」原作「去」，據四川歷代碑刻之趙公神道碑改。庫本、太史范公文集卷四一同知樞密院趙公神道碑銘作「内」。
⑤ 先是六月　太史范公文集卷四一同知樞密院趙公神道碑銘作「先是以六月」。

尊濮安懿王典禮①，公首上疏論「稱親非是，願與建議之臣對辨，以定邪正」。章七上，又與呂誨等合十餘疏[六]。既而皇太后手書尊濮王爲皇，三夫人並爲后，公杜門請罪。翌日，詔令速赴臺，公懷侍御史敕告納帝前，乞去職，詔還其敕告。公又上疏，以死争之，劾議臣與中人交結，惑母后降手書，反欲歸過至尊，自揜其惡。其十月，假太常少卿接伴契丹賀正使②。入對延和殿，帝問濮園議，公曰：「陛下爲仁宗子，而濮王稱皇考，即二父，非典禮。」帝曰：「卿嘗見朕言欲皇考濮王乎？」公曰：「此乃大臣之議，陛下未嘗自言也。」帝曰：「此中書過議。朕自數歲，先帝養以爲子，豈敢稱濮王爲皇考耶？」公曰：「臣請退諭中書作詔，以曉天下之疑。」是時連日陰晦，帝指天色示公曰：「天道如此，安敢更褒尊濮王乎？朕意已決，亦無庸宣諭。」公曰：「陛下祇畏天戒，不以私妨公，甚盛德，非臣愚所及。」帝重違大臣，又嘉臺官敢直言，不決者久之。會建議者言於帝，以爲難與言者並立[七]，於是呂誨等皆罷。公使還待罪，乞與誨等同貶，不報。閤門趣公入對，復懇請，帝曰：「卿欲就龍逄、比干諫争之名乎？孰若學伊尹、傅説，留以輔朕之不逮。」公皇恐退，上疏曰：「臣何敢擬倫前賢，亦終不敢奉詔，使朝廷有同罪異罰之譏。」章又十一上，遂出通判汾州[八]。自是公名重天下。

神宗即位，遷尚書司封員外郎、知商州，就除提點陝西刑獄。熙寧三年，入爲開封府判官。奉使契丹，因奏事，帝問曰：「卿爲監司久，當知青苗法便也。」公曰：「青苗法，唐行之於季世擾攘中，掊民財誠便。今陛下欲爲

① 詔議追尊濮安懿王典禮　按，自「追尊濮安懿王典禮」至「然其著見之效已暴於天下」脱一千四百七十一字，鐵琴銅劍樓本同脱，據庫本及太史范公文集卷四一同知樞密院趙公神道碑銘補。又，底本「詔議」下有「售鹽」以下至誌文末三葉半文字，乃屬中集卷二七王珪王懿敏公素墓誌銘，誤衍於此，今據鐵琴銅劍樓本删。

② 假太常少卿接伴契丹賀正使　「伴」字原脱，據長編卷二〇七治平三年三月辛酉條補。

長久計，愛百姓，誠不便。」時用事者以公有人望，可藉以爲重，欲公助己，使其徒陰諭公曰：「當以御史知雜奉待。」公不應。由是不得留京師，出爲陝西路轉運副使[九]。同列欲更置運事[一〇]，與公議異，除公知涇州。後公之言頗與事酬，復以公爲轉運副使。改永興軍路轉運使，以親老，請便郡，得知同州。

七年，朝廷患錢重，欲置交子以權之，命公制置[一一]。公以謂交子恃本錢，法乃可行，如多出空券，是罔民也。轉運使皮公弼議不合，章交上。朝廷方以事委公弼，移公京西南路轉運使，以親老不行。十年，差知陝州。未幾，請還鄉里，除提舉鳳翔府太平宫。丁太尉憂。服除，易朝請大夫、知滄州[一二]。

今天子嗣位，轉朝議大夫，召爲太常少卿，拜户部侍郎。元祐三年，請老，優詔不允。其四月，遂輔政，封開國侯。因進對，言：「機政所急，人才而已。今臣選武臣，難遽盡知。請詔諸路安撫、轉運使舉使臣，科别其才，第爲三等，籍之以備選任①。」

自元豐中河決小吴，北注界河，東入于海。先帝詔曰：「東流故道淤高，理不可回，其勿復塞。」乃開大吴以護北都。至是，水官請還河故道，下執政議。公曰：「開河役夫三十萬，用梢木二千萬，自河決已八年，未有定論，而遽興此大役，臣竊憂之。今朝廷方遣使相視，果以東流未便，宜亟從之。若以爲可回，宜爲數歲之計，以緩民力。」議者又謂河入界河而北，則失中國之險[一三]，澶淵之役，非河爲限，則虜寇不止②。公曰：「王者恃德不恃險。昔堯、舜都蒲、冀，周、漢都咸、鎬，皆歷年數百，不聞以河障戎狄③。澶淵之役，蓋廟社之靈，章聖之德，將相

① 籍之以備選任　「任」，宋史趙瞻傳作「注」。
② 則虜寇不止　「虜」原作「敵」，據太史范公文集卷四一同知樞密院趙公神道碑銘改。
③ 不聞以河障戎狄　「戎狄」原作「北人」，據太史范公文集卷四一同知樞密院趙公神道碑銘改。

之智勇，故虜帥授首①，豈獨河之力哉？」後使者以東流非便，而水官復請塞北流，公固争之，卒詔罷夫役，如公所議[一四]。

洮河諸戎以青唐首領寖弱可制，欲倚中國兵威以廢之。邊臣亟請用師，公曰：「不可。御夷狄以大信爲本②，朝廷既爵命之矣，彼雖失衆心，而無犯王略之罪，何辭而伐之？若其不克，則兵端自此復起矣。」乃止。又乞廢渠陽軍，紓荆湖之力。詔諭西夏使歸永樂遺民，夏人聽命。公既屬疾，猶以邊防爲憂。及薨，太皇太后諭輔臣曰：「惜哉！忠厚君子也。」

公寬仁愛人，惟恐傷之。色温而氣和，人望之知其長者也。其在朝廷，義所當爲，勇若賁育，守之不變。事君與人，一以至誠，表裏洞澈，如見肺腑。故面引廷争，而人主益知其忠；未嘗爲同，而僚友莫之或怨。其誠慤素信於人也。

娶劉氏，尚書駕兵部郎中晃之女③，賢淑孝敬，配德君子，治家有法度，先公十六年歿，追贈益昌郡夫人。子四人：孝諶，瀛州録事參軍；獻誠，知唐城縣事；某，早卒；彦詒，太康主簿。皆强學力行，是似是宜。孫男六人：基，郊社齋郎；垂，假承務郎；塈，右承務郎；壁、壆、堅，未仕。孫女五人。曾孫男二人：戭、戩。

公所著春秋論三十卷、史記牴牾論五卷、唐春秋五十卷、奏議十卷、文集二十卷④、西山别録一卷。惟公在

① 故虜帥授首 「虜」原作「敵」，據太史范公文集卷四一同知樞密院趙公神道碑銘改。
② 御夷狄以大信爲本 「夷狄」原作「敵國」，據太史范公文集卷四一同知樞密院趙公神道碑銘改。
③ 尚書駕兵部郎中晃之女 范祖禹范太史集卷四一同知樞密院趙公神道碑銘無「兵」字，當是。
④ 文集二十卷 按，宋史卷二〇八藝文志七著録趙瞻集二十卷，晁志卷一九著録趙懿簡集三十卷。

仁宗之世爲循吏，事英宗爲争臣，神宗朝出處以義。二聖從民所望，遂大用之，而居位未幾，功業不究，然其著見之效，已暴於天下，炳於後世，列於太常，藏之史官①。考公行事，所至可紀，今掇其大者揭之神道，以詔于無窮。銘曰：

挺挺趙公，惇德有容。遺我後嗣，實自祖宗。在仁宗時，公始試吏。民曰父母，來予攸塈。簡于英宗，正色匪躬。帝欽良臣，曰惟汝忠。爰暨神考，公心如一。言有違從，不撓其直。二聖曰咨，汝惟舊臣。亟其就位，翊我樞鈞。元祐之政，惟天是若。天聽于民，惟民是諾。公在廟堂，四鄙戢兵。靡有内外，皆吾孩嬰。天嚮仁人，錫公壽考。方終相之，不慭一老②。南山有虧，公名永垂。過者必式，忠厚之碑。

辨證：

[一] 趙樞密瞻神道碑　本碑文又載於范祖禹太史范公文集卷四一，題曰「同知樞密院趙公神道碑銘」；四川歷代碑刻亦收載之，題曰「宋故中大夫同知樞密院事上柱國天水郡開國侯食邑一千二百户食實封三百户贈右銀青光禄大夫謚懿簡趙公神道碑」，有闕文。按，長編卷二〇七治平三年三月辛酉條注云傳堯俞嘗撰趙瞻墓志，未見。又按，趙瞻，東都事略卷九〇、宋史卷三四一有傳。

[二] 范祖禹　祖禹（一〇四一～一〇九八年）字淳甫，一字夢得，成都華陽人。嘉祐八年進士。嘗爲史官，著唐鑑。官至右諫議大夫、翰林學士。東都事略卷七七、宋史卷三三七有傳。

[三] 賻禭加等贈右銀青光禄大夫　長編卷四三九元祐五年三月丙寅朔條稱時「輟朝臨奠，贈右銀青光禄大夫，謚懿簡，遺表常數

---

① 炳於後世列於太常藏之史官　按，自「炳於後世」至本碑文末，底本錯置於中集卷一七，據庫本及太史范公文集卷四一同知樞密院趙公神道碑銘改移。又，「太常藏」三字原闕，據庫本及太史范公文集卷四一同知樞密院趙公神道碑銘補。

② 不慭一老　「不慭」，四川歷代碑刻之趙公神道碑作「不遺」。

外特官二人」。

［四］上疏請攬威柄慎賞罰廣聰明更積弊　宋史趙瞻傳引録其上疏曰：「英斷獨化，人主至權也。審至權者，當主以天下之大公，揆以天下之正論，如是而後權可一也。若夫積久之敝，陛下其思焉。刑賞施設之失，可革則革；號令言動之過，可止則止。輔相賴其用，宜責其効；臺諫知其才，宜信其説。兵柄宜削諸宦官，邊議宜付諸宿將。蓋權不可矯而爲也，以從天下之望耳。」

［五］帝爲改容納之　長編卷二〇三治平元年十二月丙午條載此事，稱「訖不從」。

［六］章七上又與呂誨等合十餘疏　東都事略卷七八呂誨傳云：「執政建議推尊濮安懿王，誨率僚屬極陳其不可，遂彈歐陽脩首建邪議，上負先帝，累濮王以不正之號，陷陛下於過舉之譏。并劾奏韓琦、曾公亮、趙概附會之罪。」按，宋朝諸臣奏議卷八九載趙瞻上英宗論不當罷集議乞別降詔以王珪等議爲定、卷九〇載趙瞻上英宗論追奉濮王六説、上英宗論典禮必與士大夫公議并乞降黜。

［七］會建議者言於帝以爲難與言者並立　長編卷二〇七治平三年正月壬午條稱時「歐陽修曰：『御史以爲理難並立，若以臣等爲有罪，即當留御史；若以臣等爲無罪，則取聖旨。』上猶豫久之，乃令出御史」。

［八］遂出通判汾州　長編卷二〇七治平三年三月辛酉條載「起居舍人、同知諫院傅堯俞，侍御史趙鼎、趙瞻自契丹使歸，以嘗與呂誨言濮王事，家居待罪」。時「上數諭留堯俞等，堯俞等終求去，乃以堯俞知和州，鼎通判淄州，瞻通判汾州」。

［九］出爲陜西路轉運副使　長編卷二一八熙寧三年十二月庚申條載開封府判官、祠部郎中趙瞻知鄧州，云「王安石陰使其黨俞充誘瞻曰：『當以知雜御史奉待。』瞻不應，由是不得留京師。瞻時出使未還也」。注曰：「瞻除鄧州，墓誌及本傳並不書，但載瞻不得留京師，出爲陜西轉運副使。方此時，瞻方使北，度其將還，故有此除。瞻使歸，亦不赴鄧州，仍以開封判官除陜西漕，乃明年三月十四日也。」又卷二二一熙寧四年三月己亥條云：「開封府判官、祠部郎中趙瞻權陜西路轉運副使。上謂瞻陜西人，必熟知本路人情，故使代（皮）公弼，其實執政惡瞻不附己，故出之。瞻初除知鄧州，不赴，復爲開封府判官才數月也。」

［一〇］同列欲更置運事　長編卷二二七熙寧四年十月庚申條注引司馬光日記曰：「介甫秉政，鳳翔府民獻策云：『陜州南有澗水西流入河。若疏導使深入，鑿硤石使通穀水，因道入河，東流入穀水。自穀水入洛，至鞏，復會於河，以通漕運，可以免砥柱之險。』介甫以爲然。敕下京西轉運司差官相度。京西差河南府户曹王泰，泰欲言不便，則恐忤朝廷獲罪；欲言便，又恐爲人笑，乃申牒言：『今至

穀水上流相度，若疏引大河，水得至澠縣境，導之入穀水，委實利便可行。』蓋出澠縣境，則硖石大山屬陝西路故也。陝西言不可行，乃止。」

〔一一〕朝廷患錢重欲置交子以權之命公制置　長編卷二五六熙寧七年九月丙辰條載知同州、度支郎趙瞻管勾陝西制置交子。又卷二六〇熙寧八年二月辛卯條云：「制置永興、秦鳳兩路交子事趙瞻言：『乞令東路都轉運使謝景温、西路轉運判官劉定各兼制置交子事。』從之」。

〔一二〕知滄州　長編卷三二九元豐五年八月乙亥條云：「高陽關路安撫使韓忠彦言轉運司欲移乾寧軍於滄州乾符寨，廢軍爲縣，以避河患，人不以爲便。知滄州趙瞻亦言：『乾寧民心恟懼，皆謂河水頗已順行，又增隄防數倍堅固，移軍實有害無利。乞速罷以安邊民。』從之。」

〔一三〕議者又謂河入界河而北則失中國之險　據東都事略、宋史趙瞻傳，都水使者王令圖建議請還河故道。宋史卷九二河渠志二云：「時知樞密院事安燾深以東流爲是，兩疏言：『朝廷久議回河，獨憚勞費，不顧大患。蓋自小吴未決以前，河入海之地雖屢變移，而盡在中國；故京師恃以北限彊敵，景德澶淵之事可驗也。且河決每西，則河尾每北，河流既益西決，固已北抵境上。若復不止，則南岸遂屬遼界，彼必爲橋梁，守以州郡；如慶曆中因取河南熟户之地，遂築軍以窺河外，已然之效如此。蓋自河而南，地勢平衍，直抵京師，長慮却顧，可爲寒心。又朝廷捐東南之利，半以宿河北重兵，備預之意深矣。使敵能至河南，則邈不相及。今欲便於治河而緩於設險，非計也。』王巖叟亦言：『……今有大害七，不可不早爲計。北塞之所恃以爲險者在塘泊，黄河堙之，猝不可濬，浸失北塞險固之利，一也。……乾寧孤壘，危絶不足道，而大名、深、冀腹心郡縣，皆有終不自保之勢，三也。滄州扼北敵海道，自河不東流，滄州在河之南，直抵京師，無有限隔，四也。……』太師文彦博、中書侍郎呂大防皆主其説。」

〔一四〕後使者以東流非便而水官復請塞北流公固争之卒詔罷夫役如公所議　長編卷四二〇元祐三年閏十二月云：「范百禄、趙君錫既受詔同行相視東、西二河，度地形，究利害，見東流高仰，北流順下，知河決不可回。即條畫以聞。」又據宋史卷九二河渠志二，范百禄等使回入對在元祐四年正月癸未，己亥詔罷回河及修減水河。然七月己巳朔因冀州南宫等五埽危急，都水監又建修河之策，時都水使者吴安持、提舉東流故道李偉力主復河東流，復置修河司興役。至元祐七年十月，大河復東流，其後又決。

中集

馬忠肅公亮墓誌銘[一]　元獻公晏殊[二]

鉅宋有天下，重三后光，九圍淑清，慎柬豪雋，宣揚治迹①，海岳冥助，英賢輩出。惟僕射扶風忠肅公諱亮[三]，字叔明，委質三朝，勤身四方，踐履華顯，保綏吉禄。盡瘁克終，褒甄有加，進退哀榮，爲儒臣表式。

公之先本居彭城，中徙廬江，因而占籍[四]。曾祖復，王父韜，潛穎弗耀，里仁多裕。烈考澤，仕至西頭供奉官，累贈太師、中書令、尚書令、舒國公。五代遘屯，隸名戎幕。皇朝拓統，獻策帝閽。引籍三階之塗，警寇兩河之涘。遠圖未艾，衍慶方隆。

公即第三子也。生有淑靈，長而偲傑，鍾庭闈之意愛，樂文史之芳潤。太平興國中，神宗振策[五]，萬寓來王，親御英轂，博延材等。公甫踰弱冠，綽有神鋒，一上中進士第[六]，得大理評事、知太平州蕪湖縣②。丁外艱，朝制抑奪，充窮蒞事。自吴會之平也，士人族屬不許渡江。公高堂暮年，愒日榮養，懇乞迎侍，優恩賜許。改丞

①　宣揚治迹　「揚」原作「楊」，據文海本、庫本改。
②　知太平州蕪湖縣　「蕪湖縣」原作「益湖縣」，據宋史馬亮傳、卷八八地理志四改。

大匠，入佐著作，監群舒榷酤，授殿中丞。上言詩賦小才，不足觀士，願先策論，以擢優長。頃之，同判毗陵郡。編户數百，積虧筭緡，家貲已空，刑紲未解。公面釋羈縶，諭之借償，如期悉來，宿責皆復[七]。版籍既阜，鉅筩實繁，精心不疲，圜圄無禁。採訪使羅處約摭其實狀，飛表以聞。受代還朝，面賜五品服，命知濮州。朞月政聞，部民留借。馹騎傳召，憲臺論薦，遂充福建路轉運司提點刑獄①[八]。閩蜑荒外，部居遼敻，公星言夙駕，惻隱窮微，六姓□□，銜冤引伏，由察視而全活數族。田訟積年，遷蒙自辨，明而決遣。外臺路奏，稔達朝聞，就遷太常博士、知福州。翰林學士承旨蘇公易簡舉才任治賦，促召提點三司[九]。未幾，以聯職匪彝，力求外補，出知鄱陽。扁舟徑行，僅及都外，而伊人受戮，識者許其先見[一〇]。邑有豪族，怙强專殺，依違十載，未伏其辜。公發擿按問，即時論決[一一]。又表十二户民積負七百餘萬。鼓鑄錢幣，亡傭至大，經常所費，物力罕充，公奏於池陽分置鑪冶。供億既羡，課程增倍[一二]，著在令甲，迄今便之。尋改殿中侍御史。

真宗踐祚，遷刑部員外郎。公以聖緒重熙，嘉猷罔伏，讜言四事，奏記槐庭。大略以征税所通，杼軸斯窘，恩詔屢下，官曹廢格，誅歛彌急，瘡痍未復。願出宸斷，大滂和令。惟新肆賞，施及戍兵，貴不踰時，式符涣汗。邦朝近制，屢以宗藩尹京，地處猜嫌，謂宜革罷。引弓裔俗，鳴鏑犯邊，冀講和戎，用康居業[一三]。囊封上達，時論然之。咸平初代還，以京西、河東二路租欠鉅萬，詔往蠲除。又以隴州計籍失言公錢千餘萬，受命按劾。至則考文簿，詳耗登，辨朱墨之出入，見四三之名實，得其舛誤，罔益毫分。疑論冰釋，吏胥岳抃。復命主判三司都磨勘司。先是，浙右行商，許其汎海，有自姑蘇抵海陵以鬻枯魚者，鹽鐵使陳恕按籍責其枉道，倍誅筭金。連歲督理，

① 遂充福建路轉運司提點刑獄　「運司提」三字原闕，據宋史馬亮傳及九朝編年備要卷四、淳熙三山志卷七提點刑獄司補。按，文海本、庫本、舊鈔本作「使提點」，不確。

家人上訴，詔下計庭會議。寀寮雲集，靡敢異辭。公獨與劉綜條附前令，請從釋放。皇明獎納，嗣降曰「俞」。

三年春，益部梃災[一四]，寅車致討，授西川轉運副使。法坐臨遣，聖顔彌渥，事有利病，悉從便宜，遄正使名，以隆朝任。矢石之際，輸將不前，編貿滯鹺，力資餫饟[一五]。迨乎訖役，民不告勤。逆黨既殲，虎臣擅命，恣行威戮，姑快侈心。公義感其誠，辯迴其虐，霜鋒之下，所活千人[一六]。捷羽既聞，璽書垂獎，改兵部員外郎，賚錢五十萬。大兵之役，斗米直千，公出廪輕價，遂蘇民命。明年，承詔入奏，加直史館，賜白金三百兩。會送賊中僞署八十餘人至者，樞臣將盡戮之。公入對近墀，願從寬宥，亟詔議于上前，當軸抗聲，其詞甚確。公曰：「脅從罔理，是亦何誅？且汙染之中，此爲百一，餘或鳥驚雉竄，傾聽德音，一聞大刑，孰不危懼？今兹議者虞其退不悛心，臣敢以百口保其無叛。且又先朝賊順之黨，皆獲全生，一昨寇攘，不聞助亂。」昌言感悟，聖主從之[一七]。

亦既復職，勵精爲治，盡削租負，力痊疲瘵。鹹泉之井，構白興利，日久味薄，課緡獨存。監司之人，笞逮求辨。公則察其區處，第其耗穰，損減堙除，皆有條教[一八]。歲運賨布，達于渚宫，頭會俚民，董其舟漕，風波悍險，士卒侵漁，破産毁宗，是爲常法。公則罷其賦役，責其兵師，閭里獲安，農穡無擾。凡十八州軍經饋師者，是秋輸賦，悉奏蠲之。諸禁部吏之官榷錢倍息，以杜貪猥。灌口叢廟，一方歲祠，嘯聚憸人，並將戎械，跨踰境邑，僭亂儀章，中令革絶，用懲非法。董齊噢咻，無不至焉。五月服政①，延見便坐，雍容啓奏。上曰：「自兹已往，朕無西眷之憂矣。」面賜金紫。俄命知潭州。都會要衝，事機叢悉，牢犴空閴，絲言賁將②。邑有亡卒，潛游聚落，敢行凶慝，黷亂人倫，脅制群氓，爲日滋久，爰有四輩，合謀殺之。司敗論辜，將寘于法。公以爲亢宗除患，理有可

① 五月服政 「服」，庫本作「報」。又，據長編卷五二，馬亮自西川轉運使代還奏事在咸平五年七月丙申，疑「五月」乃「五年」之譌。

② 絲言賁將 「將」，鐵琴銅劍樓本、庫本作「獎」。

矜；觀過知仁，刑之所赦。儻循常而冒請，必見沮於有司，措心得宜，獲戾無悔，命筆專斷，悉從矜貸[一九]，削封引咎，朝論韙之。

景德初，移知昇州。途次潯陽，歲逢驕旱，穀價騰湧，道殣相望。公曰：「聖上愛民，甚於赤子，拯溺者不循矩步，救火者不問大人，有利國家，專之可也。」於是取荆湘永米數十艦，移牒郡守，促行賑給。因附驛言：「江界郡國，阻飢爲甚，牧長巽懦①，不時以聞。願擇材臣，撫循察視，仍罷官糴，許行販糶。」朝廷盡可其奏，立命近臣張知白等五人，乘傳分路，緩刑均貸。公既即治所，益求人瘼。輕揚之俗，忿鬭成風，失意相讎，乘昏縱火。申命伺察，動無隱漏，大殲惡少，乃絶震驚。僭國遺區，藩儀未緝，幕庭之會，器服不充。牙城東北，自僞朝德昌宫地，後庭鉛粉往在焉。公撰日庀徒，依神致禱，掘次袤丈，得汞二百餘斤鬻之，獲緡百萬，以備供帳，綽然有餘。

歲滿，入加工部郎中。三日，擢授右諫議大夫、知廣州[二〇]。蓋宜寇初平，思寧遠俗也。受元符之歲二月，公至番禺，澄海役兵有出戍而從亂者宗屬二百餘人，法當配隸，皆奏釋之。瀕海鹽夫有負課而乏資者，妻孥質於豪族，歲久未貰，悉遣還之。招攜裔蠻，杜絶侵擾。朞年，蕃舶四倍而來[二一]，琛賮駢湊，耆髦駭歎，較于舊課，百萬其贏。天子異之，命中貴人就頒燕勞，遠夷百衆，陪預下筵。是歲，昇中喬岱，公命大食商酋陁婆離、蒲含沙等共執方物，貢于岳趾[二二]，中邦聳觀，大禮增華。交州使人道出都府，常時貿易，多所稽留，怠忽條章，喧煩里閈。公榜揭科禁，犯而必行，畏威斂迹，罔復干迕。封祀均慶，進左諫議大夫。二年，有詔方國各營天慶觀，以昭瑞命。公進思替否，旁念裕民，但葺開元，用寬勞費[二三]。又以秩當諷諭，內激忠純，引用邦封，遠裨宸聽，所辭悃愊，時論嘉焉。

① 牧長巽懦　「巽」原作「選」，據庫本改。

遄以久處瘴處，懇求移蒞，遂改知虔州。五年之民，闔境遺愛，繪公之像，共致生祠。南康奧區，生齒繁夥，公命録孝行，圖於府門，靈鵲縞姿，族生庭樹，幼艾驚異，謳謡變風①。四年，汾祀禮成，加給事中。踰歲，徙知洪州。在途詢利病，奏放廬陵、臨江洎本郡餘税，詔悉允之。溪蠻擾邊，朝右咨帥，遣三班殿侍趙吉馳驛齎詔，命知荆南府[二四]，兼荆北路兵馬都鈐轄，賜中金五百兩。嗣降宸旨，彰明委注。嘗聞具獄，獨疑枉濫，榜笞既久，不復自明。公引造黄堂，屏去齋侍，苦言感動，幽悃乃伸，爲召左證，即時縱去。曾未數日，罪人斯得。又有父子同訴失其冢婦，公潛諷胥史②，就詢所居，知其前後，皆有津涉，密選幹吏，網于水中，翌日而獲沉尸，即辰而辨謀殺。荆、吴之閔雨也，請停市糴，輕價以濟流庸。宫邸之遺燼也，首納圭田[二五]，率衆而資完葺。八年春，政成入覲，面奉宸諭，徧朝宫觀。

七月，以尚書工部侍郎再守金陵。朞年，就知杭州，加領集賢院學士。前此大萃戎旅，築修坊堰，出没泥潦，多爲足疹。有詔曰：「江岸興功，蓋非獲已，役人嬰疾，良用軫懷。宜具籌畫，飛郵來上。」公至部，例謁伍員之廟，躬袖詔檢，示於睟像，且曰：「帝念若此，神其鑒之。苟無冥應，安用嚴祀？」詰旦，主吏稱潮勢遠却，匯于他境。又累夕，堤沙横出，綿亘數里，罷役夫七千有餘。廛井耆艾用竺乾法會僧，以感聖圖入貢。遣中貴人詣水濱，爲道家醮席，投龍壁而報貺③。錢氏之有國也，近邑茶園二十六所，歷年滋久，枯枿僅存。每歲役兵三千，責辨常課，因緣採擷，恣撓田閭。公悉命芟燔，變收庸調，地征無失，民患不生。湖秀荐飢，流亡猥集。既出京廩，

① 謳謡變風　「謡」原作「謟」，據庫本改。
② 公潛諷胥史　「史」，文海本作「吏」。
③ 投龍壁而報貺　按，「壁」似當作「璧」。按，「龍璧」，祭祀所用之禮器。

賙于困窮，復諭豪宗，共爲斂施，四封之內，全度居多。飛蝗爲災，蔽日而至，軫憂南畝，躬禱吴山。群烏荐食，靈雨紛洒，苗螟盡斃，原穡無傷。地本司吴，俗營禨鬼，椎牛擊鼓，頗紊彝章。送往之儀，過爲奢縱，衒飾華采，喧囂路衢。公明列教條，一遵禮法，巫風頓革，品類知方。

天禧三年，入拜御史中丞，占對左城，牢讓數四。上曰：「卿所至有異政，宜當此授。」因目輔臣，稱其介直。公以綱憲之地，表模所屬，遭時振擢，鋭意修明。且言：「近世公私，不敦禮教。一親藁殯，即議星居，利析貨財，緩營窀穸，傷風壞俗，莫大於斯。請自今未訖遷祔，無得分異。又桑門之衆十萬，其徒狡獪惰游，倚爲淵藪。歲格之外，宜罷削緇。較試之辰，願責攸司保任，稍嬰雜濫，勿許甄收[二六]。山海之濱，茗鹽爲業，食周是樂，捨魯是從，時有捜獲，罪同裨販。願許茲類，減其半坐。」宸聰采納，咸署令焉。

踰歲，拜疏避榮，願守鄉郡，以兵部侍郎領集賢院學士、知廬州。維梓協恭，于藩播詠，輟我股肱之寄，榮茲父母之邦。五年春，换印江陵。秋八月，剖符建鄴。或兩然巴燭，或三舍召棠，不煩更張，可以清嘯。今上纂服，進尚書右丞。季冬，再領肥川之任。閒一歲，卜習長至，肇禋紫壇。公以爲六御飛天，大明繼照，忝備亞卿之列，未瞻八采之光，夫豈寅恭，不遑寧處？願奉計籍，入朝王會。制曰「可」。天聖二年冬，執玉來覲，二宫加禮。從祠吉土，叶贊鴻休。歷判尚書都省、知審刑院。講法宫之儀矩，慎丹筆之詳平，頎然宿望，冠映朝列。近制郊祀有日，先庚申令聞知，而犯戒以不原。忉怢之民，尚干法禁，至期論讞，多獲從寬。公以爲上無戲言，政在必罰①，況更誕告，不可稽誅，請飭攸司，必正其罪[二七]。三年，加工部尚書、知亳州。封境積卑，潢汙敗稼，請均羡廪，假貳疲甿，擠壑之備，按堵如舊。後二載，移知江寧軍府。鹿轓屢及，隼旟如歸，耋耄多存，邑居相慶。

---

① 政在必罰　「政」，庫本作「法」。

踰歲，禮年云及，拜疏乞身，優答未許。明年，再表誠請，乃授太子少保致仕，仍給全俸。尋奏詔每有章奏，附驛以聞。公輕舸南還，闔門宴處，子孫密侍，邑里明懽。丞相東平呂公簉仕之初①，詞藻宏茂。公識其遠至，眷以嘉姻[二八]，果膺國棟之隆，脗合鳳鳴之兆。至是，東平公首賦章什，贊揚高躅，二司兩掖，咸有詠歌，投贈德門，琢刊金石，中朝南紀，均著美琰②。八年肆類，加金紫光禄大夫。燕申之中，談誦爲樂，歷探竺典，尤邃華嚴。久之，謂所親曰：「吾夢想有異，大期非遠。」因絶葷茹，殆更弦晦。一日，奄遘微疹，退安丈室，淩晨澡頮，衣居士服，偏召近族③，勗之治行，口占遺疏，以别宗姻。夜分，命易新衣，盡祛左右，合手誦佛，凝然化往。乃九年孟秋之辛酉也④，享年七十有三。上聞訃嗟惻，爲輟視朝一日，褒贈右揆。録其孫玘爲將作監主簿，曾孫永錫試祕書省正字，弟之子仲良試祕書省校書郎。太常考行，舉易治之典。以仲冬乙卯返真宅於合肥縣之先塋，從吉卜也。

公首娶劉氏，攝尚書省校書郎誨之女，追封彭城郡夫人；繼室朱氏，工部侍郎昂之女，封沛國郡君。皆以盛族，紹恢中饋，先公而没，咸附隧挺。男曰仲宣，大理寺丞；仲容，太常寺奉禮郎；仲謀，大理寺丞；仲甫，大理評事。欽率忠教，足光系緒。仲宣以肯構之長，用裕承家，延世推恩，當踐閨籍，能報沖退，讓于族人，多士清論，嘉其令範。曰朝哥，洎大理評事仲卿、三藏奴，或殤或夭。元女英國夫人，以左相小君之貴，冠内朝命婦之班，象

① 丞相東平呂公簉仕之初　「呂公」原作「呂公孺」，按呂公孺爲呂夷簡子，據長編卷一一〇天聖九年八月丁丑條、宋史馬亮傳稱馬亮以女妻呂夷簡，故删「孺」字。

② 均著美琰　「琰」，庫本作「談」。

③ 偏召近族　「偏」庫本作「徧」。

④ 乃九年孟秋之辛酉也　按，長編卷一一〇天聖九年稱其卒於是年八月丁丑。是年七月辛酉乃十六日，八月丁丑即二日。

服斯煌，二宗有耀，退見長樂，延恩外門，先彭城之封，乃褒優之異等也[二九]；次曰堂塗，數齡而殞；次適太平州軍事判官戴宏，太常博士永之子[三〇]；次適殿中丞呂居簡，舊相許文穆公之子[三一]；次適前進士張士惑①，司封員外郎希顏之子；次適將作監主簿鍾離景裕，龍圖閣待制瑾之子；幼適太廟室長張去奢，亦希顏之子。公之兄曰邕、彬②，不仕；弟用，終宣州涇原令③；測，終殿中丞；儼，今爲虞部員外郎。皆有吏道，外分朝寄。自顏近屬，薦紳曳組者二十餘人，率由公之保蔭。

公策勳疏爵，皆極等威。賦室三千四百室，真食八百户。儒臣清列，無不揚踐。再牧廬荆，四臨秣陵，質于近古，罕有其比。角犀豐盈，神采秀澈，髭鬚美甚，眄視燁如。憤疾姦回，探湯而扼腕；盡傷窮困，據蒺而疚心。談忠義也，或流涕而緣纓；譽美善也，必盱衡而擊節。其御下也，始若嚴峻，而要存仁恕；其聽訟也，初如疑誤，而意在平反。手著符教，訓齊官屬，務敦公共，蔑去依阿。能斷大事，不嬰小節。理有棨錯，謀成跬步，輷然而雷霆振，騞然而髖髀解，茲實過人者已。夙重交契，不輕然諾，急難是拯，煢瘁罔踰。戴永者，公之同年生也，出刺邕管，道經長沙，齒耋家貧，憂形於色。公許以姻援，寬其欝陶。曾未數月，果聞殂謝。公遣迎櫘櫝，旋葬里閭，存恤其家，致于有立。中人李懷諒本家南海，充使而還，常命郡寮，會其塋域，衆情瓦合，咸議枉車。公獨介然，拒其越禮。

公之在蜀也，軍須日急，乘馹宵征，導騎失途，誤登廢棧，徑之斗絶，馬不能旋。公自述忠勤，禱於上下，倒行

---

① 次適前進士張士惑　按，「士惑」其義費解，且下文云其弟名去奢，則「士惑」似當作「去惑」。又，范文正奏議卷下有奏舉張去惑許元，當即此人。

② 公之兄曰邕彬　「兄」原作「元」，據文海本、庫本改。

③ 終宣州涇原令　按，據宋史卷八八地理志四，宣州屬縣有涇縣，無「涇原縣」。「原」似爲「縣」字之譌。

數百，始得平衢。既而列砦攻城，中宵露坐，適與戎校，詢謀事機。俄頃如厠①，命其季處，僅踰數步，飛石斃之。滿秩言旋，乘舟下峽，長嬴仲月，水潦方臻，俗傳茲時，不利沿涉。公又祈于山川曰：「儻吾不欺於物，有惠於民，半月不雨，俾予善達。」洎夫經灩澦，歷瞿唐，安若枕席。俄而大澍，迴盻川路，無相繼者。又虔川贛石亘三百里，非遇泛漲，不能寸進。公之南昌也，久屬晴霽，禱於戒行，既登舳艫，潛祝冥祐。中夕水勢暗長，川航盡浮，篙二驗之，深已踰丈，未曉而霽，送車無及。是皆衆所傳信，謂之誠感。

重慎徽纆，訓嚴吏胥，晨興視事，首閱縲籍，得其曲要，然後長居。社稷大祠，風雨常祭，牲牷器服，省視必躬，陟降獻羞，聳兢如在，精純所達，豐楙隨焉。至性純孝，加常一等，生辰諱日，時饗閒祠，悲涕感慕，訖于終夕。赴潮溝日[三二]，以公田米千斛，命賜白金數百兩，獲鏹百萬，視之泫然曰：「禄不及養，此將安用？」持對親像，誓追冥福，即致清涼佛寺，以助繕修。理餘杭日，有梵僧妙德，以舍利遺公，實有靈應，且曰：「必興佛事。」公復典肥上，遇越僧懷謹，謀建塔於邦之永昌寺，適契前諾。爲鳩衆力，仍輟廪俸，資其崇構。九層之峻，數載而成，遂瘞靈骨，勑以「普慈」爲額，賜相輪而寵之。某羈貫之年，獲拜隅坐，國士之待，頗踰儕倫。今也則亡②，吾將安仰？曩接餘論，備聆懿實，思效刊述，形於願言，用移挂劍之誠，布在披文之作。寺丞泣撰風迹，郵傳上都，得竭陋庸，冀垂悠永。老龍遊矣，安用法於狂言；宣父嗚呼，猶足志於君子。辭則非腆，而善其不誣。後之人如有傳名臣良吏之爲者，其取證於此也。姑系之以銘曰：

猗夫！僕射之德，備温恭正直，沉毅威克，處煩不惑，文武該具，周行景式。猗夫！僕射之功，佐二朝兩宮，極

① 俄頃如厠　「厠」原作「厮」，據文海本、庫本改。
② 今也則亡　「則」，庫本作「云」。

慮納忠，班常有融，岳鎮淵停，妥綏四封。二十三政，騫翊内外。刃解槃結，風生要會。人之所難，我則違最①。五十二祺，更嘗險艱。兵癘不侵，壽康以還。帝獎有勞，時瞻汝賢。鶉首標揚，黃鍾旅月②。宰木摧陰，飛霜急節。輅褒旅葬，輤裧成列。轅馬悲跼，虞歌慘咽。陟彼卬阜，南瞻隴闕。廞寫斂翼，抑車回轍。泉帳宵耿，松烟暮結。刻鏤龜礎，宣揚懿烈。

辨證：

〔一〕馬忠肅公亮墓誌銘　按，馬亮，隆平集卷一四、東都事略卷四五、宋史卷二九八有傳。

〔二〕晏殊　殊（九九一～一〇〇五年）字同叔，撫州臨川人。景德二年賜同進士出身，官至同平章事。謚元憲。隆平集卷五、東都事略卷五六、宋史卷三一一有傳，本書上集卷三載有歐陽脩晏元獻公殊舊學之碑。

〔三〕惟僕射扶風忠肅公諱亮　宋史馬亮傳稱「亮有智略，敏於政事，然其所至無廉稱。……亮卒，時夷簡在相位，有司謚曰忠肅，人不以爲是也。」按，呂夷簡乃馬亮壻。

〔四〕公之先本居彭城中徙廬江因而占籍　東都事略馬亮傳云「其先茂陵人也，自其祖韜徙居廬州，遂爲合淝人」。隆平集馬亮傳略同。

〔五〕神宗振策　按北宋前期，所謂「神宗」乃指稱太宗。如夏竦文莊集卷三五奉和御製國學太宗皇帝御書閣告成有「神宗濬哲通，三變善繼文」語。宋庠元憲集卷二七中書試戒風俗奢靡詔有云：「況曩者神宗親駕農祠，示稼穡之重；真廟深惜上幣，嚴銷塗之律；朕皆祗紹祖武，奉行前猷。」宋祁景文集卷一圜丘賦有云：「此烈祖所以哀神之對，神宗所以旅物之蠲，真考之所陟降，丕后之所周旋。」

---

① 我則違最　「違」，庫本作「爲」。

② 黃鍾旅月　「旅」，庫本作「旅」。

余靖武溪集卷一六賀祫享赦表有云：「伏以國家祚稟赤精，運興累聖。藝祖題期而立極，神宗奕葉以承休。」韓琦安陽集卷四一仁宗皇帝哀册文有云：「惟宋受命，與天無疆。藝祖以武，底寧四方。神宗以文，萬邦一王。真廟紹隆，赫然其光。逮夫仁宗，益熾而昌。」石介徂徠石先生文集卷一三上蔡副樞書有云：「如藝祖之武，如神宗之英，如真宗之仁，信乎明君也。」蘇舜欽蘇學士集卷一二杜公求退第五表有云：「伏望皇帝陛下察比迫切，俯賜開可，以玆重柄，别授奇才，必有魁卓之賢，可贊隆平之化，恢復藝祖神宗之業，追還咸平景德之風。」可證。

[六]公甫踰弱冠綽有神鋒一上中進士第　隆平集馬亮傳云其「太平興國五年登進士第」。

[七]同判毗陵郡至宿責皆復　長編卷四〇至道二年十月己未條云馬亮「始通判常州，吏民有因緣亡失官錢，籍其貲猶不足償，妻子連逮者至數百人，亮縱去，緩與之期。不踰月，盡輸所負。羅處約使江東，以亮治行聞，擢知濮州」。張鎡仕學規範卷一四涖官載稱馬亮以殿中丞通判常州。按，「同判」，即通判，避劉太后父諱通而改。

[八]遂充福建路轉運司提點刑獄　東都事略馬亮傳云「太宗初置提點刑獄官，亮領福建」；宋史馬亮傳云「會諸路轉運司置糾察刑獄官，以福建路命亮」。按，九朝編年備要卷四載淳化二年「夏五月，置諸路轉運司提點刑獄官」。淳熙三山志卷七提點刑獄司載「淳化二年，詔諸路轉運司以常參官一人糾察刑獄事。於是以司門員外郎董循等分充諸路轉運司提點刑獄。四年罷之，獨委轉運使。蓋始隸漕臺也。景德四年，乃命與轉運使分路提點」。

[九]促召提點三司　長編卷四〇至道二年十月己未條云：「其後蘇易簡薦其才任繁劇，自福州召還，同提點三司都勾院、磨勘憑由司。」

[一〇]未幾以聯職匪彝至識者許其先見　長編卷三七至道元年正月丁卯條載：「初，趙贊自京兆罷歸，纔數月，上復令贊專勾校三司簿領，會改創三司官屬，以贊爲西京作坊副使、度支都監。有鄭昌嗣者，亦起三司走吏，與贊親比，互相表裏，累遷至西上閤門副使、鹽鐵都監。二人既得聯職，由是益横恣，所爲皆不法。丁卯，詔削奪贊官爵，并一家配隸房州，昌嗣責授唐州團練副使。既行數日，並於所在賜死，中外莫不稱快。」按，碑文云云，即指此事。

[一一]邑有豪族至即時論決　宋史馬亮傳云饒州「州豪白氏多執吏短長，嘗殺人，以赦免，愈驚横，爲閭里患，亮發其奸，誅之，部

中畏懾」。

［一二］公奏於池陽分置鑪冶供億既羨課程增倍　長編卷四〇至道二年十月己未條載：「詔以池州新鑄錢監爲永豐監。先是，饒州有永平監，兵匠多而銅錫不給，知州馬亮請分其工之半，別置監於池州，詔從之。於是歲增鑄錢數十萬緡。」

［一三］公以聖緒重熙至用康居業　按長編卷四二至道三年九月壬午條載：「刑部員外郎馬亮上疏言：『陛下初政，軍賞宜速，而所在不時給，請遣使分往督視。又州縣逋負至多，赦書雖爲蠲除，而有司趣責如故，非所以布宣恩澤也。國朝故事，以親王判開封府，地尊勢重，疑隙易搆，非保親全愛之道。契丹仍歲内侵，河朔蕭然，請修好以息邊民。』凡四事。」

［一四］益部掜災　據隆平集、宋史馬亮傳，此乃指蜀地「王均反」。

［一五］矢石之際輸將不前編貿滯鹺力資餱饟　長編卷四七咸平三年九月甲午條載雷有終統軍攻入成都城，「登樓下瞰，賊猶以餘衆塞於天長觀前，密設架於文翁坊。高繼勳白轉運使馬亮，願得稭秆油粈，乃合衆執長戟巨斧，秉炬以進，悉焚之。楊懷忠又焚其天長觀前寨，追至大安門，復敗焉。前後殺賊三千餘人」。

［一六］逆黨既殲至所活千人　長編卷四八咸平四年正月己亥條云：「蜀自雷有終既平賊，誅殺不已，亮所全活踰千人。」按，隆平集、東都事略、宋史馬亮傳略同。

［一七］明年承詔至聖主從之　長編卷四八咸平四年正月己亥條云：「上召西川轉運使、兵部員外郎馬亮入朝，問以蜀事。……至京師，會械送爲賊所詿誤者八十九人，知樞密院事周瑩欲盡誅之。亮言：『愚民脅從者衆，此特百分一二爾，餘皆竄伏山林，若不貸此反側之人，聞風疑懼，一倡再起，是滅一均生一均也。』上悟，悉宥之。」按，「八十九人」，隆平集、東都事略馬亮傳稱「僅九十人」。

［一八］公則察其區處第其耗穰損減堙除皆有條教　長編卷四八咸平四年二月條云：時加馬亮直史館，「復遣還部。時諸州鹽井歲久泉涸，而官督所負課，繫捕者州數百人，亮盡釋之，而廢其井。又除屬部舊逋官物二百餘萬」。又厚德録卷三云：「馬少保爲西川轉運使時，施州鹽井歲久泉涸，而官督所負，州繫捕各數百人。亮盡釋繫者，而廢其井，凡除所逋二百餘萬。」按，東都事略、宋史馬亮傳略同。

［一九］命筆專断悉從矜貸　宋史馬亮傳云潭州「屬縣有亡命卒剽攻，爲鄉閭患，人共謀殺之。事覺，法當死者四人，亮咸貸之，曰：『爲民去害，而反坐以死罪，非法意也。』」

［二〇］擢授右諫議大夫知廣州　長編卷六七景德四年十月丁未條云：「以工部郎中、直史館馬亮爲右諫議大夫、知廣州。亮自昇州代還，表言『柏櫝在肥上』，求典廬、壽州以便營奉。及請對，但曰：『如國家必有驅策，豈敢以私自便？』屬初平宜賊，上問以桂、廣之政，亮曰：『高謹微、高紳皆循謹，非嶺守之才，宜審擇其人，如張詠、劉綜可也。』上曰：『詠有疾，不可遠適。綜在并門，寄任已重。』初，欲命楊覃知廣州，上察亮願行，乃謂宰相曰：『亮之幹敏，不下覃也。』故受之。亮由兵部員外郎攻官才數日，擢升諫垣，以重其命。」按，所謂「初平宜賊」，據長編卷六六景德四年七月壬申條載：「初，知宜州劉永規馭下嚴酷，課澄海卒伐木葺州廨，數不中程即杖之，至有率妻孥趣山林以采斫者。雖甚風雨，不停其役。六月乙卯，軍校陳進因衆怨，鼓譟殺永規及監押國均，擁判官盧成均爲帥，僭號南平王，據城反。」至九月，曹利用討平之。

［二一］蕃舶四倍而來　按，據宋史馬亮傳稱，時「至者倍其初」。

［二二］是歲昇中喬岱公命大食商酋陁婆離蒲含沙等共執方物貢于岳趾　長編卷六九大中祥符元年七月庚申條載：「廣州言大食國舶主陀婆黎願以方物赴泰山修貢，詔許之。」又卷七〇大中祥符元年十月丁未條載真宗「法駕入乾封縣奉高宮」焚香，「占城、大食諸蕃國使以方物迎獻道左。大食蕃客李麻勿獻玉圭長一尺二寸，自言五代祖得自西天屈長者，傳云『謹守此，俟中國聖君行封禪禮，即馳貢之』」。

［二三］但葺開元用寬勞費　宋朝事實卷七道釋載：「真宗建天慶觀。大中祥符二年十月，詔曰：『朕欽崇至道，誕受元符，庶敦清淨之風，永洽淳熙之化。式營仙館，以介民禧。宜令諸路州府軍縣，開擇官地建道觀，或改舊宮觀，名題而崇葺之，以奉三清玉皇，並以「天慶」爲額。』」按，東都事略卷四真宗本紀云詔天下置天慶觀在大中祥符二年十月甲午。又卷五二張士遜傳云張士遜爲廣東轉運使，「當是時，天下置天慶觀，士遜言今營造競起，遠近不勝其擾，請因諸舊觀爲之。詔如其請」。

［二四］命知荆南府　長編卷八一大中祥符六年十月丁亥條云：「知荆南朱巽言：『辰州瀘溪縣土丁都頭魏進武等率山猺侵擾城寨，已遣本州知州、監押部兵掩襲。』上曰：『守臣、兵官不宜並出，亟諭巽留一員在州。仍遣使齎詔諭進武等令還，溪洞如有所訴，委本州裁酌施行。若無故嘯聚，即便宜撫遏，條析以聞。』因命知洪州馬亮與巽對易其任。」

［二五］宮邸之遺燼也首納圭田　長編卷八四大中祥符八年四月壬申條載「榮王元儼宮火，自三鼓至翊日亭午乃止，延燒内藏、左

藏庫、朝元門、崇文院、秘閣」。又五月癸未條云：「中書門下、樞密院請罷給月俸，不許。又請罷賜端午時服，許之。」六月乙丑條載：「給事中、知荆南馬亮言：『竊見天下庶官職田過爲優厚，請三二年間權住支給，聊助經費。臣今歲所得米麥四百二十餘石，已牒本府納官訖。』詔奬之。」按，據下文「八年春，政成入覲」，則是時馬亮身在京城。

〔二六〕又桑門之衆十萬至勿許甄收　據長編卷一〇二，此乃天聖二年十二月丙寅馬亮權判尚書都省時所奏：「權判都省馬亮言：『天下僧以數十萬計，間或爲盜，民頗苦之。請除歲合度人外，非時更不度人，仍自今毋得收曾犯真刑及文身者係帳。』詔可。」

〔二七〕請飭攸司必正其罪　據長編卷一〇五天聖五年七月壬寅條，此乃馬亮知亳州時所奏，云：「詔自今大禮前已降約束，而犯劫盜及官典受贓，並論如律，仍毋得禁奏聽裁。先是，知亳州馬亮言：『按律，知有恩赦而故犯者，不得以赦原。朝廷每於赦前下約束，蓋欲申警貪盜之人，令犯者禁奏聽裁。及案下大理寺，而法官復不詳律意，乃言終是會赦，因而多所寬貸，頗爲惠姦。』故降是詔。」

〔二八〕丞相東平呂公孺箴仕之初詞藻宏茂公識其遠至眷以嘉姻　宋史馬亮傳云：「呂夷簡少時，從其父蒙亨爲縣福州，亮見而奇之，妻以女。妻劉恚曰：『嫁女當與縣令兒邪？』亮曰：『非爾所知也。』」然東軒筆録卷三所云稍異：「馬尚書亮以尚書員外郎、直史館使淮南，時呂許公夷簡尚爲布衣，方侍其父罷江外縣令，亦至淮甸，上書求見。馬公一閱，知其必貴，遂以女妻之，後許公果爲宰相。」

〔二九〕先彭城之封乃褒優之異等也　按宋會要輯稿儀制一〇之二四載：天聖七年十月「二十六日，詔封太子少保致仕馬亮亡妻劉氏爲彭城郡夫人，從其婿宰臣呂夷簡之請也。劉氏早卒，亮雖歷尚書，以妻亡，不當封贈，夷簡援張士遜任樞密副使乞封妻母例以爲言，故有是命」。

〔三〇〕次適太平州軍事判官戴宏太常博士永之子　長編卷八五大中祥符八年八月丙戌條載：「以進士戴國祥試將作監主簿。時知昇州馬亮言：『往歲有同年及第戴永赴官嶺表，謂臣曰：「苟不生還，以遺孤爲託。」未幾永卒，訪得其子才數歲，收育於家。既長，則妻以幼女。願賜釋褐，振其墜緒。』上嘉亮之信義，故有是命。」按，戴宏、戴國祥不同，疑嘗改名。

〔三一〕舊相許文穆公之子　按，許文穆公指呂蒙正，太宗時宰相，封許國公，謚文穆。

〔三二〕赴潮溝日　據景定建康志卷十九溝瀆載，「潮溝，吴大帝所開，以引江潮，接青溪，抵秦淮，西通運瀆，北連後湖」。按，此代指江寧府。

名臣碑傳琬琰集中卷二

田諫議錫墓誌銘[一]　文正公范仲淹

公諱錫，字表聖，世爲京兆人。唐德之衰，徙家于蜀①。昔武王封舜之後於陳，春秋時公子完如齊，子孫遂大，食采於田而命氏焉②。厥後將有穰苴，相有千秋，斯可謂之著矣。大王父易直，王父成③，皆隱君子也，文而不耀。父懿，因公之貴，累贈尚書左司郎中。善教于家，嘗命公曰：「汝讀聖人之書而學其道，慎無速爲，期二十年可以從政矣。」公服其訓，拳拳然博通群書。東遊長安，從昌黎韓丕復居驪山白鹿觀數年，器志大成。拔王府薦，有聲于京師。

太宗皇帝新策天下進士，擢公第二人，時太平興國三年秋也。釋褐除將作監丞、通判宣城郡。召還，改著作

① 徙家于蜀　按，東都事略、宋史田錫傳云其嘉州洪雅人。
② 食采於田而命氏焉　「采」原作「菜」，據庫本及范文正公文集卷一三贈兵部尚書田公墓誌銘改。
③ 王父成　「成」，田錫咸平集卷三〇先君贈工部郎中墓碣作「誠」。

佐郎。俄拜右拾遺①、直史館[二]，賜五品服。出爲河北轉運使[三]，改知相州，就除左補闕②。移桐廬郡③，遷起居舍人。還判登聞鼓院，尋以本官知制誥[四]，進兵部員外郎充職。以直言改户部郎中，出守淮陽④。以留獄之謗，左降海州團練副使[五]。起爲工部員外郎、直集賢院，復户部郎中。真宗皇帝即位，遷吏部郎中，判審官院，兼通進銀臺封駁司，賜金紫。求出，典海陵郡[六]。還臺[七]，兼御史知雜[八]，拜右諫議大夫、史館修撰[九]。以咸平六年十二月十一日終于私第，享年六十四。

公自白衣已有意於風化，上書闕下，請復鄉飲禮，又請修籍田禮。及在朝廷，知無不言。太宗初，既取太原，范陽未下，帝怒，不賞平晉之功，中外嚣然，而莫敢言者。獨上書論諫⑤[一〇]，理意深切。帝感悟，璽書褒答，賜内帑錢五十萬。僚友謂公曰：「今日之事鮮矣，宜少晦以遠讒忌。」公曰：「事君之誠，惟恐不竭，矧天植其性，豈一賞之奪耶？」在河朔暨相州，累章論邊事。至桐廬郡，以吴越之邦歸朝廷未久，人阻禮教，藐如也。公下車，建孔子廟，教之詩書，天子賜九經以佑之。自是睦人舉孝秀、登搢紳者比比焉。在郡，聞禁中火，拜章極言[一一]，上嘉之。及還，眷遇愈隆。會乾明節，館閣多進詩歌，帝獨喜公之辭，乃依韻和賜，令宰相宣付公。又上封禪書，謂「五代之亂，人如豺虎，不圖復見太平，宜崇檢玉之禮，以答天意」。公在西掖，會京畿大旱，禱祠無應⑥，遂抗言

① 俄拜右拾遺　「右拾遺」，東都事略、宋史田錫傳作「左拾遺」。

② 就除左補闕　「左補闕」，長編卷二三太平興國七年十二月辛酉條、卷二四太平興國八年十二月條、卷二五雍熙元年八月癸巳條及宋史田錫傳、淳熙嚴州圖經卷一賢牧皆作「右補闕」。

③ 移桐廬郡　按，即知睦州。

④ 出守淮陽　按，即知陳州。

⑤ 獨上書論諫　「獨」下，范文正公文集卷一三贈兵部尚書田公墓誌銘有「公」字。

⑥ 禱祠無應　「祠」，庫本作「祀」。

切於時政，故有宛丘之行[一二]。

咸平初，出使秦隴回，上三章言陝西數十州苦于靈夏之役①，朝廷爲之戚然。出海陵之初，以星文示變，拜疏請降詔責躬，上奉天誡。真宗皇帝嘉其意，屢召對便殿。及行，降中使撫安，仍加寵賚。爰有翰林學士承旨宋公白舉公賢良方正，以副天下之望。一日，召對久之，且曰：「陛下以皇王之道爲心，臣請采經史中切於治體者，上資聖覽。」帝深然之。乃具草以進。手詔答曰：「卿能演皇王清净之風，述理亂興亡之本，備觀鑑戒，朕心渙然。」所撰三十篇[一三]，皆隱其目。

公奉事兩朝，由補遺歷御史，至諫議大夫，前後章疏凡五十有二[一四]。嘗謂諸子曰：「吾每言國家事，天子聽納，則人臣之幸；不然，禍且至矣，亦吾之分也。」及終，有遺表，陳邦國安不忘危之意[一五]，其家弗預焉。天子怛然，命中使賻之，有制痛悼，贈工部侍郎。二子改大理評事，持喪中並給月俸。哀榮之禮，其謂至矣[一六]。後以二子登朝，累贈兵部尚書。寶元二年某月某日，與夫人合葬于泗州臨淮縣某鄉之某原，禮也。

公娶楊氏，再娶奚氏，封江陵縣君，能循法度，以配君子。二子：長曰慶遠②，今爲駕部員外郎；次曰慶餘，今爲比部郎中。並克奉堂構，有能政于四方。女三人：長適王氏，次適龐氏，季適張氏，皆以婦道稱。

公動必以禮，言必有法，賢不肖咸憚伏之。出處二十年，未嘗趍權貴之門。在貶廢中，樂得其正，晏如也。著文章成五十卷，目之曰咸平集[一七]，行於世。

① 咸平初出使秦隴回上三章言陝西數十州苦于靈夏之役　按，據長編卷四一、卷四二，田錫「上三章」言事在至道三年七月丙寅、丁卯及十一月己巳，故此云「咸平初」者不確。

② 長曰慶遠　「慶遠」原作「慶述」，據范文正公文集卷一三贈兵部尚書田公墓誌銘及長編卷五五咸平六年十一月辛未條改。按，宋會要輯稿職官五七之二六有「田慶遠……諫議大夫田錫之子」。

論者曰：在大禹時，皋陶矢厥謨；在湯、武時，伊尹、周公爲之訓誥。故教化紀綱，莫盛於三代，而子孫有天下皆數百年。秦滅詩書，其風不紹。至西漢得賈誼、董仲舒，其言可以追先王之烈而弗克施。使後世王者無復起三代之心，由漢始也。聖宋定天下，太宗鋭意太平。真宗之初，復親擢俊乂，如田公之徒並見獎用。惜乎不終其才，豈皇天之意特厚於古歟？某幼聞高風，未嘗游於其門。今駕部先君之履業，索文於江外。某敢約而修之，又采舊老之言，而作銘云：

嗚呼田公！天下之正人也。言甚危，命甚奇，盡心而弗疑，終身而無違。嗚呼賢哉！吾不得而見之。

辨證：

[一]田諫議錫墓誌銘　本墓誌又載於范仲淹范文正公文集卷一三，題曰「贈兵部尚書田公墓誌銘」。按，田錫，隆平集卷一三、東都事略卷三九、宋史卷二九三有傳，又本卷載有司馬光田諫議碑陰。

[二]俄拜右拾遺直史館　長編卷二二太平興國六年九月壬寅條云：「先是，中書請以著作郎洪雅田錫爲京西北路轉運判官，錫不樂外職，拜表乞居諫署，且獻升平詩二十章，上悦之。翌日，改授右拾遺、直史館。」

[三]出爲河北轉運使　長編卷二二太平興國六年九月壬寅條云：「時盧多遜專大政，有司受群臣章奏，不先稟多遜則不敢通。錫初從幸大名，欲獻平戎歌，多遜許之，始得進御。又嘗詣閤門獻書，請皇帝東封，其書不實封，且言已白多遜，閤門吏乃受其書，又令錫依常式署狀云：『不敢妄陳利便，希望恩榮。』錫自念有言責，欲關說于上，猶如此委曲，事體非便，乃貽書多遜，乞自今諫官上章勿令閤門署具狀，多遜不悦。壬寅，以錫爲河北南路轉運副使。」按，「河北南路轉運副使」，長編紀事本末卷一〇獎用賢臣田錫同。宋太宗皇帝實録卷八〇同本碑文作「河北轉運使」，東都事略、宋史田錫傳作「河北轉運副使」，皆不確。據宋會要輯稿食貨四九之二：「河北路，太平興國初，分河北南路。雍熙中，又分爲東、西路，後併焉。熙寧六年復分」。

[四]尋以本官知制誥　長編卷二八雍熙四年九月丙子條云：「起居舍人田錫獻乾明節祝壽詩，上覽之，謂宰相曰：『錫有文行，敢

言事，甚可賞也。因和以賜之。』丙子，錫又上書請東封泰山。丁丑，命錫守本官知制誥。錫好直言，上或時不能堪，錫從容奏曰：『陛下日往月來，養成聖性。』上悦，益重焉。」

［五］以留獄之謗左降海州團練副使　按容齋隨筆四筆卷一四祖宗親小事云：「陳州民張矩殺里中王裕家兩人，知州田錫未嘗慮問，又詣闕訴冤。遣二朝士鞫之，皆云『非矩所殺』。裕家冤甚，其子福應募爲軍，因得見，曰：『臣非欲隸軍，蓋家冤求訴耳。』太宗怒，付御史府治之，置矩於法，二朝士皆坐貶，錫洎通判郭渭謫爲海、郢州團練副使。」

［六］求出典海陵郡　宋史田錫傳云其「與魏廷式聯職，以議論不協求罷，出知泰州」。又長編卷四二咸平元年二月乙未條云「先是，吏部郎中、直集賢院田錫出知泰州，未之任，會星變，錫上疏」云云。「疏奏，即日召對移晷。將行，又貢封事，復召對，謂曰：『卿第去，不半歲召卿歸矣。事有當面論者，聽乘傳赴闕。』再遣中使賜與之甚厚」。

［七］還臺　長編卷四九咸平四年六月戊辰條云：「初，田錫知泰州，幾三年不得代，錫乃上章自陳，即詔歸闕。」

［八］兼御史知雜　長編卷五一咸平五年四月癸酉條云：「命田錫以本官兼侍御史知雜事，仍遣中使諭旨曰：『卿每上章疏，所司不敢滯留，朕皆一一親覽。知雜之任，朝廷甚難其人，故以命卿，仍不妨徐徐撰述。或有見，即具奏聞。』」

［九］拜右諫議大夫史館修撰　長編卷五四咸平五年五月乙未條載以吏部郎中兼侍御史知雜事田錫爲左諫議大夫，「仍遣中使諭錫曰：『第安心著述，必無差出。欲升殿者，聽先奏。』尋又命錫兼史館修撰」。

［一〇］帝怒不賞平晉之功至獨上書論諫　長編卷二〇太平興國四年十月乙亥條載「齊王廷美進封秦王，宰相薛居正加司空，沈倫加左僕射，盧多遜兼兵部尚書，樞密使曹彬兼侍中，文武官預平太原者皆遷秩有差，初行賞功之典也」。注曰：「此據實録，而田錫於六年九月上章，猶云平晉之功未賞，不知何也？」按，其所上書即上太宗論軍國要機朝廷大體，載咸平集卷一。

［一一］聞禁中火拜章極言　宋史田錫傳稱時「文明殿災」。按，田錫上太宗應詔論火災，載咸平集卷一。

［一二］公在西掖至故有宛丘之行　東都事略田錫傳云：「端拱二年，歲旱，錫上疏曰：『今歲旱暵之沴，此實陰陽失和，調燮倒置，上侵下之職而文理未盡，下知上之失而規過未能，所以成此咎徵也。伏望陛下引咎責躬，以答天戒，進德覃慶，以安民心。蠲免征徭，搜察淹滯，振廩通貨，以救餓殍。加估收儲，以備闕乏，弭災求理，正在此時。若旱沴不已，臣恐盜聚緑林，狄乘鏕塞，則朝廷之憂非淺也。』

錫疏有『調變倒置』之語，爲宰相不悦，罷知陳州。」又長編卷三〇端拱二年八月癸亥條云：「先是，上遣使取杭州釋迦佛舍利塔置闕下，度開寶寺西北隅地造浮圖十一級以藏之，上下三百六十尺，所費億萬計，前後踰八年，癸亥工畢，巨麗精巧，近代所無。知制誥田錫嘗上疏諫，其言有切直者，則曰『衆以爲金碧熒煌，臣以爲塗膏釁血』。上亦不怒。」九月戊子條又載田錫上疏，「疏奏，上不悦，宰相亦怒錫有『燮調倒置』等語，尋罷知制誥，以户部郎中出知陳州」。

〔一三〕所撰三十篇　宋史田錫傳云：「錫嘗奏曰：『陛下即位以來，治天下何道？臣願以皇王之道治之。舊有御覽，但記分門事類。臣請鈔略四部，别爲御覽三百六十卷，萬幾之暇，日覽一卷，經歲而畢。又采經史要切之言，爲御屏風十卷，置扆座之側，則治亂興亡之鑒，常在目矣。』真宗善其言，詔史館以群書借之，每成書數卷，即先進内。錫乃先上御覽三十卷、御屏風五卷。」

〔一四〕前後章疏凡五十有二　長編卷五五咸平六年十一月辛未條云：「錫耿介寡合，嚴恭好禮，居公廷必危坐終日，未嘗懈容。慕魏徵、李絳之爲人，及居諫署，連上八疏，皆直言時政得失。嘗曰：『吾立朝以來，封疏五十二奏，皆諫臣任職之常也。言苟獲從，吾幸大矣。豈可藏副示後，謗時賣直耶？』悉取焚之。」

〔一五〕有遺表陳邦國安不忘危之意　長編卷五五咸平六年十一月辛未條云田錫「臨終日，作遺表，猶勸上以慈儉守位，以清静化人，居安思危，居理思亂。上覽之惻然，謂宰相李沆曰：『田錫直臣也，天何奪之速乎！嬰疾以來，朕日遣太醫診療，卒不能起。盡心匪懈，始終如一，若此諫官，誠不易得。朝廷小有闕失，方在思慮，錫之章奏已至矣。不顧其身，惟國家是憂，孰肯如此？朕每覽其章，必特召與語，以奬激之。錫嘗慮奏疏不得速達，遂令每季具所上事目及月日以聞。而所修二書竟弗克就，深可憫也。』」又，國老談苑卷一云：「田錫爲諫議大夫，疾亟，進遺表。真宗宣御醫齎上藥馳往，已無及矣。俄召宰相對，袖其表而示之，且曰：『朕自臨大寶，閲是表多矣，非祈澤宗族，則希恩子孫，未有如錫生死以國家爲慮，而儆戒於朕。』興歎久之，命優其贈典。」

〔一六〕哀榮之禮其謂至矣　宋朝事實類苑卷一七田諫議二引范蜀公蒙求云田錫卒，真宗「特贈工部侍郎，以其子將作監主簿慶遠、慶餘並爲大理評事，給俸終喪，仍布告天下，以示激勸。故事，諫議大夫卒，無贈典」。

〔一七〕著文章成五十卷目之曰咸平集　陳録卷一七著録田錫咸平集五十一卷。宋史卷二〇八藝文志七著録田錫集五十卷，又别集三卷、奏議二卷。

碑陰[一]　文正公司馬光

某自始學未冠①，聞故諫議大夫田公，當真宗踐祚之初，求治方急，公稽古以監今，日有獻，月有納，以贊成咸平盛隆之治，私心慕仰，想見其爲人。熙寧中，始識公之曾孫偃師尉衎，因就求觀公之遺文。後十餘年，衎爲武勝軍節度推官、知沈丘縣事，以公文集及墓銘相示，且命某爲神道碑。其墓銘乃故參知政事范公所爲也。范公大賢，其言固無所苟，今其銘曰：「嗚呼田公！天下之正人也。」雖復使他人竭其慕仰之心，頌公之美，累千萬言，能有過於此乎？某於范公，無能爲役。范公恨不得見田公，則田公果何如人哉！某不惟愚陋不學，且不爲人作碑銘已久[二]，不敢承命。然常怪世人論譔其祖禰之德業，壙中之銘，道旁之碑，必使二人爲之②。彼其德業一也，銘與碑奚以異？曷若刻大賢之言，既納諸壙，又植於道，其爲取信於永久，豈不無疑乎？願審思之，脱或可從，請附刻於碑陰之末。

辨證：

[一] 碑陰　本碑文又載於司馬光集卷七九，題曰「書田諫議碑陰」。

[二] 且不爲人作碑銘已久　司馬光集卷六一答孫長官察書有云：「光嚮日亦不自揆，妄爲人作碑銘，既而自咎曰：『凡刊琢

---

① 某自始學未冠　「某」，司馬光集卷七九書田諫議碑陰作「光」。按，下文同。

② 必使二人爲之　「之」字原闕，據庫本及司馬光集卷七九書田諫議碑陰補。

金石，自非聲名足以服天下，文章足以傳後世，雖强顔爲之，後人必隨而棄之，烏能流永久乎？彼孝子孝孫，欲論譔其祖考之美，垂之無窮，而愚陋如光者亦敢膺受以爲己任，是羞污人之祖考，而没其德善功烈也，罪孰大焉。』遂止不爲。自是至今六七年，所辭拒者且數十家，如張龍圖文裕、張侍郎子思、錢舍人君倚、樂卿損之、宋監子才，或師或友，或僚寀或故舊，不可悉數，京洛之間盡知之。」

滕待制宗諒墓誌銘[一]　文正公范仲淹

君諱宗諒①，字子京。大中祥符八年春，與予同登進士第②，始從之游，然未篤知其爲人。及君歷濰、連、泰三州從事，在泰日，予爲鹽官於郡下，見君職事外，孜孜聚書作文章，愛賓客。又與予同護海堰之役[二]，遇大風至，即夕潮上，兵民驚逸，皆蒼惶不能止③，君獨神色不變，緩談其利害，衆意乃定④。予始知君必非常之才，而心愛焉。君去海陵，得召試學士院[三]，改大理寺丞，知太平州當塗縣，移知邵武軍邵武縣，遷殿中丞。

還臺，會禁中災，下御史府窮究，君與秘書丞劉越並上疏論灾異，明非人之所能爲，朝廷貸其獄。時明肅太后晚年未還政間，君又與越嘗有鯁議[四]。暨明肅厭代，朝廷擢當時敢言者，越既卒，贈右司諫，君拜左正言，遷

① 君諱宗諒　「君」，青陽縣志卷一二宋滕子京墓誌銘作「公」。按，下文同。
② 與予同登進士第　「予」原作「子」，據文海本、庫本及范文正公文集卷一五天章閣待制滕君墓誌銘、青陽縣志卷一二宋滕子京墓誌銘改。
③ 皆蒼惶不能止　「皆」上，范文正公文集卷一五天章閣待制滕君墓誌銘、青陽縣志卷一二宋滕子京墓誌銘有「吏」字。
④ 衆意乃定　光緒青陽縣志卷一二宋滕子京墓誌銘作「衆乃息定」。

左司諫。俄以言得罪，换祠部員外郎、知信州[五]。又監鄱陽郡推酤①[六]，就九華山以葬先君。既而起通判江寧府，丁太夫人憂。服除，知湖州，賜五品服。

西戎犯塞，邊牧難其人，朝廷進君刑部員外郎、直集賢院、知涇州，就賜金紫。及葛懷敏敗績于定川，寇兵大入，諸郡震駭②。君以城中乏兵，呼農民數千，皆戎服登城，州人始安。又以金繒募敢捷之士③，晝夜探伺，知寇遠近及其形勢。君手操簡檄，關白諸郡，日二三次，諸郡莫不感服。予時爲環慶路經略部署，聞懷敏之敗，引藩漢兵爲三道以助涇原之虚。時定川事後，沴翳僅十日，士皆沮怯④。君咸用牛酒迎勞，霈然霑足，士衆莫不增氣。又涇州士兵多没于定川，君悉籍其姓名，列于佛寺，哭而祭之，復撫其妻孥，各從其欲，無一失所者。予自此數事，乃知君果非常之才，始請君自代[七]。朝廷命韓公琦與予充陜西四路馬步軍都部署、經略安撫招討使，復命君守本官，充天章閣待制、環慶路經略安撫招討使，兼知慶州[八]。君奏言：「今既置四路經略安撫招討使，而諸路經略亦帶『招討』之號，稱呼無别，非統制所宜，請去『招討』二字。」朝廷以其知體，詔從之[九]。君去涇之日，其戰卒妻孥數百口，環其亭館而號送之，觀者爲流涕。

君至慶，處置戎事，甚得機要，邊人咸稱之。會御史梁堅奏劾君用度不節，至本路費庫錢十六萬緡。及遣中

---

① 又監鄱陽郡推酤　「推」原作「摧」，據文海本、庫本及范文正公文集卷一五天章閣待制滕君墓誌銘改。「酤」下，光緒青陽縣志卷一二宋滕子京墓誌銘有「請改池州郡榷酤」七字。「監鄱陽郡推酤」，宋史滕宗諒傳作「降監池州酒」。按，池州郡名池陽，鄱陽爲饒州郡名。故推知誌文此處似有脱文，「池州郡」亦當爲「池陽郡」之譌。

② 諸郡震駭　「震」，光緒青陽縣志卷一二宋滕子京墓誌銘作「驚」。

③ 又以金繒募敢捷之士　「捷」，庫本作「死」，光緒青陽縣志卷一二宋滕子京墓誌銘作「健」。

④ 士皆沮怯　「士」，光緒青陽縣志卷一二宋滕子京墓誌銘作「衆」。

使檢察，乃君受署之始，諸部屬羌之長千餘人皆來謁見，悉遣勞之，其費僅三千緡[一〇]，蓋故事也。堅以諸軍月給并而言之，誣其數爾。予時待罪政府，嘗力辯之。堅既死，臺諫官執堅之説，猶以爲言。朝廷不得已，坐君前守回中日，饋遺往來踰制，降一官，仍充天章閣待制、知虢州[一一]，又徙知岳州[一二]。

君知命樂職，庶務畢葺[一三]。遷知蘇州，未踰月，人歌其能政。俄感疾，以某年月日薨于郡之黄堂①，享年五十七。天子加賜賻禮，進一子官。

嗚呼！予實知君之才②，而嘗薦之於朝。及聞其終，泣而誄之，惜其才有餘而命不足，不得盡其術于生民。諸子奉君之喪，以某年月日葬于池州青陽縣九華山金龜原③[一四]，而乞銘於予，忍復讓哉④？

君河南人。曾祖裔，贈將作少監。祖嶼，不仕。父感，雅州軍事推官，累贈尚書屯田郎中⑤。母刁氏，渤海縣太君，追封仙游縣太君⑥。君娶李氏，封同安縣君⑦。子四人：希仲，以方略進，前渭州軍事推官；希魯，登進士第；希德，舉進士；希雅，尚幼，並守將作監主簿⑧。女二人：長適池州軍事推官王栩，次適進士劉

---

① 以某年月日薨于郡之黄堂　按，姑蘇志卷三載「滕宗諒，慶曆六年八月庚午自知岳州徙蘇，七年正月到任，未逾月卒」。

② 予實知君之才　光緒青陽縣志卷一二宋滕子京墓誌銘無「之才」二字。

③ 以某年月日葬于池州青陽縣九華山金龜原　光緒青陽縣志卷一二宋滕子京墓誌銘作「以某年月日葬於青陽邑東十里之金龜原」。

④ 忍復讓哉　光緒青陽縣志卷一二宋滕子京墓誌銘作「余復何遜哉」。

⑤ 雅州軍事推官累贈尚書屯田郎中　光緒青陽縣志卷一二宋滕子京墓誌銘作「贈刑部侍郎」。

⑥ 渤海縣太君追封仙游縣太君　光緒青陽縣志卷一二宋滕子京墓誌銘作「封渤海郡太君」。

⑦ 封同安縣君　「君」下，光緒青陽縣志卷一二宋滕子京墓誌銘有「累贈榮國夫人」六字。

⑧ 希魯登進士第希德舉進士希雅尚幼並守將作監主簿　光緒青陽縣志卷一二宋滕子京墓誌銘作「希魯，進士及第，太常博士、通判衢州；希仁，朝請大夫、知永州軍，並亡；希靖，朝散大夫、通判定州」。按宋沈遼雲巢編卷七三遊山記其二載「潤之姓滕名希仁」，長編卷四三六元祐四年十二月壬子條載「齊州通判、朝請郎滕希靖」。按，所載互異。又宋時無「永州軍」，疑此處有脱誤。

君軻①。

君少孤，性至孝，居母喪②，以哀毁屢病，廬墓側踰年，手植松栢數萬株。生平好學，爲文長於奏議，尤工古律詩③。積書數千卷，以遺子孫。中外宗族，無不盡其懽心，其育人之孤、急人之難多矣。君政尚寬易，孜孜風化。在玉山、雩上、回中、岳陽四郡，並建學校[一五]。紫微王舍人琪、翰林張諫議方平、太常尹博士源、弟起居舍人洙次爲之記。重修岳陽樓，刻唐賢、今人歌詩于其上，予又爲之記[一六]。君樂於善，士大夫亦樂於善，而願書之也，可不謂之君子乎④！銘曰：

嗟嗟子京，天植其才。精爽高出，誠意一開。抗職諫曹，辯論弗摧。主略邊方，智謀横來。嗟嗟子京，爲臣不易。名以召毁，才以速累。江海不還，鬼神何意？君昔有言，愛彼九華。書契以降，干戈弗加。樹之松楸，蔽于雲霞。君今已矣，復藏于此。魂其依歟，神其樂只。壽夭窮通，一歸乎至理。

辨證：

① 次適進士劉君軻　「劉君軻」，光緒青陽縣志卷一二宋滕子京墓誌銘作「劉仲甫」。此句下，光緒青陽縣志卷一二宋滕子京墓誌銘有「孫伯英，連州楊山縣主簿；伯雄，司理參軍；伯彦、伯特，並舉進士業；伯武，冀州冀都縣令；伯文，江寧府司理參軍；伯振，江州湖口縣尉」五十字。

② 居母喪　光緒青陽縣志卷一二宋滕子京墓誌銘無「母」字。

③ 生平好學爲文長於奏議尤工古律詩　光緒青陽縣志卷一二宋滕子京墓誌銘作「平生好學古文，又長於議奏，尤工律詩，有文集二十卷藏於家」。

④ 重修岳陽樓至可不謂之君子乎　光緒青陽縣志卷一二宋滕子京墓誌銘作「嗚呼！公以孝事其親，以學植其身，以義方成其子孫，以忠厚正直效命於朝廷，可謂賢也已」。又「修」、「君樂於善，士大夫亦樂於善」，范文正公文集卷一五天章閣待制滕君墓誌銘作「興」、「君樂於爲善，士大夫亦樂其善」。

〔一〕滕待制宗諒墓誌銘　本墓誌又載於范仲淹范文正公文集卷一五，題曰「天章閣待制滕君墓誌銘」；光緒青陽縣志卷一二亦載録之，題曰宋滕子京墓誌銘。按，滕宗諒，宋史卷三〇三有傳。

〔二〕又與予同護海堰之役　長編卷一〇四天聖四年八月丁亥條載：「詔修泰州捍海堰。先是，堰久廢不治，歲患海濤冒民田，監西溪鹽稅范仲淹言於發運副使張綸，請修復之。綸奏以仲淹知興化縣，總其役。……役既興，會大雨雪，驚濤洶洶且至，役夫散走，旋濘而死者百餘人。衆讙言堰不可復，詔遣中使按視，將罷之。又詔淮南轉運使胡令儀同仲淹度其可否。令儀力主仲淹議，而仲淹尋以憂去，猶爲書抵綸言復堰之利。綸表三請，願身自總役，乃命綸兼權知泰州。築堰自小海寨東南至耿莊，凡一百八十里。」

〔三〕君去海陵得召試學士院　宋史滕宗諒傳云「其後仲淹稱其才，乃以泰州軍事推官召試學士院」。

〔四〕會禁中災至君又與越嘗有鯁議　長編卷一一一明道元年八月壬戌條稱：「是夜，大内火，延燔崇德、長春、滋福、會慶、崇徽、天和、承明、延慶八殿。上與皇太后避火於苑中。」又丁卯條云：「時宦者置獄治火事，得縫人火斗，已誣伏，下開封府使具獄。權知府事程琳辨其不然，乃命工圖火所經處，且言：『後宫人多所居隘，其鍋竈近板壁，歲久燥而焚，此殆天災，不可以罪人。』監察御史蔣堂亦言：『火起無迹，安知非天意？陛下宜修德應變。今乃欲歸咎宫人，且宫人付獄，何求不可，而遂賜之死，是重天譴也。』帝爲寬其獄，卒無坐死者。是月，殿中丞滕宗諒、祕書丞劉越準詔上封事。」云云。滕宗諒「又言：『國家以火德王天下，火失其性，由政失其本。』因請太后還政。而越請太后還政，言尤鯁直，皆不報」。

〔五〕俄以言得罪换祠部員外郎知信州　長編卷一一五景祐元年八月乙酉條云：殿中侍御史龐籍「與左司諫滕宗諒並坐言宫禁事不實，改祠部員外郎，出籍爲廣東轉運使，宗諒知信州。宗諒嘗以上體多疾，奏疏諫内寵，其略曰：『陛下日居深宫，流連荒宴，臨朝則多羸形倦色，決事如不掛聖懷。』語太切直，故出」。注曰：「宗諒疏據記聞。」按涑水記聞卷三云：「景祐初，内寵頗盛，上體多疾。司諫滕宗諒上疏曰：『陛下日居深宫，留連荒宴，臨朝則多羸形倦色，決事如不挂聖懷。』坐是出知信州。」宋史滕宗諒傳云「宗諒後遷左司諫，坐言宫禁事不實，降尚書祠部員外郎、知信州」。

〔六〕又監鄱陽郡推酤　宋史滕宗諒傳云其「與范諷相雅善，及諷貶，宗諒降監池州酒」。按長編卷一一六景祐二年二月丁卯條載龍圖閣學士、給事中、知兗州范諷責授武昌行軍司馬，不簽書事；新廣東轉運使、祠部員外郎龐籍降授太常博士、知臨江軍；祠部員外郎、知信州滕宗諒監饒州税等,「仍下詔以諷罪申飭内外。先是,籍爲御史,數劾諷,宰相李迪佑諷弗治,反左遷籍。籍既罷,益追劾諷不置,且言:『諷放縱不拘禮法,苟釋不治,則敗亂風俗,將如西晉之季,不可不察。』會諷亦請辨,乃詔即南京置獄,遣淮南轉運使黄總、提點河北刑獄張嵩訊之。籍坐所劾諷有不如奏法,當免;諷當以贖論。諷不待論報,擅還兖州。吕夷簡疾諷詭激多妄言,且欲因諷以傾迪,故持寬籍而重貶諷,凡與諷善者皆絀削。」

[七]予自此數事乃知君果非常之才始請君自代　長編卷一三八慶曆二年十一月辛巳條云:「會仲淹引環慶兵來援,時天陰晦者十日,人情憂沮。宗諒乃大設牛酒,迎犒士卒,又籍定川戰没者哭於佛祠,祭酹之,因厚撫其孥,使各得所欲。於是士卒感發增氣,邊民稍安。故仲淹薦以自代。」

[八]充天章閣待制環慶路經略安撫招討使兼知慶州　長編卷一三八慶曆二年十一月辛巳條載徙知渭州、龍圖閣直學士、吏部員外郎文彦博爲秦鳳路都部署、經略安撫招討使、兼知秦州,刑部員外郎、直集賢院、知涇州滕宗諒爲天章閣待制、環慶都部署、經略安撫招討使、兼知慶州,云:「先是,帝以涇原傷夷,欲令范仲淹與文彦博對易,遣内侍王懷德喻旨,仲淹謝曰:『涇原地重,臣恐不足以獨當,願與韓琦同經略涇原,並駐涇州,琦兼秦鳳,臣兼環慶。一則中外稍安,事不亟易;二則涇原有警,臣與韓琦可合秦鳳、環慶之兵,犄角而進,若秦鳳、環慶有警,亦可率涇原之師以相應援;三則通修環州、鎮戎諸寨,藉此兩路事力,必能速有成功;四則臣與韓琦日夜計議,選練兵將,漸復横山,以斷賊臂,不數年間,可期平定。願詔龐籍兼領環慶,以成首尾之勢。秦州委文彦博,慶州用滕宗諒總之,孫沔亦可辦集。渭州,一武臣足矣。』於是復置陝西四路都部署、經略安撫兼緣邊招討使,命韓琦、范仲淹、龐籍分領之。仲淹與琦開府涇州,而徙彦博帥秦,宗諒帥慶,皆從仲淹之請也。」

[九]朝廷以其知體詔從之　長編卷一三八慶曆二年十二月壬戌條載:「詔韓琦、范仲淹、龐籍已帶四路招討使,其諸路招討使副並罷,從知慶州滕宗諒之言也。宗諒言自定川喪師,朝廷命韓琦等都統四路,則逐路帥臣當稟節制,其官號不可同稱也。」

[一〇]諸部屬羌之長千餘人皆來謁見悉遺勞之其費僅三千緡　長編卷一四六慶曆四年二月己酉條云:「始,梁堅劾宗諒枉費公用十六萬緡。及遣中使檢視,乃宗諒始至涇州日,以故事犒賚諸部屬羌;又間以饋遺遊士故人。宗諒恐連逮者衆,因悉焚其籍,以滅姓名。然所費才三千緡,堅并諸軍月給言之,故云十六萬。」

〔一一〕仍充天章閣待制知虢州　長編卷一四三慶曆三年九月丁亥條云：「徙知慶州滕宗諒權知鳳翔府。時鄭戩發宗諒前在涇州枉費公用錢十六萬緡，而監察御史梁堅亦劾奏之。詔太常博士燕度往邠州鞫其事，宗諒坐是徙。」又卷一四六慶曆四年正月辛未條載降刑部員外郎、天章閣待制、權知鳳翔府滕宗諒爲祠部員外郎、知虢州，「職如故」。按，澠水燕談録卷二云：「慶曆中，滕子京守慶州，屬羌數千人内附，滕厚加勞遺，以結其心。御史梁堅言滕妄費公庫錢。仁宗曰：『邊帥以財利啗蕃部，此李牧故事，安可加罪？』」

〔一二〕又徙知岳州　長編卷一四六慶曆四年二月辛丑條云：「權御史丞王拱辰言：『賞罰者，朝廷之所以令天下也。此柄一失，則善惡不足以懲勸。今滕宗諒在邊，盜用公使錢，不俟具獄，止削一官，皆以謂所坐太輕，未合至公。……事既發，乃將所支文歷，悉皆焚去。原心揣情，慢忽朝廷。……臣所以不避而固争者，誠恐來者相效，而陛下之法遂廢矣。臣明日更不敢入朝，乞賜責降一小郡，以戒妄言。』監察御史裏行李京又言：『滕宗諒在慶州所爲不法，而朝廷止降一官，移知虢州。近聞興元府西縣又奏，宗諒差兵士百八十七人，以驢車四十兩，載茶三百餘籠出引，逐處不得收税。宗諒職在近侍，而亂法太甚，仍慮昨來推劾狀中，猶未及販茶之事，宜奪天章閣待制，以懲貪墨之人。』」又戊申條云：「徙知虢州滕宗諒知岳州，用御史中丞王拱辰之言也。……參知政事范仲淹力辨之。會堅死，臺官執堅奏劾宗諒不已，故宗諒再黜，然終賴仲淹之力，不奪職也。」

〔一三〕君知命樂職庶務畢葺　清波雜志卷四稱：「放臣逐客，一旦棄置遠外，其憂悲憔悴之歎，發於詩什，特爲酸楚，極有不能自遣者。滕子京守巴陵，修岳陽樓，或贊其落成，答以『落甚成，只待凭欄大慟數場』。閔己傷志，固君子所不免，亦豈至是哉！」

〔一四〕以某年月日葬于池州青陽縣九華山金龜原　明一統志卷十六池州府陵墓云：「滕子京墓，在青陽縣東北五里金龜原。子京，宋人，墓有神道碑。」按，滕宗諒神道碑未見。

〔一五〕在玉山雪上回中岳陽四郡並建學校　能改齋漫録卷一三滕宗諒興湖學云：「滕宗諒知湖州，興學，費民錢數千萬，役未畢而去。或言錢出入不明者，通判以下不肯簽簿。胡武平宿來繼守，而言曰：『滕侯所爲非是，諸君奚不早言？候其去乃非之，豈分謗之意乎？』于是衆聞其言，皆慙而簽簿，卒成其業。」按，玉山、雪上、回中、岳陽四郡，指信州、湖州、涇州與岳州。

〔一六〕重修岳陽樓刻唐賢今人歌詩于其上予又爲之記　涑水記聞卷一〇云：「滕宗諒知岳州，修岳陽樓，不用省庫錢，不斂於民，但牓民間有宿債不肯償者，獻以助官，官爲督之。民負債者争獻之，所得近萬緡，置庫于廳側，自掌之，不設主典案籍。樓成，極雄麗，所費甚廣，自入者亦不鮮焉。州人不以爲非，皆稱其能。」范仲淹爲撰岳陽樓記，載范文正公文集卷八。按過庭録云：「滕子京負大才，爲衆忌嫉，自慶帥謫巴陵，憤鬱頗見辭色。文正與之同年友善，愛其才，恐後貽禍。然滕豪邁自負，罕受人言。正患無隙以規之，子京忽以書抵文正，求岳陽樓記，故記中云：『不以物喜，不以己悲，先天下之憂而憂，後天下之樂而樂。』其意蓋有在矣。」

曾諫議致堯墓誌銘[一]　荆公王安石

公諱某，字某①。其先封鄫，鄫亡，去邑爲氏。王莽亂，都鄉侯據棄侯之豫章家之，蓋豫章之南昌，後分爲南豐人②。某爲唐沂州刺史③，再世生某④，贈尚書水部員外郎，公考也。

李氏有江南，上公進士第一⑤，不就。太平興國八年，乃舉進士中第，選主符離簿。歲除，授興元府司録，道遷大理評事。遷光禄寺丞，監越州酒⑥。召見，拜著作佐郎、知淮陽軍。將行，天子惜留之，直史館，賜緋魚袋，使自汴至建安軍行漕。詔曰：「凡三司、州軍事有不中理者，即驗之。」最鉤得匿貨以五百萬計。除秘書丞、兩浙轉運副使⑦，改正使。

① 公諱某字某　臨川集卷九二曾公墓誌銘作「公諱致堯，字正臣」。
② 後分爲南豐人　王文公文集卷八七、臨川集卷九二曾公墓誌銘作「後分爲南豐，故今爲南豐人」。按，此處似有脱文。
③ 某爲唐沂州刺史　「某」，臨川集卷九二曾公墓誌銘作「可徒」。
④ 再世生某　「某」，臨川集卷九二曾公墓誌銘作「仁旺」。
⑤ 上公進士第一　「上」上，臨川集卷九二曾公墓誌銘有「撫州」二字。
⑥ 監越州酒　「酒」，庫本作「酒税」。
⑦ 除祕書丞兩浙轉運副使　「使」字原脱，據王文公文集卷八七、臨川集卷九二曾公墓誌銘補。

始，諫議大夫知蘇州魏庠、知侍御史知越州王柄①，不譬於政而喜怒從入②，庠介舊恩以進，柄喜持上。公到，劾之以聞。上驚曰：「曾某乃敢治魏庠，克畏也。」「克畏」，「可畏」也，語轉而然。庠、柄皆被絀。楊允恭督揚子運③。公每得詔，曰：「使在外，便文全己，非吾心也。」輒不果行。允恭告上，上使問公，公以所守言，上繇此薄允恭，不聽。言苛税二百三十餘條，罷之[二]。移知壽州。壽俗富貴自豪，陳氏、范氏名天下，聞公至，皆迎自戢，公亦盡歲無所罰。既代，空一城人遮行，至夜，乃從二卒騎出城去。在郡轉太常博士、主客員外郎④。

章獻嗣位，常親決細務，公言之，又言民憊甚，宜弛利禁。是時羌數犯塞，大臣議棄銀夏以解之。公奏曰：「羌虚款屬我，我分地王之，非計也。今羌席此，劫他種以自助，不過二三年，患必復起矣。宜擇行人塞下，調兵食⑤，待其變而已。」不報。二年，羌果反，圍靈州。議臣請去靈州勿事，公議曰：「羌以易拒者，以靈州綴其後也。」判三司鹽鐵勾院。天子欲以爲知制誥，召試矣，大臣惑忌之[三]，遷户部員外郎、京西轉運使。請限公卿大夫子官京師。陳彭年議遣使行諸部減吏員，下其事京西。公曰：「彭年議無賢愚，一切置不用邪？抑擇愚而廢之耶？擇愚而廢之，人材其可以早暮驗耶？」上令趣追使還。數論事，上感之，還公。既而王均誅，命公撫

---

① 知侍御史知越州王柄　「知侍御史」，臨川集卷九二曾公墓誌銘無此「知」字，當衍。

② 不譬於政而喜怒從入　「譬」，庫本作「諳」，王文公文集卷八七曾公墓誌銘作「善」。「從入」，庫本、王文公文集卷八七曾公墓誌銘作「從人」，臨川集卷九二曾公墓誌銘作「縱入」。按，作「從人」誤。

③ 楊允恭督揚子運　「運」下，臨川集卷九二曾公墓誌銘有「數言事多可，人厭苦之」九字。

④ 在郡轉太常博士主客員外郎　按，宋史曾致堯傳云：「真宗即位，遷主客員外郎、判鹽鐵勾院。」則主客員外郎非「在郡轉」，疑「主客」上有闕文。

⑤ 調兵食　「調」上，臨川集卷九二曾公墓誌銘有「先」字。

蜀[四]，所創更百餘事。

李繼遷再圍清遠、靈武，以丞相齊賢爲邠寧環慶涇原儀渭經略使。丞相引公爲判官，公奏記曰：「兵數十萬，王超既以都部署爲之主①，丞相徒領一二朝士往臨之，超用吾進退乎②？吾能以謀付與超而有不能自恃乎③？不并將西④，無補也。超能薄此重事，願更審計。」丞相乃以公爲言。詔陝西即經略使追兵，皆以時赴。公曰：「將士在空虛無人之處，事薄而後追兵，如後何？」遂辭行。上怒，未有所發。會召賜金紫，公曰：「丞相敏中以非功德進官，臣論其不可用爾。臣受命⑤，事未有効，不敢以冒賜。」固辭。繇此貶公爲黄州團練副使⑥[五]。既而超果敗，清遠、靈武踵亡。會南郊恩，復官知泰州。丁母夫人陳氏憂，外除，授吏部員外郎、知泉州。

公常謂選舉舊制非是，請得論改之。陳省華子堯咨受請，殿上爲姦，以弟畀舉人敗⑦[六]。省華、堯咨有邪巧材，朝廷皆患惡而方幸，無敢斥之者。公入十餘疏辨之，移知蘇州。至五日，移知揚州。揚州守職田，歲常得千斛，然遣使督貧民耕，民苦之，公不使耕。天子方崇符瑞，興昭應諸宮，且出幸祠。公疏言：「昔周成王

---

① 王超既以都部署爲之主　「都」原作「郡」，「爲之主」原作「之十二」，據臨川集卷九二曾公墓誌銘改。按，「爲之主」，王文公文集卷八七曾公墓誌銘作「矣」。

② 超用吾進退乎　「用」上，臨川集卷九二曾公墓誌銘有「肯」字；長編卷五一咸平五年正月丁未條引曾致堯語作「肯從」，義長。

③ 吾能以謀付與超而有不能自恃乎　「恃」，王文公文集卷八七、臨川集卷九二曾公墓誌銘皆作「將」。

④ 不并將西　長編卷五一咸平五年正月丁未條引曾致堯語作「若不得節度諸將」。

⑤ 臣受命　「臣」上，王文公文集卷八七曾公墓誌銘有「今」字。

⑥ 繇此貶公爲黄州團練副使　「繇」上，臨川集卷九二曾公墓誌銘有「上」字。

⑦ 陳省華子堯咨受請殿上爲姦以弟畀舉人敗　「受」字原脱，據臨川集卷九二曾公墓誌銘補。又「受請殿上爲姦以弟畀舉人敗」，王文公文集卷八七曾公墓誌銘作「請托多爲姦，以科第畀舉人敗」，則「弟」當作「第」。

既卜世三十，卜年七百，然觀於周禮，其經緯國體，人事微細無不具，則知王者受命，必修人事，以稱天所以命之之意，不舉屬之天以怠人事也。」終曰：「陛下始即位，以爵禄待君子。近年以來，以爵禄畜盜賊。」大臣愈不懌，移知鄂州。封泰山恩，遷禮部郎中。始解揚州，受添支差多一月，公尋自言，恚公者因復絀公監江寧鹽酒①。西祀恩，遷户部郎中。以祥符五年五月二十日疾不起②，年六十六。階至朝請郎，勳至騎都尉。遺戒曰：「毋陷於俗，媚佛夷鬼以汙我。」家人行之③。所著書若干，書傳於世，尤長於歌詩云④。以某年某月日⑤，歸葬南豐之東園。

始，公娶黄氏，生子男七人，仕者三人。易占爲太常博士，以能文稱。公以博士故，贈諫議大夫。公没八年，而博士子鞏生，生若干年，水漬墓，改葬公龍池鄉之原頭，某年月日也。葬有日，鞏以博士命次公生平事⑥，使來曰：「爲我誌而銘之。」安石視公猶大父也⑦，其少也，則得公之詳如其孫之云。始公自任以當世之重也，雖人望

---

① 恚公者因復絀公監江寧鹽酒　「恚」，王文公文集卷八七曾公墓誌銘作「惡」。

② 以祥符五年五月二十日疾不起　「二十日」，臨川集卷九二曾公墓誌銘作「丁亥」。

③ 家人行之　「之」原作「人」，據王文公文集卷八七曾公墓誌銘改。

④ 所著書若干書傳于世尤長於歌詩云　臨川集卷九二曾公墓誌銘作「所著仙鳧羽翼三十卷、廣中台志八十卷、清邊前要五十卷、西陲要紀十卷、爲臣要紀三卷、直言集五卷、文集十卷，傳於世，尤長於歌詩云」。按，「尤」原作「文」，據上引曾公墓誌銘改。又按，宋史曾致堯傳云「致堯頗好纂録，所著有仙鳧羽翼三十卷、廣中台志八十卷、清邊前要三十卷、西陲要紀十卷、爲臣要紀一十五篇」。而東都事略曾致堯傳稱著清邊前要十卷。

⑤ 以某年某月日　臨川集卷九二曾公墓誌銘作「以其年十一月」。

⑥ 始公娶黄氏至鞏以博士命次公生平事　臨川集卷九二曾公墓誌銘作「水漬墓，天聖元年改葬龍池鄉之源頭。始，公娶黄氏，生子男三人，易占嘗爲太常博士，以能文稱。公以博士故，贈至右諫議大夫。公殁八年，而博士子鞏生。生三十五年，鞏以博士命次公生平事」。

⑦ 安石視公猶大父也　「安石」，臨川集卷九二曾公墓誌銘作「某」。

公則亦然。及遭太宗，愈自謂志可行，卒之閉於姦邪，彼誠有命焉。悲夫！亦正之難合也。雖其難合，其可少任，合乎未可必也①，彼誠有命焉。雖然，其難合也，秖所以見正也②。孔子曰：「所謂大臣者，以道事君，不可則止。」於戲！公之節，庶幾所謂「大臣」者歟！銘曰：

既墓而圮③，乃升宅原。誰來求銘？公子與孫。公初哀終④，惟義之事。維才之完，而薄于施⑤。乃其後人，有克厥家。天啓予公⑥，非在茲耶！

辨證：

［一］曾諫議致堯墓誌銘　本墓誌又載於王安石王文公文集卷八七、臨川集卷九二，題曰「户部郎中贈諫議大夫曾公墓誌銘」。按，曾致堯，東都事略卷四八、宋史卷四四一有傳，本書上集卷一六載歐陽脩曾諫議大夫致堯神道碑。

［二］言苛税二百三十餘條罷之　按宋史曾致堯傳稱其「嘗上言：『去歲所部秋租，惟湖州一郡督納及期，而蘇、常、潤三州悉有逋負，請各按賞罰。』太宗以江、淮頻年水災，蘇、常特甚，所言刻薄不可行，詔戒致堯毋擾」。

［三］天子欲以爲知制誥召試矣大臣惑忌之　長編卷四七咸平三年十月庚午條云：「先是，宰相張齊賢薦（黄）夷簡、致堯宜掌詔命。嘗有急制，值舍人已出院，即封除目命夷簡草之，議者以爲不可。於是召試，詞亦不工，故但進秩而已。」故以職方郎中、直秘閣黄夷

① 其可少任合乎未可必也　臨川集卷九二曾公墓誌銘作「其可少枉乎？雖其少枉，合乎未可必也」。按，此處似有脱誤。

② 秖所以見正也　「正」原作「士」，據臨川集卷九二曾公墓誌銘改。

③ 既墓而圮　「圮」原作「北」，據王文公文集卷八七、臨川集卷九二曾公墓誌銘改。

④ 公初哀終　「哀」，臨川集卷九二曾公墓誌銘作「洎」。

⑤ 而薄于施　「于」原作「施」，據臨川集卷九二曾公墓誌銘改。王文公文集卷八七曾公墓誌銘作「而薄其施」。

⑥ 天啓予公　王文公文集卷八七曾公墓誌銘作「天啓公子」。

簡爲光禄少卿，主客員外郎、直史館曾致堯爲户部員外郎，按，東都事略曾致堯傳云：「真宗知其才，欲以爲知制誥，召試矣，而宰相李沆不可，乃出爲京西轉運使。」又卷四〇李沆傳云：「真宗又問沆治道所先，沆曰：『不用浮薄新進喜事之人，此最爲先。』真宗問其人，沆曰：『如梅詢、曾致堯輩是矣。』真宗深以爲然。故終真宗之世，數人者皆不進用。」

〔四〕既而王均誅命公撫蜀　長編卷四九咸平四年八月丁卯條云「上以巴蜀遐遠，時有寇盜」，故「命户部員外郎直史館曾致堯、太常博士王勔、供備庫使潘惟吉、通事舍人焦守節分往川峽諸州提舉軍器，察官吏之能否」。

〔五〕繇此貶公爲黄州團練副使　按長編卷五一咸平五年正月丁未條注曰：「按實録云：『致堯除判官，中謝日，即賜金紫，俄抗疏自陳。』王安石墓銘、歐陽修神道碑並稱致堯先辭行，召賜金紫，遂云云，似飾説也。致堯以丁未日賜金紫，戊申日奪之，其抗疏則不得其日。然致堯方中謝時，實未始辭行，既受賜，乃悔，因抗疏。蓋將以釣奇而取名耳。此朝論所以疾其狂躁也。大抵碑、銘譽致堯過當，而國史毁之亦已甚。」

〔六〕陳省華子堯咨受請殿上爲姦以弟畀舉人敗　長編卷五九景德二年四月丁酉條載樞密直學士劉師道責授忠武行軍司馬，知制誥陳堯咨單州團練副使，云：「先是，師道弟幾道舉進士，禮部奏名將廷試。近制，悉糊名校等。堯咨爲考官，教幾道於卷中密爲識號。幾道既擢第，或告其事，詔落籍，永不得預舉。上初欲含容，不復窮理其事，而師道固求辨理，詔東上閤門使曹利用、兵部郎中邊肅、内侍副都知閻承翰詣御史府雜治之，坐論奏誣罔，與堯咨并及於責。」

名臣碑傳琬琰集中卷三

田太傅況墓誌銘[一]　荆公王安石

田氏，故京兆人①，後遷信都。晉亂，公皇祖太傅入于契丹。景德初，契丹寇澶州，略得數百人，以屬皇考太師，太師哀憐之，悉縱去。因自脱歸中國，天子以爲廷臣，積官至太子率府率以終②。爲人沉悍篤實，不茍爲笑語。生八男子，多知名，而公爲長子。

公少卓犖有大志，好讀書，書未嘗去手，無所不讀，蓋亦無所不記。其爲文章，得紙筆立成，而閎博辨麗稱天下。初舉進士，賜同學究出身，不就。後數年，遂中甲科[二]，補江寧府觀察推官，以母英國太夫人喪罷去。除喪，補楚州團練判官，用舉者監轉般倉，遷秘書省著作佐郎。又對賢良方正策爲第一[三]，遷太常丞、通判江寧府。

數上書言事，召還，將以爲諫官。方是時李元昊反，夏英公、范文正公經略陝西，言：「臣等才力薄，使事恐

① 田氏故京兆人　按，本書中集卷三九田公紹芳墓誌銘稱「其先雁門人」。

② 積官至太子率府率以終　「以」原作「府」，據王文公文集卷八八、臨川集卷九一田公墓誌銘改。

不能獨辦，請得田某自佐。」以公爲其判官[四]，直集賢院、參都總管軍事。自真宗弭兵，至是且四十年，諸老將盡死，爲吏者不知軍興法①，師數陷敗，士民振恐。二公隨事鎮撫，其爲世所善，多公計策。將軍有欲悉數路兵出擊賊者②，朝廷許之矣，公極言其不可，乃止[五]。又言所以治邊者十四事[六]，多聽用。還爲右正言，判三司理欠憑由司，權修起居注，遂知制誥，判國子監。於是陝西用兵未已，人大困，以公副今宰相、樞密副使韓公宣撫[七]。自宣撫歸，判三班院。而河北告兵食闕，又以公往視[八]。而保州兵士殺通判，閉城爲亂，又以公爲龍圖閣直學士、知成德軍、真定府定州安撫使，往執殺之[九]。論功遷起居舍人。又移秦鳳路都總管、經略安撫使，知秦州。

遭太師喪，辭起復者久之③。上使中貴人手敕趣公，公不得已，則乞歸葬然後起。既葬，託邊事求見上曰：「陛下以孝治天下，方邊鄙無事，朝廷不爲無人，而區區犬馬之心，尚不得自從，臣即死不知瞑矣。」因泫然泣數行下。上視其貌甚瘠，又聞其言，悲之，乃聽終喪。蓋帥臣得終喪，自公始。

以樞密直學士爲涇原路兵馬都總管④、經略安撫使、知渭州。遂自尚書禮部郎中遷右諫議大夫、知成都府，充蜀梓利夔路兵馬鈐轄。西南夷侵邊，公嚴兵待之⑤[一〇]，而誘以恩信，即皆稽顙。蜀自王均、李順再亂，遂號

① 爲吏者不知軍興法　「軍興法」，王文公文集卷八八田公墓誌銘作「軍法」，臨川集卷九一田公墓誌銘作「兵法」。按，史記卷一一七司馬相如列傳云：「今聞其乃發軍興制，驚懼子弟，憂患長老。」索隱：「張揖云：發軍謂發三軍之衆，興制謂起軍法誅渠帥也。案唐蒙爲使而用軍興法制，故驚懼蜀人也。」

② 將軍有欲悉數路兵出擊賊者　「將軍」，王文公文集卷八八、臨川集卷九一田公墓誌銘作「大將」。

③ 辭起復者久之　「起」下原衍「居」字，據王文公文集卷八八、臨川集卷九一田公墓誌銘刪。

④ 以樞密直學士爲涇原路兵馬都總管　「以」上，臨川集卷九一田公墓誌銘有「服除」二字。

⑤ 公嚴兵待之　「待」，王文公文集卷八八、臨川集卷九一田公墓誌銘作「憚」。

爲易動，往者得便宜決事，而多擅殺以爲威，至雖小罪，猶并妻子遷出之蜀，流離顛頓，有以故死者。公拊循教誨，兒女子畜其人，至有甚惡，然後繩以法。蜀人愛公，以繼張忠定①，而謂公所斷治爲未嘗有誤[一一]。歲大凶，寬賦減徭，發廪以救之，而無餓者。事聞，賜書獎諭，遷給事中，以守御史中丞充理檢使召焉。未至，以爲樞密直學士、權三司使，既而又以爲龍圖閣學士、翰林學士，又遷尚書禮部侍郎，正其使號[一二]。

自景德會計，至公始復鈎考財賦，盡知其出入，於是入多景德矣。歲所出，乃或多於入。公以謂「厚斂疾費如此，不可以持久。然欲有所掃除變更，興起法度，使百姓得完其蓄積，而縣官亦以有餘，在上與執政所爲，而主計者不能獨任也」。故爲皇祐會計録上之，論其故，冀以悟上。上固恃公，欲以爲大臣，居頃之，遂以爲樞密副使，又以檢校太傅充樞密使。公自常選數年遂任事於時，及在樞密爲之使，又超其匹，天下皆以爲宜，顧尚有恨公得之晚者。

公行内修，於諸弟尤篤。爲人寬厚長者，與人語，款款若恐不得當其意。至其有所守，人亦不能移也[一三]。范文自江寧歸，宰相私使人招之，公謝不往。及爲諫官，於小事近功有所不言，獨嘗從容爲上言爲治大方而已。范文正公等皆士大夫所望以爲公卿，而其位未副，公得間，輒爲上言之，故文正公等未幾皆見用。當是時，上數以天下事責大臣，慨然欲有所爲[一四]，蓋其志多自公發。公所設施，事趣可，功期成，因能任善，不必己出，不爲獨行異言以峙聲名，故功利之在人者多，而事迹可記者止於如此。

嘉祐三年十二月暴得疾，不能興。上聞悼駭，敕中貴人、太醫問視，疾加損輒以聞。公即辭謝，求去位，奏至

① 以繼張忠定 「張忠定」原作「張公定」，據文海本及王文公文集卷八八、臨川集卷九一田公墓誌銘改。按，據宋史卷二九三張詠傳，張詠謚曰忠定。

十四五，猶不許。而公求之不已，乃以爲尚書右丞、觀文殿學士、翰林侍讀學士、提舉景靈宮事[一五]。而公求去位終不已，於是遂以太子少傅致仕。致仕凡五年，疾遂篤，以八年二月乙酉薨于第，享年五十九。號推誠保德功臣，階特進，勳上柱國，爵開國京兆郡公，食邑三千五百户，實封八百户。詔贈公太子太保[一六]，而賻賜之甚厚。

公諱況，字元均。皇曾祖諱祐，贈太保。皇祖諱行周，贈太傅。皇考諱延昭，贈太師。妻富氏，封永嘉郡夫人，今宰相河南公之女弟也[一七]。無男子，以弟之子至安爲主後[一八]。女子一人，尚幼。田氏自太師始占其家開封，而葬陽翟，故今以公從太師葬陽翟之三封鄉西吴里[一九]。於是公弟右贊善大夫洵來曰：「卜葬公利四月甲午，請所以誌其壙者。」蓋公自佐江寧以至守蜀，在所輒興學，數親臨之，以進諸生。某少也與公弟游，而公所進以爲可教者也，知公爲審。銘曰：

田室於姜，卒如龜祥。後其孫子，曠不世史。於宋繼顯，自公攸始。奮其華蕤，配實之美。乃發帝業，深宏卓煒。乃興佐時，宰飪凋腑①。文馴武克，內外隨施。亦有厚仕，孰無衆毁？公獨使彼，若榮豫己。維昔皇考，敢於活人。傳祉在公，不集其身。公又多譽，公宜難老②。胡此殆疾，不終壽考？掩詩於幽，爲告永久。

辨證：

[一] 田太傅況墓誌銘　本墓誌又載於王安石王文公文集卷八八、臨川集卷九一，題曰「太子太保致仕田公墓誌銘」。按，田況，隆平集卷一一、東都事略卷七〇、宋史卷二九二有傳，范純仁范忠宣公文集卷一六載有太子太保宣簡田公神道碑。

① 宰飪凋腑　「凋腑」，臨川集卷九一田公墓誌銘作「調瘺」。

② 公宜難老　「難」原作「雖」，據庫本及王文公文集卷八八、臨川集卷九一田公墓誌銘改。

[二]後數年遂中甲科　隆平集田況傳載其天聖八年登進士第。

[三]又對賢良方正策爲第一　據長編卷一二三寶元元年七月壬戌條，田況試賢良方正能直言極諫，「所對入第四等」。

[四]以公爲其判官　隆平集田況傳云「況從夏竦辟，爲陝西經略判官」。按，東都事略、宋史田況傳略同。

[五]公極言其不可乃止　范忠宣公文集卷一六太子太保宣簡田公神道碑云：「大將前設攻守二策，又欲專用攻策，悉數路兵出擊賊。」據宋史田況傳載當時夏竦「與韓琦、尹洙等畫上攻守二策，朝廷將用攻策」。按，長編卷一三一慶曆元年二月丙戌條載田況言：「昨夏竦等爲累奉詔，以『老師費財，慮生他變，令早爲經畫，以期平定』，故韓琦等入奏，畫攻、守二策，以稟聖算。其守策最備，可以施行。不意朝廷便用攻策。」而「今將帥士卒素已懦怯，未甚更練，又知韓琦、尹洙同建此策，恐未甚稟服，臨事進退，有誤大舉」。故田況以爲取攻策有「七不可」。注曰：「田況新傳云於是罷出師，今但從實録。」又據長編卷一二九康定元年十二月乙巳條云，時「詔鄜延、涇原兩路取正月上旬同進兵入討西賊。上與兩府大臣共議，始用韓琦等所畫攻策也。樞密副使杜衍獨以爲僥倖出師，非萬全計，爭論久之，不聽，遂求罷，亦不聽」。至大將任福兵敗，方罷攻策。

[六]又言所以治邊者十四事　按，長編卷一三二慶曆元年五月甲戌條載田況所上「兵策十四事」。又，宋朝諸臣奏議卷一三二載田況上仁宗兵策十四事。

[七]以公副今宰相樞密副使韓公宣撫　長編卷一四二慶曆三年八月丙申條云：「右正言、知制誥田況爲陝西宣撫副使。范仲淹請選近臣同使陝西，每事議而後行，庶無差失，詔以命況。」又癸丑條載樞密副使、右諫議大夫韓琦爲陝西宣撫使，又歐陽修言「伏覩朝旨已差范仲淹、田況等爲宣撫使副，今日風聞韓琦以仲淹已作參政，欲自請行」云云。按，丙申乃八月二日，癸丑乃十九日。則初任田況爲陝西宣撫副使，非爲副貳韓琦。

[八]而河北告兵食闕又以公往視　長編卷一五一慶曆四年七月辛未條載命知制誥田況提舉河北便糴糧草。

[九]往執殺之　據長編卷一五一，慶曆四年八月，保州兵據城叛。庚子，「命知制誥田況保州城下相度處置叛軍，仍聽便宜從事」。癸卯，右正言、知制誥田況爲龍圖閣直學士、知成德軍充真定府定州路安撫使。甲寅，「朝議以諸道兵集保州城下，未有統領，因詔宣撫使富弼促行往節制之。再降敕牓招安，仍令田況等且退，選人賫敕入城，若遂開門，即一切撫存之。如尚拒命，則益進攻，其在營同居骨

肉，無老幼皆戮之」。時亂軍「爭投兵下城，降者二千餘人，遂開門納官軍。其造逆者四百二十九人，況具得其姓名，令楊懷敏率兵入城，悉阬殺之」。宋史田況傳載「況督諸將攻，以敕牓招降叛卒二千餘人，阬其構逆者四百二十九人」。又云「保州之役，況阬殺降卒數百人，朝廷壯其決，後大用之。然卒無子，以兄子爲後」。

〔一〇〕西南夷侵邊公嚴兵待之　長編卷一六六皇祐元年二月庚辰條云：「梓夔路鈐轄司言淯井監蠻萬餘人内寇。初，監户負晏州夷人錢而毆傷斗落妹，其衆憤怒，欲報之。知瀘州張昭信勸諭，既已聽服，而淯井監復縶婆然村夷人細令等，殺長寧州落占等十人，故激成其亂。詔知益州田況發旁郡卒，令梓夔路鈐轄宋定親捕討之。」

〔一一〕蜀人愛公以繼張忠定而謂公所斷治爲未嘗有誤　東齋記事卷四云：「田元均密諫況，寬厚明辨，其治成都最爲有聲。有訴訟，其懦弱不能自伸者，必委曲問之，莫不盡得其情，故決遣未嘗少誤。蜀人謂之『照天蠟燭』。」又宋朝事實類苑卷二三田況引本朝名臣傳云：「田況移守成都，其在蜀，治尚和易，法去苛細，獎進儒素，禁戢姦暴，以德化人，人不忍欺。時謂張乖崖之明、王文康之平、程文簡之肅、韓忠獻之愛，公皆兼而有之。」

〔一二〕又遷尚書禮部侍郎正其使號　長編卷一七五皇祐五年九月壬午條載權三司使、翰林學士兼龍圖閣學士、給事中田況爲禮部侍郎、三司使。

〔一三〕至其有所守人亦不能移也　歸田録卷二云：「京師諸司庫務，皆由三司舉官監當。而權貴之家子弟親戚，因緣請託，不可勝數，爲三司使者常以爲患。田元均爲人寬厚長者，其在三司，深厭干請者，雖不能從，然不欲峻拒之，每温顔强笑以遣之。嘗謂人曰：『作三司使數年，强笑多矣，直笑得面似靴皮。』士大夫聞者傳以爲笑，然皆服其德量也。」

〔一四〕上數以天下事責大臣慨然欲有所爲　按，此指欲范仲淹等施行「慶曆新政」事。

〔一五〕乃以爲尚書右丞觀文殿學士翰林侍讀學士提舉景靈宫事　長編卷一八九嘉祐四年五月丙辰條云：「樞密使、禮部侍郎田況暴中風瘖，久在病告，十上章求去位，丙辰，罷爲尚書右丞、觀文殿學士兼翰林侍讀學士、提舉景靈宫。故事，樞密使出入皆降麻，自皇祐五年高若訥罷，始舍人院降制，今復失之。」

〔一六〕詔贈公太子太保　長編卷一九八嘉祐八年二月乙酉條載田況卒，贈太子太保，謚宣簡。

〔一七〕今宰相河南公之女弟也　范忠宣公文集卷一六太子太保宣簡田公神道碑云其「與富文忠公少相友善，夫人即文忠公女弟也」。江鄰幾雜志云：「田元鈞狹而長，魚軒，富彦國女弟，闊而短。在館中，石曼卿目之爲『龜鶴夫妻』。」按，河南公、富文忠皆指富弼。

〔一八〕無男子以弟之子至安爲主後　按，隆平集田況傳亦稱「以弟之子至安爲後」，然宋史田況傳稱「以兄子爲後」。據范純仁范忠宣公文集卷一六太子太保宣簡田公神道碑云：「以弟之子至安爲嗣，卒，又以至平爲後焉。」又范祖禹范太史集卷三九永嘉郡夫人富氏墓誌銘乃云田況卒，其夫人富氏因「無男子，以宣簡公弟之子至安爲後。公薨，至安終太常寺太祝，復以公弟之子旦嗣，今爲承奉郎」。元祐二年正月富氏卒，「旦服喪羸毁，將以七月葬夫人」云云。而據本墓志銘，田況乃長子。故推知宋史田況傳稱「以兄子爲後」之「兄」當爲「弟」之譌，而至平疑後或更名旦。

〔一九〕故今以公從太師葬陽翟之三封鄉西吴里　范忠宣公文集卷一六太子太保宣簡田公神道碑云：「始公以嘉祐八年四月葬許州陽翟三封鄉西吴里之先塋。居久之，夫人夢公若平生，以爲水不可居，既而復夢云然，即發壙，公柩果爲水敧。夫人乃自護還洛，而以熙寧七年五月改窆焉。」

蔡文忠公齊墓誌銘〔一〕　文正公范仲淹

寶元二年歲次己卯四月①，前參知政事、户部侍郎蔡公薨，天子悼之，卿大夫憂之，國人傷之。上命三公舉行典禮，贈兵部尚書，謚曰文忠〔二〕。以康定二年歲次辛巳十一月某日，葬于許州陽翟之某山。

公諱齊，字子思。其先周之子孫，累封於蔡，因以著姓。秦漢以降，代生偉人。曾祖綰，贈太保，洛陽人也。嘗宰萊之膠水，居官九年，民愛以深，遂家焉。祖諱鄰，贈太傅，隱居丘園，以賁素爲樂。考諱夢臣，累贈中書令，

① 寶元二年歲次己卯四月　按，本書中集卷四七蔡文忠公齊行狀云其卒於四月四日。

博通經史，善詩筆，與宗族居，鄉黨稱其孝友。娶楚國太夫人張氏而生公，教以親仁，賓來如歸。

公幼而神秀，眉目廣聳，見者異之。嘗依外舅劉氏學于彭城[三]，今相國隴西公迪時爲監郡，得公詩語，嘆曰：「渠有大志，宜善視之。」大中祥符八年春，真宗皇帝臨軒，以文考天下之士，公中第一[四]。及引對文陛①，堂堂英偉，進退有法。上大悦，顧謂寇萊公曰：「得人矣。」特下詔俾金吾給七人清道，自公始也。釋褐除將作監丞、通守兖海郡，移北海郡。召還，以大著直集賢院[五]，主判三司開拆司，賜服五品。今上即位，拜右司諫、同修起居注，改禮部員外郎，兼侍御史知雜事，賜金紫。歷户部、度支二副使，遷起居舍人、知制誥[六]，同知審官院。既而召入翰林爲學士，轉禮部郎中、龍圖閣學士[七]，守西京。以便親求爲高密郡，徙南京。入除左諫議大夫、權御史中丞[八]。改給事中②，復充龍圖閣學士、權三司使，拜樞密副使。進禮部侍郎、參知政事。以户部侍郎罷[九]。終于汝陰郡，享年若干③。楚國在堂，君子哀之④。公之弟秘書丞稟、甥著作佐郎寇平幹公襄事。中山郡夫人劉氏哭泣三年，至于疾廢。二子尚幼，曰延慶，太常寺太祝；曰延嗣，秘書省正字[一〇]。長女適試將作監主簿劉庠[一一]，次女在室。

而某自布素從公之遊，見公出處語默，無一不善。門中奉親，日視其親色。諸公昆弟，愛之如傷。先朝柬拔，以輔相器之。當遺弓之初，公懷哀慕，不能食者數日。家人視其衾衣，涕泗霑濕。公病汝陰，聞拓拔僭稱，嘻吁感慨，教弟稟言西事甚詳[一二]。蓋忠孝之性發之天也。公於親舊間，雖死生不易。彼有孤遺，則必爲之備嫁

---

① 及引對文陛　「陛」原作「陞」，據范文正公文集卷一四蔡公墓誌銘改。

② 改給事中　「改」，范文正公文集卷一四蔡公墓誌銘作「尋改」。

③ 享年若干　按，張方平集卷三七蔡公神道碑銘及隆平集、東都事略、宋史蔡齊傳皆稱蔡齊享年五十二。

④ 君子哀之　「哀」原作「衰」，據庫本及范文正公文集卷一四蔡公墓誌銘改。

娶[一三]。又好學無倦，未嘗不以名教爲急。孔子之後世襲文宣公，而宰曲阜。乾興中，四十九代孫承祐卒，遂廢十餘年。公聞承祐有母弟在，抗章請復其嗣①，有詔從之。

其立朝也，能清其心，高其行，未嘗取於人[一四]。明肅太后時用事，中貴人董修景德寺，時公在翰林，詔爲之記。中人求公善辭，許以不次。公遲之不進，故被誣而出[一五]。至高密，會歲飢，公請蠲諸州稅，又力請放海利以救東人[一六]，于今賴之。公兩居憲臺，方嚴不動，百辟畏其風。權戚有過，則彈劾不隱[一七]，未嘗求其下也。明肅之終，莊惠復立，閤門促百僚賀，公毅然正色，目臺吏不得追班，前白執政，遂罷[一八]。自是莊惠抑損禮數，公有力焉。在樞密院，海南奏交阯八百餘人避本國之虐以歸我，議者謂不如還之，恐生邊患。公曰：「當内之荆湖間，活以閑田，奈何求生而來，委之虎兕？蠻亦人也，義必不還，苟散爲民盜，從而戮之，酷又甚焉。」争之不能得。後果爲亂，捕之歲餘，宜、桂以西皆警，朝廷患之[一九]，公猶有愧色。在政府，浩然示至公於中外，以進賢爲樂[二〇]，以天下爲憂，見佞色則嫉，聞善言必謝，孜孜論道，以致君堯舜爲心。與大臣居，和而不倚，正而不訐，無親疏之間，有方大之量，朝廷爲之重，刑賞爲之平。及其出也，未踰歲而天子思之，公遽不起。嗚呼！公之生也，天有意也；公之亡也，天有意乎？使在位而壽，則道德功名非竹帛之可勝也矣。銘曰：

泰山之東，齊魯同風，厥生我公。我公堂堂，覩國之光，享于真皇。真皇上仙，隕血漣漣，欲報昊天。今上聖神，迺眷正人，參于國鈞。純德坦坦，平心浩浩，進退惟道。恕以待物，誠以報國，仁人之德。天乎天乎，豈不有心？奪此令人，我懷憂深。箕山峨峨，潁川悠悠。山爲陂兮川爲丘，公之名兮與日月留。

① 抗章請復其嗣 「抗」原作「杭」，據范文正公文集卷一四蔡公墓誌銘改。

辨證：

〔一〕蔡文忠公齊墓誌銘　本墓誌又載於范仲淹范文正公文集卷一四，題曰「户部侍郎贈兵部尚書蔡公墓誌銘」。按，蔡齊，隆平集卷七、東都事略卷五三、宋史卷二八六有傳，本書中集卷四七載有歐陽脩蔡文忠公齊行狀，張方平集卷三七載有推誠保德守正功臣正奉大夫尚書户部侍郎知潁州軍州事管内勸農使上柱國汝南郡開國公食邑二千户食實封四百户賜紫金魚袋贈兵部尚書謚文忠蔡公神道碑銘。

〔二〕謚曰文忠　東都事略蔡齊傳云朝廷初賜「謚曰忠肅，改謚文忠」。

〔三〕嘗依外舅劉氏學于彭城　宋史蔡齊傳云「齊少孤，依外家劉氏」。

〔四〕公中第一　長編卷八四大中祥符八年三月癸卯條云「御崇政殿覆試」，依「故事，當賜第，必召其高第數人並見，又參擇其材質可者，然後賜第一。時新喻人蕭貫與齊並見，齊儀狀秀偉，舉止端重，上意已屬之。知樞密院寇準又言『南方下國人，不宜冠多士』，齊遂居第一。上喜謂準曰：『得人矣。』特召金吾給七騶，出兩節傳呼，因以爲例。準性自矜，尤惡南人輕巧，既出，謂同列曰：『又與中原奪得一狀元。』」

〔五〕召還以大著直集賢院　長編卷九二天禧二年十二月辛丑條載將作監丞蔡齊爲著作郎、直集賢院，云：「故事，第一人及第，到任一年，即召試。齊自兖州通判徙濰州，獻所爲文，乃得召試。」又本書中集卷四七蔡文忠公齊行狀云：「天禧二年，還京師，當召試。時大臣用事者意不悦公，居數月，不得召。久而天子記其姓名，趣使召試，拜著作佐郎、直集賢院。」

〔六〕遷起居舍人知制誥　長編卷一〇三天聖三年三月己酉條載度支副使、禮部員外郎蔡齊爲起居舍人，刑部郎中、直史館章得象爲兵部郎中，並知制誥，云：「初，召齊等試中書，上閲其試文，謂宰臣曰：『兩制詞臣，以文章爲職業，然須材識周敏，操履端方，乃可副朝廷中外任使也。』王欽若等言齊及得象所長，上始命之。」

〔七〕轉禮部郎中龍圖閣學士　按春明退朝録卷下云：「祖宗時，唯樞密直學士帶出外任。……蔡文忠以翰林兼侍讀兩學士，改龍圖閣學士、知密州。自翰林改龍圖而出藩，繇文忠始也。」

〔八〕權御史中丞　長編卷一一二明道二年四月己未條云：「時有飛語傳荆王元儼爲天下兵馬都元帥者，内侍捕得三司小吏鞫之，逮及數百人。帝怒，使齊按之，迹其所來無端，而上督責愈急，有司不知所爲，京師爲之恐動。齊曰：『此小人無知，非有他意，不足治，且無以安荆王。』疏一夕三上，帝大悟，止笞數人而已」。

［九］以户部侍郎罷　長編卷一二〇景祐四年四月甲子條載左相吕夷簡、右相王曾、參知政事宋綬、參知政事蔡齊並罷，蔡齊「爲吏部侍郎，歸班」。乃因「夷簡專決事不少讓，曾不能堪，論議多不合。曾數求去，夷簡亦要丐罷。帝疑焉，問曾曰：『卿亦有所不足耶？』曾言夷簡招權市恩，時外傳夷簡納知秦州王繼明饋賂，曾因及之。帝詰夷簡，至交論帝前，夷簡乞置對，而曾言亦有失實者，帝不悦。綬素與夷簡善，齊議事間附曾，故并綬、齊皆罷」。

［一〇］二子尚幼曰延慶太常寺太祝曰延嗣秘書省正字　按張方平集卷三七蔡公神道碑銘稱其「三子：曰延年，將作監主簿，早世」；餘二子即延慶、延嗣。又，隆平集蔡齊傳云「有子早卒，以從子延慶爲嗣」。宋史蔡齊傳云其「既殁，有遺腹子曰延嗣」。

［一一］長女適試將作監主簿劉庠　長編卷一二三寶元二年四月辛巳條稱蔡齊「篤於故舊，少與徐人劉顔善。顔罪廢，齊上其書數十萬言，得復官。顔卒，又以女妻其子庠」。按，宋史蔡齊傳略同。

［一二］教弟稟言西事甚詳　按張方平集卷三七蔡公神道碑銘云：「寶元初，夏戎叛命。公在潁州聞之，以爲戚。念時任事者慮害不能深，俾弟稟入言西邊事於朝甚詳。稟因論次其説，條類成書，號通志，時亦多施行者，本公志也。」

［一三］公於親舊間雖死生不易彼有孤遺則必爲之備嫁娶　張方平集卷三七蔡公神道碑銘云其「尤篤故舊，死生不以易其操。初，馬絳調萊州判官，與公爲忘年交。公除御史中丞，被旨舉御史，以絳應詔。故相王文穆公隨守泰州，絳通判。隨政事多僻，絳剛正，每執不阿，以大忤隨。至是文穆當國，持奏不下。公請政府曰：『舉所知，無易絳者。不下，請罷舉。』隨不得已，絳除殿中侍御史。鄉賦時，州掾賈編考試，公在有密。編老滯銓集，公請解一官爲編改秩。仁宗嘉其意，擢編朝籍。與彭城劉顔布衣友善。顔積學，有行誼，然罪廢，不可復振。公爲解説其情，稱所長於朝，録其所著書上之。顔以縣尉謫，至是起授泰寧軍節度推官」。

［一四］其立朝也能清其心高其行未嘗取於人　長編卷一二三寶元二年四月辛巳條稱「齊方重有文采，不妄言。自初仕未嘗至權門，丁謂秉政，欲齊親己，齊終不往」。

［一五］中人求公善辭許以不次公遲之不進故被誣而出　長編卷一〇五天聖五年六月癸未條云：「先是，太后大出金帛重修景德

寺，遣內侍羅崇勳主之。癸未，命翰林學士蔡齊撰記。」又卷一〇六天聖六年七月丙辰條云：「以翰林學士兼侍讀學士蔡齊爲龍圖閣學士、知河南府。羅崇勳趣齊上修景德寺記，曰：『參知政事可得也。』齊故遲其記不上。崇勳怒，譖於太后，命齊出守。參知政事魯宗道固爭留之，不能得。尋以親老易密州。太后諭宰相取記，齊上之。」又，本書中集卷四七蔡文忠公齊行狀云宦者羅崇勳「使人陰謂公曰：『善爲記，當得參知政事。』公故遲之，頗久，使者數趣，終不以進。崇勳怒，譖之太后，遷禮部郎中，改龍圖閣直學士，出爲西京留守」。

〔一六〕會歲飢公請蠲諸州稅又力請放海利以救東人　按本書中集卷四七蔡文忠公齊行狀云：「遭歲旱，除其公田之租數千碩，又請悉除京東民租，弛其鹽禁，使民得買海易食，以救其饑。東人至今賴之，皆曰：『使吾人百萬口活而不飢者，蔡公也。』」

〔一七〕權戚有過則彈劾不隱　宋史蔡齊傳載：「錢惟演守河陽，請曲賜鎮兵錢，章獻太后將許之。齊曰：『上新即位，惟演外戚，請偏賞以示私恩，不可許。』遂劾奏惟演。」又載：「蜀大姓王齊雄坐殺人除名。齊雄，太后姻家，未更赦復官。齊曰：『果如此，法撓矣。』明日，入奏事曰：『齊雄恃勢殺人，不死，又亟授以官，是以恩廢法也。』帝曰：『降一等與官可乎？』齊曰：『以恩廢法，如朝廷何！』帝勉從之，乃抵齊雄罪。錢惟演附丁謂，樞密題名，輒削去寇準姓氏，云『逆準不書』。齊言於仁宗曰：『寇準忠義聞天下，社稷之臣也，豈可爲姦黨所誣哉！』仁宗遽令磨去。郭皇后廢，將立富人陳氏女爲后，齊極論之。」

〔一八〕明肅之終至遂罷　據道山清話云：「明肅既上賓，時遺誥以太妃楊氏爲皇太后，軍國大事，內中商量。閤門促百官班賀皇后，時蔡齊爲中丞，厲聲叱曰：『誰命汝來？不得追班！』閤門吏皇懼而退。既而執政入奏：『今皇帝二十四歲，何必更煩太后垂簾？豈有女后相繼之理？』議未定，御史龐籍奏言：『適已將垂簾儀焚了矣。敢有異議，請取旨斬于庭！』左右震慄。后自屏後曰：『此間無固必。』於是刪去遺誥中『內中與皇太后商量』一節。當時倉卒中，實自蔡齊先發之。」宋史蔡齊傳亦云：「太后崩，遺誥以楊太妃爲皇太后，同裁制軍國事。閤門趣百官賀，齊使臺吏毋追班，乃入白執政曰：『上春秋富，習知天下情僞，今始親政事，豈宜使女后相踵稱制乎！』遂罷預政。」按，長編卷一一五景祐元年八月壬申條云：「初，蔡齊力爭削遺誥中『太后參決軍國大事』之語，呂夷簡歎曰：『蔡中丞不知，吾豈樂爲此哉？上方年少，恐禁中事莫有主張者爾。』及二美人爭寵恣橫，卒賴太后排遣之，或謂夷簡意實在此。然議者以爲人主既壯，而母后聽政，自非國家令典。雖或能整齊禁中，而垂簾之後，外戚用事，亦何所不至？齊之力爭，不爲失也。」

〔一九〕海南奏交阯八百餘人避本國之虐以歸我至朝廷患之　長編卷一一四景祐元年六月壬辰條云：「廣東轉運司言交州陳公永

等六百餘人內附，李德政發兵境上捕逐。詔遣公永等還，仍諭德政撫存之。」又卷一一六景祐二年五月甲午條云：「廣南東、西路並言妖獠寇邊，高竇雷化等州巡檢許政死之。遣左侍禁桑懌會廣、桂二州都監討捕。」丁未條云：「東頭供奉官、閤門祗候、知桂州田丙言，得宜融柳州同巡檢麥仲舒報，宜州管下鎮寧州蠻莫陵等七百餘人內寇，遣西京作坊使郭志高、東頭供奉官閤門祗候梁紹熙捕討之。」

〔二〇〕以進賢爲樂　張方平集卷三七蔡公神道碑銘云「范仲淹、龐籍、劉隨、楊偕、郭勸，皆公推轂，以顯於時」。宋史蔡齊傳云其「所薦龐籍、楊偕、劉隨、段少連，後率爲名臣」。

名臣碑傳琬琰集中卷四

杜祁公衍墓誌銘[一]　文忠公歐陽脩

故太子太師致仕、祁國公、贈司徒兼侍中杜公諱衍，字世昌，越州山陰人也。其先本出於堯之後，歷三代，常爲諸侯。後徙其封于杜，而子孫散適他國者，以杜爲氏。自杜赫爲秦將軍，後三世，御史大夫周及其子建平侯延年仍顯于漢。又九世，當陽侯預顯于晉。又十有四世，岐國公佑顯于唐①。又九世而至于祁公。其爲家有法，其吉凶祭祀、齋戒日時幣祝從事，一用其家書[二]。自唐滅，士喪其舊禮②，而一切苟簡，獨杜氏守其家法，不遷於世俗。蓋自春秋諸侯之子孫，歷秦漢千有餘歲，得不絶其世譜，而唐之盛時公卿家法存於今者，惟杜氏。

公自高祖以來③，以恭儉孝謹稱鄉里。至公爲人，尤潔廉自刻。其爲大臣，事其上以不欺爲忠，推於人以行

① 岐國公佑顯于唐　「岐」原作「歧」，據居士集卷三一太子太師致仕杜祁公墓誌銘及舊唐書卷一四七杜佑傳改。
② 士喪其舊禮　「士」原作「亡」，據居士集卷三一太子太師致仕杜祁公墓誌銘改。
③ 公自高祖以來　「高祖」，居士集卷三一太子太師致仕杜祁公墓誌銘作「曾高」。

己取信，故其動静纖悉，謹而有法。至考其大節，偉如也①。

公享年八十。官至尚書告老②，明年以太子少師致仕[三]。累遷太子太保、太傅、太師，封祁國公於其家。天子祀明堂，遣使者召公陪祠，將有所問，以疾不至[四]。而歲時存問，勞賜不絶。

公少舉進士高第，爲揚州觀察推官。知平遥縣，通判晉州，知乾州[五]，遷河東、京西路提點刑獄，知揚州[六]，河東、陝西路轉運使③，入爲三司户部副使，拜天章閣待制[七]。知荆南府，未行，以爲河北路都轉運使[八]，遂知天雄軍。召爲御史中丞[九]，判流内銓，知審官院，拜樞密直學士、知永興軍[一〇]，權知開封府④。康定元年，以刑部侍郎同知樞密院事，即拜副使。慶曆三年，遷吏部侍郎、樞密使[一一]。明年，以本官同中書門下平章事[一二]。

公治吏事，如其爲人。其聽獄訟，雖明敏而審覈愈精，故屢決疑獄，人以爲神[一三]。其簿書出納，推析毫髮，終日無倦色，至爲條目，必使吏不得爲姦而已。及其施於民者，則簡而易行。始居平遥，嘗以吏事適他州，而縣民争訟者皆不肯決，以待公歸。知乾州未滿歲，安撫使察其治行，以公權知鳳翔府[一四]。二邦之民争於界上，一曰：「此我公也，汝奪之！」一曰：「今我公也，汝何有焉？」夏人初叛命，天下苦於兵，而自陝以西尤甚。吏緣侵

① 至考其大節偉如也　居士集卷三一太子太師致仕杜祁公墓誌銘注曰：「一作『至考其始終之大節，雖古君子有不能及也。其立於朝廷，天下國家以爲重。退而老也，久而天子益思之』。」

② 官至尚書告老　居士集卷三一太子太師致仕杜祁公墓誌銘作「官至尚書左丞，方其六十有九，歲且盡，即上書告老」。

③ 河東陝西路轉運使　按，據宋史杜衍傳，其先後所任乃河東轉運副使、陝西轉運使。

④ 拜樞密直學士知永興軍權知開封府　居士集卷三一太子太師致仕杜祁公墓誌銘作「拜樞密直學士，知永興軍，徙知并州，遷龍圖閣學士，復知永興軍，權知開封府」。

漁，調發督迫，至民破産不能足，往往自經、投水以死①。於是時，公在永興，語其人曰：「吾不能免汝，然可使汝不勞爾。」乃爲之區處計較，量物有無貴賤，道里遠近，寬其期會，使以次輸送。由是物不踴貴，車牛芻秣，宿食往來如平時，而吏束手無所施，民比他州費省十六七[一五]。至於繕治城郭器械，民皆不知。開封治京師，常撓於權要，有干其法而能不爲之屈者，世皆以爲難，至公能使權要不敢有所干[一六]。凡其爲治，以聽斷盜訟爲能否爾，獨公始有餘力，省其民事，如治他州，而畿赤諸縣之民皆被其惠。開封比比出能吏，而兼於民政者，惟公一人。

吏部審官主天下吏員，而居職者類以不久遷去，故吏得爲姦。公始視銓事，一日，選者三人争某闕，公以問吏，吏受丙賕②，對曰：「當與甲。」乙不能争，遂授他闕。居數日，吏教丙訟甲負某事，不當得。公悟，召乙問之，乙謝曰：「業已得他闕，不願争。」公不得已與丙，而笑曰：「此非吏罪，乃吾未知銓法爾。」因命諸曹各具格式科條以白，問曰：「盡乎？」曰：「盡矣。」明日，勑諸吏無得升堂，使坐曹聽行文書而已。由是吏不得與銓事，與奪一出於公[一七]。居月餘，翕然聲動京師。其在審官，有以賄求官者，吏謝不受，曰：「我公有賢名，不久見用去矣，姑少待之。」

慶曆之初，上厭西兵之久出而民弊，亟用今丞相富公、樞密韓公及范文正公，而三人者遂欲盡革衆事，以修紀綱，而小人權倖皆不悦，獨公與相佐佑。而公尤抑絶僥倖，凡内降與恩澤者，一切不與[一八]，每積至十數，則連封而面還之，或詰責其人，至慙恨涕泣而去。上嘗謂諫官歐陽脩曰：「外人知杜某封還内降邪？吾居禁中，有求恩澤者，每以杜某不可告之而止者，多於所封還也。其助我多矣，此外人及杜某皆不知也。」然公與三人者，卒皆

① 往往自經投水以死 「自」原作「日」，據文海本、庫本及居士集卷三一太子太師致仕杜祁公墓誌銘改。
② 吏受丙賕 「賕」原作「脉」，據庫本及居士集卷三一太子太師致仕杜祁公墓誌銘改。

以此罷去[一九]。

公多知本朝故實，善決大事。初，邊將議欲大擧以擊夏人，雖韓公亦以爲可擧，公爭以爲不可。大臣至有欲以沮軍罪公者，然兵後果不得出[二〇]。契丹與夏人爭銀瓮族，大戰黄河外，而雁門、麟、府皆警。范文正公安撫河東，欲以兵從。公以爲契丹必不來，兵不可妄出。范公怒，至以語侵公，公不爲恨[二一]。後契丹卒不來。二公皆世俗指公與爲朋黨者，其論議之際蓋如此。及三人者將罷去，公獨以爲不可，遂亦罷，以尚書左丞知兖州[二二]。歲餘，乃致仕。

公自布衣至爲相，衣服飲食無所加[二三]，雖妻子亦有常節。家故饒財，諸父分産，公以所得悉與昆弟之貧者[二四]。俸禄所入，分給宗族，賙人急難。至其歸老，無屋以居，寓於南京驛舍者久之[二五]。自少好學，工書①[二六]，喜爲詩，讀書雖老不倦。推奬後進，今世知名士多出其門。居家見賓客②，必問時事。聞有善，喜若己出；至有所不可，憂見於色[二七]，或夜不能寐，如任其責者。凡公所以行之終身者，有能履其一，君子以爲人之所難。而公自謂不足以名後世，遺戒子孫，無得紀述。嗚呼！豈所謂任重道遠，而爲善惟不足者歟！

曾祖太子少保諱某，贈太師。祖鴻臚卿諱某③，追封吴國公。父尚書度支員外郎諱某④，追封韓國公。皆贈太師、尚書令兼中書令。娶相里氏[二八]，封晉國夫人⑤。子男曰訦，大理評事；訢，太常博士；訥，將作監主簿；

① 工書　居士集卷三一太子太師致仕杜祁公墓誌銘作「工書畫」。
② 居家見賓客　「賓」原作「貧」，據文海本及居士集卷三一太子太師致仕杜祁公墓誌銘改。
③ 祖鴻臚卿諱某　「某」，居士集卷三一太子太師致仕杜祁公墓誌銘作「叔詹」。
④ 父尚書度支員外郎諱某　「某」，居士集卷三一太子太師致仕杜祁公墓誌銘作「遂良」。
⑤ 封晉國夫人　「國」字原脱，據居士集卷三一太子太師致仕杜祁公墓誌銘補。

詒，祕書省正字；三子早卒。女，長適集賢校理蘇舜欽，次適祕閣校理李綖，次適單州團練推官張遵道。公以嘉祐二年某月某日卒于家①。其子訢以某月某日②，葬公于應天府宋城縣之仁孝原。銘曰：

翼翼祁公，率履自躬。一其初終，惟德之恭。公在于位，士知貪廉。退老于家，四方之瞻。豈惟士夫，天子曰咨。爾曲爾直，繩之墨之。正爾方圓，有矩有規。人莫之踰，公無爾欺。予左予右，惟公是毗。公雖告休，受寵不已。宮臣國公，即命于第。奕奕明堂，萬邦從祀。豈無臣工？爲予報事③。何以召之？惟公舊德。公不能來，予其往錫。君子豈弟，民之父母。公雖百齡，人以爲少。不俾黃耇，喪予元老。寵禄之隆，則有止期。惟其不已，既去而思。銘昭于遠，萬世之詒。

辨證：

[一] 杜祁公衍墓誌銘　本墓誌又載於歐陽脩居士集卷三一，題曰「太子太師致仕杜祁公墓誌銘」。又居士外集卷二〇再與杜訢論祁公墓誌書云：「所紀事皆録實，有稽據，皆大節與人之所難者。其他常人所能者，在他人更無巨美，不可不書，於公爲可略者，皆不暇書。如作提刑斷獄之類。」按，杜衍，隆平集卷五、東都事略卷五六、宋史卷三一〇有傳。

[二] 一用其家書　按，此指杜氏家祭禮儀。陳録卷六著録杜氏四時祭享禮一卷，云「丞相山陰杜衍世昌撰」。

[三] 以太子少師致仕　長編卷一六〇慶曆七年正月戊子條載尚書左丞、知兖州杜衍爲太子少師致仕，云：「衍時年方七十，正旦日上表願還印綬。宰相賈昌朝素不喜衍，遽從其請。議者謂衍故宰相，一上表即得謝，且位三少，皆非故事，蓋昌朝抑之也。」孔氏談苑

① 公以嘉祐二年某月某日卒于家　「某月某日」，居士集卷三一太子太師致仕杜祁公墓誌銘作「二月五日」。

② 其子訢以某月某日　「某月某日」，居士集卷三一太子太師致仕杜祁公墓誌銘作「其年十月十八日」。

③ 爲予報事　居士集卷三一太子太師致仕杜祁公墓誌銘作「爲予執法」。

卷三亦云：「陳執中作相，杜祁公引年，一表便許，止除少師，物論喧然。富彦國（弼）在鄆，葉道卿（清臣）在青，皆不平之。」

［四］天子祀明堂遣使者召公陪祠將有所問以疾不至　湘山野録卷上云：「皇祐中，明堂大享，時世室亞獻無宫僚，惟杜祁公衍以太子太師致仕南京，仁宗詔公歸以侍祠。公已老，手染一疏以求免。但直致數句，更無表章鋪敘之飾，止以奇牒妙墨，臨帖行書親寫陳奏：『臣衍向者甫及年期，還上印綬，天慈極深，曲徇私欲。今犬馬之齒七十有三，外雖支持，中實衰弊。且明堂大享，千載難逢，臣子豈不以捧璋侍祭爲榮遇，臣但恐顛倒失容，取戾非淺。伏望陛下察臣非矯，免預大禮，無任屏營。』」

［五］知乾州　宋史杜衍傳稱「詔舉良吏，擢知乾州」。

［六］知揚州　長編卷一〇六天聖六年二月辛未條載知揚州、祠部員外郎杜衍爲刑部員外郎，云：「先是，衍提點河東路刑獄，寧化軍守將鞫人死罪，不以實，衍復正之。守將不伏，訴於朝。詔爲置獄，果不當死。於是有司言法當賞衍，特遷之。」

［七］拜天章閣待制　長編卷一一〇天聖九年閏十月癸亥條載户部副使、刑部員外郎杜衍爲天章閣待制，并云：「薛顔死，其家屬衍爲墓誌，衍卻之。及在三司，因奏事，上謂衍曰：『薛顔有醜行，卿不與誌墓，誠清識也。』自是有意大用。」

［八］以爲河北路都轉運使　長編卷一一一明道元年正月乙亥條載以新知江陵府杜衍爲河北都轉運使，云：「初，命衍守荆南，殿中侍御史郭勸言衍清直，當留在朝，不宜處外，不聽。會河北乏軍費，乃遷衍一官，往經度之，不增賦於民而用足。」

［九］召爲御史中丞　宋史杜衍傳云：「始，衍爲治謹密，不以威刑督吏，然吏民亦憚其清整。仁宗特召爲御史中丞。」

［一〇］拜樞密直學士知永興軍　長編卷一一八景祐三年二月乙卯條云：「先是，上以三司胥吏猥多，或老疾不知書計，詔御史中丞杜衍、入内押班岑守素與本司差擇之。已而，三司後行朱正、周貴、李逢吉等數百人，輒相率詣宰相呂夷簡第喧訴，夷簡拒不見。又詣王曾第，曾以美言諭之，因使列狀自陳。既又詣衍第投瓦礫，且言因衍上言，致朝廷議欲揀汰，又各持料錢歷，欲自毁裂，肆醜言乃去。明日，衍對，請下有司推究，而曾具得其姓名。乙卯，正、貴杖脊，配沙門島，逢吉等二十二人決配遠惡州軍牢城，其爲從者皆勒停。」又三月戊戌條載御史中丞杜衍罷爲工部侍郎、樞密直學士、知永興軍。

［一一］遷吏部侍郎樞密使　長編卷一四〇慶曆三年四月乙巳條云時「以樞密使召（夏）竦於蔡州，臺諫交章論竦在陝西畏懦苟且，不肯盡力」，且「言竦挾詐任數，姦邪傾險」。而「御史中丞王拱辰對上極言，上未省，遽起，拱辰引上裾畢其説，前後言者合十八疏。

上乃罷竦，而用衍代之」，杜衍自樞密副使、吏部侍郎依前官充樞密使。

［一二］以本官同中書門下平章事　長編卷一五二慶曆四年九月甲申條云「樞密使、吏部侍郎杜衍依前官、平章事兼樞密使」。

［一三］其聽獄訟雖明敏而審覈愈精故屢決疑獄人以爲神　宋史杜衍傳云其「按行潞州，折冤獄，知州王曙爲作辨獄記。高繼昇知石州，人告繼昇連蕃族謀變，逮捕繫治，久不決，衍辯其誣，抵告者罪。寧化軍守將蹢人死罪，不以實，衍覆正之。守將不伏，訴之，詔爲置獄，果不當死。」又云：「知永興軍。民有晝亡其婦者，爲設方略捕，立得殺人賊，發所瘞屍，并得賊殺他婦人屍二，秦人大驚。」按，長編卷一〇四天聖四年四月戊午條亦云：王曙知潞州，「上黨民王氏誣伏殺繼母，獄已具，僚吏皆以爲無足疑者。曙獨曰：『此可疑也。』既而提點刑獄杜衍至，更訊之，果得真殺人者。曙因作辨獄記以戒獄官」。

［一四］安撫使察其治行以公權知鳳翔府　長編卷一〇四天聖四年四月戊午條云其「天禧末知乾州，時陳堯咨安撫陝西，有詔藩府乃賜燕，堯咨至乾州，以衍賢，特賜宴。仍奏徙衍權知鳳翔府。及罷歸，二州民邀留於境上，曰：『何奪我賢太守也！』」按，宋史杜衍傳略同。

［一五］民比他州費省十六七　長編卷一二六康定元年三月戊寅條云：「西邊用兵，關中民苦調發，吏或促辦，因以侵漁。衍爲之區處計畫，量物有無貴賤，道里遠近，寬其期會，使得次第輸送，永興比他州民費省幾半。」

［一六］至公能使權要不敢有所干　長編卷一二六康定元年三月戊寅條云杜衍權知開封府，「於民政尤盡力，權近素聞衍名，莫敢干於事者」。

［一七］由是吏不得與銓事與奪一出於公　長編卷一一六景祐二年三月己丑條云以御史中丞杜衍權判吏部流內銓，「先是，選補科格繁長，主判不能悉閱，吏多受賕，出縮爲姦。衍既視事，即敕吏取銓法，問曰：『盡乎？』曰：『盡矣。』乃閱視，具得本末曲折。明日，曉諸吏無得陞堂，各坐曹聽行文書，銓事悉自予奪，由是吏不能爲姦利。居月餘，聲動京師。後改知審官院，其裁制如判銓法」。

［一八］而公尤抑絶僥倖凡內降與恩澤者一切不與　續湘山野録云：「杜祁公衍在中書，奏：『武臣帶軍職若四廂都虞候等出領藩郡，不惟遺使額重，而又供給優厚。在祖宗時，蓋邊臣俸給不足，用故以此優之，俾集邊事。今四鄙寧肅，帶此職者皆近戚紈綺，欲乞並罷。』仁宗深然之，許爲著令，條告中外。方三日，一近姻之要者懇闈掖，上不得已，忽批一內降：『某人特與防禦使、四廂都虞候、知南

京，餘人不得援例。』次日，祁公執奏：『臣近奉聖詞，玉音未收，昨日何忽又降此批？』仁宗降玉色諭云：『卿止勉行此一批，蓋事有無可奈何者。』祁公正色奏曰：『但道杜衍不肯。』竟罷之。」

〔一九〕然公與三人者卒皆以此罷去　東都事略杜衍傳云：「其壻蘇舜欽監進奏院，集妓樂以祠神，爲御史劾奏。又集賢校理王益柔作傲歌，語涉指斥，欲下御史按罪。衍謂：『羅織獄今起都下矣。』執不可。又諫官孫甫言：『丁度面求進用，請屬吏。』衍不爲置對。又范仲淹、富弼偕出宣撫，言者隨攻之，仁宗欲罷二人，而衍又執以爲不可，遂疑其朋黨，以尚書左丞出知兗州。衍爲相凡百日而罷去。」長編卷一五四慶曆五年正月乙酉條云：「自蘇舜欽等斥逐，衍跡危矣，陳執中在中書，又數與衍異議。蔡襄、孫甫之乞出也，事下中書，甫本衍所舉用，於是中書共爲奏，言諫院今闕人，乞且留甫等供職。既奏，上頷之。衍退歸，即召吏出劄子，令甫等供職如舊。衍及（章）得象既署，吏執劄子詣執中，執中不肯署，曰：『向者上無明旨，當復奏，何得遽爾？』吏還白衍，衍取劄子壞焚之。執中因譖衍曰：『衍黨顧二人，苟欲其在諫院，欺罔擅權，及臣覺其情，遂壞焚劄子以滅跡，懷姦不忠。』上入其言，故與仲淹、弼俱罷。衍爲宰相，纔百二十日也。」

〔二〇〕邊將議欲大舉以擊夏人至然兵後果不得出　長編卷一二九康定元年十二月乙巳條云：「詔鄜延、涇原兩路取正月上旬同進兵入討西賊。上與兩府大臣共議，始用韓琦等所畫攻策也。樞密副使杜衍獨以爲僥倖出師，非萬全計，爭論久之，不聽，遂求罷，亦不聽。」注曰：「歐陽修墓誌曰：『大臣至有欲以沮軍罪衍者。』不知大臣謂誰，當考。」按，據長編卷一三一，因大將任福兵敗，韓琦「攻策」方罷。

〔二一〕范公怒至以語侵公公不爲恨　宋史杜衍傳云：「仲淹爭議帝前，詆衍語甚切。仲淹嘗父行事衍，衍不以爲恨。」

〔二二〕以尚書左丞知兗州　長編卷一五四慶曆五年正月丙戌條載工部侍郎、平章事兼樞密使杜衍罷爲尚書左丞、知兗州，云「制辭略曰：『自居鼎輔，靡協巖瞻。頗彰朋比之風，難處咨謀之地。顧群議之莫遏，豈舊勞之敢私！』學士承旨丁度之筆也」。

〔二三〕公自布衣至爲相衣服飲食無所加　五朝名臣言行録卷七之一丞相祁國杜正獻公引語録云：「公食于家，惟一麪一飯而已。或美其儉，公曰：『衍本一措大爾，名位爵禄、冠冕服用皆國家者，俸入之餘，以給親族之貧者，常恐浮食，焉敢以自奉也。一旦名位爵禄國家奪之，却爲一措大，又將何以自奉養耶？』」歸田録卷一亦云：「杜祁公爲人清儉，在官未嘗燃官燭，油燈一炷，熒然欲滅，與客相對清談而已。」孫公談圃卷上云：「杜祁公爲人清約，平生非賓客不食羊肉。」

[二四]家故饒財諸父分産公以所得悉與昆弟之貧者　涑水記聞卷一〇云：「杜祁公衍，越州人，父早卒，遺腹生公，其祖愛之。……前母有二子，不孝悌，其母改適河陽錢氏。祖父卒，公年十五六，其二兄以爲母私財以適人，就公索之，不得，引劍斫之，傷腦。走投其姑，姑匿之重橑上，出血數升，僅而得免。乃詣河陽，歸其母。繼父不之容，往來孟、洛間，貧甚，傭書以自資。嘗至濟源，富民相里氏奇之，妻以女，由是資用稍給。舉進士，殿試第四。及貴，其長兄猶存，待遇甚有恩禮。二兄及錢氏、姑子孫受公廕補官者數人，仍皆爲婚嫁。」

[二五]至其歸老無屋以居寓於南京驛舍者久之　宋史杜衍傳云：「衍清介，不殖私産，既退寓南都凡十年，第室卑陋，才數十楹，居之裕如也。」

[二六]工書　墨池編卷三續書斷下云杜衍「少工書，晚益喜之，於草筆尤善，雖年位皆重，尺牘必親，人皆藏之。韓魏公嘗以詩謝其書云：『因書乞得字數幅，伯英筋骨羲之膚。字體真渾遠到古，龍馬初見八卦圖。』又云：『公之佳壻蘇子美，得公一二名已沽。矜奇恃儁頗自放，質之公法慙毫麄。』其愛重如此」。卻掃編卷中云：「杜岐公既致仕還家，年已七十，始學草書，即工。余嘗於其孫鼎家見一帖，論草書曰：『草書之法，當使意在筆先，筆絶意在爲佳耳。』筆勢縱逸，有如飛動。紙尾書『時年七十八』字。又見有少時所節史記一編，字如蠅頭，字字端楷，首尾如一。」按，此「岐公」當作「祁公」。

[二七]至有所不可憂見於色　石林詩話卷上云杜衍「年已八十，然憂國之意，猶慷慨不已，每見於色。歐公（歐陽脩）嘗和公詩，有云：『貌先年老因憂國，事與心違始乞身。』公得之大喜，常自諷誦。當時以謂不惟曲盡公志，雖其形貌亦在模寫中也。」自警編卷七憂國云：「杜正獻公一日憂見于色，門生曰：『公今日何以不悅？』公曰：『適覩朝報行某事，行某事非便，所以憂爾。』又一日，喜見于色，門生未及問，公曰：『今日朝報某人進用，某人進用，社稷之福也。』公又曰：『孔子稱不在其位，不謀其政。第衍荷國恩之深，退居以來，家事百不關心，獨未能忘國爾。』」

[二八]娶相里氏　邵氏聞見録卷八云：「杜祁公少時客濟源，有縣令者能相人，厚遇之。與縣之大姓相里氏議婚不成，祁公亦別娶。久之，祁公妻死，令曰：『相里女子當作國夫人矣。』相里兄弟二人，前却祁公之議者兄也，令召其弟曰：『秀才杜君，人材足依也，當

以女弟妻之。』議遂定。其兄尤之，弟曰：『杜君，令之重客。令之意其可違？』兄悵然曰：『姑從之，俾教諸兒讀書耳。』祁公未成婚，赴試京師，登科。相里之兄厚資往見，公曰：『婚已定議，其敢違？某既出仕，頗憂門下無教兒讀書者爾。』凡遺却之，相里之兄大慚以歸。祁公既娶相里夫人，至從官，以兩郊禮奏異姓恩任，相里之弟後官至員外郎。」

章丞相得象墓誌銘[一]　景文公宋祁

宋有清忠肅艾之相曰章公，諱得象[二]。其先齊太公裔，封於鄣，去邑爲章氏。僑徙不常，後爲武寧望姓[三]。曾祖仁嵩，仕李昇爲駕部郎中，以公故，贈太師、中書令。曾妣杜，楚國太夫人。祖士廉，汀州寧化令，贈太師、中書令。祖妣周，齊國太夫人。考奐，志耿介，以儒術發聞，不樂進取，姻友數請，强與吏偕試禮部①，一不中即謝去，盤桓家食，以天爵自終，贈太師、尚書令兼中書令、密國公。妣張，秦國太夫人。世烈前光，幽而後融，委報於公。

公孩提已自秀挺，丱能屬文。年十二，侈袂挾筴，與密公及從兄得一俱稱茂才，鄉人貴之②。當時夙儒願與周旋，不以丈人行自謂③。咸平五年，天下進士貢千數，朝廷遴選，取纔三十八人，公第其中，號爲得才④。授大理評事、知邵武軍歸化縣。以斬衰喪，不之官⑤。服除，用大理丞爲信州玉山縣。會東封泰山，大臣引公簽署究

① 姻友數請强與吏偕試禮部　景文集卷五九文憲章公墓誌銘無「姻友數請强與吏偕」八字。
② 鄉人貴之　景文集卷五九文憲章公墓誌銘無此四字。
③ 不以丈人行自謂　「丈」原作「文」，據景文集卷五九文憲章公墓誌銘改。
④ 天下進士貢千數朝廷遴選取纔三十八人公第其中號爲得才　此句，景文集卷五九文憲章公墓誌銘作「舉進士」。
⑤ 以斬衰喪不之官　景文集卷五九文憲章公墓誌銘作「以喪未赴」。

州觀察判官事。以辨治勞劇，遷太常博士，通判明州。以屯田、都官二員外歷知台、南雄、洪三州事。

會詔近臣舉學優行茂者以名聞，時文靖吕丞相、諫大夫張師德聯牘言上，試學士院[四]。以職方員外郎直史館，入三司度支部爲判官，歷祠部郎中，賜五品服。改刑部曹，糾察在京刑獄，賜三品服。公自釋褐即外遷，間關遠方，幾二十年，搢紳未甚知者。及還，游諸公間，器就德完，一口交譽。姿表頎茂，所至輒傾坐客。視上閭如①，接下侃如，中陶然粹，外頽然簡，照通量含，不見崖畛，天下遂推爲鉅人長者。以兵部郎中試中書，進知制誥[五]。明年，入翰林爲學士。公於名命得輕重體要，進無盈褒，退無溢尤。至它詔令，皆便時制宜，使聽受施行者偏曉，多至數百千篇。即本職改諫議大夫，以齊縗喪去官，有詔奪服，號訴不見聽。累遷爲禮部侍郎，又兼龍圖閣學士，俄拜承旨，兼侍讀學士。擿經驗古，勸成風德。在内外辭禁，凡一終星。異時與公嘗僚，或出公下者，武相踵爲柄臣②。然愈謙晦，無纖芥觖望，不爲赫赫名自結，其澹於進取乃如此。視積薪倒行不得輩公厮皂，尚敢望其藩哉！

惟天子以爲國器，可大任。景祐三年，乃擢同知樞密院[六]，尋改户部侍郎。毗燮内機，底裏輸盡，參和協恭，道益光明。帝曰：「爾遂相。」寶元元年，以本官拜中書門下平章事[七]。邊鄙繹騷，老師留屯。上所與閲赤白囊，按邊吏才不肖，調兵食，止一二樞近裁可奉行。議者謂三公無不統兵，獨大事有不與知，方多故時，不容偏任。天子向其言，始命宰相兼樞密使[八]，仍進公中書侍郎兼工部尚書。公授使，讓還其官。在上前論事，或日旰，別白精審，無所回忌。時天下承平久，器蠱未牢，兵耗不登。公與吕丞相共議，閲良家子數十萬補完虚籍，益市馬

① 視上閭如 「視」，庫本作「事」。

② 武相踵爲柄臣 按，「武」上疑脱「接」字。

充車騎，爲蒐教之法付于軍，謹脩繕之令督于官，減用度之冗謹其財，所以憺威常武、紓國庇民者，咸見納用。遼人訹利，設言邀隙，乃參取餌表，陰折敵謀，且引陽秋「不一足」之義，權辭約幣，以一介至其廷，卒得要領歸報①〔九〕。會呂丞相病免，復以冬官命公，遂爲上宰〔一〇〕。拓跋之叛，公謂：「賊地褊，戰亟弊，當自臣。令按甲毋出，以飽士氣。」既割刈不克振，果叩高奴塞，泥首就羈，裁賜藝貢，禮以荒服。終大酋窮憤，兵死賀蘭〔一一〕。鉏其未萌，剪其速飛，如公之素②。

公既久當國，且畏盛滿，書諗夕咨，慮煩必傷，乃頓首乞還丞相印，詔不許，表至十上，未得報，則還第待罪。天子手詔曰：「須郊祠畢，更一年乃聽。」公以敦諭諄切，不敢違。然志遠名寵，每奏事，或獨留，且陳年侵疾瘽，言誠哀到。慶曆五年，始得以檢校太傅、鎮安軍節度視相秩，即判其州〔一二〕。七年，進封鄅國公〔一三〕。明年，徙留西雒。朝京師，遂請老。時議以圖任耆畯，不應以年爲解，公執益固，上度不可留，特拜司空致仕，賜實俸，著令燕見禮如丞相③，於是公年七十一。

去位之六月乙未，暴感疾，一日薨。詔遣太醫馳視，已不可爲。訃聞，天子即日幸其第。既酹，哀甚，賜銀三千兩，它賵襚稱之。舊制人臣罷退④，有物故，乘輿不臨喪〔一四〕。又是日當休，法從或出沐，而詔蹕遽行，且使走諭二府以殊禮待公意。再不視朝。追贈太尉兼侍中，進二子一孫官，大女疏湯沐邑，幼女及孫賜簪鐶服⑤，推敘

---

① 遼人訹利至卒得要領歸報　景文集卷五九文獻章公墓誌銘無此四十二字。
② 拓跋之叛至如公之素　景文集卷五九文獻章公墓誌銘無此六十九字。
③ 著令燕見禮如丞相　「禮」字原脱，據景文集卷五九文憲章公墓誌銘補。
④ 舊制人臣罷退　「人臣」，景文集卷五九文憲章公墓誌銘作「大臣」。
⑤ 大女疏湯沐邑幼女及孫賜簪鐶服　景文集卷五九文獻章公墓誌銘無此十四字。

宗姬者六人。公無主饋，嗣且幼，上遣中人省實家貲簿付宗老，舉不滿萬金，裁俸賜所贏。嗚呼！隱卒褒終，寵孤卹私之恩極矣。蓋公之納忠也至，故報禮也稱。朝野涕咨，謂之榮哀。

前夫人張氏，未及公顯，故君清河縣；後夫人楊氏，偕公貴，故國于郇。息男五：釋之，終大理評事；約之，終光禄寺丞；介之，終太常寺太祝，皆以學自力，數射策，與諸儒确，世稱其才①；延之，大理寺丞，公得謝，特賜緋袍銀魚；脩之，大理評事，皆儼然在次，號瘠如禮②。約之子元方，大理評事，以盛德後，羡慶委祥，且復大不疑云。息女五：三夭于室；次適太常寺太祝隴西李上卿，封永昌郡君，上卿，今樞密直學士、給事中昭述之子；季尚幼。從子隱之，公素所愛教，實有遺令，相二子治喪③。於是發龜策，合内外姻與謀，以秋九月某日克葬公於許州陽翟縣三封之原，以二夫人祔。初，母夫人捐養京師，命不還葬，於是作新塋，乃令異位同域④，庶公之志。

公興諸生，進官於朝，其踐歷大概著矣。至總局如審官、審刑、太常禮三院，尚書都省，通進銀臺，群牧使，昭文館，會靈觀；奉使則再充契丹國信；特選則知禮部貢舉；權置則南郊禮儀、大禮使；常兼則集賢、昭文二大學士，兼脩國史〔一五〕，譯經潤文使。皆餘功它閥，便蕃烜赫。至善狀尚，多不得詳。勳階爵並極本品，功臣文四十，邑食萬户，實食三之一。

公不喜爲皦厲行，要以天下中庸自居〔一六〕。薦寵士大夫，惟力所視〔一七〕，無有愛惜，苟顯於時，弗啻己自出。與人交，久而益親。仕十六官，未始有毫髮譴咎，雖長喙緩頰，不敢加非於公。不植私，不援黨，家無言利之老，

---

① 皆以學自力數射策與諸生确世稱其才　景文集卷五九文獻章公墓誌銘無此十六字。

② 號瘠如禮　「瘠」原作「脊」，據庫本及景文集卷五九文憲章公墓誌銘改。

③ 約之子元方至相二子治喪　景文集卷五九文獻章公墓誌銘無此八十三字。

④ 乃令異位同域　「令」原作「今」，據文海本及景文集卷五九文憲章公墓誌銘改。

室無徼福之祈。在宰府，務總綱紀，去煩苛，臨大事從容鎮静，無遽色亟言見於幾微①。士之辨鋭自喜者②，或上謁有所開説，公爲陳大體，皆語塞自引去。至上書過呰宰政，天子下其章，它輔臣欲讎實所言，公第置之，無所辨③。監司繩切州縣，更約束，劾發微密，所至紛然，公白其非。是時急於吏課，一切聽之。未幾，議不以爲便，舉皆復故[一八]。輔政八年，章程修明，其嘉猷納之上，庶績付之有司，功名勢地，皆一不處④。故論者但美公德，不能言其所以德。彼挈挈可名者，果其細邪！

公之始生，密國夢相者拜於前，旁有人曰：「相而拜，台輔也。」公爲省郎，楊文公億屬廣坐謂公曰：「希言當爲賢宰相。」閩江南臺，古傳沙合者出相，比年遂僨爲洲[一九]，名世賚弼，抑天啓然⑤。善行章書⑥，筆法遒婉⑦[二〇]，時人弆牘秘愛。論著文章數百篇，雅懿沈鬱，薄天人之極。其爲章惠太后册[二一]，上最稱善。奉詔撰御書梵字後記，鋪衍宏麗，文林韙服。

噫！天與善人舊矣，又曰「仁者壽」，挾二必然之理，與公之嗇和，不能亢有定之數，使登期頤，固所謂不盡信而難諶者哉！古之遭時君，必終始自託，然始未嘗不隆，而後稍薄也。如公疊寵蕃數，存無比而殁有加焉。易名

① 無遽色亟言見於幾微　「亟」，庫本作「急」。
② 士之辨鋭自喜者　「辨」原作「辦」，據庫本及景文集卷五九文憲章公墓誌銘改。
③ 無所辨　「辨」原作「辦」，據庫本及景文集卷五九文憲章公墓誌銘改。
④ 皆一不處　「處」，景文集卷五九文憲章公墓誌銘作「取」。
⑤ 公之始生至抑天啓然　景文集卷五九文獻章公墓誌銘無此六十八字。
⑥ 善行章書　「章」，景文集卷五九文憲章公墓誌銘作「草」。
⑦ 筆法遒婉　「筆」原作「筭」，據庫本及景文集卷五九文憲章公墓誌銘改。

之日，太常謚曰文憲[一二]，至内外無間言，全德哉若人！僕辱公知[一三]，且其嗣有請，遂爲之銘：

在宋四世，帝功極熾。顯顯有郇，實相而濟。羌酋惛妭，弄兵不朝。赤子恃餔，亢父取驕。公爲國謀，折箠不笞。待其癉飢，委命自歸。鬼方窺罅，不情以詐。公屈其鋒，建言一赦。朝遣單車，往喻厥廷。撓酒不渝，卒復爾盟①。二陲休寧，時公之功。薰以太和，物夥歲豐。遂安元元，以揉萬邦。乘車嘽嘽，高牙言言。公有文武，之翰之藩。既老而傳②，頓首乞身。天子有命，爾作司空。弗職以勞，安嗇而冲。公有陰德，大濟于時。宜永斯年，乃不期頤。六飛騤騤，厥第是臨。禆衣豐貂，既襚乃斂。賁樞榮終，誰克之如？本公忠勞，感會有初。降體頹濱，大宵無晨。孰襄厥事？若子而孫。下有千載，追慕如仁。

辨證：

[一]章丞相得象墓誌銘　本墓誌又載於宋祁景文集卷五九，題曰「文憲章公墓誌銘」。按，章得象，隆平集卷五、東都事略卷五六、宋史卷三一一有傳。

[二]諱得象　東都事略章得象傳云其「母嘗夢登山，遇神人授以玉象，及生，復夢庭積象笏，因名得象」。按，章得象字希言。又隆平集章得象傳云其「父夢庭中積象笏如山」。宋史章得象傳略同。

[三]後爲武寧望姓　宋史章得象傳載章得象「世居泉州。高祖仔鈞，事閩爲建州刺史，遂家浦城」。按，隆平集、東都事略章得象傳略同。又據宋史地理志一，武寧乃徐州軍號。

[四]時文靖吕丞相諫大夫張師德聯牘言上試學士院　長編卷九七天禧五年正月乙酉條云：「前詔兩制舉詞學清素之士，翰林學

---

① 羌酋惛妭至卒復爾盟　景文集卷五九文獻章公墓誌銘無此六十四字。

② 既老而傳　「傳」，庫本作「傅」。

士劉筠、龍圖閣直學士吕夷簡、知制誥張師德等以得象等名聞，故召試而命焉。」注曰：「得象本傳云：楊億薦之，召試爲直史館。按實録，薦者乃無億名。傳又云億以博知得象。皆當考。」按，宋史章得象傳云：「楊億以爲有公輔器，薦之。或問之，億曰：『閩士輕狹，而章公深厚有容，此其貴也。』得象嘗與億戲博李宗諤家，一夕負錢三十萬，而酣寢自如。他日博勝，得宗諤金一奩；數日博又負，即反奩與宗諤，封識未嘗發也。其度量宏廓如此。」又，苕溪漁隱叢話後集卷三六本朝雜紀下引司馬文正公日録云：「章郇公得象爲職方，知洪州罷歸，丁晉公（謂）與楊文公博，召數人，皆不至。丁以爲二人博無歡，楊曰：『有章職方者善博，可召之。』既至，丁不勝，輸銀器數百兩。章初無喜色，亦不辭。他日又博，章輸銀器數百兩，亦無吝色。丁由是佳其有度量，援引以至清顯。楊亦嘗稱郇公他日必爲公台，厚遇之。」

〔五〕以兵部郎中試中書進知制誥　長編卷一〇三天聖三年三月己酉條載度支副使、禮部員外郎蔡齊爲起居舍人，刑部郎中、直史館章得象爲兵部郎中，並知制誥，云：「初，召齊等試中書，上閲其試文，謂宰臣曰：『兩制詞臣，以文章爲職業，然須材識周敏，操履端方，乃可副朝廷中外任使也。』王欽若等言齊及得象所長，上始命之。」

〔六〕乃擢同知樞密院　長編卷一一九景祐三年十二月丁卯條載翰林學士承旨兼侍讀學士、龍圖閣直學士、禮部侍郎章得象同知樞密院事，云：「得象爲人莊重，度量宏廓。……在翰林十二年，怡然自得。章獻太后臨朝，宦官熾横，太后每遣内侍至學士院，得象必正色嚴待之，或不交一言，議者以此稱焉。」

〔七〕以本官拜中書門下平章事　宋史章得象傳云其拜同中書門下平章事、集賢殿大學士，云：「帝謂得象曰：『向者太后臨朝，群臣邪正，朕皆默識之。卿清忠無所附，且未嘗有所干請，今日用卿，職此也。』」按，東都事略章得象傳略同。

〔八〕始命宰相兼樞密使　長編卷一二六康定元年二月丁酉條云：「詔樞密院自今邊事並與宰相張士遜、章得象參議之，即不須簽檢。國朝舊制，以中書制民，樞密主兵，故元昊反，邊奏皆不關中書。翰林學士丁度嘗建言：『古之號令，必出於一。今二府分兵民之政，若措置乖異，則天下無適從，非國體也。請軍旅重務，二府得通議之。』知諫院富弼又言：『邊事係國安危，不當專委樞密院，而宰相不與。乞如國初，令宰相兼樞密使。』上參取其言而降是詔。」又卷一三七慶曆二年七月戊午條載右僕射兼門下侍郎、平章事吕夷簡判樞密院，工部侍郎、平章事章得象兼樞密使，樞密使晏殊同平章事，云：「初，富弼建議宰相兼樞密使，上曰：『軍國之務當悉歸中書，樞密非古官，然未欲遽廢，故止令中書同議樞密院事。』及張方平請廢樞密院，上乃追用弼議，特降制命夷簡判院事，而得象兼使，殊加同平章事，爲使如故。」

〔九〕遼人詠利至卒得要領歸報　長編卷一五四慶曆五年正月丙子條云：「契丹遣林牙、彰聖軍節度使耶律宗睦來告討夏人回。先是，元昊既敗契丹，遣使進表獻俘，詔却其俘而受其表。及宗睦來，知制誥余靖言：『朝廷受表却俘，此誠欲敦示大體，兩存其好也。竊緣臣昨到契丹，敵中君臣將元昊表狀皆示與臣，其間亦有毀讟本朝之語，但敵主佯詈元昊小人翻覆、交鬬兩朝如此而已。臣愚以爲今亦宜使館伴宗睦者，將元昊獻俘表示與宗睦，兼言本朝不受所獻，復令送還北朝之意，使敵人知本朝聞其敗衂，不敢分外邀求也。』」又庚辰條載右正言、知制誥、史館修撰余靖爲回謝契丹使，引進使、恩州刺史王克基副之。己亥條云：「知制誥余靖言：『昨聞西人與契丹約和，尋復侵掠，必恐契丹兵忿不解，前又遣使來以告西伐，則將命者不絕，蠹耗財用，無有盡時。臣今奉使契丹，欲先諭以元昊反覆小臣，其去就不足爲兩朝重輕，設或攜叛，亦是常事。彼此只邊上關報，更不專遣使臣。』從之。」按，時宋遣使遼處置此事務者乃余靖。

〔一〇〕復以冬官命公遂爲上宰　宋史宰輔表二載慶曆三年三月戊子，「呂夷簡自司空、平章軍國重事以疾授司徒、監修國史，與議軍國大事。章得象自平章事加工部尚書、昭文館大學士」。四月甲子，呂夷簡「罷與議軍國重事」。九月戊辰，呂夷簡致仕，章得象加監修國史。

〔一一〕裁賜藝貢禮以荒服終大酋窮憤兵死賀蘭　長編卷一五三慶曆四年十二月乙未條載西夏元昊遣使來納款，宋廷「册命元昊爲夏國主，更名曩霄」，且「約稱臣奉正朔，改所賜勅書爲詔而不名，許自置官屬」。而「朝廷遣使至其國，相見以賓客禮，置榷場於保安軍及高平寨，第不通青鹽。然朝廷每遣使往，館於宥州，終不得至興靈焉」。又卷一六三慶曆八年正月辛未條載夏國主曩霄卒，云爲其子所創，傷重而死。按，誌文此處所云多屬誇飾之語。

〔一二〕慶曆五年始得以檢校太傅鎮安軍節度視相秩即判其州　長編卷一五五慶曆五年四月戊申條載工部尚書、平章事、兼樞密使章得象罷爲鎮安節度使、同平章事、判陳州，云：「得象在中書八年，畏遠名勢，宗黨親戚，一切抑而不進。方陝西用兵，上銳意天下事，進用韓琦、范仲淹、富弼，使同得象經畫當世急務，得象無所建明，琦等皆去，得象居位自若。監察御史裏行孫抗數以爲言，而得象亦十上章請罷，上不得已，乃許之。」注曰：「傳云得象無所建明，抗數以爲言，得象居位自若。恐誤。今稍顛倒其辭。」按，陳州軍號鎮安。

［一三］進封郇國公　長編卷一六一慶曆七年十二月戊申條云：「舊制，將相食邑萬户，即封國公。王旦爲相，過萬户，而謙抑不封。是歲南郊，中外將相唯（夏）竦滿萬户，中書請封英國。因詔節度使帶平章事未滿萬户皆得封。」於是章得象等封國公。

［一四］舊制人臣罷退有物故乘輿不臨喪　長編卷一六四慶曆八年六月丙申條載司空致仕章得象卒，云：「故事，致仕官乘輿不臨奠，帝特往奠之。」

［一五］兼脩國史　長編卷一四三慶曆三年九月丁卯條稱：「始命宰臣章得象監修國史。初，吕夷簡罷相爲司徒，猶帶監修，得象止除昭文館大學士，及夷簡致仕，乃以還得象。」

［一六］要以天下中庸自居　長編卷一〇七天聖七年二月戊辰條云：「翰林學士章得象權發遣開封府事。時命龍圖閣待制王博文代陳堯佐，而博文按真定獄猶未還也。得象在開封府才二十七日，性仁柔，懼有寃濫，命僧就第，設七晝夜道場以禳之。」

［一七］薦寵士大夫惟力所視　能改齋漫録卷一二記事歐陽文忠服章郇公非賣恩云：「章郇公在中書。歐陽文忠公初自夷陵縣令貶所回，復館職，通判滑州。以書與公求一郡，公答之無可意。文忠不悦。俄而擢知諫院，一年中歷三司，直龍圖，爲學士、河朔都轉運。文忠始服公非賣恩者。」

［一八］監司繩切州縣至舉皆復故　按，此言慶曆新政及其失敗事。據韓魏公别録云：「公嘗言：章得象在中書時，方天下多敝事，且有西鄙之患，每與范希文（仲淹）、富彦國（弼）以文字至相府，欲發議論，輒閉目數數，殊不應人。彦國憤惋，數欲悖之，希文惜大體不許也。」聞見近録云：「慶曆中，韓、范、富執政，日務興作。時章郇公爲相，張文定（方平）因往見之，語以『近日諸公頗務興作，如何』？郇公不答。凡數問之，曰：『得象每見小兒跳躑作戲，禁止不得，到觸着牆自退。方其舉步時，勢難遏也。』未幾三公悉罷。」又按，長編卷一五三慶曆四年十一月甲子條載，「杜衍、范仲淹、富弼等同執政，多引用一時聞人，欲更張庶事，御史中丞王拱辰等不便其所爲。而（蘇）舜欽，仲淹所薦，其妻又衍女也，少年能文章，議論稍侵權貴」，故於奏院獄中「同時斥逐者多知名士，世以爲過薄，而拱辰等方自喜曰：『吾一舉網盡矣。』」而王益柔「亦仲淹所薦，拱辰既劾奏，宋祁、張方平又助之，力言益柔作傲歌罪當誅，蓋欲因益柔以累仲淹也。章得象無所可否，賈昌朝陰主拱辰等議」。又卷一五四慶曆五年正月乙酉條載，時范仲淹、富弼出使陝西，「讒者益甚，兩人在朝所施爲，亦稍沮止，獨杜衍左右之，上頗惑焉。仲淹愈不自安，因奏疏乞罷政事，上欲聽其請，章得象曰：『仲淹素有虚名，今一請遽罷，恐

天下謂陛下輕絀賢臣。不若且賜詔不允，若仲淹即有謝表，則是挾詐要君，乃可罷也。』上從之。仲淹果奏表謝，上愈信得象言」。於是參知政事范仲淹罷爲資政殿學士、知邠州，樞密副使富弼罷爲資政殿學士、知鄆州。又二月辛卯條載康定初，劉元瑜「嘗言范仲淹以非罪貶，既復天章閣待制，宜在左右。尹洙、余靖、歐陽修皆坐朋黨斥逐，此小人惡直醜正也。及仲淹迹危」，劉元瑜時監察御史，「即希章得象、陳執中意，起奏邸獄，劾竄陸經」。

［一九］閩江南臺古傳沙合者出相比年遂債爲洲　按宋史章得象傳云：「初，閩人謠曰：『南臺江合出宰相。』至得象相時，沙湧可涉云。」

［二〇］筆法遒婉　書録中篇載「東坡云章文簡公楷法尤妙，足以見前人篤實謹厚之餘風也」。

［二一］其爲章惠太后册　按，册文載於宋會要輯稿禮三二之二五。

［二二］謚曰文憲　東都事略章得象傳云章得象初「謚曰文憲。後知制誥王洙言得象謚同周公，改謚曰文簡」。宋史章得象傳云「皇祐中，改謚文簡」。

［二三］僕辱公知　長編卷一五四慶曆五年正月丙戌條云「上既罷范仲淹，問章得象誰可代者，得象薦（宋）庠弟祁，帝雅意屬庠，乃復召用之」而拜參知政事。

王文正公曾墓誌銘[一]　景文公宋祁

景祐二年，丞相右府鈌①，上方圖任耆俊，參付魁極。越二月，制詔太原王公曾，其上樞密使印綬，還來相予，進拜尚書右僕射、門下侍郎[二]，所以命賜之尤渥。公拜稽首，讓弗遂，於是擇典訓庸，以熙百工。外懷邇協，以種九德，飪味燮和，辰階比平，翼戴聖猷，溥大光明。迺十一月，從欽天柴，胙沂以爲公國。它日，請間伏青蒲，上陳瘁苑②，嬰霜露以踣，願前此納政，避賢人路。帝憮然無開可意，公執不奪，卒改左僕射，加資政大學士，鎮東平[三]。戊寅仲冬感疹，門子謁急書聞，亟命將高手醫跳駈趨視，不半道，丙午薨③。上推甲子得三百六十六④，復所生之辰。家丞列治，讓還鴻臚典葬。天子隱遺老之弗憖也⑤，再昕置朝，歛左貂以襚，法贈備厚，恩録

① 丞相右府鈌　按，「丞相右府」即右丞相。「鈌」，通「缺」。
② 上陳瘁苑　「苑」，景文集卷五八文正王公墓誌銘作「薾」。
③ 戊寅仲冬至丙午薨　按，戊寅仲冬乃景祐五年十一月，是月癸巳朔，丙午乃十四日。
④ 上推甲子得三百六十六　按，一甲子六十日，三百六十六甲子乃二萬一千九百六十日，得年六十一餘。
⑤ 天子隱遺老之弗憖也　「隱」，景文集卷五八文正王公墓誌銘作「悼」。

宗姻僚陪十人。容官合「文正」二言以謹周道①。公之喪來京師，其引也，蓋殯也，邦人官師沱涕相弔。明年，有司持丁亥詔書到公第，仍舉中書令密章以告。愍册焜煌，再漏下泉，本公之綢繆感會，寵存賁往，有以致者。其如仁歟！其司直歟！

公字孝先〔四〕，由逸民霸，飛遁天漢②。顯基素德，支裔屢徙，今爲青州益都著姓〔五〕。曾祖諱鐸，祖諱繼華，皆蹈道沉冥③，陰儲世烈。考諱兼，甘節難進，仕未及膴④，終著作佐郎。深根浚源，叢沛來祉。公貴推澤，並贈開府儀同三司、尚書令、中書令，爵皆爲公。大王父國于越，父國于魯⑤。妣曰張，別贈燕夫人；曰何，爲魯夫人。

公即何夫人之子，軒渠卓異，魯公曰：「是大吾門。」八歲終二喪，斬焉致毀。仲父宗元育之過所生，一情以均。公亦以所愛事仲父如父。甫冠，與鄉士游⑥，汎博書記，不爲章句儒。諸老先生皆折輩行以交⑦。咸平中，偕郡上計，委符入闕。策進士，再爲天下第一〔六〕。當此時，二篇賦學者争傳〔七〕，都紙爲貴，以王佐期之。初命將

① 容官合文正二言以謹周道　「謹」，景文集卷五八文正王公墓誌銘作「謚」。
② 飛遁天漢　「遁」字原闕，據景文集卷五八文正王公墓誌銘補。
③ 皆蹈道沉冥　景文集卷五八文正王公墓誌銘無「蹈道沉冥」四字。
④ 仕未及膴　景文集卷五八文正王公墓誌銘無此四字。
⑤ 父國于魯　「父」原作「配」，據景文集卷五八文正王公墓誌銘改。按，本書中集卷四四王文正公曾行狀稱其父兼「魯國公」，本墓誌下文亦稱「魯公」。
⑥ 與鄉士游　「鄉士」原作「士鄉」，據景文集卷五八文正王公墓誌銘乙改。按，宋史王曾傳稱其嘗「從學於里人張震，善爲文辭」。東都事略王曾傳略同。
⑦ 諸老先生皆折輩行以交　「折」原作「拆」，據庫本及景文集卷五八文正王公墓誌銘改。

作監丞、通治濟陽。代還，試政事堂〔八〕，以大著作直太史，服五品。判三司户部案，轉右正言知制誥〔九〕，服三品，充史館修撰，入翰林爲學士，自司計外郎再遷至中兵①。拜諫議大夫，參議大政，加給事中。以禮部侍郎守應天、大名兩府〔一〇〕。復貳鼎席，兼太子賓客，由左户再遷至春官卿②。以内書侍郎執宰相筆〔一一〕，陟東臺，兼地官，遂躋上衮〔一二〕。閲五歲，琳宫火，一昔焚，册災異免，以天官爲本州〔一三〕，又易天雄軍，即拜彰德軍節度使、檢校太尉，稍换天平軍、檢校太師，俄同中書門下平章事，徙判河南府〔一四〕。入冠樞極，罷幢棨〔一五〕，還冢宰③，它如故。公由布衣狃君門，譽處時行，爲龍光景式，凡三十七年。别任九：判大理、尚書都省、登聞檢，知審刑、審官、禮儀院、通進銀臺司門下封駁事，莅三班院，糾察在京刑獄。領使五：持金絜遺湟水酋，爲生辰使〔一六〕；輦謁譙祠，爲考制度使〔一七〕；館寓神嶽，以中台爲會靈觀使〔一八〕；高真寶符，以元輔爲玉清昭應宫使〔一九〕；再見上帝，爲南郊大禮使。主工部一。由集賢殿、昭文館及西清之秘，爲大學士三〔二〇〕。監脩國史一。階一品，勳十二轉，表功十有四字，食虚邑萬有二千五百室，實五千一百室。此踐揚隆赫，其大較也。

初，契丹盜邊，濟爲寰服最近，早符晏檄，悉財賦佐軍興。公由倅事，疏一二便宜，數奏蒙可，衆器其能。天禧夜妖自三川相靡而東〔二一〕。公守睢陽，不遑讙恐，里閭晝闔。公闢牙門，分吏曉捕，先倡者鞭梏之，妖息不復南。築雒都，城周萬雉，雲陴言言，宸居以尊。復陝路轉粟歲二十萬，饟得無乏。歲旱蝗，齊、楚周十八以上民曹逃貧困粟，鄉縣株送，結强盗抵死④，公一切榜遣，流瘠更生以千計。所至立學官〔二二〕，分租奉助興作。五州鑱金

① 自司計外郎再遷至中兵　按，「司計外郎」指比部員外郎，「中兵」指兵部郎中。
② 由左户再遷至春官卿　按，「左户」指户部侍郎，「春官卿」指禮部尚書。
③ 還冢宰　「冢」原作「家」，據庫本及景文集卷五八文正王公墓誌銘改。
④ 結强盗抵死　景文集卷五八文正王公墓誌銘無此五字。

石以頌，魏人畫像事之，課治者以公爲尤。緑圖夜降①，度宫以儀，曲密礱石庀材②，規創萬楹。公列五害，願省損制度[二三]，奉承大中之意。

先帝弗豫，太子已決事，或議長秋臨政，憸人惎語翕翕③[二四]。公時訓護儲邸④，謂后姻倖曰：「太子、長秋誼不獨立，有如兩宫相維，社稷安矣[二五]。」后悟，由是内外恭順無違言。莊獻總軍國，儀不時立⑤，佞黨投罅，廷議放肆。公獨引東漢故事，朝則帝在左，太后在右，施簾自障⑥。群臣奏事于前，詔如公請[二六]。長樂上徽册，供張天安殿中，公執不可，改御文德[二七]，差損扆坐，志在强王室、安外家，使無纖介。納忠者以公爲盡⑦。

大理總天下獄，異時爲冗，帝欲重之，公自西臺被選，評廷訊讞，許自辟丞屬，遂踵爲故事[二八]。法家有違制而情不一，公請非親被以失論[二九]。會具獄須報，公據前比，帝曰：「自是無復有違制邪？」公曰：「如陛下言，亦無復有失者。」帝悦，更從輕坐，語材者器公之果⑧。踐内外辭禁，贊爲名命。渾灝炳純，傃古同風⑨。或選爲

① 緑圖夜降　「降」字原闕，據景文集卷五八文正王公墓誌銘補。
② 曲密礱石庀材　「庀」原作「化」，據庫本及景文集卷五八文正王公墓誌銘改。又「曲密」，景文集卷五八文正王公墓誌銘作「典客」。
③ 憸人惎語翕翕　「憸」原作「檢」，據庫本及景文集卷五八文正王公墓誌銘改。
④ 公時訓護儲邸　「訓護」，景文集卷五八文正王公墓誌銘集作「調護」。按，王曾時兼太子賓客。
⑤ 儀不時立　庫本作「儀鑾峙立」。
⑥ 施簾自障　「障」原作「彰」，據文海本及景文集卷五八文正王公墓誌銘改。
⑦ 納忠者以公爲盡　「盡」，景文集卷五八文正王公墓誌銘作「藎」。
⑧ 語材者器公之果　「材」原作「林」，據庫本及景文集卷五八文正王公墓誌銘改。
⑨ 傃古同風　「傃」，景文集卷五八文正王公墓誌銘作「溯」。

昌言，或永爲賡歌，則家集合五十六篇，詳矣。上始鄉學，公采聖君賢臣事，繪解爲三十篇[三〇]，因以勸成德美，詔鏤于槧①，偏賜邇臣。其它纂次尤多[三一]，尚不録，言文者歸公之治。

嗚呼！惟公侃然正，崖然立，周密靖慎，久而無流心。在上前開陳處可[三二]，辯博有餘言，爲國家用②。至日旰出沐燕私，訖不道省中語。天資方重，每廣朝大會，盛服玉色，郎謁者視進止，如有尺寸，未嘗過鉠。雖妄庸人嗤歴詆，亦不能加半言毁短於公。當國七年，萬物茂宜，四夷休寧，稼茨于原，兵仆于鄙。嘉生回薄，無有恫怨。務大體若丙吉，清淨如曹參，總領衆職如魏相，内文明如鄧禹。于時裕公之化，察察者敦，沾沾者愧。建啓露門祕禁，召惇儒碩老，侍擿勸講。復諫署舊員，使正辭謇議，日興于朝。進賢不植私，愛士不謀黨[三三]，退不肖，不奸怨。奉群母孝，與諸弟友。親族可任，言之上；不可任，厚分之財[三四]。姻婭進用，皆以嫌自退。上嘗大署「忠亮忠厚」四字錫之，蓋實録云，天下稱爲賢。

公乾興、天聖之際，時多故矣，身荷重任，爲國休戚，雖參和傅會，權定大争③[三五]，殨彼怒牙④，浣其它腸，庇焉如帡幪，慮焉如著蔡。然至閑居獨念，猶感概以之。是必彌綸之才，軋于群媢而未悉獲騁；健粹之氣，有所難屈而弗慊于心。煩慮焚和，且至大病，斯可慟已。先時大星辰落郡寢上，左右驚白，公曰：「後一月乃自知之。」如期而始悟。寧傅箕蕭昴，有馮以始，亦有以終邪？君子謂爲知命。

① 詔鏤于槧 「詔」，景文集卷五八文正王公墓誌銘作「語」。
② 爲國家用 「爲」字原闕，據景文集卷五八文正王公墓誌銘補。
③ 雖參和傅會權定大争 「争」，景文集卷五八文正王公墓誌銘作「事」。
④ 殨彼怒牙 「彼」，景文集卷五八文正王公墓誌銘作「被」。

公始合姓於蔡，實處士光濟之女。又合姓於李，故相文靖公之女[三六]，卒；繼室以其妹，芳猷淑則，迭映中壼。後夫人獨偕公老，故啓許國，享脂田焉。晝哭未期，又不幸以褕衣而復。母弟曰皞，字子融①，爲刑部郎中、直集賢院；曰閔②，字孝德，終國子博士。子四人：曰絪、緣、縡、纘[三七]。絪止光禄寺丞；緣夭閼；纘止將作監丞；縡爲光禄寺丞。縡之幼，公取皞子繹以嗣；及終，又命之。故繹即喪序，今爲大理寺丞、秘閣校理。三女：二早世，一適屯田郎中沈惟温③。

公之捐館，門下生與宗家計，咸曰④：「大墓無穆位，不可以葬。」乃改卜於滎陽，惟新鄭吉；又筮於臨洧鄉⑤，惟梁原吉。先是蔡夫人之歿，已祔於姑。歲在單閼，冬十月乙酉，子融與繹等竭誠信，舉公及二夫人之喪合窆新阡，順也。子融雖受公蔭，然自以材略奮，迨公時已翔册府，操計籌，糾都獄，藉藉爲聞人[三八]。而孔懷爲位之哀，連歲摧潰，既奔走蕆事⑥，且求狀於太子中允、直集賢院富弼，又自裒公行事一篇，合前後贊書見授，而爲之誌。恭惟令君之德在生人，其憲度在臺閣，其言在謨命，其履踐在圖書，其人與不可傳者皆亡矣⑦。今所摭次⑧，姑舉縉紳所道者著于篇，而納之壙中，以慰蓼莪之思，以謹高岸之變。噫！繹也，縡也，既收而食矣，尚不

① 母弟曰皞字子融　按，宋史卷三一〇王子融傳稱其字熙仲。又云：「本名皞，字子融。元昊反，請以字爲名。」
② 曰閔　景文集卷五八文正王公墓誌銘作「曰憫」。
③ 三女二早世一適屯田郎中沈惟温　景文集卷五八文正王公墓誌銘無此十四字。又，「沈惟温」，庫本作「沈維温」。
④ 門下生與宗家計咸曰　景文集卷五八文正王公墓誌銘作「以」。
⑤ 又筮於臨洧鄉　「臨洧鄉」，景文集卷五八文正王公墓誌銘作「臨濟鄉」。
⑥ 子融雖受公蔭至既奔走蕆事　景文集卷五八文正王公墓誌銘無此四十六字。
⑦ 其人與不可傳者皆亡矣　「亡」原作「士」，據景文集卷五八文正王公墓誌銘改。
⑧ 今所摭次　「今」原作「令」，據清抄本、庫本及景文集卷五八文正王公墓誌銘改。

隕厥問，而世其家云①。銘曰：

斤斤令君，揭來山東。利見國光，參偶時龍。既奮厥庸，遂爲宗工，訂平津之封兮。

上初纂嗣，母闈參治。揭日當天，實相以濟。讒脣不搖，王室無惎，賴陳平之智兮。

五藩于宜，既仁且賢。邦民宜之，厥猷茂焉。乃建將牙，乃示台躔，翳吉甫之憲兮。

鄭圃聯圻，泉塗啓扉。刻章美櫝，終天此依。九京千載，湌仰餘徽，惟隨武之歸兮。

辨證：

[一] 王文正公曾墓誌銘　本墓誌又載於宋祁景文集卷五八，題曰「文正王公墓誌銘」。長編卷一二三景祐五年十一月戊午條云王曾卒，「輟視朝二日，贈侍中，謚文正」。至「皇祐中，上爲篆其墓碑曰『旌賢之碑』，後又改其鄉曰旌賢。大臣碑得賜篆自曾始」。按，王曾，隆平集卷五、東都事略卷五一、宋史卷三一〇有傳，本書中集卷四四載有富弼王文正公曾行狀。

[二] 越二月制詔太原王公曾其上樞密使印綬還來相予進拜尚書右僕射門下侍郎　據宋史宰輔表二，景祐二年二月戊辰，李迪自集賢殿大學士、工部尚書、平章事罷爲刑部尚書、知亳州；王曾自樞密使加右僕射兼門下侍郎、同平章事爲平章事、集賢殿大學士。長編卷一一六景祐二年二月戊辰條同。則誌文云「越二月制詔」王曾自樞密使拜右相者不確。按，舊聞證誤卷一引龍川别志云：「王沂公久在外，意求復用。宋宣獻爲參知政事，甚善呂許公，許公時爲昭文相，爲沂公言曰：『孝先求復相，公能容否？』呂公許諾。宣獻曰：『孝先於公交契不淺，果許，則善待之，不宜如復古也。謂李文定。』呂公笑然之。遂奏言王曾有意復入，上許之。呂公願以首相處之，上不可，許以亞相。乃使宣獻問其可否，沂公無所擇。既至，呂公專決，事不少讓，二公又不協。」李心傳辨云：「按國史，景祐元年八月癸亥，樞密使王文康公薨。是月庚午，召王沂公於河南，爲樞密使。明年二月，李文定公自集賢相罷，沂公以次輔代其位，恐非求復入也。

① 以慰蓼莪之思至而世其家云　景文集卷五八文正王公墓誌銘無此四十六字。

癸亥、庚午相去七日爾，豈容往來問可否耶？既因人而求相，又居右而不擇，沂公決不然。文定所記，疑得之張宣徽，大不可據。」其「明年三月」當作「明年二月」；張宣徽，即張方平。

〔三〕卒改左僕射加資政大學士鎮東平　長編卷一一〇景祐四年四月甲子條載右僕射兼門下侍郎、平章事呂夷簡罷爲鎮安節度使、同平章事，判許州，右僕射兼門下侍郎、平章事王曾罷爲左僕射、資政殿大學士、判鄆州，吏部侍郎、參知政事宋綬罷爲尚書左丞、資政殿學士，禮部侍郎、參知政事蔡齊罷爲吏部侍郎，歸班。云：「天聖中，曾爲首相，夷簡參知政事，事曾甚謹。曾力薦夷簡爲亞相。未幾曾罷，夷簡爲首相，居五年罷，不半歲，復位。李迪爲次相，與夷簡不協，夷簡欲傾迪，乃援曾入使樞密。不半歲，迪罷，曾即代之。始曾久外，有復入意，綬實爲曾達意於夷簡，夷簡即奏召曾。及將以曾代迪，綬謂夷簡曰：『孝先於公，事契不薄，宜善待之，勿如復古也。』夷簡笑諾其言，綬曰：『公已位昭文，處孝先以集賢可也。』夷簡曰：『不然，吾雖少下之，何害？』遂請用曾爲首相，帝不可，乃爲亞相。既而夷簡專決，事不少讓，曾不能堪，論議多不合，曾數求去，夷簡亦屢匄罷。上疑焉，問曾曰：『卿亦有所不足耶？』曾言：『夷簡招權市恩。』時外傳夷簡納知秦州王繼明饋賂，曾因及之。帝詰夷簡，至交論帝前，夷簡乞置對，而曾言亦有失實者。帝不悦，綬素與夷簡善，齊議事間附曾，故并綬、齊皆罷。」宋朝事實類苑卷一六盛文肅引歸田録云：「景祐中，王沂公曾、呂許公夷簡爲相，宋綬、盛度、蔡齊爲參知政事。沂公素喜蔡文忠，呂公喜宋公垂，惟盛文肅不得志于二公。晚年王、呂相失，交章乞退。一日，盛文肅致齋于中書，仁宗召問曰：『王曾、呂夷簡乞出甚堅，其意安在？』文肅對曰：『二人腹心之事，臣亦不能知。但陛下各詢以誰可爲代者，即其情可察矣。』仁宗果以此問沂公，公以文忠薦。一日又問許公，公以公垂薦。仁宗察其朋黨，於是四人者俱罷政事。」按，石林燕語卷六云：「景祐末，王沂公罷相，除資政殿大學士，判鄆州。宰相除職，自沂公始。」

〔四〕公字孝先　吹劍四録云：「王文正公之父見破舊文籍，必加整緝，片言一字，不敢委棄。一夕，夢孔子曰：『汝敬吾書如此，吾遺曾參爲汝子。』因命曰曾。」

〔五〕今爲青州益都著姓　本書中集卷四四王文正公曾行狀云：「其先旅於無棣，唐末屢徙，晉避地青社，遂家……青州益都縣興儒鄉秀士里。」

〔六〕策進士再爲天下第一　歸田録卷二云：「咸平五年，陳恕知貢舉，選士最精，所解七十二人，王沂公曾爲第一。御試又落其半，而及第者三十八人，沂公又爲第一。」

［七］二篇賦學者爭傳　隆平集王曾傳云王曾殿試「所試有物混成賦，天下以爲賦格」。按，此賦載於宋文鑑卷一一。又歸田録卷二云：「咸平五年，南省試進士有教無類賦，王沂公爲第一。賦盛行於世。」宋景文筆記卷上云：「莒公嘗言：『王沂公所試有教無類、有物混成賦二篇，在生平論著絶出，有若神助云。』楊億大年亦云：『自古文章立名不必多，如王君二賦，一生衣之食之不能盡。』」

［八］試政事堂　石林燕語卷七云：「寇萊公初入相，王沂公時登第，後爲濟州通判。滿歲，當召試館職，萊公猶未識之，以問楊文公曰：『王君何如人？』文公曰：『與之亦無素，但見其兩賦，志業實宏遠。』因爲萊公誦之，不遺一字。萊公大驚曰：『有此人乎？』即召之。故事，館職皆試於學士院或舍人院，是歲沂公特試於中書。」按，宋史王曾傳云其「當召試學士院，宰相寇準奇之，特試政事堂」。

［九］轉右正言知制誥　長編卷六五景德四年閏五月甲戌條載著作郎、直史館王曾爲右正言、知制誥，云：「先是，上謂宰臣曰：『李維、王曾、孫僅文行可稱，並宜召試。』翌日覽所試，曰：『曾頗得詔誥之體，而書翰兼美，是其精勤不怠也。』因並命焉。」

［一〇］以禮部侍郎守應天大名兩府　宋史王曾傳云：「時宮觀皆以輔臣爲使。王欽若方挾符瑞，傅會帝意，又陰欲排異己者。曾當使會靈，因以推欽若，帝始疑曾自異。及欽若相，會曾市賀皇后家舊第，其家未徙去，而曾令人舁土置門外，賀氏訴禁中。明日，帝以語欽若，乃罷曾爲尚書禮部侍郎、判都省，出知應天府。」長編卷九〇天禧元年九月癸卯條載給事中、參知政事王曾罷爲禮部侍郎，云：「初，曾以會靈觀使讓王欽若，上意不懌。及欽若爲相，因欲排異己者，數譖之。會曾市賀皇后家舊第，其家未遷，而曾令人輦土置其門，賀氏入訴禁中，明日上以語欽若，遂罷政事。曾既罷，往謁王旦。旦疾甚，辭弗見，既而語其家人曰：『王君介然，他日德望勳業甚大，顧不得見爾。』且曰：『王君昨讓會靈觀使，頗拂上旨，而進對詳雅，詞直氣和，了無所慴。且王君始被進用，已能若是。我自循任政事幾二十年，每進對，上意稍忤，即蹴踖不能自容，以是知其偉度矣。』」

［一一］以内書侍郎執宰相筆　宋史宰輔表一載乾興元年七月辛巳，王曾自參知政事加中書侍郎兼禮部尚書、同平章事、集賢殿大學士。

［一二］陟東臺兼地官遂躋上衮　長編卷一〇三天聖三年十二月癸丑條載宰臣王曾加門下侍郎兼户部尚書、昭文館大學士。

［一三］册災異免以天官爲本州　長編卷一〇八天聖七年六月甲寅條載門下侍郎兼吏部尚書、平章事王曾罷爲吏部尚書、知兖州，

云：「始，太后受尊號册，將御天安殿，曾執不可。及長寧節上壽，曾執不可如前，皆供張别殿。太后左右姻家稍通請謁，曾多所裁正，太后滋不悦。會玉清昭應宫災，曾以使領不嚴，累表待罪，乃罷相出守。尋改青州。」按，王曾乃青州人，故誌文稱「本州」。

〔一四〕徙判河南府　長編卷一一三明道二年十一月己卯條云：「徙判天雄軍王曾判河南府。始陳堯咨與曾有隙，曾實代堯咨於天雄，政有不便者徐更之，彌縫不見其迹。及去，堯咨復繼曾後，見府署及什器皆因堯咨舊規，但完葺無所改，嘆曰：『王公宜其爲宰相，我度量誠不及也。』」

〔一五〕入冠樞極罷幢棨　長編卷一一五景祐元年八月庚午條載天平節度使、檢校太師、同平章事王曾爲吏部尚書、同平章事、樞密使。春明退朝録卷上云：「文臣自使相除樞相，罷節而還舊官。景祐元年，王沂公自使相帶檢校官，復爲吏部尚書、同平章事，充樞密使。」按，幢棨，古代大將之車所建矛戟幢麾，此代指節度使。

〔一六〕持金絮遺湟水酋爲生辰使　長編卷七九大中祥符五年十月己酉條云：以主客郎中、知制誥王曾爲契丹國主生辰使，云：「契丹使邢祥接伴，祥詫其國中親賢賜鐵券，曾折之曰：『鐵券者，衰世以寵權臣，用安反側，豈所以待親賢耶？』祥媿不復語。」按，金絮指銀與絹帛，此指禮物。湟水，此指潢水，即西拉木倫河，此代指遼廷。

〔一七〕輦謁譙祠爲考制度使　長編卷八一大中祥符六年十二月辛巳條云，因真宗次年春謁亳州太清宫，故以翰林學士王曾攝御史大夫，爲考制度使。按，譙即亳州。

〔一八〕館寓神嶽以中台爲會靈觀使　長編卷八九天禧元年三月戊午條云：「以樞密使王欽若爲會靈觀使。會靈初置使，命參知政事兼領，於是王曾次爲之。欽若方挾符瑞固恩寵，意得此，曾因懇辭焉。上頗不懌，謂曾曰：『大臣宜傅會國事，何遽自異耶？』曾頓首謝曰：『君從諫謂明，臣盡忠謂義。陛下不知臣駑病，使待罪政府，臣知義而已，不知異也。』」注曰：「葉清臣王曾言行録：『曾緣此罷政。及中謝日，具述欽若欲自領使，上意大悟，於是欽若出知餘杭。』欽若出知餘杭，蓋不因此，此誤也。」

〔一九〕高真實符以元輔爲玉清昭應宫使　長編卷一〇三天聖三年十二月癸丑條載宰臣王曾加門下侍郎兼户部尚書、昭文館大學士，云：「國朝故事，叙班以宰相爲首，親王次之，使相又次之，樞密使雖檢校三師兼侍中、尚書、中書令，猶班宰相下。咸平初，曹彬以樞密副使兼侍中，位户部侍郎、平章事李沆下，循故事也。乾興初，王曾由次相爲會靈觀使，曹利用由樞密使領景靈宫使，時以宫觀使爲重，詔利用班曾上，然議者深以爲非。至是，曾進昭文館大學士、玉清昭應宮使，同集殿廬，將告謝，而利用猶欲班曾上，閤門不敢裁，帝與太后坐承明殿久，至遣押班江德明趣閤門，閤門皇惑莫知所出，曾抗聲目吏曰：『但奏宰相王曾等告謝。』班既定。」

〔二〇〕由集賢殿昭文館及西清之秘爲大學士三　長編卷九二景祐四年三月甲子條載右僕射兼門下侍郎、平章事王曾罷爲左僕射、資政殿大學士、判鄆州。按，所謂「西清之祕」，乃指資政殿。

〔二一〕天禧夜妖自三川相靡而東　長編卷九二天禧二年六月乙巳條云：「是夕，京師民訛言帽妖至自西京，入民家食人，相傳恐駭，聚族環坐，達旦叫譟，軍營中尤甚。上慮因緣爲姦，詔立賞格，募人告爲妖者。既而得僧天賞、術士耿概張崗等，令起居舍人呂夷簡、入内押班周懷政鞫之，坐嘗爲邪法，並棄市，其連坐配流者數人。然訛言實無其狀。」

〔二二〕所至立學官　長編卷一一〇天聖九年三月癸亥條云：「賜青州州學九經書，從王曾之請也。」又卷一一二明道二年五月庚寅條云：「許大名府立學，仍賜九經，從王曾之請也。」

〔二三〕公列五害願省損制度　東都事略王曾傳云：「天書降，詔作玉清昭應宮，規創萬楹，廷臣莫有言者。曾列五害，願省損制度。」隆平集卷五、宋史王曾傳略同。按，王曾上真宗乞罷營玉清昭應宮載宋朝諸臣奏議卷一二八。

〔二四〕太子已決事或議長秋臨政憸人惎語翕翕　宋史王曾傳云：「皇后居中預政，太子雖聽事資善堂，然事皆決於后，中外以爲憂。」

〔二五〕謂后姻倖曰太子長秋誼不獨立有如兩宮相維社稷安矣　長編卷九六天禧四年閏十二月辛未條云錢惟演爲劉太后姻親，故「王曾説惟演曰：『太子幼，非中宮不立，中宮非倚皇儲之重，則人心亦不附。后厚於太子，則太子安，太子安，乃所以安劉氏也。』惟演以爲然，因以白后，兩宮由是益親，人遂無間」。按，據長編卷九九乾興元年十一月丁卯朔條，「惟演以妹妻劉美」。又據宋史卷四六三劉美傳，劉美乃莊獻太后之兄。故此有「姻倖」之語。

〔二六〕莊獻總軍國至詔如公請　宋史王曾傳云：「帝崩，曾奉命入殿廬草遺詔：『以明肅皇后輔立皇太子，權聽斷軍國大事。』丁謂入，去『權』字。曾曰：『皇帝沖年，太后臨朝，斯已國家否運，稱「權」猶足示後。且增減制書有法，表則之地，先欲亂之邪？』遂不敢去。……群臣議太后臨朝儀，曾請如東漢故事，太后坐帝右，垂簾奏事。丁謂獨欲帝朔望見群臣，大事則太后召對輔臣決之，非大事令入内押班雷允恭傳奏禁中，畫可以下。曾曰：『兩宫異處，而柄歸宦官，禍端兆矣。』謂不聽。既而允恭坐誅，謂亦得罪。自是兩宫垂簾，輔臣奏事如曾議。」據長編卷九八乾興元年二月戊午條載：「上崩於延慶殿，仁宗即皇帝位，遺詔尊皇后爲皇太后，淑妃楊氏爲皇太妃，軍國事兼權取皇太后處分。」又云：「初，輔臣共聽遺命於皇太后，退即殿廬草制，軍國事兼權取皇太后處分。丁謂欲去『權』字，王曾曰：『政出房闥，斯已國家否運，稱「權」尚足示後。且言猶在耳，何可改也？』謂乃止。曾又言：『尊禮淑妃太遽，須他日議之，不必載遺制中。』謂怫然曰：『參政顧欲擅改制書耶？』曾復與辯，而同列無助曾者，曾亦止。時中外恟恟，曾正色獨立，朝廷賴以爲重。」注曰：「二事據王曾言行録，曾本傳無之。丁謂傳乃云謂欲去『權』字，坐此忤太后意。謂憸人，必不能爾。或謂竄逐後，羞悔前作，猥竊曾語以爲己力，欲欺世盜名，而史官誤信之，今不取。言行録又云尊淑妃爲皇太妃，亦謂所增，遺制本無之，則恐不然。若遺制果無，曾豈容不力辯？蓋曾未欲遽行，特執奏，而謂沮止曾耳。曾自言此事，宜不謬，但記録者偶失之，固當取其可信者。江休復雜志亦云：『真宗上仙，明肅召兩府入諭之，一時號泣，明肅曰：「有日哭在，且聽處分。」議畢，王文正作參政，秉筆，至淑妃爲皇太妃，卓筆曰：「適來不聞此語。」丁崖州曰：「遺詔可改耶？」衆亦不敢言。明肅亦知之，始惡丁而嘉王之直。』按雜志與言行録略同。然丁謂但欲諂事明肅耳，於淑妃何取焉，若明肅果無此語，謂安敢强增加以拂明肅意？且謂當此時方寵幸，未見惡也。雷允恭敗，詐乃覺。恐江氏亦傳聞未審，今不取。」按，長編注曰：「丁謂傳乃云謂欲去『權』字，坐此忤太后意。謂憸人，必不能爾。」其前後詞義顯相逆不合。據宋史卷二八三丁謂傳云：「真宗崩，議草遺制，軍國事兼取皇太后處分，謂乃增以『權』字；及太后稱制，又議月進錢充宫掖之用，由是太后深惡之，因雷允恭遂併録謂前後欺罔事竄之。」則兩朝國史丁謂傳當作「欲增『權』字」，長編注文「去」字乃「增」之譌。

[二七] 長樂上徽册供張天安殿中公執不可改御文德　長編卷一〇二天聖二年九月甲辰條云：「兩制定皇太后於崇政殿受尊號册，上以其禮未稱，甲辰，詔改就文德殿，發册於天安殿。然太后意欲就天安殿受册，王曾言不可，乃止。」

[二八] 公自西臺被選評廷訊讞許自辟丞屬遂踵爲故事　長編卷七八大中祥符五年八月丙辰條載知制誥王曾判大理寺，云：「判寺，舊用郎官，上欲重其任，故特命曾。對便殿，諭之曰：『天下之命繫於獄，今以屈卿。』曾頓首謝，仍賜錢三十萬，因請辟奏僚屬，遂著爲令。」

[二九] 公請非親被以失論　長編卷八一大中祥符六年七月壬子條云：「詔：『自今文武官特奉詔旨，專有處分，即爲躬親被受，犯

者以違制論。自餘例受詔敕海行條約，非有指定刑名者，各論如律。無本條者，從違制失斷。』先是違制之法，無故失率坐徒二年，翰林學士、知審刑院王曾建議，乃降是詔。未幾有犯者，曾斷以違制失，帝不懌曰：『如是，無復有違制者。』曾曰：『天下至廣，豈人人盡知制書，儻如陛下言，亦無復有失者。』上然之。自是決徒者差減，上嘗對近臣稱其協中。」宋史王曾傳稱「舊違制無故失，率坐徒二年。曾請須親被旨乃坐。既而有犯者，曾乃以失論」云云。

［三〇］公采聖君賢臣事繪解爲三十篇　陳録卷五著録三朝寶訓三十卷，云：「翰林學士李淑等撰。天聖五年，監修國史青社王曾孝先奏乞用唐吴兢貞觀政要故事，取三朝聖語政事及臣僚奏對不入正史者别爲一書，與國史、實録並行。至十年書成，詔以『寶訓』爲名。其後進讀於邇英、延義。」按，「延義」當作「延羲」。

［三一］其它纂次尤多　按本書中集卷四四王文正公曾行狀稱其所撰「有兩制雜著五十卷、大任後集七卷、筆録遺逸一卷」。宋史卷二〇三藝文志二載有王曾筆録一卷，卷二〇四藝文志三載有王曾九域圖三卷、契丹志一卷。又隆平集王曾傳云其「有文集五十卷」。

［三二］在上前開陳處可　長編卷八一大中祥符六年七月壬子條云：「曾爲學士，一日晚坐承明殿，召對久之。既退，使謁者諭曰：『向思卿甚，故不及御朝服。』其見禮如此。」

［三三］進賢不植私愛士不謀黨　宋史王曾傳云：「曾進退士人，莫有知者。范仲淹嘗問曾曰：『明揚士類，宰相之任也。公之盛德，獨少此耳。』曾曰：『夫執政者，恩欲歸己，怨使誰歸？』仲淹服其言。」按，歸田録卷一云：「王文正公曾爲人方正持重，在中書最爲賢相。嘗謂：『大臣執政，不當收恩避怨。』公嘗語尹師魯曰：『恩欲歸己，怨使誰當！』聞者歎服，以爲名言。」儒林公議云：「王曾僕射有台宰之量，每進擢時材，不欲人歸恩在己。初參大政，嘗薦蘇維甫者可當煩使。維甫至京師，屢造其門，不敢輒干以私。一日，久奉朝請，資用已乏，因旬澣詰旦詣公，語餘，遂及身計，公答以他辭。維甫退，所館已有持勅者在門，乃新命江淮都大發運使，寔朝行之極選，乃王公日所署勅也。維甫慚歎久之。其它事多類此。范仲淹被遇極深，嘗贊之曰：『久當朝柄，未嘗樹私恩，此人之所難也。』公曰：『恩若自樹，怨使誰當？』識者以爲明理之言。」又，東軒筆録卷七云：「王沂公曾當國，屢薦吕許公夷簡，是時明肅太后聽政，沂公奏曰：『臣屢言吕夷簡才望可當政柄，而兩宮終未用，以臣度太后之意，不欲其班在樞密使張旻之上耳。且旻一赤脚健兒，豈容妨賢如此？』太后曰：『固無此意，行且用夷簡矣。』沂公曰：『兩宮既已許臣，臣請卽今宣召學士草麻。』太后從之。及許公大拜，漸與沂公不協。晚年

睽異，勢同水火，當時士大夫各有附麗，故慶曆中朝廷有黨人之論矣。」

［三四］奉群母孝與諸弟友親族可任言之上不可任厚分之財　長編卷九七天禧五年七月戊寅條云「參知政事王曾自言幼孤育於季父故太子中舍致仕宗元及世母嚴氏，及是改葬，請追贈官封，詔從之」。又卷九八乾興元年四月乙卯載「封參知政事王曾乳母朱氏爲福昌縣太君」。卷一一二明道二年四月己未條載范諷「出知青州，時山東旱蝗，前宰相王曾家多積粟，諷發取數千斛濟飢民，因請遣使安撫」。

［三五］雖參和傅會權定大爭　按東軒筆録卷三云：「真宗初上仙，丁晉公、王沂公同在中書。沂公獨入劄子，乞於山陵已前一切内降文字，中外並不得施行；又乞今後凡兩府行下文字，中書須宰臣、參政，密院須樞密使副、簽書員同在，方許中外承受。兩宫可其奏。晉公聞之，愕然自失，由是深憚沂公矣。」默記卷上亦云：「丁謂當國，權勢震主，引王沂公爲參知政事，謟事謂甚至。既登政府，每因閒暇與謂款，必涕泣作可憐之色，晉公問之數十次矣。一日因問，閔然對曰：『曾有一私家不幸事，恥對人言。曾少孤，惟老姊同居，一外甥不肖爲卒，想見受艱辛杖責多矣。老姊在青州鄉里，每以爲言。』言訖又涕下。謂亦惻然，因爲沂公言：『何不入文字，乞除軍籍？』沂公曰：『曾既污輔臣之列，而外生如此，豈不辱朝廷？自亦慙言于上也。』言畢又涕下。謂再三勉之：『此亦人家常事，不足爲媿，惟早言于上，庶脱其爲卒之苦爾。』自後謂數數勉之留身上前奏知，沂公必涕下曰：『豈不知軍卒一日是一日事？但終自羞赧爾。』晉公每催之，且謂沂公曰：『某日可留身奏陳。』沂公猶不欲，謂又自陳之。一日，且責沂公：『門户事乃爾緩？謂當奉候于閤門。』沂公不得已，遂留身。既留身踰時，至將進膳猶不退，盡言謂之盜權姦私，且言：『丁謂陰謀詭譎多智數，變亂在頃刻。太后、陛下若不亟行，不惟臣身齏粉，恐社稷危矣！』太后大怒，許之，乃退。晉公候于閤門，見其甚久，即頓足捩耳云：『無及矣。』方悟知其令謂自爲己謀，不使之覺，欲適當山陵之事而發故也。沂公既出，遇謂于閤門，含怒不揖而出。晉公始悟見賣，含毒而已不覺也。是日，既至都堂，召兩府入議，而不召謂。謂知得罪，祈哀于馮拯、錢惟演及曾等，曰：『今日謂家族在諸公矣。』太后欲誅謂，拯申理之。沂公奏請召知制誥，就殿廬草制罷之，不復宣麻。太后從之，責太子少保，分司西京，俄竄崖州。向使謂防閑沂公，則豈有此禍？故知權數在謂之上也。」按，長編卷九八乾興元年三月「是月」條載參知政事王曾親外甥朱延世「與班行，皆從其請也」。此當即王曾外甥「爲卒」者。是日，詔守司徒兼侍中丁謂表弟唐儀授殿直、兩浙監當，守司空兼侍中馮拯女夫江陰軍判官劉立禮授京官、館閣校勘，曾知政事任中正姻家曹州主簿田熙古

與班行。又同上卷六月庚申條載：三月中，入内押班雷允恭移真宗山陵，然「上穴果有石，石盡水出，工役甚艱」。五月辛丑，遣官「覆視皇堂，既而咸請復用舊穴。乃詔輔臣會謂第議。明日，特命王曾再往覆視，并祭告。謂請俟曾還，與衆議不異，始復役。詔復役如初，唯皇堂須議定乃修築。曾卒從衆議」。六月庚申，雷允恭「坐擅移皇堂，并盜庫」金銀等杖死。注曰：龍川别志「又云王曾獨對，太后乃知其事，亟命官按劾。亦恐失實。蓋事發當自毛昌達始。曾既覆視還，因言謂包藏禍心，故容允恭擅易皇堂。太后入其言，謂果得罪。謂得罪，實由曾發之。發擅易皇堂事，則非曾也」。又六月癸亥條載：「允恭既下獄，王曾欲因山陵事並去謂，而未得間。一日，語同列曰：『曾無子，將以弟之子爲後，明日退朝，當留白此。』謂不疑曾有異志也。曾獨對，具言謂包藏禍心，故令允恭擅移皇堂於絶地，太后始大驚。謂徐聞之，乃自辯於簾前，未退，内侍忽卷簾曰：『相公誰與語？駕起久矣。』謂皇恐不知所爲，以笏叩頭而出。」於是丁謂被責。按，默記所載王曾請見太后論丁謂始末云云，殆出傳聞。

[三六] 又合姓於李故相文靖公之女　石林燕語卷九云：「王沂公初就殿試時，固已有盛名。李文靖公沆爲相，適求壻，語其夫人曰：『吾得壻矣。』乃舉公姓名曰：『此人今次不第，後亦當爲公輔。』是時吕文穆公（蒙正）家亦求姻於沂公。公聞文靖言，曰：『李公知我。』遂從李氏，唱名果爲第一。」

[三七] 絪緣綷縯　隆平集王曾傳云王曾卒，「子緯幼，以姪繹爲後」。然宋史王曾傳稱「曾無子，養子曰繹」。又長編卷九七天禧五年八月丙午條載「王曾子奉禮郎綗爲大理評事」。卷九八乾興元年六月癸亥條載王曾嘗「語同列曰：『曾無子，將以弟之子爲後。』」所載互異。

[三八] 子融雖受公蔭然自以材略奮迨公時已翔册府操計籌糾都獄藉藉爲聞人　據宋史卷三一〇王子融傳云其「初以曾奏，爲將作監主簿。祥符進士及第」，歷任權三司度支、鹽鐵判官，後爲權同糾察刑獄、知河陽等。

胡太傅宿墓誌銘[一]　文忠公歐陽脩

太子少師致仕、贈太子太傅胡公諱宿，字武平[二]。其先豫章人也，後徙常州之晉陵，世有隱德，爲晉陵著姓。

公舉進士，中天聖二年乙科，爲真州揚子尉。縣大水，漂溺居民，令不得救，公曰：「拯溺，吾職也①。」即率公私舟活數千人。歲滿，調廬州合肥主簿。張丞相士遜稱其文行②，薦諸朝，召試學士院，爲館閣校勘[三]，與修北史。改集賢校理，通判宣州。三遷太常博士，判吏部南曹，賜緋衣銀魚。知湖州，爲政有惠愛，築石塘百里捍水患。大興學校，學者盛於東南，自湖學始[四]。公丁母夫人憂去，而州人思之，名其塘曰胡公塘。學者爲公立生祠于學中，至今祠之。公居喪，毁瘠過禮，三年不居于内。服除，爲三司鹽鐵判官，轉尚書祠部員外郎，判度支勾院，知蘇州，兩浙路轉運使。召還，修起居注，以本官知制誥，兼勾當三班院，已而兼判吏部流内銓。入内都都知楊懷敏坐衛士夜盜入禁中，驚乘輿，斥出爲和州都監。懷敏用事久，勢動中外，未幾召復故職。公封還詞頭，不草制，論曰：「衛士之變，蹤跡連懷敏，得不窮治誅死，幸矣，豈宜復在左右？」其命遂止[五]。久之，拜公翰林侍讀學士，遷翰林學士，兼史館修撰，判館事，兼端明殿學士。累遷尚書左司郎中，兼知通進銀臺司、審刑院、群牧使，提舉在京諸司庫務、醴泉宮，判尚書禮部，遂判都省，再知禮部貢舉。奉使契丹，館伴北朝人使亦皆再，而虜人嚴憚之。

公爲人清儉謹默，内剛外和。群居笑語諠譁，獨正容色，温温不動聲氣。與人言，必思而後對。故其涖官臨事，慎重不輒發，發亦不可回止，而其趣要歸於仁厚。朝議在官年七十而不致仕者，有司以時按籍舉行。公以謂：「養廉耻，厚風俗，宜有漸，而欲一切以吏議從事，殆非所以優老勸功之意。當少緩其事，使人得自言而全其

① 吾職也　「吾」原作「無」，據居士集卷三五贈太子太傅胡公墓誌銘改。
② 張丞相士遜稱其文行　自「文行」至「語甚切至」六百九十九字，原錯簡於「在位六年，其論議類皆如此」之後，據居士集卷三五贈太子太傅胡公墓誌銘乙正。

美節。」朝廷嘉其言是[六]，至今行之。皇祐新樂成，議者多異論。有詔新樂用於常祀、朝會，而郊廟仍用舊樂。公言：「書稱『同律』，而今舊樂高，新樂下，相去一律，難並用。而新樂未施於郊廟，先用之朝會，非先王薦上帝、配祖考之意，皆不可。」近制禮部四歲一貢士，議者患之，請更爲間歲。議已定，公獨以爲不然，曰：「使士子廢業而奔走無寧歲，不如復用三歲之制也。」衆皆以公言爲非。行之數年，士子果以爲不便，而卒用三歲之制[七]。仁宗久未有皇子，群臣多以皇嗣爲言，未省。公以學士當作青辭禱祠于山川①，即建言儲位久虛，非所以居安而慮危，願擇宗室之賢者立之，以慰天下之心②，語甚切至。

公學問該博，兼通陰陽五行、天人災異之説。南京鴻慶宮災，公以爲：「南京聖宋所以受命建號，而大火主於商丘，國家乘德而王者也。今不領於祠官，而比年數災，宜修火祀。」事下太常，歲以長吏奉祠商丘，自公始。慶曆六年夏，河北、河東、京東同時地震，而登、萊尤甚。公以歲推之曰：「明年丁亥，歲之刑德，皆在北宮。陰生於子，而極於亥③。然陰猶强而未即伏，陽猶微而未即勝，此所以震也。是謂龍戰之會，而其位在乾。今西、北二虜，中國之陰也，宜爲之備。不然，必有内盜起於河朔。」明年，王則以貝州叛。公又以爲：「登、萊視京師爲東北④，易艮少陽之位也⑤。今二州並置金坑，多聚民以鑿山谷，陽氣損泄，故陰乘而動。縣官入金，歲幾何？小利

---

① 公以學士當作青辭禱祠于山川　「祠」，居士集卷三五贈太子太傅胡公墓誌銘作「嗣」。

② 以慰天下之心　「慰」，居士集卷三五贈太子太傅胡公墓誌銘作「慰安」。

③ 陰生於子而極於亥　「子」，居士集卷三五贈太子太傅胡公墓誌銘及宋史胡宿傳作「午」；東都事略胡宿傳作「陽生於子，而陰極於亥」。按，朱熹周易本義序云：「陽生於子中，極於午中。陰生於午中，極於子中。」

④ 公又以爲登萊視京師爲東北　「東北」下，居士集卷三五贈太子太傅胡公墓誌銘有「隅」字。

⑤ 易艮少陽之位也　「易艮」，居士集卷三五贈太子太傅胡公墓誌銘作「乃」。

而大害，可即禁止，以寧地道。」皇祐五年正月，會靈宮災①。是歲冬至，祀天南郊，以三聖並配。明年大旱。公曰：「五行火，禮也[八]。去歲火而今又旱，其應在禮，此殆郊丘並配之失也。」即建言並配非古，宜用迭配如初詔②。其後并州議建軍爲節鎮，公以星土考之曰：「昔高辛氏之二子不相能也，堯遷閼伯於商丘③，主火，而商爲宋星；遷實沈於臺駘，主水，而參爲晉星。國家受命，始於商丘，王以火德。又京師當宋之分野，而并爲晉地。參商，仇讎之星。今欲崇晉，非國之利也。自宋興，平僭僞，并最後服，太宗削之，不使列於方鎮八十年矣。」謂宜如舊制[九]。

公在翰林十年，多所補益，大抵不爲苟止而妄隨[一〇]。故其言或用或不用，或後卒如其言，然天子察公之忠，欲大用者久矣。嘉祐六年八月，拜公諫議大夫、樞密副使。公既慎静而當大任，尤顧惜大體，而群臣方建利害，多更張庶事以革弊。公獨厭之曰：「變法，古人之難，不務守祖宗成法而徒紛紛，無益於治也。」又以謂：「契丹與中國通好六十餘年，自古未有也，善待夷狄者，謹爲備而已。今三邊武備多弛，牧馬著虚名於籍，可乘而戰者，百無一二。」又謂：「滄州宜分爲一路以禦虜，此今急務也。若其界上交侵小故，乃城寨主吏之職，朝廷宜守祖宗之約，不宜爭小利而隳大信，深戒邊臣生事以爲功。」在位六年，其論議類皆如此。

英宗即位，拜給事中。治平三年，累上表乞致仕，未允。久之，拜尚書吏部侍郎、觀文殿學士、知杭州。爲政不略細故，或謂大臣不宜自勞，公曰：「此民事也，吾不敢忽。」以是民尤愛之。明年，今上即位，遷左丞。五月，

① 會靈宮災　「宮」原作「官」，據文海本、庫本、居士集卷三五贈太子太傅胡公墓誌銘及東都事略、宋史胡宿傳改。
② 宜用迭配如初詔　「迭」原作「造」，據居士集卷三五贈太子太傅胡公墓誌銘及東都事略、宋史胡宿傳改。
③ 堯遷閼伯於商丘　「閼伯」原作「閼北」，據庫本、居士集卷三五贈太子太傅胡公墓誌銘及左傳卷四一昭公元年改。

公以疾告，遂除太子少師致仕。命未至，而以六月某日薨于正寢①，享年七十有三。即以某年某日②，葬于某州某縣某鄉之某原。

公之曾祖諱持，累贈太傅。曾祖妣某氏，追封某夫人③。祖某，累贈某官④。祖妣某氏，封某郡太夫人⑤。父諱某⑥，累贈太師兼中書令。妣某氏，追封某夫人⑦。公累階光禄大夫，勳上柱國，開國安定爵公，食邑二千八百户，食實封肆伯户，賜推誠保德翊戴功臣。初娶吴氏，追封蘭陵郡夫人；再娶何氏，封南康郡夫人。子男五人：長曰宗堯，今爲都官員外郎；次曰遵路，早卒；次曰宗賁，國子博士；次曰宗炎，著作佐郎；次曰宗厚⑧，早卒。女四人，皆適士族。孫若干人⑨。

公自爲進士，知名于時。楊文公億得其詩，題于秘閣，歎曰：「吾恨未識此人。」其舉進士也，謝陽夏公絳薦

① 而以六月某日薨于正寢　「某日」，居士集卷三五贈太子太傅胡公墓誌銘作「十一日」。
② 即以某年某日　「某年」，居士集卷三五贈太子太傅胡公墓誌銘作「其年十一月」。
③ 曾祖妣某氏追封某夫人　居士集卷三五贈太子太傅胡公墓誌銘作「曾祖妣歐陽氏，追封晉陵郡太夫人」。
④ 祖某累贈某官　居士集卷三五贈太子太傅胡公墓誌銘作「祖諱徽，累贈太師」。
⑤ 祖妣某氏封某郡太夫人　「祖妣」上原衍「曾」字，按居士集卷三五贈太子太傅胡公墓誌銘作「祖妣楊氏，追封華陰郡太夫人；余氏，嘉興郡太夫人；余氏，丹陽郡太夫人；龔氏，武陵郡太夫人」，據刪。
⑥ 父諱某　「某」字原闕，據庫本補，居士集卷三五贈太子太傅胡公墓誌銘作「寀」。
⑦ 妣某氏追封某夫人　居士集卷三五贈太子太傅胡公墓誌銘作「妣沈氏，追封東陽郡太夫人；貝氏，南陽郡太夫人；李氏，金城郡太夫人」。
⑧ 次曰宗厚　「宗厚」下，居士集卷三五贈太子太傅胡公墓誌銘有「秘書省正字」五字。
⑨ 孫若干人　居士集卷三五贈太子太傅胡公墓誌銘作「孫：志脩，太常寺太祝；行脩，守祕書省校書郎；簡脩，試祕書省校書郎；世脩、德脩、安脩、奕脩、慎脩、益脩」。

公爲第一，公名以此益彰，而謝公亦以此自負。少嘗善一浮圖，其人將死，謂公曰：「我有秘術，能化瓦石爲黄金①，子其葬我，我以此報子。」公曰：「爾之後事，吾敢不勉？秘術非吾欲也。」浮圖歎曰：「子之志未可量也。」其篤行自勵，至於貴顯，常如布衣時。有文集四十一卷②。銘曰：

允矣胡公，順外剛中。惟初暨終，一德之恭。公之燕居，其氣温温。舉必可法，思而後言。公在朝廷，正色侃侃。蔚有嘉話，憂深慮遠。不迎利趨，不畏勢反。有或不從，後或如之③。多而愈信④，孰不公思？侍從之親，樞機之密。名望三朝，清職峻秩。愷悌之仁，宜國黄耇。七十而止，孰云多壽？惟善在人，刻銘不朽。

辨證：

［一］胡太傅宿墓誌銘　本墓誌又載於歐陽脩居士集卷三五，題曰「贈太子太傅胡公墓誌銘」。按，胡宿，東都事略卷七一、宋史卷三一八有傳。

［二］字武平　邵氏聞見後録卷二〇云：「或譖胡宿于上曰：『宿名當爲去聲，乃以入聲稱，名尚不識，豈堪作詞臣？』上以問宿，宿曰：『臣名歸宿之宿，非星宿之宿。』譖者又曰：『果以歸宿取義，何爲字拱辰也？』故後易字武平。」

［三］召試學士院爲館閣校勘　長編卷一一一明道元年十二月壬子條載合肥縣主簿胡宿爲館閣校勘，云「仍詔館閣校勘自今須召試，毋得陳乞」。

---

① 能化瓦石爲黄金　「瓦」原作「尾」，據庫本及居士集卷三五贈太子太傅胡公墓誌銘改。

② 有文集四十一卷　按，宋史卷二〇八藝文志著録胡宿集七十卷，又制詞四卷。陳録卷一七著録胡文恭集七十卷。

③ 後或如之　「或」，居士集卷三五贈太子太傅胡公墓誌銘作「必」。

④ 多而愈信　「多」，居士集卷三五贈太子太傅胡公墓誌銘作「久」。

〔四〕大興學校學者盛於東南自湖學始　宋史胡宿傳云其知湖州，「前守滕宗諒大興學校，費錢數十萬。宗諒去，通判、僚吏皆疑以爲欺，不肯書曆。宿誚之曰：『君輩佐滕侯久矣，苟有過，盍不早正？乃陰拱以觀，俟其去而非之，豈昔人分謗之意乎？』坐者大慙謝。其後湖學爲東南最，宿之力爲多」。

〔五〕其命遂止　長編卷一七六皇祐元年十一月戊午條云：「初，（楊）懷敏自高陽關鈐轄入奏事，除副都知。知制誥胡宿當制，因言：『懷敏先爲入内副都知、管勾皇城司，以宿衛不謹，致逆徒竊入宮闈，其士卒又不能生致之。議者謂其欲滅姦人之口，罪在懷敏及楊景宗二人，而陛下不忍加誅，止黜於外。況舊制，内臣都知、副都知以過罷去者，不許再除。今中書送到詞頭，臣不敢草制，輒封還以聞。』上疑宿職不當言，翌日，謂宰相曰：『前代有此故事否？』文彦博對曰：『唐給事中袁高不草盧杞制書，近來富弼亦曾封還詞頭。』上意解。諫官錢彦遠謂宿曰：『仁者必有勇，於公見之矣。』既而他舍人爲懷敏草制，彦遠及臺官論列不已，踰半月，卒罷之。」

〔六〕朝廷嘉其言是　長編卷一七〇皇祐三年四月甲申條載知諫院吴奎「及包拯皆言在官年七十而不致仕者，並令御史臺以時案籍舉行。知制誥胡宿獨以爲『文吏當養其廉恥，武吏當念其功舊，今欲一切以吏議從事，殆非優老勸功之意。當少緩其法，武吏察其任事與否，勿斷以年。文吏使得自陳，而全其節。』朝廷卒行宿言」。

〔七〕而卒用三歲之制　按宋史卷一五五選舉志一云：「英宗即位，議者以間歲貢士法不便，乃詔禮部三歲一貢舉。」

〔八〕五行火禮也　長編卷一七六至和元年四月辛丑條引知制誥胡宿言「臣竊以國家乘火而王，火於五行，其神屬禮」。

〔九〕謂宜如舊制　長編卷一九〇嘉祐四年十月癸酉條云：「韓琦之在太原也，乞復并州爲節鎮，詔兩制議之。翰林學士胡宿以爲：『堯遷閼伯于商丘主火，而商爲宋星；遷實沈於大夏主水，而參爲晉星。國家受命始於商丘，王以火德；又京師當宋之分野，而并爲晉地。參商，仇讎之星。今欲崇晉，非國之利也。自宋興，平僭僞，并最後服，太宗削之，不使列於方鎮幾八十年。』謂宜如舊制，上是宿議。及琦秉政，因祫享赦書，卒復之。宿又以爲言，不報。」

〔一〇〕公在翰林十年多所補益大抵不爲苟止而妄隨　長編卷一八七嘉祐三年六月丙午條載：「户部侍郎、參知政事王堯臣加吏部侍郎。帝初欲用堯臣爲樞密使，而當制學士胡宿固抑之，乃止。」

王文正公曾碑陰[一]　景文公宋祁

故丞相沂國公既葬十二年，仲弟天章閣待制子融請間見，上追歎公據正有守，得宰相體。子融頓首謝，且言：「臣兄曾事章聖皇帝，興諸生，不十年參總大政。其後拜玉几下，聞顧命。大行詔章獻皇后權軍國大事。於時宰相謂丁謂也。陰開邪謀，規刊『權』文，營罔中外，衆莫敢抗，獨臣兄毅然不肯移。又欲建白天子朝朔望，太后聽政，附中人通裁可；即又引東漢故事，請帝、太后同視事，僞計不行。方謂譖逐大臣如寇準、李迪等[二]，鈎索株連，以動衆心。臣兄中立其間，爲國督視，隱匿庋情，卒不得施，遂用詐敗[三]。太后再受徽號，欲御天安殿，復奏言止御文德殿。既忤旨，因災異策免。然太后以數救諫，不能無念，抑畏謙慈，勤翊王家，大業以安。此其事陛下尤彰明較著者。」上曰：「乃昴之勳，予一人不忘。」子融再拜曰：「陛下幸詔臣寮①，勒詞隧石，誠得天筆篆額，敷賁前人，死骨不朽，勸寵忠門，由臣爲初。」制曰「可」，乃署「旌賢碑」三字賜焉。

於是天章君即金石刻，又欲侈上之褒，丐辭序其來②。僕念已嘗誌丞相墓，且翰林銘功，其事大略著矣。獨原夫天子念丞相賢而旌之者，寧不以臨大事不可奪歟？損益過舉，以絶未萌，而爲之所歟？功格于天，默不自名歟？僕嘗論治亂之機不容髮，如令丞相當是時一有假借，則紀律約更，權迫勢陵，憸人乘之，抵巇投隙，意有所肆，淪胥淫夷，遂蹈後艱。凡列爵幾何，厎罰幾何，而後能定。由是觀之，丞相之勛，可以言者其大也。夫陰施之

① 陛下幸詔臣寮　「寮」原作「察」，據文海本及景文集卷四六故丞相文正王公碑陰記改。

② 丐辭序其來　「來」，景文集卷四六故丞相文正王公碑陰記作「末」。

所及廣，則陽德之報蒙顯。故丞相雖賢，待聖人乃明。

初，公於天章敦愛甚，而天章奉公也無不至。始丞相未貴時，娶蔡、李二夫人，早亡，及貴，謙不封國。天章歲比當遷，輒上書還一官，爲二夫人追封[四]，成公志也。至是又引甲令，建螭首龜趺。丞相之名，由天章益傳，春秋之法，於善善也長。至刻祭、彝銘、樂纛，皆所以行遠；況珉表之隱然，天文之燦然，披九幽之潛光，奮無窮之休烈。後雖千百歲，拜餘風、泣遺直者曰：「此賢丞相之隴歟！」嗚呼，盛哉！

辨證：

[一] 王文正公曾碑陰　本碑文又載於宋祁景文集卷四六，題曰「故丞相文正王公碑陰記」。

[二] 方謂譖逐大臣如寇準李迪等　按，丁謂當政，貶責寇準、李迪等。宋史卷三一〇李迪傳云：「準既貶，謂寖擅權用事，至除吏不以聞。迪憤然語同列曰：『迪起布衣至宰相，有以報國，死猶不恨，安能附權倖爲自安計邪！』自此不協。時議二府皆進秩，兼東宮官，迪以爲不可。謂又欲引林特爲樞密副使，而遷迪中書侍郎兼尚書左丞。故事，宰相無爲左丞者。既而帝御長春殿，內出制書置榻前，謂輔臣曰：『此卿等兼東宮官制書也。』迪進曰：『東宮官屬不當增置，臣不敢受此命。宰相丁謂罔上弄權，私林特、錢惟演而嫉寇準。特子殺人，事寢不治，準無罪罷斥，惟演姻家使預政，曹利用、馮拯相爲朋黨。臣願與謂俱罷，付御史臺劾正。』帝怒，留制不下，左遷迪户部侍郎。謂再對，傳口詔入中書復視事，出迪知鄆州。仁宗即位，太后預政，貶準雷州，以迪朋黨傳會，貶衡州團練副使。」

[三] 遂用詐敗　東都事略卷四九丁謂傳云：仁宗即位，丁謂「爲山陵使。（雷）允恭既有力於謂，謂德之，故遣允恭修陵域。允恭惑司天邢中和，妄言移皇堂於東南二十步。王曾具奏其事，以謂擅易陵寢，意有不善。……允恭既誅，謂罷相，爲太子少保、分司西京。謂次子玘與女冠劉德妙通，出入謂家，謂坐貶崖州司户參軍」。

[四] 天章歲比當遷輒上書還一官爲二夫人追封　按舊聞證誤卷二引長編云：「皇祐二年二月丙寅，追封故宰臣王曾妻南陽郡太君蔡氏爲莒國夫人，繼室贊皇縣太君李氏爲沂國夫人。曾弟天章閣待制、右諫議大夫子融辭一官，乞追封之。注：『曾爲宰相有年，何

以妻無封，而子融爲請，當考。』」李心傳辨云：「按國朝舊制，大臣封妻，則先亡者不得封。故宋子京爲沂公墓誌云：『公始合姓於蔡；又合姓於李，繼室以其妹，後夫人獨偕老，故啓許國享脂田焉。』據史，蔡、李二夫人皆稱太君，則必以其子升朝而加贈，是以未得國名也。仁宗以後，大臣妻存亡者皆得國封，視舊制爲優，但未見所始耳。」

名臣碑傳琬琰集中卷六

龐莊敏公籍墓誌銘〔一〕　文正公司馬光

公諱籍，字醇之。其先出於周之畢公，因邑命氏。近世自鄆徙居單之成武①。曾祖考諱某②，贈太師、中書令。妣何氏，封越國夫人③。祖考諱某，贈太師、中書令兼尚書令④。妣某氏，封秦國太夫人⑤。考諱某，贈太師兼中書令⑥。

① 近世自鄆徙居單之成武　「成武」原作「武城」，據司馬光集卷七六太子太保龐公墓誌銘及本書上集卷二二龐莊敏公籍神道碑、宋史龐籍傳與卷八五地理志一改。

② 曾祖考諱某　「某」，本書上集卷二二龐莊敏公籍神道碑作「武」。

③ 封越國夫人　「夫人」，司馬光集卷七六太子太保龐公墓誌銘作「太夫人」，似是。

④ 祖考諱某贈太師中書令兼尚書令　「某」，本書上集卷二二龐莊敏公籍神道碑作「文進」；「尚書令」下，司馬光集卷七六太子太保龐公墓誌銘有「封秦國公」四字。

⑤ 妣某氏封秦國太夫人　司馬光集卷七六太子太保龐公墓誌銘及本書上集卷二二龐莊敏公籍神道碑作「妣陳氏，封楚國太夫人」。

⑥ 考諱某贈太師兼中書令　「某」，本書上集卷二二龐莊敏公籍神道碑作「格」；「贈太師兼中書令」，司馬光集卷七六太子太保龐公墓誌銘作「贈太師、中書令兼尚書令，封魏國公」。

妣某氏，封魏國太夫人①。自秦公以往，仍世不仕。魏公始以通春秋仕至國子博士。

公幼敏達，工文辭，書無不覩。舉進士上第[二]，釋褐黃州司理參軍。秩滿，居魏公憂。服除，調江州判官，未之官，用舉者除開封府兵曹參軍[三]。諸兄欲分魏公遺産，公曰：「吾幸有禄。」盡以讓二兄，一錢不取。知府事薛公奎素名威嚴，少許可，獨見公而器之②，待遇甚厚，謂曰：「公他日必致公輔③，余不及也。」仍舉之法曹。頃之，爲大理寺丞④、知襄邑縣。召還，編天聖勑，授刑部詳覆官。會群牧判官缺，是時章獻太后臨朝，用中旨求之者以十數，執政患之，謀曰：「得孤寒中有聲望才節可以服人者與之，則中旨可塞矣。」乃以公名進，太后果從之，仍改服銀緋。久之，出知秀州事。

明道中，召入爲殿中侍御史。章獻太后崩，章惠太后欲踵之臨朝，公奏燔閤門所掌垂簾儀科以沮其謀⑤[四]，當時服其敢言。先帝始專萬機，富於春秋，左右欲以其巧自媚，後苑珠玉之工，頗盛於前日。公上言：「今螽螟爲灾，民憂轉死，北有耶律，西有拓跋⑥，陛下安得不以儉約爲師，奢靡爲戒，重惜國用，以徇民之急？」上深納其言。中丞孔公道輔嘗謂人曰：「今之御史，多承望要人風指，陰爲之用，獨龐公天子御史耳⑦。」

---

① 妣某氏封魏國太夫人　司馬光集卷七六太子太保龐公墓誌銘及本書上集卷二二龐莊敏公籍神道碑作「妣邢氏，封燕國太夫人」。

② 獨見公而器之　「見」原作「具」，據文海本及司馬光集卷七六太子太保龐公墓誌銘改。

③ 公他日必致公輔　「公」，司馬光集卷七六太子太保龐公墓誌銘作「君」。

④ 爲大理寺丞　「爲」，司馬光集卷七六太子太保龐公墓誌銘作「改」。

⑤ 公奏燔閤門所掌垂簾儀科以沮其謀　「垂簾儀科」，司馬光集卷七六太子太保龐公墓誌銘及長編卷一一二明道二年五月辛未條與隆平集、東都事略、宋史龐籍傳皆作「垂簾儀制」，「制」字似是。

⑥ 西有拓跋　「拓跋」原作「跖跋」，據庫本、司馬光集卷七六太子太保龐公墓誌銘及下文改。

⑦ 獨龐公天子御史耳　「公」，司馬光集卷七六太子太保龐公墓誌銘作「君」。

尋授開封府判官①。尚美人方有寵，遣宦者稱教旨免工人市繇。公上言：「祖宗以來，未有美人敢稱教旨干撓府政者。」上怒杖宦者②，切責美人，仍詔諸官府自今有傳宮中之命者，皆無得施行。龍圖閣學士范諷喜放曠，不遵禮法，士大夫多慕效之，又爲姦利事，公乃屢劾奏其狀，不報。會除祠部員外郎、廣南東路轉運使，將之官，復奏言之，且曰：「苟不懲治，則敗亂風俗，將如西晉之季，不可不察。」有詔置獄，以覈其實。獄成，諷坐貶鄂州行軍司馬，仍下詔戒天下風俗。上欲還公御史，而以貶逐大臣之故，亦以公爲太常博士、知臨江軍[五]。至官未百日，復授祠部員外郎、福建路轉運使。

景祐三年，以侍御史召還。執政奏擬户部判官，上曰：「龐某止可三司判官耶？」後九日，除刑部員外郎兼侍御史知雜事，改服金紫。尋判大理寺，糾察在京刑獄，知審官院。在臺中二年，執政奏擬户部副使③，上曰：「龐某豈得以常塗進之④？」遂擢爲天章閣待制。拓跋元昊僭亂⑤，陝右騷動，公奉使體量安撫。還，未幾出知汝州事[六]。數月，徙知同州事，尋授陝右都轉運使。

慶曆元年，延安鈇帥，以公爲龍圖閣直學士、知延州事，尋加鄜延路馬步軍都部署⑥、經略安撫緣邊招討等使[七]。明年除延州觀察使，五辭不受，復遷諫議大夫，職任如故[八]。延安自五龍川之敗[九]，戎落民居焚掠幾

---

① 尋授開封府判官 「尋」原作「欲」，據司馬光集卷七六太子太保龐公墓誌銘改。
② 上怒杖宦者 「杖」，司馬光集卷七六太子太保龐公墓誌銘作「抶」。
③ 執政奏擬户部副史 「副使」原作「刺史」，據司馬光集卷七六太子太保龐公墓誌銘改。
④ 龐某豈得以常塗進之 「得」原作「特」，據庫本及司馬光集卷七六太子太保龐公墓誌銘改。
⑤ 拓跋元昊僭亂 「拓跋」原本作「祐跋」，據文海本、庫本、司馬光集卷七六太子太保龐公墓誌銘及宋史卷四八五夏國傳上改。
⑥ 尋加鄜延路馬步軍都部署 「步」原作「部」，據司馬光集卷七六太子太保龐公墓誌銘改。

盡，距郭無幾，悉爲寇境，人心危懼。公至，補綻茹陋①，聚用增備，撫民以仁，馭軍以嚴[一〇]。戍兵近十萬，未有壁壘，多寄止民家，無秋豪敢犯民者。諸將欲出兵，公召問方略②，取其所長而誨其所短，告以賞罰，已而必行。由是諸將莫敢不盡力，出輒有功。是時，元昊數犯邊，覆軍殺將，而獨不近鄜延。間或小入，輒以敗去。故地爲虜所據者，公悉逐之，築十一城於險要[一一]，其腹中可食之田，盡募民耕之，延安遂爲樂土。

會朝廷益厭兵，欲赦元昊之罪，以詔書命公招懷之。公曰：「虜驟勝方驕，若中國自遣人説之，彼益偃蹇不可與言。」先是，元昊用事之臣野利旺榮遣其牙校李文貴來，公留之於邊。至是召之自從公所，諭以逆順禍福，遣還。文貴尋以旺榮、曹偶四人書來，用敵國修好之禮。公以其不遜[一二]，未敢復書，請於朝。朝廷急於息民，命公復之書，開延而勿拒，稱旺榮等爲太尉，且曰：「元昊果肯稱臣，雖仍其僭名，可也。」公上言：「僭名禮不可容③，臣不敢奉詔。太尉，天子上公，非陪臣所得稱。今方抑止其僭，而稱其臣下爲公④，恐虜滋驕，不可得臣。旺榮等與臣書，自稱『謨寧令』。謨寧令，此虜中之官，中國不能知其義，可以無嫌，臣輒從而稱之。」朝廷善之。旺榮等又請用小國事大國之禮，公曰：「此非邊帥所敢知也。而主若遣使者奉表以來，乃敢遵導致於朝廷耳。」是時朝廷方修復涇原，公恐虜猝犯之，敗其功，乃留連其使，數與之講議，雖抑止其僭，亦不決然絶也。如是踰年，元昊乃遣其伊州刺史賀從勗來，自稱「男邦面令國兀卒郎宵上書父大宋皇帝⑤[一三]」。公使謂之曰：「天子至

① 補綻茹陋　「陋」，司馬光集卷七六太子太保龐公墓誌銘作「漏」。
② 公召問方略　「公」下，司馬光集卷七六太子太保龐公墓誌銘有「必」字。
③ 僭名禮不可容　「禮」，司馬光集卷七六太子太保龐公墓誌銘作「理」。
④ 而稱其臣下爲公　司馬光集卷七六太子太保龐公墓誌銘作「而稱其臣爲上公」。
⑤ 男邦面令國兀卒郎宵上書父大宋皇帝　「郎宵」，東都事略龐籍傳及涑水記聞卷一一作「曩霄」。

尊，荆王叔父也，猶奉表稱臣①。今名體未正，不敢以聞。」從勗曰：「子事父，猶臣事君也②，使從勗至京師，而天子不許，請更歸議之。」公上言：「虜自背叛以來，雖屢戰得氣，然喪和市之利，民甚愁困。今其辭禮稍順③，必誠有效事中國之心④。願聽從勗詣闕，更選使者往至其國，以詔旨抑之，彼必稱臣。凡名稱禮數及求匄之物，當力加裁損，必不得已，乃少許之。若所求不違，恐豺狼之心未易盈厭也。」朝廷皆從其策[一四]。元昊果稱臣，册命爲夏國主。

上以西鄙之寧，皆公之功，乃密詔諭以兩府有闕當補之[一五]。四年，遂入爲樞密副使。公在延州，治州城及諸寨，皆募禁軍爲之。軍行出塞，則使因粮於敵，馬芻皆自刈之，還畀其直，民無飛輓之勞。及去，民遮道泣曰：「公用兵數年，未嘗以一事煩民。雖以一子爲香焚之，猶不足報也⑤。」追送數驛乃去。公居樞府，上言陝西用兵以來，用度太廣，請遣使者減省邊費[一六]。上從之，所省逾半。八年，參知政事。皇祐元年，以工部侍郎爲樞密使。公以近世養兵之弊在於多而不精，故國用困竭，與丞相合議，大加簡閱。於是中外言者鼎沸，以爲必生大變，上亦疑焉。公曰：「萬一有一夫狂訴⑥，臣請以百口償之。」卒行其策。是歲凡省八萬餘人，三司粮賜皆有餘矣[一七]。三年，同中書門下平章事，又兼昭文館大學士[一八]。

① 猶奉表稱臣　「猶」原作「尤」，據司馬光集卷七六太子太保龐公墓誌銘及東都事略龐籍傳、涑水記聞卷一一改。
② 猶臣事君也　「猶」原作「尤」，據司馬光集卷七六太子太保龐公墓誌銘及東都事略龐籍傳、涑水記聞卷一一改。
③ 今其辭禮稍順　「稍」，司馬光集卷七六太子太保龐公墓誌銘作「寖」。
④ 必誠有效事中國之心　「效」，司馬光集卷七六太子太保龐公墓誌銘作「改」。
⑤ 猶不足報也　「猶」原作「尤」，據庫本及司馬光集卷七六太子太保龐公墓誌銘改。
⑥ 萬一有一夫狂訴　「訴」，司馬光集卷七六太子太保龐公墓誌銘作「謼」。

公爲相，專以公忠便家國爲事，不以官爵養私交、取聲譽。端明殿學士程公戡知益州，將行，上俾公諭之：「戡還，當處以兩府。」公曰：「兹事出於上恩，臣不敢與聞。」卒不與程言。

廣源蠻儂智高反，毒偏嶺南①，王師數不利，詔以樞密院副使狄青爲宣撫使以討之。言事者以青武人[一九]，不足專任，固請以侍從之臣爲之副②。上以訪公，公曰：「屬者王師所以屢敗，皆由大將權輕，偏裨人人自用，遇敵或進或退，力不能制故也。今青起於行伍，若以侍從之臣副之，彼視青無如也。青之號令復不可得行，是循覆車之軌。青素名善戰，今以二府將大兵討賊，若又不勝，不惟嶺南非陛下之有，荆湖、江南皆可憂矣。禍難之起，未見其涯，不可不慎。青在鄜延，居臣麾下，沉勇有智略。若專以智高委之，使青先以威齊衆而後用之，必能辦賊。幸陛下勿以爲憂也。」上曰：「善。」於是詔嶺南用兵皆受青節制，處置民事則與樞密直學士孫沔等議之。青至嶺南，斬敗軍將校數人，進擊智高於邕州，大敗之，智高奔大理。捷書至，上喜謂公曰：「嶺南非卿執議之堅，不能平，今日皆卿功也。」

青還，上欲以爲樞密使、同平章事。公曰：「昔曹彬平江南，太祖謂之曰：『朕欲以卿爲使相③，然今外敵尚多，卿爲使相，安肯爲朕盡死力耶？』賜錢二億而已。今青雖有功，未若彬之大，若賞以此官，則富貴極矣。異日復有寇盜，青更立功，將以何官賞之？且青起軍中④，致位二府，衆論紛然，以爲國朝未有此比。今幸而立功，論

---

① 毒偏嶺南　「偏」原作「偏」，據庫本及司馬光集卷七六太子太保龐公墓誌銘改。
② 固請以侍從之臣爲之副　「之臣」，司馬光集卷七六太子太保龐公墓誌銘作「文臣」。
③ 朕欲以卿爲使相　「使相」原作「師相」，據司馬光集卷七六太子太保龐公墓誌銘、本書上集卷二二龐莊敏公籍神道碑及東都事略、宋史龐籍傳改。
④ 且青起軍中　「青」字原脱，據庫本、司馬光集卷七六太子太保龐公墓誌銘補。

者方息。若又賞之太過，是復使青得罪於衆人也。臣所言非徒爲國體，亦爲青謀也。」争之累日，上乃許之，加青檢校官，遷護國軍節度使、河中尹，仍賜其諸子官。既而内外官訟青功，以爲賞薄者多，上重於違衆，復以青爲樞密使。其後青卒以官盛爲世所疑。

近世臺官進用太速，公舉舊制，御史秩滿，以大藩處之。内侍省都知王守忠侍上久①，求領節度使[二〇]。上以問公，公曰：「自宋興以來，未有内臣爲節度使者。陛下至孝，凡祭祀文物，事有毫髮關於宗廟者，未嘗不兢兢畏懼②，況祖宗典法又可隳耶？」上乃止。由是内外怨疾頗多。會道士趙清貺與公有瓜葛親，與堂吏通謀，受人賂，詐許爲之求官。公聞之，奏捕清貺及堂吏繫獄，窮治其姦，杖而流之，清貺行數日而斃。於是言者乘此争詆毁公，協力排之，始以爲公私於清貺，末言殺以滅口③[二一]。上雖知公無罪，欲厭言者之心，五年，命以户部侍郎知鄆州事，兼京西東路安撫使。既而深悔之。是歲，上親祠南郊，前月餘，謂執政曰：「龐某可就加觀文殿大學士，速行之。若過大禮，是與有罪者無以異也[二二]。」及詔出，仍厚加賜賚。契丹來求上御容及例外事數條，上以問執政，皆相視莫能對[二三]。上悵然久之，曰：「前者出龐某太忽忽。」蓋以公習知夷狄④、能斷大事故也。至和二年，除昭德軍節度使、永興軍路安撫使、知永興事。未行，又改河東路經略安撫使、知并州事。

嘉祐元年，上得疾久未瘳，中外憂懼。公上言：「比者陛下皇子繼夭，宫坊虚位。立嗣之義，禮有明文⑤，願

① 内侍省都知王守忠侍上久　「王守忠」原作「任守忠」，據司馬光集卷七六太子太保龐公墓誌銘及本書上集卷二二龐莊敏公籍神道碑改。
② 未嘗不兢兢畏懼　「懼」，司馬光集卷七六太子太保龐公墓誌銘作「慎」。
③ 末言殺以滅口　「末」原作「未」，據庫本及司馬光集卷七六太子太保龐公墓誌銘改。
④ 蓋以公習知夷狄　「夷狄」下，司馬光集卷七六太子太保龐公墓誌銘有「情」字。
⑤ 禮有明文　「禮」原作「理」，據庫本、司馬光集卷七六太子太保龐公墓誌銘及東都事略龐籍傳改。

陛下深思祖宗統緒之重，歷選宗室宜爲嗣者，速決聖意。制命一出，則群心大安。奉承宗廟之孝，無大於此。臣以寒儒荷陛下大恩，位至將相，是以冒重禍而不疑不悔。年垂七十，逼於休退，固無他望，唯陛下保萬世之業①，懷生蒙無窮之幸，乃老臣之大願。」後數年，上遂定大策如公議。

麟州屈野水西，有田與夏虜相接，疆埸不明，數十年來，虜盜耕之，麟人不能正也。至是，詔邊吏禁止之，邊吏頗暴掠其民。公曰：「拓跋氏稱臣奉貢，未失臣禮。今不先以文告而遽暴掠之，使歸曲而責直，非中國所以禦夷狄也。」乃戒邊吏謹斥候，毋得輒犯虜，徐以義理曉之，虜不去。召使更定疆埸，又不至。公曰：「虜仰吾和市，如嬰兒之待乳，若絶之，虜必自來。」乃禁邊吏無與虜爲市，虜大窮，移書於邊，請遣使更議疆埸。使者至有日②，會管勾麟府軍馬事郭恩恃其勇果，與知麟州事武戡、走馬承受公事黃道元率兵不滿千人，涉屈野水西，至忽理堆③，不爲戰備。虜怨邊吏之累其民④，每聚兵萬餘於境上，以待邊吏至而擊之，以復其仇。邊吏守公約束，虜以飢疲罷去者數矣。至是，或告虜在水西，恩等不信，虜遂發伏兵以擊恩等。恩、道元皆没於虜，戡脱走得歸。然虜以和市故，猶遣使者來，請退水西之田二十里，公不許。先是，公命通判并州事司馬光之麟州，與戡議邊事。戡請乘虜罷兵之時，築二堡於屈野之西，以禁耕者，且爲州耳目。某還以告⑤，公從之。比往，而虜兵以復聚⑥，

① 唯陛下保萬世之業　「之」原作「七」，據庫本及司馬光集卷七六太子太保龐公墓誌銘改。
② 使者至有日　「日」原作「曰」，據文海本及司馬光集卷七六太子太保龐公墓誌銘改。
③ 至忽理堆　「忽里堆」，司馬光集卷七六太子太保龐公墓誌銘及東都事略龐籍傳、宋史卷四八五郭恩傳皆作「忽里堆」。
④ 虜怨邊吏之累其民　「累」，司馬光集卷七六太子太保龐公墓誌銘作「暴」。
⑤ 某還以告　「某」，司馬光集卷七六太子太保龐公墓誌銘作「光」。按，下文同。
⑥ 而虜兵以復聚　「以」，司馬光集卷七六太子太保龐公墓誌銘作「已」。

戡不敢興役。及敗，乃言其行視堡地，爲虜所掩，以至失亡①。會虜遣道元歸，朝廷命御史按之。御史新拜官，欲排擊大臣以爲名，移幕府取文書。公以築堡之議，某實與焉，恐并獲罪，乃留檄某之書，以其餘與之。御史遂劾奏公擅築堡於邊以敗師徒，又匿制獄所取文書，坐是解節鉞，復以觀文殿大學士、户部侍郎知青州事[二四]，兼京東東路安撫使。某慚怍，守闕上書，具言其狀，自請斧鉞之誅，朝廷不許。公又上奏，引咎自歸，乞矜免某罪，某卒不坐。他日，某見公無所自容，而公待之如故，終身不復言。

始，公在并州，甫七十，亟欲告老，會左遷，不敢。至青半歲，乃上表自陳。朝廷不許，遷尚書左丞，徙知定州，兼本路安撫使。公過京師入見上，面陳至誠。上曰：「新進之臣，畏怯避事，定州兵驕日久，藉卿威名以鎮之，卿勉爲朝廷行也。」公不得已，請讓還左丞[二五]，及至定一年而歸老，上許之。如期復請，詔召還京師。公陳請不已，或謂：「公今精力克壯，年少所不及，主上注意方厚，何遽引去若此之堅？」公曰：「必待筋力不支，明主厭棄，然後乃去，是不得已，豈止足之謂耶？」凡上表者九、手疏二十餘通，朝廷不能奪，五年，聽以太子太保致仕。

公好學出於天性，雖耋老家居，常讀書賦詩，未嘗閑，用此自娱，至忘飢渴寒暑。子弟雖愛之甚，常莊色以誨之。閨門燕居，人不見其有惰容。其爲治，以愛民爲主，明練法令，以平心處之[二六]。常曰：「凡爲大臣，尤宜祗畏繩墨，豈得自恃貴重，亂天子法耶？」惟治軍差嚴，有犯輒以便宜從事，或斷斬刳磔，或累笞取斃，軍中股栗。然能察知其勞苦，至於廬舍飲食，無不盡心爲之區處，使皆完美，故所至士卒望風聳畏，而終無怨心。遇僚屬謙恭和易，有所關白，苟可取，雖文書已行，立爲更易，無愛吝之心。八年三月丙午，以疾薨

① 以至失亡　「至」下原衍「已」字，據司馬光集卷七六太子太保龐公墓誌銘删。

于第，年七十六。時上已不豫，聞之震悼，不能臨奠，遣中使弔賻其家。未踰月，宫車晏駕，今上在亮陰，故未及贈謚[二七]。

公先娶夫人邊氏，故樞密直學士肅之女，封嘉興縣君；再娶劉氏，供備庫使永崇之女，封彭國夫人。男五人：長曰元魯，登進士第，官至大理寺丞，早終；次元英，太常博士；次元常，内殿崇班；次元中，大理寺丞；次元直，大理評事。女七人①。元英將以某年六月壬申②，葬公于雍丘之東山③，乃謂光曰：「公生平知愛莫如子也，子當銘公墓。」某自知不文④，不敢辭。噫！其受公恩如此其大⑤，滅身不足以報，然公之德烈載天下之耳目，某不敢以一言私焉。銘曰：

顯允公德，柔嘉維則。敏而好謀，果而不惑。函谷以西，幼艾嬉遊。邊鄙不聳，荷公之休。五嶺以南，復爲王土。制勝廟堂，承公之祜⑥。文服武取，動皆有成。誰克知之？維天子明。天子爵禄，天子法度。怨憎孔多，公忠乃著。旅力未愆，辭榮以年。子衆而賢，受福之全。天之生公，以佐先帝。綴衣在庭，公適辭世。迹實爲文，款石幽泉。身毀名傳，垂之億年。

---

① 女七人　司馬光集卷七六太子太保龐公墓誌銘作「女七人：長適冀州支使陳琪，封南安縣君；次適都官員外郎宋充國，封德安縣君，早終；次適屯田員外郎程嗣隆，封仁壽縣君；次繼適宋充國，封永康縣君；次適大理評事趙彦若，封榮德縣君；次及幼女皆未嫁」。

② 元英將以某年六月壬申　司馬光集卷七六太子太保龐公墓誌銘作「孤元英將以其年六月壬申」。

③ 葬公于雍丘之東山　「東山」，本書上集卷二二龐莊敏公籍神道碑作「谷林山」。

④ 某自知不文　「某」，司馬光集卷七六太子太保龐公墓誌銘作「光」。按，下文同。

⑤ 其受公恩如此其大　前「其」字，庫本作「某」，司馬光集卷七六太子太保龐公墓誌銘作「光」。

⑥ 承公之祜　「祜」原作「祐」，據庫本及司馬光集卷七六太子太保龐公墓誌銘改。

辨證：

[一] 龐莊敏公籍墓誌銘　本墓誌又載於司馬光集卷七六，題曰「太子太保龐公墓誌銘」。按，誌文有云龐籍卒後「未踰月，宮車晏駕，今上在亮陰，故未及贈謚」，則此處題曰「龐莊敏公籍墓誌銘」，乃日後所改。又按，龐籍，隆平集卷五、東都事略卷六六、宋史卷三一一有傳，本書上集卷二二載有王珪龐莊敏公籍神道碑。

[二] 舉進士上第　隆平集龐籍傳云其大中祥符八年登進士第。

[三] 用舉者除開封府兵曹參軍　本書上集卷二二龐莊敏公籍神道碑云「知開封府薛田舉公爲兵曹參軍」。

[四] 召入爲殿中侍御史至公奏燔閤門所掌垂簾儀私以沮其謀　據長編卷一一二載，明道二年三月甲午，「皇太后崩，遺誥尊太妃爲皇太后，皇帝聽政如祖宗舊規，軍國大事與太后內中裁處」。乙未，「既宣遺誥，閤門趣百官賀太后於內東門。御史中丞蔡齊正色謂臺吏毋追班，入白執政曰：『上春秋長，習天下情僞，今始親政，豈宜使女后相繼稱制乎？』執政無以奪」。四月丙申朔，下詔「刪去遺誥『皇帝與太后裁處軍國大事』之語」。五月辛未，屯田員外郎龐籍爲殿中侍御史，「籍奏請下閤門取垂簾儀制盡焚之」。則龐籍召授御史在劉太后死後。

[五] 上欲還公御史而以貶逐大臣之故亦以公爲太常博士知臨江軍　長編卷一一五景祐元年八月乙酉條載，殿中侍御史龐籍奏劾權三司使范諷，「宰相李迪雅善諷，寢不報」，而籍「坐言宮禁事不實，改祠部員外郎，出籍爲廣東轉運使」。又十月癸亥條云：「新廣東轉運使龐籍言：『昨爲御史奏彈吳守則、范諷交通尚繼斌事，諷既出守兖州，乃給言家貧，假翰林銀器數千兩自隨，而增產於齊州，市官田虧平估，請併行按劾。』詔諷以所假銀器還官。」卷一一六景祐二年二月丁卯條載：「先是，籍爲御史數劾諷，宰相李迪佑諷弗治，反左遷籍。籍既罷，益追劾諷不置，且言：『諷放縱不拘禮法，苟釋不治，則敗亂風俗，將如西晉之季，不可不察。』會諷亦請辨，乃詔即南京置獄，遣淮南轉運使黃總、提點河北刑獄張嵩訊之。籍坐所劾諷有不如奏法，當免；諷當以贖論。諷不待論報，擅還兖州。呂夷簡疾諷詭激多妄言，且欲因諷以傾迪，故特寬籍而重貶諷。」龍圖閣學士、給事中、知兖州范諷責授武昌行軍司馬，不簽書事；新廣東轉運使、祠部員外郎龐籍降授太常博士、知臨江軍。

[六] 還未幾出知汝州事　據長編卷一二三寶元二年五月丙午條，刑部員外郎、天章閣待制龐籍爲陝西體量安撫使。又卷一二四寶元二年八月乙酉條載刑部員外郎、天章閣待制龐籍爲契丹生辰使。卷一二五寶元二年十二月丁酉條載，降刑部員外郎、天章閣待制

龐籍知汝州，云「先是，權知開封府鄭戩按使院行首馮士元姦贓及私藏禁書事」，而龐籍「嘗令士元雇女口」故爾。遂於戊戌日「命兵部郎中、知制誥聶冠卿爲契丹生辰使，代龐籍也」。

〔七〕尋加鄜延路馬步軍都部署經略安撫緣邊招討等使　長編卷一三一慶曆元年四月壬午條載陝西都轉運使、禮部郎中、天章閣侍制龐籍爲龍圖閣直學士、知延州，兼鄜延路部署司事。又卷一三四慶曆元年十月甲午條載龍圖閣直學士、禮部郎中、管勾鄜延路部署司事兼知延州龐籍爲吏部郎中，並兼本路馬步軍都部署、經略安撫緣邊招討使。

〔八〕除延州觀察使五辭不受復遷諫議大夫職任如故　長編卷一三五慶曆二年四月己亥條載，以樞密直學士、禮部郎中知秦州韓琦爲秦州觀察使，樞密直學士、吏部郎中、知渭州王沿爲涇州觀察使，龍圖閣直學士、吏部郎中、知延州龐籍爲鄜州觀察使，龍圖閣直學士、右司郎中、知慶州范仲淹爲汾州觀察使。又卷一三五慶曆二年五月癸亥條載新邠州觀察使范仲淹復爲龍圖閣直學士、左司郎中，鄜州觀察使龐籍復爲龍圖閣直學士、吏部郎中，「並從所請也。初，仲淹上表言：『觀察使班待制下，臣守邊數年，羌人頗親愛臣，呼臣爲「龍圖老子」。今改觀察使，則與諸族首領名號相亂，恐爲賊所輕。且無功，不應更增厚禄。』辭甚切，至表三，上乃從之」。按，龐籍除命以鄜州觀察使知延州，非延州觀察使；時龐籍復爲吏部郎中，未遷諫議大夫，墓誌所云皆不確。又四月己亥授命，五月癸亥復舊職，墓誌稱「五辭不受」者，誇飾之詞也。據長編卷一三八，龐籍於慶曆二年四月辛亥自吏部郎中遷左諫議大夫。

〔九〕延安自五龍川之敗　東軒筆録卷十五云：「康定中，元昊入延州東路，犯安南、承平兩寨，又以兵犯西路，聲言將襲保安軍。故延州發兵八萬支東西二隅，而元昊乃乘虛由北路擊破金明寨，擒李士彬，直犯五龍川，破劉平、石元孫，遂圍延州。」

〔一〇〕馭軍以嚴　長編卷一三五慶曆二年「是春」條載命种世衡知環州，云：「世衡在青澗，爲屬吏所訟以不法事，按驗皆有狀，龐籍言：『世衡披荆棘，立青澗城，若一拘以法，則邊將無所措手足。』詔勿問。及徙環州，詣籍拜且泣曰：『世衡心腸鐵石也，今日爲公下淚矣。』」

〔一一〕築十一城於險要　長編卷一三五慶曆二年四月戊子條載時「築清水、安定、黑水、佛堂、北横山、乾谷、土明、柳谷、雕窠、虞兒、原安寨十一堡」。

〔一二〕公以其不遜　按所謂「不遜」，據本書上集卷二二龐莊敏公籍神道碑、東都事略龐籍傳，乃指西夏「未肯去僭號」。

〔一三〕自稱男邦面令國兀卒郎宵上書父大宋皇帝　按宋史卷四八五夏國傳載其「猶稱『男邦泥定國兀卒上書父大宋皇帝』，更名

『曩霄』而不稱臣。『兀卒』即『吾祖』也，如可汗號」。按，「郎宵」即「曩霄」。

〔一四〕朝廷皆從其策　長編卷一三九慶曆三年二月庚戌條載：「右正言、知制誥梁適假龍圖閣直學士、右諫議大夫使延州，與龐籍議所以招懷元昊之禮也。於是許賀從勗赴闕。」

〔一五〕乃密詔諭以兩府有闕當補之　按長編卷一四〇慶曆三年三月「是月」條云：「是月，上令内侍宣諭韓琦、范仲淹、龐籍等：『候邊事稍寧，當用卿等在兩地，已詔中書劄記。此特出朕意，非臣僚薦舉。』」

〔一六〕請遣使者減省邊費　長編卷一五八慶曆六年二月戊寅條云：「詔陝西經略安撫及轉運司，朝廷開納夏國，本欲寬財息民。自其受封進誓已及一年，而調度猶不減用兵時，其議裁節諸費及所增置官員，指使臣今無用者，悉條奏之。從樞密副使龐籍之言也。」注曰：「籍本傳云：『籍言自陝西用兵，公私困匱，請併省官屬，退近寨之兵，就食内地。於是邊費頗省。』」

〔一七〕與丞相合議至三司粮賜皆有餘矣　長編卷一六七皇祐元年十二月壬戌條：「初，樞密使龐籍與宰相文彦博以國用不足，建議省兵。衆紛然陳其不可，緣邊諸將争之尤力，且言兵皆習弓刀，不樂歸農，一旦失衣糧，必散之閭閻，相聚爲盜賊。上亦疑焉。彦博與籍共奏：『今公私困竭，上下皇皇，其故非他，正由養兵太多爾。若不減放，無由蘇息。萬一果聚爲盜賊，二臣請死之。』上意乃決。於是簡汰陝西及河北、河東、京東西等路羸兵無慮八萬有餘人，其六萬有餘悉放歸農，其二萬有餘各減衣糧之半」。時「詔陝西保捷兵五十以上及短弱不任役者聽歸農。若無田園可歸者，減爲小分。凡放歸者三萬五千餘人，皆讙呼反其家。在籍者尚五萬餘人，皆悲涕，恨已不得去。陝西緣邊計一歲費緡錢七十千養一保捷兵，自是省緡錢二百四十五萬，陝西之民力稍蘇」。

〔一八〕同中書門下平章事又兼昭文館大學士　長編卷一七一皇祐三年十月庚子條載：「樞密使、户部侍郎龐籍以本官爲平章事、昭文館大學士、監修國史。籍初入相，且獨員，而遽爲昭文館大學士、監修國史，殊非故事也。」

〔一九〕言事者以青武人　按，據宋史龐籍傳，言事者乃諫官韓絳。

〔二〇〕内侍省都知王守忠侍上久求領節度使　長編卷一七六至和元年正月癸巳條云：「延福宮使、武信留後、入内内侍省都都知王守忠罷延福宮使，爲武信留後，他毋得援例。故事，宦官未有真爲留後者。守忠介東宮舊恩，數求之，上亦欲予之。先是高若訥爲樞密使，持不可，故止。及是守忠疾，復求爲節度使。宰相梁適曰：『宦官無除真刺史者，況真節度使乎？』上曰：『朕蓋嘗許守忠矣。』適曰：『臣今日備位宰相，明日除一内臣爲節度使，臣雖死有餘責。』御史中丞孫抃聞之，亦奏疏力諫。乃罷節度使不除，然猶得真爲留後。」

〔二一一〕於是言事者乘此争詆毁公協力排之始以爲公私於清貺末言殺以滅口　據長編卷一七五皇祐五年閏七月壬申條，時「諫官韓絳言籍陰諷府杖殺清貺以滅口，又言事當付樞密院，不當中書自行」，故龐籍罷相，「然謂籍陰諷開封，覆之無實」。按，史載「趙清貺者，籍甥也」。

〔二一二〕是歲上親祠南郊至是與有罪者無以異也　長編卷一七五皇祐五年十月己亥條載：「户部侍郎、知鄆州龐籍爲觀文殿大學士，龍圖閣學士、刑部郎中、集賢殿修撰、知徐州吕公綽復爲侍讀學士。公綽以趙清貺之死，自辨於朝，上察其情，故并籍皆復舊職。於是知諫院韓絳力争，不報。絳家居待罪，上遣使慰勞之，尋除禮部員外郎，罷諫院。」

〔二一三〕契丹來求上御容及例外事數條上以問執政皆相視莫能對　長編卷一七七九至和元年月乙亥條云：「契丹遣忠正節度使、同平章事蕭德，翰林學士、左諫議大夫、知制誥、史館修撰吴湛來告與夏國平，且言：『通好五十年，契丹主思南朝皇帝，無由一會見，嘗遣耶律防來使，竊畫帝容貌，曾未得其真。欲交馳畫象，庶瞻覿以紓兄弟之情。』德等又乞親進本國酒饌，不許。」注曰：「交馳畫象，朝廷多有議論。」

〔二一四〕坐是解節鉞復以觀文殿大學士户部侍郎知青州事　長編卷一八六嘉祐二年十一月戊戌條云：「初，司馬光建議築堡，籍檄麟州如光議。及郭恩等敗没，詔侍御史張伯玉按鞫。籍匿光初所陳事，故光得以去官免責，而籍爲御史劾奏，由是罷節度使。光不自安，守闕三上書，乞獨坐其罪，不報。」注曰：「李師中上籍詩註云：『言事者怨執政日曾罷彼風憲職，于是奏收籍節鉞。』不知言事者姓名，當考。」按，誌文「御史新拜官，欲排擊大臣以爲名」云云，乃司馬光爲己過失修飾之詞。

〔二一五〕請讓還左丞　長編卷一八八嘉祐三年十二月癸亥條云：「賜知定州、觀文殿大學士、户部侍郎龐籍朝辭物如節度使例。初命籍爲尚書左丞，籍固辭不拜。」

〔二一六〕其爲治以愛民爲主明練法令以平心處之　長編卷一九八嘉祐八年三月戊申條云：「籍曉律令，長於吏事。持法深峭，軍中有犯者，至或斷斬剞磔，或累笞至死，以故士卒聞風畏服。而治民頗有惠愛，及爲相，爲言者所詆，聲望減於治郡時。」

[二七] 故未及贈謚　長編卷一九八嘉祐八年三月戊申條載:「太子太保致仕龐籍卒。時上不豫,廢朝臨奠皆不果,第遣使弔賻其家。贈司空兼侍中,謚莊敏。」按,本書上集卷二二龐莊敏公籍神道碑稱「其孤以公之功狀上於太常,而博士李育乃謚公曰莊敏」。

高文莊公若訥墓誌銘[一]　景文公宋祁

至和二年秋八月甲寅,觀文殿學士兼翰林侍讀學士、尚書左丞、同群牧制置使高公薨于京師之莫①,享年五十有九。既聞,上震悼,趣輦降酹其寢。既還,明日罷紫宸朝,出尚書右僕射制書告柩,賵幣賻金係于庭。太常考行,謚曰文莊。以冬十月己酉,克葬公於開封府開封縣褒親鄉之原。前此,門人河東裴煜騰狀來中山,取文誌隧。予與公遊也舊,誼不得讓。哭寢門已,次其梗概,曰:

公諱若訥,字敏之。生十歲而孤,侍母夫人客汲郡[二],生事日狹,取粗完即已。惟縱嗜於學,性警鋭,過目輒記,自周漢訖兹數千歲,救革質文,亹亹能言之②。天聖初,以鄉貢牒詣有司,聲光闖焉,一日出諸儒上。方天子委禮部取士,於是中山劉公筠大裒英才,得二百人,多海内選。公在第四[三],調彰德節度府推官,改著作佐郎,再遷太常博士。歷三縣,以辦最稱[四]。臺御史薦爲監察裏行,就改主客員外,進殿中[五]。遷右司諫[六]、直史館、起居舍人,留知諫院[七],换刑部員外郎、知侍御史雜事。於是數見上言得失。蜀賈援外戚得郎官,知蔡州,公劾賤丈夫干没財利,不宜以私謁汙二千石[八]。内侍省大中人怙恩,聲焰震赫,人争媚附,公斥言其尤,即

① 同群牧制置使高公薨于京師之莫　「莫」,景文集卷六〇高觀文墓誌銘作「第」。又「京師之莫」,潞公集卷一二觀文殿學士尚書左丞謚文莊高公神道碑作「宣陽里之第」。

② 亹亹能言之　「亹亹」,景文集卷六〇高觀文墓誌銘作「娓娓」。

日外遷[九]。有詔累黍定尺，檢制樂律，法不合，争論連年。公獨以漢世貨泉度寸定古尺，示諸朝，議者服其密[一〇]。嘗言：「中書、樞密院所與一統類、美風俗，今奏事離立，不改刻遽罷，不能究熟萬機。宜復古坐而論道，使人自竭。」帝韙其言。

擢天章閣待制[一一]，益親近。轉禮部郎中，出爲河東都轉運使。召還[一二]，丁母夫人憂，號訴願盡三年。國朝兩省内外制而上有故者，卒哭輒奪哀。有不獲命，慘袍襆到朝就職。自公得請，後遂著行服令。詔給實奉終喪。逮除盡，還舊官，拜龍圖閣直學士、史館脩撰，以吏部郎中進諫議大夫、權御史中丞[一三]。慶曆七年春小旱[一四]，上憂甚，引公問洪範雨暘所以致休咎者，公推原五事以對，其議閎深博衍，上嗟嘆之。後三日，引拜公樞密副使。見便坐，上戒以和，公頓首言：「和無莫濟者，有如樂焉，音異乃諧。若可否出一，是同也，同則生黨。」時大臣執議見還，故公謝及之，由是見謂爲長者。天下無事，常宿屯三垂，募兵不止，度支財益屈。公議一切停募，料冗士以蘇調給之殘，詔可。

康定時，西鄙騷繹，東南多盜，始置宣毅兵，州悉有之，扞鎮方夏[一五]。士既飽衣食不事，悍不可制。公曰：「是本欲制賊，今反自賊，何賴爲？」建擇精鋭者團藉北遷①，以補戍人。守臣争言士素驕，驟遣必亂。公固謂：「朝家威令整嚴②，等輩孰敢？」既徙，無一士干法。以工部侍郎參知政事。後二歲，由户部侍郎、檢校太傅爲樞密使。儂蜑襲邕州[一六]，殺守將。公曰：「南海可虞也。」或謂未然。閱旬，賊剽十餘州，乘流下番禺，入其外郛。南軍不習鬬，部校争長，連戰輒北，賊遂張，嘯亡命數萬，嶺南大瘖。公謂當遣貴賢將節度諸部，以蕃落千騎怖

① 建擇精鋭者團藉北遷　「藉」，文海本及景文集卷六〇高觀文墓誌銘作「籍」，似是。

② 朝家威令整嚴　「令」原作「今」，據鐵琴銅劍樓本、庫本及景文集卷六〇高觀文墓誌銘改。

之，可擒也[一七]。會大臣馳往①，斬敗將，鼓而南。賊盡鋭薄前軍，顧騎出其後，驚以爲神，遂大敗，南事平。帝議策勳，公欲讓功臣使得其處，即辭位，章五上，拒不省。公請愈牢，帝重違，又以公次當得宰相，雖解機務，猶以學士籍留自近[一八]。公喜曰：「天下士不吾責已。」

公節分崖然，不與俗流，至浮屠神仙、陰陽怪譎事，弗語也。在禁中論得失，無少回撓。及建白裁處，皆深自匿，令出，返從人問所以然，故獻納之益，初秘弗得詳，久乃知十一二。常謂：「承平久，吏忽事庬，必峻法治之，謂管夷吾、韓非責名實、賞信罰必術最近，與儒家相輔，長利可興云。」公之次行軍約束，白罷内降封拜[一九]、外戚不可輔政，皆著後法。執官尹不建節，謂貝丘將屈賊自容②，卒論死[二〇]，諫止數赦，蓋略施行所謂者。輔政七年，潔畏自將，和傳内外。謀議有不盡如素，或藴諸内，綽然有餘。然未嘗以不如素自解，亦不以有餘矜諸人。故仕雖貴，忌者不媢；已去位，間者不容訾，殁而士君子泣相弔也。

公善觀書，反復研討，必得其意乃置，不誕漫莽鹵，貯之胷中，所學邃而該，殆不可及[二一]。所著文章二十卷，善文辭者貴之。公累官攝領難悉著，掇其顯者：待制時假節京西爲安撫使，在臺兼理檢使，知貢舉再，使契丹一，知審刑院一，領吏部銓、三班院各再，侍經筵二，特召進讀者一。爵開國公，階光禄大夫，勳上柱國，邑二千八百，實户六百，功號自推忠佐理換推誠保德。大較如此。

曾祖諱某，贈累太師；祖諱某，仕爲崇儀使；考某，官右侍禁，並贈太師、中書令兼尚書令，考封祁國公。曾

① 會大臣馳往　「大臣」，景文集卷六〇高觀文墓誌銘作「天臣」。按，大臣指狄青。

② 謂貝丘將屈賊自容　「貝丘」原作「具丘」，輿地廣記卷一〇云：「清河縣，北齊省貝丘入焉，改爲貝丘。隋開皇六年復名清陽，屬清河郡。唐屬貝州。皇朝熙寧四年，省入清河。」此代指貝州。據改。

妣王夫人，祖妣馬夫人，妣閻夫人①，啓魏、晉、秦三國，爲太夫人。公娶太原王氏②，封某國夫人③。生五男子：曰彦輔，東頭供奉官；曰保衡，曰安石，曰吉甫，大理評事；曰元規，太常太祝。四女子：長適太常博士游奎，仲適都官員外林億，叔適佐著作張誼，季適鎮江節度推官王宗喆。孫五人，尚幼。噫！子也令，女也淑，夫人也仁而賢，宜其承公孝謹，是似而光大之④。

初，公在慶曆時，葬二令君於開封縣之吹臺鄉⑤，地稍庳，公恨之，將改卜。及是，諸孤遷二令君柩與僕射同塋，以昭穆爲位，公志也。凡人見今世傑才卓行，其於奔走嚮服，尤未聞如古人之賢，何歟？不得見而愈貴也。使千歲後視今爲古，予知有藉公風烈者。長想太息，恨不得操鞭箠從公後，以快其慕，爲果不疑。銘曰：

高氏自渤海，徙占河東，爲榆次人，世濳德弗融。久乃發祥，逮公大昌⑥。以孤童奉母，羇旅京輔⑦。軋出陋貧，化爲偉人。由御史諫官，健健敷言。事有固争，不市直取名。我完吾履，弗援弗倚。一辭寤主，直都貴位。憒俗陵遲，令敝法刓。遂弛必衰，或悼後艱。自公佐王，輔乾爲剛。不假借賞刑，以新故章。引薦俊良，惟力孜孜。斯謀斯猷，外莫聞知。濇于榮寵，峻節是甘。去位甚易，如肩釋擔。邇英之游，惟經術是毗。巷無密輪，奥無媵袿。

---

① 妣閻夫人　原作「妣夫人閻」，據景文集卷六〇高觀文墓誌銘及潞公集卷一二觀文殿學士尚書左丞謚文莊高公神道碑改。
② 公娶太原王氏　「太原」原作「太宗」，據庫本及景文集卷六〇高觀文墓誌銘改。
③ 封某國夫人　按，潞公集卷一二觀文殿學士尚書左丞謚文莊高公神道碑云其妻王氏封壽安郡夫人。
④ 四女子至是似而光大之　景文集卷六〇高觀文墓誌銘無此六十七字。
⑤ 葬二令君於開封縣之吹臺鄉　「吹」字原闕，據鐵琴銅劍樓本、庫本及景文集卷六〇高觀文墓誌銘補。
⑥ 逮公大昌　「逮」原作「建」，據景文集卷六〇高觀文墓誌銘改。
⑦ 羇旅京輔　「京輔」原作「京師」，據景文集卷六〇高觀文墓誌銘改。

誰市其門？誰侈而室？聞公之風，可以自律。初秦國多疾，公自調治。方劑天悟，親嚮壽祺。公之屬疢，自診不可。召見諸子，遺訓逾厲。歿無以私，敢丐諸天子？天子賢之，嗟我師臣。顯卒先哀①，滂漏厥恩。予聞於古②，曰仁者壽。公不六十，斯言三究③。有家臯如④，有樹岑如。公安是居，千載不渝。

邊證：

[一]高文莊公若訥墓誌銘　本墓誌又載於宋祁景文集卷六〇，題曰「高觀文墓誌銘」。按，高若訥，隆平集卷一一、東都事略卷六三、宋史卷二八八有傳，文彥博潞公集卷一二載有觀文殿學士尚書左丞謚文莊高公神道碑。據長編卷一八〇至和二年八月乙卯條，云天子「御篆其碑首曰『儒賢之碑』」。

[二]生十歲而孤侍母夫人客汲郡　東都事略高若訥傳云其「并州榆次人也，十歲喪父，寓家衛州，因居焉」。

[三]公在第四　隆平集高若訥傳稱其天聖二年登進士第。

[四]歷三縣以辦最稱　東都事略高若訥傳云其歷「知咸陽、金堂、商河三縣。商河多圭田，舊令或假民工種以治之，若訥獨弃而不耕，人以爲清」。

[五]臺御史薦爲監察裏行就改主客員外進殿中　長編卷一一五景祐元年七月壬辰條載太常博士、監察御史裏行高若訥爲主客員外郎、殿中侍御史裏行，云「殿中侍御史裏行始此」。

[六]遷右司諫　長編卷一一八景祐三年五月戊戌條載貶鎮南節度掌書記、館閣校勘歐陽修爲夷陵縣令，云：「初，右司諫高若訥

---

① 顯卒先哀　「先」，景文集卷六〇高觀文墓誌銘作「光」。

② 予聞於古　「予」原作「子」，據庫本及景文集卷六〇高觀文墓誌銘改。

③ 斯言三究　「三」，景文集卷六〇高觀文墓誌銘作「亘」。

④ 有家臯如　「家」，景文集卷六〇高觀文墓誌銘作「宰」。按，「家」字疑爲「冢」之誤。荀子卷一九大略篇云：「孔子曰：『望其壙，臯如也。』」

言：『范仲淹貶職之後，臣諸處察訪端由，參驗所聞，與勑牓中意頗同，固不敢妄有營救。今歐陽修移書詆臣，言仲淹平生剛正，通古今，班行中無與比者，責臣不能辨仲淹非辜，猶能以面目見士大夫，出入朝中稱諫官，及謂臣不復知人間有羞恥事，仍言今日與宰臣以迕意逐賢人，責臣不得不言。臣謂賢人者，國家恃以爲治也。若陛下以迕意逐之，臣合諫；宰臣以迕意逐之，臣合争。臣愚以爲范仲淹頃以論事切直，急加進用，今兹狂言，自取譴辱，豈得謂之非辜？恐中外聞之，謂天子以迕意逐賢人，所損不細。請令有司召修戒諭，免惑衆聽。』因繳進修書，修坐是貶。西京留守推官仙遊蔡襄作四賢一不肖詩，傳於時。四賢指仲淹、（余）靖、（尹）洙、修，不肖斥若訥也。」

［七］留知諫院　長編卷一二一寶元元年正月乙卯條云大理評事、監在京店宅務蘇舜欽詣匭上疏，有云：「張觀爲御史中丞，高若訥爲司諫，二人者皆登高第，頗以文詞進，而温和軟懦，無剛鯁敢言之氣，斯皆執政引拔建置，欲其緘默，不敢舉揚其私，時有所言，則必暗相關説。」

［八］蜀賈援外戚得郎官知蔡州公劾賤丈夫干没財利不宜以私謁汙二千石　長編卷一二〇景祐四年二月壬子條云：「洪州別駕王蒙正除名，配廣南編管，永不録用。初，其父婢霍擿登聞鼓，訴蒙正誣其所生爲異姓，以規取財産。及置獄益州，鞫之，并得蒙正嘗與霍私通事，故再貶之。其女嫁劉從德，詔自今不得入内，及它子孫不得與皇族爲婚姻。初，劉美爲嘉州都監，蒙正欲嫁女與其子從德。蒙正父有才智，獨不肯，蒙正固請之，一日以婚書告家廟，父大慟曰：『吾世爲民，未嘗有通姻戚里者，今而後必破吾家矣。』」注曰：「高若訥傳云：『若訥爲知雜御史，王蒙正知蔡州。若訥言：「蒙正起裨販，因緣戚里得官。向徙郴州，物論猶不平，今予之大州，可乎？」詔寢其命。』按若訥爲知雜日，寶元元年十二月，此時蒙正已編管，不知蔡州除命在何時也，必前此則可。若然，則若訥有言，亦必不在爲知雜後也。」按，劉美即龔美，據長編卷五六景德元年正月乙未條云「劉氏始嫁蜀人龔美，美攜以入京，既而家貧，欲更嫁之。張旻時給事王宮，言於王，得召入，遂有寵」。真宗繼位，封爲美人，龔美「因改姓劉，爲美人兄云」。

［九］内侍省大中人怙恩聲焰震赫人争媚附公斥言其尤即日外遷　宋史高若訥傳云：「閻文應爲入内都知，若訥言其肆横不法，請出之，遂出文應爲相州兵馬鈐轄。」長編卷一一七景祐二年十二月辛亥朔條云：「昭宣使、恩州團練使、入内都知閻文應領嘉州防禦使，落都都知，爲秦州鈐轄，尋改鄆州鈐轄；其子入内供奉官、勾當御藥院士良爲内殿崇班，罷御藥院。時諫官姚仲孫、高若訥劾文應，方帝宿齋太廟，而文應叱醫官，聲聞行在；郭皇后暴薨，中外莫不疑文應置毒者，並請士良出之，故有是命。文應又稱疾留，仲孫復論文

應，乃亟去。」注曰：「案閤文應景祐二年十二月辛亥落入内都都知，以昭宣使領嘉州防禦使，爲秦州鈐轄，後兩日改鄜州鈐轄。百官表同。景祐四年四月乙丑，文應徙潞州鈐轄。百官表同。寶元二年九月癸卯，文應卒。此據百官表。贈邠州觀察使。此據實録。」按，宋史高若訥傳云「遂出文應爲相州兵馬鈐轄」之「相州」，疑誤。

［一〇］有詔累黍定尺至議者服其密　宋史高若訥傳云：「皇祐中，詔累黍定尺以制鐘律，争論連年不決。若訥以漢貨泉度一寸，依隋書定尺十五種上之。」按，隆平集、東都事略高若訥傳略同。參見長編卷一一九景祐三年九月丁亥條、宋史卷一二七樂志二。

［一一］擢天章閣待制　長編卷一二七康定元年四月癸丑條載，范仲淹爲陝西都轉運使，「高若訥爲天章閣待制、知永興軍。諫官梁適言：『仲淹前責饒州，若訥實爲諫官，嘗詆仲淹謀事疏闊。今俾共事，理實有嫌，宜易以近任。』上曰：『朕方任仲淹、若訥以疆事，固當體朕所以委寄之意，安得以舊事爲嫌也？宜詔諭之。』尋留若訥判吏部流内銓」。

［一二］召還　宋史高若訥傳稱其「召還，兼侍讀，權判尚書刑部」。

［一三］權御史中丞　長編卷一五八慶曆六年六月丁卯條載東染院使向綬削官除名，編管潭州，云：「初，綬知永靜軍，爲不法，疑通判江中立發其陰事於監司，因造獄以危法中之，中立遂自經。綬，故相敏中孫，賈昌朝陰佑之。知審刑院高若訥希昌朝意，欲從輕坐，吴育争曰：『不殺綬，示天下無法。』卒減死一等流南方。」又卷一六〇慶曆七年正月丁亥條載降右正言、史館修撰李京爲太常博士、監鄂州税，云：「京數上書論事，宰相賈昌朝不悦。京嘗私以簡屬侍御史吴鼎臣，薦推直官李寔。鼎臣希昌朝意，以告中丞高若訥，若訥爲鼎臣上京簡，京坐是絀。京至鄂州，引令狐峘、錢徽事，言：『臣爲御史、諫官首尾五年，六上章，四親對，自陳疾故，懇求外補，臣之出處，粗有本末。向者在臺，見入閤圖，三院御史立班各異，聞元日將入閤，而御史王贄、何郯皆謁告歸，會推直官李寔歲將滿，因簡鼎臣，宜留寔補御史，鼎臣亦謂議協公望。不意逾兩月，乃誣臣與寔爲朋黨。臣初被絀，閲諸橐中，鼎臣所遺私書别紙故在，臣令男諶亟悉焚燬。臣與寔僚友，鼎臣鄉曲之舊，鼎臣爲御史，臣延譽推引，寔有力焉，待之不疑，因以誠告，豈謂傾險包藏，甘爲鷹犬，惟陛下察之。』未幾卒官，詔録諶爲郊社齋郎。」

［一四］慶曆七年春小旱　東都事略高若訥傳云：「賈昌朝與吴育數争事。明年春大旱，仁宗從容問所以然者，若訥引洪範故事，以謂『大臣不肅，則雨不時若』，於是昌朝與育皆罷，而若訥遂代育爲樞密副使。公義非之。」按，隆平集高若訥傳略同。如此則稱「小旱」

者非是。

〔一五〕始置宣毅兵州悉有之扞鎮方夏　長編卷一三一慶曆元年二月戊戌條云：「詔京西、淮南、兩浙、江南東西、荆湖南北路招置宣毅軍，大州兩指揮，小州一指揮，爲就糧禁軍。先是河東北、陝西與京東西皆增募鄉兵，其後遍令天下各增募額外弓手，於是始立宣毅軍額以統之，惟陝西仍故號爲保捷，兩河强壯雖别名義勇，亦有隸宣毅者。」按，「方夏」指華夏。書武成：「誕膺天命，以撫方夏。」後漢書董卓傳贊：「方夏崩沸，皇京煙埃。」李賢注：「方，四方；夏，華夏。」

〔一六〕儂蜑襲邕州　宋史卷一二仁宗紀載皇祐四年四月庚辰，「廣源州蠻儂智高反。五月乙巳朔，智高陷邕州，遂陷横、貴等八州，圍廣州」。按，「儂蜑」指儂智高。蜑，南方古族名。又下文「南海」、「番禺」，皆指廣州。

〔一七〕公謂當遣貴將節度諸部以蕃落千騎怖之可擒也　潞公集卷一二觀文殿學士尚書左丞謚文莊高公神道碑云：「公議遣大帥總北兵及隴西之勁馬以往，則計日可平。或謂北兵不習南風，賊必守險以老王師，雖多馬，恐不足施。公曰：『賊狃數勝，理必迎戰。以我訓士精騎，出其不意而夾攻之，蠢爾雖衆，胡能爲哉！』」長編卷一七三皇祐四年十月丙子條載狄青「言：『賊便於乘高履險，步兵力不能抗，故每戰必敗。願得西邊蕃落兵自從。』或謂南方非騎兵所宜，樞密使高若訥言：『蕃落善射耐艱苦，上下山如平地，當瘴未發時，疾馳破之，必勝之道也。』青卒用騎兵破賊」。

〔一八〕帝議策勳至猶以學士籍留自近　長編卷一七四皇祐五年五月乙巳條載樞密使、户部侍郎高若訥罷爲尚書左丞、觀文殿學士、兼翰林侍讀學士、同群牧制置使，樞密副使、宣徽南院使、護國節度使狄青爲樞密使，云：「青既平嶺南，上欲用爲樞密使、同平章事，宰臣龐籍曰：『……青奉陛下威靈，殄戮凶醜，克稱聖心，誠可褒賞。然方於（慕容）延釗與（曹）彬之功，不逮遠矣。若遂用爲樞密使、同平章事，則青名位極矣，寇盜之警，不可前知，萬一他日青更立大功，欲何官賞之？且樞密使高若訥無過，若何罷之？不若且與移鎮，加檢校官，多賜金帛，亦足以酬青功矣。』上曰：『向者諫官、御史言若訥舉胡恢書石經，恢狂險無行；又若訥前導者毆人致死，何謂無過？』籍曰：『今之庶僚舉選人充京官，未遷官者猶不坐，況若訥大臣，舉恢以本官書石經，未嘗有所遷也，奈何以此解其樞務哉？若訥居馬上，前導去之里餘，不幸毆人致死，若訥尋執之以付開封府正其法，若訥何罪哉？且諫官、御史上言之時，陛下既已赦之矣，今乃追舉以爲罪，無乃不可乎？』……是時，（梁）適意以若訥爲樞密使，位在己上，宰相有闕，若訥當次補；青武臣，雖爲樞密使，不妨己塗轍，故於上前争之。既不得，退，甚不懌，乃密爲奏，言狄青功大賞薄，無以勸後。又密使人以上前之語告青，又使人語入内押班石全彬，使於禁中自訟其功，及言青與孫沔褒賞太薄，適許爲外助。上既日日聞之，不能無信，於是兩府進對，上忽謂籍曰：『平南之功，前者賞之太薄。今以狄青爲樞密使，孫沔爲副，石全彬先給觀察使俸，更俟一年除觀察使。高若訥遷一官，加近上學士，置之經筵。召張堯佐歸宣徽院。』聲色俱厲。籍錯愕，對曰：『容臣等退至中書商議，明日再奏。』上曰：『勿往中書，只於殿門閤内議之，朕坐於此以俟。』籍乃與同列議於殿門閤内，具奏皆如聖旨。復入對，上容色乃和。」又云：「故事，樞密使罷，必學士院降制。及罷若訥，止命舍人草詞，後遂爲例。」又，燕翼貽謀録卷四云：「樞密使拜罷，與宰臣恩數等。皇祐五年，高若訥爲樞密使罷政，仁宗惡其奸邪，特令舍人草詞罷，以示貶黜。其後皆以前宰臣爲之，皆帶平章事，罷政宣麻如故；而自執政拜使者，罷政不復宣麻，踵若訥故事也。」按，仁宗非因高若訥奸邪而罷其樞密使，燕翼貽謀録云云不確。

〔一九〕白罷内降封拜　長編卷一七四皇祐五年五月乙巳條注曰：「若訥傳云：『凡内降恩，若訥多覆奏不行。入内都知王守忠欲得節度使，因執爲不可。若訥畏惕少過，而前騶毆路人輒至死，御史奏彈之。會狄青破儂智高還，帝欲用爲樞密使，遂罷。』『覆奏』、『内降』，恐若訥未必能爾，當考。」

〔二〇〕謂貝丘將屈賊自容卒論死　按宋史高若訥傳云：「王則據貝州，討之，踰月未下。或議招降，若訥言：『河朔重兵所積，今釋不討，後且啓亂階。』及破城，知州張得一送御史臺劾治，有臣賊狀。朝廷議貸死，若訥謂：『守臣不死，自當誅，況爲賊屈？』得一遂棄市。」

〔二一〕所學邃而該殆不可及　宋史高若訥傳云：「若訥彊學善記，自秦漢以來諸傳記無不該通，尤喜申、韓、管子之書，頗明曆學。因母病，遂兼通醫書，雖國醫皆屈伏。」

名臣碑傳琬琰集中卷七

王待制質墓誌銘[一]　　文正公范仲淹①

孔子曰：「善人吾不得而見之矣。」噫！先聖謂善人之難得也如此。世有德之清、行之方、政之平，斯不謂之善人乎？余見之於子野王公矣。

公諱質，字子野。其先太原人，曾、高占籍大名。皇考諱徹，以文行顯，至右拾遺，累贈太師、尚書令兼中書令、魯國公。王考諱祜②，雄文直道，名重海内，掌太祖誥命，至兵部侍郎，累贈太師、尚書令兼中書令、晉國公。考諱旭，以公正果敢，屢當藩寄，爲時之良二千石，累贈兵部尚書。妣虞氏，贈某郡君。

公稟嚴君之教，幼而有文。伯父文正公③爲真宗朝賢相，重德大器，人莫可動。一日覽公之業，喜甚，作詩以奬之，謂「吾門未衰矣」。用文正蔭補太常寺奉禮郎，三遷至大理丞。文正既薨，公年尚未冠，進所著文，真宗

① 文正公范仲淹　「文正」原作「文忠」，按宋史卷三一四范仲淹傳云范謚文正，據改。
② 王考諱祜　「祜」原作「祐」，據范文正公文集卷一四王公墓誌銘改。按，王祜傳載於宋史卷二六九。
③ 伯父文正公　「伯」字原闕，據庫本及范文正公文集卷一四王公墓誌銘補。按，王旦，謚文貞，因避仁宗諱，改稱文正。

嘉之，召試學士院，辭入優等，賜進士及第[二]，聲動京師。嘗師事楊文公，文公器之，每謂朝中名公曰：「是子英妙，加於人遠矣。」翰林劉公筠風岸高峻①，搢紳仰望，不得其門而進，乃與諸公共薦公之才敏②，天子命公校文于館中[三]。歷殿中省丞，爲博士於太常，加集賢校理，拜祠部外郎。

丁兵部憂，服除，以前官充職，同判姑蘇郡③。以公心公言正二千石之政，二千石初不平之，終服其義而加禮焉[四]。還朝，賜五品服章。改度支外郎，同判尚書刑部，又判吏部南曹。進司封外郎，出領淮西郡。部中十邑[五]，素多盜與訟，號爲難治。公至，斷獄必以情，按吏必有禮，横者繩之，弱者持之，州人大服，謂往之史君莫公若也。蔡俗舊祠吴元濟，公曰：「豈有逆醜而當廟食耶？吾爲州長，不能正民之視聽，俾民何從哉？狄梁公、李太尉，皆唐之忠烈，又德加蔡人，胡爲不祠？」命工徹元濟廟，建二公之祠，率吏民拜祭，蔡人從之于今，號爲「雙廟」。秩滿，拜祠部郎中。

朝廷除公開封府推官，除兄雍三司判官。公曰：「是皆要職，吾兄弟同日除拜，朝廷豈乏人哉？」乃堅請外補，留兄京師以奉家廟④，士大夫聞而賢之。往守壽春郡，幾月，改合肥郡⑤。盜有殺其徒以并其財者，吏擒之，公令處死。法寺議當貸死，遂劾之。公上疏曰：「盜以彊力而又殺人，吏追而擒之，自非露而悛者，胡爲而貸焉？如法寺所論，能害其類者皆無罪名，民將競爲盜，盜已而殺一夫，其黨咸赦之，盜可止乎？」疏上，不報。凡

① 翰林劉公筠風岸高峻　「翰林」上，范文正公文集卷一四王公墓誌銘有「時」字。
② 乃與諸公共薦公之才敏　「諸公」，范文正公文集卷一四王公墓誌銘作「禁中諸公」。
③ 同判姑蘇郡　按，「同判」即「通判」，劉太后垂簾聽政時，因避其父劉通諱而改。又姑蘇郡，即蘇州。
④ 留兄京師以奉家廟　「留」上，范文正公文集卷一四王公墓誌銘有「願」字。
⑤ 往守壽春郡幾月改合肥郡　按，壽春郡即壽州，合肥郡即廬州。

斷獄出入，以下吏爲首，長官爲從。公曰：「吾不勝法吏矣。」上言請爲之首，朝廷從之，左降監舒州靈仙觀[六]。後一年，今資政殿學士昌黎韓公琦知審刑院，議盜殺其徒①，非自首而悛惡者，宜勿原之。朝廷始頒示天下，且知公前所斷獄不爲失矣。今資政殿學士鄭公戩、翰林學士葉公清臣皆論公奇才未大用，而非辜坐黜，豈朝廷之意耶？詔起公知海陵郡。

代還，除度支郎中、荆湖北路轉運使。時西陲宿兵，財用爲重。諸道轉運使競進羨餘幾千萬，蕲助軍之獎，實瘡痍細民，以爲己績。公至而歎曰：「西兵，天子不得已而用之，然須于財賦，豈如是而迫耶？吾不當爲。」由是荆湖之民賴公少休焉。會資政殿學士富公弼拜職，尚帶史館修撰，與公未嘗識面，聞公風義，舉公以代修撰，朝廷從而除之，兼掌選事。及韓、富二公在樞府，又交薦公清方爲搢紳之冠，天子俞其奏，擢以本官充天章閣待制，依前掌選事。公再讓不允。既而客有扣公曰：「銓衡至重，利病多矣，公無建明者何？」公曰：「紀綱盡在，如權衡然，但持者輒高下其手爾，何必易其器耶？」公居之歲時，選士賴其平。其間人物清濁，公必辯之上前，量有進抑，振天官久墜之職也[七]。天子以西北數藩鎮皆須巨人，乃擇近列而褒遣之[八]，公得領陝州。州當四達之會，又用兵而來，吏民疲苦。公至，則緩征賦，薄迎勞，屏兇寇，拯孤弱，人迺息肩。幾一載而感疾，以慶曆五年七月二十六日終於黄堂，享年四十五。靈柩歸東都，州人哭送于道。朝廷加賵賻焉。

公生相門而弗驕弗華，以貧爲寶。文正作舍人時，家甚虚，嘗貸人金以贍昆弟，過期不入，輟所乘馬以償之。公因閲家藏書而得其券，召家人示之曰：「此前人清風，吾輩當奉而不墜，宜秘藏之。」又得顔公爲尚書乞米于李大夫墨帖②，刻石以摹之，遍遺親友間。其雅尚如此，故終身不貪，所至有冰蘖聲。此公之秉德，不亦清乎？公

① 議盜殺其徒　「殺」原作「長」，據范文正公文集卷一四王公墓誌銘改。

② 又得顔公爲尚書乞米于李大夫墨帖　「顔公」、「尚書」，范文正公文集卷一四王公墓誌銘作「顔魯公」、「尚書時」。

充職館殿二十餘年，同舍皆顯官，公介然不動，惟求外補。當國者非戚必舊，公未嘗折顔色、屈語論以合其意。嘗有交遊以言事被謫，朝之貴人皆切齒，公特率昆弟祖宴都門[九]，謫者拒之曰：「無爲子之累乎？」公曰：「吾願爲黨人，從而貶之，光矣。」此公之執行，不亦方乎？公爲數郡，皆清心以思治，行己以率下，必首崇學校而風化之。有犯法非害于物者，必緩其獄，未始深文焉。求民之疾，雖處幽不遺；去民之梗①，雖負勢不避。此仁人之政，不亦平乎？故每去一州，則百姓號慟如赤子之慕慈母也。

公性純孝，與家人道先君事，必感激泣下。故厚於宗族，每拳拳焉憂樂同之。弟素，文正之子也，自淮南外計改涇原經略使。公食不甘，寢不安，曰：「弟有母老且疾，吾無親憂。」因入對，請代行，既而弗許。命其愛子規曰：「彼窮塞也，得無危事？汝可侍行而左右之，以均吾憂。」又少弟端，嘗不利於春官，處徒勞者久之。公爲郎，以歲課當遷，願移厥恩，召端一試。朝廷許之，賜端進士出身。其友愛之心有如此者。公不治生業，惟蓄書僅萬卷，遠近從之。兼通佛老微旨，撰寶元總録一百卷，皆聖賢窮理盡性之説。公樂稱人之善，必曰：「吾不及矣。」在士大夫，非風義高遠，弗與之遊。及其逝矣，四方交友書問弔云：「前年吴安道死，今年王子野卒，賢士大夫之清者何其衰歟！」

公娶周氏，禮部侍郎起之女②，封褒信縣君。生子男三人：曰㟮，將作監主簿；曰規，前明州奉化縣主簿；曰復，太廟室長。女二人：長適太常寺太祝范純仁，次女尚幼。余走塵土時，公一接如舊，以道義淡交者有年矣，結二姓之好，以親仁人。余嘗期公以青雲之器，大有立於國朝，今不幸乃爲公之墓銘。銘曰：

① 去民之梗　「梗」原作「粳」，據文海本、庫本及范文正公文集卷一四王公墓誌銘改。
② 禮部侍郎起之女　「禮部」上，范文正公文集卷一四王公墓誌銘有「故」字。

嗚呼！人之清者曰賢，國得而治焉；性之仁者曰壽，民得以庇焉。何子野之善人兮，逝矣如川？惟清方而平正兮，居人之先。在聲詩之有言兮，「胡不萬年」？忍送之於死兮①，葬之于泉。徒切切于辭兮，勒石之堅。期子野之令名兮，與白日而長然。

辨證：

〔一〕王待制質墓誌銘　本墓誌又載於范仲淹范文正公文集卷一四，題曰「尚書度支郎中充天章閣待制知陝州軍府事王公墓誌銘」。按，王質，東都事略卷四〇、宋史卷二六九有傳，蘇舜欽集卷一六載有王子野行狀，本書上集卷二一載有歐陽脩王待制質神道碑。

〔二〕召試學士院辭入優等賜進士及第　長編卷九四天禧三年九月乙丑條載：「賜大理寺丞王質進士及第。質，旦之猶子，獻文召試故也。」

〔三〕天子命公校文于館中　據長編卷九七天禧五年二月壬戌條載，時「兩制列狀薦」光禄寺丞謝絳等四人，三司使李士衡上言其子李不諒「願預校讎之職，遂命諫議大夫李行簡、知制誥宋綬試之」，而命謝絳爲祕閣校理，大理寺丞王質、大理評事石居簡李不諒、奉禮郎李昭遘並充館閣校勘。

〔四〕二千石初不平之終服其義而加禮焉　據本書上集卷二一王待制質神道碑云：「州守黄宗旦負材自喜，頗以新進少公，議事則曰：『少年乃與丈人爭事？』公曰：『受命佐君，事有當爭，職也。』宗旦雖屢屈折，而政常得無失，稍德公助己，爲之加禮。宗旦得盜鑄錢者百餘人以詫公，公曰：『事發無跡，何從得之？』曰：『吾以術鉤出之。』公愀然曰：『仁者之政，以術鉤人寘之死，而又喜乎？』宗旦慙服，悉緩出其獄，始大稱公曰：『君子也。』」按，東都事略、宋史王質傳略同。

〔五〕出領淮西郡部中十邑　按，淮西郡即蔡州，據宋史卷八五地理志一京西路，有屬縣十：汝陽、上蔡、新蔡、褒信、遂平、新息、確

---

① 忍送之於死兮　「死」，范文正公文集卷一四王公墓誌銘作「野」。

山、真陽、西平、平輿。

［六］上言請爲之首朝廷從之左降監舒州靈仙觀　長編卷一二四寶元二年八月庚午條：「先是，盜殺其黨不自言，而獲者舊止坐杖六十。時知廬州王質輒論殺之，大理寺援舊比，駁以爲非是。質曰：『盜殺其徒，自首者原之，所以疑壞其黨，且許之自新，此法意也。今殺人取貲，而捕獲貸之，豈法意乎？』數上疏，不報。」又蘇舜欽集卷一六王子野行狀云：「巨盜張雄殺其黨，并所貲而遁，邏者獲之。」又云其「又上書自劾，願不坐群吏，又不聽。願自爲首，乃聽。遂左降知舒州靈仙關，他吏得減一等」。

［七］量有進抑振天官久墜之職也　蘇舜欽集卷一六王子野行狀云：「州縣巧黠吏，有以賄得舉者，於格當遷，公廉知之，遂爲密啓，使使從中罷者甚衆。」又長編卷一四六慶曆四年正月辛未條載：「權判吏部流内銓王質言：『伏見先朝審官、三班院、流内銓引見磨勘差遣人，並臨時取旨。自天聖垂簾之後，皆前一日進入文字，内中批定指揮，其間雖有功過，有司不敢復有所陳。今請如先朝故事，更不豫進文字，並於引見日面與處分。』詔審官、三班院、流内銓如批降指揮，後有合奏情事，令主判官别取旨。」

［八］天子以西北數藩鎮皆須巨人乃擇近列而褒遣之　據長編卷一五〇，慶曆四年六月癸卯，「改新知渭州孫沔復知慶州，新知慶州尹洙知晉州」。庚戌，「淮南都轉運按察使、兵部員外郎、天章閣待制王素爲刑部郎中、涇原路經略安撫使、兼知渭州」。壬子，「參知政事范仲淹爲陝西、河東路宣撫使」。又，宋史王質傳云其「加史館修撰，同判吏部流内銓，擢天章閣待制，出知陝州，卒」。

［九］嘗有交遊以言事被謫朝之貴人皆切齒公特率昆弟祖宴都門　按，此交遊即范仲淹。據長編卷一一八景祐三年五月丙戌條，宰相吕夷簡既貶責范仲淹，「侍御史韓瀆希夷簡意，請以仲淹朋黨牓朝堂，戒百官越職言事，從之。時治朋黨方急，士大夫畏宰相，少肯送仲淹者，天章閣待制李紘、集賢校理王質皆載酒往餞，質又獨留語數夕。或以誚質，質曰：『希文賢者，得爲朋黨幸矣。』」

孫待制甫墓誌銘［一］　文忠公歐陽脩

公諱甫，字之翰，許州陽翟人也。初舉進士，天聖五年得同學究出身，爲蔡州汝陽縣主簿。八年，再舉進士及第，爲華州觀察推官。轉運使李紘薦其材[二]，遷大理寺丞、知絳州翼城縣。故丞相杜祁公與紘皆以清節自高，尤難於取士，聞公紘所薦也，數招致之，一見大喜。已而祁公自御史中丞拜樞密直學士、知永興軍，辟公司録，凡事之繁猥者，一以委之。公歎曰：「待我以此，可以去矣。」祁公爲謝，顧事非他吏不能者，不敢煩公。公乃從容爲陳當世之務，所以緩急先後，設施之宜，又多薦士之賢而在下者，於是祁公自以爲得益友[三]。歲滿，知彭州永昌縣，監益州交子務[四]，再遷太常博士。祁公爲樞密副使，薦于朝，得秘閣校理。

是時，諸將兵討靈夏，久無功。天下騷動，盜賊數入州縣，殺吏卒[五]，吏多失職而民弊矣。天子方鋭意更用二三大臣，乃極選一時知名士，增置諫員[六]，使補闕失，公以右正言居諫院。上好納諫諍，未嘗罪言者，而至言宮禁事，他人猶須委曲開諷，而公獨曰：「所謂后者，正嫡也，其餘皆猶婢爾。貴賤有等，用物不宜過僭。自古寵女色，初不制而後不能制者，其禍不可悔[七]。」上曰：「用物在有司，吾恨不知爾。」公曰：「世謂諫臣耳目官，所以達不知也。若所謂前世女禍者，載在書史，陛下可自知也。」上深嘉納之。保州兵變，前有告者，大臣不時發之。公因力言樞密使副當得罪[八]，使乃杜祁公也。邊將劉滬城水洛于渭州，部署尹洙以滬違節度，將誅之。大臣稍主洙議[九]，公以謂水洛通秦渭①，於國家利，滬不可罪，由是罷洙而釋滬②。洙，公平生所善者也。公在諫院，所言補益尤多。是三者，其一人所難言，其二人所難處者。其後言宰相以某事當去者，上亟爲罷之[一〇]。因以陳執中爲參知政事，公又言執中不可用，由是上難之，公遂求解職[一一]。於是小人不便大臣執政，而朋黨之論起，二三公相繼去位，公亦在論中，而辯諍愈切，不自疑。由是罷諫職[一二]，以右司諫知鄧州。徙知安州，歷江

---

① 公以渭水洛通秦渭　「水」字原脱，據居士集卷三三孫公墓誌銘及上文補。

② 滬不可罪由是罷洙而釋滬　「罪由是罷洙而釋」七字原闕，據居士集卷三三孫公墓誌銘補。

南、兩浙轉運使①。再遷兵部員外郎，改直史館、知陝府，又徙晉州、河東轉運使。

公素羸，性澹然，寡所好欲，恂恂似不能言[一三]，而内勁果，遇事精明。議者謂公道德文學宜在朝廷，備顧問，而錢穀刀筆非其職，然公處之益辦，至臨疑獄滯訟，常立得其情。大賊張海、郭貌山攻劫商、鄧②，新破南陽、順陽③。公安輯有方，常曰：「教民知戰，古法也。」乃親閱縣弓手，教之擊射坐作，皆爲精兵，盜賊爲息。陝當東西衝，吏苦厨傳，而前爲守者顧毁譽，不能有所損。至公痛裁節之，過客畏其清，初無所望，而亦莫之毁也。陝人賴以紓，後遂以爲法[一四]。其爲轉運使，所至州縣，視其職事修廢，察其民樂否，以此陞黜官吏，而不納毁譽，遇下雖嚴而不害。其在兩浙，范文正公守杭州，以大臣或便宜行事[一五]。公曰：「范公，貴臣也。我屈於此，則不得伸於彼矣。」由是一切繩以法，而常以監司自處。范公遇公無倦色，及退而不能無恨；公遇范公不少下，然退而未嘗不稱其賢也。自河東召爲度支副使，勤其職，不以爲勞，已而得疾。嘉祐元年，遷刑部郎中、天章閣待制、河北都轉運使，不行。疾少間，乃留侍讀。

公博學强記，尤喜言唐事，能詳其君臣行事本末，以推見當時治亂。每爲人説，如其身履其間，而聽者曉然如目見。故學者以謂終歲讀史，不如一日聞公論也。所著唐史記七十五卷，論議閎贍，書未及成。以嘉祐二年正月戊戌卒于家，享年六十。公既卒，詔取其書藏于秘府。贈右諫議大夫。又有文集七卷。

公喜接士，務揚人善。所得俸廪，多所施與。撫諸孤兒，教育如己子。曾祖諱恕，博州堂邑主簿。祖諱賁，

---

① 歷江南兩浙轉運使　「江南」，東都事略、宋史孫甫傳作「江東」，本書中集卷四七孫待制甫行狀亦作「江南東路」，是。

② 大賊張海郭貌山攻劫商鄧　「郭貌山」，本書中集卷四七孫待制甫行狀等亦作「郭邈山」。

③ 新破南陽順陽　「順陽」原作「順安」，據居士集卷三三孫公墓誌銘及宋史卷八五地理志一改。

尚書庫部員外郎。考諱從革，不仕，以公貴，累贈都官郎中。母曰長安縣太君李氏。娶程氏，壽昌縣君。子三人：長曰宜，滑州節度推官①；次曰寔，曰寘，皆將作監主簿。女三人，一適將作監主簿程著，餘皆早亡。以五年七月丁酉，葬公于陽翟縣舊學鄉塢頭村之北原。銘曰：

惟學而知方，以行其義；惟簡而無欲，以遂其剛。力雖弱兮志則强，積之厚兮發也光，仁宜壽兮奄以藏。有深其原兮有崇其岡②，永安其固兮百世無傷。

辨證：

[一] 孫待制甫墓誌銘　本墓誌又載於歐陽脩居士集卷三三，題曰「尚書刑部郎中充天章閣待制兼侍讀贈右諫議大夫孫公墓誌銘」。按，孫甫，隆平集卷一四、東都事略卷六四、宋史卷二九五有傳，本書中集卷四七載有曾鞏孫待制甫行狀。又，本卷載有司馬光書孫甫墓誌後。

[二] 轉運使李紘薦其材　本書中集卷四七孫待制甫行狀云：「華州倉粟惡，吏當負錢數百萬，轉運使李紘以吏屬公，公令取斗粟舂之，可弃者十才居一二。又試之，亦然。吏遂得弛，負錢數十萬而已。紘以此多公，薦之。」

[三] 於是祁公自以爲得益友　長編卷一三七慶曆二年九月辛丑朔條云：杜衍「守京兆，辟知府司録事，吏職纖末，皆倚辦。甫曰：『待我如此，可以去矣。』衍聞之，不復以小事屬甫。衍與語，必引經以對。言天下賢俊，歷評其才性所長。衍曰：『吾辟屬官，得益友。』」

[四] 監益州交子務　長編卷一三七慶曆二年九月辛丑朔條云孫甫「嘗監益州交子務，轉運使以僞造交子多犯法，欲廢不用。甫

① 滑州節度推官　「節度」，本書中集卷四七孫待制甫行狀作「觀察」。

② 有深其原兮有崇其岡　「原」，居士集卷三三孫公墓誌銘作「泉」。

曰：『交子可以僞造，鐵錢可以私鑄。有犯私鑄，錢可廢乎？但嚴治之，不當以小害廢大利。』交子卒不廢」。

[五]盗賊數入州縣殺吏卒　長編卷一四一慶曆三年五月癸巳條云：「京東安撫司言本路捉賊虎翼卒王倫等，殺沂州巡檢使、御前忠佐朱進以叛。」又六月甲子條引余靖言：「南京者，天子之別都也，賊入城斬關而出。解州、池州之賊不過十人，公然入城虜掠人户。鄧州之賊不滿二十人，而數年不能獲。又清平軍賊入城作變，主者泣告，而軍使反閉門不肯出。……今京東賊大者五七十人，小者三二十人，桂陽監賊僅二百人，建昌軍賊四百餘人，處處蜂起。」又卷一四三慶曆三年九月癸巳條下引歐陽修言：「自淮南新遭王倫之後，今京以西州縣又遭張海、郭邈山等劫掠焚燒。桂陽監昨奏蠻賊數百人，夔、峽、荆、湖各奏蠻賊皆數百人，解州又奏見有未獲賊十餘火，滑州又聞强賊三十餘人燒劫沙彌鎮，許州又聞有賊三四十人劫椹澗鎮。」

[六]天子方鋭意更用二三大臣乃極選一時知名士增置諫員　按本书上集卷五富鄭公弼顯忠尚德之碑云：「時晏殊爲相，范仲淹爲參知政事，杜衍爲樞密使，韓琦與公副之，歐陽脩、余靖、王素、蔡襄爲諫官，皆天下之望。」

[七]而至言宫禁事至其禍不可悔　宋史孫甫傳云：「時河北降赤雪，河東地震五六年不止，甫推洪範五行傳及前代變驗，上疏曰：『赤雪者，赤眚也，人君舒緩之應。舒緩則政事弛，賞罰差，百官廢職，所以召亂也。晉太康中，河陰降赤雪。時武帝怠於政事，荒宴後宫。每見臣下，多道常事，不及經國遠圖，故招赤眚之怪，終致晉亂。地震者，陰之盛也。陰之象，臣也，後宫也，四夷也。三者不可過盛，過盛則陰爲變而動矣。忻州趙分，地震六年。每震則有聲如雷，前代地震，未有如此之久者。惟唐高宗本封于晉，及即位，晉州經歲地震。宰相張行成言，恐女謁用事，大臣陰謀，宜制於未萌。其後武昭儀專恣，幾移唐祚。天地災變，固不虚應，陛下救紓緩之失，莫若自主威福，時出英斷，以懾姦邪，以肅天下。救陰盛之變，莫若外謹戎備，内制後宫。謹戎備，則切責大臣，使之預圖兵防，熟計成敗；制後宫，則凡掖庭非典掌御幸者，盡出之，且裁節其恩，使無過分，此應天之實也。』時契丹、西夏稍强，後宫張修媛寵幸，大臣專政，甫以此諫焉。又言：『修媛寵恣市恩，禍漸已萌。夫后者，正嫡也，其餘皆婢妾爾。貴賤有等，用物不宜過僭。自古寵女色，初不制而後不能制者，其禍不可悔。』」

[八]公因力言樞密使副當得罪　長編卷一五一慶曆四年八月戊戌條云：「樞密院言保州兵亂，詔遣入内供奉官劉保信馳往視之。

諫官孫甫力言前有告變者，樞密使杜衍不時發之，當得罪。甫本衍所舉用，其不阿如此。」

［九］大臣稍主洙議　據本書上集卷一兩朝顧命定策元勳之碑、中集卷四八韓忠獻公琦行狀，此「大臣」乃指韓琦。

［一〇］其後言宰相以某事當去者上亟爲罷之　長編卷一五二慶曆四年九月庚午條載刑部尚書、平章事兼樞密使晏殊罷爲工部尚書、知潁州，云：「殊初入相，擢歐陽修等爲諫官，既而苦其論事煩數，或面折之。及修出爲河北都轉運使，諫官奏留修，不許。孫甫、蔡襄遂言：『章懿誕生聖躬爲天下主，而殊嘗被詔誌章懿墓，没而不言。』又奏論殊役官兵治僦舍以規利。殊坐是絀。然殊以章獻方臨朝，故誌不敢斥言，而所役兵乃輔臣例宣借者，又役使自其甥楊文仲。時以謂非殊之罪云。」

［一一］公又言執中不可用由是上難之公遂求解職　長編卷一五二慶曆四年九月甲申條云：「詔執中參知政事。於是諫官蔡襄、孫甫等争言執中剛愎不學，若任以政，天下不幸。上不聽，諫官争不止。上乃命中使齎敕告即青州賜之，且諭意曰：『朕用卿，舉朝皆以爲不可，朕不惑人言，力用卿爾。』明日，諫官上殿，上作色迎謂之曰：『豈非論陳執中耶？朕已召之矣。』諫官乃不敢復言。」又十月己酉條云祕書丞、知諫院蔡襄「以親老乞鄉郡，……授右正言、知福州。襄與孫甫俱論陳執中不可執政，既不從，於是兩人俱求出，而襄先得請，時甫使契丹未還也」。

［一二］由是罷諫職　長編卷一五四慶曆五年正月甲戌條云：「先是，甫言陳執中不效，數請補外，不許。帝嘗問丁度用人以資與才孰先，度對曰：『承平宜用資，邊事未平宜用才。』甫又劾奏度因對求大用，請屬吏。上諭輔臣曰：『度在侍從十五年，數論天下事，顧未嘗及私，甫安從得是語？』度知甫所奏誤，力求與甫辨。宰相杜衍以甫方使契丹，寢其奏。度深銜衍，且指甫爲衍門人。及甫自契丹還，亟命出守。」

［一三］恂恂似不能言　長編卷一八五嘉祐二年正月己亥條稱孫甫「性踈簡，善持論」。

［一四］陜當東西衝至後遂以爲法　按本書中集卷四七孫待制甫行狀云其「知陜府，簡厨傳之費，陜人安之。鄰州歲時以酒相慶問，公命儲别藏，備官用，一不歸於己，至今遂爲法」。

［一五］范文正公守杭州以大臣或便宜行事　按袁甫蒙齋集卷二知徽州奏便民五事狀有云：「獨不觀范仲淹之治杭乎？皇祐間，

吴中大饑，殍殣枕路。仲淹以爲歉歲工價至賤，乃令佛廬興土木之役，又新倉廒吏舍，民之仰食於公私者日數萬人。監司劾之，仲淹自陳興造之由，正欲發有餘之財，以惠貧者。」當即此事。又，夢溪筆談卷一一官政一云：「皇祐二年，吴中大饑，殍殣枕路。是時范文正領浙西，發粟及募民存餉，爲術甚備。吴人喜競渡，好爲佛事，希文乃縱民競渡，太守日出宴於湖上，自春至夏，居民空巷出遊。又召諸佛寺主首諭之曰：『饑歲工價至賤，可以大興土木之役。』於是諸寺工作鼎興。又新敖倉吏舍，日役千夫。監司奏劾杭州不恤荒政，嬉遊不節，及公私興造，傷耗民力。文正乃自條敍所以宴遊及興造，皆欲以發有餘之財，以惠貧者。貿易飲食工夫服力之人，仰食於公私者，日無慮數萬人。荒政之施，莫此爲大。是歲兩浙唯杭州晏然，民不流徙，皆文正之惠也。」

書墓誌後[一]　文正公司馬光

明道中，公在華州，某始以太廟齋郎得謁見①。皇祐中，幸與公具在館閣。公於某爲前輩，而某服公才，仰公德，不敢以同舍期也，然粗能熟公之爲人。元豐二年十一月，公弟子崇信令察示某以歐陽公所譔公墓誌。某讀之，怳然如復見公，得侍坐於旁也。昔蔡伯喈嘗言：「吾爲碑銘多矣，皆有慙德，唯郭有道無愧色耳。」觀歐陽公此文，其言公自初仕，以美才清德爲時所重；在諫院言宫禁事，切直無所避；在陝不飾厨傳。凡當官公論，不私其所愛，淡然寡所好，外和而内勁。喜言唐事，學者終歲讀史②，不如一日聞公論。此皆某親所睹聞，當時士大夫所共知，可謂實録而無愧矣。公名高於世，歐陽公以文雄天下，固不待某言而後人信之。然歲月益久，識公者益寡。竊懼後之人見歐陽公之文，以爲如世俗之銘誌，但飾虚美以取悦其子孫耳，故冒進越之罪，嗣書其末。

① 某始以太廟齋郎得謁見　「某」，司馬光集卷九七書孫之翰墓誌後作「光」。按，下文同。

② 學者終歲讀史　「學者」下，庫本有「謂」字。

譬猶捧土以培泰山，匊水以沃大河，彼豈賴此以爲高深哉！蓋志在有以益之，不自知其非任也。

辨證：

〔一〕書墓誌後　本文又載於司馬光集卷九七，題曰「書孫之翰墓誌後」，注曰：「元豐二年十二月作。」按，本卷載有歐陽脩孫待制甫墓誌銘，本書中集卷四七載有曾鞏孫待制甫行狀。

名臣碑傳琬琰集中卷八

王文安公堯臣墓誌銘[一]　　文忠公歐陽脩

公姓王氏，其先太原祁人。其六世祖某，爲唐輝州刺史，遭世亂，因留家碭山。碭山近宋，其後又徙宋州之虞城，今爲應天虞城人也。

公諱堯臣，字伯庸。天聖五年舉進士第一，爲將作監丞、通判湖州。召試，以著作佐郎、直集賢院知光州[二]。歲大饑，群盜發民倉廩，吏法當死，公曰：「此飢民求食爾，荒政之所衈也。」乃請以減死論。其後遂以著令，至今用之。丁父憂，服除，爲三司度支判官，再遷右司諫。郭皇后廢，居瑶華宫，有疾，上頗哀憐之。方后廢時，宦者閻文應有力，及后疾，文應又主監醫。后且卒，議者疑文應有姦謀。公請付其事御史考按虛實[三]，以釋天下之疑。事雖不行，然自文應用事，無敢指言者，後文應卒以恣横斥死。后猶在殯，有司以歲正月，用故事張燈。公言：「郭氏幸得蒙厚恩復位號，乃天子后也，張燈可廢[四]。」上遽爲之罷。

景祐四年，以本官知制誥，服金紫，同知通進銀臺司兼門下封駁，提舉諸司庫務，遷翰林學士、知審官院。元昊反，西邊用兵，以公爲陝西體量安撫使。公視四路山川險易，還言某路宜益兵若干，某路賊所不攻，某路宜急爲備[五]。至於諸將材能長短，盡識之，薦其可用者二十餘人[六]，後皆爲名將。是時，邊兵新敗於好水，任福等戰死。今韓丞相坐主帥失律，奪招討副使，知秦州；范文正公亦以移書元昊不先聞，奪招討副使，知耀州。公因言：「此兩人天下之選也，其忠義智勇，名動夷狄①，不宜以小故置之。且任福由違節度以致敗，尤不可深責主將。」由是忤宰相意〔七〕，并其他議，格不行②。明年賊入涇原，戰定川，殺大將葛懷敏，乃公指言爲備處〔八〕，由是始以公言爲可信，而前所格議悉見施行。因復遣公安撫涇原路。公曰：「陛下復用韓琦、范仲淹〔九〕，幸甚！然將不中御，兵法也。」願許公便宜從事，上以爲然。因言諸路都部署可罷經略副使，以重將權，而偏將見招討使以軍禮；置德順軍於籠竿城，廢涇原等五州營田，以其地募弓箭手。其所更置尤多。方公使還，行至涇州，而德勝寨兵迫其將姚貴閉城叛。公止道左，解裝爲牓，射城中以招貴，且發近兵討之。初，吏白曰：「公奉使且還，歸報天子爾。貴叛，非公事也。」公曰：「貴土豪也，頗得士心，然初非叛者，今不乘其未定速招降，後必生事，爲朝廷患。」貴果出降〔一〇〕。

明年四月，以學士權三司使。自朝廷理元昊罪，軍興而用益廣〔一一〕，前爲三司者，皆厚賦暴斂，甚者借内藏，率富人出錢，下至果菜皆加税，而用益不足。公始受命，則曰：「今國與民皆弊矣，在陛下任臣者如何。」由是天子一聽公所爲。公乃推見財利出入盈縮，曰：「此本也，彼末也。」計其緩急先後，而去其蠹弊之有根穴者，斥其妄計小利之害大體者，然後一爲條目，使就法度。罷副使、判官不可用者十五人，更薦用材且賢者〔一二〕。朞年，民不加賦而用足。明年，以其餘償内藏所借者數百萬。又明年，其餘而積於有司者數千萬，而所在流庸稍復其業。公曰：「臣之術止於是矣，且臣母老，願解煩劇。」天子多公功，以爲翰林學士承旨〔一三〕，兼端明殿學士、群牧

① 名動夷狄　「狄」原作「秋」，據文海本、庫本及居士集卷三三王公墓誌銘改。

② 格不行　「格」上，居士集卷三三王公墓誌銘有「多」字。

使。初，宦者張永和方用事，請收民房錢十之三以佐國。事下三司，永和陰遣人以利動公[一四]，公執以爲不可。度支副使林瀐附永和，議不已，公奏罷瀐，乃止。益、利、夔三路轉運使皆請增民鹽井課①，歲可爲錢十餘萬，公亦以爲不可。而權倖因緣，多見裁抑。京師數爲飛語，及上之左右往往譏其短者，上一切不問，而公爲之亦自若也。及公既罷，上慰勞之，公頓首謝曰：「非臣之能，惟陛下信用臣爾。」丁母憂去職。服除，復爲學士、群牧使，再遷給事中。

皇祐三年，以本官爲樞密副使。公持法守正，遂以身任天下事，凡宗室、宦官、醫師、樂公、嬖習之賤，莫不關樞密而濫恩倖，請隨其事，可損損之，可絶絶之[一五]，至其大者，則皆著爲定令。由是小人益怨，構爲飛書以害公。公得書，自請曰：「臣恐不能勝衆怨，願得罷去。」上愈知公爲忠，爲下令購爲書者甚急[一六]，公益感勵。在位六年，廢職修舉，皆有條理。樞密使狄青以軍功起行伍，居大位，而士卒多屬目，往往造作言語，以相扇動，人情以爲疑[一七]，而青色頗自得。公嘗以語衆折青，爲陳禍福，言古將帥起微賤至富貴而不能保首領者，可以爲鑒戒，青稍沮畏。

嘉祐元年三月，拜户部侍郎、參知政事[一八]。三年，遷吏部侍郎[一九]。八月某日②，以疾薨于位，享年五十有六。公在政事，論議有所不同，必反復切劘，至於是而後止，不爲獨見。在上前，所陳天下利害甚多，至施行之，亦未嘗自名。其所設施，與在樞密時特異，豈政事者丞相府也，其體自宜如是耶？

---

① 益利夔三路轉運使皆請增民鹽井課　「利」，長編卷一五八慶曆六年正月戊子條作「梓」。又，「益利夔三路轉運使」，公是集卷五一贈尚書左僕射王公行狀作「川峽轉運司」，東都事略、宋史王堯臣傳乃稱夔州轉運使。

② 八月某日　「某日」，居士集卷三三王公墓誌銘作「二十一日」，公是集卷五一贈尚書左僕射王公行狀作「二十日」。按，長編卷一八七嘉祐三年八月己未條、東都事略卷六仁宗紀作「己未」。按，己未乃二十一日，公是集疑脱「一」字。

公爲人純質，雖貴顯，不忘儉約。與其弟純臣相友愛，世稱孝悌者言王氏。遇人一以誠意，無所矯飾。善知人，多所稱，薦士爲時名臣者甚衆。有文集若干卷①。將終，口授其弟純臣遺奏，以宗廟至重、儲嗣未立爲憂。天子愍然臨其喪，輟視朝一日，贈左僕射，太常謚曰文安[二〇]。

曾祖諱某②，某官，贈太傅；妣某氏，某國太夫人③。祖諱某④，某官；父諱某⑤，某官，皆贈太師、中書令兼尚書令。祖妣某氏，某國太夫人⑥。妣某氏，某國太夫人⑦。娶丁氏，安康郡夫人。子男三人：同老，大理評事；周老，太常寺太祝，早卒；朋老，大理評事。二女：長適校書郎戚師道，早卒；次未嫁。王氏自遷虞城，由公曾祖而下，或葬雙金，或葬土山，皆在虞城。嘉祐某年某月某日⑧，改葬公之皇考于某縣某鄉某原⑨，而以公從葬焉。銘曰：

王爲祁人，遭亂不還。六世之祖，初留碭山。其後再遷，虞宋之間。遂安其居，葬不遠卜。宋多名家，王實大族。族大而振，自公顯聞。公初奮躬，以學以文。逢國多事，有勞有勤。利歸于邦，怨不避身。帝識其忠，謂

① 有文集若干卷　「若干卷」，居士集卷三三王公墓誌銘作「五十卷」。
② 曾祖諱某　「某」，居士集卷三三王公墓誌銘作「化」。
③ 妣某氏某國太夫人　居士集卷三三王公墓誌銘作「妣戚氏，封曹國太夫人」。
④ 祖諱某　「某」，居士集卷三三王公墓誌銘作「礪」。
⑤ 父諱某　「某」，居士集卷三三王公墓誌銘作「瀆」。
⑥ 祖妣某氏某國太夫人　居士集卷三三王公墓誌銘作「祖妣袁氏，鄆國太夫人」。
⑦ 妣某氏某國太夫人　居士集卷三三王公墓誌銘作「妣仇氏，徐國太夫人」。
⑧ 嘉祐某年某月某日　居士集卷三三王公墓誌銘作「嘉祐四年八月十日」。
⑨ 改葬公之皇考于某縣某鄉某原　「某縣某鄉某原」，居士集卷三三王公墓誌銘作「宋城縣平臺鄉石落原」。

堪予弼。俾副樞機，出入惟密。遂參政事，實有謀謨。誰中止之，不俾相予？帝有褒章，愍飾之贈①。長于百寮，考德惟稱。維古載功，在其廟器。今亦有銘，幽宮是閟。

辨證：

［一］王文安公堯臣墓誌銘　本墓誌又載於歐陽脩居士集卷三三，題曰「尚書户部侍郎參知政事贈右僕射文安王公墓誌銘」。按，王堯臣，隆平集卷八、東都事略卷七〇、宋史卷二九二有傳，劉敞公是集卷五一載有宋故推忠佐理功臣光禄大夫行尚書吏部侍郎參知政事柱國太原郡開國公食邑二千三百户食實封四百户贈尚書左僕射王公行狀。

［二］直集賢院知光州　長編卷一一〇天聖九年五月己巳條載：「祕書丞、知陳留縣王沖配雷州編管。初，内臣羅崇勳就縣請官田不得，使皇城卒虚告沖市物有剩利事，太后令崇勳劾，沖不能自明，故重謫之。沖弟審刑院詳議官、殿中丞瀆責監蔡州税，從子著作郎、直集賢院堯臣出知澤州，皆坐沖故也。」按，公是集卷五一贈尚書左僕射王公行狀及東都事略、宋史王堯臣傳皆稱知光州，疑長編作「澤州」者有誤。

［三］方后廢時至公請付其事御史考按虚實　長編卷一一三明道二年十二月云：「初，郭皇后之立，非上意，寖見疏，而后挾莊獻勢，頗驕。後宮爲莊獻所禁遏，希得進。及莊獻崩，上稍自縱，宫人尚氏、楊氏驟有寵。后性妬，屢與忿爭。尚氏嘗於上前出不遜語，侵后；后不勝忿，起批其頰，上救之，后誤批上頸，上大怒，有廢后意。内侍副都知閻文應白上出爪痕示執政、近臣與謀之。吕夷簡以前罷相故怨后，而范諷方與夷簡相結。諷乘間言后立九年無子當廢，夷簡贊其言。上意未決，外人籍籍，頗有聞者。……居久之，乃定議廢后。」又卷一一七景祐二年十一月戊子條云：「后之獲罪也，上直以一時之忿，且爲閻文應所譖，故廢之，既而悔之。后居瑶華宫，上累遣使勞問，於是又爲樂府辭以賜后，后和答，語甚悽愴，文應大懼。會后小疾，文應與太醫診視，遷嘉慶院。數日，遽不起。中外疑文應進毒，然

① 愍飾之贈　「飾」，庫本作「錫」。

不得其實。……右正言、集賢院王堯臣請推舉左右侍醫者，不報。」

〔四〕郭氏幸得蒙厚恩復位號乃天子后也張燈可廢　長編卷一一八景祐三年正月壬辰條載：「追册故金庭教主冲静元師郭氏爲皇后，命知制誥丁度、内侍押班藍元用同護葬事。尋詔中書門下停其謚册祔廟。丁酉，葬於奉先資福院側，鹵簿儀物並用孝章皇后故事。時上元節有司張燈，俟乘輿出，右正言王堯臣言：『后復位號，今方在殯，不當遊幸。』同知禮院王拱辰亦以爲言，帝爲罷葬日張燈。」

〔五〕還言某路宜益兵若干某路賊所不攻某路宜急爲備　宋史王堯臣傳云其「使還，上言：陝西兵二十萬，分屯四路，然可使戰者止十萬。賊衆入寇，常數倍官軍。彼以十戰一，我以一戰十，故三至而三勝，由衆寡不侔也。涇原近賊巢穴，最當要害，宜先備之。今防秋甚邇，請益團士兵，以二萬屯渭州，爲鎮戎山外之援；萬人屯涇州，爲原、渭聲勢；二萬屯環慶，萬人屯秦州，以制其衝突。……」按，公是集卷五一贈尚書左僕射王公行狀略同。又，王堯臣所上言見長編卷一三二慶曆元年六月己亥條。

〔六〕薦其可用者二十餘人　公是集卷五一贈尚書左僕射王公行狀稱其「又薦狄青、王信、种世衡、劉昭孫等三十餘人可將帥」。

〔七〕由是忤宰相意　據宋史宰輔表二，時宰相乃章得象、吕夷簡。

〔八〕乃公指言爲備處　長編卷一三三慶曆元年七月癸丑條載：「王堯臣又言：『昨安撫陝西，體問得延州、鎮戎軍、渭州山外三敗之由，皆爲賊先據勝地，誘致我師將佐不能守險擊歸，而多倍道趨利，方其疲頓，乃與生兵合戰，賊始縱鐵鷂子衝突，繼以步奚挽强注射，鋒不可當，遂致掩覆。此主帥不思應變，以徼前失之咎也。今防秋及時，望敕主兵之官常訓練軍馬，遠設探候，遇賊入界，先度遠近，俟立定營寨，然後量敵奮擊，毋得輕出。』詔以其言戒邊吏。」又卷一三八慶曆二年十月甲寅條云以翰林學士兼龍圖閣直學士王堯臣爲涇原路安撫使，云：「始堯臣還自陝西，請先備涇原，弗聽。及葛懷敏敗，上乃思其言，故復遣堯臣往，於是前所格議多見施行。復任韓琦、范仲淹爲統帥。實自堯臣發之。」

〔九〕陛下復用韓琦范仲淹　按避暑録話卷下云：「王文安公堯臣時爲翰林學士，乃以爲陝西體量安撫使。當權者意欲使附己排（韓、范）二公。公具言二公方爲夷狄所畏，忠勇無比，將禦外敵，非二人不可。具辨任福敗不緣帥，皆請還之。……議者謂保全關輔，雖韓、范之功，然非文安亦不能成也。」

〔一〇〕而德勝寨兵迫其將姚貴閉城叛至貴果出降　宋史王堯臣傳云：「初，曹瑋開山外地，置籠竿等四砦，募弓箭手，給田使耕戰自守。其後將帥失撫御，稍侵奪之，衆怨怒，遂劫德勝砦將姚貴，閉城畔。」公是集卷五一贈尚書左僕射王公行狀、長編卷一三九慶曆三年正月辛卯條略同。然李燾又注曰：「趙滋傳載姚貴叛事與堯臣傳不同，今附見于後。」其云：「初，姚貴殺監押崔絢，劫宣武、神騎卒千餘人叛，攻羊牧隆城。涇原儀渭鎮戎軍都巡檢趙滋馳往，諭降八百餘人。貴窮，走出寨。招討使令滋給賜降卒及遷補將吏，滋以爲如是是誘其爲亂，藏其牒不用，還爲招討使所怒，故賞不行。」又注曰：「滋傳所稱招討使不知謂誰，傳又稱范仲淹、韓琦經略陝西，舉滋可將領，則招討使非范、韓，或是王沿也。」

[一一] 自朝廷理元昊罪軍興而用益廣　長編卷一四〇慶曆三年四月己未條云：「是歲，堯臣取陝西、河北、河東三路未用兵前及用兵後歲出入財用之數，會計以聞。寶元元年未用兵，三路出入錢帛糧草：陝西入一千九百七十八萬，出一千五百五十一萬；河北入二千一十四萬，出一千八百二十三萬；河東入一千三十八萬，出八百五十九萬。用兵後：陝西入三千三百九十萬，出三千三百六十三萬；河北入二千七百四十五萬，出二千五百五十二萬；河東入一千一百七十六萬，出一千三百三萬。又計京畿出入金帛：寶元元年，入一千九百五十萬，出二千一百八十五萬。是歲郊祀，故出入之數視常歲爲多。慶曆二年，入二千九百二十九萬，出二千六百一十七萬，而奇數皆不與焉。以此推之，軍興之費廣矣。」

[一二] 更薦用材且賢者　公是集卷五一贈尚書左僕射王公行狀云其「以張昷之、杜杞等十五六人爲副使、判官，天下稱其才」。又長編卷一四一慶曆三年五月乙亥條云堯臣「以河北轉運使、工部郎中、直史館張昷之爲鹽鐵副使」。戊寅條云以虞部員外郎杜杞權發遣度支判官事，太常博士燕度權發遣戶部判官事，「皆王堯臣所薦也」。

[一三] 天子多公功以爲翰林學士承旨　長編卷一五八慶曆六年正月戊子條載翰林學士兼龍圖閣學士、戶部郎中、知制誥王堯臣罷三司使，爲翰林學士承旨兼端明殿學士、群牧使，云：「堯臣主計凡三年，前使姚仲孫借內藏錢數百萬，久不能償，堯臣悉按籍償之，而軍國之費猶沛然有餘，蓋未嘗加賦於民也。益、梓、夔三路轉運使皆乞增鹽井課，歲可爲錢十餘萬，堯臣固不從。上問其說，對曰：『庸蜀僻遠，恩澤鮮及，而貢入常倍，民力由此困。朝廷既未有以恤之，而又牟利焉，是重困也。雖小有益，將必大損矣。』上善其對。然權倖因緣，多見裁抑。京師數爲蜚語，及上之左右往往讒其短者，上一切不問，而堯臣爲之自若。已而言於上曰：『臣之術止於是矣，且臣母老，願解煩劇。』既罷，上慰勞之，堯臣頓首曰：『非臣之能，惟陛下信用臣爾。』初，學士蘇易簡、丁度自郎中進中書舍人充承旨，及堯臣爲

承旨，獨不遷官，宰相賈昌朝抑之也。」又卷一六七皇祐元年九月癸卯條載「翰林學士承旨兼端明殿學士、户部郎中、知制誥王堯臣爲右諫議大夫。初，賈昌朝抑堯臣不與遷官，及歲滿當遷，文彦博堯臣同年進士也，遂優遷之。」

〔一四〕永和陰遣人以利動公　按公是集卷五一贈尚書左僕射王公行狀云：「永和密使人致意曰：『公能行此，則大用矣。』」

〔一五〕請隨其事可損損之可絶絶之　公是集卷五一贈尚書左僕射王公行狀具言此事，云：「教坊樂工不得補班行。中人非有功，不以爲三路鈐轄。内侍兩省，非年五十，無贓私，不以爲押班。興繕土木之勞，不以官爲賞。班行百司失職之人，其傷財而害民，必再赦乃得用。」

〔一六〕上愈知公爲忠爲下令購爲書者甚急　長編卷一七七至和元年九月丁卯條云：「樞密副使王堯臣務裁抑僥倖，於是有鏤匿名書布京城以摇軍情者，帝不信。丁卯，詔開封府揭牓募告者賞錢二千緡；願入官與大理寺評事或侍禁；已有官及係軍籍者優與遷轉；徒中自告特免罪，亦與酬奬；僧道褐衣者與紫衣，紫衣者與師號，已賜師號者與僧官，如願賜院額及欲度童行者亦聽。」然十一月丙寅條亦云淮南江浙荆湖制置發運使許元「在淮南十三年，急於進取，多聚珍奇，以賂遺京師權貴，尤爲王堯臣所知。治所在真州，衣冠之求官舟者日數十輩，元視勢家要族，立推巨艦與之；小官惸獨，伺候歲月，有不能得。人以是憤怨，而元自謂當然，無所愧憚」。

〔一七〕而士卒多屬目往往造作言語以相扇動人情以爲疑　按歐陽脩居士集奏議卷一三論狄青劄子云：「青之事藝，實過於人，比起輩流，又粗有見識，是以軍士心共服其才能。……近日以來，訛言益甚，或言其身應圖讖，或言其宅有火光，道路傳説，以爲常談矣。」

〔一八〕拜户部侍郎參知政事　長編卷一八二嘉祐元年閏三月癸未朔條載：「樞密副使、給事中王堯臣爲户部侍郎、參知政事，給事中、參知政事程戡爲户部侍郎、樞密副使。以戡與文彦博姻家故也。」又辛卯條載：「翰林學士王洙爲翰林侍讀學士兼侍講學士，知制誥劉敞知揚州。敞，王堯臣姑子；洙，堯臣從父。堯臣執政，兩人皆避親也。洙罷一學士，换二學士，且兼講讀，國朝未嘗有。」

〔一九〕遷吏部侍郎　宋史王堯臣傳云：「帝欲以爲樞密使，而當制學士胡宿固抑之，乃進吏部侍郎。」

〔二〇〕太常謚曰文安　按長編卷一八二嘉祐元年五月甲申條云：「左千牛衛大將軍宗實幼養于宫中，上及皇后鞠視如子。既出還第，問勞賞賜不絶，諸宗室莫得比。上始得疾，不能視朝，中外憂恐。宰相文彦博、劉沆、富弼勸帝早立嗣，上可之。參知政事王堯臣之弟純臣爲王府官，數與堯臣言宗實之賢，堯臣以告彥博等。彥博等亦知宗實上意所屬，乃定議，乞立宗實爲嗣。」按，宗實乃英宗舊名。宋史王堯臣傳云其「執政時，嘗與宰相文彥博、富弼、劉沆勸帝蚤立嗣，且言英宗嘗養宮中，宜爲後，爲詔草挾以進，未果立。元豐三年，子同老進遺稿論父功，帝以訪文彥博，具奏本末，遂加贈太師、中書令，改謚文忠」。東都事略王堯臣傳略同。

吴正肅公育墓誌銘[一]　文忠公歐陽脩

嘉祐四年某月某甲子①，資政殿大學士、金紫光禄大夫、尚書左丞、知河南府兼西京留守司、上柱國、渤海郡開國公、食邑貳阡捌伯户、食實封捌伯户、賜紫金魚袋、贈吏部尚書、謚曰正肅吴公，葬于鄭州新鄭之某鄉某原②[二]。吴氏世爲建安人，自高、曾以來③，皆葬建州之浦城，至公始葬其皇考于新鄭。

公諱育，字春卿。爲人明敏勁果，彊學博辯，能自持度④，不可，守不發；已發，莫能屈奪。天聖中，與其弟京、方俱舉進士，試禮部爲第一，遂中甲科[三]，而京、方皆及第。當是時，吴氏兄弟名聞天下。

公初以大理評事知臨安、諸暨二縣，遷本寺丞、知襄城縣。舉賢良方正直言極諫，策入三等⑤[四]。遷著作佐

① 嘉祐四年某月某甲子　「某月某甲子」，居士集卷三三吴公墓誌銘作「十一月丁未」。
② 葬于新鄭之某鄉某原　居士集卷三三吴公墓誌銘作「葬於新鄭縣崇義鄉朝村之原」。
③ 自高曾以來　「高曾」原作「曾高」，據居士集卷三三吴公墓誌銘乙改。
④ 能自持度　「持」，居士集卷三三吴公墓誌銘作「忖」。
⑤ 舉賢良方正直言極諫策入三等　按，隆平集、東都事略、宋史吴育傳亦云其「舉賢良方正」，然居士集卷三三吴公墓誌銘、長編卷一一四景祐元年六月己酉條稱其舉才識兼茂明於體用科。

郎、直集賢院，通判蘇州①，同知太常禮院，三司户部、度支二判官②，知諫院，修起居注，知制誥，判太常、大理二寺，吏部流内銓，史館修撰。累遷起居舍人，爲翰林學士。久之，遷禮部郎中，以學士知開封府。

公爲政簡嚴，所至民樂其不擾，去雖久，愈思之。初，秦悼王葬汝州界中，其後子孫當從葬者，與其歲時上冢者不絶，故宗室、宦官嘗往來，爲州縣患。公在襄城，每裁折之。宗室、宦官怒，或夜半叩縣門，索牛駕車以動之，公輒不應，及旦，徐告曰：「牛不可得也。」由是宗室、宦官曰：「此不可爲也。」凡過其縣者，不敢以鷹犬犯民田，至他境矣，然敢縱獵③[五]。其治開封，尤先豪猾，曰：「吾何有以及斯人？去其爲害者而已。」居數日，發大姦吏一人，流于嶺外，一府股栗。又得鉅盜，積贓萬九千緡，獄具而輒再變，衆疑以爲冤。天子爲遣他吏按之，卒伏法。由是京師肅清。

方元昊叛河西，契丹亦乘間隳盟，朝廷多故，公數言事，獻計畫。自元昊初遣使上書，有不順語，朝廷亟命將出師，而群臣争言豎子即可誅滅。獨公以謂元昊雖名蕃臣，而實夷狄，其服叛荒忽不常，宜示以不足責，外置之。且其已僭名號誇其人，勢必不能自削，以取羞種落，第可因之賜號若國主者，且故事也。彼得其欲，宜不肯妄動。然時方鋭意於必討，故皆以公言爲不然[六]。其後師久無功，而元昊亦歸過自新，天子爲除其罪，卒以爲夏國主。由是議者始悔不用公言，而虚弊中國。

公在開封，數以職事辨争[七]，或有不得，則輒請引去，天子惜之。慶曆五年正月，以爲諫議大夫、樞密副

① 通判蘇州　按，長編卷一一四景祐元年六月己酉條、宋會要輯稿選舉一〇之二一皆稱吴育通判湖州。

② 三司户部度支二判官　按，宋史吴育傳稱其爲「三司鹽鐵、户部二判官」。

③ 然敢縱獵　「敢」，庫本作「後」。

使[八]。三月，拜參知政事[九]。與賈丞相争事上前[一〇]，上之左右與殿中人皆恐色變，公論辯不已，既而曰：「臣所争者，職也。顧力不能勝矣，願罷臣職，不敢争。」上顧公直，乃復以爲樞密副使。居歲餘，大旱，賈丞相罷去。御史中丞高若訥用洪範言大臣廷争爲不肅，故雨不時若。因并罷公，以給事中知許州[一一]。又知蔡州。州故多盜，公按令爲民立伍保而簡其法，民便安之，盜賊爲息。京師有告妖賊千人聚確山者，上遣中貴人馳至蔡，以名捕者十人。使者欲得兵自往取之，公曰：「使者欲藉兵立威？欲得妖人以還報也？」使者曰：「欲得妖人爾。」公曰：「吾在此，雖不敏，然聚千人于境内，安得不知？使信有之，今以兵往，是趣其爲亂也。此不過鄉人相聚爲佛事，以利錢財爾。一弓手召之可致也。」乃館使者，日與之飲酒，而密遣人召十人者，皆至，送京師，告者果伏辜。拜資政殿學士，徙知河南府①[一二]。

遷禮部侍郎，徙永興軍。丁父憂去官。起復，懇請終喪。服除，加拜翰林侍讀學士，且召之。公辭以疾，上惻然，遣使者存問，賜以名藥，遂以知汝州②[一三]。居久之，又辭以疾，即以爲集賢殿學士、判西京留守司御史臺[一四]。疾少間，復知陝府，加拜資政殿大學士。自公罷去，上數爲大臣言吴某剛正可用，每召之，輒以疾不至，於是召還，始侍講禁中，判通進銀臺司、尚書都省。

明年，拜宣徽南院使、鄜延路經略安撫使、判延州[一五]。龐丞相經略河東，與夏人争麟州界，亟築柵於白草。公以謂約不先定而亟城，必生事，遽以利害牒河東，移書龐公，且奏疏論之，皆不報。已而夏人果犯邊，殺驍將郭恩，而龐丞相與其將校十數人皆以此得罪，麟、府遂警。既而公復以疾辭，不任邊事，且求解宣徽使，乃復以爲資

① 徙知河南府 「河南府」下，居士集卷三三吴公墓誌銘有「兼西京留守，又徙陝府」九字。
② 遂以知汝州 「汝州」原作「洪州」，據居士集卷三三吴公墓誌銘及隆平集、宋史吴育傳改。

政殿大學士、尚書左丞、知河中府，遂徙河南。公前在河南，踰月而去，河南人思之，聞其復來，皆驩呼逆于路，惟恐後。其卒也，皆聚哭。

公享年五十有五，以嘉祐三年四月十五日卒于位①。曾祖諱進忠，贈太師；妣陳氏，吴國太夫人。祖諱諒，贈中書令；妣葛氏，越國太夫人。父諱待問，官至禮部侍郎，贈太保；妣李氏，楚國太夫人。娶王氏，太原郡夫人。子男十人：安度、安矩、安素，皆太常寺太祝；安常，大理評事；安正、安本、安序，皆秘書省正字；安厚，太常寺奉禮郎；安憲、安節，未仕。女三人：長適集賢校理韓宗彦，次適著作佐郎龐元英，皆早卒；次適光禄寺丞任逸。

公在二府時，太保公以列卿奉朝請。父子在廷，士大夫以爲榮，而公踧踖不安，自言子班父前，非所以示人以法，顧不敢以人子私亂朝廷之制，願得罷去，不聽。天子數推恩群臣子弟，公每先及宗族疏遠者。至公之卒，子孫未官者七人。有文集若干卷②，尤長於論議。銘曰：

顯允吴公，有家于閩。自公皇考③，卜兹新原。厚壤深泉，樂其寬簡④。今公其從，公志之安。公昔尚少，始來京師。挾其二季，名發聲馳。乃賜之策，以承帝問。語驚于廷，有偉其論。乃登侍從，乃任大臣。出入險夷，周旋屈伸。公所策事，先其利害。初有不從，後無不悔。公於臨政，簡以便人。人失而思，愈久彌新。帝曰廷臣，汝剛而直。來汝予用，斷余不惑。公曰臣愚，負薪之憂。帝爲咨嗟，公其少休。優以大邦⑤，寵其秩禄。尚

① 以嘉祐三年四月十五日卒于位　「位」下，居士集卷三三吴公墓誌銘有「詔輟朝一日」五字。
② 有文集若干卷　「若干卷」，居士集卷三三吴公墓誌銘作「五十卷」。
③ 自公皇考　「公」原作「我」，據居士集卷三三吴公墓誌銘改。
④ 樂其寬簡　「簡」，居士集卷三三吴公墓誌銘作「閑」。
⑤ 優以大邦　「大」，居士集卷三三吴公墓誌銘作「本」。

冀公來，公卒不復。史臣考德，作銘幽宅。

辨證：

[一] 吳正肅公育墓誌銘　本墓誌又載於歐陽脩居士集卷三三，題曰「資政殿大學士尚書左丞贈吏部尚書正肅吳公墓誌銘」。按，吳育，隆平集卷八、東都事略卷六三、宋史卷二九一有傳。

[二] 葬于新鄭之某鄉某原　嘉祐雜誌云：「吳春卿葬新鄭，掘地深二丈五尺，中更掘坑子，纔足容棺，既下棺，于坑口上布栢團以遮之，即下土築，不用甎甓。吳氏葬其先亦如此。」

[三] 試禮部爲第一遂中甲科　隆平集吳育傳稱其天聖五年登進士甲科。

[四] 舉賢良方正直言極諫策入三等　長編卷一一四景祐元年六月己酉條云：「策試賢良方正能直言極諫太常博士蘇紳、才識兼茂明於體用大理寺丞吳育、茂才異等張方平及武舉人於崇政殿。」又宋會要輯稿選舉一〇之二一載景祐元年六月「二十一日，帝御崇政殿試賢良方正能直言極諫太常博士蘇紳、才識兼茂明於體用大理寺丞吳育、茂材異等張方平」。其「育策考入第三次等，紳入第四次等，方平所對不及三千言。詔以育爲著作佐郎、直集賢院、通判湖州，紳爲祠部員外郎、通判洪州，方平特擢爲祕書省校書郎、知蘇州崑山縣」。按涑水記聞卷三云：「宋初以來，至真宗方設制科。……今上即位，天聖六年始復置。其後每開科場則置之，有官者舉賢良方正，無官者舉茂材異等。」則此「有官者舉賢良方正，無官者舉茂材異等」當爲景祐元年以後之制，吳育所舉當以「才識兼茂明於體用」科爲是。又，石林燕語卷二云：「故事，制科分五等，上二等皆虛，惟以下三等取人。然中選者亦皆第四等，獨吳正肅公嘗入第三等，後未有繼者。至嘉祐中，蘇子瞻軾、子由轍乃始皆入第三等。已而子由以言太直，爲攷官胡武平宿所駁，欲黜落，復降爲第四等。」汪應辰辨云：「范子功（百祿）亦入制科第三等，後孔文仲考中第三等，以忤王安石特旨絀之。此云設科以來，止吳正肅與子瞻入第三等而已，非也。」故東都事略吳育傳有云：「有國以來，制舉惟育入三等，前此未有也。」

[五] 公在襄城至然敢縱獵　長編卷一一四景祐元年六月己酉條：「自秦悼王葬汝，其後子孫從葬，皆宦官典護，又歲時上冢者不

絶，往來呼索擾州縣。育前知襄城縣，乃建言凡官所須，必著實數，毋容使者妄索，若羊豕之類，願悉出太官。由是民省供費十七八。宦官過者銜之，或中夜扣縣門，索牛駕車，育拒不應。異時宗子所過，縱鷹犬暴民田，入襄城，輒相戒約，毋敢縱者。」

［六］然時方鋭意於必討故皆以公言爲不然　長編卷一二三寶元二年三月丙午條云：「初，元昊反書聞，朝廷即議出兵，群臣爭言小醜可即誅滅，育獨建議：『元昊雖名藩臣，其尺賦斗租不入縣官，窮漠之外，服叛不常，宜外置之，以示不足責。且彼已僭輿服，夸示酋豪，勢必不能自削，宜援國初江南故事，稍易其名，可以順撫而收之。』奏入，宰相張士遜笑曰：『人言吴正言心風，果然。』於是育復上奏，俱不報。」

［七］數以職事辨爭　長編卷一四八慶曆四年四月壬寅條云：「先是，（李）舜舉建言，請移陳留南鎮土橋於近西舊施橋處，以免傾覆舟船之患。開封府差（楊）文仲與（杜）衍相度，而衍等請如舜舉之奏。（盧）士倫，縣之大姓，有邸舍在橋下，徙則邸舍盡廢。（王）溟前監縣税，嘗減直僦舍居之。溟與（王）堯臣爲同年，因白堯臣，且謂徙橋於官無利害，又橋柱未嘗壞舟船，安用更張爲？翼日，堯臣謂（慎）鉞曰：『自移陳留橋，僅三十年，今忽議徙故處，動費官錢不貲。』時開封府已毁橋，而三司帖下縣不得毁，因奏遣（陳）榮古往相度，而請於舊橋西展木岸五十步，擘水入大洪，而罷移橋。權知開封府吴育固爭之。又命監察御史王礪再定奪，礪言徙橋故處便，且言三司稱橋下有官私屋，今據其處惟有士倫邸舍而無官屋，切恐私有請求。於是内降下開封府録司，命工部郎中吕覺就鞫之。鉞坐嘗遣人詣礪刺其事，爲礪所得，榮古不言慶曆二年有船觸橋柱破，故以私罪論。及獄上，特詔免溟追官，罰銅二十斤，榮古暨鉞仍改從公罪。」

［八］以爲諫議大夫樞密副使　長編卷一五四慶曆五年正月丙戌條云：「育初尹開封，范仲淹在政府，因白事，數與仲淹迕。既而仲淹安撫河東，有奏請，多爲當國者所沮，育取可行者固執行之。」

［九］拜參知政事　長編卷一五七慶曆五年十月辛酉條云：「初，議者請覃恩百官，且優賜軍士。參知政事吴育曰：『無事而啟僥倖，誰爲陛下建此議者，請治之。』已而帝語輔臣曰：『外人怨執政，宜防諠譁。』育曰：『此必建議者欲以動摇上聽，願毋慮。臣既以身許國，何憚此耶！』帝嘗遣中使察視山東盜賊，還奏盜不足慮，而言兖州杜衍、鄆州富弼，山東尤尊愛之，此爲可憂。帝欲徙二人淮南，育曰：『盜誠無足慮，然小人乘時以傾大臣，非國家之福。』議遂格。」

［一〇］與賈丞相爭事上前　涑水記聞卷三云：「宋初以來，至真宗方設制科。」後「天聖六年始復置」。至「慶曆六年，賈昌朝爲政，

議欲廢之，吳育參知政事，與昌朝爭論於上前，由是賈、吳有隙」。按，賈、吳有隙並非始此。據長編卷一五八慶曆六年六月癸丑條載：「詔監察御史唐詢更不赴廬州。詢，肅子也。初，吳育在翰林，薦詢爲御史，未至，喪母，服除，育方參政，而宰相賈昌朝與詢亦有親，育數爲昌朝言，詢用故事當罷，昌朝不得已，以詢知廬州。時四月乙卯也。凡官外徙者皆放朝辭，而詢獨許入見。中丞張方平因奏詢材質美茂，宜留備言職，詔許之。育爭不得。詢由是怨育而附昌朝。方平留詢，且譖育，世皆以爲昌朝意云。」又丁卯條載東染院使向綬削官除名，編管潭州，云：「初，綬知永靜軍爲不法，疑通判江中立發其陰事於監司，因造獄以危法中之，中立遂自經。綬故相敏中孫，賈昌朝陰佑之。知審刑院高若訥希昌朝意，欲從輕坐，吳育爭曰：『不殺綬，示天下無法。』卒減死一等流南方。」丙子條載：「參知政事吳育與宰相賈昌朝不相能，監察御史唐詢既怨育，遂希昌朝意上奏曰：『賢良方正直言極諫、茂材異等科，由漢涉唐，皆不常置，若天見災異，改有闕失，則詔在位薦之。本朝稽用舊文，訖真宗世三建此科，陛下即位，增科爲六，令兩省若少卿監以上奏舉。後又止用賢良、茂材二科，隨進士科設之。近年率不用保任之臣，皆自名科目。且賢良方正、茂材異等名號至美，使舉而爲之，猶曰近古，即自顯其美，顧所未聞。又有經親試前集有司，而所出論目悉用經史名數，及對詔策，不過條列義例，稽合注解，主於强記博聞、虛辭泛説而已。……請自今不與進士同時設科，若因災異非時舉擢，宜如漢故事，親策當世要務，罷祕閣之試。』疏上，帝刊其名，付中書。」吳育奏疏駁之，并「『乞并下臣奏兩制詳定。』上是育言，不復下兩制，即詔禮部自今制科隨進士貢舉，其著爲令。仍須近臣論薦，毋得自舉。上因諭輔臣曰：『彼上言者乞從内批以行，今乃知欺罔也。』育又奏曰：『陰邪沮事，正當明辨。人臣言涉機密，欲歸德於君，或入告謀猷，成國之美，此類可以刊名付外。制策天下公共，廢置可以明述，豈宜陰爲沮革，欲自上行？此正姦罔所爲，非睿聽昭察，則挾邪蠹國，何所不爲？願出姓名按劾，以申國法。』育本由制策進，上數稱其賢，以爲得人。故詢力排詆，意在育，不在制科也。育弟娶李遵勖妹，有六子而寡。詢又奏育弟婦久寡，不使改嫁，欲用此附李氏自進。大抵希昌朝意，且報怨爾。上訖不聽」。

［一一］因并罷公以給事中知許州　長編卷一六〇慶曆七年三月乙未條載賈昌朝罷相出判大名府，吳育「爲給事中歸班。昌朝與育數爭論帝前，論者多不直昌朝。時方閔雨，昌朝引漢災異册免三公故事，上表乞罷。而御史中丞高若訥在經筵，帝問以旱故，若訥因言陰陽不和，責在宰相。洪範：大臣不肅，則雨不時若。帝用其言，即罷昌朝等。尋復命育知許州」。

［一二］拜資政殿學士徙知河南府　長編卷一六四慶曆八年四月癸酉條載給事中、知蔡州吳育爲資政殿學士知河南府，云：「先是，御史何郯言：『朝廷新置紫宸殿學士代文明殿學士，在資政殿大學士上，班列絶高，未嘗輕授。丁度既罷政，遂蒙特除，且兼侍讀之

職。聖意良以二府大臣，於進退之間，務推恩禮。竊見吴育去歲罷樞密副使出知許州，不聞顯過，止改給事中一官。况育才業，於時少比，使居學士之列，適其宜也。至今尚未蒙加一職名，恐於待舊臣之禮，殊未均一。欲望存録舊德，比丁度例，加一職名，所冀均行寵數，敦奬材傑。』從之。」

[一三] 遂以知汝州　長編卷一七一皇祐三年十二月戊戌條載資政殿學士吴育知陝州，云：「始，命育兼翰林侍讀學士，育辭以疾，固請便郡。上謂近臣曰：『育剛正可用。但嫉惡太過耳，宜聽其便。』因遣中使賜以禁中良藥。不半歲，又徙汝州。」注曰：「實録作陝州。本傳及歐陽修墓銘並作汝州。按育明年四月乃知汝州。今從實録。又按吴育父待問，卒于皇祐二年十一月丙戌。此時才踰年。歐陽修墓銘云服除，誤也。」

[一四] 即以爲集賢殿學士判西京留守司御史臺　長編卷一七一皇祐三年十二月戊戌條載授吴育爲集賢院學士、判西京留守御史臺，云：「育固稱疾，求居散地故也。育初乞盡落學士之職，只守本官，權領留臺。上曰：『聞育以力學損心得疾，且育文行可爲人師表，方欲召歸講席顧問，而亟有此請，宜特從之。』又曰：『若止守本官，則俸入差減。可特授集賢院學士，以就全俸。』宰臣等對曰：『陛下知育之深，待育之厚，足以勵孤陋澆薄之輩，天下聞者，孰不競勸？』留臺舊不領民事，時張堯佐判河陽，民訟久不決者，多詣育，育爲辨曲直，判書狀尾，堯佐畏恐奉行。」

[一五] 拜宣徽南院使鄜延路經略安撫使判延州　長編卷一八〇至和二年七月戊辰條載資政殿大學士兼翰林侍讀學士、户部侍郎吴育爲宣徽南院使、判延州，云「育侍讀禁中」，爲帝辨析「臣下毁譽，多出愛憎」，有云：「『故曰偏聽生姦，獨任成亂。是故聖王之行，如天地日月，坦然明白。進一人，使天下皆知其善；退一人，使天下皆曉其惡，則陰邪不能陷害，公正可以立身。此百王之要道也。』帝益重之，數欲大用，而諫官或誣奏育在河南嘗貸民出息錢。久之，遂命出帥。」注曰：「育正傳云爲諫官劉元瑜誣奏。案元瑜此時實知潭州，必非元瑜也。今没其姓名，當徐考。蘇軾嘗記王鞏云：『陳執中罷相，仁宗問誰可代者，執中舉吴育，上即召赴闕。會乾元節，侍宴偶醉，坐睡，忽驚顧，拊牀呼其從者。上愕然，即除西京留臺。鞏父素爲鞏言此。』按育自陝州召入，至和二年二月判都省，此時陳執中方家居待罪，不知何時薦育。所云醉拊御牀，仁宗愕然，因不復相育。育有心疾，當得事實，足見非劉元瑜誣奏也。然育爲執中所薦，亦未可曉。又育出知延州，非西京留臺。嘉祐元年五月乃自延州徙河中，二年八月自河中徙河南。鞏所云差誤，姑附見待考。」

張翰林錫墓誌銘〔一〕　文忠公歐陽脩

翰林侍讀學士、朝散大夫、右諫議大夫、上柱國、清河縣伯張公諱錫，字貺之。其先京兆長安人也。其祖山甫從唐僖宗入蜀①，留不返。蜀遭王、孟再亂，絶於中國。中國更五代，天下爲宋而蜀平，張氏留蜀蓋亦已五世矣，始得去爲漢陽人。又二世，而張氏遂以大顯。

公爲人清方敏默，爲善不倦，而喜自晦斂，若不欲人知。其遇人怡怡，若無所不可。及視其發施於事者，其義有可畏，其守有不可奪，其能有不可及，既已，則若未嘗有所爲者。少喜讀書，至其疾革，猶不釋手。自經史子集百家之説，無不記覽通達，而絶口不道於人。故其晚始侍讀于中，上嘗歎曰：「自吾得張錫，日益有所聞。」以飛白爲「博學」二字賜之曰：「錫老矣，恨得之晚也〔二〕。」

公初舉進士，中大中祥符元年甲科，試秘書省校書郎、知南昌縣，遷萍鄉令②，改著作佐郎，又知安遠縣。徙

① 其祖山甫從唐僖宗入蜀　「祖」，宋史張錫傳作「曾祖」。按，據墓誌下文，宋史稱「曾祖」者似不確。

② 遷萍鄉令　「遷」字原脱，據居士集卷二九張公墓誌銘補。

知新州，興學校以教新人，新人有進士自公始。再遷太常博士，監染院。詔選能吏治畿縣，公以選知東明。前爲令者闔門重簾，以壅隔廢治。公至，則闢門去簾，告其人曰：「吾所治者三而已：彊恃力、富恃貲、刑恃贖者，吾所先也。」其人以謂公言簡必信，法簡必嚴，於是豪勢者屈，善弱者伸，縣以大治①。工部侍郎李及薦公材堪御史，上曰：「李及清慎人，未嘗妄有所舉，此可信也。」乃以爲監察御史。故相丁謂貶崖州，至是議徙内地。公疏言[三]：「謂姦邪弄國，罪當死，無可憐。且大臣竄逐，本與天下棄之，今復内還，是違天下意。」由是止徙道州。玉清昭應宫災，坐火事劾當死者百餘人，公疏言：「天災可畏，不可反以罪人而重天怒，願益修德以塞譴。」人乃獲免[四]。

公於御史，自監察歷殿中侍御史、侍御史知雜事。於尚書，爲員外郎、郎中，累官至諫議大夫。於外，爲荆湖北路、京東、河北轉運使，江淮南兩浙荆湖發運制置使②，利夔路安撫使，知河中府、滑州。於三司，爲鹽鐵判官、判勾院，歷鹽鐵、度支、户部副使[五]。又嘗權知諫院，判三班、審官院，太常寺，國子監。於侍從，爲天章待制、龍圖閣直學士、翰林侍讀學士。雖其自晦，其所居，人皆以爲宜。其在京東，籍淄、青、齊、濮、濟、鄆六州之人冒耕河壖地，收税緡絹歲二十八萬，而六州之民争訟遂息。其後言利者請税天下橋渡以佐軍，公建言「津梁利人而反税之」以爲害，卒争罷之。平居退讓，未嘗肯爲人先。妖賊王則反貝州，兵圍久不克，而自河以北，軍餉調發益急，轉運使受命者以疾留不行。公自滑州權河北轉運使，命至，即日馳城下，軍須皆如其期。其於取舍緩急常如此。

公居家有常法，雖貴顯，衣服飲食如少賤時。事母至孝。與族兄甚相友愛，人以爲同産③。

---

① 縣以大治　「治」原作「冶」，據文海本、庫本及居士集卷二九張公墓誌銘改。
② 江淮南兩浙荆湖發運制置使　居士集卷二九張公墓誌銘及宋會要輯稿兵一一之一六無「南」字。
③ 人以爲同産　「産」字下，居士集卷二九張公墓誌銘有「平生所爲文章，有集十卷」十字。

公以皇祐元年七月某日遇疾卒于京師①，享年六十有八。上聞震悼，以白金三百兩賜其家，特贈工部侍郎。曾祖諱惟序，不仕。祖諱文翼，復州録事參軍，贈太子中舍。父諱龜從，贈右諫議大夫。母南陽郡太君鄧氏。自皇祖中舍君家于漢陽，遂葬之。至公，始葬汝州之襄城某鄉某原②。公初娶程氏，再娶孫氏，封樂安郡君，先公五十日而卒。公子五人：曰子駿、子充、子雲、子諒、子真，子真、子充皆早卒③。於公之葬也，子駿、子雲皆爲大理評事，子諒大理寺丞。有孫十人。女三人：長適虞部員外郎杜樞，次早卒，幼適大理寺丞王綷。銘曰：

自足乎其中，不求乎其外，斯惟公之善晦。仁能勇於必爲，善有應而無遠，故公晦其終顯。難於自進，以晚見嗟，而壽胡不俾其遐？嗚呼，其奈何！

辨證：

[一]張翰林錫墓誌銘　本墓誌又載於歐陽脩居士集卷二九，題曰「翰林侍讀學士右諫議大夫贈工部侍郎張公墓誌銘」。按，張錫，宋史卷二九四有傳。

[二]錫老矣恨得之晚也　長編卷一六七皇祐元年七月丁酉條云：仁宗「因問治道，錫對曰：『節嗜欲者治身之本，審刑罰者治國之本。』時貴妃方寵幸，故錫以此諷。上改容曰：『卿言甚嘉，朕恨用卿晚也。』」

[三]乃以爲監察御史故相丁謂貶崖州至是議徙内地公疏言　按長編卷一〇九天聖八年十二月壬辰條注曰：「歐陽修誌張錫墓，

① 公以皇祐元年七月某日遇疾卒于京師　「某日」，居士集卷二九張公墓誌銘作「十日」。

② 始葬汝州之襄城某鄉某原　「某鄉某原」，居士集卷二九張公墓誌銘校記作「一作『彰孝鄉保豐原』」。

③ 子真子充皆早卒　「子真」二字原脱，據居士集卷二九張公墓誌銘補。

云錫以監察御史論丁謂，本傳因之，不知錫七年七月已遷殿中侍御史矣。」

［四］人乃獲免　按，宋史張錫傳云「會論者衆，獄遂解」。長編卷一〇八天聖七年七月乙丑條亦云：「言者既衆，上及太后皆感悟，遂薄守衛者罪。」

［五］歷鹽鐵度支户部副使　按，長編卷一三四慶曆元年十月丙申條云：「詔三司副使自今遭喪者，並如兩制例起復。時鹽鐵副使張錫丁母憂，而三司使姚仲孫請特起復之，遂爲故事。」

賈翰林黯墓誌①［一］　文恭公王珪

治平二年十月戊子，翰林侍讀學士長樂賈君卒于京師。先是，君病且革，天子遣使挾太醫日夜臨視之，君卒不能起。贈尚書禮部侍郎［二］，又賜黄金其家。明年正月辛酉，葬于鄧州穰縣冠軍里②。將葬，其孤士彦以君功狀來求刻文而納于墓中。太原王珪爲之序，成都范鎮爲之銘。序曰：

按賈氏，其先周康王時，唐叔少子公明封于賈③，遂以爲氏。其後始顯于漢魏之間，而望出長樂者世最大。君諱黯，字直孺。世居真定之獲鹿，自君之曾祖始徙于鄧④，今爲穰下人⑤。

---

①　賈翰林黯墓誌　「墓誌」下，庫本有「銘」。

②　明年正月辛酉葬于鄧州穰縣冠軍里　按，賈黯葬日，彭城集卷三四賈公行狀云治平二年十二月某甲子。

③　唐叔少子公明封于賈　「少」原作「沙」，據庫本及華陽集卷五四賈黯墓誌銘改。

④　自君之曾祖始徙于鄧　「鄧」，華陽集卷五四賈黯墓誌銘作「穰下」。

⑤　今爲穰下人　按，隆平集、東都事略賈黯傳稱其南陽人。

君少警悟，方七八歲時，人見其所作詩而驚偉之。慶曆六年中進士第，爲天下第一〔三〕，除將作監丞、通判襄州事。代還，召試學士院，拜著作郎①、直集賢院、判尚書刑部。祀明堂覃恩，遷右正言②。君年少，方進用，遇事感概，數上言朝廷。仁宗識君手書，常嗟賞之。御史中丞王舉正留百官班，將以事見上，尚書郎杜樞獨出班問所以留班狀③，久之，貶樞監税衡州。蓋樞嘗駁開封府張彦方獄，而事連權貴〔四〕，人人皆知以此得罪也，而莫敢言。君爲力言之〔五〕。其後諫官、御史皆争事上前，不能止，因詔臺諫官自今須繇閤門白中書俟旨④，然後得上殿。君又言曰：「群臣獨得與上論事，惟諫官、御史爾。今既不得時見上，萬一有非常，上何由得聞邪？」亟請如舊制⑤〔六〕。彰化軍節度使狄青爲樞密副使，君以謂：「祖宗定天下，而立勳勞者多武臣，然未嘗得與議帷幄者。今承平之日久，而驟用青行伍中，使四夷聞之，以爲朝廷臣無如青，必有輕中國之心。又宿衛諸軍見青尊寵若此，皆傾心歸之，此尤不可不察〔七〕。」遷三司判官⑥、同修起居注，奉使契丹還，遷右司諫。

至和元年，擢知制誥，權判吏部流内銓〔八〕。益州推官桑澤在蜀三年⑦，不知其父死，及代還，銓吏不爲領文書，澤始去發喪，既服除，且求磨勘。君言：「澤與其父不通問者三年，借緋匿喪，是豈爲孝乎？」卒使坐廢田里。

---

① 拜著作郎　按，東都事略、宋史賈黯傳云遷著作佐郎。

② 祀明堂覃恩遷右正言　按，長編卷一七〇皇祐三年二月戊申條、太平治迹統類卷九仁宗諸臣謀國遠略、宋史賈黯傳稱其官左正言。

③ 尚書郎杜樞獨出班問所以留班狀　「獨出班」原作「蠋出斑」，據鐵琴銅劍樓本、庫本及華陽集卷五四賈黯墓誌銘改。

④ 因詔臺諫官自今須繇閤門白中書俟旨　「白」原作「自」，據華陽集卷五四賈黯墓誌銘改。

⑤ 固請如舊制　「舊制」下，華陽集卷五四賈黯墓誌銘有「從之」二字。按，長編卷一七〇皇祐三年二月戊申條、宋史賈黯傳皆稱其上奏議，「皆弗許」。

⑥ 遷三司判官　「遷」上，華陽集卷五四賈黯墓誌銘有「尋」字。

⑦ 益州推官桑澤在蜀三年　「桑澤」原作「乘澤」，據彭城集卷三四賈公行狀、宋史賈黯傳及長編卷一七六至和元年八月甲午條改。

晉州推官李亢嘗入粟得官，後以罪引去。它日應舉及第，當改官，始自言其嘗以罪去也。君曰：「士之罔冒，其罪可置乎？」遂奏罷之。福州推官劉抃在銓侯引對，而自以曉星氣，挾此以游公卿之門。君乃奏以爲靈臺郎〔九〕，於是士人之知術數者不敢以自名。君初脩起居注，見天子退朝御邇英咨訪治道，而史官不得與聞，至是因請修起居注入與經筵，遂爲定制。

嘉祐元年，君以父春秋高，請知陳州，尋改許州〔一〇〕。明年，遷尚書兵部員外郎，徙襄州。屬父思歸南陽①，既至家而疾篤，君亦自移疾，委郡事佐官而去。即日上書自劾，臺諫官以君輒去郡爲言，降知郢州。已而離父憂〔一一〕。服除，君以前嘗謫郡，不敢入朝，詔趣還之〔一二〕，句當三班院。明年，召入翰林爲學士，判昭文館。以疾復請郡，乃除翰林侍讀學士、户部郎中②、知鄧州。未行，復以爲翰林學士、知審官院〔一三〕。

先是，朝廷以京朝官每三歲輒自言求遷官，非所以敦養廉讓也③，於是詔當遷者有司爲舉行之，而朝士之近名者輒或辭磨勘，至數移督之不得止。君以謂：「鄉者使其自言，而士之不求進者，宜有以旌異之。今無復自陳之嫌，則士大夫何以辭不願磨勘也？是亦矯妄之人，徼取恬退之譽，陰圖進擢之望，皆無益風化。且考課之法，豈特以歲月遷？亦將稽其殿而黜之。」請凡辭磨勘者，有司不復督，中書爲籍記之，其後雖甚久，皆毋得輒遷。朝廷從君言，於是僞辭磨勘者不復至矣。

七年，遷左司郎中、知開封府。君御下方嚴，所至人莫不憚之。府吏舊七百人，而諸嘗以罪去而復叙者，皆

① 屬父思歸南陽　「思」，華陽集卷五四賈黯墓誌銘作「疾」。
② 户部郎中　彭城集卷三四賈公行狀作「吏部郎中」。
③ 非所以敦養廉讓也　「廉讓也」，華陽集卷五四賈黯墓誌銘作「廉恥」。按，英宗生父名允讓，因避諱而改「廉讓」作「廉恥」。此作「廉讓」者，當出於日後追改。

籍外補之，蓋嘗數百人。公乃奏爲條其得復叙者，須俟籍中闕乃稍補之。又府吏之給事它官者，更七次則一遷，於是它官之請者歲不可勝數，至有一事累請而爲兩役者。君又奏爲條以其從事之所難者，始得爲次數，餘悉罷之。於是府吏取君所決十餘事緣飾而唱言之，御史亦以是繩君[一四]。仁宗見執政，問：「賈某所爲私乎？」對曰：「無有私也。」然而言者不已，遂易君同提舉在京諸司庫務。

今天子即位，遷中書舍人，受詔撰仁宗實録①，更群牧使。治平二年，拜給事中、權御史中丞，充理檢使。上方親政事，數進見，具言無所避②。上嘗謂君曰：「朕欲用人而未識其可者。」對曰：「天下豈嘗乏人耶？在陛下所用爾。」乃陳任人之法五事：一曰知人之明，二曰養育以漸，三曰材不求備，四曰以類薦舉，五曰擇取自代。天子嘉納之。是時選尚德寧公主③，君言曰：「國朝公主下嫁，皆以祖爲父，以父爲兄，非所以正人倫之道也。願詔諸公主下嫁，如唐故事，令盡其見舅姑之禮。」有司議濮王稱皇伯而不名，朝廷下其議三省。君勸上從有司議，未報。八月，京師大雨水。君時已寢疾，復兩上疏，以爲簡宗廟、逆天時，則水不潤下，濮王議宜以時蚤決，以塞天變。踰月，君疾未已，願罷御史中丞，乃除翰林侍讀學士、知陳州，纔數日而卒[一五]，享年四十四。

曾祖延隱，太子右監門率府副率。祖昭遜，内殿崇班、閤門祇候。父汶，著作佐郎致仕，贈少府監。母陳氏，繼母史氏。陳初歸其宗，父戒君「它日能自顯，則往迎之」。君卒迎陳母歸，封仁壽郡太君[一六]；史封唐安郡太君。凡四娶：馬氏、任氏、周氏④，皆蚤亡；最後娶薛氏[一七]，今封延安郡君。二男子：長元素，蚤亡；

① 受詔撰仁宗實録　「受」字原脱，據華陽集卷五四賈黯墓誌銘及宋史賈黯傳補。

② 數進見具言無所避　華陽集卷五四賈黯墓誌銘作「君數見，其言無所避」。

③ 是時選尚德寧公主　「選」，華陽集卷五四賈黯墓誌銘作「某」。

④ 周氏　彭城集卷三四賈公行狀作「張氏」。

次士彥①，太常寺太祝。五女子。君所著文集三十卷，尤長於議論云。銘曰：

世言直孺舉進士第一，不十餘年踐兩禁爲得志；而不知直孺之事兩朝，開陳補益如此[一八]。嗚呼！使天假之年，盡其所蘊，則其澤之施於天下，可勝既耶！

辨證：

[一] 賈翰林黯墓誌　本墓誌又載於王珪華陽集卷五四，題曰「賈黯墓誌銘」。按，賈黯，隆平集卷一四、東都事略卷七六、宋史卷三〇二有傳，劉攽彭城集卷三四載有賈公行狀。

[二] 贈尚書禮部侍郎　長編卷二〇六治平二年九月丙子條載「給事中、權御史中丞賈黯爲翰林院侍讀學士、知陳州」，後十二日卒，「故事，常侍經筵者乃贈官，黯未及謝，上特贈禮部侍郎」。

[三] 慶曆六年中進士第爲天下第一　避暑録話卷下云：「劉原甫敞廷試本爲第一，王文安公堯臣其舅也，爲編排試卷官，既拆號，見其姓名，遂自陳請降下名。仁宗初以高下在初覆考官，編排官無與，但以號次第之耳，文安猶力辭不已，遂升賈直孺爲魁，以原甫爲第三。」

[四] 蓋樞嘗駁開封府張彥方獄而事連權貴　按長編卷一七〇皇祐三年二月戊申條云：「張彥方者，貴妃母越國夫人曹氏客也。受富民金，爲僞告敕。事敗，繫開封府獄。人傳以爲語連越國夫人，知開封府劉沆論彥方死，不敢及曹氏。執政以妃故，亦不復詰。獄具，中書遣比部員外郎杜樞慮問，樞揚言將駁正，亟改用諫官陳旭，權幸切齒於樞。先是，御史中丞王舉正留百官班，論張堯佐除宣徽使不當，樞獨出班問曰：『樞欲先問中丞所言何事，而後敢留班。』舉正告之故，樞曰：『用此留樞可也。』至是蓋累月，執政白以爲罪，黜監衡州稅。」

① 次士彥　「士」原作「上」，據華陽集卷五四賈黯墓誌銘及彭城集卷三四賈公行狀及上文改。

［五］君爲力言之　長編卷一七〇皇祐三年二月戊申條云：「左正言賈黯自以年少遭遇，備位諫官，果於言事。首論韓琦、富弼、范仲淹可大用。及杜樞貶，黯言樞無罪，且旨從中出，不因臣下彈奏，恐自此貴幸近習言一得入，則將陰肆讒毁，害及良善，不可不察。」

［六］固請如舊制　長編卷一七〇皇祐三年二月戊申條云：「時言者或論事無狀，輒戒厲窮詰，黯奏：『諫官、御史亦既疏遠，未嘗預聞時政，不免採於傳聞，一有失實，而詰難沮辱隨之，非所以廣開言路。請如唐太宗故事，每執政奏事，聽諫官一人隨入。』又言：『執政患言事官旅進論議上前，不肯止，遂詔凡欲合班上殿者，皆稟中書俟旨。今得進見言事者，獨諫官、御史，若然，言路將壅，陛下不得聞外事矣。請如故事便。』皆弗許。」

［七］君以謂至此九不可不察　長編卷一七二皇祐四年六月丁亥條載以狄青爲樞密副使，御史中丞王舉正言：『青出兵伍爲執政，本朝所無，恐四方輕朝廷。』左司諫賈黯言：『國初武臣宿將，扶建大業，平定列國，有忠勳者不可勝數，然未有起兵伍、登帷幄者。今其不可有五：四裔聞之，有輕中國心，不可一也。小人無知，聞風傾動，翕然嚮之，撼摇人心，不可二也。朝廷大臣，將耻與爲伍，不可三也。不守祖宗之成規，而自比五季衰亂之政，不可四也。青雖才勇，未聞有破敵功；失駕御之術，乖勸賞之法，不可五也。』御史韓贄亦以爲言，皆不聽。」

［八］權判吏部流内銓　長編卷一七六至和元年八月甲午條云：「知制誥賈黯權判吏部流内銓。承平日久，百官職業皆有常憲，蓋樂於因循，而銓衡徒文書備具而已。黯始欲以風義整救其弊。益州推官桑澤在蜀三年，不知其父死，後代還，舉者甚多，應格當遷，方投牒自陳，人皆知其嘗喪父，莫肯爲作文書。澤知不可，乃去發喪制服，以不得家問爲解。澤既除喪，求磨勘，黯以爲『澤三年不與其父通問，亦有人子之愛於其親乎？使澤雖非匿喪，猶爲不孝也』。言之於朝，澤坐廢歸田里，不齒終身。晉州推官李亢，故嘗入錢得官，已而有私罪，默自引去，匿所得官，以白衣應舉及第，積十歲當磨勘，乃自首言其初事。黯以爲此律所謂罔冒也，奏罷之，奪其勞考。」

［九］而自以曉星氣挾此以游公卿之門君乃奏以爲靈臺郎　宋史賈黯傳云劉抃「挾術數言人禍福，多遊公卿門」，故奏以爲靈臺郎。又長編卷一七八至和二年正月庚辰條稱「威武節度推官劉抃爲司天監丞」，并云「抃嘗挾術數言人禍福，多遊公卿之門。於是當改官，判流内銓賈黯以爲言，故有是命」。按，職官分紀卷十七太史局引六典云：「靈臺郎，掌觀天文之變而占候之。」與司天監丞不同。又，范忠宣文集卷十五司空康國韓公墓誌銘云韓絳知制誥，時「選人劉抃改大理寺丞，公言抃以術數游公卿間而改官，非士人也，願以補天文官。

從之」。

［一〇］嘉祐元年君以父春秋高請知陳州尋改許州　長編卷一八二嘉祐元年四月己卯條載右司諫、知制誥賈黯知陳州，云「以父疾自請也。尋改許州。先是，詔兩制、兩省官惟公事許至中書、樞密院見執政，黯心知其非，而嫌於自言，及是乃奏：『他官皆得見執政，而侍從近臣反疎斥，疑間如此。嘗聞先朝用王禹偁請，百官候謁宰相並於政事堂，樞密使亦須聚坐接見，以防請託。令下，左正言謝泌上言以謂非人主推赤心待大臣、大臣展四體報人主之義。即時追寢前詔。』」注曰：「此據黯正傳，劉攽作黯行狀獨不書此，不知何也？又不知即追寢前詔，謂先朝之詔，或至和二年七月詔也。」又彭城集卷三四賈公行狀云其知陳州，「未行，换許州」。

［一一］屬父思歸南陽至已而離父憂　宋史賈黯傳云其「徙襄州，迎父之官，而父有故人在部中，遣直廳卒致問。黯輒笞卒，父恚，一夕歸鄉里。他日疾且亟，黯内懷不自安，請徙郡及解官就養。不報，乃棄官去。而御史吴中復等劾黯輒委州印，撓朝廷法，絀知郢州。未及行，父死」。

［一二］服除君以前嘗謫郡不敢入朝詔趣還之　宋會要輯稿儀制三之二五云：嘉祐「五年正月二十二日，知制誥劉敞、范鎮、王疇等言：『知制誥賈黯丁憂服闋歸朝，乞立班依舊。』從之」。

［一三］未行復以爲翰林學士知審官院　宋史賈黯傳稱其「未行，疾愈」；而彭城集卷三四賈公行狀云其「未行，近臣臺諫多推言其忠孝，宜在内省」故爾。

［一四］御史亦以是繩君　宋史賈黯傳云其知開封府，「然所斷治，或出己見，人不以爲允。御史中丞王疇與其屬陳經、吕誨、傅堯俞，諫官司馬光、龔鼎臣、王陶皆言黯剛愎自任，赦書下府，罪應釋者反重行之」。又宋會要輯稿職官六五之二二亦載：「翰林學士、左司郎中、知制誥、權知開封府賈黯同提舉在京諸司庫務。先是，權御史中丞王疇，諫官司馬光、龔鼎臣、王陶，御史陳經、吕誨、傅堯俞等皆言黯剛愎自任，赦書下府，而罪當原者返重行之，又嘗因忿怒以矢塞人口，都人莫不憤怨，故罷之。」

［一五］乃除翰林侍讀學士知陳州纔數日而卒　長編卷二〇六治平二年九月丙子條載給事中、權御史中丞賈黯爲翰林侍讀學士、知陳州，云：「從所乞也。先是，黯與兩制合議，請以濮王爲皇伯，執政弗從，數詣中書争論。會大雨水，時黯已被疾，疏言：『簡宗廟，逆天時，則水不潤下。今二三執政知陛下爲先帝後，乃阿諛容説，違背經義，建兩統貳父之説，故七廟神靈震怒，天降雨水，流殺人民。』於

是引疾求出，而有是命。後十二日卒，口占遺奏數百言，猶以濮王議爲請。」按，宋史賈黯傳云其「未行，卒」。

［一六］君卒迎陳母歸封仁壽郡太君　避暑録話卷下云：「賈直孺母少亦爲其父所出，更娶他氏。直孺登第，乃請奉其出母而歸，與其後母並處。既貴，二母猶無恙，並封。」按，長編卷二〇六治平二年九月丙子條云：「初，黯母陳歸宗，繼母史在堂。後迎陳歸，二母不相善，黯能安以事之。」

［一七］最後娶薛氏　彭城集卷三四賈公行狀稱薛氏乃「故尚書郎、直龍圖閣紳之女」。

［一八］而不知直孺之事兩朝開陳補益如此　長編卷二〇六治平二年九月丙子條云：「黯修潔自喜，在朝數言，或從或否，人稱其介直。」又卷二〇一治平元年閏五月己丑條載英宗問輔臣曰：「賈黯何如人？」歐陽修曰：「黯爲人剛直，但思慮或有不至爾。」

名臣碑傳琬琰集中卷十

范忠獻公雍墓誌銘〔一〕　文正公范仲淹①

慶曆紀號之六載春正月丁亥，資政殿大學士、禮部尚書、知河南府兼西京留守司范公以疾薨聞，上悼之，爲不視朝，制贈太子太師，賵賻加等，子孫遷官者五人。有司議行，謚曰忠獻。以來年某月日葬于洛陽之某原某里②，附先塋也。

公諱雍，字伯純，其先太原人。皇考諱某③，後唐初爲校書郎，并帥孟公器之，嘗辟居幕中。後又從孟公入蜀，霸業既成，遂爲國相。久之，一日告老，蜀主寵以太子太保就第，以疾終。及公之貴，累贈太保。王考諱某④，在蜀爲刑部侍郎，後歸朝，終于左屯衛將軍，累贈太傅。考諱某⑤，以太傅蔭爲供奉官，終于合肥郡之監

① 文正公范仲淹　「文正」原作「文忠」，按宋史卷三一四范仲淹傳云范仲淹謚文正，據改。
② 以來年某月日葬于洛陽之某原某里　按，本書上集卷二六范忠獻公雍神道碑云「以其年三月丙申葬于金谷鄉宣武里」。
③ 皇考諱某　「某」，本書上集卷二六范忠獻公雍神道碑作「仁恕」。
④ 王考諱某　「某」，本書上集卷二六范忠獻公雍神道碑、宋史范雍傳作「從翾」，隆平集、東都事略范雍傳及古今紀要卷一八范雍條作「翾從」。
⑤ 考諱某　「某」，本書上集卷二六范忠獻公雍神道碑作「德隆」。

軍，贈太師、尚書令①。妣韓氏，封安康郡太夫人，追進京兆郡。實生三子，公處其季。十歲而孤，家甚貧，太夫人遣公就學，常質衣以爲資。公警悟過人，挺然國器。舉進士，咸平三年春御前釋褐，補洛陽主簿，再調錢塘尉。知己薦公廉敏，改筠州從事。秩滿，以績用除大理丞，宰建之崇安縣。遷殿中丞，知端州。還朝，獻所著文二十卷，進太常博士。

初，公爲洛陽主簿，實典廩納，而邑多權要，公必先細民而後形勢。時尚書張公詠道過洛陽，聞其事，乃記公姓名，置之于屏，常指以示人曰：「識斯人否？」至是，張公鎮淮陽，致書于寇萊公，道公之才，復奏公爲淮陽倅。成命未行，會萊公出守西洛，辟公貳留守司，朝廷俞之。張公曰：「奪我賢倅耶！」公自兹名重朝廷。改田曹外郎②，主判三司開拆，賜五品服。

天禧中，河決滑臺，齊魯承其弊。朝廷遣兵數萬人塞其横流，千里之民皆奔走負薪蒭，邑官荷校以督其事，民不堪命。天子患之，命丞相暨主計擇人以往，僉以公爲允，除京東轉運副使。至則度河之勢，量工集材，邑官皆釋之，與民緩期，不煩而濟。河防既就，進度支外郎、河北轉運使。列塞積兵，計粮爲大。民租不能給，須重其穀價，募商以納之，縣官苦其費③。公視德、博間地惟饒沃，菽粟易斂，又河渠通于塞下，大可致之。乃輦諸州緡錢，就以平糴，方舟順流，集于邊廪。自是河朔財用周于供億。

朝廷患陝西兵食不足，困于轉饋，命公充轉運使④，賜三品服。至則先寬其民，不使遠輸。募人入粟塞下，

① 贈太師尚書令　「贈」，范文正公文集卷一四范公墓誌銘作「累贈」。「尚書令」，本書上集卷二六范忠獻公雍神道碑作「中書令」。

② 改田曹外郎　按，據本書上集卷二六范忠獻公雍神道碑，乃改屯田員外郎。

③ 縣官苦其費　「費」原作「潰」，據庫本及范文正公文集卷一四范公墓誌銘改。

④ 命公充轉運使　「充」下，范文正公文集卷一四范公墓誌銘有「本路」二字。

給以池鹽。商嗜其息，而農得以休。上即位，就遷兵部外郎，召拜户部副使，尋改度支副使。未幾，拜工部郎中、龍圖閣待制，充陝西轉運使①。踰年召還，提舉京百司。會環、原州屬羌叛起，大爲邊患，遣公安撫[二]。乃見其酋長，諭以恩威②，即時向順。還朝，拜右諫議大夫、權三司使。旋奉使契丹國，以專對有體，加龍圖閣直學士[三]，主計如故。

公好訪問，善開納，天下金穀之利病，灼然居目中。上知其才，拜樞密副使。歲餘，丁太夫人憂，制以給事中起復視事[四]。籍田禮畢，遷禮部侍郎。時玉清昭應宫災[五]，兩府簾對，章獻太后泣曰：「先帝崇奉此宫，一旦至此，賴東北隅猶存一二小殿。」公揣知有興復之意，因抗言曰：「先朝極土木而成此宫，一夕爲燼，豈天意耶？如因其所存，復欲興之，民將弗堪，不如焚之之盡也。」諸公協其對。章獻意解，曰：「不復勞人矣。」上説，翌日下詔以諭中外焉[六]。又嘗繪尚書四代圖進之，以備中覽。居密府六載，參掌機務③，知無不爲。

明道二年，以户部侍郎知陝州，踰月移京兆府。其年諸道旱蝗，人復疾疫，於關中爲甚，百姓轉于溝壑。公先減廪禄，復捐民有餘以振之，活數萬人。每人躬自撫視，至染厲氣，卧疾者久。徙鎮河陽[七]。暇日，念國家禦戎之備率多弛廢，西羌狡狠，必有窺邊之心，恩不克威，豈久安之勢？乃感激上言，而得入覲，陳安邊六策，上深加采納。進吏部侍郎、資政殿學士，出守西京。

既而西戎果叛，上咨歎之，授公振武軍節度使，鎮延安。時守備未完，屯戍尚寡，公累章乞師。朝議小其寇，

① 充陝西轉運使　本書上集卷二六范忠獻公雍神道碑作「充陝西都轉運使」，此處當脱「都」字。

② 諭以恩威　「諭」字原脱，據范文正公文集卷一四范公墓誌銘補。按，本書上集卷二六范忠獻公雍神道碑稱「公親見其酋長，諭以逆順利害，即皆首服，願守約束如舊」。

③ 參掌機務　「掌」原作「嘗」，據范文正公文集卷一四范公墓誌銘改。

不甚爲意。一日，元昊駈衆十餘萬圍延安城，會大將石元孫領兵出境上，城中守卒纔數百人。公身被甲胄，復呼民登埤，日夜嚴守，遣使召統帥劉平于慶州。平領軍來援，合元孫兵，與賊夜戰，王師不利，二帥陷没，城中大恐，無可守之勢。公曰：「延安，西夏之咽喉也。如將不守，則關輔皆危。今人力窮矣，奈何？」郡南有嘉嶺山，其神素靈，乃望而禱之曰：「我死王事，足矣。生靈何辜，爲虜魚肉？神享廟食于兹土，其無意乎？」厥暮陰晦，雨雪大下，寇兵暴露，不知所爲，乃晝夜引去，延安遂完。朝庭聞之，封其神曰威顯公。斯又至誠之感，爲不誣矣。然二帥既没，累公左遷户部侍郎、知安州[八]。延安吏民百數詣闕號訴，謂城當陷而存，民將殞而生，皆公之力也。天子惻然，故一歲間起公吏部侍郎、知河中府。未行，改京兆府，且許朝覲。上優遇之，加資政殿學士赴鎮。歲餘，以安撫關輔之勞，改尚書左丞，進大學士[九]。

俄而復守西京。有群盜集于襄鄧，浸淫汝洛間，朝廷委公營之。公夙夜乃事，遣兵驅遏，兼示恩貸，故其寇歸者半，戮者半。民樂業，歲乃大登。朝廷有詔褒之。又言事者以西事而來，收兵大冗，宜遣使擇去，以寬其費，朝廷從之，軍中往往偶語。公密疏謂「急而用之，緩而棄之，不可」。上乃止。公保釐三歲，拜禮部尚書，時已抱疾。至終之日，洛人悲焉。

公嘗志在補益，奏藁累篋。及其沈疴，聞朝廷有事于田狩，猶拜疏忠切，以盡其心。公性恭和，有風鑑，門下所舉，多至貴顯，爲時名卿。藏書僅萬卷，惟小書五經則常提攜左右，不可一日無此。與岷山處士龍昌期論易①[一〇]，深達微奥。以昌期所著書奏御，遂行於時。公著明道集三十卷、後集十卷，彌綸集十卷。雖高年貴位，而造次不忘于學。

① 與岷山處士龍昌期論易　「龍」原作「童」，據范文正公文集卷一四范公墓誌銘改。

初娶魏氏，追封鉅鹿郡夫人；再娶臧氏，始封遂寧郡夫人，改仁壽郡。男六人：長曰宗傑，兵部員外郎、直史館、陝西轉運使、三路制置解鹽使，先公一年卒；次宗良、宗衍，並守將作監主簿，次宗古，皆早亡；宗師、宗賢，今並太常寺太祝。女十人：一適眉州防禦使高繼宣，三人在室，六人早亡①。孫男六人：子開、子明，並大理評事；子儀，太常寺奉禮郎；子諒、子奇、子淵，將作監主簿。孫女七人。曾孫女二人。

公約于身，勞于國，周旋四方，始終一節。又政惟慈恕，不任威罰[二]。今二子六孫，秀異簪紳，豈陰德之在歟？某素爲公之所知②，又諸孤以其善狀③，求爲之銘。銘曰④：

邦之偉人，念德不怠。勤勞王家，四十七載。入輔樞軸，作爲股肱。皇猷克贊，天眷是膺。出臨藩宣，允專節制。蹈乎憂患，濟以忠義。政本乎仁，行執乎恭。夙興夜寐，則善之從。歲月靡靡，終于壽紀。典禮具舉，神靈以喜。葬于先塋，舊柏青青。子孫尚蕃，承祭祀兮惟寧。

辨證：

[一]范忠獻公雍墓誌銘　本墓誌又載於范仲淹范文正公文集卷一四，題曰「資政殿大學士禮部尚書贈太子太師謚忠獻范公墓誌銘」。按，范雍，隆平集卷一〇、東都事略卷五四、宋史卷二八八有傳，本書上集卷二六載有范鎮范忠獻公雍神道碑。

[二]會環原州屬羌叛起大爲邊患遺公安撫　長編卷一〇三天聖三年六月癸酉條載「環、原州屬羌内寇」，故命工部郎中、龍圖閣待

---

① 女十人一適眉州防禦使高繼宣三人在室六人早亡　按，本書上集卷二六范忠獻公雍神道碑作「女七人，其三人亡」。

② 某素爲公之所知　「某」原作「其」，據庫本及范文正公文集卷一四范公墓誌銘改。

③ 又諸孤以其善狀　「其」，范文正公文集卷一四范公墓誌銘作「公」。

④ 銘曰　此二字原脱，據范文正公文集卷一四范公墓誌銘補。

制范雍爲陝西緣邊體量安撫使。

［三］以專對有體加龍圖閣直學士　據宋史范雍傳云「雍在京東時，平滑州水患。以勞加龍圖閣直學士」。又長編卷一〇五天聖五年十一月己亥條稱：「以河平，宰臣率百官稱賀，遂燕崇德殿。自天禧三年河決，至是積九載乃復塞，凡費芻藁千六百二十萬，他費不與焉。遣官告謝天地、社稷、宗廟、諸陵，命翰林學士章得象祭于河，宋綬撰脩河記。『凡督役者第遷官』」，故范雍加龍圖閣直學士。則范雍加龍圖閣直學士，非因其出使契丹「專對有體」。

［四］制以給事中起復視事　據長編卷一〇七天聖七年三月癸酉條載「范雍丁母憂起復」。又卷一〇八天聖七年八月辛卯條載諸宰執加官，其中樞密副使范雍、姜遵、陳堯佐並加給事中。卷一一〇天聖九年六月辛巳條載「樞密副使范雍免喪，落起復」。則范雍並非以「給事中起復」，墓誌所云不確。

［五］籍田禮畢遷禮部侍郎時玉清昭應宮災　據長編卷一一二，籍田禮在明道二年二月丁未，三月庚午「加恩百官」。又據卷一〇八天聖七年六月丁未條云「大雷雨，玉清昭應宮災」，在籍田禮前約兩年有餘。

［六］翌日下詔以諭中外焉　據長編卷一〇八，天聖七年六月丁未「玉清昭應宮災」，「翌日，太后對輔臣」泣告，「樞密副使范雍度太后有再興葺意，乃抗言」云云，「宰相王曾、吕夷簡亦助雍言，夷簡又推洪範災異以諫，太后默然」。至七月，「議者尚疑將復修宮」，左司諫范諷又上言云云，故於己巳日「下詔以不復修宮之意諭天下」。按，墓誌所云頗涉誇飾。

［七］徙鎮河陽　宋史范雍傳云其「以疾，請近郡，遂知河陽」。

［八］然二帥既没累公左遷户部侍郎知安州　長編卷一二六康定元年正月壬申條云：「初，西賊自承平寨退，聲言將攻延州，范雍聞之懼甚，即奏疏言延州最當賊衝，地闊而寨柵疏，士兵寡弱，又無宿將爲用，請濟師。疏入，未報。而元昊詐遣人乞和，雍信之，不爲備。元昊乃盛兵攻保安軍，自土門路入。」遂擊破金明寨，李士彬父子俱被擒，「遂乘勝抵延州城下。雍先以檄召鄜延環慶副都部署劉平於慶州，使至保安，與鄜延副都部署石元孫合軍趨土門。及是，雍復召平、元孫還軍救延州」，宋軍至三川口遇伏，大敗。「賊圍延州凡七日，及失二將，城中憂沮，不知所爲。會是夕大雪，賊解去，城得不陷」。又庚辰條云：「士彬世守金明，有兵近十萬人，延州專使控扼中路，衆號『鐵壁相公』，夏人畏之。元昊叛，遣使誘士彬，士彬殺之。元昊乃使其民詐降士彬，士彬白范雍，請徙置南方。雍曰：『討而禽

之，孰若招而致之？』乃賞以金帛，使隸士彬。於是降者日至，分隸諸寨甚衆。……是春，元昊遣衙校賀真來見范雍，自言欲改過，歸命朝廷。雍喜，厚禮而遣之。凡先所獲俘梟首于市者，皆歛而葬之，官爲致祭。真既出境，賊騎大入，諸降賊皆爲内應。士彬時在黄堆寨，聞賊至，索馬，左右以弱馬進，遂鞚以詣元昊，與其子懷寶俱陷没。士彬先使其腹心赤豆軍主以珠帶示母妻使逃，母妻策馬奔延州。范雍猶疑之，使人詗寇賊，皆爲所禽。雍初聞賊大舉，令士彬分兵守三十六寨，勿令賊得入，懷寶諫曰：『今當聚兵禦寇，分則勢弱，不能支也。』士彬不從，懷寶遂力戰死」。二月癸丑，降振武節度使、知延州范雍爲吏部侍郎、知安州，「坐失劉平、石元孫也。」

［九］以安撫關輔之勞改尚書左丞進大學士　長編卷一三四慶曆元年十二月癸未條云：「知永興軍、資政殿學士、吏部侍郎范雍爲資政殿大學士、尚書左丞。始雍修完軍城，或言其非，使下詔止役，雍逆詔而趣成之。及敵犯定川，邠、岐之間皆恐，獨永興不憂寇。」

［一〇］與岷山處士龍昌期論易　澠水燕談録卷六文儒曰：「龍昌期，陵州人，祥符中，別注易、詩、書、論語、孝經、陰符、道德經，攜所注遊京師。范雍薦之朝，不用。韓魏公按撫劍南，奏以爲國子四門助教。文潞公又薦，授校書郎，講説府學。明鎬再奏，授太子洗馬致仕。明堂泛恩，改殿中丞。又注禮論，注政書、帝王心鑑、八卦圖精義、人神絶筆書、河圖、炤心寶鑑、春秋復道三教圖、通天保正名等論，竹軒小集。昌期該洽過人，著撰雖多，然所學雜駁，又好排斥先儒，故爲通人所罪，而其書亦不行。」

［一一］又政惟慈恕不任威罰　長編卷一五八慶曆六年正月癸巳條稱「雍爲治尚恕，好謀而少成。在陝西，嘗請於商、虢置監鑄錢，後卒不可行；又括諸路牛以興營田，亦隨廢」。

張樞密奎墓誌銘［一］　文忠公富弼

清河張公，皇祐四年六月二十九日，以疾終于天平之郡寢。明年，其孤燾自宋馳蔡，羸然哭且告予曰：「我先人歷官四十年，以直道自任，動與時戾，相知如公者無幾，又莫如公文。今葬有日，非公銘壙，不足以信來世。」予亦哭之慟。既而追念景祐末始識公于鄆，于今有年；後公又嘗治洛，洛實予里中，誠予知公獨詳，敢不銘？

公諱奎①，字仲野。祥符五年登進士科，補并州軍事推官，改常州團練推官②，轉運使舉監衢州課③。婺州有滯獄囚曰徐生，法當死。獄成，三問皆不伏，轉運使選公就覆。不煩追逮訊掠，視牘而辨，徐得不死〔二〕，皆伏其明悟。上官薦之者幾四十人，用是改大理丞、知廬州合肥縣。移果州南充，轉運使薦其能，加殿中丞，通判瀘州。會秦州鹽課虧緡錢數十萬，事連十一州，本道轉運使懼不敢專，驛奏願得遣制使按于岐下④，兩宫擇公以往。公請對，論鹽法起於霸政，非王者可行。然其利源至廣，疏之則無窮，若不得已，令群商斡流通行民間而出其征，則縣官獲利多矣。與夫壅之以自入，恡民怨弊而興獄者異也⑤。兩宫嘉其議，因賜緋衣銀魚。公至岐，用所奏議悉除其所負，十一州者賴而獲免〔三〕。

擢知江州，一年移楚州。楚號江淮劇郡，上益欲試之。歲餘政大成，遷太常博士。朝論未厭，召爲殿中侍御史，知滑州，又移邢州。丁母憂去職。還臺，授三司度支判官，出爲京東轉運使，賜服金紫，俄遷侍御史、河東轉運使。詔歸，以刑部員外郎知御史雜事。未幾，使京東〔四〕，閱民充軍，凡十二萬衆。時太平既久，百姓不識干戈，暴聞集而黥之，諸路皆驚逸，獨公所至帖然。還爲户部副使。

頃之，羌人寇涇原，大將任福失律，朝廷議分陝西爲四路，改用儒帥。公首被選任，拜天章閣待制、環慶路經略招討安撫使，兼知慶州。公以州名犯皇考諱，請换他路〔五〕。初不許，既五日，改陝西都轉運使。俄知永興軍，

① 公諱奎　按，時又有冬官正張奎，乃别一人。
② 改常州團練推官　「常州」，宋史張奎傳作「秀州」。
③ 轉運使舉監衢州課　按，宋史張奎傳稱舉監「衢州酒」。
④ 驛奏願得遣制使按于岐下　「岐」原作「歧」，據文海本、庫本改。按，下文同。
⑤ 恡民怨弊而興獄者異也　「恡」，庫本作「致」。

就遷禮部郎中、河東都轉運使。又遷龍圖閣直學士、知澶州，就移青州。遷吏部郎中，移徐州，又移揚州。久之，江寧府署火。前此，營兵謀欲爲亂，覺而伏誅，至是長人者懼有變，闔門不得救，已而一署盡焚。上怒甚，廢黜，進公諫議大夫往代之[六]。至則簡材料工，署居立完；鉏姦植良，恩刑並施。不踰年，江表稱治。入判吏部流內銓、審官院，出知河南府。府實天子別都所在，向皆大臣爲守，示寬簡不按，吏亦不敢怨。明堂祀恩，遷給事中。洛人垂白者語曰：「不圖老而見我都之治也。」及公去，又泣曰：「吾屬不幸，不得我公于此。」還朝，屬盜起京東濮上①，白晝執州官，殺人市中，凶黨乘之相翕結，列郡震恐，交奏請益兵擇吏，以備非常。上曰：「安得才而仁者，往綏吾民？」顧于列，無以易公，即加樞密直學士、知鄆州，兼京東安撫使②。始至，以策名捕，數月盜悉平。

明年夏初，疾作，懇求分司南都，以訪醫劑。上思東方始定，賴公鎮撫，第賜告而已。再踰月，遂以訃聞。上久有大用意，及是驚悼，恩禮加等。以皇祐五年閏七月十六日葬于南京某縣某鄉某里，年六十有五。

公之先累世居濮州晉城。七代祖全義，封齊王，唐五代間有大功于洛[七]，没，謚忠肅。洛人思王深，立廟祠之，至今不絕。始公至洛，父老見其儀狀雄偉如齊王，喜曰：「真吾王之孫也。」於是皆歸之，樂從其令。其去也思之，亦曰齊王焉。皇曾祖裕，好學，避周、漢亂不仕。皇祖居實，終鄂州嘉魚令。考餘慶，官贊善大夫③，贈兵部尚書。妣宋氏[八]，贈廣平郡君。自皇祖之前，皆葬魯城。公用吉卜，獨舉考妣二喪葬于宋，故公之喪亦從而

① 屬盜起京東濮上　「京東」原作「東京」，據宋史張奎傳、卷八五地理志一改。
② 兼京東安撫使　「京東」原作「西州」，按長編卷一七〇皇祐三年四月辛丑條載「龍圖閣直學士、給事中張奎爲樞密直學士、京東路安撫使、知鄆州」，據改。
③ 官贊善大夫　「大夫」原作「夫人」，據庫本改。

歸之，今遂爲宋人。

公少以學行著。始宋夫人疾久不愈①，乃齋戒割髀肉和藥，夫人餌之即有間。既葬，舍墓側，負土自爲墳，其松櫝皆手植，服闋然後告。朝廷議慶帥，上以改作，甚重之，雜取群從臣名參考，久之未決。執政有曰：「張某孝，是行必得忠厚者。求忠臣，非孝子孰可？」上乃決。時方有外虞，凡陝西、河北、河東素號三路，比他路爲最難，或典邊，或立漕，或領州，公皆往反更踐，十餘年不得解。至于火則治昇，盜則治鄆，四方每有急奏，論者必屬于公。非夫幹力强敏，濟以忠恕，疇能給此煩使？然中外之人未嘗聞有過失，多舌者或指其慎以爲譏。此觀過益以見公之懿也。弟亢②，有文武材，亦舉進士，喜爲將帥，慶曆中屢奏邊效。性頗疏遠，雅與公異[九]，而友愛天至，皆爲名臣。

公娶宋氏，封永昌縣君，早卒。生一男壽，登父叔科，爲尚書都官員外郎，嘗提點河北、河東兩路刑獄，才尚優遠，得公之風。再娶高氏，封京兆郡君。生二男：元，將作監主簿，前公二年卒；昭，太常寺太祝。生五女：一適殿中丞王究，二適校書郎徐幾，三適衛尉寺丞孔宗翰，餘並幼。五孫：埴、堈、埍、垍，皆將作監主簿。嗚呼，盛哉！若夫祖系世代，見于翰林胡學士所撰先尚書墓碑[一〇]，此不復書。銘曰：

自齊王傳七世而至于公，爲屬固亦疏矣。其間累葉不振逮百餘年，至公而後起。治洛之政則密與王比，洛人德之，亦嘗廟祀。公初立朝，三歷御史，走職四方，不究邦紀。晚而益勤，業茂德備。幾大用而遂往，又莫施於康濟。徒埋石而刻詞，庶永昭於來禩。

---

① 始宋夫人疾久不愈　「夫人」原作「大人」，據文海本、庫本改。

② 弟亢　「亢」原作「充」，據隆平集卷一九、東都事略卷六一、宋史卷三二四張亢傳改。

辨證：

［一］張樞密奎墓誌銘　按，張奎，宋史卷三二四有傳。

［二］不煩追逮訊掠視牘而辨徐得不死　宋史張奎傳云：「徐生者毆人至死，繫婺州獄，再問輒言冤，轉運使命奎復治。奎視囚籍印窾僞，深探之，乃獄吏貿易，亟釋徐生，抵吏罪，衆驚伏。同時薦者三十九人。」

［三］公至岐用所奏議悉除其所負十一州者賴而獲免　長編卷一〇七天聖七年三月甲申條云：「泰州鹽課虧緡錢數十萬，事連十一州，詔殿中丞張奎往按之。還，奏三司發鈔稽緩，非諸州罪。因言：『鹽法所以足軍費，非仁政所宜行。若不得已，令商人轉貿流通，獨關市收其征，則上下皆利，孰與設重禁壅閼之爲民病。』有詔悉除所負。」按，長編「泰州」當爲「秦州」之譌，宋史張奎傳亦稱「秦州」。又據宋史張奎傳，張奎時自瀘州通判「罷歸」。

［四］使京東　長編卷一二七康定元年六月壬寅條載天章閣待制高若訥爲京西體量安撫使，侍御史知雜事張奎爲京東體量安撫使，云：「初，上封者言用兵以來，諸州禁軍多出戍邊，列城武備不飾，恐盜賊卒起，而腹心之患不可不虞。故命若訥等。」

［五］公以州名犯皇考諱請換他路　宋史張奎傳云其「以父名餘慶辭」。

［六］進公諫議大夫往代之　宋史張奎傳云：「諫官言金陵始封之地，守臣視火不謹，宜擇才臣繕治之。」又云：「時李宥知江寧府。」又長編卷一六二慶曆八年正月甲子條云：「初，諫官言江寧上始封之地，守臣視火不謹，府寺悉焚，宜擇才臣繕治之。命司農卿林濰代李宥，濰固辭不行，乃命濰知袁州，改命龍圖閣直學士、吏部郎中張奎爲右諫議大夫、知江寧府。奎既至，簡材料工，一循舊制，不踰時復完。」

［七］唐五代間有大功于洛　按新五代史卷四五張全義傳云：後梁時，張全義爲河南尹。「是時，河南遭（黄）巢、（孫）儒兵火之後，城邑殘破，户不滿百，全義披荆棘，勸耕殖，躬載酒食，勞民畎畝之間，築南、北二城以居之。數年，人物完盛，民甚賴之」。

［八］妣宋氏　涑水記聞卷一〇云：「張密學奎、張客省亢母宋氏，白之族也。其夫好黄白術，宋氏伺其夫出，取其書并燒煉之具悉焚之。夫歸，怒之，宋氏曰：『君有二子，不使就學，日見君燒煉而效之，他日何以興君之門？』夫感其言而止。宋氏不愛金帛，市書至數千卷，親教督二子使讀書。客至，輒於窗間聽之。客與其子論文學、政事，則爲之設酒殽；或閑話、諧謔，則不設也。僑居常州，胡樞密

宿爲舉人，有文行，宋氏以爲必貴。亢少跅弛，宋氏常藏其衣冠，不聽出，惟胡秀才召，乃給衣冠使詣之。既而二子皆登進士第，仕至顯官。」

［九］性頗疏遠雅與公異　宋史張奎傳云：「奎治身有法度，風力精强，所至有治跡，吏不敢欺，第傷苛細。亢豪放喜功名，不事小謹。兄弟所爲不同如此，然皆知名一時。」東軒筆録卷一一亦云：「奎清素畏慎，亢奢縱跅弛，世言：『張奎作事，笑殺張亢；張亢作事，唬殺張奎。』」

［一〇］見于翰林胡學士所撰先尚書墓碑　按，翰林胡學士，當指胡宿。胡宿爲張餘慶所撰墓碑，未收載於文恭集。

張恭安公存墓誌銘[一]　文正公司馬光

熙寧四年三月癸巳，禮部尚書致仕張公年八十八，薨於冀州私第。其孤保孫狀公之功行，遣使者走洛陽，謂某曰①：「公將以八月壬申葬，子爲我銘公之墓。」某既哭，自惟文辭鄙惡，不足發明公事業，然婚媾累世②，庶知公之志於他人爲詳，用不敢辭。

公諱存，字誠之。其先家於深州。曾祖諱侑。祖諱光偉，贈太子中允。父諱文質，贈尚書左僕射。母太原郡太君王氏。自僕射以上皆不仕，而家饒於財。太平興國中，契丹屢入塞，僕射以深州城惡，始徙居冀州，明年深州陷。

公以景德二年登進士第，歷蜀州、趙州司理，遷安肅軍判官。天禧末，詔銓司以身言書判取士，應詔者五十餘人，唯二人中選，而公與其一。由是除著作佐郎、知朝城縣。寇忠愍公尹大名，於僚吏中待公獨異，曰：「觀君器業，他日必當遠到。」秩滿，爲開封府司録③，出知將陵縣，通判雄州。王文康公爲御史中丞，薦公，自屯田員外

① 謂某曰　「某」，司馬光集卷七七禮部尚書張公墓誌銘作「光」。按，下文同。
② 然婚媾累世　按，據本墓誌下文，張存乃司馬光岳父。
③ 爲開封府司録　「開」原作「明」，據庫本及司馬光集卷七七禮部尚書張公墓誌銘改。

郎改殿中侍御史①，彈劾不避權貴②[二]。遷兵部員外郎，判鹽鐵勾院。明道二年，京東大飢③，選公爲轉運使，賑救有方，優詔褒美，就賜紫衣金魚[三]。間一歲，徙陜西，又徙河北，舉按貪横[四]，風績益顯。景祐四年，入爲户部副使。寶元元年，遷度支副使④。尋元昊僭叛，西鄙騷動，詔以公爲天章閣待制、陝西都轉運使。諸將争進攻取之策，公上言：「戎狄狂僭，自古有之。今大兵出征，臣恐生民偏受其弊。若元昊果有悛悔懷服之心，無他邀求，雖名號未正，臣謂亦可闊略。與其責虚名於戎狄，曷若拯實弊於生民也？」朝廷雖不即從，其後綏撫元昊，亦略如公策。

康定元年，遷龍圖閣直學士、知延州。是時太夫人高年被疾，公難於遠離而不敢辭，朝廷責公不即之官，復以待制知澤州[五]。明年，徙知成德軍。遭太夫人憂，有詔起令視事，俄還學士職。公上言：「契丹與元昊爲昏，恐陰謀相首尾。河北城久不治，宜留意。」會契丹聚兵塞上，求關南地。慶曆二年，詔以公爲河北都轉運使，悉城河北諸州。契丹講解，復知成德軍。明年，自兵部郎中遷右諫議大夫，充河北路都轉運使。公辭以河北幸無事，願以故官留成德，詔從之[六]。明年，徙知青州[七]。間一歲，入知審官院，改知開封府。

明年，出知成德軍，未行，改河北都轉運使。公上言：「恩州守臣非其人⑤，州兵驕悍，恐有意外之變。」不

① 自屯田員外郎改殿中侍御史　「殿中侍御史」下，司馬光集卷七七禮部尚書張公墓誌銘有「遷侍御史」四字。
② 彈劾不避權貴　「權貴」，司馬光集卷七七禮部尚書張公墓誌銘作「貴戚」。
③ 京東大飢　「京東」原作「東京」，據司馬光集卷七七禮部尚書張公墓誌銘乙改。
④ 遷度支副使　「度」原作「庶」，據司馬光集卷七七禮部尚書張公墓誌銘及宋史張存傳改。
⑤ 恩州守臣非其人　據宋史卷八六地理志二、澠水燕談録卷八事誌，慶曆八年王則亂平之後，改貝州名恩州。故此處「恩州」，當作「貝州」。按，下文同。

報。俄徙陝西都轉運使。恩州兵王則果作亂，公坐失舉察①，明年左遷知汀州。先是，冀州男子李教醉酒妄言涉妖逆，事覺，自經死。教兄勷爲公壻，其怨家告勷父母因勷私屬公得免緣坐，事下御史府案驗，皆無實。公猶以婚家落學士，自給事中降授左諫議大夫[八]。初貶江南，尋徙知彬州[九]。皇祐元年②，復以給事中知洪州。明年，復爲學士。在洪三年。入判流内銓，知審官院，出知澶州。明年，徙河北都轉運使。至和元年，徙知相州。明年，復知審官院。嘉祐元年，知邢州。明年告老，以吏部侍郎致仕。家居凡十五年，遇英宗、今上即位及郊禮恩，就遷三官，爲禮部尚書。

公性孝友，始罷蜀州歸，得蜀中奇繒物，入門不以適私室，悉布之堂上，請太夫人及昆弟姊妹恣擇取之。常曰：「兄弟天之所生③，譬如手足，不可離絶；妻妾乃外舍之人，奈何用外人而斷手足乎？」宗族雖甚疎遠，其貧窶者無不收卹，男女孤嫠者皆爲婚嫁，無一人失所者。爲人莊重，雖家居常自整飾，衣冠不具，不以見子孫。與語或至夜分，不命之坐。閨門之内，肅然如官府，事小大皆有條理。自始生至終老，凡與賓客相接④，常垂足危坐。或宴飲終日逮夜，未嘗稍傾倚有倦怠之色，他人莫能爲也。其在官，以精敏廉直爲朝廷所知，故每有邊警及災害處⑤，多以公當之，事無不集。識量高遠，能甄別人物，前後薦舉僚吏數百人，訖無一人敗官爲累者[一〇]。翰林學士鄭獬屢舉進士不中，見公於洪州。公曰：「君科名當爲天下第一，得自有時，勿以爲憂。」已而果然。

① 公坐失舉察　「舉察」，司馬光集卷七七禮部尚書張公墓誌銘作「覺察」。
② 皇祐元年　「祐」原作「佑」，據庫本及司馬光集卷七七禮部尚書張公墓誌銘改。
③ 兄弟天之所生　「兄」原作「凡」，據庫本及司馬光集卷七七禮部尚書張公墓誌銘改。
④ 凡與賓客相接　「賓客」，司馬光集卷七七禮部尚書張公墓誌銘作「賓友」。
⑤ 故每有邊警及災害處　「警」原作「境」，據司馬光集卷七七禮部尚書張公墓誌銘改。

家本河北，不習舟楫，及謫官南方，極江湖之險，每值風濤，家人不勝怨愁。公曰：「吾自省平生處心無可愧者，神明必將衛我，豈沈溺於此哉？」怡然不以屑意。在南方累年，夫人及子孫相繼物故者數人。知冀州蔣偕嘗有憾於公，乘公之謫，以事殘破公家，至伐墓中柏以治道路①。他人謂公罹此憂患，必不能濟。公以道自寬，卒無恙而返。及偕爲儂蠻所殺[一一]，家人或有快之者，公輒怒責之。

公既納政還鄉里，熙寧初，河北地大震，往往壞官府、民居。公方食，案上器皆傾墜，左右奔散，公安坐自如，徐曰：「地震常理，何至驚遽如此？」時河決棗彊，勢逼州城，或勸公徙家邢州，公曰：「吾家，衆所望也，苟輕爲舉動，使一州吏民何以自安？」卒不徙。

朝廷優禮舊德，五授其子保孫以冀州官。保孫欲順適公意，凡居處出入及燕待賓客，奉養供張之具，皆不減爲二千石時，故公雖退居，不自覺異於昔日也。年逾八十，耳目手足皆聰明輕利，飲食起居，壯者或不能及。嗜讀書，老而不衰。臨終前一日，呼門生問西邊用兵今何如，朝廷法令無復變更否。其忠愛之心，蓋出天性，非有爲而爲之也。訃聞，太常謚曰恭安。

夫人永安郡君劉氏②，先公亡。二男：長曰貽孫，大理評事；次曰保孫，殿中丞。五女：長適進士李敭③，次適供備庫副使賈世永，次適端明殿學士司馬某，次適供備庫使任永，次適歷城主簿劉忠輔。貽孫及適賈氏、劉氏女皆早卒。公久在貴位④，宗族用公蔭補官者凡三十餘人。銘曰：

---

① 至伐墓中柏以治道路　「柏」原作「相」，據司馬光集卷七七禮部尚書張公墓誌銘改。

② 夫人永安郡君劉氏　「永安郡」，司馬光集卷七七禮部尚書張公墓誌銘作「永嘉郡」。

③ 長適進士李敭　「進士」，司馬光集卷七七禮部尚書張公墓誌銘作「前進士」。

④ 公久在貴位　「貴位」原作「員位」，據司馬光集卷七七禮部尚書張公墓誌銘改。又，文海本作「樞位」。

福善之道，世或疑之。以公而觀，決無可疑。仁不遺親①，忠不忘君。立身謹嚴，當官恪勤。入踐臺閣，出臨藩服。自少通顯，逮于納禄。體强無疾，資用常充。年垂九十，榮樂而終②。章綬纍纍，延于九族。歸從祖考，是謂全福。

辨證：

[一]張恭安公存墓誌銘　本墓誌又載於司馬光集卷七七，題曰「禮部尚書張公墓誌銘」。按，張存，宋史卷三二〇有傳。

[二]彈劾不避權貴　長編卷一〇九天聖八年正月辛巳條云：「殿中侍御史張存言：『比部員外郎知開封縣劉汀、知祥符縣李宗簡各緣門地，遂厠郎曹，曾乏譽于中材，猥庇身于大邑。欲乞自今開封兩赤知縣，依舊差館殿兼職及立朝知名者充，自餘常流不在除授。』詔劉汀、李宗簡候成資替。」又卷一一一明道元年六月丁未条云：「殿中侍御史張存上疏曰：『陛下嗣統以來，延納至言，罔有忌諱。函夏之人，共思讜直。自前秋忽詔罷百官轉對，去冬黜降御史曹修古等，昨又聞進士林獻可因奏封事竄遠惡，人心惶惑，中外莫測。臣恐自今忠直之言與理亂安危之機，蔽而不達。』因歷引周昌、朱雲、辛慶忌、辛毗事以廣帝意。」

[三]優詔褒美就賜紫衣金魚　長編卷一一五景祐元年八月乙未條云：「罷京東安撫使、知青州、禮部尚書夏竦，加刑部尚書；賜轉運使刑部郎中楊日嚴、兵部員外郎張存三品服，以所部歲饑，而賑濟有勞也。」

[四]舉按貪横　長編卷一二〇景祐四年閏四月己亥條載：「武寧節度使夏守恩除名，配連州編管。守恩爲真定府定州路都部署，恃寵驕恣不法，而其子元吉通賂遺，市物多不與直。轉運使楊偕、張存欲按其事，定州通判李參因發其受枉法贓。詔侍御史趙及與大名府通判李鉞鞫問得實，法當死，特貸之。」

① 仁不遺親　「親」原作「觀」，據文海本、庫本及司馬光集卷七七禮部尚書張公墓誌銘改。

② 榮樂而終　「樂」，司馬光集卷七七禮部尚書張公墓誌銘作「禄」。

［五］朝廷責公不即之官復以待制知澤州　長編卷一二八康定元年八月庚戌條云：「先是，諸將爭言攻取之策，存以爲『殊方狂僭，自古有之。今大兵出征，臣恐生民偏受其弊。若元昊果有悛悔懷服之心，無他邀求，雖名號未正，臣謂亦可闊略。與其責虛名於外域，曷若拯實弊於生民也』。乃自陝西都轉運使徙延州，遷延不即行。既至與仲淹議邊事，乃云素不知兵，且以親年八十求内徙。仲淹因自請代存，從之。」乃以陝西經略安撫副使范仲淹兼知延州，徙知延州張存知澤州。又九月壬戌條云：「降龍圖閣直學士張存爲天章閣待制，諫官梁適言存初以知延州進職，今既内徙澤州，則前所授命當奪故也。」

［六］會契丹聚兵塞上至願以故官留成德詔從之　據長編卷一三五慶曆二年三月丁丑條云：「契丹謀聚兵幽薊，遣使致書求關南地。知保州、衣庫使王果先購得其書藁以聞，且言『契丹潛與昊賊相結，將必渝盟。請自廣信軍以西緣山口賊馬出入之路，預爲控守』。詔劄付河北安撫司密修邊備」。又卷一三六慶曆二年五月丁卯載徙知成德軍、龍圖閣直學士、兵部郎中張存爲河北轉運使，云是時「悉城河北諸州，俾存督察之。」卷一三七慶曆二年九月戊戌條載：「詔河北都轉運司，緣邊安撫司，今契丹再議和好，其告諭居民諸科徭悉罷之」。卷一三八慶曆二年十月丙寅條載「契丹遣林牙、保大節度使蕭偕來報撤兵。」十二月辛丑條載：「河北都轉運使、龍圖閣直學士、右諫議大夫張存言河北幸無事，願以故官留成德，辛丑，詔存復爲兵部郎中、知成德軍。」按，據上引，則「慶曆二年，詔以公爲河北都轉運使，悉城河北諸州。契丹講解，復知成德軍」與「明年，自兵部郎中遷右諫議大夫，充河北路都轉運使。公辭以河北幸無事，願以故官留成德，詔從之」所述乃一事，墓誌云云誤。

［七］徙知青州　長編卷一五七慶曆五年十一月乙未條載云：「詔以邊事寧息，盜賊衰止，知鄆州富弼、知青州張存並罷安撫使。……其寔讒者謂石介謀亂，弼將舉一路兵應之故也。」

［八］公猶以婚家落學士自給事中降授左諫議大夫　長編卷一六三慶曆八年二月丁丑條載降龍圖閣直學士、給事中張存爲左諫議大夫、知池州，工部郎中、直史館張沔爲都官員外郎、監宣州税，並落職；工部郎中張昷之爲祠部員外郎、監鄂州税，濟州防禦使李端懿爲單州團練使、知均州，殿中侍御史韓贄爲太常博士、監江州税，監察御史梁蒨爲秘書丞、監衡州税。「又降習妖術人李教父屯田郎中曇爲昭州別駕，兄周卿韶州編管，母曹州編管，趙仲父母妻並鄆州編管。初，曇居冀州武邑，有告其子教在真定師仲傳妖術者，蒨時通判德州，轉運司檄蒨鞫之。曇匿教不出，及移文捕逐甚急，教遂自縊。仲既論死，轉運司奏釋仲父母妻子。及王則反，武邑吏魏化詣賈昌朝

言教尚在賊中。下御史臺治其事，教實自縊。復有告曇以賕免緣坐，事連存及昷之，按驗皆無實。存竟坐前知真定府，又以女嫁曇子敗；昷之、沔前爲轉運使，端懿前知冀州，贄爲通判，皆失覺察；蒨爲勘官，而獄狀失詳，故皆責及之」。注曰：「據張存墓誌及附傳，存先坐失覺察降汀州，又坐與李曇爲婚，落職奪官知池州。實録乃不書汀州之降，且并與曇爲婚事聯書之，不知何也。存及昷之又嘗以曇免緣坐對獄，實録亦不書。」

［九］尋徙知郴州　長編卷一六四慶曆八年四月丙子條云「再降知池州、左諫議大夫張存知郴州，坐嘗舉張得一也」。按，據長編卷一六二慶曆八年正月丁卯條載，張得一「以西上閤門使知恩州，視事八日而亂作，賊置得一州廨之西，日具食飲。初，賊取州印，語曰：『用訖却見還。』每見賊，必呼曰『大王』，先揖而坐，坐必東向。又爲賊講僭擬儀式。賊平，得一付御史臺劾治，獄具」，坐誅，「其弟兄悉坐降官，妻子論如律」。

［一〇］前後薦舉僚吏數百人訖無一人敗官爲累者　按，墓誌此處所言不確。上文所述其責知郴州，即因「坐嘗舉張得一也」。

［一一］及偕爲儂蠻所殺　宋史卷三二六蔣偕傳云：「儂智高反，除宮苑使、韶州團練使，爲廣南東西路鈐轄。賊方圍廣州，偕馳傳十七日至城下。戰士未集，會儂智高徒軍沙頭，安撫楊畋檄偕焚粮儲，退保韶州。坐此，降潭州駐泊都監，再降北作坊使、忠州刺史。命未至，軍次賀州太平場，賊夜入營，襲殺之。」

胡尚書則墓誌銘［一］　文正公范仲淹

寶元二年三月十八日①，尚書兵部侍郎致仕胡公薨于餘杭郡之私第。明年二月十有一日，葬于杭之錢塘縣

① 寶元二年三月十八日　「三月」，范文正公文集卷一三兵部侍郎致仕胡公墓誌銘作「六月」。

南山履泰鄉龍井源，以夫人潁川郡陳氏祔焉，禮也。孤子楷泣血言于友人范仲淹曰①：「禮經謂稱揚先祖之美，以明著於後世，此孝子孝孫之心也。然而言之不文，行而不遠，處喪之言，嗚呼能文？今得浙東簽署、寺丞俞君狀先人之事，而敢請誌焉。」仲淹曰：「孔子見齊衰者必作，重其孝於親也。敢不唯命！」

公諱則，字子正，婺之永康人也。昔虞舜之後有胡公，武王封於陳，蓋族望之來遠矣。皇考諱彭，王考諱縠，皆隱於唐季，其道不顯。考諱承師，在鄉閭間以積善稱，因公而貴，官至尚書比部員外郎，贈吏部郎中。妣應氏，封永樂縣君，贈普寧郡太君。

公少而倜儻，負氣格。錢氏爲國百年，士用補蔭，不設貢舉，吴越間儒風幾息。公能購經史，屬文詞。及歸皇朝，端拱二年御前登進士第，釋褐爲許州許田尉。以幹聞，補蘄州廣濟宰，又補憲州司曹②。以本道計使、諫大夫索公湘之舉，改秘書省著作佐郎，簽署貝州節度觀察判官公事。升本省丞，知潯州。拜太常博士，提舉二浙榷茶事③，兼知桐廬郡。丁太夫人憂。服除，以本官知永嘉郡。遷屯田員外郎，提舉江南路銀錫場、鑄錢監④。擢任江淮制置發運使、吏部郎中⑤，改太常少卿。丁先君憂。終制，知玉山郡[二]，移福唐郡。拜右諫議大夫、知杭州，入判流内銓。以舉官累，責授少常、知池州。未行，復諫議大夫、知永興軍[三]。領河北都轉運

① 孤子楷泣血言于友人范仲淹曰　「楷」原作「偕」，據范文正公文集卷一三兵部侍郎致仕胡公墓誌銘及下文改。
② 又補憲州司曹　「司曹」，范文正公文集卷一三兵部侍郎致仕胡公墓誌銘作「録曹」。又，宋史胡則傳作「録事參軍」。
③ 提舉二浙榷茶事　「榷」原作「権」，據范文正公文集卷一三兵部侍郎致仕胡公墓誌銘及宋史胡則傳改。
④ 提舉江南路銀錫場鑄錢監　「銀錫場」，范文正公文集卷一三兵部侍郎致仕胡公墓誌銘、宋史胡則傳作「銀銅場」，當是。
⑤ 擢任江淮制置發運使吏部郎中　范文正公文集卷一三兵部侍郎致仕胡公墓誌銘作「擢任江淮制置發運使，轉户部員外郎。入爲三司度支副使，賜金紫。除禮部郎中、京西轉運使，又移廣南西路轉運使。以户部郎中復充江淮制置發運使，轉吏部郎中」。按，此處當有脱文。

使、給事中，入權三司使[四]。拜工部侍郎、集賢院學士、知陳州[五]，進刑部①，再牧餘杭郡。踐更中外凡四十七年，得請加兵部侍郎致政，朝廷命長子通守錢塘以就養。又六年而終，享齡七十有七。天子聞而悼之，進一子官。

初，至道中，公在憲州，時西寇梗邊，朝廷命帥五路入討②，詔負三十日粮以從之。索公方引公督隨軍粮草事③，公曰：「爲百日計，猶或不支，奈何？」索迺遣公入奏，召對逾刻，公陳邊事如指掌。上顧左右曰：「州縣中有如此人！」遂可其奏，且示甄拔之意。後大帥李繼隆果與寇遇，十旬不解。索曰：「微子，已敗吾事④。」一日，其帥移文曰：「兵將深入，粮可繼乎？」公曰：「師老矣，矯問我粮，爲歸之名耳。請以有備報之。」索從其議。彼即自還，無以咎我。其先見如此。王武恭公墓碑：「太宗至道二年，遣五將校討李繼遷⑤。至烏白池⑥，不得進。」及索公主河北計，又奏辟之，遂有貝州之行。朝廷遣使省天下冗役，就命公行河北道。凡去籍者僅十萬數，民用休息。在潯⑦，州人有虎患，公齋戒禱城隍神，翌朝得死虎于廟中，其誠之效歟。按池州永豐監，得匿銅數萬斤，吏懼當

---

① 進刑部　「刑部」原作「吏部」，按范文正公文集卷一三兵部侍郎致仕胡公墓誌銘作「刑部」，乾道臨安志卷三牧守云胡則「明道二年四月甲子，徙知陳州、尚書刑部侍郎胡則知杭州」，又下文云其「加兵部侍郎致政」，則當以「刑部」爲是，據改。

② 朝廷命帥五路入討　「帥」，范文正公文集卷一三兵部侍郎致仕胡公墓誌銘作「師」。

③ 索公方引公督隨軍粮草事　「公」字原脱，據范文正公文集卷一三兵部侍郎致仕胡公墓誌銘補。

④ 已敗吾事　「已」，范文正公文集卷一三兵部侍郎致仕胡公墓誌銘作「幾」。

⑤ 遣五將校討李繼迁　「討」字原脱，據本書上集卷一九王武恭公德用神道碑補。

⑥ 至烏白池　「白」原作「日」，據本書上集卷一九王武恭公德用神道碑及長編卷四〇至道二年九月己卯條改。

⑦ 在潯　「潯」原作「尋」，據范文正公文集卷一三兵部侍郎致仕胡公墓誌銘、宋史卷九〇地理志六及上文改。

死。公思之曰：「昔馬伏波哀重囚而縱亡之，前史義焉。今銅尚在，吾忍重其貨而輕數人之生耶？」咸以羨餘籍之，不復爲坐。

在江淮制置日[六]，會真宗皇帝奉祀景亳①，公實主其供億。千乘萬騎，至于禮成，無一毫之闕。帝深愛其才，面加獎勞，遂進秩，登于計相之貳。在廣南西路[七]，有大舶困風于遠海[八]，食匱資竭，久不能進，夷人告窮于公。公命瓊州出公帑錢三百萬以貸之。吏曰：「夷本亡信，又海舶來風②，無所不之。」公曰：「遠人之來，不恤其窮，豈國家之意耶？」後夷人卒至，輸上之貨，十倍其貸。朝廷省奏而嘉焉③。又宜州繫重辟十九人，時有大水，公不慮患而特往辨之，活者九人焉。在福唐，有官田數百頃，民輸租食利舊矣。至是計臣上言，請就鬻之，責其估二十萬貫④，民不勝弊。公奏之，未報，章三上，且曰：「百姓疾苦，刺史當言之，言而弗從，刺史可廢矣。」乃有俞詔，減其直之半，而民始安。公領三司使，寬於財利，不以刻下爲功。時上方以陝西、兩京榷鹽歲久⑤，民鮮得食而日以犯法，命通問⑥，有司重其改作，公首請奉詔，其事遂行。

公性至孝，自曲臺丁太夫人憂，廬于墓側以終紀。有草木之祥，本郡表之。及京西之行⑦，以家君朱紱爲

① 會真宗皇帝奉祀景亳　「景亳」原作「景毫」，據庫本及范文正公文集卷一三兵部侍郎致仕胡公墓誌銘改。按，史記卷四〇楚世家有「商湯有景亳之命」之文。
② 又海舶來風　「來」，范文正公文集卷一三兵部侍郎致仕胡公墓誌銘作「乘」。
③ 朝廷省奏而嘉焉　「嘉」原作「加」，據范文正公文集卷一所兵部侍郎致仕胡公墓誌銘改。
④ 責其估二十萬貫　「估」原作「佑」，據庫本及范文正公文集卷一三兵部侍郎致仕胡公墓誌銘改。
⑤ 時上方以陝西兩京榷鹽歲久　「榷」，范文正公文集卷一三兵部侍郎致仕胡公墓誌銘作「官」。
⑥ 命通問　范文正公文集卷一三兵部侍郎致仕胡公墓誌銘作「命通商」，似是。
⑦ 及京西之行　「京西」原作「西京」，據范文正公文集卷一三兵部侍郎致仕胡公墓誌銘及宋史胡則傳乙改。

請。上曰：「胡某爲孝，雖非其例，與以明勸也。」搢紳先生榮之。又天禧中，尚居郎署，朝廷擬君諫大夫、知廣州，公以家君八十歲，懇辭于政府，乃復有制置之行。尋以哀去職，得盡心於喪葬。

公富宇量，篤風義[九]，往往臨事得文法外意，人或譏之，公亦無悔焉。其輕財尚施，不爲私積，士大夫又稱之。福唐前郡將被訟去官，嘗延蜀儒龍昌期與郡人講易，率錢十萬遺之以歸，事在訟中。及公下車，昌期自益部械至①。公曰：「斯可罪耶？」遽命釋之，見以賓禮。法當償其所遺，公代以俸金，仍厚遺而還[一〇]。又濟陽丁公爲舉子時，與孫漢公客許田，公待之甚厚。及其執政，而雅故之情不絕[一一]，若休戚士人而未嘗預。暨丁有朱崖之行，昔之賓客無敢顧其家，公實被議，出玉山郡，尚屢遺介夫不遠萬里而往遺焉。此又人之難矣。及退居西湖，乘畫船，泛清波②，深樽雅絃，左子右孫，與交親笑歌於歲時之間，浩如也，人不謂之賢乎？

夫人潁川郡君有慈和之德，先以壽終。令子四人：長曰楷，都官員外郎，前知睦州，祥符七年秋登服勤詞學科③，所至政能，有先君風度；次曰湘，好學有志識，朋友多之；次曰桂，俊異，居喪而亡④；次曰淮⑤，孝謹有成人之

---

① 昌期自益部械至　「益部」原作「益都」，據范文正公文集卷一三兵部侍郎致仕胡公墓誌銘改。按，宋史胡則傳云「遂自成都械昌期至」。

② 泛清波　「泛」，范文正公文集卷一三兵部侍郎致仕胡公墓誌銘作「擊」。

③ 祥符七年秋登服勤詞學科　「祥符」下原衍「縣」字，據范文正公文集卷一四兵部侍郎致仕胡公墓誌銘刪。

④ 居喪而亡　「亡」原作「士」，據范文正公文集卷一三兵部侍郎致仕胡公墓誌銘改。按庫本作「居喪盡禮」。

⑤ 次曰淮　「淮」原作「維」，據范文正公文集卷一三兵部侍郎致仕胡公墓誌銘、卷一四胡公夫人陳氏墓誌銘改。按，宋史卷九六河渠志六載「神宗熙寧元年十月，詔杭之長安、秀之杉青、常之望亭三堰監護使臣並以管幹河塘繫銜，常同所屬令佐巡視修固，以時啓閉。從提舉兩浙開修河渠胡淮之請也」，當即此人。

風。二女：長適泉州德化縣蘇璠①，次適御史臺主簿華參而亡②。其閨門之範，見于穎川之誌③[二]。仲淹非爲齊衰之情④，嘗倅宛丘郡，會公爲二千石，以國士見遇，且與都官布素之游⑤，誠可代孝子而言焉。

銘曰：

進以功，退以壽。義可書⑥，石不朽。百年之爲兮千載後。

辨證：

[一] 胡尚書則墓誌銘　本墓誌又載於范仲淹范文正公文集卷一三，題曰「兵部侍郎致仕胡公墓誌銘」。按，胡則，宋史卷二九九有傳。又按，胡則以兵部侍郎致仕，未嘗官尚書。此云「胡尚書」者，或爲身後贈官，待考。

[二] 知玉山郡　宋史胡則傳云其「乾興初，坐丁謂黨，降知信州」。按，玉山乃信州郡名。

[三] 以舉官累責授少常知池州未行復諫議大夫知永興軍　長編卷一〇六天聖六年四月丙戌條載：「改新知永興軍胡則爲陝西都轉運使。涇原路鈐轄兼知渭州劉平自言：『則丁謂之黨，臣與謂有隙。今隸則部，慮掎摭致罪。』詔徙平知汝州，然則亦竟不赴陝西也。」又十二月壬申載「右諫議大夫、權判吏部流内銓胡則坐失保任，降爲太常少卿、知池州」。按，墓誌所述胡則知池州、知永興軍之序顛倒。

[四] 入權三司使　長編卷一〇九天聖八年九月丙寅條載河北轉運使、給事中胡則權三司使，云：「侍御史知雜事鞠詠言則丁謂之

---

① 長適泉州德化縣蘇璠　「縣」，范文正公文集卷一三兵部侍郎致仕胡公墓誌銘作「縣尉」，似是。
② 次適御史臺主簿華參而亡　「亡」原作「士」，據范文正公文集卷一三兵部侍郎致仕胡公墓誌銘改。
③ 見于穎川之誌　「于」，范文正公文集卷一三兵部侍郎致仕胡公墓誌銘作「其」。
④ 仲淹非爲齊衰之情　「仲淹非爲」，范文正公文集卷一三兵部侍郎致仕胡公墓誌銘作「某非特爲重」。
⑤ 且與都官布素之游　「且」原作「見」，據范文正公文集卷一三兵部侍郎致仕胡公墓誌銘改。
⑥ 義可書　「義」原作「又」，據范文正公文集卷一三兵部侍郎致仕胡公墓誌銘改。按，文海本作「文」。

黨，性貪污，不可復以利權任之。不聽。」

［五］拜工部侍郎集賢院學士知陳州　長編卷一一〇天聖九年七月丁卯條云：「降權三司使、給事中胡則知陳州；殿中侍御史王沿候服闋，與僻小處知州。初，則爲河北都轉運使，沿嘗就則假官船販鹽，又以其子爲名，求買酒場。張宗誨摘發之。朝廷雖責宗誨，復下其事轉運司，按得實，故則與沿並坐責。」又八月壬辰條云：「知陳州、給事中胡則爲工部侍郎、集賢院學士。侍御史知雜事劉隨奏則姦邪貪濫聞天下，比命知池州，不肯行，爲三司使，以罪去；驟加美職，何以風勸在位？殿中侍御史郭勸請追則除命。皆不報。」則墓誌此處云「拜工部侍郎、集賢院學士、知陳州」者不確。

［六］在江淮制置日　長編卷八二大中祥符七年三月癸卯條載：「江南制置發運使胡則嘗居杭州，肆縱無檢，知州戚綸惡之。通判吴耀卿，則之黨也，伺綸動静，密以報則。則又厚結李溥，溥方爲當塗者所昵，因共捃摭綸過。癸卯，詔徙知揚州。維揚亦溥、則巡内，持之益急。綸求换僻郡，是冬又徙徐州。」注曰：「本傳云：『江潮爲患，綸立埽岸，以易柱石之制。雖免水害，而衆頗非其法。』按此即陳堯佐傳所載與丁謂争議者。蓋堯佐及綸同議變法，謂先徙綸，相繼徙堯佐。二傳各載其事，若不相關，今取而聯合之。然所以徙綸，又不獨緣作堤也。」

［七］在廣南西路　宋史胡則傳云：「初，丁謂舉進士，客許田，則厚遇之，謂貴顯，故則驟進用。至是謂罷政事，出則爲京西轉運使，遷禮部郎中。部内民訛言相驚，至遣使安撫乃定。坐是徙廣西路轉運使。」

［八］有大舶困風于遠海　宋史胡則傳稱時「有番舶遭風至瓊州」。

［九］篤風義　宋史胡則傳稱「則無廉名，喜交結，尚風義。丁謂貶崖州，賓客隨散落，獨則間遣人至海上饋問如平日」。

［一〇］福唐前郡將被訟去官至仍厚遣而還　宋史胡則傳云：「在福州時，前守陳絳嘗延蜀人龍昌期爲衆人講易，得錢十萬。絳既坐罪，遂自成都械昌期至。則破械，館以賓禮，出俸錢爲償之。」

［一一］又濟陽丁公爲舉子時與孫漢公客許田公待之甚厚及其執政而雅故之情不絶　夢溪筆談卷九人事一云：「工部胡侍郎則爲邑日，丁晉公（謂）爲游客，見之，胡待之甚厚，丁因投詩索米。明日，胡延晉公，常日所用樽罍悉屏去，但陶器而已。丁失望，以爲厭己，遂辭去。胡往見之，出銀一篋遺丁曰：『家素貧，唯此飲器，願以贐行。』丁始諭設陶器之因，甚愧德之。後晉公驟達，極力擕挽，卒至顯位。」

［一二］見于穎川之誌　按，「穎川之誌」，指范仲淹所撰胡則妻胡公夫人陳氏墓誌銘，載於范文正公文集卷一四。

名臣碑傳琬琰集中卷十二

范文正公仲淹墓誌銘[一]　文忠公富弼

皇祐四年夏五月二十日甲子，資政殿學士、户部侍郎范公以疾薨于徐。吏走驛馬以公喪聞，天子感慨，一不御垂拱殿朝，特贈兵部尚書。太常考行，謚文正。録孤賻物，悉用加等。中外士大夫駭然相弔以泣，至於巖壑處逸無不痛惜之。其孤護帷櫝還洛，卜以是年十二月一日壬申，葬于河南縣萬安山尹樊里先壠之側。孤馳使來求銘，將納于竁。曰：

公之先始居河内①，後徙于長安。唐垂拱中，履冰相則天，以文章稱，實公之遠祖也。四代祖隨，唐末嘗爲幽州良鄉主簿，遭亂奔二浙，家於蘇之吴縣，自爾遂爲吴人。時中原多故，王澤不能逮遠，於是世食錢氏之禄。蘇州粮料判官夢齡，以才德雄江右，即公之曾王父也。判官生贊時，初聰警，嘗舉神童，位祕書監，集春秋泊歷朝史爲資談録六十卷，行於時。祕監生墉，博學善屬文，累佐諸王幕府。端拱初，隨錢俶納國②，終武寧軍節度掌

① 公之先始居河内　按，隆平集、東都事略、宋史范仲淹傳稱其先居邠州。

② 端拱初隨錢俶納國　據宋史卷四太宗紀一，太平興國三年五月，「錢俶獻其兩浙諸州」。按，此處云「端拱初」，誤。

書記。公即掌記之第三子也。朝廷以公貴，用太保、太傅、太師追贈三代，又擇徐、許、越、吴四大國追封王妣陳氏、妣陳氏謝氏爲太夫人①。

公諱仲淹，字希文。不幸二歲而孤，吴國太夫人以北歸之初，亡親戚故舊，貧而無依，遂再適朱氏[二]。公既長，未欲與朱氏子異姓，懼傷吴國之心，姑姓朱[三]。後從事於亳，吴國命始奏而復焉[四]。公少舉進士，祥符八年中第，調廣德軍司理掾，權集慶軍節度推官。制置使舉権泰州西溪鹽廩，以勞進大理丞。又舉知興化縣、建州關隸②，以吴國老疾辭，監楚州糧料院。丁憂去官。服除，晏丞相以文學薦公于朝，試可，署祕閣校理[五]。

時章獻皇太后臨政，己巳歲冬至，上欲率百僚爲壽，詔下草儀注，搢紳失色相視，雖切切口語而畏憚，無一敢論者。上又專欲躬孝德以勵天下，而未遑餘卹。公獨抗疏曰：「人主北面，是首顧居下，矧爲后族强偪之階，不可以爲法。或宮中用是爲家人禮，權而卒於正，斯亦庶乎其可也。」疏奏，遂罷上壽儀，然后頗不懌。尋出爲河中府通判[六]，轉殿中丞。謀葬吴國，再請通判陳州，遷太常博士。聞京師多不關有司而署官賞者，訪焉，出於中旨③，迺附驛奏疏甚懇至，願以上官、賀婁事爲戒④。明年，章后棄長樂，擢爲右司諫。屬朝廷用章后遺令，策太妃楊氏爲皇太后預政。制出，都下詾詾。公上疏極陳：「王者立太后，所以尊親也，不容冀幸於其間。未聞武武

---

① 又擇徐許越吴四大國追封王妣陳氏妣陳氏謝氏爲太夫人　按，據上文述及「公之曾王父」，則所云追封徐國太夫人者當爲范仲淹之曾王妣，故此處「追封」下當脱「曾王妣某氏」五字。

② 又舉知興化縣建州關隸　按，宋朝事實卷十九陞降州縣二云「咸平五年，陞關隸鎮爲縣，政和三年改爲政和縣」。

③ 出於中旨　按，自此句以下至「治饒未久，徙潤」一葉文字，底本錯置於下集卷一二蘇轍潁濱遺老傳下，據鐵琴銅劍樓本、庫本移正。

④ 願以上官賀婁事爲戒　「賀婁」原作「賀屢」，據范文正公文集附録二范文正公年譜及舊唐書卷五一中宗韋庶人傳改。

相躡，一二而數，況復稱制以取惑天下耶？臣恐後世有以窺之者。」上悟，第存后位號而止①[七]。公彈補闕失，無所阿忌，貴倖仄目，不欲久留諫職。

因江淮飢，以才命公體量安撫[八]。雖別領走外，亦懇懇不忘憂國，途中上時弊十事[九]，皆政教之大者。累月還朝，適議廢郭后，公上書曰：「后者君稱，以天子之配至尊，故稱后。后所以長養陰教而母萬國也，故繫如此之重，未宜以過失輕廢立。且人孰無過？陛下當面諭后失，放之別館，揀妃嬪老而仁者朝夕勸導，俟其悔而復其宮，則上有常尊而下無輕議矣。」書奏，不納。明日，又率其屬及群御史伏閤門論列如前日語。上遣中貴人揮之，令詣中書省。宰相窘，取漢、唐廢后事爲解。時呂夷簡爲相。公曰：「陛下天姿如堯舜，公宜因而輔成之，奈何欲以前世弊法累盛德耶？」中丞孔道輔名骨鯁，亦扶公論議甚切直。又明日晨，率道輔將留百辟班，挹宰相庭辯，抵漏舍。會降知睦州，臺吏促上道[一〇]。

在郡歲餘，知蘇州[一一]。朝廷知清議屬公，就拜禮部員外郎、天章閣待制[一二]，召還。有入內都知閻文應者，專恣不恪，事多矯旨以付外，執政知而不敢違。公聞之不食，將入辯，謂若不勝，必不與之俱生，即以家事屬長子。明日，盡條其罪惡聞於上。上始知，遽命竄文應嶺南，尋死于道[一三]。公自還闕，論事益急。宰相陰使人諷公：「待制主侍從，非口舌任也。」公曰：「論思者正侍臣之事，予敢不勉！」宰相知不可誘，乃命知開封府，欲撓以劇煩而不暇他議，亦幸其有失即罷去。公處之罙月②，威斷如神，吏縮手不敢舞其姦，京邑肅然稱治。于時官方無紀，每對，未嘗不爲上力陳「治亂之道，皆由用人得失，此實宰相之職也。天子日擁萬幾，非所宜專，然不

① 上悟第存后位號而止　「位」原作「泣」，據文海本、庫本改。

② 公處之罙月　「罙」，古今韻會舉要卷一一云「說文：周也。或作罙，從网，米聲」。

可以不察」。因取職局官品，以類撰次，至於超遷序進，附見其下，爲圖以獻[一四]，庶上易覽。宰相益不悦，嗾其黨短公於上前。公亦連詆宰相不道，不行不肯已，坐是去閣職，貶知饒州。是日，上封移書論公以忠義獲譴，極道所不可者，皆當世英豪，宰相指爲朋，相繼謫去[一五]。治饒未久，徙潤[一六]，又徙越。

寶元初，羌人壓境叛，間歲，悉衆寇延州，大將戰没[一七]，關中警嚴。於是還公舊職，移知永興軍[一八]，道授陝西都轉運使。議者謂將漕之任，不預戎事，遂改充經略安撫副使，仍遷龍圖閣直學士、吏部員外郎以寵之。至部，首按鄜延。時延安始困兵火，障戍掃地，城外即寇壤，巋然孤壘，人心危恐，發食待竄①。凡朝廷遣守，皆以事避免，遷延不時往[一九]。公遂留不行，騎奏願兼領延州事，以待寇之復來，上嘉而從之。屬亡戰日久，兵無紀律，猝有外警，蕩然不支。公於是大閲州兵，得萬八千人，析爲六將[二〇]，分命裨佐訓敕。不數月，舉爲精鋭，士氣大振，莫不思戰[二一]。而寇知我有備，即引去。朝廷推其畫諸路，諸路皆以爲法。力城青澗[二二]，復散亡屬羌萬餘帳，開營田數千頃，以收軍實。人視延塞，其完固如山立，不可動，謂宜討賊，不可坐守老吾師。朝廷下其議，將從之，公執猶以爲未也[二三]。無幾，涇原師出②，敗于好水川，天子由是益信公智謀過人遠甚。前此，賊以書署僭號遺公請和，公不忍俾朝廷報賊，乃自占答，黜其僭署，爲陳逆順禍福，立遣使者還。未出境，聞好水敗，始悟賊書譎而非誠，益自信立報。爲是執政以公擅報，罪當誅，上知亡其責，止命削一官，降知耀州[二四]。

幾月，拜户部郎中，起知慶州，尋遷左司郎中、本路經略安撫招討使兼兵馬都部署[二五]。有馬呰者[二六]，素

① 發食待竄　「發」，庫本作「廢」。
② 涇原師出　「涇原」原作「涇源」，據長編卷一三二慶曆元年二月丙戌條、宋史卷八七地理志三改。按，下文同。

爲賊衝，然地與賊境相衝，久不能城。公至，自領牙兵出不意駐柔遠砦，别遣蕃將取其地得之。先命長子入據以率衆，公亦親往勞士。有頃，賊三萬騎叩城下，公麾兵血戰，則遽北，戒諸將勿追，已而果有伏夜遁。城既立，詔名大順。徐又城細腰，復胡盧等砦，招明珠、滅臧二强族各萬餘人及並環千餘帳内附。自此環慶屬羌悉爲吾月①〔二七〕。

先是②，卒驕難使，主將咸務姑息③。公築延、慶諸城堡，募民不足，乃雜使禁旅，蓋素服公威惠，勞苦雖且死，不怨。久之，涇原師再喪定川〔二八〕，關輔復震，而虞變生。公知，親率麾下兵連夜赴援，且將邀賊歸路擊之。會已出塞，遂班師，因移其兵耀于關輔，人心於是大定。初，定川事聞，上頗駭，謂侍臣曰：「得范某出援，吾無憂矣。」數日，公奏至，上大喜，懷其章示執政曰：「吾知范某可用。」加樞密直學士、右諫議大夫〔二九〕。時朝廷以戍卒屢衂，議點鄉人爲軍，人懼甚，竄匿不願點。公改命涅刺其手，非校戰，請農於家。後罷兵，獨環慶路鄉軍得復爲民，民德公，至于今不忘。朝廷尋盡以西路委公，置府於涇州，授陝西四路安撫經略招討使〔三〇〕。方謀取横山故地，漸復靈夏，然後可以誅賊。賊知亡無日④，懼不克當，因遣使講和〔三一〕。

明年春，召公爲樞密副使〔三二〕，凡五讓，不從，乃拜之。輿議謂公有經綸才，不當跼於兵府，是秋改參知政事〔三三〕。上倚公右于諸臣，公亦務盡所藴以圖報。然天下久安，則政必有弊者，三王所不能免。公將劘以歲月而人不知驚，悠久之道也。上方鋭於求治，間數命公條當世急務來。公始未奉詔，每辭以事大不可忽致。於是

① 自此環慶屬羌悉爲吾用　「此」原作「比」，據文海本改。
② 先是　原作「光是」，據文海本、庫本改。
③ 主將咸務姑息　「主」原作「王」，據文海本、庫本改。
④ 賊知亡無日　「日」原作「目」，據文海本、庫本改。

露薰降手詔者再，遣内臣就政事堂督取，開龍圖閣給筆札①，令立疏者各一，日日面詰者不可數。退曰：「吾君求治如此之切，其暇歲月待耶？」即以十策上之，蓋取士、課吏、減任子、更衛兵、擇守宰、謹赦令、厚農桑之類者。又先時别上法度之説甚多，皆所以抑邪佞、振綱紀、扶道經世，一一可行。上覽奏褒納，益信公忠耿，不爲身謀卹也，遽下二府促行。論者漸齟齬不合，作謗害事。公知之如不聞，持之愈堅。

明年秋，邊奏疑若有警者，公慮帥臣恃和而懈，因懇請按邊[三四]，即命爲河東陝西宣撫使。麟州向者亦被寇掠，邈然在賊腹中，本道帥病無供餉，奏欲棄之。公曰：「麟棄，疆埸日蹙，不可。」請復廢障，使民耕于鄙，於是得不棄[三五]。又代郡西四州軍附邊，有廢地尤廣，著令禁不得耕，郡縣以敵嫌不敢正視。前歐陽脩來使，盡籍其利害，請弛禁，許人耕以輸，可代轉輓之勞，以帥議不協罷。公至，知其利大且亡所嫌者，屢奏如脩議便，後止耕岢嵐一境，而塞粟已充矣[三六]。

公既度陝以西羌好難保而邊計尚鈇疎，手奏願解政事[三七]，復領四路以總護諸將，即除授資政殿學士、知邠州，兼陝西四路安撫使。以疾請鄧，許，遷給事中。三年，又請浙郡，因得展先臣之墓。移杭州，加禮部侍郎。祀明堂，汎遷户部。又移青州，兼東路安撫使。幾歲，疾病，又請潁。肩舁至彭門，遂不起，年六十四。

公爲學好明經術，每道聖賢事業，輒跂聳勉慕，皆欲行之於己。自始仕，慨然已有康濟之志[三八]。凡所設施，必本仁義，而將之以剛決，未嘗爲人屈撓。歷補外職，以嚴明馭吏，使不得欺，於是民皆受其賜。立朝益務勁雅，事有不安者，極意論辯，不畏權倖，不蹙憂患。故屢亦見用，然每用必黜之，黜則欣然而去，人未始見其有悔色。或唁之，公曰：「我道則然，苟尚未遂棄，假百用百黜，亦不悔。」噫！如公乃韓愈所謂「信道篤而自知明」者也。

---

① 開龍圖閣給筆札　「龍圖閣」，本書上集卷二〇范文正公仲淹神道碑及東都事略范仲淹傳作「天章閣」。

在陝西尤爲宣力，以儒者奉武事，又邊備久廢忽，而王師新敗，剥喪破漏，莽乎無所取濟。公周旋安集，坐可守禦，畜鋭觀釁，適圖進討。會羌人復修貢，朝廷姑議息兵而從其請，於是不能成殄滅之功。然其閲武練將，可以震敵；城要害，屬雜羌，可以扼寇。此後世能者未易過也。至於墾田阜財，立法著信，愛民全國體，赫赫在人耳目，皆可爲破敵之地者，又可道哉！其歷二府，纔歲餘而罷。若夫天下至重，久安之弊至深，而欲以一二歲臨之而望治，雖愚者知其不可得，況所奏議阻而不行者十八九，行者又即改廢不用，茲所以重主憂而生民未得安也。宣撫之初，讒者乘間蜂起，益以奇中造端飛語[三九]，上所不及，甚者必欲擠之死而後已。頼上寬度明照，知公無他，始終保全，獲没牖下。嗚呼，道之難行也，而至是乎！憸人苟欲伸己志而不志乎邦家，此先民所以甘藜藿而蹈江海也。

公天性喜施與，人有急必濟之[四〇]，不計家用有無。既顯，門中如賤貧時，家人不識富貴之樂。每撫邊，賜金良厚，而悉以遺將佐。在杭，盡餘俸買田於蘇州，號「義庄」，以聚疎屬[四一]。而斂無新衣，友人醵貲以奉葬。諸孤亡所處，官爲假屋韓城以居之。遺奏不干私澤[四二]，此益見其始卒志于道，不爲禄位出也。作文章尤以傳道名世，不爲空文。有文集二十卷、奏議若干卷①、兩府論事若干卷。

娶李氏，故參知政事昌齡之姪，封金華縣君，卒於鄱陽，今舉而祔焉。四子：純祐②，守將作監主簿，少有氣節，以疾廢于家；純仁，進士第，光禄寺丞；純禮，太常寺太祝。皆温厚而文，識者曰：「范氏有子矣。」三女：長

① 有文集二十卷奏議若干卷　按，隆平集、東都事略范仲淹傳云其文集名丹陽集，宋史卷二〇八藝文志七題「范仲淹集」。其奏議，隆平集、東都事略范仲淹傳云十七卷，陳録卷二二稱二卷，宋史卷二〇八藝文志七著録十五卷。

② 純祐　原作「純佑」，據宋史范仲淹傳改。

適殿中丞蔡交，次適封丘主簿賈蕃。諸孫三：長正臣，守將作監主簿。一男純粹、一女、二孫並幼。銘曰：

公之世系，源于陶唐。晉會食范，厥姓始彰。睢瘞蠡增，滂寧雲質。茲惟聞人，間代而出。或霸或季，所有何述？粤自得姓，千五百年。獨公挺生，爲天下賢。涉聖之餘，揭厲洄沿。道尊德融，事公實繁。人獲一善，已謂其難。公實百之，如無有然。遭時得君，位亦顯焉。罹此讒慝，志莫究宣。元元卒艱，噫嘻乎天！

辨證：

［一］范文正公仲淹墓誌銘　按，范仲淹，隆平集卷八、東都事略卷五九、宋史卷三一四有傳，本書上集卷二〇載有歐陽脩范文正公仲淹神道碑，范仲淹全集附録一載有張唐英范仲淹傳、宋太師中書令兼尚書令魏國公文正公傳。又按，邵氏聞見後録卷二一云：「文正墓誌，則富公之文也。先是，富公自歐陽公平章，其書略曰：『……弼常病今之人，作文字無所發明，但依違模稜而已。人之爲善固不易，有遭讒毁者，有被竄斥者，有窮困寒餓者，甚則誅死族滅。而執筆者但求自便，不與之表顯，誠罪人也。人之爲惡者，必用姦謀巧詐，貨賂朋黨，多方以逃刑戮，況不止刑戮是逃，以至子子孫孫享其餘蔭而不絶，可謂大幸矣。執筆者又憚之，不敢書其惡，則惡者愈惡，而善人常沮塞不振矣。君子爲小人所勝所抑者，不過禄位耳。惟有三四寸竹管子，向口角頭褒善貶惡，使善人貴，惡人賤，善人生，惡人死，須是由我始得，不可更有所畏怯而噤默，受不快活也。向作希文墓誌，蓋用此法，但恨有其意而無其詞，亦自謂希文之善稍彰，姦人之惡稍暴矣。……弼之説，蓋公是公非，非於惡人有所加諸也，如希文墓誌中，所詆姦人皆指事據實，盡是天下人聞知者，即非刱意爲之，彼家數子皆有權位，必大起謗議，斷不卹也。』」

［二］不幸二歲而孤吴國太夫人以北歸之初亡親戚故舊貧而無依遂再適朱氏　按，范仲淹卒於皇祐四年，年六十四，則生於端拱二年，淳化元年（九九〇年）二歲。據范文正公文集卷十五太子中舍致仕范府君墓誌銘，范仲淹兄仲温卒於皇祐二年，享年六十六，則淳化元年時六歲，范府君墓誌銘云「生于京師，幼孤，還蘇臺，與諸從兄弟居，服勤素業，孝悌于門中」。又姑蘇志卷三四冢墓云「范文正公仲淹祖墓在天平山三讓原」，其父墉在焉。如此則范墉歸葬姑蘇時，范仲温隨柩而還。故吴國太夫人「再適朱氏」，似非僅因「北歸之初，

亡親戚故舊，貧而無依」。

［三］公既長未欲與朱氏子異姓懼傷吳國之心姑姓朱　按中吳紀聞卷二范文正公復姓云：「范文正公幼孤，隨其母適朱氏，因從其姓，登第時姓名乃朱説也。後請于朝，始復舊姓。」宋范文正公年譜引家録云范仲淹年二十三，方知爲姑蘇范氏子，「公感憤自立，決欲自立門戸，佩琴劍徑趨南都。謝夫人亟使人追之，既及，公語之故，期十年登第來迎親」。則墓誌云云頗有諱飾。

［四］後從事於亳吳國命始奏而復焉　青箱雜記卷五云：范文正公幼年「冒朱姓，名説，後復本姓，以啟謝時宰曰：『志在投秦，入境遂稱於張禄；名非霸越，乘舟乃効於陶朱。』以范睢、范蠡亦嘗改姓名故也」。中吳紀聞卷二范文正公復姓云此表啟「當今集（指范仲淹文集）中不載」。按，復姓事在天禧元年范仲淹權集慶軍節度推官時。宋范文正公年譜載其「初任廣德軍司理，後迎侍母夫人至姑蘇，欲還范姓，而族人有難之者，公堅請云：『止欲歸本姓，他無所覬。』始許焉。至天禧元年，爲亳州節度推官，始奏復范姓」。又按，隆平集范仲淹傳載其「後喪母，服除，始復其姓，而改今名」。東都事略范仲淹傳略同。其説實誤。

［五］晏丞相以文學薦公于朝試可署祕閣校理　長編卷一〇六天聖六年十二月甲子條云：「初，仲淹遭母喪，上書執政，請擇郡守、舉縣令、斥遊惰、去冗僭、遴選舉、敦教育、養將材、實邊備、保直臣、斥佞人，使朝廷無過，生靈無怨，以杜姦雄。凡萬餘言。王曾見而偉之，亦知仲淹乃晏殊客也，於是殊薦人充館職，曾謂殊曰：『公實知仲淹，捨而薦此人乎？已爲公置不行，宜更薦仲淹也。』殊從之」，遂以大理評事范仲淹爲祕閣校理。

［六］疏奏遂罷上壽儀然后頗不懌尋出爲河中府通判　長編卷一〇八天聖七年十一月癸亥條注曰：「歐陽修作仲淹神道碑云：『太后將以至日大會前殿，上率百官爲壽。仲淹言之，其事遂已。』按仲淹疏入，不報。上壽會慶殿，未嘗已也。豈修謂止在便殿，不在前殿，爲聽仲淹之言乎？然供帳便殿，實自王曾執奏，非由仲淹矣。修蓋誤，今不取。富弼作仲淹墓碑亦云：『疏奏，遂罷上壽儀，然后頗不懌，尋出爲河中府通判。』弼亦誤。」

［七］上悟第存后位號而止　按長編卷一一二明道二年四月己未條注曰：「富弼墓志云：『上悟，止存后號而止。』恐當日刪去『參決』等語，未必緣仲淹奏疏。」

［八］因江淮飢以才命公體量安撫　宋史范仲淹傳云：「歲大蝗旱，江淮、京東滋甚。仲淹請遣使循行，未報。乃請問曰：『宮掖中

半日不食，當何如？』帝惻然，迺命仲淹安撫江淮。所至開倉振之，且禁民淫祀，奏蠲廬舒折役茶、江東丁口鹽錢，且條上救敝十事。」

［九］途中上時弊十事　按長編卷一一二明道二年七月癸未條云「陳八事」，載其全文，且注曰：「仲淹正傳云上救弊十事而不載事目，今從附傳及奏議，所上止八事，而不知正傳何據也。」

［一〇］又率其屬及群御史伏閤門論列如前日語至臺吏促上道　長編卷一一三明道二年十二月乙卯條云時「臺諫章疏果不得入，仲淹即與權御史中丞孔道輔率知諫院孫祖德、侍御史蔣堂郭勸楊偕馬絳、殿中侍御史段少連、左正言宋郊、右正言劉涣詣垂拱殿門，伏奏皇后不當廢，願賜對以盡其言。護殿門者闔扉不爲通，道輔撫銅環大呼曰：『皇后被廢，奈何不聽臺諫入言！』尋詔宰相召臺諫諭以皇后當廢狀，道輔等悉詣中書，語夷簡曰：『人臣之於帝后，猶子事父母也。父母不和，固宜諫止，奈何順父出母乎？』衆譁然，争致其説。夷簡曰：『廢后自有故事。』道輔及仲淹曰：『公不過引漢光武勸上耳，是乃光武失德，何足法也！自餘廢后，皆前世昏君所爲。上躬堯舜之資，而公顧勸之效昏君所爲，可乎？』夷簡不能答，拱立曰：『諸君更自見上力陳之。』道輔與范仲淹等退，將以明日留百官揖宰相廷争。而夷簡即奏臺諫伏閤請對非太平美事，乃議逐道輔等。始至待漏院，詔道輔出知泰州，仲淹知睦州，祖德等各罰銅二十斤。故事，罷中丞必有告辭，至是直以敕除，又遣使押道輔及仲淹亟出城。仍詔諫官御史自今並許密具章疏，毋得相率請對，駭動中外」。

［一一］在郡歲餘知蘇州　按，宋史范仲淹傳所云同。然長編卷一一五景祐元年九月庚子條云：「范仲淹知睦州不半歲徙蘇州。州比大水，民田不得耕，仲淹疏五河，導太湖，注之海，募游手興作。未就，又徙明州。轉運使言仲淹治水有緒，願留以畢其役。庚子，詔仲淹復知蘇州。」據長編卷一一三，范仲淹於明道二年十二月中授知睦州，臺吏押使「亟出城」赴任，故范仲淹抵睦州當在次年即景祐元年初，則墓誌云范「在郡歲餘，知蘇州」者有誤。

［一二］就拜禮部員外郎天章閣待制　長編卷一一六景祐二年三月己丑條注曰：「仲淹自外驟居侍從，必有故，史無其説，或緣富弼上疏也。」按，宋史卷三一三富弼傳云「仲淹坐争廢后事貶，弼上言：『是一舉而二失也，縱未能復后，宜還仲淹。』不聽」。

［一三］有入内都知閻文應者至尋死于道　長編卷一一七景祐二年十二月辛亥條云：「昭宣使、恩州團練使、入内都都知閻文應領嘉州防禦使，落都都知，爲秦州鈐轄，尋改鄆州鈐轄。其子入内供奉官、勾當御藥院士良爲内殿崇班，罷御藥院。時諫官姚仲孫、高若訥劾文應方帝宿齋太廟，而文應叱醫官，聲聞行在；郭皇后暴薨，中外莫不疑文應置毒者，請並士良出之。故有是命。文應又稱疾留，仲

孫復論奏，文應乃亟去。文應專恣，事多矯旨付外，執政不敢違。天章閣待制范仲淹將劾奏其罪，即不食，悉以家事屬其長子，曰：『吾不勝，必死之。』上卒聽仲淹言，竄文應嶺南，尋死於道。」注曰：「竄閤文應嶺南，尋死於道，此據富弼所作墓誌。案閻文應景祐二年十二月辛亥落入内都都知，以昭宣使領嘉州防禦使，爲秦州鈐轄，後兩日，改鄆州鈐轄。百官表同。景祐四年四月乙丑，文應徙潞州鈐轄。百官表同。寶元二年九月癸卯，文應卒，比據百官表。贈邠州觀察使，比據實録。未嘗有竄嶺南指揮及死於道事迹，不知弼何所據也。」

〔一四〕因取職局官品以類撰次至於超遷序進附見其下爲圖以獻　宋史范仲淹傳云：「時呂夷簡執政，進用者多出其門。仲淹上百官圖，指其次第曰：『如此爲序遷，如此爲不次，如此則公，如此則私。況進退近臣，凡超格者，不宜全委之宰相。』」

〔一五〕上封移書論公以忠義獲譴至相繼謫去　長編卷一一八載，景祐三年五月丙戌，范仲淹降黜，「侍御史韓瀆希夷簡意，請以仲淹朋黨牓朝堂，戒百官越職言事，從之」。時「范仲淹既貶，諫官、御史莫敢言，祕書丞、集賢校理余靖言：『仲淹前所言，事在陛下母子、夫婦之間，猶以其合典禮，故加優奬。今坐刺譏大臣，重加譴謫。儻其言未協聖慮，在陛下聽與不聽爾，安可以爲罪乎？……陛下自專政已來，三逐言事者，恐非太平之致也。請追改前命。』壬辰，靖落職監筠州酒税」。乙未，「貶太子中允、館閣校勘尹洙爲崇信軍節度掌書記、監郢州酒税。先洙上言：『臣常以范仲淹直諒不回，義兼師友。自其被罪，朝中多云臣亦被薦論，仲淹既以朋黨得罪，臣固當從坐，雖國恩寬貸，無所指名，臣内省於心，有靦面目。況余靖素與仲淹分疎，猶以朋黨得罪，臣不可幸於苟免。乞從降黜，以明典憲。』辛相怒，遂逐之」。戊戌，貶鎮南節度掌書記、館閣校勘歐陽修爲夷陵縣令，因「右司諫高若訥言『范仲淹貶職之後，臣諸處察訪端由，參驗所聞，與勑牓中意頗同，固不敢妄有營救。今歐陽修移書詆臣，言仲淹平生剛正，通古今，班行中無與比者，責臣不能辨仲淹非辜，猶能以面目見士大夫，出入朝中，稱諫官及謂臣不復知人間有羞恥事』云云，故貶歐陽修。故當時西京留守推官蔡襄「作四賢一不肖詩傳於時，四賢指仲淹、靖、洙、修，不肖斥若訥也」。

〔一六〕治饒未久徙潤　按，范仲淹在饒州未久即改知潤州，據長編卷一二〇景祐四年十二月壬辰條載，乃因「上諭執政令移近地故也」。

〔一七〕悉衆寇延州大將戰没　按，指宋軍三川口之敗。

〔一八〕於是還公舊職移知永興軍　長編卷一二六康定元年二月癸丑條載降振武節度使、知延州范雍爲吏部侍郎、知安州，「坐失劉平、石元孫也」。故韓琦上言：「若謂雍節制無狀，勢當必易，則宜召越州范仲淹委任之。方陛下焦勞之際，臣豈敢避形迹不言？若涉朋比，誤國家事，當族。」又三月戊寅條云：「吏部員外郎、知越州范仲淹復天章閣待制、知永興軍，始用韓琦之言也。」

［一九］凡朝廷遣守皆以事避免遷延不時往　長編卷一二八康定元年八月庚戌條云時張存「自陝西都轉運使徙延州，遷延不即行。既至與仲淹議邊事，乃云素不知兵，且以親年八十求内徙。仲淹因自請代存，從之」，以陝西經略安撫副使范仲淹兼知延州，徙知延州張存知澤州。

［二〇］公於是大閲州兵得萬八千人析爲六將　長編卷一二八康定元年八月庚戌條云：「先是，詔分邊兵，部署領萬人，鈐轄領五千人，都監領三千人，有寇則官卑者先出。仲淹曰：『不量賊衆而出戰，以官爲先後，取敗之道也。』爲分州兵爲六將，將三千人，分部教之，量賊衆寡，使更出禦賊，賊不敢犯。既而諸路皆取法焉。」

［二一］舉爲精鋭士氣大振莫不思戰　按朱子語類卷一三三：「或問：『范文正公經理西事，看得多是收拾人才。』曰：『然。如滕子京、孫元規之徒素無行節，范公皆羅致之幕下，後犯法，又極力救解之。如劉滬、張亢亦然。蓋此等人是有才底，做事時，須要他用，但要會用得他。』又云：『范公嘗立一軍爲龍猛軍，皆是招收前後作過黥配底人，後來甚得其用。時人目范公爲龍猛指揮使。』又曰：『方范公起用事時，軍政全無統紀，從頭與他整頓一番。其後却只務經理内地，養威持重，專行淺攻之策，以爲得寸則吾之寸，得尺則吾之尺，卒以此牽制夏人遣使請和。』」

［二二］力城青澗　宋史范仲淹傳載「時塞門、承平諸砦既廢，用种世衡策，城清澗以據賊衝」。

［二三］朝廷下其議將從之公執猶以爲未也　宋史卷二九二田況傳云時夏竦「與韓琦、尹洙等畫上攻守二策，朝廷將用攻策，范仲淹議未可出師」。長編卷一三一慶曆元年二月戊戌條云：「始，朝廷既從陝西都部署司所上攻策，經略安撫判官尹洙以正月丙子至延州，與范仲淹謀出兵。越三日，仲淹徐言已得旨，聽兵勿出。洙留延州幾兩旬，仲淹堅持不可。」

［二四］爲是執政以公擅報罪當誅上知亡其責止命削一官降知耀州　宋史范仲淹傳云：「元昊歸陷將高延德，因與仲淹約和，仲淹爲書戒喻之。會任福敗於好水川，元昊答書語不遜，仲淹對來使焚之。大臣以爲不當輒通書，又不當輒焚之，宋庠請斬仲淹，帝不聽。降本曹員外郎、知耀州。」

〔二五〕拜户部郎中起知慶州尋遷左司郎中本路經略安撫招討使兼兵馬都部署　長編卷一三二慶曆元年五月壬申條載徙知耀州、龍圖閣直學士范仲淹知慶州，兼管勾環慶路部署司事。又卷一三三慶曆元年九月辛酉條載知慶州范仲淹復爲户部郎中；十月甲午條載范仲淹爲左司郎中，兼本路馬步軍都部署、經略安撫緣邊招討使。按，范仲淹並非「拜户部郎中起知慶州」。

〔二六〕有馬鋪砦者　宋史范仲淹傳云：「慶之西北馬鋪砦，當後橋川口，在賊腹中。仲淹欲城之，度賊必争，密遣子純祐與蕃將趙明先據其地，引兵隨之。諸將不知所向，行至柔遠，始號令之，版築皆具，旬日而城成，即大順城是也。」按，長編卷一三六慶曆二年五月庚申條亦稱「馬鋪砦」。

〔二七〕自此環慶屬羌悉爲吾用　長編卷一三二慶曆元年五月壬申條云：「初，元昊反，陰誘屬羌爲助。環慶酋長六百餘人約與賊爲鄉導，後雖首露，猶懷去就。仲淹至部，即奏行邊，以詔書犒賞諸羌，閲其人馬，立條約：『讎已和斷，輒私報之及傷人者，罰羊百、馬二，已殺者斬。負債争訟，聽告官爲理，輒質縛平人者，罰羊五十、馬一。賊馬入界，追集不起，隨本族每户罰羊二，質其首領。賊大入，老幼入保本寨，官爲給食，即不入寨，本家罰羊二，全族不至者，質其首領。』諸羌受命悦服，自是始爲漢用。」

〔二八〕涇原師再喪定川　宋史范仲淹傳云時宋將「葛懷敏敗於定川，賊大掠至潘原」。

〔二九〕加樞密直學士右諫議大夫　宋史范仲淹傳云：「進樞密直學士、右諫議大夫。仲淹以軍出無功，辭不敢受命，詔不聽。」

〔三〇〕置府於涇州授陝西四路安撫經略招討使　長編卷一三八慶曆二年十一月辛巳條云：「於是復置陝西四路都部署經略安撫兼緣邊招討使，命韓琦、范仲淹、龐籍分領之。仲淹與韓琦開府涇州，而徙（文）彦博帥秦，（滕）宗諒帥慶。皆從仲淹之請也。」

〔三一〕賊知亡無日懼不克當因遣使講和　按，此言元昊請和之原因不實。據涑水記聞卷一一云：「元昊雖屢入寇，常以勝歸，然人畜死傷亦衆，部落甚苦之。又歲失賜遺及緣邊交市，頗貧乏，思歸朝廷。……朝廷亦厭兵，欲赦元昊之罪。」又後山談叢卷四亦云：「莊敏公（龐籍）爲鄜延招討使，元昊效順，公召李誠之問其信否，誠之曰：『元昊數欺中國，故疑之，今則可信也。元昊向得歲賜而不用，積年而後叛，今用兵數歲，雖戰屢勝，而所攻不克，田里所掠，不辦一日之費，向來之積費已盡矣，故罷兵爾。』」

〔三二〕明年春召公爲樞密副使　宋宰輔編年録卷五載慶曆三年四月甲辰，韓琦、范仲淹並樞密副使。「是年，上令内侍宣諭韓琦、范仲淹等『候邊事稍寧，當用卿在兩地，已詔中書劄記。此特出朕意，非臣僚薦舉』。又令琦等密奏可代處邊任者。琦等言：『元昊雖約和，誠僞未可知。願盡力塞下，不敢擬他人爲代。』是月，韓琦、范仲淹並爲樞密副使。琦、仲淹凡五讓，不許，乃就道。富弼言：『議者謂樞密副使不可令帶出外任，恐他時武官援此爲例。是欲惑君聽，況先朝累曾有大臣帶兩府職任應急出外，事畢還朝，不聞有武臣挾此爲例。臣願陛下無信異説，專采公論，一名召來使處於内，一名就樞副之職，且令在邊。或二人一歲一更，均其勞逸，内外協濟，無善於此。』」

〔三三〕輿議謂公有經綸才不當跼於兵府是秋改參知政事　宋宰輔編年録卷五載慶曆三年七月丙子，王舉正罷參知政事；八月丁未，范仲淹參知政事。云：「初，諫官歐陽脩、余靖、蔡襄咸言舉正懦默不任職，樞密副使范仲淹有宰輔才，不宜局在兵府，願罷舉正，以仲淹代之。舉正亦自求罷，上從其請。」

〔三四〕公慮帥臣恃和而懈因懇請按邊　宋宰輔編年録卷五載：「始仲淹以忤吕夷簡放逐者數年，士大夫持二人曲直，交指爲朋黨。及陝西用兵，天子以仲淹士望所屬，拔用護邊。及夷簡罷，召還，倚以爲治，中外想望其功業。而仲淹亦感激眷遇，以天下爲己任，遂與富弼日夜謀慮思致太平，然更張無漸，規模闊大，論者以爲難行。及按察使出，多舉劾，人心不自安；任子恩薄，磨勘法密，僥倖者不便，于是謗毁浸盛，而朋黨之論滋不可解。然仲淹、弼守所議不變。先是，石介奏記于弼，責以行伊周之事。夏竦怨介斥己，又欲因是傾弼等，乃使女奴陰習介書，久之習成，遂改伊周曰伊霍，而僞作介爲弼撰廢立詔草，飛語上聞。帝雖不信，而仲淹始恐懼，不敢自安于朝，皆請出按西北邊，未許。適有邊奏，仲淹固請行，乃使宣撫陝西、河東。慶曆四年，遂命參知政事范仲淹爲陝西河東路宣撫使」。

〔三五〕請復廢障使民耕于鄜於是得不棄　宋史范仲淹傳云「仲淹爲修故砦，招還流亡三千餘户，蠲其税，罷榷酤予民。又奏免府州商税，河外遂安」。

〔三六〕屢奏如脩議使後止耕岢嵐一境而塞粟已充矣　長編卷一五四慶曆五年二月甲寅條引歐陽脩奏議，且注曰：「據本志，乃云所耕者寡，無益邊備。當考。本志載耕岢嵐事，亦與范誌不同。」按，宋史卷一七五食貨志上三載：「歐陽修奉使河東，還言河東禁並邊地不許人耕，而私糴北界粟麥爲兵儲，最爲大患。遂詔岢嵐火山軍閑田並邊壕十里外者聽人耕，然竟無益邊備，歲糴如故。」

〔三七〕手奏願解政事　宋宰輔編年録卷五載慶曆五年正月乙酉，范仲淹罷參知政事，富弼罷樞密副使，云：「仲淹、弼既出使，讒者益甚，兩人在朝所施爲，亦稍沮止，獨杜衍左右之，上頗惑焉。仲淹愈不自安，因奏疏乞罷政事。上欲聽其請，章得象曰：『仲淹素有虚名，今一請遽罷，恐天下謂陛下輕黜賢臣，不若且賜詔不允。若仲淹即有謝表，則是挾詐要君，乃可罷也。』上從之。仲淹果奉表謝，上愈信得象言。……降詔罷仲淹、弼，仲淹知邠州兼陝西四路沿邊安撫使，弼京東西路安撫使、知鄆州。」

〔三八〕自始仕慨然已有康濟之志　寓簡卷五云：「范文正公微時，嘗慷慨語其友曰：『吾讀書學道，要爲宰輔，得時行道，可以活天下之命。不然，時不我與，則當讀黄帝書，深究醫家奥旨，是亦可以活人也。』公既仕進顯貴，入爲執政大臣，出爲大帥，其謀謨經畫，所活多矣，於醫則固未暇也。君子之重人命，其立志如此。」

〔三九〕宣撫之初讒者乘間蜂起益以奇中造端飛語　按長編卷一五七慶曆五年十一月乙未條載：「詔以邊事寧息，盗賊衰止，知鄆州富弼、知青州張存並罷安撫使，知邠州范仲淹罷陝西四路安撫使。其寔讒者謂石介謀亂，弼將舉一路兵應之故也。仲淹先引疾求解邊任，是日改知鄧州。」

〔四〇〕公天性喜施與人有急必濟之　澠水燕談録卷二名臣云：「范文正公守邠州，暇日率僚屬登樓置酒，未舉觴，見縗絰數人營理葬具者。公亟令詢之，乃寓居士人卒于邠，將出殯近郊，賵斂棺槨，皆所未具。公憮然，即徹宴席，厚賙給之，使畢其事。坐客感歎有泣下者。」

〔四一〕盡餘俸買田於蘇州號義庄以聚疎屬　善誘文范文正公義田記云：「范文正公蘇人也，平生好施與，擇其親而貧、疏而賢者，咸施之。方貴顯時，於其里中買負郭常稔之田千畝，號曰『義田』，以養群族之人。日有食，歲有衣，嫁娶凶葬皆有贍。擇族之長而賢者一人主其計，而時其出納焉。日食人米一升，歲衣人一縑，嫁女者錢五十千，再嫁者錢三十千，娶婦者錢二十千，再娶者十五千，葬者如再嫁之數，葬幼者十千。族之聚者九十口，歲入粳稻八百斛，以其所出，給其所聚，霈然有餘而無窮。仕而家居俟代者預焉，仕而之官者罷其給。此其大較也。初，公之未貴顯也，嘗有志於是矣，而力之未逮者二十年。既而西帥，以至於參大政，於是始有禄賜之入終其志。公既没，後世子孫至今修其業，承其志，如公存也。」

〔四二〕遺奏不干私澤　按，范仲淹遺表載於范文正公文集卷一八。

杜待制杞墓誌銘[一]　文忠公歐陽脩

慶曆三年，盜起京西，掠商、鄧、均、房，叛兵燒光化軍，逐守吏[二]，吏不能捕。天子患之，問宰相誰可任者，宰相言度支判官、尚書虞部員外郎杜某名家子，好學，通知今古，宜可用，乃以君爲京西轉運按察使。居數月，賊平，叛兵誅死[三]。

明年，廣西歐希範誘白崖山蠻蒙趕襲破環州[四]，陷鎮寧、帶溪、普義，有衆數千，以攻桂管。宰相又言前時杜某守横州，言蠻事可聽[五]，宜知蠻利害。天子驛召君，見便殿，所對合意，即除君刑部員外郎、直集賢院、廣南西路轉運按察安撫等使。君至宜州，得州人吴香及獄囚歐世宏，脱其械，使入賊峒，説其酋豪。君乘其怠，急擊之，破其五峒[六]，斬首數百級。復取環州，因盡焚其山林積聚。希範窮迫，走荔波洞，蒙趕率僞將相數十人以其衆降。君與將佐謀曰：「夫蠻習險恃阻，如捕猩猱，而吾兵以苦暑難久，是進退、遲速皆不可爲，故常務捐厚利以招之。蓋威不足以制，則恩不能以懷，此其所以數叛也。今吾兵雖幸勝，然蠻特敗而來爾，豈真降者邪？啖之以利，後必復動。」乃慨然歎曰：「蠻知利而不知威久矣，吾將先威而後信，庶幾信可立也[七]。」乃擊牛爲酒，大會環州，戮之坐中者六百餘人①，而釋其尩病、脅從與其非因敗而降者百餘人。後三日，兵破荔波，擒希範至，并戮而醢，賜諸溪洞。於是叛蠻無噍類，而君威震南海。言事者論君殺降，爲國失信於蠻貊。天子置之不問，詔書諭

① 戮之坐中者六百餘人　按，隆平集、東都事略杜杞傳及東齋記事卷一、宋朝事實卷一六兵刑亦稱戮「六百餘人」，而長編卷一五五慶曆五年三月甲子條、宋史杜杞傳稱「七十餘人」，宋史卷四九五蠻夷傳三環州稱「七十八人」。

君，賜以金帛，君即上書引咎[八]。

六年，徙爲兩浙轉運使。築錢塘堤，自官浦至沙陘，以除海患[九]。明年，又徙河北轉運使。召見，奏事移刻，天子益知其材，賜金紫服以遣之。是歲夏，拜天章閣待制，充環慶路兵馬都部署、經略安撫使、知慶州。君言：「殺降，臣也，宜得罪。將吏惟臣所使，其勞未録，不敢先受命。」天子爲君悉録將吏賞之，乃受命[一〇]。自元昊稱臣聽誓，而數犯約抄邊，邊吏避生事，縱不敢争。君始至，其酋孟香率千餘人内附，事聞，詔君如約。君言如約當還，而孟香得罪夏人，勢無還理，遣之必反爲邊患。議未決，夏人以兵入界求孟香，孟香散走自匿。夏兵斲殺邊户，掠奪羊馬，而求孟香益急。朝議責君亟索而還之，君言夏人違誓舉兵，孟香不可與。因移檄夏人，不償所掠，則孟香不可得。夏人不肯償所掠，君亦不與孟香，夏人後亦不敢復動。君治邊二歲，有威愛。

皇祐二年五月甲子，疾卒于官，享年四十有六。天子震悼，賻卹其家，以其子劭爲秘書省校書郎①。

君以蔭補將作監主簿②，累官至尚書兵部員外郎，階朝奉郎，勳護軍。嘗以太子中舍知建昌縣，除民無名租，歲以萬計。閩俗貪嗇，有老而生子者，父兄多不舉，曰：「是將分吾貲。」君上書請立伍保，俾民相察，寘之法，由是生子得免。閩人久之以爲德，多以君姓字名其子，曰：「生汝者杜君也。」

君諱杞，字偉長，世爲金陵人。其曾伯祖昌業，仕江南李氏爲江州節度使。江南國滅，杜氏北遷，今爲開封

---

① 以其子劭爲秘書省校書郎　「劭」，居士集卷三〇兵部員外郎天章閣待制杜公墓誌銘作「炤」。下文同。按，杜杞自其祖以下乃依五行相生排行，故當以「炤」字爲是。

② 君以蔭補將作監主簿　「蔭」原作「陰」，據文海本、庫本改。

府開封人也①。曾祖諱某，贈給事中。祖諱鎬②，官至龍圖閣學士、尚書禮部侍郎。父諱某，贈尚書工部侍郎。君初娶蔣氏，封某縣君；後娶徐氏，封東海縣君。女六人，其二適人，四尚幼。子男一人，邵也。

杜氏自君皇祖侍郎以博學爲世儒宗，故其子孫皆守儒學而多聞人。君尤博覽强記，其爲文章多論當世利害甚辯，有文集十卷、奏議集十二卷。其居官以精敏明幹，所至有聲。君學問之餘，兼喜陰陽數術之說，嘗自推其數曰：「吾年四十六死矣[二]。」其親戚朋友莫不聞其說，至其歲果然。嗚呼！可謂異矣。所謂命者，果有數邪？其果可以自知邪？皇祐六年某月日，其兄駕部員外郎植與其孤葬君于某縣某鄉某原。銘曰：

其敏以達，其果以決。其守不奪，其摧不折。其終一節，茲謂不沒。

辨證：

[一] 杜待制杞墓誌銘　本墓誌又載於歐陽脩居士集卷三〇，題曰「兵部員外郎天章閣待制杜公墓誌銘」。按，杜杞，隆平集卷一三、東都事略卷四六、宋史卷三〇〇有傳。

[二] 叛兵燒光化軍逐守吏　長編卷一四四慶曆三年十月丁酉條云：「知光化軍韓綱性苛急，不能拊循士卒。時群盜張海等剽劫至境上，綱帥宣毅軍三百人被甲乘城，凡十餘日。在城中富民，具酒食犒軍，綱輒收其半，質錢以市兵器。軍士營遠者，或不時得飲食，而綱所給餅餌，常至日旰，且乾不可食。會其監捉使臣至，所部卒不以請給歷自隨，富民又請輸錢以資之，綱曰：『本軍之士尚不給，何

---

① 今爲開封府開封人也　「府」字原脱，據居士集卷三〇兵部員外郎天章閣待制杜公墓誌銘補。

② 祖諱鎬　按，宋史杜杞傳稱其「父鎬」，隆平集卷一三杜鎬傳亦以杜杞爲鎬子，然東都事略卷四六、宋史卷二九六杜鎬傳均載杜鎬子渥。又宋章定名賢氏族言行類稿卷三七杜載杜鎬「子渥，大理寺丞；孫杞字偉長，以鎬廕補將作監主簿」。則宋史杜杞傳、隆平集卷一三杜鎬傳所云誤。

及於監捉乎？』軍士因而傳言民有獻錢，以給乘城兵，而知軍卻之，衆益怨憤。綱又使軍校王德者作城内布陣圖，久之不成，綱詈曰：『我不敢斬汝邪！』因召劊子執劍立庭下，衆益駭。會有入粟得官者駱子中通刺謁綱，綱語子中毋拜，軍士誤聽，以爲子中獻緡錢而綱復拒不取。時方給食，員僚邵興叱衆起曰：『汝輩勿食！』衆遂投餅餌於庭中。綱怒，命執數人，械繫於獄。興懼，翌日戊戌，興率衆盜庫兵，欲殺綱。綱踰城逃，載其家小舟，沿漢而下，官吏亦皆逃去。興等遂焚掠居民，劫其指揮使李美及軍士三百餘人趣蜀道。李美老不能行，自縊死。」

〔三〕居數月賊平叛兵誅死　據長編卷一七五皇祐五年七月庚申條云：「時京西軍賊張海久未伏誅，命（趙）滋都大提舉陝西、京西路捉賊，數月賊平。」則知此時賊未盡平，誌文虛誇。

〔四〕廣西歐希範誘白崖山蠻蒙趕襲破環州　東都事略杜杞傳云：「廣西歐希範誘白崖山酋豪蒙趕反。希範環州人也，嘗舉進士，應募討安化州蠻，因求録用。事下宜州，知宜州馮伸己言其妄，遂送全州編管。既而遁歸，與其族百餘人謀舉兵殺伸己以叛。乃殺牛建壇場，祭天神，推蒙趕爲帝，而自爲『神武定國令公』，破環州以攻桂管。」長編卷一四六慶曆六年二月壬寅條稱其「有衆一千五百」。

〔五〕宰相又言前時杜某守橫州言蠻事可聽　宋史杜杞傳云其「累遷尚書虞部員外郎、知橫州。時安化蠻寇邊，殺知宜州王世寧，出兵討之。杞言：『嶺南諸郡，無城郭甲兵之備，牧守非才。橫爲邕、欽、廉三郡咽喉，地勢險阻，可屯兵爲援。邕管内制廣源，外控交趾，願擇文臣識權變、練達嶺外事者以爲牧守，使經制邊事。』」

〔六〕使入賊峒説其酋豪君乘其怠急擊之破其五峒　宋史卷三〇〇本傳云其「使入洞説賊，不聽。乃勒兵攻破白崖、黄坭、九居山砦及五峒，焚毁積聚，斬首百餘級，復環州」。按，隆平集、東都事略杜杞傳云「斬首千餘級」，長編卷一五五慶曆五年三月甲子條云「百餘級」。

〔七〕吾將先威而後信庶幾信可立也　長編卷一五五慶曆五年三月甲子條云：「杞使香招趕出降。杞謂將佐曰：『蠻依險阻，威不足制，則恩不能懷，所以數叛。今特以窮蹙來降，後必復動，莫如盡殺之，以絶後患。』」宋史杜杞傳略同。宋史卷四九五蠻夷傳三環州云：「轉運使杜杞大引兵至環州，使攝官區曄、進士曾子華、宜州校吳香誘趕等出降，殺馬牛具酒，紿與之盟，置曼陀羅花酒中，飲者皆昏醉，稍呼起問勞，至則推仆後廡下。比暮，衆始覺，驚走，而門有守兵不得出，悉擒之。後數日，又得希範等，凡獲二百餘人，誅七十八人，餘皆配徙。仍醢希範，賜諸溪峒，繢其五藏爲圖，傳於世，餘黨悉平。」

［八］言事者論君殺降至君即上書引咎　隆平集杜杞傳云：「御史梅摯言杞殺降，爲國失信。上置而不問，止戒諭之。」又涑水記聞卷四云：「梁寔曰：杜杞在廣南，誘宜州蠻數十人，飲以漫陀羅酒，醉而殺之，以書詫於寔父，自比馬援，曰：『此不足以爲吾功，力能辦西北，顧未得施耳。』是時，言事者爭言杞爲國家行不信于蠻夷，獲小亡大，朝廷詰杞上所殺蠻數，爲即洞中誅之邪？以金帛召致邪？杞不能對。亦有陰爲之助者，故得不坐。」同上卷三又云：杜杞平蠻後，「因立大宋平蠻碑，自擬馬伏波，上疏論功。朝廷劾其棄信專殺之狀，既而舍之」。

［九］築錢塘堤自官浦至沙陘以除海患　夢溪筆談卷一一官政一云：「錢塘江，錢氏時爲石堤，堤外又植大木十餘行，謂之『滉柱』。寶元、康定間，人有獻議取滉柱，可得良材數十萬，杭帥以爲然，既而舊木出水，皆朽敗不可用，而滉柱一空，石堤爲洪濤所激，歲歲摧決。蓋昔人埋柱，以折其怒勢，不與水爭力，故江濤不能爲患。杜偉長爲轉運使，人有獻説自浙江税場以東，移退數里爲月堤，以避怒水。衆水工皆以爲便，獨一老水工以爲不然，密諭其黨曰：『移堤則歲無水患，若曹何所衣食？』衆人樂其利，乃從而和之。偉長不悟其計，費以鉅萬，而江堤之害仍歲有之。」

［一〇］君言至乃受命　長編卷一五六慶曆五年閏五月己亥條云：杜杞言賊平後，「禮賓副使陳珙等四十三人並行賞有差，録平蠻之功也」。又庚子條云：「賜廣西轉運使杜杞、提點刑獄李永德器幣有差。」然卷一六四慶曆八年甲戌條記事，卻與此段引文略同，則推知因杜杞殺降，其諸將佐、屬吏頗有未得賞賜者。

［一一］吾年四十六死矣　宋史杜杞傳云杜杞「通陰陽數術之學，自言『吾年四十六死矣』。一日據廁，見希範與趯在前訴冤，叱曰：『爾狂僭叛命，法當誅，尚敢訴邪！』未幾卒」。按，隆平集杜杞傳略同。

名臣碑傳琬琰集中卷十三

郭將軍逵墓誌銘[一]　太史范祖禹

公諱逵，字仲通。世家鉅鹿，國初徙京師，後卜葬洛陽，因家焉[二]。曾祖隱，贈太保。祖榮，贈太傅。考斌，贈太師、中書令。曾祖妣何氏，祖妣崔氏，妣賀氏，追封信安、永嘉、華原三郡太夫人。

公幼慷慨，喜兵學，初以父蔭補北班殿侍。寶元、康定間，元昊擾西陲，兄遵爲延州西路都巡檢使①，遇賊死之，朝廷優卹其家，録公爲三班奉職。時范文正公仲淹爲陝西都部署，公往隸麾下。范公器之，勉以學問，待之如子姪。延安有募兵十八人，號「青剛社②」，勇皆絶人。一日捕虜，誤殺屬羌，有司皆論死，將刑之，公請於范公，願赦之以責後效，范公亟令毋殺，得活者十有三人。尹洙爲陝西經略判官，趣范公以延州兵取靈武，范公召公計議，公曰：「地遠而食不繼，城大而兵不多，未見其利。」范公曰：「君之言然。」遂決意不復出師。洙怒，而府中將吏皆誚公。未幾，涇原任福全軍没，於是向之誚公者以不出師爲幸，且服公先識。

① 兄遵爲延州西路都巡檢使　「兄」原作「凡」，據文海本、庫本、太史范公文集卷四〇郭公墓誌銘及宋史郭逵傳改。
② 號青剛社　「青剛社」，宋史郭逵傳作「清剛社」。

陳恭公執中薦公試武藝，會罷武藝司①，安撫王文忠公堯臣力薦公材武，且有戰功，改右班殿直。陳公安撫京東，屬歲多盜，奏請公爲駐泊捉賊，屯青州。陳公嘗謂賓佐曰：「當今名將，無如葛懷敏。」衆唯唯，公曰：「懷敏易與耳，他日必敗朝廷事。」陳公甚怒。後數日，謂公曰：「君何以知懷敏必敗？」公曰：「喜功徼倖，徒勇無謀，可禽也。」陳公歎曰：「君真知兵，懷敏今覆軍矣。」

召試入等，進右侍禁，授真定府兵馬監押。會保州雲翼軍擁兵馬都監韋貴據州叛，安撫使田公況、都部署李公昭亮召公往招之。公與保州兵馬監押侍其臻嘗同事范公，臻爲賊所留。公馳至城下，出紫囊示賊曰：「此舊物也，誰識之者？」臻應曰：「臻識之。」即再拜，貴與巡檢史克順亦拜，皆曰：「願君登城相見。」公乘城徑入，開諭禍福，皆泣拜，請諭衆歸順，貴等由此得全。然亂兵或疑，未肯下，且曰：「或殺降，奈何？」公曰：「我留城中以爲質，或殺一人，來碎吾身可也。」衆感激，皆請降[三]。公悉開所塞諸門以出降兵，保州平。詔先授閤門祗候，然後論功。都帥嫉之，不肯議賞，復阬降卒四百餘人[四]。公力救之，不可，求還鎮陽，不許。俾公守城門，不畀以兵，不給以食，復欲因事中之以法。民皆歎曰：「完此城者，此公也。」爭往餽之。久之，方脱去。富文忠公弼宣撫河北，召公謂之曰②：「保塞之冤，盍訴于我？」公曰：「賞以閤門職，夫復何冤？」富公曰：「吾知已詳，而君不言，真長者。」

改雄霸州路沿界河至海口同巡檢，又以爲定州駐泊兵馬都監，進東頭供奉官，充環慶路駐泊兵馬都監。丁太夫人憂，乞解官，三請乃許。邊郡武臣小使臣亦許行服，自公始。服除，復授環慶路駐泊兵馬都監。大臣薦

① 會罷武藝司　按，宋官署并無名「武藝司」者，此處文字似有脱誤。

② 召公謂之曰　「召」字原脱，據太史范公文集卷四〇郭公墓誌銘補。

之，乃以爲涇原路駐泊兵馬都監，兼知鎮戎軍。先是，虜知漢法不敢過壕，每爲寇。公命邊吏追奔突擊，必得所掠而後已。迄公去，不敢犯邊。皇祐五年，秦鳳路通古渭州，公受詔以本部兵赴援，三戰皆勝，遂拔其城。擢授禮賓副使[五]，尋兼閤門通事舍人，改河北路沿邊安撫都監、兼同提點諸州軍寨榷場。

未行，選爲賀契丹國母生辰副使。會虜中群臣上其主尊號，請南使同上。公與國信使吴公奎固不可，虜欲脅之。夜聞帷外有兵刃聲，公堅卧不起。虜人促之急，公曰：「使臣可殺不可屈！」虜之君臣乃好諭曰：「北朝盛禮，願南使一觀。」公曰：「當觀於何所？」曰：「立本班。」公使還報曰：「不可。」復命曰：「立於别次。」乃入，卒觀不賀。使還，虜人以爲言，吴公出知壽州，公亦降授汾州兵馬都監[六]。故相龐公籍鎮并門，俾公權知忻州。契丹請天池廟以爲故疆，久不決。龐公委公往議，公於故牘得興國中契丹移文天池縣，曰「遥祀天池廟」，有「應以屬南朝地，未敢擅修」。公以示龐公，龐公喜，命公自爲報命，虜遂伏。

龐公薦管勾河外三州軍馬，未受命，會下溪蠻彭仕義反，加帶御器械，充荆湖北路兵馬鈐轄，兼知澧州①。捕得仕義親信，置左右以爲小史②，善遇之。久乃備言山川地形、虚實情僞、用兵長短。嘉祐三年春，用小史爲鄉導，以步兵進討，破羅城峒及賀府等二十餘隘，拔新州。又銜枚夜進，踰旬至仕義所居桃花州③，一戰破之。仕義棄城走，蠻酋七百餘人仰血乞降④。公受降以聞，賞功拜本司使。邵州武岡楊昌透反，詔以公爲荆湖南路兵馬鈐轄，兼知邵州。至則潛師夜起，徑至賊壘，黎明，圍數匝。昌透登柵大呼，公命縱火焚柵，斬其將雷鐵城等

---

① 兼知澧州　「澧州」原作「潭州」，據太史范公文集卷四〇郭公墓誌銘及東都事略、宋史郭逵傳改。按：潭州在荆湖南路，澧州屬荆湖北路。

② 置左右以爲小史　「小史」，太史范公文集卷四〇郭公墓誌銘作「小吏」。按，下文同。

③ 踰旬至仕義所居桃花州　「桃花州」，長編卷一八八嘉祐三年九月辛未條注引郭逵墓誌作「桃花洲」。

④ 蠻酋七百餘人仰血乞降　「七百餘人」，長編卷一八八嘉祐三年九月辛未條注引郭逵墓誌作「百餘人」。

數輩，諭昌透令降。昌透曰：「我平生勇冠諸峒，一旦窘此，智勇不及施，非戰之罪。願射公，三發不中即降。」公曰：「天道助順，爾何能爲？」昌透注矢，三發皆不中。諸蠻驚畏，以公爲神，相率願降，并以所領十餘州永輸租賦。公受降以聞，荆湖南北悉平。就差知廣信軍，遷六宅使，充成都府利州路兵馬鈐轄。公曰：「吾結髪從軍，大小戰陣必在其間。成都乃享厚禄、養資考之地，非報國本意。」固辭不行，以六宅使領端州刺史、權涇原路馬步軍副都部署。明年，就加龍神衛四廂都指揮使、果州團練使，升天武捧日四廂都指揮使，加侍衛親軍步軍都虞侯、惠州防禦使，賜號雄勇亮節功臣。

英宗即位，加容州觀察使，升侍衛親軍馬軍都虞候。馬、步軍鈌帥，詔公入朝，兼總二司。未幾，兼領殿前司。上親試田瓊、韓存寶武藝不中格，皆訴云：「嘗從郭某涇原，有功未賞。」上命公升殿，問之信然，乃録用之。上顧問邊事，公條具方略以對，上甚悦，泛論朝廷大事。時富公以直諫被讒[七]，上問公何如，公曰：「富弼忠亮，臣以全家保之。」上察公可備輔弼，治平元年，先以公復爲涇原路馬步軍副都總管，二年正月，制授檢校太保、同簽書樞密院事[八]，封文水郡開國公，改賜推忠佐理功臣。及國門，公感疾，上遣中貴人以國醫來，未瘳，復令平原夫人往視。公曰：「下臣有疾，上爲天子憂，未能造朝而先見家人，非禮也。」令勿下車而返。韓忠獻公琦欲寬塘濼之禁，同列以爲不然，論於殿上，上甚怒，韓公未敢對。公進曰：「臣詳知塘濼利害，誠不足恃。」同列大臣進曰：「『王公設險，以守其國』，豈曰不足恃？」公曰：「設險者，審權術、修法令、議制度、正綱紀是也，未聞止謂塘濼。澶淵之役，豈無塘濼耶？他日誤朝廷守計者，必塘濼也。」歐陽文忠公脩進曰：「郭某之言是也。」上意遂解。

三年，領簽書樞密院事，爲陝西四路安撫使、權涇原路馬步軍都總管、經略司、兼判渭州[九]。公懇辭樞職，上曰：「初欲授卿宣徽使，慮外人以爲罷政，第領樞職往，重使權。」公力薦今丞相范公純仁等數人而後行。党羌令征反，殺巡檢陳敢，朝廷議招懷。公以謂「始服終叛，爲梗不已，今又殺王官，當以威懲之。一族既破，諸部必降，因繩之以法，則邊患當弭」，遂決意用兵。二月，師次榇吴川①，令征挺身來降，公不許，命執之，進師討諸未下者，大破之，拔鴟鴞、訓狐等城，乃散諭諸羌，俾安心歸業，毋若令征自取剿絶。諸羌畏感，争出犒師。因駐兵塞外，觀覽山川，見强弱利害所在，乃城榇吴川。又遣諸酋諭青雞川諸部，示以威信，悉效順。又城青雞川。二川形勝相恃，新附降羌萬餘帳，地數百里，皆在腹中。乃置酒召諸酋犒燕，酒酣，語之曰：「汝等今日遂爲王臣，何以報國？」諸酋頓首曰：「惟公命。」公曰：「諸羌利牧養而拙耕稼，故二川沃壤，鞠爲荒萊。汝等可近山畜牧，以閑田來獻。」諸羌曰：「謹聞命。有吝田者，我等爲公滅之。」得良田千餘頃。乃下令召弓箭手人受田百畝，馬五十疋，旬月得壯士千人，騎千疋，省屯戍餽運之勞。詔奬之，賜榇吴川堡曰治平寨、青雞川堡曰雞川寨。

神宗即位，加静難軍節度觀察留後，復乞解樞職。會御史中丞言宰相不押常朝班[一〇]，以爲跋扈，指公爲黨。公固請閑郡，召還朝，至京師，闔門待罪。上遣中貴人促視事，公力辭，乃爲宣徽南院使，充京東西路安撫使、判鄆州。至州七日，拜鄜延路馬步軍都總管、經略安撫使、判延州。時种諤誘嵬名山降，夏人誘知保安軍楊定，内殿承制侍其臻、右侍禁張時庸殺之[一一]，邊事方起，故命公往。

初，种諤取綏州，朝廷以諤擅興生事，命公當必棄之。公以夏人殺王官，而所得綏州復棄，徒取輕耳，當必留之。會夏人以衆十餘萬欲復取綏州，公遣劉甫屯綏平，王雅屯懷寧，燕達守綏州。賊攻圍不克而去，遣薛宗道同周宗義來告諒祚之喪，且請綏州。公言不可許。又欲納塞門、安遠二寨易之。朝廷遣今丞相韓公縝、故太僕卿劉航來就議，公執初議。然朝廷曲徇其請，許之[一二]。熙寧二年，都囉重進奉誓表，以二寨來易，朝廷下誓詔予

① 師次榇吴川 「榇」，太史范公文集卷四〇郭公墓誌銘作「捺」。按，下文同。

之。公曰：「此正商於之地六百里也。」韓公問重進曰：「二寨且獻，封界何吝？」嵬名裒寨、党移賞娘來交寨，公遣機宜官往會之[一三]。夏人欲二寨、綏州同日交易，公使先交二寨地界，然後還綏州。虜使曰：「二寨，寨基是也，何界之有？」會有詔俾公焚棄綏州，公曰：「一州既失，二寨不可得，中國爲夏人所賣，安用守臣爲？願以死守之。」藏其詔不出，潛訪地界，得祥符中西平王檄爲驗，虜使遂詘而去[一四]。公以其事聞，上大驚，顧大臣曰：「不知綏州今存否？亟遣問之。」大臣皆恐，即降詔云：「某月某日指揮更不行。」詔至，屬僚皆驚曰：「前詔云何，未之見何也？」公徐出之，乃促公焚棄綏州。公曰：「曩遂奉行，今則何如？」將吏皆歎伏。公乃以前詔上，且言綏州見存，待稽朝命，違詔旨之罪。詔褒之曰：「淵謀秘略，悉中事機，有臣如此，朕無西顧之憂矣。」詔數夏國之罪以拒之，卒留綏州。

嵬名山之衆凡一萬二千，既降，未有以處之。公以夷狄獸心，散居内地，或生後患，廣務賑貸，非可經久，乃户選壯士一人爲捉生軍，分隸蕃將，貸以耕具，闢延州順安、懷寧等曠土以居之。夏人欲執景珣來獻①[一五]，以易名山等。公上言：「夏人詐謀不可信，若納珣而拒名山，則棄前恩、生後患，異時誰敢嚮化？景珣庸人，何繫輕重？」朝廷乃拒之。初，楊定等死，公密詷邊吏，得殺定等首領姓名。諜告曰：「夏人將斬殺定之人於境以謝罪。」公曰：「此將斬囚以紿我。」檄宥州詰之，且曰：「必執李崇貴等來。」虜曰：「殺之矣。」公曰：「崇貴等見存，職任狀貌如此，何可欺也？」夏人懼，乃歸楊定之子，執李崇貴、韓道喜以來，公遣姪忠紹獻闕下。

朝廷大臣以秉常初立，欲以官爵授其左右任事之人。公上疏曰[一六]：「彼主幼國疑，當不受詔。借或受之，必僞立姓名，以邀金繒。今既恭順，當開布大信，以示威靈所加，不宜誘之以利。」果不奉詔，如公所料。未幾，虜

① 夏人欲執景珣來獻　「景珣」，長編卷二三五熙寧五年七月壬午條、宋史郭逵傳作「景詢」。

以重兵寇邊[一七]。上手詔賜公曰：「秉常納款，詞禮恭順。朕務來遠，以息邊民。方降誓詔，且備册命。使猶在道，兵已犯塞。可具經久守邊方略以聞。」公上言：「夷狄之仕不常，古無一定之策，然久遠不能易者十事。」條上之，終曰：「陛下推心委任賢才，專意篤行仁義，删苛法而寧衆心，省重役而安百姓，邪佞不聞於耳，正直常致於庭，天下何憂不和，四夷何患不服？若攻守方略，應變權宜，貴無聲無形，不可預言。」上嘉納之，然必欲聞措置大略，遣知河中府蔡公延慶來就議。上降問目，咨訪利害，公具條對，附延慶上之。

明年，虜以親軍夾河，壯騎侵順安、綏平、黑水等寨。諸將請擊之，公曰：「虜遠來，利在速戰，其鋒未可當。」令毋得輕出。諜告曰：「賊粮欲盡矣。」公稍出兵應之。已而綏德城告急曰：「賊益兵大至定仙山，煙火皆滿。」公曰：「賊師其遁。」諸將皆疑，公曰：「鷙鳥之擊，必匿其形。兵果來，豈示人以衆？此張虚聲，惟庸將乃疑耳。」終不大出兵。賊侵漢地，築城郭，暴掠尤甚。公曰：「可矣。」乃使李安、李顒出綏德，彭達出順安，燕達出綏平，賈翊出安塞。檄宥州及使人諭賊曰：「夏國違誓，侵城漢地，其罪甚大。若能悔過，悉聽汝還；或不從，誅無噍類！」既而賊棄順安走，縱之；餘皆拒官軍，諸將合攻之，斬首數百，餘皆棄城遁。加檢校太尉，改雄武軍節度觀察留後，再任[一八]。

秋，夏人數十萬聲言將自西路擊延州，公遣李顒往東路視之。顒未及塞馳還，請濟師，公復遣往。已而賊果自東路，由金湯、白豹川襲慶州。公知秉常在宥州，遣燕達將鋭士悉破虜近邊諸寨，聲言擣虚取宥州，遣田守度設伏要其歸路，吴積援大順。夏人聞之亟還，守度要擊，敗諸金湯，虜衆遁歸。

韓獻肅公絳宣撫陝西四路，种諤帥師將取横山。公曰：「諤狂生耳，朝廷以家世用之過矣，他日敗國事必此人也。」韓公與公議出兵，公力言不可。使幕府與公論難，公曰：「此舉不唯無功，恐别生他變，爲朝廷憂。」以議不合，詔召還朝[一九]。上問公曰：「种諤取囉兀、撫寧二塞，或聞夏人復欲取之，當何如？」公曰：「願速備撫寧，則囉兀無患。」上曰：「何也？」公曰：「昔夏人取靈武，先擊清遠，然後靈州失守。今撫寧地平而城小，戍兵不多，萬一用前策，則必先取撫寧。撫寧破，則囉兀隨之。」上深以爲然，未及往備，撫寧已陷，遂棄囉兀。

明年，慶州兵作亂[二〇]，關中騷然，諸郡皆警。朝廷憂之，拜公永興軍路安撫使、兵馬都總管、判永興軍。至鎮，徹警去備，追巡囉兵皆還，惟以重賞募兵吏入山谷禽盜，人情乃安。徙判秦州[二一]，充秦鳳路馬步軍都總管、經略安撫使。甘谷城、通渭寨皆扞西圉，甘谷形勢孤絶，民不樂業。公欲增築五城，以安民心。通渭舊乏水，公欲移新城以就水泉，默計城池廣狹、功力衆寡，召諸將分命之曰：「趣往治新城，期以十日。」諸將相目，莫敢出言。公授以方略，亟遣行。各至其地，則土功、攻守之具畢集，不踰旬皆成。虜駭其神速，不敢攻。於是邊圉遂固。王韶將開熙河，依宰相勢①，多爲不法。公案其罪[二二]，韶引邊事以自解，且乞他官覆按。朝廷遣大理丞杜純來治②，先移公判渭州[二三]。純桉韶事皆實，宰相怒，并坐純[二四]，更遣御史蔡確來。公由是得罪[二五]，落宣徽南院使、知潞州。

未幾，充河東路經略安撫使③、馬步軍都總管、知太原府。明年，復宣徽南院使[二六]。時遼人遣蕭傛來議地界④，上遣吕大忠、李舜舉與傛議[二七]。手詔問公方略，公悉奏之。北人有降者⑤[二八]，衆謂宜納之。公曰：「此

① 依宰相勢　「宰」字原闕，據文海本及太史范公文集卷四〇郭公墓誌銘補。庫本作「時」。按，宰相指王安石。
② 朝廷遣大理丞杜純來治　「廷」字原闕，據文海本及太史范公文集卷四〇郭公墓誌銘補。
③ 充河東路經略安撫使　「充」原作「乞」，據太史范公文集卷四〇郭公墓誌銘改。
④ 時遼人遣蕭傛來議地界　「蕭傛」，太史范公文集卷四〇郭公墓誌銘作「蕭禧」。按，下文同。又，宋史、長編及遼史諸書皆作「蕭禧」。
⑤ 北人有降者　「北」原作「比」，據太史范公文集卷四〇郭公墓誌銘改。

得之何益？彼或欲交質於我，何以拒之？頃契丹駙馬劉三賈來歸①，仍上平燕策，朝廷恐以小害大，尚且拒之。此一番奴，欲致我曲耳。」亟遣之。楊復乞河東、陝西招懷投來蕃部，公奏駁之曰：「河東扼二虜之交，與陝西異，誓詔、誓書皆以招納爲戒。今行楊復之議，是自求擾也。」時朝廷有經略四夷之意，於是迎合獻言者甚衆，公獨鎮以静重，務敦守盟好，不求邊功。

熙寧九年，交趾寇廣南，陷邕、欽、廉[二九]，詔以天章閣待制趙公卨爲招討使，内侍押班李憲副之。已而罷憲，更拜公爲安南道行營馬步軍都總管、經略招討使，兼湖南北路、廣南東西路宣撫使[三〇]，卨副之[三一]。公入見，上問何以平南，公曰：「兵不可前料，願至邊圖上方略。」上問所須，曰：「願得鄜延、河東舊將吏。」將行，宴於便殿，賜中軍旗物、劍甲以寵之。師次潭州，遣知欽州任起攻永安州，拔之。朝廷初降敕牓諭溪峒，公以蠻夷不知文告之辭，乃直陳八事，請散牓郡縣溪峒。門州賊將黄金滿、岑慶賓來降[三二]。公遣和斌、楊從先將材士數萬，戰艦數百艘，諸將將九軍及降附諸蠻，水陸並進。師次邕州，遣曲珍討下雷諸峒，降之。又遣知邕州陶弼集左江諸峒，皆會於軍。次思明州，公以謂廣源州咽吭之地，兵甲精鋭，不先取之，則有腹背之患；僞觀察使劉應紀爲賊謀主，不禽應紀，則軍聲不振。遣燕達往，一戰克之，拔其城，應紀出降。師次決里隘，遣張世矩攻之。交人以象拒戰，公使强弩射之，以巨刀斬象鼻，象卻走，自踐其軍。大兵乘之，賊潰去，乘勝拔桄榔縣。曲珍攻門州，亦拔之，溪峒悉降。

交人伏兵於夾口隘以待王師，公知之，乃由間道兜頂嶺以進，次富良江，去交州四十里。賊以夾口之計不及

① 頃契丹駙馬劉三賈來歸　「劉三賈」，遼史卷八六劉六符傳、宋史卷三一〇杜衍傳、長編卷一五二慶曆四年十月甲午條等皆作「劉三嘏」，是。

施，亟以戰艦數百艘先趨富良壁岸下。給告曰①：「和斌、楊從先且至。」軍中皆喜。既至，則交人數萬鼓譟薄官軍，前軍不利。公率親兵當之，使騎揚言曰：「大師至矣！」賊少止，麾下士勇自倍。公叱騎將張世矩、王愍合戰②，諸伏皆發，賊大敗，蹙入于江者不可勝數，江水爲之三日不流。斬首數千級，殺僞大將洪真，禽左郎將阮根。乾德大懼，奉表詣軍門請降，納蘇茂、思琅、門、諒、廣源五州之地③，仍歸所掠子女。公與諸將議帥師濟江，諸將曰：「九軍糧盡矣。」凡征安南，兵十萬、夫二十餘萬，冒暑涉瘴，死亡過半，存者皆病瘁。公曰：「吾不能覆賊巢，俘乾德以報朝廷，天也。願以一身活十餘萬人命。」乃班師，以乾德降表聞〔三三〕，約交人聽旨。公入塞，亦疾甚，卧護諸將城順州及桄榔縣而還。詔赦交人，罷宣撫司。公上章乞閑郡養疾，除判潭州。朝廷以公不能得交州，降授銀青光禄大夫、左衛將軍，西京安置〔三四〕。杜門不出者十年，讀書養氣以自樂。

今上即位，授左屯衛大將軍致仕。明年落致仕，檢校司空、知潞州、武功縣男。公不敢辭，亟就治，即告老，不許。明年，復廣州觀察使、知河中府。徑歸洛陽，力請老，拜左武衛上將軍、提舉西京嵩山崇福宫〔三五〕。元祐三年十二月十四日，薨於西京嘉慶里第，享年六十有七。訃聞，輟視朝一日，贈雄武軍節度使〔三六〕。

公娶史氏，封平原郡夫人。六男子：忠良，左侍禁；忠諫，左班殿直；忠孝，承事郎；忠臣，西頭供奉官；忠恕，東頭供奉官；忠賢，左侍禁。忠良、忠諫皆先公卒，忠恕後公踰月而卒。女八人：通直郎夏大定、大理評

① 給告曰　按，長編卷二〇九熙寧九年十二月癸卯條注曰：「按墓銘所稱『給告』，不知謂誰，其語殊不了了。」
② 公叱騎將張世矩王愍合戰　「王愍」原作「主愍」，據太史范公文集卷四〇郭公墓誌銘及長編卷二七九熙寧九年十二月癸卯條改。
③ 納蘇茂思琅門諒廣源五州之地　「思琅」二字原脱，據長編卷二七九熙寧九年十二月癸卯條、玉海卷一九三上安南道行營馬步軍都總管郭逵破交阯補。

事錢蕘、承務郎胡士修、宣義郎吕昭問、内殿承制石舜賓、承務郎王東文、廣濟主簿范埴，皆其婿也；一早卒。孫男六人，孫女三人。

公初遭母喪，慶帥杜杞以邊州金革從事例奪喪聽樂，召公强致之。公涕泣就座，毁瘠不勝衣，遂罷去。既詔許解官行服，杞以錢四十萬贈之，公謝而不受。奉養節儉，慕范文正之爲人。性嚴重，不妄言笑。爲將領宿衛，持法不貸下，軍政肅然。及守邊，拊循士卒，得其歡心。用兵先計而後戰，善料敵伐謀，戎狄畏其威名。節制鄜延，夏人嘗寇秦鳳，邊將范愿死之，殺掠甚衆，公檄宥州索所掠，悉得之。神宗嘗問公八陣遺法，公曰：「兵無常形，八陣特奇正相生之一法耳。」因爲上論之甚詳，上大奇之。至延安，使將吏以八陣教兵，久不能成。公召諸軍曉金鼓營陣之法者，得六十四人，使人教一隊，頃刻而成。先是，鄜延雖多屬羌，而無法制，不足用。公擇其勇技出衆者奏官之，皆激厲賈勇，數萬皆爲精鋭，兵械犀利，爲諸路最。善用將校，每至所部，使人人自言所能，暇則閲試而記之，故所用無失。

慶州之役，主帥歸罪偏裨，既斬李信、劉甫[三七]，又治鄜延西路都巡檢使白玉之罪。玉見公託以後事，且言不得終養老母。公惻然哀之曰：「君第以我不遺爲詞。」力救之得免。明年，玉大勝於新寨①，神宗謂公曰：「白玉能以功補過，今立戰功，皆卿之力也。」公每戰，必戒諸將先招懷而後戰鬭，故降附多而誅戮少。尤愛惜士卒，南征既上道，有犯罪者，或請從便宜誅之，公曰：「若從此殺戮至賊境，則我軍將盡矣。」命一如法令，須入賊境，乃行便宜。殺賊婦女老弱者皆不賞，故不以多級爲功。嘗語其子曰：「吾用兵，陰德多矣。」

公雖以武立名，然刻意學問，書無所不讀，日有程，不中程不止[三八]。自得於聖賢之意者甚多，手自録之，曰

① 玉大勝於新寨 「新寨」，庫本及太史范公文集卷四〇郭公墓誌銘作「新塞」。

竹庵精慮。又取古人言行可師者，擬劉向新序編次之，以自鑑戒。至於陰陽占候、百工技藝，無不精曉；國朝故事、四夷名邑、用兵地名、山川形勢、成敗事迹，莫不精究。喜爲詩，有五原、閑江二集①，節制集五卷、奏議五十卷、經制集五十卷、對境圖釋五卷。

以某年某月某日葬于某鄉某里，從太師之兆。公在仁宗時，有功南海，爲名將。英宗、神宗尤深知公，遂大用之。出入中外，常爲重輕，所至隱然如長城，朝廷四方恃以爲安，論將帥必以公爲首。及南征，困於瘴毒，雖不得交州，然洪真授首，應紀面縛，得五州之地，全師而返，交人畏讋，遂不敢動。公常言曰：「兵凶事也，必有大獄隨之，理勢自然，無足怪者。」故公一謫不復振，處之怡然。晚居洛陽，門庭寂如無人。治家如官府，子弟非冠帶不見。及二聖嗣位，起公將復用之，而公病寢，久無意於世矣。年未六十，即自爲棺槨，貯之居第，每與客觀之。幕府辟士極一時之選，趙禼初掌機宜，未幾代公帥鄜延，其餘多爲名臣，世以公爲知人。

初，范文正最先知公，獎拔之；韓忠獻、富文忠、司馬文正及今丞相范公皆稱公不容口。某從祖忠文公嘗曰：「吾游諸公間，每見郭公，言必及深遠。」觀知公之人與公之所知，雖古之賢將，何以加此？孤忠孝以銘爲請，辭不獲，乃銘曰：

惟郭之先，受氏自虢②。世有顯庸，以踐邦伯。桓桓郭公，允武允文。出入四朝，克成厥勳。仁宗惟仁，天德不殺。疆理南海，公初奮伐。英宗惟英，整肅四方。登公樞廷，大震氐羌。神宗惟神，耀我聖武。西守南征，公爲方虎。蠢爾交蠻，自昔邦讎。帝命公往，匪亟匪游。披其五州，炎荒是宅。功成身危，爲衆受責。釋師十

① 有五原閑江二集　「閑江」，太史范公文集卷四〇郭公墓誌銘作「蘭江」。

② 受氏自虢　「受」原作「父」，據太史范公文集卷四〇郭公墓誌銘改。

萬，耽玩簡編。樂以忘憂，卒歲窮年。二聖起公，將收桑榆。公以老告，身與疾俱。惟其成烈，萬夫之特。云誰無勇，孰如父識①？不知禁人②，視其所知。嗚呼郭公，名則不夷。

辨證：

［一］郭將軍逵墓誌銘　本墓誌又載於范祖禹太史范公文集卷四〇，題曰「檢校司空左武衛上將軍郭公墓誌銘」。按，郭逵，東都事略卷六二、宋史卷二九〇有傳。

［二］後卜葬洛陽因家焉　東都事略郭逵傳云其「父斌，徙家于雒」。

［三］衆感激皆請降　涑水記聞卷四云保州兵叛，「會朝廷遣知制誥田況齎詔諭之，況遣人於城下遥與賊語，出詔示之，賊終狐疑不聽，稍近城則射之，不能得其要領。有殿直郭逵者，徑踰壕詣城下，謂賊曰：『我班行也，汝下索，我欲登城就汝語。』賊乃下索，即援之登城，謂賊曰：『我班行也，豈不自愛，苟非誠信，肯至此乎？朝廷知汝非樂爲亂，由官吏遇汝不以理，使汝至此。今赦汝罪，又以禄秩賞汝，使兩制大臣奉詔書來諭汝，汝尚疑之，豈有詔書而不信邪？兩制大臣而爲妄誕邪？』詞氣雄辯，賊皆相顧動色，曰：『果如此，更使一二人登城。』即復下索，召其所知數人登城，賊於是信之，争投兵下城降，即日開門。大軍入，收後服者一指揮而坑之，餘皆勿問」。按，長編卷一五一慶曆四年八月甲寅條注曰：「逵本傳云范貴、史克順、侍其臻據保州叛。按此時但有韋貴，無范貴。又云臻、貴自剄。按臻亦未嘗死，不知本傳何所據也。」

［四］復阬降卒四百餘人　長編卷一五一慶曆四年八月甲寅條云當時亂軍「投兵下城降者二千餘人，遂開門納官軍。其造逆者四百二十九人，況具得其姓名，令楊懷敏率兵入城，悉阬殺之」。涑水記聞卷一一亦云時「亂兵開城出降，有數百後出，悉誅」。

---

① 孰如父識　「父」，太史范公文集卷四〇郭公墓誌銘作「公」。

② 不知禁人　「禁」，太史范公文集卷四〇郭公墓誌銘作「其」。

［五］擢授禮賓副使　據長編卷一七五皇祐五年閏七月庚辰條，云「秦鳳路經略安撫司言古渭寨、啞兒峽、廣吴嶺諸蕃部數出擾邊，道阻不通」，故令諸將「討捕之」，其知鎮戎軍郭逵「得四百五十九級」，遂自内殿承制、閤門祗候爲禮賓副使。

［六］吴公出知壽州公亦降授汾州兵馬都監　長編卷一七九至和二年四月癸巳條云：吴奎「前使契丹，會契丹主加稱號，邀使者入賀，奎不爲往，因別設次令就觀。比還，道與契丹使遇，其國本以金冠爲上服，紗冠次之，而使人輒欲以紗冠邀漢使盛服，奎不許，殺其禮見之。既而契丹言，每北使至南朝，遇盛禮皆入賀。奎坐是出」。注曰：「郭逵副奎，亦坐是責汾州都監。」

［七］時富公以直諫被讒　長編卷二〇五治平二年七月癸亥條載樞密使、同平章事富弼以疾罷爲鎮海節度使、同平章事、判河陽。富弼上奏有云：「臣今乍離陛下左右，仰恃聖睿，斷無所憂，惟是讒謗，尚恐未免，萬一有之，只乞聖慈察其所謗之語道理如何，若臣別無非道非理，即望陛下始終保庇，使全首領。假如臣因今所患，便就死滅，亦須九泉之下陰有所報。臣感戀之外，更竭此心。伏惟聖明俯賜矜照。」是時富弼與韓琦不協，然云「直諫被讒」，却未詳究指何事，疑富弼罷樞相出鎮與此相關。

［八］二年正月制授檢校太保同簽書樞密院事　長編卷二〇八治平三年四月戊申條載殿前都虞候、容州觀察使郭逵檢校太保、同簽書樞密院事，云：「同簽書樞密院事自逵始。於是知制誥邵必當制，草詞以進，而言逵武力之士，不可置廟堂，望留誥敕與執政熟議。弗聽。逵既入西府，衆多不服，或以咎韓琦。琦曰：『吾非不知逵望輕也，故事西府當用一武臣，上欲命李端愿，吾知端愿傾邪，故以逵當之。』或曰上本意欲用張方平，琦知方平不附己，猥曰西府久不用武臣矣，宜稍復故事。上督其人，無以應，乃遽用逵。知諫院邵亢、御史吴申呂景交章論祖宗朝樞府參用武臣，如曹彬父子、馬知節、王德用、狄青，勳勞爲天下所稱則可，逵黠佞小才，豈堪大用？不報。」注曰：「案此事續綱目在三月，宋史爲二年事，俱與此不合。」按，此注文乃清人所加，宋史郭逵傳云「治平二年，以檢校太保、同簽書樞密院」。據宋史卷二一一宰輔表二、宋宰輔編年録卷六所載，郭逵同簽書樞密院事皆在治平三年四月。故稱「二年正月」者誤。

［九］領簽書樞密院事爲陝西四路安撫使權涇原路馬步軍都總管經略司兼判渭州　長編卷二〇八治平三年十月丁亥條云：「自呂餘慶以參知政事權知成都府，其後見任執政無守藩者，至逵始以同簽書樞密院事出鎮。」

［一〇］會御史中丞言宰相不押常朝班　宋史卷一一六禮志云：治平四年，御史中丞王陶以宰相韓琦、曾公亮「違故事不押班爲不恭，劾之」。

[一一]夏人誘知保安軍楊定内殿承制侍其臻右侍禁張時庸殺之　宋史卷四八五夏國傳下載：「冬，种諤取綏州，因發兵夜掩嵬名山帳，脇降之。諒祚乃詐爲會議，誘知保安軍楊定、都巡檢侍其臻等殺之。邊吏以聞，命韓琦知永興軍，經略西方。諒祚錮送殺定者六宅使李崇貴、右侍禁韓道善及虜去定子仲通。」又西夏書事卷二一治平四年十一月載：「定嘗使夏國，見諒祚稱臣拜，許歸沿邊熟户，諒祚遺之寶鑑、寶劍、金銀等物。定歸，匿其金銀，僅上鑑、劍，言諒祚可刺狀，神宗擢知保安軍。已，种諤取綏州，諒祚謂定賣己，駐兵銀州，詐爲會議，誘定殺之，并殺都巡檢侍其臻，擄定子仲通而還。」

[一二]朝廷遣今丞相韓公縝故太僕卿劉航來就議公執初議然朝廷曲徇其請許之　涑水記聞卷一一云：「文公（彦博）以取綏州爲無名，請以易安遠、塞門于夏國，遣祠部郎中韓縝與夏國之臣薛老峰議于境。老峰曰：『苟得綏州，請獻安遠、塞門寨基。』縝曰：『其土田如何？』老峰曰：『安有遺人衣而留領袖者乎？』縝信之，入奏。密院劄子下鄜延，命追綏德戍人，遷其芻糧，不盡者焚之。經略使郭逵以爲夏國心欺紿，俟得安遠、塞門，然後棄綏德未晚，匿其劄不行。既而遣使交地，元昊曰：『所獻者寨基。』其四旁土田皆不可得。使者以聞，上怒甚，以讓文公。文公亟奏前劄鄜延更不施行。時趙卨掌機宜於經略司，求前劄不獲，甚憂恐。逵乃出示之，卨驚曰：『此他人所不敢爲也。』」按：此時元昊已死，此乃代指夏廷。

[一三]公遣機宜官往會之　宋史郭逵傳稱郭逵「遣其屬趙卨、薛昌朝與夏使議」。

[一四]潛訪地界得祥符中西平王檄爲驗虜使遂詘而去　宋史郭逵傳云：「（趙）卨曰：『二砦之北，舊有三十六堡，且以長城嶺爲界，西平王祥符所移書固在也。』虜使驚不能對，乃寢其請。」

[一五]夏人欲執景珣來獻　按皇朝編年綱目備要卷一三慶曆八年「夏四月，册諒祚爲夏國主」條載「諒祚性狂悖無常，……納叛人景詢，親而用之，以爲樞密使，棄蕃禮，用漢制」。

[一六]朝廷大臣以秉常初立欲以官爵授其左右任事之人公上疏曰　據宋史卷四八六夏國傳下，此事在以安遠、塞門二寨易綏州事前。按，本書中集卷二三滕學士甫墓誌銘云：「夏國主秉常被篡。公言：『繼遷死時，李氏幾不立矣，當時大臣不能分建諸豪，乃以全地王之，至今爲患。今秉常失位，諸將爭權，天以此遺陛下。若再失此時，悔將無及。請擇一賢將，假以重權，使經營分裂之，可不勞而定百年之計也。』」

〔一七〕未幾虜以重兵寇邊　宋史卷四八六夏國傳下云：熙寧二年二月，遣河南監牧使劉航等册秉常爲夏國主。三月，夏人入秦州，陷劉溝堡，殺范愿。

〔一八〕改雄武軍節度觀察留後再任　長編卷二一四熙寧三年八月戊午朔條云：「上與執政議，欲令逵再任。王安石曰：『但當移鎮。』曾公亮曰：『移鎮必不樂，不如且已。』上曰：『蔡挺已嘗轉官，逵如何且已？』公亮言程戡例，安石曰：『節度使豈可輕授？人知陛下吝惜名器，逵亦必絶望，程戡例固難用於今日。』上曰：『節度使誠可惜。』既又與樞密院議之，文彦博議與曾公亮同。彦博曰：『唐時藩鎮從尚書轉，唐書云：『軍中但聞尚書轉僕射。』武臣與文臣不同，文臣不計官職，但知報國，武臣不免計較官職。』安石曰：『唐時藩鎮與今日事勢不同。太祖使將帥平江南，尚只錫錢。今逵何功，便敢望節鉞？』彦博曰：『太祖時事與今日又不同。』上曰：『郭逵不至如此。若果如此，尤當節限，不可妄與官職。唐藩鎮與今日事勢不同，今移鎮再任，厚加錫賜可也。』」郭逵遂加檢校太尉、雄武軍留後，令再任。

〔一九〕以議不合詔召還朝　長編卷二一四熙寧三年十一月乙卯條載：韓絳用种諤謀取横山，郭逵力言不可，「絳怒，奏逵沮軍事」，遂召郭逵「赴闕」。

〔二〇〕慶州兵作亂　據長編卷二二一熙寧四年三月丁未條載，此事在棄囉兀、撫寧之前。

〔二一〕徙判秦州　長編卷二二二熙寧四年四月辛巳條載河陽三城節度使司空兼侍中、集禧觀使曾公亮判永興軍，宣徽南院使、雄武軍留後、判永興郭逵判秦州，云：「先是，吕大防罷延州，上曰：『欲使郭逵往。』問王安石曰：『永興宜得一重人，卿以爲孰可？』安石曰：『曾公亮精審善鎮撫，宜使之往。』上疑公亮憚行，安石曰：『就除其子孝寬爲陝西轉運副使，以慰其意，彼必樂行。且公亮已老，得孝寬在彼助之最便。』既而復用趙卨，遂中輟。於是韓縝殘虐事聞，僉欲徙之，故以逵代縝，而公亮治永興如初議。」

〔二二〕公案其罪　長編卷二三〇熙寧五年二月丁丑條云：「郭逵奏聞王韶招俞龍珂，甚屈辱。」又卷二三一熙寧五年三月丙申條云：「郭逵奏：『王韶初乞經略司磨勘市易錢，今又乞別差官磨勘，蓋有欺弊。見本司點檢，乞止令本司磨勘。』」按，曲洧舊聞卷二云：「郭逵爲西帥，王韶初以措置西事至邊，逵知其必生邊患，用備邊財賦連及商賈，移牒取問。韶讀之，怒形顔色，擲牒于地者久之，乃徐取納懷中，入而復出，對使者碎之。逵奏其事。上以問韶，韶以元牒繳進，無一字損壞也。上不悟韶計，不直逵言。自後逵論韶，並不報，而韶遂得志矣。」

〔二三〕先移公判渭州　長編卷二三〇熙寧五年二月丙寅條載觀文殿學士、吏部侍郎、知鄭州吕公弼爲宣徽南院使、判秦州，宣徽南院使、判秦州郭逵判渭州，「始用王安石之言也」。

〔二四〕純按韶事皆實宰相怒并坐純　長編卷二三四熙寧五年六月甲戌條云：「先是，杜純勘王韶市易司事，奏韶出納官錢不明，韶答劾院，置辭率詆讕驕慢，有云：『委不曾依諸場務出納，致有差互。韶私家物卻上公使歷，乞根問是與不是韶發意侵盜？』又韶先奏：『元瓘稱臣見欠瓘錢二百六十貫未歸著，若勘得是侵盜，只乞以功贖過，貸臣死。』其它多類此，故純奏韶欺狡事難究治，乞依韶元奏候滿三年磨勘。又因韶不發遣王君萬對獄，遂及韶討殺奄東蕃部，謂韶生事邀功。王安石見純奏大怒，自爲畫一，問純何以證韶于官錢不明令韶具析？上曰：『文歷差互，韶或不免。初疑韶爲侵盜耳，韶亦必不至侵盜九十餘貫錢。』安石又言：『韶討殺蕃部，于純所勘事初無與。純本樞密院屬官，久知樞密院惡韶，覷望利害，輒敢誣奏，其情意可見。今當別遣人推鞫。』上以爲然。」又卷二四〇熙寧五年十一月癸亥條云「勘管光禄寺丞杜純並衝替」。

〔二五〕更遣御史蔡確來公由是得罪　長編卷二四〇熙寧五年十一月癸亥條云：「初，商人元瓘與韶以利交，後投韶效用。時有中書劄子，元瓘不得於市易司勾當。去年正月，韶託以瓘諳習商販，令管勾機宜黄察因幹事入京投狀待漏院，乞瓘依舊勾當。未報，而韶赴闕，改瓘名仲通，令在本司變轉茶綵及雇女奴，與川交子五千緡并度牒置公用。仲通剋留六百餘千。逵知仲通違朝旨勾當，即捕仲通，令（蕭）敦善、（張）續訊鞫，得韶贓狀；又點檢官鈔歷不同，奏韶侵貸官錢，送仲通司理院，（馮）潔己監勘。仲通稱韶借智緣銀二百兩，并逮黄察治券馬錢，事連部將王君萬。韶申有緊切事，已遣君萬入蕃勾當，候回日發遣。純奏韶託以邊事，侮玩制問，不肯發遣。會純遭父喪，改御史蔡確就劾，盡變其獄。至是，奏案上，逵反坐憑仲通虚詞指定韶罪。」注曰：「朱本云：『逵坐奏劾王韶盜貸官錢不實，潔己等以附會逵，推勘不直，韶以違朝旨與元瓘改名，及狀内虚妄，具獄上，雖皆會赦降去官，特責之。』與墨本差不同，今附注此。」

〔二六〕未幾充河東路經略安撫使馬步軍都總管知太原府明年復宣徽南院使　長編卷二五〇熙寧七年二月丙子條云：「上議擇河北帥，欲用郭逵爲定州。安石曰：『陛下當國家閒豫時，不修政刑，使逵有所忌憚，緩急乃欲用逵，臣恐非宜。且逵言「木征恐來秦州作過，臣才能短淺，無以措置，伏乞朝廷相度處分」。木征至無足憚，然逵尚敢挾之以侮脅朝廷，若握重兵，外挾契丹，陛下如何可以節制？』上曰：『逵必不敢旅拒。』安石曰：『以木征侮脅朝廷，豈非旅拒？』」固執不可。又據長編卷二五六，郭逵遂於九月間改知太原府。

按，據長編卷二四〇、卷二五六、卷二五八，郭逵於熙寧五年十一月知潞州，知太原府在熙寧七年九月丙辰，復宣徽使在熙寧七年十二月甲戌。故此處所云「未幾」、「明年」者不確。

[二七] 時遼人遣蕭禧來議地界上遣吕大忠李舜舉與禧議　長編卷二五八熙寧七年十一月丙申條云：「入内供奉官李舜舉言：『劉忱等與蕭素、梁穎商量地界，語不條暢，縱有開發，多失機會。已具奏乞移文理辨，望早裁處。』詔改差吕大忠替蕭士元。」

[二八] 北人有降者　按長編卷二六七熙寧八年八月癸巳條云：「時契丹略漢境，民不安於鄙，傳城自歸，而夷夏莫能辨，守者無敢納。」疑即指此事。

[二九] 交趾寇廣南陷邕欽廉　東都事略附録八交趾傳云：「沈起知桂州，妄意朝廷有攻取之議，不能懷輯，乃以溪峒點集土丁，又禁交趾與州縣貿易。於是交趾貳，遂謀入寇。熙寧八年，乾德大舉兵，連陷欽、廉二州，遂圍邕州。知邕州蘇緘日夜勞苦，士卒禦敵，前後射殺萬五千餘人，城中人心益固。而救不至，被圍四十二日而城陷，緘死之。三州死者無慮十餘萬人。」東軒筆録卷八云：「神宗即位，王荆公執政，（蕭）注度朝廷方以開邊爲意，又以黜官未復，思有以動君相之意，乃言向日久在邕州，知交趾可取，朝廷遽召，復閤門使，俾知桂州兼廣西經略安撫。注至桂二年，而繆悠無狀，有旨召還，死於潭州。然朝廷尚以交趾爲可取，又以沈起知桂州。起至桂，先取宜州王口寨，而兵屢折衄，又作戰艦聚軍儲，雖興作百端，而不中機。會朝廷疑其逗遛，移起知潭州，而以劉彝守桂。既而計謀宣露，一旦交趾浮海載兵擊陷廉、白、欽三郡，圍邕州，僅四十日，城陷，殺知州蘇緘，屠其城，掠四郡生口而去。」涑水記聞卷一三云：「熙寧中，朝廷遣沈起、劉彝相繼知桂州，以圖交趾。起、彝作戰船，團結洞丁以爲保甲，給陣圖，使依此教戰，諸洞騷然。士人執交趾圖以言攻取之策者，不可勝數。嶺南進士徐百祥屢舉不中第，陰遺交趾書曰：『大王先世本閩人，聞今交趾公卿貴人多閩人也。百祥才略不在人後，而不用於中國，願得佐大王下風。今中國欲大舉以滅交趾，兵法「先聲奪人之心」，不若先舉兵入寇，百祥請爲内應。』於是交趾大發兵入寇，陷欽、廉、邕三州。」按，大越史記全書本紀卷三仁宗皇帝太寧四年春二月條云：「宋王安石秉政，上言以爲我國爲占城所迫，餘衆不滿萬人，可計取之。宋命沈起、劉彝知桂州，潛起蠻峒兵，繕舟船，習水戰，禁州縣不與我國貿易。帝知之，命李常傑、宗亶領兵十餘萬擊之。水步並進，常傑陷欽、廉等州，亶圍邕州。宋廣西都監張守節將兵來救，常傑迎擊於崑崙關，大破之，斬守節于陣。知邕州蘇緘固守不下，我軍攻之四十餘日，囊土傅城而登，城遂陷。」

〔三〇〕已而罷憲更拜公爲安南道行營馬步軍都總管經略招討使兼湖南北路廣南東西路宣撫使　長編卷二七三熙寧九年二月戊子條云：「宣徽南院使、雄武軍留後、判太原府郭逵爲安南道行營馬步軍都總管、招討使、兼荆湖廣南路宣撫使，改趙卨爲副使，仍罷李憲。先是，趙卨上言：『朝廷置招討使副，其於軍事並須共議，至於節制號令，即乞歸一。』於是李憲銜之，已而語卨，令邊事止奏稟御前指揮，更不經中書、樞密院。卨對以朝廷興舉大事，若不經二府，恐類墨敕，於事未便。憲又言：『將來若至軍中，御前有指揮，事當何如？』卨曰：『事若未便，軍中不聞天子詔，當從便宜爾。』二人由是交惡，屢紛辨於上前。王安石白上：『中人監軍，唐叔世弊事，不可踵。』上因問卨：『若憲不行，誰可代憲？』卨言：『逵老邊事。』上曰：『卿統帥，令副之，奈何？』卨曰：『爲國集事，安問正副，臣願爲裨贊。』上諾之。始，吴充與安石争伐交趾利害，安石言必可取，充謂得之無益。上竟用安石言，罷憲而遣逵及卨。安石雅不喜逵，及有是命，亦充所薦也。」注曰：「神宗史交趾傳云：『王安石薦趙卨爲主帥，吴充因卨之奏罷李憲也，以郭逵嘗害熙河事，爲安石所黜，故薦逵代卨。安石乃去位，充果相。逵逗留駐兵不進，卨欲早出師，逵不從。』哲宗實録郭逵舊傳云：『王安石與吴充争伐交趾事，安石以爲可取，充曰得之無益。及逵行，充以書抵逵曰：「經久省便爲佳。」逵由是玩兵不進。』按二書皆私意，非公言也。其實充不欲伐交趾，而逵所以得用，雖因卨薦，或充實主之。」

〔三一〕卨副之　長編卷二七三熙寧九年二月辛丑條云趙卨入辭，神宗諭曰：「郭逵性吝嗇，卿宜諭以朝廷不惜費。兼逵好作崖岸，不通下情，將佐莫敢言。卿至彼，爲言之，毋得輕敵。」又卷二七八熙寧九年十月乙巳條云：「上批：『安南之役，所繫不輕。朝廷精擇將帥，委寄殊重。如聞議論，不務協和，令郭逵、趙卨體認朝寄，各遵職守，凡事從長商議，毋得互持偏見，更致譸張，有誤國事。』逵與卨雅，故卨初自請佐逵。及逵至，處議多駁。宦者李舜舉等憤卨沮罷李憲，因交鬬其間。逵遂分都總管司，與燕達自爲長貳，進止節制，宣撫副使不與知。卨日輸情欵，冀逵開釋，然無益也。累奏乞罷，不許。」

〔三二〕朝廷初降敕牓諭溪峒至門州賊將黄金滿岑慶賓來降　長編卷二七九熙寧九年十二月癸巳條注引此文，且曰：「據御集五月十九日湖北漕孫構奏，門州黄金滿等欲歸順。又日録八月十七日，有説諭黄金滿事。恐黄金滿來降，必在八月或九月間。然實録無黄金滿事，但於十二月十二日書廣源古農八細峒頭首儂士忠、盧豹乞降，或黄金滿等即在其間。墓誌既稱黄金滿來降，又稱攻拔門州。豈有既來降，而又攻拔之理？恐黄金滿但遣人通欵，不曾身到軍前。據今郭逵家所録征南一宗文字，亦可證黄金滿但乞降耳，非來降也。」

又按十年四月二十八日趙卨云，黄金滿導苗履過富良江。然則攻拔門州，黄金滿始降，誌亦非誤。」

［三三］乃班師以乾德降表聞　東軒筆録卷八云：「逵頓兵邕州久之，進克廣源州杭郎縣，而賊據富良江以扼我師。逵閉壁四十日，竟不能度，既而糧道不繼，瘴毒日甚，十萬之衆死亡十九，僅得交趾降表，遂班師。」鐵圍山叢談卷二稱郭逵領軍「及入蠻境，先鋒將苗履、燕逵徑度富良江，一擊散走其賊衆，擒僞太子佛牙將，進破其國矣。逵聞而怒，亟追還之，欲斬二驍將於纛下，賴卨救免。因屯師於蠻地，不戰者六十餘日，大爲交人慢侮。逵第遜辭，僅取其要領，且納賂得還，報中原人不習水土，加時熱疫大起，於是十萬大師瘴厲腹疾，死者八九。既上聞，神廟大不樂，命窮治厥繇。久之，乃得吴丞相（充）與逵書劄曰：『安南事宜以經久省便爲佳。』蓋逵承望丞相風指，因致坐斃。」按，大越史記全書本紀卷三仁宗皇帝太寧五年春三月條云：「宋令廣南宣撫使郭逵爲招討使，趙卨副之，總九將軍合占城、真臘來侵。帝命李常傑領兵逆擊，至如月江大破之，宋兵死者千餘人，郭逵退，復取我廣源州。」

［三四］降授銀青光禄大夫左衛將軍西京安置　長編卷二八三熙寧十年七月乙亥條載貶宣徽南院使、雄武軍留後郭逵爲左衛將軍，西京安置，云「以御史知雜蔡確言逵經制安南，移疾先還，……及不即平賊也」。注曰：「時政記云：『以逵始初獨上封章請專經制，不能須時進討，乘勢蕩平，移疾輒便先還，……及不即平賊，故有是責。』今從實録。」

［三五］拜左武衛上將軍提舉西京嵩山崇福宫　長編卷四〇二元祐二年六月甲午條云：「詔郭逵罷廣州觀察使、知河中府，除左武衛上將軍、提舉崇福宫。先是，逵知潞州，河東轉運使論逵言語蹇緩，步履艱難，請別與差遣，以安老疾。會逵徙知河中府，亦露章祈免，故有是命。」

［三六］訃聞輟視朝一日贈雄武軍節度使　長編卷四五四元祐六年正月壬午條云：「郭逵遺表乞男恩。舊制，上將軍四人，降官職而未復、乞致仕及遺表奏補，並取奏裁。有司以逵嘗任同簽書樞密院事及宣徽南院使，詔依見任官條推恩。」

［三七］慶州之役主帥歸罪偏裨既斬李信劉甫　宋史卷一五神宗紀二載熙寧三年十月「丙子，知慶州李復圭擅興兵，敗績，誣裨將李信、劉甫、种詠以死，御史劾之，貶保静軍節度副使」。

［三八］書無所不讀日有程不中程不止　邵氏聞見録卷八云：「郭宣徽逵少時，人物已魁偉，日懷二餅，讀漢書於京師州西酒樓上。飢即食其餅，沽酒一升飲，再讀書。抵暮歸，率以爲常。」

名臣碑傳琬琰集中卷十四

孔中丞道輔墓誌銘[一]　荊公王安石

宋故朝請大夫、給事中、知鄆州軍州事兼管内河堤勸農、同群牧使、上護軍、魯郡開國侯、食邑一千六百户、實封二百户、賜紫金魚袋孔公者，尚書工部侍郎、贈尚書吏部侍郎諱勗之子，兖州曲阜縣令、襲封文宣公、贈兵部尚書諱仁玉之孫，兖州泗水縣主簿諱光嗣之曾孫①，而孔子之四十五世孫也。其仕當今天子天聖、寶元之間，以剛毅諒直名聞天下。嘗知諫院矣，上書請明肅太后歸政天子，而廷奏樞密使曹利用、上御藥羅崇勳罪狀[二]。當是時，崇勳操權利，與士大夫爲市；而利用悍强不遜，内外憚之。嘗爲御史中丞矣，皇后郭氏廢，引諫官、御史伏閤以争，又求見上，皆不許，而固争之②，得罪然後已[三]。蓋公事君之大節如此。此其所以名聞天下，而士大夫多以公不終於大位爲天下惜者也。

公諱道輔[四]，字原魯。初以進士釋褐[五]，補寧州軍事推官。一年少耳，然斷獄議事，已能使老吏憚驚。遂

①　兖州泗水縣主簿諱光嗣之曾孫　「泗水縣」原作「四水縣」，據庫本、王文公文集卷八八、臨川集卷九一孔公墓誌銘及宋史卷八五地理志一改。

②　而固争之　「固争」原作「因中」，據臨川集卷九一孔公墓誌銘改；王文公文集卷八八孔公墓誌銘作「故争」。

遷大理寺丞，知兖州仙源縣事[六]，又有能名。其後嘗直史館，待制龍圖閣，判三司理欠憑由司、登聞檢院、吏部流内銓，糾察在京刑獄，知許、徐、兖、鄆、泰五州①[七]，留守南京，而兖、鄆、御史中丞皆再至。所至官治，數以争職不阿，或絀或遷，而公持一節以終身，蓋未嘗自絀也。

其在兖州也，近臣有獻詩百篇者，執政請除龍圖閣直學士。上曰：「是詩雖多，不如孔某一言②。」乃以公爲龍圖閣直學士。於是人度公爲上所思，且不久於外矣。未幾果復召，以爲中丞。而宰相使人説公稍折節以待遷，公乃告以不能。於是又度公且不能久居中，而公果出。初，開封府吏馮士元坐獄，語連大臣數人，故移其獄御史，劾士元罪止於杖③，又多更赦。公見上，上曰④：「士元以小吏與大臣交私，汙朝廷，而所坐如此。」而執政又以謂公爲大臣道地，故出鄆州⑤[八]。公以寶元二年如鄆，道得疾，以十二月壬申卒於滑州之韋城驛[九]，享年五十四。其後詔追郭皇后位號，而近臣有爲上言公明肅太后時事者，上亦記公平生所爲，故特贈公尚書工部侍郎[一〇]。

公夫人金城郡君尚氏，尚書都官員外郎諱賓之女。生二男子：曰淘⑥，今爲尚書屯田員外郎；曰宗翰，今

---

① 知許徐兖鄆泰五州　「泰」原作「秦」，據臨川集卷九一孔公墓誌銘、長編卷一一三明道二年十二月丙辰條及隆平集、東都事略、宋史孔道輔傳改。

② 不如孔某一言　「孔某」，臨川集卷九一孔公墓誌銘作「孔道輔」。

③ 劾士元罪止於杖　「劾」上，臨川集卷九一孔公墓誌銘有「御史」二字。

④ 上曰　王文公文集卷八八、臨川集卷九一孔公墓誌銘作「上固怪」。

⑤ 故出鄆州　「出」下，王文公文集卷八八、臨川集卷九一孔公墓誌銘有「知」字。

⑥ 曰淘　按，隆平集孔道輔傳稱其名宗亮，闕里志卷二四宋守御史中丞贈太尉孔公後碑云其名舜亮。

爲太常博士，皆有行治，世其家。累贈公金紫光禄大夫、尚書兵部侍郎。而以嘉祐七年十月壬寅，葬公孔子墓之西南百步。

公廉於財，樂振施，遇故人子恩厚尤篤，而尤不好鬼神機祥事。在寧州，道士治真武像，有蛇穿其前，數出近人，人傳之以爲神。州將欲驗以聞，故率其屬往拜之，而蛇果出。公即舉笏擊蛇殺之[二]，自州將以下皆大驚，已而又皆大服。公由此始知名。然余觀公數處朝廷大議，視禍福無所擇，其智勇有過人者，勝一蛇之妖，何足道哉！世多以此稱公者，故余亦不得而略也。銘曰：

展也孔公，維志之求。行有險夷，不改其輈。權强所忌，讒諂所讎。考終厥位，寵禄優優。維皇好直，是錫公休。序行納銘，爲識諸幽。

辨證：

[一]孔中丞道輔墓誌銘　本墓誌又載於王安石王文公文集卷八八、臨川集卷九一，題曰「給事中贈尚書工部侍郎孔公墓誌銘」。按，孔道輔，隆平集卷一四、東都事略卷六〇、宋史卷二九七有傳，又明陳鎬闕里志卷二四載有張宗益宋守御史中丞贈太尉孔公後碑。

[二]而廷奏樞密使曹利用上御藥羅崇勳罪狀　宋史孔道輔傳云：「章獻太后臨朝，召爲左正言。受命日，論奏樞密使曹利用、上御藥羅崇勳竊弄威柄，宜早斥去，以清朝廷。立對移刻，太后可其言，乃退。」然長編卷一〇八天聖七年十二月辛亥條注引孔道輔本傳，并曰：「按道輔爲左正言，乃天聖元年八月。此時利用及崇勳驕恣之狀猶未著，道輔必不以受命日首論此二人。及五年十二月，遷左司諫，或可論矣。然距利用貶黜尚一年餘，遽云太后可其言，亦妄矣。且利用不應與崇勳同論，或道輔果曾同論二人，亦必不在始受命日。傳蓋誤也。」又曰：「道輔出守，未必不由論崇勳故耳。」

[三]引諫官御史伏閤以争又求見上皆不許而固争之得罪然後已　長編卷一一三明道二年十二月乙卯條云：郭皇后廢，宰相呂夷簡先敕有司無得受臺諫章疏。「臺諫章疏果不得入，（范）仲淹即與權御史中丞孔道輔率知諫院孫祖德、侍御史蔣堂郭勸楊偕馬絳、殿

中侍御史段少連、左正言宋郊、右正言劉渙詣垂拱殿門，伏奏皇后不當廢，願賜對以盡其言。護殿門者闔扉不爲通，道輔撫銅環大呼曰：『皇后被廢，奈何不聽臺諫入言！』尋詔宰相召臺諫諭以皇后當廢狀，道輔等悉詣中書，語夷簡曰：『人臣之於帝后，猶子事父母也。父母不和，固宜諫止，奈何順父出母乎？』衆譁然，争致其説。夷簡曰：『廢后自有故事。』道輔及仲淹曰：『公不過引漢光武勸上耳，是乃光武失德，何足法也！自餘廢后，皆前世昏君所爲。上躬堯舜之資，而公顧勸之效昏君所爲，可乎？』夷簡不能答，拱立曰：『諸君更自見上力陳之。』道輔與范仲淹等退，將以明日留百官揖宰相廷争。而夷簡即奏臺諫伏閤請對，非太平美事，乃議逐道輔等」。次日詔孔道輔出知泰州。

〔四〕公諱道輔　隆平集、東都事略、宋史孔道輔傳云其「初名延魯」。

〔五〕初以進士釋褐　隆平集孔道輔傳云其大中祥符五年登進士第。

〔六〕知兖州仙源縣事　長編卷七九大中祥符五年閏十月戊寅條載「改兖州曲阜縣爲仙源縣」。東家雜記卷上載：「道輔，祥符九年以大理寺丞知曲阜縣，又天聖二年以太常博士奉勅監修祖廟。」涑水記聞卷九云：「孔中丞道輔初以太常博士知仙源縣，諸孔犯法，無所容貸。」又宋史孔道輔傳云其「遷大理寺丞，知仙源縣，主孔子祠事。孔氏故多放縱者，道輔一繩以法。上言廟制卑陋，請加脩崇，詔可。再遷太常博士」。闕里志卷二四宋守御史中丞贈太尉孔公後碑云其「祥符九年，詔擢爲大理寺丞，宰曲阜，主祠事，不以私恩害公義。故貳樞姜公爲本道廉訪使，行部過邑，問公税廪庾，公不對，但高談皇王大略。姜怒，按其邑，一一修舉，姜不能責」。

〔七〕知許徐兖鄆泰五州　按長編卷一〇八天聖七年十二月辛亥條云：「以左司諫、龍圖閣待制孔道輔知鄆州，坐糾察刑獄事不當也。」卷一一〇天聖九年十二月庚申條云：「左司諫、龍圖閣待制孔道輔出知宣州，尋改徐州，又改許州。」注曰：「道輔出守，必有故，當考。明年二月改徐州，三月改許州。」

〔八〕而執政又以謂公爲大臣道地故出鄆州　宋史孔道輔傳云其「復入爲御史中丞。道輔性鯁挺特達，遇事彈劾無所避，出入風采肅然。及再執憲，權貴益忌之。初，道輔與其父里中僦郭贇舊宅居之。有言於帝者曰：『道輔家近太廟，出入傳呼，非所以尊神明。』即詔道輔他徙。集賢校理張宗古上言漢内史府在太廟堧垣中，國朝以來廟垣下皆有官私第舍，謂不須避。帝出宗古通判萊州。道輔歎曰：『憸人之言入矣。』會受詔鞫馮士元獄，事連參知政事程琳。宰相張士遜素惡琳，而疾道輔不附己，將逐之，察帝有不悦琳意，即謂道輔：『上顧程公厚，今爲小人所誣，見上爲辨之。』道輔入對，言琳罪薄，不足深治。帝果怒，以道輔朋黨大臣，出知鄆州」。

〔九〕道得疾以十二月壬申卒於滑州之韋城驛　宋史孔道輔傳云其「出知鄆州。已而道輔知爲士遜所賣，頗憤惋。時大寒上道，行至韋城發病，卒。天下莫不以直道許之」。儒林公議卷下云：「孔道輔自以聖人之後，常高自標置，性剛介，急於進用。或有勸其少通者，答曰：『我豈姓張、姓李者耶？』聞者多笑之。爲御史中丞，以事被黜，知鄆州。然非其罪，躁憤且甚，至胙縣，一夕卒於驛舍。」又涑水記聞卷一〇云「孔道輔卒於澶州」。

〔一〇〕而近臣有爲上言公明肅太后時事者上亦記公平生所爲　據宋史孔道輔傳云：「皇祐三年，王素因對語及道輔，仁宗思其忠，特贈尚書工部侍郎。」

〔一一〕公即舉笏擊虵殺之　徂徠石先生文集卷六擊蛇笏銘并序：「祥符中，寧州天慶觀有虵妖，極怪異，郡刺史日兩至於其庭朝焉，人以爲龍。舉州人内外遠近，罔不駿奔於門以覲，恭莊肅祇，無敢怠者。今龍圖待制孔公，時佐幕在是邦，亦隨郡刺史於其庭。公曰：『明則有禮樂，幽則有鬼神，是虵不亦誣乎？惑吾民，亂吾俗，殺無赦！』以手板擊其首，遂斃於前，則虵無異焉。郡刺史暨州内外遠近庶民，昭然若發蒙，見青天，覩白日，故不能肆其凶殘而成其妖惑。」又，儒林公議卷下云：「孔道輔祥符中爲寧州軍事推官，州天慶觀有蛇妖，郡將而下日两往拜焉。道輔以笏擊蛇首，斃焉，由是知名。」聞見近録云：「孔中丞道輔爲州掾，太守到官三日，謁廟，廟有蛇，以爲神，每祀之，則蛇自神像鼻中直出飲酒。孔方讀祝，蛇出飲，孔厲聲曰：『明則有禮樂，幽則有鬼神，蛇何爲哉！』以笏擊蛇死，遂揮像壞其廟而去。」

張御史唐英墓誌銘〔一〕　張丞相商英〔二〕

張氏之先，居邛州白鶴山①，蓋神仙之苗裔〔三〕。曾大公諱珂②，居蜀州新津縣之新穿鄉，娶鄉先生樊氏女，

① 居邛州白鶴山　「邛州」原作「卭州」，按蜀中廣記卷七四引臨邛志載境内有白鶴山，臨邛即邛州郡名，檢宋史卷八九地理志五，屬成都府路，據改。

② 曾大公諱珂　「珂」，本書中集卷四一張寺丞文蔚墓誌銘作「全」。

是生大父諱諹①。娶劉氏，是生三子：長曰禹；次曰藻；季曰文蔚，字隱之，即吾考也。考娶江原馮氏，生五子②：曰軒英、曰民英、曰唐英、曰虞英、曰商英。考妣以唐英陞朝，叙封光禄寺丞、長壽縣君；以商英陞朝，累贈朝議大夫、祥符縣太君。考之行義，詳於翰林學士范公景仁之内誌[四]；妣之賢淑，具於樞密直學士錢公醇老之銘詩③，兹乃得而略已。

唐英字次功④，少與兄軒英刻苦讀書，經歲不知肉味[五]。年十八，州舉送至禮部，再上，遂及進士第，實慶曆三年也[六]。初調渝州決曹掾⑤，上興王正議五十篇，翰林學士孫公夢得奇其文，曰：「吾蜀乃有此後生，馬周、魏元忠不足多也。」以賢良方正直言極諫科薦之[七]。再調歸州獄掾，與夷陵令蔣概、秭歸令鄧綰爲文友，名聲籍甚荆湖間。楊公元素以詩贈曰：「建平之江悍以湍，建平之山頑以峭。天恐江山太寂寥，故聚英才鬬其妙。不然三子並國器，安得皆官此遐徼？」白雲先生張少愚誦之曰：「真詩史哉。」用簿格移襄州穀城縣令⑥。令圃多種薑，貸種於民，還其陳而配賣。以所得息饒多，與鄧城相埒，銓曹以所入厚薄，目之曰「穀大鄧二」。次功至，則以圃種柳千株，作柳亭，刻石誌之，嗜利者聞以愧焉。開古黄瀆渠，溉田無慮千頃。作諭民十篇，以警風俗。初若迂闊於治，既久而折崖諸鄉以野陋頑梗稱者，子弟皆向學樂善，彬彬有文。化之漸漬於人也，效緩而功遠，於諭

① 是生大父諱諹　「諹」，本書中集卷四一張寺丞文蔚墓誌銘作「仁諹」。

② 生五子　按，本書本集卷四一張寺丞文蔚墓誌銘云其「子男七人」，即其五子外，尚有「顯英、邦英，先公以亡」。

③ 具於樞密直學士錢公醇老之銘詩　「醇老」原作「醇考」，按宋史卷三一七錢藻傳云錢藻字醇老，據改。

④ 唐英字次功　按，東都事略張唐英傳云其字次公。又陳録卷五蜀檮杌稱其自號黄松子。

⑤ 初調渝州決曹掾　「掾」原作「椽」，據成都文類卷五〇哀辭載張商英寧魂改。按，下文同。

⑥ 用簿格移襄州穀城縣令　「簿」原作「薄」，據庫本改。

民見之矣。代還，恩薦格改著作佐郎。

英宗即位，覃恩轉秘書丞。明年，轉太常博士。神宗即位，轉屯田員外郎。初，英宗自濮邸繼大統，次功上慎始書①［八］，言：「爲人後者爲之子。恐他日有引定陶故事以惑聖聽者，願杜其漸。」既而濮廟議作，臺諫官相次黜逐。熙寧二年，詔舉臺官，王禹玉、范景仁同在翰林，以次功言事有先見之明，以名薦上［九］。次功在治平中，英廟不豫，慈聖垂簾，大臣莫敢發儲副之議者。次功奮不顧忌諱，請立潁王爲皇太子。神宗知之，特除殿中侍御史裏行②。賜對，因問曰：「卿何尚衣緑耶？」對曰：「前此可授與父。」上曰：「孝也。」以五品服賜之。

時神宗方講求治道，慨然上嘉三代，而下陋漢唐，左右公卿未有以中上心者。公以疏言：「知江寧府王安石經術道德，宜在陛下左右。」又言：「皇親員多禄侈，宜以服紀隆殺差降。」及言：「天下苦於力役不均③，至有碎崖流離，宜講求可以寬民力、代民勞者。」其後施行④，多如次功言。皇親宗諤引外任使相例僥倖干求，恃長上表，詞語不婉。次功彈劾之，宗諤奪俸，宮僚罷逐，宗室肅然。盧士衡以龍圖閣直學士知鄆州，次功奏：「人呼士衡爲『迷龍圖』。鄆節制山東，奈何不慎擇帥耶？」士衡降知列郡。

次功長於論議，善言天下事，每進見，上稱其忠，將且貴之。三年八月，丁朝議公憂去官⑤。次功自爲小官，

① 次功上慎始書　「慎始書」，太平治迹統類卷一二神宗聖政、長編紀事本末卷五五濮議、宋史張唐英傳皆作「謹始書」，乃避孝宗諱改。

② 特除殿中侍御史裏行　按，宋史張唐英傳云「擢殿中侍御史」，不確。

③ 天下苦於力役不均　「均」字原脱，據宋史張唐英傳補。

④ 其後施行　「行」原作「無」，據鐵琴銅劍樓本、庫本改。

⑤ 三年八月丁朝議公憂去官　據本書中集卷四一張寺丞文蔚墓誌銘，張唐英之父文蔚卒於治平四年八月，故此處「三年」當爲「四年」之譌。

迎侍二十年，孝養備至。偶朝議公懷鄉西歸，卒於里舍，恨不及見，哀慕成疾。四年六月二十二日遂不起①，享年四十有三。諸孤幼，未有成立，商英以其年十二月奉靈柩葬於成都府雙流縣之三珠里②。有文集若干卷③。

紹聖三年，次功之子庭玉年四十一矣，既克厥家，徙居廣安，謂孤墳在蜀，歲時洒掃不及，從地理家得吉穴于南峯之下[一〇]，以其年十一月某日遷柩改卜，來請銘誌。謹涕泣而爲銘曰：

汪洋浩博，長川巨壑，次功之學。煥爛繽紛，祥霞慶雲，次功之文。清真勁烈，危松皓雪，次功之節。卷舒闔開，急電驚雷，次功之才。云何不壽，隕于壯齡，所蘊未究？吾門不昌，存我匪令，而隕其良。南峯之下，虎抱龍懷，英靈所舍。我既葬之，有子改卜，魂其來綏。

辨證：

[一] 張御史唐英墓誌銘　按，張唐英，東都事略卷一〇二、宋史卷三五一有傳。

[二] 張丞相商英　商英（一〇四三～一一二一年）字天覺，號無盡居士，蜀州新津人。張唐英弟。治平二年進士，官至尚書右僕射。謚文忠。東都事略卷一〇二、宋史卷三五一有傳，本書下集卷一六載有張少保商英傳。

[三] 張氏之先居邛州白鶴山蓋神仙之苗裔　按，此言張唐英祖上爲仙人張遠霄後裔。蜀中廣記卷七四引臨邛志載：「白鶴山廬舍那

---

① 四年六月二十二日遂不起　成都文類卷五〇哀辭載張商英寧魂稱張唐英卒於「熙寧元年六月壬戌」。按：壬戌即六月二十二日。故此處「四年」當作「元年」。

② 商英以其年十二月奉靈柩葬於成都府雙流縣之三珠里　按，成都文類卷五〇哀辭載張商英寧魂云：「明年（熙寧二年）三月乙酉，葬於雙流縣之甘泉鄉，從父塋。」

③ 有文集若干卷　按，蜀中廣記卷九八著作記第八載録張唐英黄松子集十卷。

院，異時張遠霄仙蹟俱在。遠霄生眉山，自號四郎，以靈符神彈救世病苦。忽一日，書符於壁，如四目老翁狀，符就落壁，隱身不見，人即其地立祠焉。」又，本書中集卷四一張寺丞文蔚墓誌銘云：「其先長安人，七世祖琰，爲右拾遺，從僖宗入蜀，留其子道安於蜀，遂家焉。」

［四］考之行義詳於翰林學士范公景仁之内誌　按，范鎮所撰張寺丞文蔚墓誌銘，載於本書中集卷四一。

［五］少與兄軒英刻苦讀書經歲不知肉味　安成都文類卷五〇哀辭載張商英寧魂云：「有鄉先生號爲碩儒，次功就學。歲餘，曰：『才有餘而道不足，不可以爲吾學。』府君異之，以一壚土購書千餘卷，資其讀。次功閉户刻苦力學，或半歲不識肉味。」

［六］年十八州舉送至禮部再上遂及進士第實慶曆三年也　成都文類卷五〇哀辭載張商英寧魂云：張唐英「年十八，鄉書送至禮部。後五年爲解頭，遂釋褐」。按，唐英卒於熙寧元年，年四十三，則推知其生於天聖四年，十八歲當慶曆三年，後五年乃慶曆八年。據宋登科記考卷四，慶曆二年、六年，皇祐元年有春闈，而慶曆三年、四年、七年「權停貢舉」，慶曆五年、八年詔「禮部貢舉」，故張唐英於慶曆三年「鄉書送至禮部」，「再上」當在「八年」，及第在皇祐元年。又趙抃趙清獻公文集卷四送張唐英司理赴喻州詩云：「少年得第人誰似。」自注「今丞相文公」云云，據宋史宰輔表二，文彦博首次拜相在慶曆八年至皇祐三年間，可證。又明萬曆四川總志卷八郡縣志人物宋亦載張唐英「皇祐登進士」。故此云「遂及進士第，實慶曆三年也」者不確。

［七］以賢良方正直言極諫科薦之　宋史張唐英傳稱其被薦制科，然「不就」。

［八］英宗自濮邸繼大統次功上慎始書　太史范公文集卷二五聽政劄子貼黄云：「臣等伏見英宗即位之初，小臣中有張唐英者上慎始書，預言不宜追尊濮王，近臣中唯司馬光先言之。其後建議者上誤英宗追尊濮廟，舉朝皆以爲不可，朝廷雖盡逐臺諫，而言者不息，英宗終不能奪衆論，聖意但悒怏而已。及神宗即位，深悔英宗不從衆言，遂擢張唐英爲御史，而司馬光大被信任。」

［九］熙寧二年詔舉臺官王禹玉范景仁同在翰林以次功言事有先見之明以名薦上　太平治迹統類卷一二神宗聖政載治平四年五月甲辰，屯田員外郎張唐英爲殿中侍御史裏行，云「從翰林學士王珪、范鎮之薦也。英宗初立，唐英上謹始書，……既而臺諫官相次斥逐，珪、鎮謂唐英有先見之明，故薦之」。長編紀事本末卷五五濮議、宋史全文卷一〇所載同。按，疑「熙寧二年」四字有誤文。

［一〇］從地理家得吉穴于南峯之下　按，蜀中廣記卷二八廣安州云張唐英墓在廣安州西三十里，并引張唐英墓志云唐英原葬雙流之三珠里，「紹聖三年，其子庭玉徙居廣安，改葬於岳門山東南峰下」。

沈翰林遘墓誌銘[一]　荆公王安石

公姓沈氏，諱遘，字文通，世爲杭州錢塘人。曾祖諱某，贈兵部尚書。祖諱某，贈吏部尚書。父扶，今爲尚書金部員外郎。公初以祖蔭補郊社齋郎，舉進士於廷中爲第一，大臣疑已仕者例不爲第一，故以爲第二[二]。除大理評事、通判江寧府。當是時，公年二十①，人吏少公，而公所爲卓越，已足以動人，然世多未知公果可以有爲也。祀明堂恩，遷祕書省著作佐郎。歲滿召歸，除太常丞，充集賢校理，判登聞鼓院、吏部南曹，權三司度支判官，又判都理欠憑由司。於是校理八年矣。平居閉門，雖執政非公事不輒見也，故雖執政，初亦莫知其爲材。居久，乃始以修起居注②，召試知制誥。及爲制誥，遂以文學稱天下。金部君坐免歸，求知越州，又移知杭州[三]。鋤治姦蠹，所禁無不改，崇奬賢知，得其歡心[四]，兩州人皆畫像祠之。

英宗即位，召還勾當三班院，兼提舉兵吏司封官告院[五]，兼判集賢院，延見勞問甚悉。居一月，權發遣開封府事[六]。初至開封③，指以相告曰：「此杭州沈公也。」及攝事，人吏皆屏息。既而以知審官院，遂以龍圖閣直學士權知開封府[七]。公旦暮視事，日中則廷無留人，出謝諸客，從容笑語。客皆怪之，公獨有餘日，而畿内翕然稱

① 當是時公年二十　按，沈遘卒於治平四年，年四十，則推知其生於天聖六年，皇祐元年時二十二歲。記纂淵海卷三七狀元及第云沈遘年二十二爲狀元。故此處云「年二十」者不確，疑脱「二」字。

② 乃始以修起居注　「修」，王文公文集卷九四沈内翰墓誌銘、臨川集卷九三内翰沈公墓誌銘作「同修」。

③ 初至開封　「初」上，臨川先生文集卷九三内翰沈公墓誌銘有「公」字。

治，他人如公坐視其左右①。於是名實暴耀②，故自天子、大臣皆論以爲國器[八]，而閭巷之士奔走談説，讙呼鼓舞，以不及爲恐。會母夫人疾病，請東南一州侍疾。英宗曰：「學士豈可以去朝廷也？」明日，除公翰林學士、知制誥，充群牧使，兼判吏部流内銓、判尚書禮部。

公雖去開封，然皆以爲朝夕且大用矣，而遭母夫人喪以去。英宗聞公去，尤悼惜，特賜黄金百兩③，以金部君知蘇州。公居喪致哀，寢食如禮，以治平四年七月一日得疾杭州之墓次，某日至蘇州，而以九日卒，年四十。有三男子、六女④。男恭嗣⑤，後公六日卒；隆嗣、延嗣與六女皆幼。夫人陸氏，封安定郡君。公官至右諫議大夫，散官朝散大夫，勳輕車都尉，爵長安縣開國伯，食邑八百户。有文集十卷⑥。

公平居不嘗視書⑦[九]，而文辭敏麗可喜，强記精識，長於議論，世所謂老師宿學無所不該、通於世務者⑧，皆莫能屈也。與人甚簡，而察其能否、賢不肖尤詳，視遇人各盡其理⑨。爲政號爲嚴明，而時有從舍，於良善貧弱

---

① 他人如公坐視其左右　「他人」，王文公文集卷九四沈内翰墓誌銘、臨川集卷九三内翰沈公墓誌銘作「人人」。

② 於是名實暴耀　「耀」下，王文公文集卷九四沈内翰墓誌銘有「振發賢臨一時」六字。

③ 特賜黄金百兩　王文公文集卷九四沈内翰墓誌銘作「特遣使者追賜黄金百兩」，臨川集卷九三内翰沈公墓誌銘作「遣使者追賜黄金」。

④ 有三男子六女　「三」下，臨川集卷九三内翰沈公墓誌銘衍一「三」字。

⑤ 男恭嗣　王文公文集卷九四沈内翰墓誌銘、臨川集卷九三内翰沈公墓誌銘作「中男恭嗣」。

⑥ 有文集十卷　按，陳録卷一七著録沈遘西溪集十卷。

⑦ 公平居不嘗視書　「書」原作「事」，據王文公文集卷九四沈内翰墓誌銘、臨川集卷九三沈内翰墓誌銘改。

⑧ 世所謂老師宿學無所不該通於世務者　「該」，王文公文集卷九四沈内翰墓誌銘、臨川集卷九三内翰沈公墓誌銘作「讀」。

⑨ 視遇人各盡其理　「人」，王文公文集卷九四沈内翰墓誌銘、臨川集卷九三内翰沈公墓誌銘作「之」。

既恤之尤至。在杭，待接賓客多所闊略①，而州人之貧無以葬及女子失怙恃而無以嫁者，以公使錢葬嫁之，凡數百人。於其死，知與不知，皆爲之歎惜。即其年十月十六日，葬公錢塘龍居山皇祖尚書之兆。銘曰：

沈公儀儀，德義孔時。升自東方，其明孰虧②？視瞻歎譽，無我敢疵。正晝而隕，嗚呼可悲！序傳有史，亦銘在詩。

辨證：

［一］沈翰林遘墓誌銘　本墓誌又載於王安石王文公文集卷九四，題曰「沈内翰墓誌銘」；臨川集卷九三，題曰「内翰沈公墓誌銘」。按，沈遘，東都事略卷七六、宋史卷三三一有傳。

［二］舉進士至故以爲第二　東都事略沈遘傳云其「舉進士第一，大臣疑已在仕者不得爲第一，乃以爲第二，其後遂以爲故事」。宋史全文卷十九中引沈與求云：「皇祐元年，沈文通考中第一，仁宗曰：『朕不欲以貴胄先天下寒畯。』遂以馮京爲第一，文通第二。」

［三］求知越州又移知杭州　會稽志卷二太守云：「沈遘，嘉祐六年十二月以右正言、知制誥知，七年七月轉起居舍人，依前知制誥，移揚州。」乾道臨安志卷三牧守云：「嘉祐七年八月甲申，以起居舍人、知制誥沈遘爲尚書禮部郎中、知杭州。」則沈遘當自知越州移知揚州，未赴而改知杭州。

［四］鋤治姦蠹所禁無不改崇獎賢知得其懽心　長編卷二〇五治平二年七月辛巳條云：「遘爲人輕俊明敏，通達世務，前知杭州，令行禁止。人有貧不能葬者及女子孤無以嫁者，以公使錢葬、嫁數百人。倡優養良家女爲己子者，奪歸其父母。接遇士大夫，多得其懽心。部吏憸險之徒尤樂傾心，盡爲之耳目，刺閭巷間事，纖悉即知，故事至立斷，衆莫不駭伏。小民有犯，情稍不善，不問法輕重，斷訖，

① 待接賓客多所闊略　「賓客」，臨川集卷九三内翰沈公墓誌銘作「使客」。

② 其明孰虧　「虧」，王文公文集卷九四沈内翰墓誌銘、臨川集卷九三内翰沈公墓誌銘作「夷」。

强刺爲卒，刺者數百人，屏息不敢犯。鞠真卿提點刑獄，欲案其事，方移州詰問，遘恐，悉弛所刺卒，給以公據，復爲民。會遘召還，真卿亦罷去，事遂寢。議者以其嚴比孫沔，然沔雖苛暴，鋭於懲惡，至遘，善人亦懼焉。」

［五］兼提舉兵吏司封官告院　按宋敏求春明退朝録卷中載：「予嘗判官告院，知制誥時，又提舉兵吏司封官告院，而不白司勳，恐遺之也。凡文臣及節度觀察防團刺史、諸司使副、内殿承制崇班，皆用吏部印；管軍至軍校、環衛官，用兵部印；封爵、命婦用司封印；加勳用司勳印。」

［六］權發遣開封府事　獨醒雜志卷三云：「祖宗時，知開封府多以翰林學士爲之，若除知制誥、給諫、待制卿列，則爲權發遣。然須用天下之望，且有政術者。」

［七］遂以龍圖閣直學士權知開封府　長編卷二〇五治平二年七月辛巳條載知制誥沈遘爲龍圖閣直學士、權知開封府，云：「其治開封如治杭，晨起視事，及午事畢出，與賓舊往還，從容談笑，以示有餘，士大夫交稱其能，以爲且大用矣。逾月，加龍圖閣學士。逾年，遷翰林學士，尋以母喪去位，遽卒。」注曰：「遘遷翰林學士在三年九月，卒在四年九月。」按避暑録話卷上云：「沈翰林文通喜吏事，每覺有疾，藥餌未驗，亟取難決詞狀，連判數百紙，落筆如風雨，意便欣然。」

［八］故自天子大臣皆論以爲國器　東軒筆録卷十云：「英宗素憤戚里之奢僭，初即位，殿前馬步軍都指揮使李璋家犯銷金，即日下有司，必欲窮治。知開封府沈遘從容奏曰：『陛下出繼仁宗，李璋乃仁宗舅家也。』英宗惕然曰：『初不思也，學士爲我平之。』遘退坐府，召衆匠，出衣示曰：『此銷金乎？銷銅乎？』匠曰：『銅也。』沈即命火焚衣而罷。」

［九］公平居不嘗視書　老學庵筆記卷一云：「荆公素輕沈文通，以爲寡學，故贈之詩曰：『儵然一榻枕書卧，直到日斜騎馬歸。』及作文通墓誌，遂云『公雖不常讀書』。或規之曰：『渠乃狀元，此語得無過乎？』乃改『讀書』作『視書』。」

許待制元墓誌銘[一]　文忠公歐陽脩

公諱元，字子春，姓許氏，宣州宣城人也。許氏世以孝謹稱鄉里。其父亡，一子當官，兄弟相讓久之，曰：「吾弟材①，後必庇吾宗。」乃以公補郊社齋郎②[二]。徙居海陵，力耕以養其母。

調明州定海、劍州順昌縣尉③，泰州軍事推官。戍兵千人自海上亡歸，州守聞變，不知所爲。公爲詰其所以來，二三人出前對。公叱左右執之，曰：「惑衆者此爾，其餘何罪？」勞其徒而遣之。遷鎮東軍節度推官、知潤州丹陽縣。縣有練湖，決水一寸，爲漕渠一尺，故法盜決湖，罪比殺人。會歲大旱，公請借湖水溉民田，不待報，決之。州守遣吏按問，公曰：「便民④，罪令可也。」竟不能詰。由是溉民田萬餘頃，歲乃大豐。再遷太子中舍、監揚州博鹽和糴倉，知泰州如皋縣，所至民愛思之。

① 吾弟材　「材」原作「林」，據庫本及居士集卷三二許公墓誌銘改。

② 乃以公補郊社齋郎　「郊社齋郎」，東都事略、宋史許元傳作「太廟齋郎」。

③ 調明州定海劍州順昌縣尉　按，順昌縣乃南劍州屬縣，則「劍州」上似脱一「南」字。

④ 便民　原作「使民」，據庫本及居士集卷三二許公墓誌銘改。

公爲吏，喜修廢壞，其術長於治財。自元昊叛河西，兵出久無功，而天下勞弊。三司使言公材，以主榷貨。公言：「先時賈人入粟塞下，京師錢不足以償，故錢償愈不足，則粟入愈少，而價愈高，是謂内外俱困。請高塞粟之價，下南鹽以償之，使東南去滯積，而西北之粟盈。曰此輕重之術也。」行之果便。是時京師粟少，而江淮歲漕不給，三司使懼，大臣以爲憂。參知政事范仲淹謂公獨可辦[三]，乃以公爲江淮兩浙荆湖發運判官。公曰：「以六路七十二州之粟，不能足京師者，吾不信也。」至則治千艘，浮江而上，所過州縣留三月食，其餘悉發，而州縣之廩，遠近以次相補，由是不數月，京師足食。既而嘆曰：「此可爲於乏時，然歲漕不給者，有司之職廢也。」乃考故事，明約信令，發斂轉徙，至於風波遠近、遲速賞罰皆有法。凡江湖數千里外，談笑治之，不擾不勞，而用以足。

公初以殿中丞爲判官，已而爲副爲使[四]。每歲終會稽來朝①[五]，天子必加恩禮。特賜進士出身[六]，至工部郎中、天章閣待制[七]。凡在職十有三年[八]。已而曰：「臣憊矣，願乞臣一州。」天子顧代公者難其人，其請至八九。久之，察其實病且老矣，乃以知揚州。居歲餘，徙知越州。公益病，又徙泰州。至州未視事，以嘉祐二年四月某日卒于家，享年六十有九。

曾祖諱稠，池州録事②。祖諱規，贈大理評事。父諱遜，尚書司封員外郎，贈工部侍郎。公娶馮氏，封崇德縣君，先公卒。子男二人：長曰宗旦，真州揚子縣主簿；次曰宗孟，守將作監主簿。女一人，適太常寺太祝滕希雅。

先是，江淮歲漕京師者常六百萬石，其後十餘歲，歲益不充。至公爲之，歲必六百萬，而常餘百萬以備非常。

① 每歲終會稽來朝　「稽」，居士集卷三三許公墓誌銘作「計」。
② 池州録事　居士集卷三三許公墓誌銘作「池州録事參軍」。

方其去職，有勸公進爲羨餘者，公曰：「吾豈聚斂者哉？敢用此以希寵[九]！」公爲人善談論，與人交，久而益篤。於其家尤孝悌，所得俸禄，分給宗族，無親疏之異。

其孤宗旦等以某年某月某日葬公於真州揚子縣甘露鄉之某原，其所與遊廬陵歐陽脩誌於其墓曰：嗚呼！爲天下者，固常養材於無事之時①，蓋必有事，然後材臣出。自寶元、慶曆以來，兵動一方，奔走從事於其間者，皆號稱天下豪傑。其智者出謀，材者獻力，訖不得少如其志。而公遭此時，用其所長，且久於其官，故得卒就其業，而成此名，此其可以書矣。乃爲之銘曰：

材難矣，有蘊而不得其時；時逢矣，有用而不盡其施。功難成而易毁，雖明哲或不能以自知。公材之敏兮，用適其宜。志方甚壯兮，力則先衰。行著于家，而勞施于國。永幽其閟兮，銘以哀之。

辨證：

[一]許待制元墓誌銘　本墓誌又載於歐陽脩居士集卷三二，題曰「尚書工部郎中充天章閣待制許公墓誌銘」。按，許元，東都事略卷七五、宋史卷二九九有傳。

[二]乃以公補郊社齋郎　孫公談圃卷下云：「許景山逖知維揚以卒，子子春既除服，往舊治，將丐府公，理遺表事。時王丞相隨爲郡，子春以封狀見之，謁通判，拒不見，子春大怒，拂衣去。而丞相聞之曰：『前日一封狀甚謹，況其氣節如此。』因立奏遺表，遂授太廟齋郎，時年已四十。」又東軒筆録卷一一云：「王章惠公隨知揚州，許元以舉子上謁，自陳世家，乃唐許遠之後。章惠率同僚上表，薦其忠烈之家，乞朝廷推恩，而通判以下皆不從，章惠遂獨狀薦之，朝廷以爲郊社齋郎。」

[三]參知政事范仲淹謂公獨可辦　據長編卷一四一慶曆三年五月辛未條，范仲淹時爲樞密副使，許元官國子博士。

① 固常養材於無事之時　「常」，庫本作「當」。

〔四〕已而爲副爲使　宋史許元傳云：「朝廷以爲任職，就遷副使。遂以尚書主客員外郎爲使。」宋會要輯稿職官四二之一七云：慶曆「七年七月二十八日，以江浙等路發運判官、主客員外郎許元爲發運副使，更不置正使」。又長編卷一六七皇祐元年十月乙酉條載以淮南江浙荆湖制置發運副使、主客員外郎許元爲制置發運使。

〔五〕每歲終會稽來朝　長編卷二一五熙寧三年九月辛卯條引權鹽鐵副使楊佐言：「故事，江淮發運使歲押米運赴闕，許朝見上殿。後許元自殿中丞爲發運判官，十年間至天章閣待制，而言者以爲僥求恩命，遂令歲部米運，止得至國門，封進文字。自是發運使權益輕，諸路多不稟從。緣東南六路大計，委寄甚重，事干利害，須合面陳。詔自今到新城外，實有要切事，奏候朝旨入見，奏事畢即辭出城。至是，又弛此禁。」

〔六〕特賜進士出身　長編卷一六九皇祐二年十一月壬辰條云：「賜淮南江浙荆湖制置發運使、金部員外郎許元進士出身。上嘗謂執政曰：『發運使總領六路八十八州軍之廣，其財貨調用，幣帛穀粟，歲千百萬，宜得其人而久任之。今許元累上章求解，朕思之，不若奬勵以盡其才。』故特有是賜。」

〔七〕至工部郎中天章閣待制　長編卷二一一熙寧三年六月辛巳條引御史中丞馮京言：「皇祐中，發運使許元頗號任職，而元賂遺權要，傾巧百端，其始也止得同進士出身，既而又爲侍御史，在任累年，晚乃得除此職，天下清議不以爲允。」按，所謂「此職」，指天章閣待制。

〔八〕凡在職十有三年　宋史許元傳云：「元在江淮十三年，以聚斂刻剥爲能，急於進取，多聚珍奇以賂遺京師權貴，尤爲王堯臣所知。發運使治所在真州，衣冠之求官舟者日數十輩。元視勢家貴族，立榷巨艦與之；即小官惸獨，伺候歲月，有不能得。人以是憤怨，而元自以爲當然，無所愧憚。」

〔九〕公曰吾豈聚斂者哉敢用此以希寵　宋史許元傳云其「嘗欲與施昌言分行二浙、江南調發軍食。仁宗聞之，語輔臣曰：『東南歲比不登，民力匱乏，嘗詔損歲漕百萬石，而元與昌言乃更欲分道而出，是必誅求疲民以自爲功，非朕志也。』下詔戒飭。既而元欲專六路財賦，收羨餘以媚三司，憚諸部不從，請以六路轉運司自隸，既可之矣，而轉運使多論其罪，事遂寢」。據長編卷一六八皇祐二年五月戊子條云：「徙江南西路轉運使、工部員外郎、直史館唐詢爲福建轉運使。時淮南江浙荆湖發運使許元請六路轉運司移文發運使皆曰

『申』，如所屬，詢爭以爲不可。朝廷方委任元，故徙詢。」又卷一七二皇祐四年五月丁卯條云：「詔制置發運使司、六路轉運仍舊以公牒往來。先是，許元欲廣收羡餘以媚三司，憚諸路不從，請以六路轉運司自隸，皆令具狀申發運司。唐詢既自江西徙福建，他轉運使相繼論列於朝，卒罷之。」

呂諫議公綽墓誌銘[一]　文恭公王珪

翰林侍讀學士東平呂公諱公綽，丞相文靖許國公長子也。少補廣文諸生，遂任爲本監主簿。累遷將作監丞、知開封府陳留縣。代還，賜五品服，讀書于崇文院，遷大理寺丞。天聖中，朝廷清明，天下晏然少事，上方向儒學，招選茂異，以興禮文之盛。公於此時屢獻所爲文章，得召試學士院。時内出集上書囊爲殿帷賦[二]，因託古以諷，上覽見稱，除直集賢院，公讓不授，改校理。汎恩遷太子中允。文靖當國，公力遠貴埶[三]，久處閑曹。文靖出藩淮陽，上令以前所讓職授之，兼判國子監。文靖還秉政，公懇蘄補外，得知鄭州，遷太常丞。秩滿，判吏部南曹、尚書刑部[四]。文靖再鎮許昌，迺判三司理欠司，遷太常博士。遭秦國夫人憂，服除，判太常寺。與修崇文總録①，特加工部員外郎、三司判官[五]。文靖復相，換太常寺，遷刑部員外郎。慶曆三年，除史館脩撰[六]。是歲，文靖告老，以太尉就第，猶領國史。公援李宗諤避親故事益辭，上嘉之，賜金紫，糾察在京刑獄。未幾文靖薨，除兵部員外郎，復充館職，公流涕讓還不授。明年，遂以前所讓之命即家在所賜之。終制，復判太常寺，兼提舉脩祭器。召試政事府，擢知制誥，歷審官院、流内銓、三班院，復判尚書刑部，以龍圖閣直學士知永興軍，以樞

① 與修崇文總録　「與」原作「興」，「崇」原作「憂」，據華陽集卷五一呂公墓誌銘改。

密直學士知秦州，迭帥兩路。明堂大饗，遷刑部郎中。召還[七]，以龍圖閣學士權知開封府。歲餘，屢請罷，以翰林侍讀學士、集賢殿脩撰知審刑院，判太常寺。頃之，改龍圖閣學士、知徐州，尋復爲侍讀學士[八]，徙河陽。過都，留侍經席[九]。至和二年十月，遷右司郎中。未拜命，疾革，是月十四日以訃聞，賜其誥于家，年五十七。特贈左諫議大夫，録孤，賻物加等。

公爲人沈介篤雅，少時已能感悟，卓然有遠致。初爲陳留，言「畿内久雨傷稼，縣官不收民租，而蚕事不登，則未嘗寬布帛之斂。今繭絲失時不可得，願以緡折縑，如公上之直，以從民便」。其識事强敏，雖久吏弗如。康定初，元昊叛河西，國家比歲調發，海内蕭然煩費矣。公言：「民者，國之根本也。今天下軍須之所急，及它無名之筭，不知幾萬億，是皆浚民之膏澤也，豈長計哉？願詔近臣與三司更議①，審其有以寬民者均節之，其不急者一切罷去。」

公四典太常，尤明於禮學，自三代沿革、國朝典章之盛，靡不該達。請復太醫署②，設令、丞、府史如天官醫師職，以救民疾病。鈞容直傳中指假旌纛羽籥等爲優笑之助③，公曰：「先王盛德之樂也。」執以爲不可。自是優人不敢以太常禮服爲戲。郊廟祭器弊久不脩，而法度又不合古，請以時更造。間歲，天子出嘉實，勑有司薦廟，必先詔禮官議中式而後行。公乃引月令天子四時嘗新所以薦羞之具，悉以圖上，歲行六十一祠，禘祫二祭，其薦祼興俯、玉帛彝器、菁茆醯醢、鍾石歌奏皆有儀式，會成一秩，名曰郊祀總儀，今遵行之。國家饗天地、禮祖宗日月百神之靈，以至五方山林川澤墳衍之類④，咸有樽罍之數，自古以五齊三酒分實其中，又加明水明酒，以

① 願詔近臣與三司更議　「願」，華陽集卷五一吕公墓誌銘作「乃」。
② 請復太醫署　「太醫署」，華陽集卷五一吕公墓誌銘作「太醫院」，又宋史吕公綽傳作「太醫局」。
③ 鈞容直傳中指假旌纛羽籥等爲優笑之助　「傳」原作「傅」，據華陽集卷五一吕公墓誌銘改。
④ 以至五方山林川澤墳衍之類　「至」原作「之」，據華陽集卷五一吕公墓誌銘改。

達陰陽之潔氣。今有司徒設樽罍，而酌用一樽爲獻，甚非所以禮神之至①。公遂建議依周制實齊酒以分行酌數②，沿有唐遺法求方鑑取明水。嘗論：「祖宗配郊，當正位作主，以明同尊天地。」又謂：「古者婦人無謚，自漢晉以來，皇后多因帝謚爲稱。國家順、僖、翼、宣四帝暨太祖、太宗皇后，悉同廟謚。獨章聖皇帝五后，節惠曰『莊』，與謚典不合。願易名爲『章』，追正前失。」上曰：「恭依[一〇]。」明年，天子遂詔廟行改謚禮，問何人建明，左右以公名對。公時居憂，天子惻然思之，卒拜公爲兵部員外郎、史館修撰。

公糾察刑獄，言：「獄者人之大命。異時弖抵重辟，獄具未報，爲典獄吏潛寘堇死獄中。先朝初置糾察，即專擿兹姦。今狴牢扃密，上下蒙蓋，情無由知。當疏購條使令自陳，則姦黨壞落。又京師諸獄吏未嘗推選，皆無行剽攻群不逞之人。今不可盡斥，可先鋤其迹尤者，後有所補，悉募人保證，收其良能而用之。并爲制禄廩使畏法，差自重。」三司遠年逋責，有自天禧以來，尚淹繫妻孥，窮究所負。公承詔多爲蠲除之。虎翼卒劉慶告變，下吏案驗，乃慶始謀，衆不從，反訐以誣衆，且覬幸得賞。公言：「京師衛兵多，使姦人得計，則無以安衆心[一一]。」卒論慶法外③。

舊鄭無學④，公始興之，又丐田爲糧，以給諸生。其後鄭人繼策進士科，而學者寖廣。公嘗行春，坐隴上詢民間疾苦，或言近歲籍牛爲産，民懼役重弗畜，故田疇多荒，乃嘆曰：「先朝不征農器，正爲此爾。」遽表

① 甚非所以禮神之至　「至」，華陽集卷五一吕公墓誌銘及宋史吕公綽傳作「意」。
② 公遂建議依周制實齊酒以分行酌數　「依」字原脱，據華陽集卷五一吕公墓誌銘補。按，宋史吕公綽傳云其建言「宜按周禮實齊酒，取火於日，取水於月，因天地之潔氣」。
③ 卒論慶法外　華陽集卷五一吕公墓誌銘無「外」字。按，宋史吕公綽傳云「遂斬慶以徇」。
④ 舊鄭無學　華陽集卷五一吕公墓誌銘作「鄭人舊本無學」。

除之。在西掖，會天子坐迎陽門，召近臣對策。上從容謂公曰：「緣所問外，有安危得失於今所宜究慮者，條一二以聞。」公因言：「郡國數地震，乃陰乘陽時，則有下人謀上者，願陛下謹之。」未幾，果有殿廬竊發之變[一二]。

在長安，言關陝之西，自軍興以來，民力大困。今瘡痍未完，誠不宜它斂，願少寬河楗之費。秦鳳本道士兵，其技能攻守，與戍卒之習異，公勑使分隸將領，各勵所長，故其威聲張、部分明，常若寇至。前此邊將争遣人深入覘虜而利其貨貲，卒不得虛實，已乃妄言洶洶，鼓賊聲勢，衆頗患之。公乃自設耳目，網絡張布，揣知虜情。每裁處邊奏，別白精審，至出入應變，機會之速，雖左右不得聞。古渭州諸羌以地來獻，公曰：「國家威懷萬里，顧利尋尺之地耶？」亟報謝之。後有納其說，卒生邊患[一三]。夏人入天都山斬材木，具轉鬬，稍逼亭障。公戒守者益持重，嚴烽火①，遠斥候，以胥其至，虜亦不敢犯。涇原誘蕃酋米廝哥至，朝指令秦鳳署吏，公曰：「米廝哥數犯約，頻年抄邊。今味利一來，非鄉慕禮化，譬若鷹隼，飽則襲人，不可留也。」乃諭以禍福，斥去，戎人皆慹伏。西人習騎戰，而弓箭手多闕馬，緩急不足用。公夙曉諸塞，均其户爲三等，十丁爲一社，至秋成時，令勸募出金帛益市馬以分給之，聞者争出應令，是歲得馬數千，後襲以爲常。

開封府有營婦，夫戍未還，夜盜入斷腕，主名不立，都人諠言駭異，且逾久未獲。公以謂非其夫仇，不宜快意戕害至此②，亟遣馳詰其夫，果獲同營韓元者，具姦狀伏誅，都下稱爲神明。久之，有言執政事，上委平獄疑[一四]，而言者并以侵公，公初不自辨，上以公嘗請徐，乃出知徐州。及陛辭日，會其事白甚，卒無纖芥。上遂欲留公不

① 嚴烽火　「烽」原作「𤇾」，據庫本及華陽集卷五一呂公墓誌銘改。
② 不宜快意戕害至此　「戕」原作「我」，據文海本、庫本及華陽集卷五一呂公墓誌銘改。

遣，公頓首謝曰：「陛下幸察臣之心，臣死無恨，豈以臣重去職哉？」上乃諭宰府令具證左付公①，明不以爲累。至徐州，屬歲旱大飢，不及聞上，即日發倉廪賑窮乏，全活者甚衆。是歲孟夏朔，日蝕，上責躬慮刑，霈德音天下②。公捧詔歎曰：「陛下聖德甚厚，宜無過舉，以招變異。或者以蠻蜑母子不早就刀鋸，乃豢之官署，假息於須臾，使二廣之冤積而爲沴，以干純陽之精。」書奏，立誅之[一五]。還朝，會春夏久不雨，民狼顧失望。公入奏事，上問所以變復之術，公陳：「前代王者親録冤獄，其精誠所交，必有甘雨之應[一六]。」上曰：「即如卿言。方朕之誕月也，天下聞之，必謂朕自要福，宜少須。」後至五月朔，上遂御便殿決繫囚③，未畢而雨澍。天子益器經術之言。

公素不爲激厲行，常畏懼滿溢，兢兢如弗容。其在朝廷，信道行己，不以毁譽攖其心。推誠待人，表裏單盡。平居無它嗜好，維以書史日自娱。前後典劇藩，務先信恩，其抵冒弗率④，則以法重繩之。平生好論議，必推原事情，究心隱微，要之切於時病。又善爲訓辭，其重輕有體，時論予之。公既日益顯，如侍從之職，皆文靖所嘗歷者，仲氏龍圖，同時雍容近班，又相繼尹畿甸[一七]，天下之人談衣冠之盛者，必以吕氏爲世家。公殊孝友，每任子，必先諸族。公捐館，而諸孫猶有未命者。

公字仲裕，其先開封人[一八]。曾祖某⑤，贈太師、尚書令兼中書令、祁國公。曾妣李氏，追封越國太夫人。祖

① 上乃諭宰府令具證左付公　「宰府」，華陽集卷五一吕公墓誌銘作「宰相」。
② 霈德音天下　「霈」原作「需」，據華陽集卷五一吕公墓誌銘改。
③ 上遂御便殿決繫囚　「囚」原作「四」，據文海本、庫本及華陽集卷五一吕公墓誌銘改。
④ 其抵冒弗率　「抵」原作「祇」，據華陽集卷五一吕公墓誌銘改。
⑤ 曾祖某　按，本書上集卷二六吕惠穆公公弼神道碑稱其曾祖名龜祥。

某①，贈太師、尚書令兼中書令、魏國公。祖妣王氏，追封榮國太夫人。父某②，守太尉致仕，許國公，贈太師、尚書令兼中書令，謚文靖。妣馬氏，秦國夫人，追封齊國太夫人。公娶上官氏，賢明慈順，兵部員外郎佖之女，封京兆郡君。子六人：長希傑③，太常博士；次未名而亡④；希道，屯田員外郎，端粹才令；次亡；次希俊，太常寺太祝；次希亞，秘書省正字。女二人：長適淮南轉運使、刑部員外郎、集賢校理李中師，次適太常博士程嗣恭。孫五人：嘉問、之問、延問，太常寺太祝；君問、昭問，守將作監主簿。

公累階朝散大夫，勳護軍，爵開國伯，邑食八百户。文集二十卷，藏于家。公考終之歲，以十月朔謁告拜文靖墓下，既悲慟，召寺僧指地之北偏曰：「余其歸此。」或竊怪之，公曰：「死生不有數邪？」明年某月某日，遂葬公于鄭州新鄭縣懷忠鄉神崧里，從文靖之塋，乃先指之壬吉，果符其言。嗚呼！可謂達矣。銘曰：

吕氏之先，其本自姜。四嶽之後，固大而昌。於顯文穆，實相太宗。文靖繼武，三拜上公。卓哉有子，維公是似。巉巉雋鋒，時國之器。服官于朝，辨論有條。天子曰賢，可寘近僚。四遷學士，五殿大邦。黻衣繡裳，有爛於堂。圃田之西，溱水之東。高岡隆隆，文靖之宫。公歸其中，在地之壬。匪後人卜，蓋公之言。

辨證：

［一］吕諫議公綽墓誌銘　本墓誌又載於王珪華陽集卷五一，題曰「翰林侍讀學士朝散大夫尚書右司郎中集賢殿修撰中都縣開國

① 祖某　按，本書上集卷二六吕惠穆公公弼神道碑稱其祖名蒙亨。
② 父某　按，本書上集卷二六吕惠穆公公弼神道碑稱其父名夷簡。
③ 長希傑　「希」原作「布」，據文海本、庫本及華陽集卷五一吕公墓誌銘改。
④ 次未名而亡　「而亡」，華陽集卷五一吕公墓誌銘作「並亡」。

伯食邑八百户護軍賜紫金魚袋特贈左諫議大夫呂公墓誌銘」。按，呂公綽，東都事略卷五二、宋史卷三一一有傳。

［二］時内出集上書囊爲殿帷賦　按，漢書卷六五東方朔傳載東方朔對漢武帝曰：「孝文皇帝之時，當世耆老皆聞見之，貴爲天子，富有四海，身衣弋綈，足履革舄，以韋帶劍，莞蒲爲席，兵木無刃，衣緼無文，集上書囊以爲殿帷，以道德爲麗，以仁義爲準，於是天下望風成俗，昭然化之。」

［三］文靖當國公力遠貴埶　宋史呂公綽傳云其於「父執政時，多涉干請，喜名好進者趨之。嘗漏洩除拜以市恩，時人比之竇申」。

［四］判吏部南曹尚書刑部　長編卷一一六景祐二年四月庚辰條云：「太常丞、直集賢院呂公綽同判刑部，自言『父夷簡爲宰相，而刑部事多關中書，請徙避之』。庚辰，命公綽權判吏部南曹。」

［五］與修崇文總録特加工部員外郎三司判官　按，崇文總録，一般稱崇文總目。據長編卷一三四慶曆元年十二月庚寅條云，因崇文總目成，「編修官太常博士、直集賢院呂公綽爲工部員外郎」。

［六］除史館脩撰　長編卷一四五慶曆三年十一月癸未條載諫官歐陽修言：「比來館閣之中，大半膏粱之子，材臣幹吏，羞與比肩，亦有得之以爲恥者。……又臣竊見近降詔書，不許權貴奏子弟入館閣。此蓋朝廷爲見近年貴家子弟濫在館閣者，多如呂公綽、錢延年之類，尤爲荒濫，所以立此新規，革其甚弊。」

［七］召還　長編卷一七〇皇祐三年七月乙亥條云召知秦州、樞密直學士、刑部郎中呂公綽「赴闕」。已而御史中丞王舉正、知諫院包拯言：「公綽當其父夷簡執政時，多所干預，若遽令代還，恐更圖進用。」遂詔其「復任如故」。

［八］改龍圖閣學士知徐州尋復爲侍讀學士　長編卷一七五皇祐五年閏七月壬辰條載降翰林侍讀學士、刑部郎中呂公綽爲龍圖閣學士、知徐州，云：「初，諫官、御史言公綽前知開封府，受龐籍旨決趙清貺杖近脊下，故清貺不至配所死，公綽遂得罪。……既而公綽上章自辨，乃詔知開封府楊察按其事，具言杖清貺實在判官廳，非公綽所臨。然其命已行，但令劄示公綽而已。」十月己亥條載龍圖閣學士、刑部郎中、集賢殿修撰、知徐州呂公綽復爲侍讀學士，「公綽以趙清貺之死自辨於朝，上察其情」，故復舊職。

［九］留侍經席　長編卷一七九至和二年五月乙丑條云：「先是，久不雨，帝問翰林侍讀學士呂公綽何以致雨，公綽曰：『獄久繫則旱。』帝親慮獄，已而大雨。時公綽受命知河陽既數月，乙丑，詔留侍經筵。」

［一〇］上曰恭依　長編卷一五一慶曆四年七月癸酉條云將呂公綽議「下兩制學士、太常禮院議，而翰林學士丁度等言：『公綽所

引前代皇后皆從帝謚，然漢之帝謚主於一字，與本朝名號不同。真宗五后祔廟日久，神道貴静，難從改謚之禮。』既而公綽復言：『真宗五后尊謚，終未合典法，宜於郊禮前遣官先上寶册，庶循先朝加上六后尊謚故事。』丙子，有詔恭依。禮院言：『乾德中，改上昭憲皇后謚，中書門下特請改題，是時禮官以爲不可。及祥符中，增上六室帝謚，天聖初，又增上真宗武定之謚，止告廟，更不改題，實爲得禮。』遂如故事」。

［一一］京師衛兵多使姦人得計則無以安衆心　宋史呂公綽傳云公綽言「京師衛兵百萬，不痛懲之，則衆心搖落」。

［一二］果有殿廬竊發之變　長編卷一九二慶曆八年閏正月辛酉條載：「是夕，崇政殿親從官顔秀、郭逵、王勝、孫利等四人謀爲變，殺軍校，劫兵仗，登延和殿屋，入至禁中，焚宫簾，斫傷内人臂。其三人爲宿衛兵所誅，王勝走匿宫城北樓，經日乃得，而捕者即支分之，卒不知其始所謀。」據涑水記聞卷一〇，此次「衛士爲變，事連宦官楊懷敏」。

［一三］後有納其説卒生邊患　按宋史卷三三〇傅求傳云：「隴右蕃酋蘭氊獻古渭州地，秦州范祥納之，請繕城屯兵，又括熟户田，諸羌靳之，相率叛。夏人欲得渭地久，移文來索。後帥張昪以祥貪利生事，請棄之。詔求往視，求以爲城已訖役，且已得而棄，非所以强國威。乃詔諭羌衆，反其田，報夏人以渭非其有，不應索，正其封疆而還，兵遂解。」

［一四］有言執政事上委平獄疑　按，即臺諫官言呂公綽知開封府，「受龐籍旨決趙清貺杖近脊下，故清貺不至配所死」之事。

［一五］書奏立誅之　宋史卷四九五蠻夷傳三廣源州云至和初，余靖督「發峒兵入特磨掩襲之，獲阿儂及智高弟智光、子繼宗繼封，檻至京師。初未欲殺，日給食飲，欲以誘出智高。或傳智高死，乃悉棄市」。又涑水記聞卷一三云王堯臣「上言：『智高母致病，不誅無以懲蠻夷，又徒費國財，養之無用，請戮之。』上怒曰：『余靖欲存此以招智高，而卿等專欲殺之耶？』自是群臣不敢言」。據長編一八〇，儂智高母阿儂等人被誅在至和二年六月乙巳，時傳儂智高已死。

［一六］前代王者親録冤獄其精誠所交必有甘雨之應　宋史呂公綽傳稱其答天子問曰：「獄久不決，即有冤者，故多旱。」

［一七］仲氏龍圖同時雍容近班又相繼尹畿甸　據宋史卷三一一呂公弼傳稱，時其弟公弼加龍圖閣直學士，「入權開封府」。

［一八］其先開封人　宋史卷三一一呂夷簡傳云其「先世萊州人。祖龜祥知壽州，子孫遂爲壽州人」。又本書下集卷一〇呂正獻公公著傳云其「世本河東人，自從祖蒙正相太宗，因家於開封」。

石工部揚休墓誌[一]　忠文公范鎮

君諱揚休，字昌言。其先江都人，唐兵部郎中仲覽之後①，徙京兆。七代祖藏用，右羽林大將軍、員外置同正員，明於曆數，既致仕，召家人謂曰：「天下將有變，而蜀爲最安處，又多佳山水，吾將避地焉。」乃去依其親眉州刺史李滈，遂爲眉州人，於時大曆十一年也。藏用生廣季。廣季生韶。韶生韶，明三家春秋。韶生誧，蜀保勝軍巡官。誧生元璨，孟昶世舉學究登科。元璨生濟，即君父也，累贈尚書工部員外郎。母王氏，追封永昌縣太君。

初，永昌卒時②，君始生九年，號殞不自勝予③。客見驚異，已知其至性矣。既長，謹愿朴茂，鄉人愛喜之。凡四舉進士，皆爲選首。景祐中，中甲科[二]，授同州觀察推官。代還，遷秘書省著作佐郎、知開封府中牟縣。縣

① 唐兵部郎中仲覽之後　「仲」字原脱，據宋史石揚休傳及新唐書卷一〇六高智周傳補。
② 永昌卒時　「永昌」原作「水昌」，據文海本、庫本及上文改。
③ 號殞不自勝予　按，「予」字疑屬衍字。

當國之西門，使車往來之衝也，地瘠鹵，民貧，賦役煩重。富人往往隸太常爲樂工，以倖免役，凡六十餘家，以故民益困。君奏請罷，以寛下户。事雖不報，而民知愛。進本省充祕閣校理，監裁造院，以太常博士爲開封府推官。大享明堂，轉尚書祠部員外郎，入三司爲度支、鹽鐵二判官。坐開封府嘗失盜，出知宿州。始至，表州民榮知止孝行，加賜粟帛。籍衣冠子弟恃廕爲民患者七人，徙置他州，風教大行，一境肅然。是時儂智高寇嶺南，歷十餘州，如履虚邑。君即建言：「兩川城圮久不修，請增築以備非常。」既而鄙上聲言智高由邛部川寇蜀，蜀民恃以不摇者，以有城也[三]。

頃之，召入爲三司度支判官，修起居注。初，記注官與講讀諸儒偕侍邇英坐[四]，君奏：「史職當立左右，密邇德音，以詳記録者，不可坐[五]。」尋改判鹽鐵句院①，以刑部員外郎知制誥，判太常寺。温成廟時祀降香，乃御封臣署。君奏：「此太廟、皇后廟之禮，由有司不時以聞，致此誤[六]。」今記注官入侍邇英，温成廟封香去臣署，皆君之請也。兼判三班院，充宗正寺修玉牒官。遷工部郎中，未及謝，以嘉祐二年十一月二日卒于京師之第，享年六十三。上遣中使賻其家，録其孫夷庚、夷吾試將作監主簿。

君積階朝散大夫，勳騎都尉，爵平原縣開國男，食邑三百户。娶孫氏，生二子：令伯，岳州平原縣主簿②；康伯，未仕。孫三人：夷庚、夷清、夷吾。夫人先君十二年以亡。君以中牟舊治也，爲吏民所愛，乃葬夫人三異鄉王朱村，而自銘其墓曰：「後嗣賢，吾不知矣；不肖，則揭而西歸，從祀享之便。」故二子亦以明年八月二十二日奉君之柩，合葬于夫人之墓。

---

① 尋改判鐵鹽句院　「鹽鐵」原作「鐵鹽」，據宋史石揚休傳乙改。

② 岳州平原縣主簿　按，宋時岳州屬縣無平原縣，而有平江縣；平原縣屬德州，此處當有誤字。

君舉進士二十四年而後登第，登第十八年而掌誥命[七]，爲侍從臣。平居泊然①，若無所爲者，聚古圖書、養猿鶴以自娛。與家人言，未嘗及朝事。既殁，發其褚，得嘗所奏封數十篇[八]，其大略：請依古增諫臣至七人，以廣言路；復五經博士，使學者專其業；命御史出爲按察，以防壅蔽；復齒胄之禮，以强宗室；擇郡守縣令，重農桑，禁奢侈。皆當世可行者，而弗得行，世亦未嘗以能言待君也[九]。嗚呼！君亦不幸，賫志以没矣。

然平生無疾，因使契丹，道感寒毒，得風痺。既還小愈，即拜疏謁告，請歸別墳墓，且言異時不復祔先塋也。鄉人榮其歸[一〇]，圖其像于佛祠，以勸後之爲學者。殁之日，棺衾之用，莫不先具，其達於理者夫！所著南郊野録六卷、燕申編二卷、角上叢編五卷、西齋文集十卷，其詩及雜文、制詔又千餘篇[一一]。予與君同年登科，又同官，其孤求銘，其可辭乎？銘曰：

自羽林徙蜀，距今二百六十餘年②。中間雖仕，仕不遂，且不得時。至君時，天下無事，仕而爲天子掌書命，可謂顯矣。然其藴不克盡用，其命也夫！其可哀也夫！

辨證：

[一] 石工部揚休墓誌　按，石揚休，東都事略卷六四、宋史卷二九九有傳。

[二] 景祐中中甲科　據宋會要輯稿選舉二之七，石揚休乃景祐五年第四人及第。

[三] 既而鄙上聲言智高由邛部川寇蜀蜀民恃以不摇者以有城也　按本書中集卷二二張文定公方平墓誌銘云張方平以户部侍郎

---

① 平居泊然　「泊」原作「洎」，據文海本、庫本改。

② 距今二百六十餘年　「距」原作「鉅」，據庫本改。

「移鎮西蜀」。時「轉運使攝守事，西南夷有邛部川首領者，妄言蠻賊儂智高在南詔，欲來寇蜀。攝守妄人也，聞之大驚，移兵屯邊郡，益調額外弓手，發民築城，日夜不得休息，民大驚擾，爭遷居城中，男女昏會，不復以年，賤鬻穀帛市金銀，埋之地中。朝廷聞之，發陝西步騎戍蜀，兵仗絡繹，相望於道。詔促公行，且許以便宜從事。公言：『南詔去蜀二千餘里，道嶮不通，其間皆雜種，不相役屬，安能舉大兵，爲智高寇我哉？此必妄也，臣當以靜鎮之。』道遇戍卒兵仗，輒遣還。入境，下令邛部川曰：『寇來，吾自當之，妄言者斬！』悉歸屯邊兵，散遣弓手，罷築城之役。會上元觀燈，城門皆通夕不閉，蜀遂大安」。

〔四〕記注官與講讀諸儒偕侍邇英坐　東齋記事卷一云：「仁宗朝，講讀官侍邇英者皆立，每問事則衆人齊對，頗紛紜。乃詔皆坐，惟當讀者以次立，而記注亦坐。」按石林燕語卷一云：「國朝經筵講讀官舊皆坐，乾興後始立。蓋仁宗時年尚幼，坐讀不相聞，故起立欲其近爾，後遂爲故事。」汪應辰辨曰：「孫奭坐講，仁宗尚幼，跂案以聽之。奭因請立講，非謂坐讀不相聞故起立也。」

〔五〕不可坐　按，對石揚休之建言，東都事略石揚休傳云「仁宗從其言」，宋史石揚休傳亦云「從其言」。據長編卷一七九至和二年三月丁卯條載：「詔修起居注自今每遇邇英閣，立於講讀官之次。初，賈黯請左右史入閣記事，上賜坐於御榻西南。至是，修起居注石揚休言恐上時有宣諭咨訪，而坐遠不悉聞。因令立侍焉。」

〔六〕温成廟時祀降香至致此誤　東都事略石揚休傳云：「温成廟降香，仁宗誤書名。揚休言：『此奉宗廟之禮，而有司承誤不以聞。』仁宗曰：『温成之廟豈可書名？蓋失在有司，非卿言，朕無由知之。』即命改焉。」宋朝事實卷六廟制温成后祔廟議云：「舊制，每有祠祭封香，稱臣書名。至是，祀温成廟，内出封香，亦稱臣書名。知制誥石揚休上言曰：『温成本陛下妃妾，不當稱臣。此乃太廟之制，有司不以時聞，致有此失。』上曰：『朕見諸廟封香，一例進來，所以各爲書名，以表事宗廟之恭。豈可温成之廟亦稱臣？蓋失在有司，非卿言，朕無由知。』即命改正。」

〔七〕登第十八年而掌誥命　宋史石揚休傳稱其「至於誥命，尤非所長」。

〔八〕得嘗所奏封數十篇　宋史石揚休傳稱「所得上封事十餘章」。

〔九〕世亦未嘗以能言待君也　宋史石揚休傳云「揚休爲人慎默，世未嘗以能言待之也」。

〔一〇〕鄉人榮其歸　宋史石揚休傳云：「揚休初在鄉時，衣食不足，徒步去家十八年。後以從官還鄉里，疇昔同貧窶之人尚在，皆曰：『昌言來，必賙我矣。』揚休卒不揮一金，反遍受里中富人金以去。」

［一一］其詩及雜文制詔又千餘篇　湘山野録卷下云：「皇祐間，館中詩筆，石昌言、揚休最得唐人風格。余嘗攜琴訪之，一詩見謝尤佳，曰：『鄭衛湮俗耳，正聲追不回。誰傳廣陵操，老盡嶧陽材。古意爲師復，清風尋我來。幽陰竹軒下，重約月明開。』恐遺泯，故録焉。」

宋諫議敏求墓誌［一］　忠文公范鎮

元豐二年四月甲辰，龍圖閣直學士、右諫議大夫、史館修撰、修國史、宗正寺修玉牒官、判秘閣、權判尚書都省、提舉醴泉觀公事宋公終于位。初，公以疾在告，上御集英殿策進士，顧左右，怪公不在，因遣使撫視之。間日，又遣使挾醫療治之，仍詔其子官於外者歸省。及訃聞，䀌然痛傷，贈尚書禮部侍郎，勑府縣應接其葬事。皆特恩，非故常也。於是乎見公之得君之深，而知天子念公之爲隆且厚也。

公諱敏求，字次道，趙州平棘人。世事王氏，曾祖龜符，猶爲王氏平棘令①，贈太師、中書令。祖皐，太宗、真宗時尚書度支員外郎、直集賢院，贈太師、中書令、譙國公。父綬，兵部尚書、參知政事，贈太師、中書令、尚書令、燕國公，謚曰宣獻。母常山郡太夫人畢氏。

天聖二年，以宣獻公蔭爲秘書省正字，召試學士院，賜進士及第，歷館閣校勘［二］。坐赴同舍蘇舜欽進奏院會［三］，簽書集慶軍判官。以祖母鄭國太夫人年耆且病，因請解職，留京師就養，許之。踰年，王文安公、宋景文公刊修唐書，以公嘗爲續唐録，習唐故事，奏充編修官，復校勘［四］。以嫡孫丁鄭國憂，仍詔在家修書。後爲集賢

---

①　猶爲王氏平棘令　按，蘇魏公文集卷五一宋公神道碑稱其爲「本州別駕」。

校理，通判西京留守司[五]，知太平州，五遷太常博士。唐書成，進尚書工部員外郎，未幾遷刑部。英宗踐祚，進兵部。墮馬傷足，得請亳州。召還，充仁宗實録院檢討官，足未平，特蠲朝謁。治平元年，以工部郎中修起居注。明年知制誥，同修撰仁宗實録，同判太常寺。今上即位，遷兵部。

英宗在殯，有言宗室可嫁娶者，下太常。公以爲大行未發引，不可。既踰年，又有言者。公曰：「宗室義服，服變而練，可以嫁娶矣。」議上，朝廷以與前議不同，降刑部，以知制誥知絳州[六]。修河山，稍賦于絳之役民，歲八十萬，公三分之，以一歲均于晉、澤，以紓絳人。是冬召還，復兵部。修實録成，遷右諫議大夫。今樞密吕公爲御史中丞，以言事罷知潁州，公當制，執政改其詞以進，尋乞解職，不報。後數日，以封還詞頭，連怫執政意，遂得解職，以本官奉朝請[七]。明年，加史館修撰、集賢院學士[八]。又明年，使河北祭塞河口，還奏河北旱，蠲其夏租。熙寧七年，爲龍圖閣直學士[九]。十年，修仁宗、英宗正史，掌均公、建公府牋記。攝鴻臚，護燕國公主、兖王、衛王葬。未克葬，以疾終于春明坊之第，享年六十一。終之歲七月癸酉，葬于管城縣馬亭鄉東城原之先塋。

其踐揚，若進奏院，登聞鼓院，群牧判官，開封府推官，三司度支判官，糾察在京刑獄，判秘閣、秘書省、尚書都省、吏部流内銓、禮部、刑部、工部，知通進銀臺司、審官東院[一〇]，句當三班院，管勾編修院、編集歷代君臣事迹所，宗正寺修玉牒官，太皇太后寶册官，開封府發解官，錫慶院試官，南郊禮儀使，永厚陵禮儀使，契丹生辰國信使、館伴使，使河北祭塞河口，編修閤門儀制、蕃國朝貢條例，詳定元正朝賀儀注，定奪郊赦命官使臣罪犯；而太常禮院、太常寺、官告院，編修録用勳臣子孫，皆再領焉。

娶畢氏，丞相文簡公之曾孫，光禄少卿從善之子，常山太夫人從子也，有賢德，封京兆郡君，先公四歲而亡[一一]。子男九人：慶曾①，殿中丞；匪躬，著作佐郎；弄孫及其次，早亡；尚賢，將作監主簿；正功，大理評事；表微，將作監主簿；揆方、處仁，未官。女二人：適贊善大夫王佑、大理寺丞吕希純，皆亡。孫七人②：惇，將作監主簿；燔、⿰火立、燁、爚、⿰火造、煇③，皆未官。孫女六人④：長適太常寺太祝曾説，次白馬縣丞范祖德，餘在室。曾孫女一人。

公約清惇純，而敏於記學。其爲文章、訓辭、誥命，皆有程範。朝廷典故，士大夫疑議，必就取正而後決。宋元憲公在河南，每咨以故實。歐陽文忠公致手簡通問，則自處淺陋，而以鴻博名公。家藏書三萬卷[一二]，日集子孫討論繙繹，以爲娱樂。平居湛如，與人交樂易，無不可者。至於守職據正，毅然不少回。在掖垣，徐國公主以駙馬都尉王師約兄公約爲姪奏官，公以爲亂天倫，遂執正之。太常議祧廟，公請遞遷僖祖。後復詔詳定，公奏前議不可改，遂免詳定[一三]。今御史中丞李公自秀州軍事推官除太子中允、御史裏行，公奏：「舊制太常博士兩任通判，須奏舉乃得入臺。去年驟用京官，議者以爲非；今又用幕職官，恐官制遂隳。」即封還詞頭。

有詔轉對[一四]。是時郡守縣令數更易，吏民疲勞，公請慎於進改，而不數變易，所貴上獲考績之實，下有恪位之美，而治道可建也。又河北、陝西、河東舉人性樸茂而詞藻不工，每詔下，登第者纔數人。公請令轉運使擇

① 慶曾　蘇魏公文集卷五一宋公神道碑作「慶魯」。按，西溪文集卷五有大理評事宋慶曾可光禄寺丞制有云：「朕惟爾祖先帝之大臣，有勤勞於國家。爾父方執史筆，以事朕左右。」則其當爲敏求之子，作「慶曾」者是。

② 孫七人　蘇魏公文集卷五一宋公神道碑云「孫八人」。按，墓誌撰於神道碑前，故有是别。

③ 燔⿰火立燁爚⿰火造煇　按，蘇魏公文集卷五一宋公神道碑作「燔煜爚⿰火追煇灼」。

④ 孫女六人　按，蘇魏公文集卷五一宋公神道碑云「孫女七人」。

有行藝或謀略材武爲衆所推者，每路薦五七人，時與推恩，所貴人材參用，而士有可進之路。嘉祐中，嘗寬卹民力，州縣公人例多減放，而役事不減，則是去者逸而是留者重勞矣。公請省事，或增其人，使勞逸得均，而民力可寬也。三館、秘閣書類多訛舛，所藏雖博，而往往無稽考。公請先以前漢藝文志據所有，用校七史例，下諸路購求善本，重復校正；然後自後漢以來至于唐，依逐書志目以次讎對，取其堪者，餘悉置之，使秘府文集得以完善也[一五]。其議貢舉，則曰：「州郡有學舍而無學官，四方之士輕去鄉里者，以求師也，今請州置學官一人。又三歲一下詔，得士三百人，今請二百人試詩賦、論策，糊名通考之如舊，其一百人請如赦文，令州郡論薦，轉運使審覈之。太學生則委國子監官。至御試，隨其所學而試之，則文辭、經藝、行實之人皆無遺也。」其後官不數變易，太學建三舍①，命舉人以官，置學官[一六]，三路取百人，皆公發之也。

凡三臨州，率不滿歲召去，去而民愛思之。喜道人善，薦士累數百，訖不坐累。鄭國太夫人，楊文莊公之女。文莊無嗣，歲時奉祀展墓無闕者。疾亟，猶戒其子立碑。子孫未官者衆多，猶推遺澤奏其從孫。蓋其孝友又如此。

宣獻公嘗輯唐大詔令，未次甲乙，公釐十三類緒正之，總百三十二卷②。所著書闈前集二卷、後集六卷、西垣制詞四卷，文集若干卷③，東京記三卷，河南志二十卷，長安志二十卷，三川官下録二卷④，春明退朝録二卷，以

① 太學建三舍　按，「舍」字以下至本墓誌文末，底本錯置於上集卷一六，據鐵琴銅劍樓本、庫本等改移。又，底本有「第子從質」以下至卷末二葉文字，乃屬上集卷一六，據鐵琴銅劍樓本移正。

② 總百三十二卷　按，蘇魏公文集卷五一宋公神道碑云是書一百三十卷。宋史卷二〇九藝文志八、玉海卷六四詔令詔策著録「一百三十卷，目録三卷」。

③ 所著書闈前集二卷後集六卷西垣制詞四卷文集若干卷　按，蘇魏公文集卷五一宋公神道碑稱書闈集十二卷。又東都事略宋敏求傳、宋史卷二〇八藝文志七云書闈前後集、西垣制詞、文集四十八卷。

④ 三川官下録二卷　「官下録」，蘇魏公文集卷五一宋公神道碑作「下官録」，不確。按，「官下」，仕官之處所。「三川」，郡名，戰國時置，以境内有河、雒、伊三川得名，治雒陽。宋敏求嘗通判西京。

韻類次宗室名五卷，自唐武、宣、懿、僖、昭、哀以來六朝實録百四十八卷①。輯顏魯公集十五卷，孟東野集十卷，李衛公別集五卷，劉夢得外集十卷，漢唐人詩刻于石者爲寶刻叢章三十卷②。又以劉伯莊史記音義、司馬正索隱③、陳伯宣注義分注入太史公正史[一七]。及被詔修本朝會要④，刪定九域志、百官公卿表，皆未就。其先以小官事亂離間，宋興，天下益平，至公三世皆以文翰顯于時。宣獻公雅善書，一日對延和，上問遺書，退而奉七軸以獻。公得其法，嘗題濮安懿王、襄國韓夫人、仙遊任夫人神主[一八]，至於四方碑誌，多出公手。公以力學被遇朝廷，論譔未嘗不在選中。嗚呼！公之平生可謂無憾矣。初，史紀草成，帥其屬奏御，上御袍韡，讀之終篇，斂容諭之曰：「兩朝豐功盛德，賴卿等考而發明之。」公踰年服勤，欲其書之成，此其有所憾乎？予與公遊，知公者也。銘曰：

維宣獻公，昔天聖中，實爲史官，一代宗工。典常物則，備于厥躬。紀録記述，太平之風。公世其業，遭時又同。仁宗英宗，明昌盛隆。有顯其德，有崇其功。方此發揮，形容昊穹。不幸奄忽，美志弗終。凡士大夫，惜嗟哀恫。上徹九重，隱于帝衷。贈典弗常，非衆所蒙。嗚呼公兮，學富行充。如淵之深，如春之融。金之剛明，玉之玲瓏。云乎不淑，命不究窮。南瞻具茨，西望神嵩。東城之原，從先公宫。松栢被地，鬱鬱葱葱。子孫衆多，福禄來叢。

① 自唐武宣懿僖昭哀以來六朝實録百四十八卷　「實録」原作「寶録」，據蘇魏公文集卷五一宋公神道碑改。
② 漢唐人詩刻于石者爲寶刻叢章三十卷　「漢」，蘇魏公文集卷五一宋公神道碑作「晉」。
③ 司馬正索隱　按，「司馬正」即「司馬貞」，宋人避仁宗嫌名諱而改字。
④ 及被詔修本朝會要　「要」原作「安」，據庫本改。又「修」，蘇魏公文集卷五一宋公神道碑作「續」。

辨證：

［一］宋諫議敏求墓誌　按，宋敏求，東都事略卷五七、宋史卷二九一有傳，蘇頌蘇魏公文集卷五一載有龍圖閣直學士修國史宋公神道碑。

［二］天聖二年至歷館閣校勘　蘇魏公文集卷五一宋公神道碑云其「凡歷官起天聖三年乾元節，以父任秘書省正字」；「寶元二年，召試學士院，賜進士第」，至「慶曆三年，以光禄寺丞充館閣校勘」。

［三］坐赴同舍蘇舜欽進奏院會　長編卷一五三慶曆四年十一月甲子條載：「先是，杜衍、范仲淹、富弼等同執政，多引用一時聞人，欲更張庶事。御史中丞王拱辰等不便其所爲，而舜欽，仲淹所薦，其妻又衍女也，少年能文章，議論稍侵權貴。會進奏院祠神，舜欽循前例，用鬻故紙公錢召妓女，開席會賓客。拱辰廉得之，諷其屬魚周詢、劉元瑜等劾奏，因欲動摇衍。事下開封府治，於是舜欽及……同時斥逐者多知名士，世以爲過薄，而拱辰等方自喜曰：『吾一舉網盡矣。』」據長編卷一五三慶曆四年十一月甲子條，宋敏求自校書郎、館閣校勘貶簽書集慶軍節度判官事。

［四］復校勘　長編卷一五七慶曆五年九月癸巳條載：「復校書郎宋敏求爲館閣校勘。王堯臣等上其所緝唐武宗以來至哀帝事爲續唐録一百卷故也。」

［五］通判西京留守司　宋史宋敏求傳云其「從宋庠辟，通判西京」。

［六］朝廷以與前議不同降刑部以知制誥知絳州　宋史宋敏求傳云其「坐前後議異，貶秩知絳州。王珪、范鎮乞留之，使成實録。神宗曰：『典禮，國之所重，而誤謬如是，安得無責？』然敏求議初不誤，曾公亮惡禮院劉瑾附敏求爲説，故因是去之」。

［七］連佛執政意遂得解職以本官奉朝請　宋史宋敏求傳云：「王安石惡吕公著，誣其言『韓琦欲因人心，如趙鞅興晉陽之甲，以逐君側之惡』，出知潁州。敏求當草制，安石諭旨使明著罪狀，敏求但言『敷陳失實』。安石怒白於帝，命陳升之改其語。敏求請解職，未聽。會李定自秀州判官除御史，敏求封還詞頭，遂以本官右諫議大夫奉朝請。」又東都事略宋敏求傳云：「吕公著出知潁州，『敏求當制，而安石改制進呈，敏求即請解職，未聽。李定自秀州判官除御史裏行，敏求又封還其詞頭曰：『御史之官，舊制須两任通判方許奏舉。後以資任相當者少，始許舉通判未滿任者。今定自幕職便處以糾繩之地，臣恐弗循官制之舊，未厭群議。』再請解職，遂罷。」長編卷二一一

〇熙寧三年四月壬午條載：「宋敏求罷知制誥，以上批『敏求文字荒疎，曠其職業，不能者止於義，可從也』。於是王安石曰：『敏求草呂公著制，臣諭聖旨，令明著罪狀，反用曾公亮語，止云「援據匪宜」而已。此自是違聖旨，已幸朝廷不問，乃更辭職。』上乃令從敏求請罷職。」

〔八〕明年加史館修撰集賢院學士　蘇魏公文集卷五一宋公神道碑云「歲中，兼史館修撰。明年，加集賢院學士」。據長編卷二一八熙寧三年十二月庚午條載右諫議大夫宋敏求爲史館修撰，云：「敏求既罷知制誥，以本官奉朝請，逾七月，乃有是命。」注曰：「四月壬午二十二日，敏求罷制誥，四年九月加集學。」按，墓誌所云不確。

〔九〕熙寧七年爲龍圖閣直學士　長編卷二七〇熙寧八年十一月癸未條云「右諫議大夫、集賢院學士宋敏求爲龍圖閣直學士」。蘇魏公文集卷五一宋公神道碑同。又，涑水記聞卷一六云：「知制誥鄧潤甫上言：『近日群臣專尚告訐，此非國家之美，宜用敦厚之人以變風俗。』上嘉納之。尋有中旨，以陳述古爲樞密直學士，宋次道爲龍圖閣直學士。時熙寧八年十二月也。」則此稱「七年」者不確。

〔一〇〕知通進銀臺司審官東院　長編卷二三五熙寧二年七月丙午條載右諫議大夫、集賢院學士、判祕閣宋敏求兼知審官東院，云：「上初欲用鄧綰，曰：『司農無用綰也。』王安石曰：『司農有廨宇，又綰無曠事，忽罷之不便。』仍用敏求。」

〔一一〕先公四歲而亡　蘇魏公文集卷五一宋公神道碑云畢氏「前四年逝。公以世教浸薄，禮服簡廢，特制杖期以稱哀情，言禮法者善之」。

〔一二〕家藏書三萬卷　曲洧舊聞卷四云：「宋次道龍圖云：『校書如掃塵，隨掃隨有。』其家藏書皆校三五徧者。世之畜書，以宋爲善本。居春明坊，昭陵時，士大夫喜讀書者多居其側，以便於借置故也。」

〔一三〕太常議祧廟公請遞遷僖祖後復詔詳定公奏前議不可改遂免詳定　長編卷二〇九治平四年三月癸酉條云：「太常禮院言：『準嘉祐詔書，定太廟七世八室之制。今大行皇帝祔廟有日，僖祖在七世之外，禮當祧遷。將來山陵畢，請以大行皇帝神主祔第八室，僖祖、文懿皇后神主依唐故事祧藏於西夾室，以待禘祫，自仁宗而上至順祖以次升遷。伏請下兩制、待制以上參議。』後翰林學士承旨張方平等言：『同堂八室，廟制已定，僖祖當祧，合於典禮。請依禮院所奏。』詔恭依。」

〔一四〕有詔轉對　蘇魏公文集卷五一宋公神道碑云其「熙寧初，轉對上三事」。

〔一五〕三館秘閣書類多訛舛至使秘府文集得以完善也　按麟臺故事校證殘本卷二中書籍云：「熙寧中，宋敏求言：『三館、祕閣藏書雖博，類多訛舛，請以班固藝文志據所有，下諸路購善本校正，然後以漢志、唐志篇目讎校，取其可傳後者，餘悉置之。』然不果行。」

〔一六〕置學官　據蘇魏公文集卷五一宋公神道碑，乃「州郡置學官」。

〔一七〕又以劉伯莊史記音義司馬正索隱陳伯宣注義分注入太史公正史　蘇魏公文集卷五一宋公神道碑云其「嘗謂司馬遷史記注解疏牾，學者罕通其義訓，悉取音義、索隱、正義、王元感陳伯宣别注，將倣顔師古西漢爲集注」。

〔一八〕嘗題濮安懿王襄國韓夫人仙遊任夫人神主　按長編卷二〇八治平三年九月乙卯條云「命知制誥宋敏求題濮安懿王及三夫人廟主于園」。

名臣碑傳琬琰集中卷十七

賈文元公昌朝墓誌銘[一]　文恭公王珪

治平二年七月戊寅，觀文殿大學士、尚書左僕射、魏國公薨于京師。始公得疾甚，英宗命中貴人挾太醫晝夜調護，所以念哀之甚厚①。及訃聞，是日休吏群司，乘輿趣臨其喪，爲之泣下。乃詔輟視朝二日，贈司空兼侍中，其賻物加等。將斂，又賜龍腦、水銀以納其匱中。八月甲寅，上成服于苑中。於是其家條其功狀上于太常，謚曰文元。熙寧元年八月庚申，葬公許州陽翟縣大儒鄉元老里之原[二]。

公諱昌朝，字子明，姓賈氏。其先漢長沙王太傅誼之後，至唐僕射魏國公耽，復以儒學相德宗，而世爲滄州南皮人，後徙真定之獲鹿。皇太祖緯，晉中書舍人，追封魯國公。皇祖璉，太子左贊善大夫，追封齊國公。皇考注，祕書省著作佐郎，追封晉國公。皆贈太師、中書令、尚書令。曾祖妣崔氏，封吴國太夫人；繼粟氏，封韓國太夫人。祖妣胡氏，封周國太夫人。妣史氏，封燕國太夫人。自公之皇考始去獲鹿②，而葬于開封，今爲開封人。

① 所以念哀之甚厚　華陽集卷五六賈昌朝墓誌銘無「哀」字。
② 自公之皇考始去獲鹿　「皇」原作「皂」，據文海本、庫本及華陽集卷五六賈昌朝墓誌銘改。

初，晉公一夕夢使者奉貂冠玉簡于大箱中，拜而授之，以告燕國夫人，明日公乃生。公少孤，母日夜教誨之，自經史、圖緯、訓詁之書，無所不學。天禧元年，真宗祈穀于南郊，獻書車駕前，賜同進士出身，補常州晉陵縣主簿。引對便殿，以爲國子監説書，即除江州德化縣令。孫宣公初判監，命學官各講一經，獨稱公所講有師法。一日，往謁宣公，宣公遣人示唐相路隋韋處厚傳，公讀已，宣公乃出見公曰：「後當以經術進如二公，願少勉之。」

天聖元年，兼潁州郡王院伴讀①，遷大理寺丞，以殿中丞知常州宜興縣，徙知襲州，以母老辭，得監在京廣濟倉。翰林學士徐奭權知開封府，舉公知東明縣，遷太常博士。是時宣公且老，數辭講禁中，乃薦公爲代。召試中書，而參知政事陳文惠公與公有親嫌，言公年少，未可入侍經筵。宣公復言：「先朝用晏殊、宋綬知制誥，皆年未三十。朝廷用人，可悉限以年邪？」然文惠終抑之，徙通判綿州②，又以母老，得監在京永濟倉。

明道元年，遷尚書屯田員外郎，復爲國子監説書。方章獻皇太后稱制，而詔避彭城郡王名[三]。公言：「在禮，母之諱不出宫中。今天下爲太后諱其父名，非所以尊宗廟。」初不報，及太后上僊，乃用公言罷[四]。景祐元年，擢崇政殿説書，俄加直集賢院、判尚書禮部。天子方鄉文學，每授經之際，多詢質疑難。公因請以聖問所及政教道義之言，令講讀官悉綴録之，以上史館。於是作邇英延羲二閣注記③[五]。三年秋，太平興國寺災，而議欲復修。公言：「比年京師觀寺屢災，此天左與王者，故數下災異以誡告之。願陛下側身念愆，以思答天之實。」於

① 兼潁州郡王院伴讀　「潁州」，宋史賈昌朝傳作「潁川」，當是。
② 徙通判綿州　「徙」原作「徒」，據文海本、庫本及華陽集卷五六賈昌朝墓誌銘改。
③ 於是作邇英延羲二閣注記　「延羲」原作「延義」，宋史卷八五地理志一、長編卷一一六景祐二年正月癸酉條作「延羲」，按「義」爲太宗原名，宋時不當用作閣名，據改。又，宋史卷十仁宗紀二等亦作「延義」，同誤。又按，「邇英延羲二閣注記」，隆平集、東都事略賈昌朝傳作「邇英延義二閣記注録」，宋史賈昌朝傳作「邇英延義記注」。

是遂止不修。再遷司封員外郎、天章閣侍講[六]，判太府寺，爲史館修撰。天子每祠南郊，必先謁景靈宮，乃齋太廟。公言躬享景靈宮，初用唐朝獻太清宮故事，事出一時，不足以爲法，請須郊祠還，然後行謁謝之禮。下議有司不合，乃寢。

趙元昊叛，延州總管劉平軍敗于北川。或言平實降賊，朝廷以兵圍平之第。公言：「王繼忠陷虜中，先帝遇其家反厚，及契丹約和，繼忠與有力[七]。今計平豈遽降，而先收戮其家，使平果存，亦不得還矣。」即詔弛圍兵。既而果得平戰没之狀，乃厚恤其孤[八]。遷禮部郎中[九]。康定元年三月丙子，大風晝冥，詔罷春燕。公言：「今災變數見，初莫不恐懼，已則泰然爲無事。竊考災異之所從，固不虛發，願陛下修飾五事，以當天心，雖罷春燕，恐未足以檻塞大異也①。」居數月，擢知制誥，權判吏部流内銓，爲館伴契丹使。二年，河北旱蝗，爲體量安撫使。既還，條所以制邊之册甚備。其言擇守宰、習鄉兵、治塘泊、紓繇役、繕甲壘之類，皆當時施用之。除龍圖閣直學士兼侍講，權知開封府[一〇]。有禁衛卒告軍中斂率緡錢本，屬以其事移府，衆皆伏府門，惴恐不自安，公止詰其告者不實坐之，餘置不問，仁宗大然之。爲南郊頓遞橋道使。時西疆未寧，詔公護行在，以察姦非。知開封府不侍齋祠，自公始。

慶曆元年，遷右諫議大夫、權御史中丞，充理檢使，侍講如故。自唐群臣見謝辭，皆先過天子正衙；五代草創，過衙乃在其後。公始釐正之。未幾，判國子監。詔公與三司官吏減省浮費②。前此上疏言：「國家用度素廣，而民力不足。日者屢詔有司省節浮費，未聞卓然施行。今陝西用兵而無先事之備，竊爲國計憂之。願較景

① 恐未足以檻塞大異也　「大異」，華陽集卷五六賈昌朝墓誌銘作「災異」。又，「檻塞」，長編卷一二六康定元年三月丙子條作「厭塞」。

② 詔公與三司官吏減省浮費　「詔」原作「記」，據華陽集卷五六賈昌朝墓誌銘改。

德以來訖于景祐財用出入之數，約以祖宗舊制，其不急者一切省之。」至是，內自宮掖、外及權貴而下，歲省用凡數百萬①。駙馬都尉柴宗慶前在鄭州②，縱其下擾民。及遣使問狀，而託疾不即應，更請出爲郡。公劾奏宗慶託國肺腑，而所爲不法，乃復使爲郡，恐益爲民患。於是詔留宗慶京師。侍講林瑀上會元紀，且言推帝主即位必遇辟卦，而真宗乃得卿卦。公奏瑀所學不經，不宜備顧問，遂絀之〔一二〕。

契丹遣使求關南之地，且議和親，復爲館伴使。公言：「和親辱國，而尺地不可許。」議者又欲以金繒啗契丹，而使平夏州。公言：「吐蕃尚結贊欲助唐復京師，而陸宣公數諫止之。後得謀者，乃朱泚賂吐蕃，欲使陰爲之援。今契丹乘元昊叛，有求於我，未必遽肯出兵；就使兵出，而小有勝，何以塞其貪驁之心？」時方命公使契丹，於是力辭其行。又言：「藝祖有天下，收方鎮之權，當時以爲萬世之利。及神宗在位③，將帥多姻舊之臣，而威不逮恩，然猶仗神靈，卒剗暴海內，自時用武之勢乃衰。近歲恩倖子弟，非有橫艸之功，而坐取武爵，乘邊隅無事，猶以自容，一旦西方用兵，以千萬卒之命爲庸人驅之死地，豈不憒哉？願思所以修內治外之術，以銷難未然。」復陳備邊六事凡數千言，帝嘉納之。

三年，遂參知政事。明年，以檢校太傅、尚書工部侍郎爲樞密使。又明年，拜同中書門下平章事、集賢殿大學士兼樞密使。纔兩月，拜昭文館大學士、監修國史，提舉編修唐書。陝西既罷兵，公遂還樞密使，因言：「近歲國馬耗，而河西蕃部馬不至。請樞密使兼群牧制置使，如先朝舊制。」從之。會詔有司議章獻、章懿、章惠三后升

① 歲省用凡數百萬　「數百萬」，本書上集卷六賈文元公昌朝神道碑及隆平集、宋史賈昌朝傳皆作「百萬」。
② 駙馬都尉柴宗慶前在鄭州　「駙馬都尉」原作「騎馬都尉」，據華陽集卷五六賈昌朝墓誌銘及宋史卷四六三柴宗慶傳改。
③ 及神宗在位　按，北宋前期，所稱之「神宗」乃指太宗。

祔之禮，令中書門下考評其事①，而禮官或援古不同。公乃酌群議而奏曰：「恭以章獻皇后母儀天下，章懿皇后誕育聖躬，宜如祥符升祔元德皇后故事，配食真宗廟室，以稱陛下追孝之意。章惠皇后於陛下有慈保之恩，義須別祠，伏請享奉慈廟如故。」於是命公攝太尉②，奉二主行升祔之禮。已而將下德音，內出密封，中外文武官皆遷官，諸軍皆特支。公獨匿其事，即奏以爲不可，雖同列莫與聞者[一二]。明日，惟在京諸軍與特支。又詔特二府遷官，公又以爲不可，乃已。

七年春大旱，公引漢災異册免三公故事，願上丞相印[一三]，意甚確，遂拜武勝軍節度使、檢校太傅、同中書門下平章事、判大名府兼北京留守司事、河北安撫使。及帝謝雨西太一宫，而公獨不從，詔下閤門吏開封府，以其不即報公。公既辭，賜燕國太夫人銀飾肩輿，士大夫以爲榮。

貝州妖卒王則叛。初，則約連河北、京東數州之兵，欲南斷浮橋，以據大名。事未及發，會有白衣遮公馬首，自言少遊跪泉山，能言國家休咎之事，公疑而詰之，乃得所挾妖書，實貝州叛卒也③。其黨知事覺，於是嬰城自守。公命高陽關路總管王信、大名府路鈐轄郝質、真定府路鈐轄孟元將六郡兵二萬趣城下，并遣穴城匠作車洞、距闉以攻賊。公亦屢請行，朝廷賴公威名在大名，不許。及破賊，以功爲山南東道節度使、檢校太師，進封安國公。其年，日官言太陰犯畢距星，又掩其大星。公因言：「畢昴之間爲天街，其陰胡也，其陽中國也。顧其警必在群狄之分。」因考歷代所占凡十二事上之。會歲飢，民大疫，公爲置病坊給養之，全活者九十餘萬[一四]。契丹募士卒之勇伉者④，得五百餘人，號「投來南軍」，驅以戰西羌。邊法雖歸亦殊死，公乃檄邊郡，凡投還者一切貸

① 令中書門下考評其事　「評」，華陽集卷五六賈昌朝墓誌銘作「詳」，似是。
② 於是命公攝太尉　「公」原作「工」，據文海本、庫本及華陽集卷五六賈昌朝墓誌銘改。
③ 實貝州叛卒也　「貝州」原作「具州」，據庫本、華陽集卷五六賈昌朝墓誌銘及上文改。又，「叛卒」，華陽集卷五六賈昌朝墓誌銘作「叛逆」。
④ 契丹募士卒之勇伉者　「士卒」，華陽集卷五六賈昌朝墓誌銘及本書上集卷六賈文元公昌朝神道碑、宋史賈昌朝傳皆作「亡卒」，似是。

之。後有還者，公更遷補之。虜聞，遂除其軍不用。邊民之貧者多避賦繇，以其地質虜人，因而寖爲虜所侵。公爲設法，聽旁近户之有力者贖之，歲餘悉復其地。契丹使來，每道公境，必斂服自飭，且戒其徒御毋得有所犯。

公嘗言：「河自横隴之決，分流德、棣、恩、滄數州①，而歲爲害滋甚。按九河既湮，唯行漯川之道，歷代雖徙決不常，然不越濮鄆之北、魏博之東。今其道歷朝城由蒲臺入海者，此禹、漢遺功也。請復河故道。」不報。明年，河決商胡，水環大名。公乃繪漯川、横隴、商胡爲一圖，復條其利害以聞，詔遣三司副使鄭驤行視其地②，還言功大不可就，乃止〔一五〕。

皇祐元年，以燕國太夫人春秋高，願徙鄭州。及入覲③，乃以爲祥源觀使。公不敢以將相留京師，屢請還節，除觀文殿大學士、尚書右僕射、判都省，再提舉編修唐書。其冬，以右僕射復除山南東道節度使、檢校太師兼侍中、判鄭州。凡六上章乞罷僕射兼侍中，復拜同中書門下平章事。詔公子四人皆遷官，固辭之。使相初無中謝之賜，其賜自公始。明年丁母憂，會大雨，奉喪徒行數百里。詔屢起之，公懇蘄終喪。給以宰相俸之半，辭之；給以僕射俸，又辭之；於是賜黄金三百兩。服除，判許州。仁宗召公邇英閣問易之乾卦，既講陳之，翌日又爲手奏曰：「夫乾者，天剛健之德。當天下久盛之時，柔不可以濟；然亢而過剛，又不能久。惟聖人外以剛健決事，内以謙恭應物，不敢自矜爲天下首，乃獲吉也。」帝面出手詔以寵答之，仍以所陳卦義藏之史館。又言：「漢唐都雍，置輔郡以内翼京師。國朝都汴，而近京諸郡皆屬它道，制度不稱王畿。請析京東之曹州、京西之陳許滑鄭州，并開封府總四十二縣，置爲京畿。」遂興行之〔一六〕。公將行，命侍讀學士以下餞于資善堂。

---

① 分流德棣恩滄數州　「棣」原作「格」，據華陽集卷五六賈昌朝墓誌銘改。

② 詔遣三司副使鄭驤行視其地　「遣」原作「遺」，據文海本、庫本及華陽集卷五六賈昌朝墓誌銘改。

③ 及入覲　「覲」原作「觀」，據文海本、庫本及華陽集卷五六賈昌朝墓誌銘改。

五年，徙判大名府，復爲河北安撫使。是時，博士李仲昌建議開六塔河，欲斷大河東去，以殺金堤之患。既而水怒溢，隄陋不能禁[一七]，敗民廬舍不可勝計。公復請疏河故道，且言：「故道土沃饒，多爲權右占耕。使者妄言功大不可就[一八]。」於是又詔河北都轉運使李參、京東轉運使董沔行視之[一九]，遂欲決濮陽埽，下鄆之銅城，導河使東，而言其地皆趨下，亡壅塞之患，俟春調丁夫，遠不踰三月可就。然朝廷終不報。

嘉祐元年，進封許國公。未幾，加兼侍中，再任大名，尋拜樞密使，辭侍中。三年，以鎮安軍節度使、右僕射、依前檢校太師兼侍中爲景靈宮使。其年，復出判許州。七年，以保平軍節度使、陝州大都督府長史復徙大名，爲本路安撫使。英宗即位，拜鳳翔節度使、左僕射、鳳翔尹，進封魏國公。治平元年，自言：「臣老矣，不任事，願得徙閒郡①，且還鳳翔節度兼侍中。」詔不許。明年春，復徙許州。及入覲，上以先帝大臣，益尊遇之，公亦從容言天下事甚衆，因固請還鳳翔節度兼侍中，卒不許。時京西大疾，特詔公俟秋迺行。公既被病，召諸子謂曰：「勢且革矣，尚欲尸重禄邪？」於是復以爲觀文殿大學士、判尚書都省②。踰月，公薨，享年六十八。

公爲人外端重而中裕[二〇]，雖燕居未始見慍喜，然於臨事，其色不可奪。少好學，至顯貴，未嘗一日廢書不觀。其於古今治亂、天人災祥之學，無不該貫。故指政言事，切而不迂。其爲政樂易而不苛，前後累鎮許、魏，民皆見思，圖其像學舍而生祠之。爲文粹衍有法度，字畫尤婉奇。公在外，仁宗嘗特遣使賜二朝御書凡百八十七軸③。其歷崇政殿說書、天章閣侍講、觀文殿大學士，皆仁宗爲公特置之。初，奉詔刊修廣韻爲集韻，因請修禮

---

① 願得徙閒郡　「閒」原作「間」，據文海本、庫本及華陽集卷五六賈昌朝墓誌銘改。

② 於是復以爲觀文殿大學士判尚書都省　「於是」，華陽集卷五六賈昌朝墓誌銘作「于是復請乃」。

③ 仁宗嘗特遣使賜二朝御書凡百八十七軸　「二朝」，華陽集卷五六賈昌朝墓誌銘作「三朝」。按，玉海卷三四御書至和飛白書亦作「三聖」，則作「三朝」者是。

部韻略，其窄韻凡十有三，聽學者附近用之。又請修唐書①，及復禮記鄭氏所注月令，以李林甫所解唐月令別行。著本朝時令十一卷②、群經音辨十卷③、春秋要語十卷④〔二〕、通紀八十卷、奏議三十卷、文集三十卷。

公初娶王氏，尚書兵部郎中、集賢殿修撰軫之女，封莒國夫人；再娶陳氏，武信軍節度使康肅公堯咨之女，封魏國夫人，後公二十九月而薨。六男子：章，終太常博士、集賢校理；圭⑤，尚書比部員外郎；田，終尚書駕部員外郎；青，尚書司門員外郎；齊，太子右贊善大夫；炎，太常寺太祝。三女子：長適尚書比部員外郎程嗣弼⑥，封壽安縣君；次適太子右贊善大夫宋惠國，封崇德縣君；次適尚書都官員外郎龐元英，封壽光縣君。孫男十八人：公祚、公路、公定、公弼，並光禄丞；公度，大理評事；公裕、公盛、公述、公望，並太常寺太祝；公孺，太常寺奉禮郎；公靖，太廟齋郎；公秩、公蜜、公詠，並未仕；公正、公亮、公迴、公嚮，早卒。曾孫男一人。

始，公葬晉公于開封，以其地下汙，將改卜于許，而公薨。今遷晉公而偕葬之，以成公志云。銘曰：

維賈氏先，出傅長沙。有唐魏公，又移厥家。自公之考，始去獲鹿。公又食魏，不遐以續。公昔尚少，其濇

---

① 又請修唐書　按，自「請修唐書」以下至本碑文末，底本原脱，據鐵琴銅劍樓本、庫本及華陽集卷五六賈昌朝墓誌銘補。又，底本此處有「炳於後世」至「忠厚之碑」半葉文字，乃屬上集卷二七范祖禹趙樞密瞻神道碑，錯置於此，據鐵琴銅劍樓本改移。

② 著本朝時令十一卷　「十一卷」，華陽集卷五六賈昌朝墓誌銘及本書上集卷六賈文元公昌朝神道碑及隆平集、東都事略賈昌朝傳皆作「十二卷」，似是。

③ 群經音辨十卷　「音」原作「旨」，據本書上集卷六賈文元公昌朝神道碑及隆平集、東都事略賈昌朝傳改。

④ 春秋要語十卷　「語」，華陽集卷五六賈昌朝墓誌銘及玉海卷四〇藝文春秋、宋會要輯稿崇儒五之二二作「論」。

⑤ 圭　原作「至」，據華陽集卷五六賈昌朝墓誌銘及本書上集卷六賈文元公昌朝神道碑、王魏公集卷七賈圭墓誌銘改。

⑥ 長適尚書比部員外郎程嗣弼　「員」原作「貞」，據華陽集卷五六賈昌朝墓誌銘改。

中閣。獻書路旁，迺發厥聲。始爲學官，終日默如。逮其授經，聽者群趨。卒用所學，入講殿中。帝曰汝來，有發予聰。遂相仁宗，左右經術。豈無衆訾？其勢不屈。公于出處，以靖以夷。魏許之政，而民思之。再莞樞衡，越歲又遷。維是嘉謀，有來上前。天清日華，聖子有作。魏公來朝，猶陳舊學。間不見公，遽不能起。乘輿即臨，泫然出涕。公位將相，不爲不榮。矧曰黄髮，道德之英。曾誰如公？篤其終初。以示萬世，維實維孚。

辨證：

[一]賈文元公昌朝墓誌銘　本墓誌又載於王珪華陽集卷五六，題曰「賈昌朝墓誌銘」。按，賈昌朝，隆平集卷五、東都事略卷六五、宋史卷二八五有傳；本書上集卷六載有王安石賈文元公昌朝神道碑。

[二]熙寧元年八月庚申葬公許州陽翟縣大儒鄉元老里之原　據本書上集卷六賈文元公昌朝神道碑，治平二年「九月甲申，葬開封汴陽里晉公之墓兆」。據下文，知熙寧元年八月庚申乃爲遷葬之時。

[三]而詔避彭城郡王名　按，彭城郡王即章獻皇太后父劉通，乾興元年四月贈彭城郡王。

[四]及太后上僊乃用公言罷　長編卷一一三明道二年八月甲辰條載：「國子監説書賈昌朝言：『禮母之諱不出於宫。今章獻明肅太后易月制除，猶諱父名，非所以尊宗廟也。』甲辰，詔勿復避。」按，劉太后卒於是年三月甲午。

[五]於是作邇英延義二閣注記　按玉海卷二六景祐崇政殿説書載：景祐「二年正月癸丑，置邇英、延義二閣，寫無逸篇于屏。邇英在迎陽門之北，東向；延義在崇政殿之西，北向。是日，御延義閣，召輔臣觀盛度讀唐書，賈昌朝講春秋，遂宴崇政殿。三年正月乙巳，説書賈昌朝上二閣記注」。長編卷一一八景祐三年正月乙巳條載：「賈昌朝言：『臣幸得侍經禁中，陛下每以清燕之閒，嚮學稽古，微言善道，取高前聖。事在雙日，杳隔嚴宸，時政記、史館日曆及起居注莫得纂述。臣自景祐元年春迄二年冬，凡書筵侍臣出處升絀、封章進對、燕會賜與，皆用存記，列爲二卷，乞送史館。』詔以邇英延義二閣記注爲名，命章得象等接續修纂。」

[六]再遷司封員外郎天章閣侍講　長編卷一二三寶元二年三月癸丑條云：「天章閣侍講賈昌朝、王宗道編排資善堂書籍，其實教

授内侍云。」

［七］王繼忠陷虜中先帝遇其家反厚及契丹約和繼忠與有力　長編卷五四咸平六年五月丁酉條云：真宗「以王繼忠實戰死，丁酉，贈繼忠大同節度使、兼侍中。録其子懷節爲崇儀使，懷敏爲崇儀副使，懷德爲内殿崇班，懷政爲供奉官」。又卷五七景德元年閏九月癸酉條云：「初，殿前都虞候、雲州觀察使王繼忠戰敗，爲敵所獲，即授以官，稍親信之，繼忠乘間言和好之利。時契丹母老，有厭兵意，雖大舉深入，然亦納繼忠説，於是遣小校李興等四人持信箭以繼忠書詣莫州部署石普，且致密奏一封，願速達闕下，詞甚懇激。興等言契丹主與母召至車帳前面授此書，戒令速至莫州送石帥，獲報簡即馳以還。是日，普遣使賫其奏至。上發視之，即繼忠狀，具言：『臣先奉詔充定州路副都部署，望都之戰，自晨達酉，營帳未備，資糧未至，軍不解甲、馬不芻秣二日矣，加以士卒乏飲，冒刃争汲。翌日，臣整衆而前，邀其偏將，雖勝負且半，而策援不至，爲北朝所擒，非唯王超等輕敵寡謀，亦臣之罪也。北朝以臣早事宫庭，嘗荷邊寄，被以殊寵，列於諸臣。臣嘗念昔歲面辭，親奉德音，唯以息民止戈爲事。況北朝欽聞聖德，願修舊好，必冀睿慈俯從愚瞽。』」此後澶淵和議成。

［八］而果得平戰没之狀乃厚恤其孤　按宋史卷三二五劉平傳云劉平兵敗，與石元孫「皆被執。初（黄）德和言平降賊，朝廷發禁兵圍其家，及命殿中侍御史文彦博即河中府置獄，遣龐籍往訊焉，具得其實。遂釋其家，德和坐腰斬。而延州吏民亦詣闕訴平戰没狀。遂贈朔方軍節度使，兼侍中，謚壯武，賜信陵坊第，封其妻趙氏爲南陽郡太夫人，子孫及諸弟皆優遷，未官者録之。其後降羌多言平在興州，未死，生子于賊中。及石元孫歸，乃知平戰時被執，後没于興州」。

［九］遷禮部郎中　按春明退朝録卷上云：「尚書省二十四司，唐世以事簡者兼學士、舍人，本朝唯重左曹。館職、提點刑獄例得名曹，省府判官、轉運使得名曹，又遷左曹。學士、舍人、待制遷二資，帶史撰，更得優遷。如蘇儀甫自刑部員外郎遷禮部郎中、王原叔自工部郎中遷吏部郎中是也。朝官帶史撰亦得優遷，李邯鄲自博士爲禮部員外郎、賈魏公自司封員外郎爲禮部郎中是也。」

［一〇］權知開封府　長編卷一三三慶曆元年八月丁亥條云：「罷天下舉人納公卷。初，權知開封府賈昌朝言：『唐以來禮部采名譽，觀素業，故預投公卷。今有彌封謄録，一切考論試篇，爲公卷者可罷。』詔從之。」

［一一］侍講林瑀上會元紀至遂絀之　長編卷一三五慶曆二年二月丙戌條云：「太常博士、天章閣侍講林瑀落職通判饒州。先是，瑀奉詔撰周易天人會元紀，其説用天子即位年月日辰占所直卦，以推吉凶，且言『自古聖王即位必直乾卦，若漢高祖及太祖皇帝皆是

也』。書成上之。詔學士院看詳，皆言瑀所編纂事涉圖緯，乞藏秘閣。詔賜瑀銀絹各五十兩疋。御史中丞賈昌朝嘗面折瑀所言不經，瑀與昌朝辨於上前，由是與昌朝迕。及是瑀又言：『上即位，其卦直需，其象曰：「雲上於天，需君子以飲食燕樂。」臣願陛下頻出宴遊，極水陸玩好之美，則合卦體，當天心矣。』上駭其言，因問太宗即位直何卦，瑀對非乾卦，問真宗，對亦然，上始厭瑀之迂誕。昌朝即劾奏瑀儒士，不師聖人之言，專挾邪說罔上聽，不宜在經筵。」遂黜林瑀。按，漢書京房傳云：「然少陰倍力而乘消息。」顏師古注引孟康曰：「房以消息卦爲辟。辟，君也。息卦曰太陰，消卦曰太陽，其餘卦曰少陰、少陽，謂臣下也。」辟卦，意君卦、主卦。孟喜以坎、震、离、兑爲四正卦，其餘六十卦分爲辟、公、侯、卿、大夫五類。屬辟卦者爲復、臨、泰、大壯、夬、乾、姤、遯、否、觀、剥、坤十二卦。

［一二］公獨匿其事即奏以爲不可雖同列莫與聞者　宋史賈昌朝傳稱時「昌朝與同列力疏，乃止」。

［一三］七年春大旱公引漢災異册免三公故事願上丞相印　宋史賈昌朝傳云：「明年春旱，帝避正寢，減膳。昌朝引漢災異册免三公故事，上表乞罷。參知政事吳育數與昌朝争議上前，論者多不直昌朝。有向綬者知永静軍，疑通判譖己，誣以事，迫令自殺。高若訥知審刑院，附昌朝議，欲從輕坐。吳育力争，綬卒減死一等。未幾，若訥爲御史中丞，言大臣廷争不肅，故雨不時若。」遂并罷賈昌朝、吳育。

［一四］全活者九十餘萬　東都事略賈昌朝傳云：「河決商胡，屬歲飢，又疫，人多流棄，昌朝所救活甚多。」

［一五］詔遣三司副使鄭驤行視其地言功大不可就乃止　長編卷一六五慶曆八年十二月庚辰條云：「詔翰林侍讀學士郭勸、入内内侍省都知藍元用與河北京東轉運使再行相度修復黄河故道利害以聞。」又卷一六六皇祐元年二月甲戌條云：「郭勸等言：『與京西轉運使徐起、河北轉運使崔嶧，自橫壠口以東至鄆州銅城鎮，度地高下使河復故道，爲利甚明。凡濬二百六十三里一百八十步，役四千四百九十萬四千九百六十工。』議雖上，未克行也。」又據宋史卷三〇一鄭驤傳，云其「入爲度支副使。河決德州，入王紀口，議欲徙州，詔驤往視之，還言州不當徙，已而州果無患」。則遣鄭驤行視非在此時，墓誌所云似有誤。

［一六］遂興行之　長編卷一七五皇祐五年十二月壬戌條云：因賈昌朝建議，「詔以曹、陳、許、鄭、滑五州爲輔郡，隸畿内，置京畿轉運使，五州各增鈐轄一員，曹州更增都監一員，留屯兵三千人以時教閲，若出戍，即於開封府近縣或鄰州徙兵足之」。又卷一八一至和二年十月己丑條云：「罷京畿轉運使及提點刑獄，其陳、許、鄭、曹、滑各隸本路，爲輔郡如故。初從賈昌朝議置五輔郡，屬畿内，號爲拱輔京師。而論者謂宦官謀廣親事親從兵，欲取京畿財賦贍之，因以收事柄。御史范師道力奏非便，遂復舊制。」

［一七］既而水怒溢隄陿不能禁　按宋史卷九一河渠志一云：「嘉祐元年四月壬子朔，塞商胡北流，入六塔河，不能容，是夕復決，溺兵夫、漂芻藁不可勝計。」

［一八］使者妄言功大不可就　按，長編卷一八一至和二年九月甲申條載翰林學士承旨孫抃等言「奉詔定黄河利害。其開故道，誠爲經久之利，然功大不能猝就」云云。當即指此。

［一九］於是又詔河北都轉運使李參京東轉運使董沔行視之　長編卷一八二嘉祐元年六月戊寅條載：「至和元年十二月遣使與河北、京東漕臣詣銅城鎮相度河勢。」然此事乃在塞商胡北流入六塔河之前。

［二〇］公爲人外端重而中裕　宋史賈昌朝傳云：「昌朝在侍從，多得名譽。及執政，乃不爲正人所與，而數有攻其結宦官、宫人者。」按，隆平集卷五、東都事略賈昌朝傳略同。

［二一］春秋要語十卷　長編卷一四七慶曆四年三月乙酉條云：「上問輔臣春秋三傳異同之義，賈昌朝對曰：『左氏多記事，公羊、穀梁專解經旨，大抵皆以尊王室、正賞罰爲意。然三傳異同，考之亦各有得失也。』上然之。」

名臣碑傳琬琰集中卷十八

司馬文正公光墓誌銘[一]　蜀公范鎮

公諱光，字君實。自兒童凛然如成人。至既没，其家得遺奏八紙上之，皆手札當世要務。已上墓誌全文，悉取蘇文忠公所撰司馬公行狀，惟删出行狀所載公論交阯貢異獸，蘇轍舉直言，及經略安撫使便宜從事非永世法①，充媛董氏追贈非令典，并言太皇太后有所取用當如上所取，西戎遣使致祭，邊臣生事，及言用宫邸省直非平日法等六七事，外皆行狀全文，故不復載録，獨録范公所序而銘之之文云。

翰林學士蘇軾狀公如此，蓋直記其事，且鎮所目擊，足以示後世者。鎮與公出處交游四十餘年如一日，公之所以在家如在朝也，事必稽古而行之，動容周旋，無不在禮。嘗自號爲迂叟，而親爲隸書以抵鎮曰：「迂叟之事親無以逾人，能不欺而已矣。事君亦然。」今觀公得志，澤加於民，天下所以期公者，豈止不欺而已哉！且約鎮：「生而互爲之傳，後死者當作銘。」公則爲鎮傳矣②，鎮未及爲而公薨。嗚呼！鎮老矣，不意爲公銘也。銘曰[二]：

---

① 及經略安撫使便宜從事非永世法　「從」原作「徙」，據文海本、庫本改。

② 公則爲鎮傳矣　按，即司馬光范蜀公鎮傳，見載於本書下集卷九。

於穆安平，有魏忠臣。更六百年，有其元孫。元孫温公，前人是似。率其誠心，以佐天子。天子聖明，四世一心。有從有違，咸卒用公。公之顯庸，自我神考。命于西樞，曰予耆老。公言如經，其或不然。帝獨賢公，欲使並存。公退如避，歸居洛師。帝徐思之，既克知之。知而不以，以遺聖子。惟我聖子，協德神母。人事盡矣，天命順矣。如川之迴，如冰之開。或蹈其機，豈人也哉？公亦不知，曰是惟天。二聖臨我，如山如淵。公惟相之，亦何所爲？惟天是因，惟民是師。事既粗定，公亦不留。龍衮蟬冠，歸于其丘。公之在朝，布衣脱粟。惟其爲善，惟日不足。生既不有，死亦何失？四方頌之，豈惟兹石！

初，蜀公所作銘詩云①：

天生斯民，乃作之君。君不獨治，爰畀之臣。有忠有邪，有正有傾。天意若曰，待時而生。皇皇我宋，神器之重。卜年萬億，海内一統。而熙寧初，姦小淫縱。以朋以比，以閉以壅。乃于黎民，誕爲愚弄。人不聊生，天下詾詾。險詖憸猾，唱和雷同。謂天不足畏，謂衆不足從，謂祖宗不足法，而敢爲誕謾不恭。赫赫神宗，洞察于中。乃竄乃斥，遠佞投凶。誅鋤蠹毒，方復任公。奄棄萬國，未克厥終。二聖繼承，謨謨輔佐。乃曰斯時，非公不可。召公洛京，虛心至誠。公至京師，朝訪夕諮。公既在位，中外咸喜。信在言前，拭目可觀②。日親萬機，勤勞百爲。盡瘁憂國，夢寐以之。曾未幾月，援溺振渴。事無巨細，悉究本末。利與害除，賞信罰必。曰賢不肖，若别黑白。耆哲俊乂，野迄無遺。元惡大憝，去之不疑。無有遠近，風從響應。載考載稽，名實相稱。天胡不仁？喪吾良臣。天實不恕，喪吾良輔。嗚呼公乎③，而不留乎！山岳可拔也，

① 蜀公所作銘詩云　按，此銘詩亦載録於邵氏聞見後録卷一五。
② 拭目可觀　「可」，邵氏聞見後録卷一五作「以」。
③ 嗚呼公乎　「公」，邵氏聞見後録卷一五作「已」。

公之意氣，堅不可奪也；江海可竭也①，公之正論，浚不可遏也。嗚呼公兮，時既得矣，道亦行矣，志亦伸矣，而壽止於斯，哀哉哀哉！

蘇文忠當書石，謂司馬公休云：「軾不辭書，此恐非三家之福。」遂易今銘[三]。

辨證：

[一]司馬文正公光墓誌銘　按，司馬光，東都事略卷八七、宋史卷三三六有傳；本書上集卷六載有蘇軾司馬文正公光忠清粹德之碑，中集卷五一載有蘇軾司馬文正公光行狀。

[二]銘曰　按朱子語類卷一三〇云：「范蜀公作温公墓誌，乃是全用東坡行狀，而後面所作銘，多記當時姦黨事。東坡令改之，蜀公因令東坡自作，因皆出蜀公名，其後卻無事。若范所作，恐不免被小人掘了。」

[三]遂易今銘　按揮麈後録卷六云：「范景仁嘗爲司馬文正作墓誌，其中有曰：『在昔熙寧，陽九數終，謂天不足畏，謂民不足從，謂祖宗不足法，乃哀頑鞠凶。』託東坡先生書之，公曰：『二丈之文，軾不當辭。但恐一寫之後，三家俱受禍耳。』卒不爲之書。東坡可謂先見明矣。當時刊之，紹聖之間治黨求疵，其罪可勝道哉！」

范忠文公鎮墓誌銘[一]　文忠公蘇軾②

熙寧元豐間，士大夫論天下賢者，必曰君實、景仁。其道德風流，足以師表當世；其議論可否，足以榮辱天

① 江海可竭也　「海」，邵氏聞見後録卷一五作「漢」。

② 文忠公蘇軾　「文忠」原作「忠文」，據宋史卷三三八蘇軾傳乙改。

下。二公蓋相得歡甚，皆自以爲莫及，曰：「吾與子生同志，死當同傳。」而天下之人亦無敢優劣之者。二公既約更相爲傳，而後死者則誌其墓。故君實爲景仁傳，其略曰：「吕獻可之先見，景仁之勇決，皆予所不及也。」軾幸得遊二公間，知其平生爲詳，蓋其用捨大節，皆不謀而同。如仁宗時論立皇嗣，英宗時論濮安懿王稱號，神宗時論新法，其言若出一人，相先後如左右手。故君實常謂人曰：「吾與景仁兄弟也，但姓不同耳。」然至於論鍾律，則反復相非[二]，終身不能相一。君子是以知二公非苟同者。君實之没，軾既狀其行事以授景仁，景仁誌其墓，而軾表其墓道①。今景仁之墓，其子孫皆以爲君實既没，非子誰當誌之？且吾先君子之益友也，其可以辭？

公姓范氏，諱鎮，字景仁。其先自長安徙蜀，六世祖隆，始葬成都之華陽。曾祖諱昌祐，妣索氏。祖諱璲，妣張氏。累世皆不仕。考諱度②，贈開府儀同三司。妣李氏，贈榮國太夫人；龐氏，贈昌國太夫人。開府以文藝節行爲蜀守張詠所知。有子三人：長曰鎡，終隴城令；次曰鍇，終衛尉寺丞；公其季也。

四歲而孤，從二兄爲學[三]。薛奎守蜀，道遇鎡，求士可客者，鎡以公對。公時年十八，奎與語，奇之曰：「大范恐不壽，其季廊廟人也。」還朝，與公俱。或問奎入蜀所得，曰：「得一偉人，當以文學名於世[四]。」時故相宋庠與弟祁名重一時，見公稱之，相與爲布衣交[五]，由是名動場屋。舉進士，爲禮部第一。故事，殿廷唱第過三人，則禮部第一人者必越次抗聲自陳，因推置上第。公不肯自言，至第七十九人乃出拜，退就列，無一言。廷中皆異之[六]。釋褐爲新安主簿。宋綬留守西京，召置國子監，使教諸生。秩滿，又薦諸朝，爲東監直講[七]。用參知政

① 君實之没軾既狀其行事以授景仁景仁誌其墓而軾表其墓道　按，諸文見載於本書中集卷五一蘇軾司馬文正公光行狀、本卷范鎮司馬文正公光墓誌銘及上集卷六蘇軾司馬文正公光忠清粹德之碑。

② 考諱度　按，默記卷中稱范鎮父名文度。

事王舉正薦，召試學士院，除館閣校勘[八]，充編脩唐書官[九]。當遷校理，宰相龐籍言公有異材①，恬於進取，特除直祕閣。爲開封府推官，擢起居舍人、知諫院，兼管勾國子監。

上疏論民力困弊，請約祖宗以來官吏兵數，酌取其中爲定制，以今賦入之數十七爲經費，而儲其三以備水旱非常。又言：「古者冢宰制國用，唐以宰相兼鹽鐵、轉運，或判户部、度支。今中書主民，樞密主兵，三司主財，各不相知，故財已匱而樞密益兵無窮，民已困而三司取財不已。請使中書、樞密通知兵民財利大計，與三司同制國用。」葬温成皇后，太常議禮，前謂之園②，後謂之園陵。宰相劉沆前爲監護使，後爲園陵使。公言：「嘗聞法吏變法矣，未聞禮官舞禮也③。請詰問前後議異同狀[一〇]。」又請罷焚瘞錦繡、珠玉，以紓國用，從之。

時有敕，凡内降不如律令者，令中書、樞密院及所屬執奏。未及一月，而内臣無故改官者，一日至五六人。公乞正大臣被詔故違不執奏之罪[一一]。石全斌以護温成葬，除觀察使。凡治葬事者，皆遷兩官。公言章獻、章懿、章惠三太后之葬，推恩皆無此比，乞追還全斌等告敕[一二]。文彦博、富弼入相，百官郊迎。時兩制不得詣宰相居第，百官不得問見。公言隆之以虚禮，不若開之以至誠，乞罷郊迎而除謁禁，以通天下之情[一三]。議減任子及每歲取士，皆公發之。又乞令宗室屬疎者補外官[一四]，仁宗曰：「卿是言也，顧恐天下謂朕不能睦族耳。」公曰：「陛下甄别其賢者顯用之，不没其能，乃所以睦族也。」雖不行，至熙寧初，卒如公言[一五]。

---

① 宰相龐籍言公有異材　「材」原作「林」，據庫本及蘇軾文集卷一四范景仁墓誌銘改。

② 前謂之園　「前謂」下原衍一「謂」字，據庫本及蘇軾文集卷一四范景仁墓誌銘删。

③ 嘗聞法吏變法矣未聞禮官舞禮也　「變法」，蘇軾文集卷一四范景仁墓誌銘、南陽集卷三〇范公神道碑、長編卷一七七至和元年十月丁酉條及東都事略、宋史范鎮傳作「舞法」。又「禮官」原作「舞官」，據文海本、庫本及蘇軾文集卷一四范景仁墓誌銘改。

仁宗性寬容，言事者務訐以爲名，或誣人陰私。公獨引大體，略細故。時陳執中爲相，公嘗論其無學術，非宰相器。及執中嬖妾笞殺婢，御史劾奏，欲遂去之。公言：「今陰陽不和，財匱民困，盜賊滋熾，獄犴充斥，執中當任其咎。閨門之私，非所以責宰相。」識者韙之〔一六〕。

仁宗即位三十五年，未有繼嗣。嘉祐初得疾，中外危恐，不知所爲。公獨奮曰：「天下事尚有大於此者乎？」即上疏曰：「太祖捨其子而立太宗，此天下之大公也。周王既薨，真宗取宗室子養之宮中〔一七〕，此天下之大慮也。願陛下以太祖之心行真宗故事，擇宗室賢者，異其禮物，而試之政事，以系天下心〔一八〕。」章累上，不報。因闔門請罪。會有星變，其占爲急兵。公言：「國本未立，若變起倉卒，禍不可以前料，兵孰急於此者乎？今陛下得臣疏，不以留中而付中書，是欲使大臣奉行也。臣兩至中書，大臣皆設辭以拒臣，是陛下欲爲宗廟社稷計，而大臣不欲也。臣竊原其意，特恐行之而陛下中變耳①。中變之禍，不過於死，而國本不立，萬一有如天象所告急兵之憂，則其禍豈獨一死而已哉！夫中變之禍，死而無愧，急兵之變②，死且有罪。願以此示大臣，使自擇而審處焉。」聞者爲之股栗。除兼侍御史知雜事，公以言不從，固辭不受。執政謂公，上之不豫，大臣嘗建此策矣，今間言已入，爲之甚難。公復移書執政曰：「事當論其是非③，不當問其難易。速則濟，緩則不及，此聖賢所以貴機會也。諸公言今日難於前日，安知他日不難於今日乎？」凡見上面陳者三。公泣，上亦泣，曰：「朕知卿忠，卿言是也。當更俟三二年。」凡章十九上，待罪百餘日，須髮爲白。朝廷不能奪，乃罷知諫院，改集賢殿修撰，判

① 特恐行之而陛下中變耳　「特」原作「持」，據庫本及蘇軾文集卷一四范景仁墓誌銘改。
② 急兵之變　「變」，蘇軾文集卷一四范景仁墓誌銘作「憂」。
③ 事當論其是非　「論」原作「命」，據庫本、蘇軾文集卷一四范景仁墓誌銘、本書下集卷九范蜀公鎮傳及東都事略、宋史范鎮傳改。

流内銓，修起居注，除知制誥。公雖罷言職，而無歲不言儲嗣事。以仁宗春秋益高，每因事及之，冀以感動上心。及爲知制誥，正謝上殿，面論之曰：「陛下許臣，今復三年矣，願早定大計。」明年，又因祫享①，獻賦以諷。其後韓琦卒定策立英宗。

遷翰林學士，充史館修撰[一九]，改右諫議大夫。英宗即位，遷給事中，充仁宗山陵禮儀使。坐誤遷宰臣官，改翰林侍讀學士[二〇]，復爲翰林學士。中書奏請追尊濮安懿王，下兩制議，以爲宜稱皇伯，高官大國，極其尊榮，非執政意，更下尚書省集議。已而臺諫争言其不可，乃下詔罷議②，令禮官檢詳典禮以聞。公時判太常寺，率禮官上言：「漢宣帝於昭帝爲孫，光武於平帝爲祖，則其人容可以稱皇考③，然議者猶非之，謂其以小宗而合大宗之統也。今陛下既考仁宗，又考濮安懿王，則其失非特漢宣、光武之比矣。凡稱帝若皇若皇考，立寢廟，命昭穆，皆非是。」於是具列儀禮及漢儒論議、魏明帝詔爲五篇奏之。以翰林侍讀學士出知陳州[二一]。

陳饑，公至三日，發庫廩三萬貫石以貸，不及奏，監司繩之急，公上書自劾，詔原之。是歲大熟，所貸悉還，陳人至今思之。神宗即位，遷禮部侍郎，召還，復爲翰林學士，兼侍讀、群牧使、勾當三班院、知通進銀臺司。公言：「故事，門下封駁制敕，省審章奏，糾舉違滯，著於所授敕④。其後刊去，故職寖廢。請復之，使知所守。」從之。糾察在京刑獄。

王安石爲政，始變更法令，改常平爲青苗法。公上疏曰：「常平之法，始於漢之盛時，視穀貴賤發斂，以便農

① 又因祫享　「因」原作「曰」，據庫本、蘇軾文集卷一四范景仁墓誌銘及宋史范鎮傳改。
② 乃下詔罷議　「乃」原作「以」，據蘇軾文集卷一四范景仁墓誌銘、宋文鑑卷一四三載蘇軾范蜀公墓誌銘改。
③ 則其人容可以稱皇考　「人」，蘇軾文集卷一四范景仁墓誌銘作「父」。
④ 著於所授敕　「著」原作「者」，據蘇軾文集卷一四范景仁墓誌銘、南陽集卷三〇范公神道碑及宋史范鎮傳改。

末①，最爲近古，不可改。而青苗行於唐之衰亂，不足法。且陛下疾富民之多取而少取之，此正百步與五十步之間耳。今有二人坐市貿易，一人下其直以相傾奪，則人皆知惡之，其可以朝廷而行市道之所惡乎？」疏三上，不報〔一二〕。邇英閣進讀，與呂惠卿争論上前②，因論舊法預買紬絹亦青苗之比。公曰：「預買亦弊法也。若陛下躬節儉，府庫有餘，當并預買去之，奈何更以爲比乎？」韓琦上疏極論新法之害，安石使送條例司疏駮之。諫官李常乞罷青苗錢，安石令常分析，公皆封還其詔③。詔五下，公執如初。司馬光除樞密副使，光以所言不行，不敢就職，詔許辭免，公再封還之④。上知公不可奪，以詔直付光，不由門下。公奏：「由臣不才，使陛下廢法，有司失職，乞解銀臺司。」許之。會有詔舉諫官，公以軾應詔，而御史知雜謝景温彈奏軾罪。公又舉孔文仲爲賢良。文仲對策，極論新法之害。安石怒，罷文仲歸故官。公上疏争之，不報。

時年六十三，即上言「臣言不行，無顔復立於朝，請致仕」。疏五上，最後指言安石以喜怒賞罰事曰：「陛下有納諫之資，大臣進拒諫之計；陛下有安民之性⑤，大臣用殘民之術。」安石大怒，自草制極口詆公，落翰林學士，以本官致仕〔一三〕。聞者皆爲公懼。公上表謝，其略曰：「雖曰乞身而去，敢忘憂國之心？」又曰：「望陛下集群議爲耳目，以除壅蔽之姦；任老成爲腹心，以養和平之福。」天下聞而壯之。安石雖詆之深，人更以爲榮焉。

公既退居，專以讀書賦詩自娱。客至，輒置酒盡歡〔一四〕。或勸公稱疾杜門，公曰：「死生禍福，天也。吾其

① 以便農末　「末」原作「未」，據庫本、蘇軾文集卷一四范景仁墓誌銘、南陽集卷三〇范公神道碑及東都事略、宋史范鎮傳改。
② 與呂惠卿争論上前　「争論」原作「事論」，據蘇軾文集卷一四范景仁墓誌銘改，庫本作「論事」。
③ 公皆封還其詔　「封」原作「對」，據蘇軾文集卷一四范景仁墓誌銘、南陽集卷三〇范公神道碑及東都事略、宋史范鎮傳改。
④ 公再封還之　「公」下原衍一「公」字，據庫本及蘇軾文集卷一四范景仁墓誌銘删。
⑤ 陛下有安民之性　「安民」，蘇軾文集卷一四范景仁墓誌銘、南陽集卷三〇范公神道碑及東都事略、宋史范鎮傳皆作「愛民」。

如天何！」同天節乞隨班上壽，許之，遂著爲令[二五]。久之，歸蜀。與親舊樂飲，賑施其貧者[二六]，朞年而後還。軾得罪下御史臺獄，索公與軾往來書疏文字甚急。公猶上書救軾不已[二七]。朝廷有大事，輒言之。

官制行①，改正議大夫。今上即位，遷光禄大夫。初，英宗即位，附仁宗主而遷僖祖。及神宗即位，復還僖祖而遷順祖[二八]。公上言：「太祖起宋州有天下，與漢高祖同，僖祖不當復還。乞下百官議。」不報。及上即位，公又言乞遷僖祖，正太祖東嚮之位。時年幾八十矣。

韓維言：「公在仁宗朝，首開建儲之議，其後大臣繼有論奏，先帝追録其言，存没皆推恩。而鎮未嘗以語人，人亦莫爲言者，雖顔子不伐善，介之推不言禄，不能過也。」悉以公十九疏上之。拜端明殿學士，特詔長子清平縣令百揆改宣德郎②，且起公兼侍讀、提舉中太一宫。詔語有曰：「西伯善養，二老來歸。漢室卑詞，四臣入侍。爲我强起，無或憚勤。」公固辭不起③，天下益高之[二九]。改提舉嵩山崇福宫。公仲兄之孫祖禹爲著作郎，謁告，省公于許。因復賜詔及龍茶一合，存問甚厚。數月復告老，進銀青光禄大夫，再致仕[三〇]。

初，仁宗命李照改定大樂，下王朴樂三律。皇祐中，又使胡瑗等考正，公與司馬光皆與。公上疏論律尺之法[三一]，又與光往復論難，凡數萬言，自以爲獨得於心。元豐三年，神宗詔公與劉几定樂[三二]。公曰：「定樂當先正

① 官制行　「官」原作「宫」，據庫本、蘇軾文集卷一四范景仁墓誌銘、南陽集卷三〇范公神道碑改。

② 特詔長子清平縣令百揆改宣德郎　「清平縣」，長編卷三六五元祐元年二月己巳條稱「以鎮子蔡州平西縣令百揆爲宣德郎，監西京嵩山中嶽廟」。據宋史卷八五地理志三，宋蔡州屬縣有西平縣，並無「清平縣」，亦無「平西縣」，故「清平縣」、「平西縣」當爲「西平縣」之譌。「宣德郎」，南陽集卷三〇范公神道碑作「承務郎」。

③ 公固辭不起　「辭」原作「詞」，據庫本及蘇軾文集卷一四范景仁墓誌銘改。

律。」上曰：「然。雖有師曠之聰，不以六律，不能正五音。」公作律尺、龠合①、升斗、豆區、鬴斛，欲圖上之。又乞訪求真黍，以定黄鍾。而劉几即用李照樂②，加用四清聲而奏樂成。詔罷局，賜賚有加。公謝曰：「此劉几樂也，臣何與焉？」及提舉崇福宫，欲造樂獻之，自以爲嫌，乃先請致仕。既得謝，請太府銅爲之，逾年乃成，比李照樂下一律有奇。二聖御延和殿，召執政同觀，賜詔嘉獎，以樂下太常〔三三〕，詔三省、侍從、臺閣之臣皆往觀焉③。

時公已屬疾，樂奏三日而薨，實元祐三年閏十二月癸卯朔，享年八十一。訃聞，輟視朝一日，贈右金紫光禄大夫，謚曰忠文。公雖以上壽貴顯，考終於家，無所憾者，而士大夫惜其以道德事明主，閲三世，皆以剛方難合，故雖用而不盡。及上即位，求人如不及，厚禮以起公，而公已老，無意於世矣。故聞其喪，哭之皆哀。

公清明坦夷，表裏洞達，遇人以誠，恭儉慎默，口不言人過。及臨大節、決大義④，色和而語壯，常欲繼之以死，雖在萬乘前無所屈。篤於行義，奏補先族人而後子孫，鄉人有不克婚葬者，輒爲主之。客其家者常十餘人，雖僦居陋巷，席地而坐，飲食必均。兄鎡卒于隴城，無子，聞其有遺腹子在外，公時未仕，徒步求之兩蜀間，二年乃得之，曰：「吾兄異於人，體有四乳，是兒亦必然。」已而果然。名之曰百常，以公蔭⑤，今爲承議郎。公少受學

① 龠合　東都事略、宋史范鎮傳作「龠合」。
② 而劉几即用李照樂　「劉几」原作「劉凡」，據庫本、蘇軾文集卷一四范景仁墓誌銘及上下文改。
③ 詔三省侍從臺閣之臣皆往觀焉　按，自「三省侍從臺閣之臣皆往觀焉」以下至本墓誌末，底本原錯置於上集卷一八，據鐵琴銅劍樓本、庫本及蘇軾文集卷一四范景仁墓誌銘改移。又，底本此處有「以通事舍人掖之」至「映于國史兮千古不空」一葉文字，乃屬上集卷一八范仲淹李觀察士衡神道碑，錯置於此，據鐵琴銅劍樓本改移。
④ 決大義　「義」原作「人」，據蘇軾文集卷一四范景仁墓誌銘改。
⑤ 以公蔭　「蔭」原作「陰」，據蘇軾文集卷一四范景仁墓誌銘及南陽集卷三〇范公神道碑改。

於鄉先生龐直溫①。直溫之子昉卒於京師，公娶其女爲孫婦，養其妻子終身。

其學本於六經仁義，口不道佛老、申韓異端之説[三四]。其文清麗簡遠，學者以爲師法[三五]。凡三入翰林，知嘉祐二年、六年、八年及治平二年貢舉[三六]，門生滿天下，貴顯者不可勝數。詔修唐書、仁宗實録、玉牒、日曆、類篇。凡朝廷有大述作、大議論，未嘗不與。契丹、高麗皆知誦公文賦。少時嘗賦長嘯卻胡騎，及奉使契丹，虜相目曰：「此『長嘯公』也。」其後兄子百禄亦使虜，虜首問公安否。有文集一百卷、諫垣集十卷、内制集三十卷、外制集十卷、正言三卷②、樂書三卷[三七]、國朝韻對三卷、國朝事始一卷、東齋記事十卷③、刀筆八卷。

積勳柱國，累封蜀郡開國公，食邑加至二千六百户，實封五百户。娶張氏，追封清河郡君；再娶李氏，封長安郡君。子男五人：長曰燕孫，未名而卒；次百揆，宣德郎，監中岳廟；次百嘉，承務郎，先公一年卒；次百歲，太康主簿，先公六年卒；次百慮，承務郎。女一人，嘗適左司諫吴安詩，復歸以卒。孫男十人：祖直，襄州司户參軍；祖朴，長社主簿；祖野、祖年④，假承務郎；祖封，右承奉郎；祖耕，承務郎；祖淳、祖舒、祖京、祖恩。孫女六人。曾孫女三人。

公晚家于許[三八]，許人愛而敬之。其薨也，里人皆出涕。以元祐四年八月己未，葬于汝之襄城縣汝安鄉惟賢里⑤，夫人李氏祔。

---

① 公少受學於鄉先生龐直溫　「鄉」原作「卿」，據蘇軾文集卷一四范景仁墓誌銘改。

② 正言三卷　按，南陽集卷三〇范公神道碑作「正書三卷」，宋史卷二〇五藝文志四作「正書一卷」。

③ 東齋記事十卷　按，宋史卷二〇三藝文志二著録東齋記事十二卷。

④ 祖年　蘇軾文集卷一四范景仁墓誌銘作「祖平」，當是。按，宋史卷三七三洪皓傳云：「范鎮之孫祖平爲傭奴，皓言於金人而釋之。」即此人。

⑤ 葬于汝之襄城縣汝安鄉惟賢里　「惟賢里」，南陽集卷三〇范公神道碑作「推賢里」。按，太史范公文集卷三九承事郎范君墓誌銘、開封府太康縣主簿范君墓誌銘，所記范百嘉、百歲葬地，皆云從范鎮葬推賢里，當是。

公始以詩賦爲名進士，及爲館閣侍從，以文學稱。雖屢諫争及論儲嗣事，朝廷言其忠①，然事頗祕，世亦未盡知也。其後議濮安懿王稱號，守禮不回，而名益重。及論熙寧新法，與王安石、吕惠卿辨論，至廢黜不用，然後天下翕然師尊之。無貴賤賢愚，謂之景仁而不敢名，有爲不義，必畏公知之。

公既得謝，軾往賀之曰：「公雖退，而名益重矣。」公愀然不樂曰：「君子言聽計從，消患於未萌，使天下陰受其賜，無智名，無勇功，吾獨不得爲此，命也夫！使天下受其害，而吾享其名，吾何心哉！」軾以是愧公。銘曰：

凡物之生，莫累於名。人顧趍之，以累爲榮。神人無名，欲知者希。人顧憂之，以希爲悲。熙寧以來，孰擅兹器？嗟嗟先生②，名所不置。君實在洛，公在潁昌。皆欲忘民，民不汝忘。君實既來，遁歸于洛。縶而維之，莫之勝説。爲天相君，爲君牧民。道遠年徂，卒徇以身。公獨堅卧，三詔不起。遂解天刑，竟以樂死。世皆謂公，貴身賤名。孰知其功，聖人之清。貪夫以廉，懦夫以立。不尸其功，無喪無得。君實之用，出而時施。知彼水火，寧除渴飢。公雖不用，亦相其行。如彼山川，出雲相望。公維蜀人，乃葬于汝。子孫不忘，尚告來者。

辨證：

[一] 范忠文公鎮墓誌銘　本墓誌又載於蘇軾文集卷一四，題曰「范景仁墓誌銘」。按，容齋四筆卷六東坡作碑銘云：「眉州小集有元祐中奏稿云：『臣近準勑差撰故同知樞密院事趙瞻神道碑并書者，臣平生本不爲人撰行狀、埋銘、墓碑，士大夫所共知。只因近日撰司馬光行狀，蓋爲光曾爲臣亡母程氏撰埋銘；又爲范鎮撰墓誌，蓋爲鎮與先臣某平生交契至深，不可不撰。』」又按，范鎮，東都事略卷七

---

① 朝廷言其忠　「言」，蘇軾文集卷一四范景仁墓誌銘作「信」。

② 嗟嗟先生　「嗟嗟」原作「嗟二」，據蘇軾文集卷一四范景仁墓誌銘改。按，「二」當爲古時疊字之符，抄誤而作「二」字。

七、宋史卷三一七有傳，韓維南陽集卷三〇載有端明殿學士銀青光祿大夫致仕柱國蜀郡開國公食邑二千六百户食實封五百户贈右金紫光祿大夫謚忠文范公神道碑，本書下集卷九載有司馬光范蜀公鎮傳。

〔二〕然至於論鍾律則反復相非　按，司馬光、范鎮二人論樂書見載於司馬光集卷六二、補遺卷九司馬光與范景仁諸書，及司馬文正公傳家集卷六一附録范鎮與司馬温公論樂書十篇。朱子語類卷九二載：「問樂。曰：『古聲只是和，後來多以悲恨爲佳。温公與范蜀公，胡安定與阮逸、李照争辨，其實都自理會不得，却不曾去看通典。通典説得極分明，蓋此事在唐猶有傳者，至唐末遂失其傳。』」

〔三〕四歲而孤從二兄爲學　成都文類卷二〇載范鎮上蜀帥王密學書云：「鎮天與奇薄，幼即孤露，始生四歲而先人殁，七年而母氏終。所賴諸兄養之長之，又從而誨之，得于盛明時，服爲儒者事業。」

〔四〕得一偉人當以文學名於世　南陽集卷三〇范公神道碑載薛奎云「得一士，異時當以文學節行爲世名臣」。又邵氏聞見録卷八云：「薛簡肅公知成都，范蜀公方爲舉子，一見愛之，館於府第，俾與子弟講學。每曰：『范君，廊廟人也。』公益自謙退。乘小駟至銅壺閣下，即步行趨府門。踰年，人不知爲帥客也。簡肅還朝，載蜀公以去。或問簡肅曰：『自成都歸，得何奇物？』曰：『蜀珍産不足道，吾歸得一偉人耳。』」按，欒城先生遺言云：「范蜀公少年儀矩任真，爲文善腹藁。作賦場屋中，默坐至日晏無一語。及下筆，頃刻而就，同試者笑之。范公遂魁成都。」

〔五〕時故相宋庠與弟祁名重一時見公稱之相與爲布衣交　曲洧舊聞卷二云范鎮「初與二宋相見，二宋亦莫之異也。一日，相約結課，以『長嘯却胡騎』爲題，公賦成，二宋讀之，不敢出所作，既而謂公曰：『君賦極佳，但破題兩句，無頓挫之功，每句之中，各添一「者」字，如何？』公欣然從之。二宋自此遂大加稱賞，乃定交焉」。又能改齋漫録卷十四賦長嘯却胡騎：「范蜀公少時與宋子京同賦長嘯却胡騎，蜀公先成，破題云：『制動以静，善勝不争。』景文見之，於是不復出其所作，潛於袖中毁之，因謂蜀公曰：『公賦甚善，更當添以二「者」字。』蜀公從其説，故謂之『制動者以静，善勝者不争。』」

〔六〕廷中皆異之　長編卷一二〇景祐四年十月乙未條云是科禮部試「及出榜，而宰相陳堯佐之子博古爲解元，參知政事韓億子孫四人皆無落者，故嘲謗群起。然殿中侍御史蕭定基與直集賢院韓琦、吴育、王拱辰實司試事，非有所私也」。又卷一二一寶元元年三月甲寅條云：「先是，上以開封府所解鎖廳進士陳博古等嘲謗籍籍，密詔博古及韓億四子并兩家門下士范鎮、家静試卷皆勿考。鎮成都人，静眉山人。考官奏鎮、静寔有文，久馳聲場屋，非附兩家之勢而得者，乃聽考，而降其等級。鎮，禮部奏名爲第一。故事，禮部第一人賜第，未有在第二甲者，雖近下猶升之。吴育、歐陽修殿庭唱第過三人，亦抗聲自陳，鎮獨默然，至第七十九人乃出拜，退就列，無一言，衆以是賢之。禮部第一人在第二甲，自鎮始。」故涑水記聞卷三稱：「景祐五年御試進士，上以時議之故，密詔陳博古、韓氏四子及兩家門下士范鎮、家静試卷皆不考。考官奏：『鎮、静實有文，久在場屋有名聲，非附兩家之勢得之。』乃聽考而降其等級。故事，省元及第未有在第二甲者，雖近下猶升之，省元及第二甲自鎮始。」按本書下集卷九范蜀公鎮傳云時「衆皆服其安恬。自是人始以自陳爲耻，舊風遂絶」。

［七］爲東監直講　唐摭言卷一兩監云：「按實録：西監，隋制。東監，龍朔元年所置。開元以前，進士不由兩監者，深以爲恥。」按，宋時東監乃指東京國子監，以對稱於西京所設之留司國子監，即西監。

［八］召試學士院除館閣校勘　宋史范鎮傳云：「召試學士院，當得館閣校理，主司妄以爲失韻，補校勘。人爲憤鬱，而鎮處之晏如。」據本書下集卷九范蜀公鎮傳云其「詩用『彩霓』字，學士以沈約郊居賦『雌霓連蜷』讀『霓』爲入聲，以景仁爲失韻，由是除館閣校勘。殊不知約賦但取聲律便美，非『霓』不可讀爲平聲也。皆爲景仁憤鬱，而景仁處之晏然，不自辯」。

［九］充編脩唐書官　本書下集卷九范蜀公鎮傳云：「宋景文公奏同修唐書。」按，長編卷一五六慶曆五年閏五月庚子條載：「度支員外郎、集賢校理兼天章閣侍講、史館檢討曾公亮，宗正丞、崇文院檢討兼天章閣侍講趙師民，殿中丞、集賢校理何中立，校書郎宋敏求，大理寺丞、館閣校勘范鎮，大理寺丞、國子監直講邵必並爲編修唐書官。必以爲史出衆手非是，卒辭之。」

［一〇］葬温成皇后至請詰問前後議異同狀　長編卷一七七至和元年十月丁酉條云：「知諫院范鎮言：『太常議温成皇后葬禮，前謂之温成園，後謂之園陵。宰相劉沆前爲監護使，後爲園陵使。如聞此議，皆出禮官。禮官前日是則今日非，今日是則前日非，必有一非於此矣。夫此典禮素定，不可輕變者，議論異同如此，是爲禮官而以禮自舞也。古者法吏舞法，而今世禮官舞禮，若不加詰問，恐朝廷典章寖壞而不可救。乞下臣章劾禮官前後異狀，以正中外之惑。』不報。」

［一一］未及一月而内臣無故改官者一日至五六人公乞正大臣被詔故違不執奏之罪　長編卷一七九至和二年三月丙子條載：「宫苑使、營州防禦使、入内副都知任守忠，昭宣使、果州團練使、入内副都知鄧保吉，並爲宣政使；左騏驥使、英州刺史、入内副都知史志聰

領忠州團練使；宮苑使、利州觀察使、入內押班石全彬爲入內副都知；皇城使、果州防禦使、內侍押班武繼隆，左騏驥使、榮州防禦使、內侍押班鄧保信，並爲內侍副都知；文思使、果州團練使、內侍押班王從善爲北作坊使；彭州刺史、內侍押班鄧宣言爲洛苑使；榮州刺史、內侍押班于德源爲北作坊使。知諫院范鎮言：『伏睹近降指揮，自今傳宣除依法律賞罰外，餘並仰中書、樞密院及所屬官司執奏。今一日之中，內臣無名改轉者凡六七人，俱是過恩，不合法律，中書、樞密院大臣並不執奏。臣竊謂陛下近降指揮可爲萬世法，曾未一月，而大臣輒廢不行。大臣在陛下左右，號稱執政，而廢法如此，欲行法四方，安可得哉？夫天子言出而爲令，大臣廢令，在法不赦。伏乞明正中書、樞密院大臣之罪，以示天下，知陛下之法不可輕廢。』」注曰：「內臣改轉凡九人，此云六七人，應是任守忠、鄧保吉、史志聰、王從善、鄧宣言，于德源六人遷官，餘止遷職。武繼隆遷官又在二月丁酉，故云六七人也。」

［一二］乞追還全斌等告敕　長編卷一七七至和元年十一月戊寅條云范鎮上奏「乞追還全斌等告敕，不報」。

［一三］乞罷郊迎而除謁禁以通天下之情　長編卷一八〇至和二年七月甲子條載：「詔凡宰相召自外者，令百官班迎之，自內拜者，聽行上事儀。國朝待宰相蓋有故事，其後多承例辭。至是，文彦博、富弼入相，御史梁蒨請班迎於國門，范師道又請行上事禮，然亦卒辭之。知諫院范鎮言：『伏覩御史臺告報百官立班郊迎宰相文彦博、富弼者，誠隆禮也。與夫隆之以虛禮，孰若推之以至誠、任之以實權？自陛下用文彦博、富弼爲宰相，中外皆謂得人。然近日有詔兩制臣僚不得詣宰相居第，百官不得間見宰相。是不推之以誠、不任之以權，而以郊迎虛禮待之也。伏乞罷百官迎郊，而令兩制、百官復得就第間見執政，以訪天下之事，以達陛下之聰明，則御大臣之術兩得之矣。』」注曰：「按賈黯傳，自知制誥出知許州，又有言。則是鎮言初不從也。黯知許州在明年五月。」

［一四］議減任子及每歲取士皆公發之又乞令宗室屬疎者補外官　按，其奏議分載於長編卷一八二嘉祐元年四月丙辰條注引范鎮奏、歷代名臣奏議卷一六五選舉范鎮議取士狀、宋朝諸臣奏議卷三二范鎮上仁宗乞令宗子以次補外。

［一五］至熙寧初卒如公言　皇朝編年綱目備要卷十八載熙寧二年十一月「裁定宗室恩數」，云：「詔略曰：『宗室子弟，服疎親盡，才藝可録，在隨材器官使之；至于任子之令、婚姻之儀，宜一用外官之制。』自是祖宗子孫之後世襲，惟祖免親補外官，非祖免親罷賜名、授官。」

［一六］及執中嬖妾笞殺婢至識者韙之　長編卷一七七至和元年十二月癸丑條云：「初，執中家女奴死，移開封府檢視，有瘡痕，傳

言嬖妾張氏笞殺之，（趙）抃即具奏，而執中亦自請置獄。詔太常少卿、直史館齊廓即嘉慶院鞫其事。廓尋被病，改命龍圖閣直學士、左司郎中張昪，又改命給事中崔嶧。既而追取證佐，執中皆留不遣，抃及御史中丞孫抃共劾之。已而有詔罷獄，臺官皆言不可，翰林學士歐陽修亦以爲言。逮執中去位，言者乃止。」又卷一七八至和二年二月甲辰條載范鎮因上言以爲「閨門之私，非所以責宰相」，故殿中侍御史趙抃上言：「臣近累次彈奏，乞正宰臣陳執中之罪，未蒙施行。風聞同知諫院范鎮妄行陳奏，營救執中。緣鎮始自常調，不次遷陞，小人朋邪，不識恩出陛下，但知德由執中，今乃惑蔽聽斷，肆爲誣罔。伏望陛下開日月之明，判忠邪之路，取内外之公議，立朝廷之大法，則天下幸甚。」卷一八〇至和二年六月戊戌條又云：「始，御史因執中殺婢事，欲擊之，上未聽，而諫官初無論列者，御史并以爲言，而趙抃攻范鎮尤力，臺官皆助之。鎮累奏乞與御史辨，不報。及御史入對，又言執中私其女子，傷化不道。執中既罷，上以諭鎮，鎮復言：『朝廷置御史以防讒慝，非使其爲讒慝也。審如御史言，則執中可誅。如其不然，亦當誅御史。』并繳前五奏，乞宣示執政，相與定辨之。卒不報。鎮由是與趙抃有隙。」

［一七］周王既薨真宗取宗室子養之宫中　按舊聞證誤卷二云：「按真宗皇帝聖嗣未立，嘗以綠車髦節召濮安懿王養之宫中。蜀公所言，蓋指此也。」

［一八］以系天下心　按容齋三筆卷五仁宗立嗣云：「東坡作范蜀公墓誌云：『仁宗即位三十五年，未有繼嗣，嘉祐初得疾，中外危恐。公獨上疏乞擇宗室賢者，異其禮物，以系天下心。』凡章十九上。至元祐初，韓維上言，謂其首開建儲之議，其後大臣乃繼有論奏。司馬温公行狀云：『至和三年，仁宗始不豫，國嗣未立，天下寒心而不敢言，惟諫官范鎮首發其議，光時爲并州通判，聞而繼之。』案至和三年九月，改爲嘉祐元年，歲在丁酉。而前此皇祐五年甲午，有建州人太常博士張述者，以繼嗣未立，上疏曰：『陛下春秋四十四，宗廟社稷之繼，未有託焉。以嫌疑而不決，非孝也。群臣以諱避而不言，非忠也。願擇宗親才而賢者，異其禮秩，試以職務，俾内外知聖心有所屬。』至和二年丙申，復言之。前後凡七疏，最後語尤激切。蓋述所論，乃在兩公之前，而當時及後來莫有知之者，爲可惜也。」長編卷一八二嘉祐元年六月庚午條載：「上在位久，國嗣未立，及不豫，天下寒心而莫敢言。惟諫官范鎮首發其議，（司馬）光聞而繼之，又與鎮書言：『此大事，不言則已，言一出，豈可復反顧？願公以死爭之。』於是鎮言之益力。」又，後山居士文集卷一八光禄曾公神道碑云：曾易占「又上書曰：『今東宮未建置，宜選宗子入侍帷幄，以須嗣子之生，以代皇嗣。備師傅官，承天而行意，以定大分，爲萬世計。』是歲

慶曆幾年，士大夫方冀幸未發也，故進議者皆出其後」。

〔一九〕充史館修撰　三朝名臣言行録卷五之五内翰蜀郡范忠文公引温公日録云：「先是，王純臣爲潤王宫教授，數譽濮王之子某之賢於兄伯庸，且曰：『某幼時，上養之如子。其妃高氏，曹后之甥也，字洮洮，幼亦在宫爲養女。上嘗戲謂后曰：「他日當以洮洮嫁某，吾二人相與爲姻家。」又曰：「洮洮異日有皇后分。」既長，出宫，遂成昏。若勸上建以爲嗣，勢易助也。』由是政府皆屬心。文公又使任乃孚往來與景仁謀。上初甚開納，已而爲宦官、宫妾所間，浸有難意。兩府共議其事，樞密使王德用舉手加頂曰：『若立太子，置此菩薩於何地？』由是議亦不合，事浸沮壞。景仁數問文公，文公曰：『事不諧矣。』景仁曰：『奏疏何在？』曰：『焫之矣。』於是景仁凡上六七章，不報，及家居待罪，乞落諫職，除己蜀一郡，時八月也。又上六七章，不報。及出，復録前後所上章，乞對面陳之，且求外補，上許之。景仁乞使中使傳宣中書，上令景仁自語之。富公曰：『已不用嘉謀，又出諫官，不可。』未幾，乃有修撰之命。」

〔二〇〕坐誤遷宰臣官改翰林侍讀學士　宋會要輯稿職官六五之二三載翰林學士范鎮罷爲翰林侍讀學士，云：「初，遷宰相各一官，而鎮草制，已遷曾公亮一官，誤以兼門下侍郎。後帝覺其誤，而公亮亦辭，遂帖制而絀鎮焉。」

〔二一〕以翰林侍讀學士出知陳州　長編卷二〇七治平三年正月壬申條云：「初，鎮草韓琦遷官制，稱引周公、霍光，諫官吕誨駁之。於是琦表求去位，鎮批答曰：『周公不之魯，欲天下之一乎周。』上以鎮不當引聖人比宰相，其意謂琦去位，則謳歌獄訟不歸京師，欲罷鎮内職。執政因諭鎮令自請外，而有是命。或曰鎮與歐陽修雅相善，及議濮王追崇事，首忤修意，修乘間爲上言：『鎮以周公待琦，則是以孺子待陛下也。』鎮坐此出。」注曰：「□□升劾鄧温伯章有云：『范鎮草韓琦制詞云「史稱霍光，義形于主」，既以韓琦比霍光，則上當爲昭帝矣。英宗深嫌之。鎮本無姦心，止以比琦失當，猶罷學士，出知陳州。』與此不同。當考。鎮集九十五卷有批答韓琦乞退第三表，實舉周公，恐升誤也。引霍光乃元年閏五月遷右揆制誥。案：劾鄧温伯當是孫升。」

〔二二〕疏三上不報　東軒筆録卷四云：「王荆公當國，始建常平錢之議，以謂百姓當五穀青黄未接之時，勢多窘迫，貸錢於兼并之家，必有倍蓰之息，官於是結甲請錢，每千有二分之息，是亦濟貧民而抑兼并之道，而民間呼爲『青苗錢』。范鎮時以翰林學士知通進銀臺司，誤會此意，將謂如建中間税青苗於田中也，遽上疏，略曰：『常平倉始於漢之盛時，貴而散之，賤而斂之，雖堯舜無易也。青苗者，荒亂之世，所請青苗在田，賤估其值，斂收未畢，而責其償，此盜跖之法也。今以盜跖之法變唐虞不易之政，此人情所以不安，而中外所以驚疑也。』疏奏請停之，衆謂不然。落翰林學士，守本官致仕。制有『舉直措枉，古之善政；服讒蒐慝，義所當誅』，蓋謂是也。」

〔二二三〕安石大怒自草制極口詆公落翰林學士以本官致仕　長編卷二一六熙寧三年十月己卯條載范鎮落翰林學士，依前户部侍郎致仕。云時王安石見其上疏大怒，「命直舍人院蔡延慶草制，不稱意，更命王益柔，而安石又自竄改其辭曰：『鎮頃居諫省，以朋比見攻；晚寘翰林，以阿諛受斥。而每託論議之公，欲濟傾邪之惡。乃至厚誣先帝，以蓋其附下罔上之醜；力引小人，而狃于敗常亂俗之姦。稽用典刑，誠宜竄殛；宥之田里，姑示寬容。』凡所應得恩例，悉不之與」。

〔二二四〕公既退居專以讀書賦詩自娱客至輒置酒盡歡　石林燕語卷五云：「景仁既得謝，猶居京師者三年。時王禹玉（珪）爲執政，與景仁久同翰林，景仁每從容過之道舊，樂飲終日，自不以爲嫌，當權者亦不之責。」汪應辰辨云：「景仁致仕居京師，元原之知開封，往見之，景仁以詩致不能謁謝之意，云：『雖云縉褐容相見，東望嚴扉敢杖藜。』以此推之，未必往見政府也。」按：「元原之」當爲「元厚之」之譌，長編卷二二五熙寧四年七月甲辰條有云「翰林學士元絳權知開封府」。元絳字厚之。

〔二二五〕同天節乞隨班上壽許之遂著爲令　長編卷三〇五元豐三年六月庚子條云：「鎮致仕，居都城外之東園，每遇同天節，即乞隨散官班上壽。尋有詔鎮班見任翰林學士上，仍自今致仕官遇誕節及大禮，許綴舊班。後鎮遷居潁州，於是入對，閤門奏鎮失儀，有詔放罪。仍詔自今致仕官造朝失儀，勿劾。二者皆著爲一司敕令。」按，容齋三筆卷一一致仕官上壽云：「范蜀公自翰林學士以本官户部侍郎致仕，仍居京師，同天節乞隨班上壽，許之，遂著爲令。韓康公元祐二年以司空致仕，太皇太后受册，乞隨班稱賀，而降詔免赴，二者不同如此。」

〔二二六〕與親舊樂飲賑施其貧者　苕溪漁隱叢話前集卷二八范蜀公引迂叟詩話云范鎮「年六十三致仕。一朝思鄉里，遂輕行入蜀。故人李才元大臨知梓州，景仁枉道過之。歸至成都，日與鄉人樂飲，散財於親舊之貧者」。

〔二二七〕軾得罪下御史臺獄索公與軾往來書疏文字甚急公猶上書救軾不已　長編卷三〇一元豐二年十二月庚申條云蘇軾因烏臺詩案責授黄州團練副使，張方平、司馬光、范鎮等因「收受軾譏諷朝政文字」，且「軾初下獄，方平及鎮皆上書救之」，故皆遭責貶，范鎮「罰銅二十斤」。

〔二二八〕英宗即位附仁宗主而遷僖祖及神宗即位復還僖祖而遷順祖　長編卷三六五元祐元年二月己巳條注曰：「英宗登極，祔仁宗神主而遷僖祖，此墓誌所云。然考實録，則雖有此議，既而不果遷也，治平四年九月英宗祔廟，乃遷僖祖，熙寧五年十一月始復還爲始祖，墓誌蓋小誤耳。」按，所云墓誌，即指本墓誌。又宋史卷一〇六禮志九云：「熙寧五年，中書門下言：『僖祖以上世次，不可得而知，則僖祖有廟，與商周契、稷疑無以異。今毁其廟而藏主夾室，替祖考之尊而下祔于子孫，殆非所以順祖宗孝心、事亡如存之義。請以所奏付兩制議，取其當者。』時王安石爲相，不主祧遷之説，故復有是請。……於是請奉僖祖神主爲始祖，遷順祖神主夾室。」

［二九］公固辭不起天下益高之　三朝名臣言行録卷一三之一内翰范公引家傳云：「忠文公在許，公（范祖禹）謁告省覲。上遣使宣問，賜銀百兩，仍頒手詔龍茶，命公賫賜蜀公。初，朝廷既相温公（司馬光）、申公（吕公著），詔起蜀公，欲以門下侍郎處之，蜀公以書問出處於公，公以謂不當起，蜀公得書大喜，曰：『是吾心也。凡吾所欲爲者，君實已爲之矣，何用復出？』又與親舊書云：『比亦欲出矣，而三郎勸止，遂已。』」邵氏聞見録卷一二云：「公辭曰：『六十三而求去，蓋以引年；七十九而復來，豈云中禮？』卒不起。先是神宗山陵，公會葬陵下，蔡京見公曰：『上將起公矣。』公正色曰：『某以論新法不合，得罪先帝。一旦先帝棄天下，其可因以爲利？』故公卒不爲元祐二聖一起。」曲洧舊聞卷三云：「元祐初，温公起爲相，忠文獨高卧許下，凡累詔，皆力辭不已。其最後表云：『六十三而求去，蓋不待年；七十五而復來，誰云中理。』朝廷從之。當是時，中外士大夫莫不高公此舉，而人至今以爲美談也。」按，是年范鎮年七十九，云「七十五而復來」者誤。

［三〇］進銀青光禄大夫再致仕　長編卷三九二元祐元年十一月戊寅條注曰：「紹興初，蜀人楊大中者記鎮遺事，云：『元祐初，公再致仕。宇文邦彦謁公，問公不起之由，公愀然不樂曰：「事有太甚者，恐他日爲朋黨之禍。予先使人語君實、寛夫，不吾信也。」此語，公戒邦彦勿言。未幾公薨，其後天下事果如所料。』此蓋邦彦飾説，今不取。鎮所以不起，祖禹家傳得之矣。邵伯温云：『章惇、蔡卞欲追貶鎮，蔡京勸止。』亦恐無是事，今不取。」又卷四〇三元祐二年七月丁丑載：「端明殿學士、光禄大夫、提舉崇福宫范鎮乞致仕，詔遷銀青光禄大夫，仍前職致仕。」注曰：「舊録云：『是時凡得罪先朝者，悉相援以起，群姦引鎮以助己，鎮力拒之，卒不起，士論嘉之。』新録辨曰：『元祐之政，起老成以自輔，而鎮以癃老力辭，非緣職事不合也。史臣之言如此，實爲厚誣，今删去。』」

［三一］公上疏論律尺之法　按，范鎮奏疏載於長編卷一七一皇祐三年十二月甲辰條。

［三二］神宗詔公與劉几定樂　宋史卷一二八樂志三云：「元豐三年五月，詔祕書監致仕劉几赴詳定所議樂，以禮部侍郎致仕范鎮

與几參考得失。」

［三三］以樂下太常　塵史卷上音樂云：「蜀公素留心太樂，……又以爲今樂之聲，宮不足而商有餘，故常大臣休休偃佚于私，而是日天子或御便坐以按軍旅，樂之應也，遂改制音律上之。元祐初，下太常議其樂，以爲聲下而不用。」故南陽集卷三〇范公神道碑有云「會公薨，不果行」。

［三四］口不道佛老申韓異端之説　明道雜誌云：「范蜀公不信佛説。大蘇公嘗與公論佛法其所以不信之説，范公云：『鎮平生事，非目所見者未嘗信。』蘇公曰：『公亦安能然哉？設公有疾，令醫切脉，醫曰寒則服熱藥，曰熱則餌寒藥，公何嘗見脉，而信之如此？何獨至於佛而必待見耶？』」師友談記載蘇軾曰：「范景仁平生不好佛，晚年清慎，減節嗜慾，一物不芥蔕於心，真却是學佛作家，然至死常不取佛法。某謂景仁雖不學佛，而達佛理，雖毁佛罵祖，亦不害己。」道山清話云：「或問范景仁何以不信佛，景仁曰：『爾必待我合掌膜拜，然後爲信耶？』」又云：「（黄）庭堅一日過范景仁，終日相對，正身端坐，未嘗回顧，亦無倦色。景仁言：『吾二十年來，胷中未嘗起一思慮。二三年來，不甚觀書。若無賓客，則終日獨坐，夜分方睡，雖兒曹讙呼，只尺皆不聞。』庭堅曰：『公却是學佛作家。』公不悦。」

［三五］其文清麗簡遠學者以爲師法　南陽集卷三〇范公神道碑云「其爲文章，温潤簡潔，如其爲人」。避暑録話卷上云：「蜀公性真純，暮年文字尤簡，直不甚經意。」范忠宣公文集卷一二祭范蜀公文云：「公優爲詞賦，文章爲學者師，清淨恬和，無有吝疵。」又本書中集卷二九范資政百禄墓誌銘稱「忠文公文章爲一世所宗」。

［三六］知嘉祐二年六年八年及治平二年貢舉　按范鎮嘉祐二年、六年及治平二年皆爲同知貢舉，宋會要輯稿選舉一之一一載：「嘉祐二年正月六日，以翰林學士歐陽修知貢舉，翰林學士王珪、龍圖閣直學士梅摯、知制誥韓絳、集賢殿修撰范鎮并權同知貢舉。」「六年正月八日，以翰林學士王珪權知貢舉，翰林學士范鎮、御史中丞王疇并權同知貢舉。」「英宗治平二年正月九日，以翰林學士馮京權知貢舉，翰林侍讀學士范鎮、知制誥邵必并權同知貢舉。」

［三七］有文集一百卷諫垣集十卷内制集三十卷外制集十卷正言三卷樂書三卷　按文定集卷九題范蜀公集云：「按蜀公墓誌，公文集一百卷、諫垣集十卷、内制集二十卷、外制集十卷、正書三卷、樂書三卷。公成都人也。某守成都凡三年，求公文集，雖捜訪殆徧，來者不一，而竟無全書。蓋公之没，距今八十年矣。竊意歲月愈久，則雖此不全之書，亦或未易得也。于是以意類次爲六十二卷。曰樂

議，曰使北録，不見于墓誌，亦恐其初文集中未必載也。而樂議或特出于世俗所裒輯，今皆存之。又以諫疏、内制、外制、正書、樂書附之，通爲一百十二卷。正書所得止一卷，今分爲二。司馬温公論正書，其間有云『舜無焚廩浚井之事』，而今之正書無此語，豈亦非全書耶？」

〔三八〕公晚家于許　曲洧舊聞卷三云：「蜀公居許下，於所居造大堂，以『長嘯』名之。前有荼䕷架，高廣可容數十客。每春季花繁盛時，燕客於其下。約曰：『有飛花墮酒中者，爲余釂一大白。』或語笑喧譁之際，微風過之，則滿座無遺者。當時號爲『飛英會』，傳之四遠，無不以爲美談也。」

名臣碑傳琬琰集中卷十九

唐質肅公介墓誌銘[一]　文恭公王珪

熙寧元年正月，制以權三司使、給事中唐公爲參知政事[二]。明年三月，遽寢疾不朝，上遣太醫日夜視公疾。四月乙未①，幸其第臨問。公寢劇不能言，上泫然出涕曰：「能復爲朕起乎？」明日公薨[三]，乘輿復臨奠，哭之慟。廢朝二日，贈禮部尚書。其家上狀于太常，而博士安燾議以公正而不阿、剛而能斷，請謚曰質肅。既而判尚書都省司馬光與其屬一百五十有七人皆請如其議。四年二月辛酉，葬江陵龍山之東原。前此，其孤以余職在太史，使人來京師求銘以納其墓中。且余觀公之所以進，所以黜，其節皆有足以動後人，蓋爲序而銘之②。

公諱介，字子方。其先晉昌人，唐末避亂于餘杭[四]，自其祖始徙家江陵，今爲江陵人。公年甫十三，父卒官漳州，家貧，州人有欲賻助之，公皆辭不受。及歸江陵[五]，閉户讀書者七年。其爲學務窮聖賢大原，不以辭律自

① 四月乙未　按，熙寧二年四月無乙未日，乙未乃三月二十八日。又下文云「明日公薨」，本書下集卷一五唐參政介傳、太平治迹統類卷一四神宗朝臣議論新法云在「丁未」，丁未乃四月十一日。則誌文所云有誤。

② 蓋爲序而銘之　「蓋」，華陽集卷五七唐公墓誌銘作「故」，當是。

羈束也。

天聖八年進士及第，爲鼎州武陵尉，又以爲岳州沅江令。州民李氏鉅有貲，吏數以事動之，既不厭所求，迺言其家歲殺人祠鬼。會知州事孟合喜刻深，悉捕繫李氏，家無少長，榜笞久莫伏。以公治縣有能名，命更詳之①。公按劾無它狀，合怒，以其事聞朝廷。詔遣殿中侍御史方偕徙其獄于澧州，已而不異公所劾[六]。其後州吏皆坐罪去，偕以活死者得官，公終不自言也。改武康軍節度推官、知夔州奉節縣。方陝西用兵，詔舉三路知縣。公用薦者得遷著作佐郎，徙莫州任丘縣[七]。自契丹約和，遣使往來歲不絶，凡誅索百出，驛吏比多破產而去。公嘗坐驛門上，戒曰：「自今非常所餽物，一切毋得共。有輒壞什器者，執之必以法。」繇是過公境者，無敢有所擾。緣邊塘水夏秋害民田，中人楊懷敏用事，欲取縣西十一林之地以瀦漲水②，吏畏執不敢言③。公爲募丁夫自高陽築堤以障之，至今以爲利。

丁光國太夫人憂。服除，以祕書丞知相州安陽縣，徙通判德州[八]。河決商胡，大爲河北患。前宰相賈魏公鎮大名，上漯川圖，請復河故道，朝廷適遣使行視其地，衆莫敢輒議。公獨坐上抗言曰④：「故道之堙久矣，尚可復邪？」聽者皆蹴然。轉運使崔嶧以庫帛配民而過估之，公即移書安撫司曰：「河北仍年被水菑，民困不聊，轉運使不爲之卹，然則爲上存民者，不在安撫司乎？」嶧聞怒，按其留牒不即下⑤。公終不從，嶧亦不能果行。遷

① 命更詳之　「詳」，華陽集卷五七唐公墓誌銘作「訊」。
② 欲取縣西十一林之地以瀦漲水　「林」，忠肅集卷一一唐質肅神道碑、宋史唐介傳作「村」，似是。
③ 吏畏執不敢言　「執」，庫本作「埶」，似是。
④ 公獨坐上抗言曰　「坐上」，華陽集卷五七唐公墓誌銘無此二字，似屬衍文。
⑤ 按其留牒不即下　「按」原作「安」，據華陽集卷五七唐公墓誌銘改。

太常博士，又徙通判廣信軍。

召爲監察御史裏行[九]，改尚書主客員外郎、殿中侍御史裏行，賜五品服。內侍盧昭序造龍鳳車于啓聖院，內出珠玉爲之飾。公言：「太宗神御在啓聖，不可慢，況爲後宮奇靡之器哉？」帝趣令毁去。三司使張堯佐一日除宣徽、節度、景靈、群牧四使。公與諫官包拯等七人力争上前，既又請御史中丞留百官班，卒奪堯佐宣徽、景靈二使[一〇]。頃之，復除宣徽使，公獨争之不可得，求全臺上殿，不許，自求貶，亦不報。於是劾奏宰相，并言諫官附會事，其言無所避。帝怒，急召二府，以其章示之，公猶立殿上不去，樞密副使梁適叱公下殿。即貶春州別駕，明日改英州[一一]。又明日，罷宰相，逐諫官[一二]。當是之時，公卿大夫莫不相顧自警勑①[一三]，而天下之人識與不識，皆咨嗟稱詠而不能已。公雖斥，其名遂重於一時[一四]。

踰年，授檢校水部員外郎、全州團練副使，監郴州酒②。復祕書丞，主客員外郎，通判潭州③，又復殿中侍御史裏行、知復州，道改殿中侍御史，充言事御史，帝特遣內侍齎告勑賜之[一五]。公至，不以一語自明。帝曰：「卿被謫以來，未嘗以私書至京師，可謂不易所守矣。」公第頓首謝。它日，因對曰：「臣言不行，將固争，争之重以累陛下④，願聽以言職辭。」乃以爲工部員外郎、直集賢院、開封府判官，出知揚州[一六]，賜三品服。徙江東轉運使，御史裏行吴中復上言公方正有守，不宜久在外。時文潞公復爲宰相，因奏曰：「唐某之疏臣事固多中，初以貶太

---

① 公卿大夫莫不相顧自警勑　「自警勑」，華陽集卷五七唐公墓誌銘作「驚動」。

② 監郴州酒　「酒」，華陽集卷五七唐公墓誌銘作「酒税」。

③ 主客員外郎通判潭州　按，長編卷一七二皇祐四年六月壬辰條載「秘書丞、監郴州税唐介爲主客員外郎、通判潭州」，疑「主客」上脱「爲」或「以」字。

④ 争之重以累陛下　「陛下」下，華陽集卷五七唐公墓誌銘有「德」字。

重而未得蒙顯擢，宜復召用之。」上改户部員外郎①〔一七〕、河東轉運使。虜盜耕河西田，而知麟州武戡謀築堡以限其侵地②，會虜兵猝至，兵官皆戰殁。既罷太原帥，以公權領帥事③。於是大發兵境上，以張軍勢，且戒邊吏毋得與互市。虜數窘，果遣人來，願得更定封土，實出公策。

歷淮南江浙荆湖制置發運使、三司度支副使，遂除天章閣待制、知諫院，同提舉萬壽觀，同詳定寬卹民力④。奉使契丹還，進禮部郎中，權發遣開封府事。嘗援天禧故事，請增置臺諫員⑤，以廣言路。又言：「比詔諸路監司薦舉人，而多得文法小吏，無以裨盛化。請令中書門下謹擇端良敦樸之士，毋令與憸薄者並進，乃稱明詔。凡内降予恩澤事，不關中書，此皆婦人女子甘言悲辭之託，以亂聖德，宜早抑絶之。宫禁嬪御賜予之費，多先朝時十數倍，且日加無窮，亦當有所損減。兖國公主夜開皇城門〔一八〕，昔漢光武出獵，還從中東門入，明日貶中東門候。蓋宫門之禁，以備非常。今公主所過内外宫殿門主吏，宜重劾罪以聞。夫賞罰不可私於人。孫沔、吕溱前坐縱侈不法，而皆過貸之。若爾，在下者恐未易懲也。天下刺配人日益蕃，至死不得赦，在律則不然⑥，可量所犯輕而數更赦者，聽自便，庶幾廣上恩。仍令有司更議刺配法。」帝多開納之。會御史中丞言宰相，宰相方就第

① 上改户部員外郎　「上」，鐵琴銅劍樓本、庫本及華陽集卷五七唐公墓誌銘作「止」。

② 而知麟州武戡謀築堡以限其侵地　「武戡」原作「武職」，據庫本及華陽集卷五七唐公墓誌銘改。

③ 以公權領帥事　「公」字原脱，據華陽集卷五七唐公墓誌銘補。

④ 同詳定寬卹民力　「寬卹民力」，華陽集卷五七唐公墓誌銘作「禮儀」。按，長編卷一八九嘉祐四年三月戊戌條載「命翰林學士韓絳、權知開封府陳旭、天章閣待制唐介與三司減定民間科率以聞」；又卷一九〇嘉祐四年八月乙酉條載唐介等議宗廟之制。

⑤ 請增置臺諫員　「員」原作「召」，據鐵琴銅劍樓本、庫本及華陽集卷五七唐公墓誌銘改。

⑥ 在律則不然　「律」，華陽集卷五七唐公墓誌銘作「例」。

待罪，御史中丞輒自去官號，召不出。公乃與臺諫官連章請辨是非[一九]。既黜御史中丞，公亦自請外，迺以知荆南。知門下封駁事何郯封還所下勑。未幾，又論新除樞密副使不當進，其事久不決，公論列不已，卒罷新樞密副使，出公知洪州[二〇]。翰林學士胡宿等七人皆上書願留公，不可得。

明年，拜龍圖閣直學士、河北都轉運使。英宗即位，遷吏部郎中，以樞密直學士徙高陽關路安撫使、知瀛州。召爲右諫議大夫、權御史中丞、理檢使。英宗面諭曰：「卿在先朝有直聲，今出自朕選，非繇左右言也。」公曰：「臣無狀，蒙陛下過聽。臣竊思自昔欲治之主，亦非求絶世驚俗之術，要在順人情而已。祖宗之遺德餘烈，在人耳目固未遠，願陛下攬已成之業以爲鑒，收詳慮之策以爲知，則天下不勝蒙福。」

居數月，又以爲龍圖閣學士、河東路經略安撫使、知太原府[二一]。初，代州、岢嵐軍虜騎時入鈔邊，公則大合諸將兵盡敺之，使遠去，毁虜所置堡寨。西戎寇大順城，環慶路檄出兵以牽制賊執。公曰：「虜小入，一方顧自可支。若此道遽出兵，必生一邊患不息也①。」公在太原三年，常戒邊吏務從容持重，毋得輕出兵，故終公之去，塞下無少事。

今天子嗣位，遷給事中、權三司使。罷京師增官屋僦錢，復汴河漕舟，以轉江湖之粟。其與政事，議論益有所感發。上或以某事爲是，公輒曰非[二二]。進退天下士大夫，皆直言其可否，不避怨，不立恩。其年，上欲親祠南郊，議者或以居喪爲不可，上未知其所從，以問大臣。公對曰：「古者天子諒闇之禮與下不同，况郊有定歲，其可以卑而廢尊？」及下議兩制，莫不如其言。

公天資剛直，其在言路久，名敢言，自非有益於朝廷，亦未嘗言。其爲政則寬静而有體。位顯矣，奉養猶若

---

① 必生一邊患不息也　「必」，華陽集卷五七唐公墓誌銘作「又」。

平素時。始公薨，上至其家，見畫像不類公，即命中使取禁中舊傳本賜其家[二三]，素見重如此。享年六十。

曾祖諱仁恭，贈太子太保。妣盛氏，追封英國太夫人。祖諱渭，贈太子太傅。妣夏侯氏，追封崇國太夫人①。父諱拱，贈太子太師。妣二崔氏，追封嘉、光二國太夫人②。娶楊氏，封京兆郡夫人③，正家有賢德。五男子：淑問，殿中丞、監察御史裏行；義問，大理評事；待問，早卒；嘉問、之問，並太常寺太祝。二女子：以歸淮南轉運使屯田郎中謝景温、衛尉寺丞王泰。六孫男子④：懋，太常寺奉禮郎；愿、恕、意、愚，並祕書省校書郎；憑，未仕。銘曰：

唐初晉昌，晚徙于荆。代雖繼食，未侈厥聲。有聲渾鍠，實公自發。其滀有來，公發莫遏。凡位在下，難見節義。公獨嶄嶄，言駭衆視。誰薦諸朝，行御史中。以卑犯顔，萬死不容。繇天子明，卒起荒陋。歷凌阻夷，豈不一守？迺貳政事，其心益丹。天子曰可，公曰未安。進退賢否，不問黨讎。人莫我私，我德不求。誰其中止？猶未大施。帝心念公，趣駕再之。既見公象，曾莫公及。出圖殿中，嶷若廷立。其孰公如？譽榮初終。葬豈云遠？祖考是從。南望章華，左雲右夢。公名不亡，萬世之重。

辨證：

[一] 唐質肅公介墓誌銘　本誌文又載於王珪華陽集卷五七，題曰「推忠佐理功臣正奉大夫行給事中參知政事上護軍魯國郡開國

① 妣夏侯氏追封崇國太夫人　「夏侯」、「崇國」，忠肅集卷一一唐質肅神道碑作「夏」、「嘉國」。

② 追封嘉光二國太夫人　「嘉」，忠肅集卷一一唐質肅神道碑作「崇」。

③ 封京兆郡夫人　按，忠肅集卷一一唐質肅神道碑稱「誥封魏郡夫人」。此乃墓誌撰於熙寧二年，而唐質肅神道碑作於元祐八年，故封贈有是異。

④ 六孫男子　按，忠肅集卷一一唐質肅神道碑稱其「孫十七人」。

公食邑二千三百户食實封四百户賜紫金魚袋贈禮部尚書謚質肅唐公墓誌銘」。按，唐介，東都事略卷七三、宋史卷三一六有傳，劉摯忠肅集卷一一載有唐質肅神道碑，本書下集卷一五載有唐參政介傳。

［二］制以權三司使給事中唐公爲參知政事　宋宰輔編年録卷七熙寧元年正月丙申條引長編云：「先是，外人多傳三司使唐介參預，寶文閣直學士邵必主計。諫官楊繪具以白上。既而介果除參知政事，必權三司使。翰林學士司馬光登對，上問光：『唐介參預何如？』光曰：『介素有剛勁之名，外人甚喜。』」

［三］明日公薨　宋史唐介傳云其「數與（王）安石争論。安石强辯，而帝主其説。介不勝憤，疽發于背，薨」。

［四］其先晉昌人唐末避亂于餘杭　忠肅集卷一一唐質肅神道碑云：「惟唐氏世譜，其始遠矣。至漢初，厲從高祖起豐，爲斥丘侯。後十七世彬仕晉，封上庸侯。又二世輝爲前涼臨江將軍，始居晉昌，稍分徙太原、京兆、北海。北海之後瑾仕周，開府儀同三司、臨淄公；臨爲唐禮部尚書，天寶之亂，子孫又散去。有爲唐山令曰熊者，居餘杭，生子曰希顔，天復中，以明經爲建威軍推官，是爲公之高祖。」

［五］及歸江陵　忠肅集卷一一唐質肅神道碑云其「侍母夫人護喪歸江陵，養親終服，無違于禮」。

［六］詔遣殿中侍御史方偕徙其獄于澧州已而不異公所劾　忠肅集卷一一唐質肅神道碑云：「州民李氏以高貲爲上下所漁擾，或者不厭，因告其祠鬼用人。守喜擊斷，則速繫其家百口，極獄之慘，情不得。奏公治有能名，專屬之。公攷閲，實非殺人者。守又奏以爲未盡，詔殿中侍御史方偕移劾于澧州，卒用公所具獄，不能變」。

［七］公用薦者得遷著作佐郎徙莫州任丘縣　忠肅集卷一一唐質肅神道碑云：「寶元二年，轉運使應詔舉充三路知縣，遷祕書省著作佐郎，知莫州任丘縣。」

［八］徙通判德州　忠肅集卷一一唐質肅神道碑云「河決其所，監司舉公通判德州」。

［九］召爲監察御史裏行　能改齋漫録卷一二記事窮達有命云唐介「仁宗朝，孫參政抃薦公復爲御史。或問曰：『聞君未曾相識，而遽薦之，何也？』孫答曰：『昔人恥呈身御史，今豈求識面臺官也？』」

［一〇］三司使張堯佐一日除宣徽節度景靈群牧四使至卒奪堯佐宣徽景靈二使　東軒筆録卷七云：「張堯佐以進士擢第，累官至屯

田員外郎、知開州。會其姪女有寵於仁宗，册爲修媛，堯佐遂驟遷擢，一日中除宣徽、節度、景靈、群牧四使。」長編卷一六九皇祐二年閏十一月戊辰條云是日「朝退，（王）舉正留百官班廷諍，復率殿中侍御史張擇行、唐介及諫官包拯、吳奎於上前極言，且於殿廡切責宰相。上聞之，遣中使諭旨，百官乃退」。注曰：「唐介傳云：『堯佐一日除四使，介與諫官包拯等七人力争，又請中丞王舉正留百官班，卒奪堯佐三使。』所稱七人，蓋中丞王舉正，殿中張擇行、唐介，諫官包拯、陳旭、吳奎，餘一人未詳。時李兑實爲知雜御史，而兑本傳不載兑嘗有言，當考。又張耒明道雜志云：『嘉祐中，嘗欲除張堯佐節度使，陳秀公作中丞，與全臺上殿争之。仁宗初盛怒，迎謂之曰：「豈欲論張堯佐乎？節度使麤官，何用争？」唐質肅公作御史裏行，最在衆人後，越次而前曰：「節度使，太祖、太宗皆曾爲之，恐非麤官。」上竦然，而堯佐之命竟罷。』陳升之此時作左司諫，不爲中丞，唐介實爲殿中侍御史裏行，張堯佐卒除節度使，初除又不在嘉祐間，耒所志差誤。」又己巳條云：「詔：『近臺諫官累乞罷張堯佐三司使，及言親連宫掖，不可用爲執政之臣，若優與官爵，於禮差使，遂除宣徽使、淮康節度使。兼已指揮自今后妃之家，毋得除兩府職任。今臺諫官重有章疏，其言反覆，及進對之際，失於喧譁。在法當黜，朝廷特示含容，其令中書取戒厲，自今臺諫官相率上殿，並先申中書取旨。』時上怒未解，大臣莫敢言，樞密副使梁適獨進曰：『臺諫官蓋有言責，其言雖過，惟陛下矜察。然寵堯佐太厚，恐非所以全之。』是日，堯佐亦奏辭宣徽使、景靈宮使，乃詔學士院貼麻處分，而取戒厲卒不行。」

［一一］即貶春州别駕明日改英州　長編卷一七一皇祐三年十月丁酉條載時除張堯佐宣徽使、知河陽，云：「或謂補外不足争，介以爲宣徽次二府，不計内外，獨争之。上諭介，除擬初出中書，介言當責執政。退，請全臺上殿，不許；自請貶，亦不報。於是劾宰相文彦博：『專權任私，挾邪爲黨。知益州日，作間金奇錦，因中人入獻宫掖，緣此擢爲執政。及恩州平賊，幸會明鎬成功，遂叨宰相。昨除張堯佐宣徽、節度使，臣累論奏，面奉德音，謂是中書進擬，以此知非陛下本意。蓋彦博姦謀迎合，顯用堯佐，陰結貴妃，外陷陛下有私於後宮之名，内實自爲謀身之計。』又言：『彦博嚮求外任，諫官吳奎與彦博相爲表裏，言彦博有才，國家倚賴，未可罷去。自彦博獨專大政，凡所除授，多非公議，恩賞之出，皆有夤緣。自三司、開封、諫官、法寺、兩制、三館、諸司要職，皆出其門，更相援引，借助聲勢，欲威福一出於己，使人不敢議其過惡。乞斥罷彦博，以富弼代之。臣與弼亦昧平生，非敢私也。』上怒甚，卻其奏不視，且言將加貶竄。介徐讀畢，曰：『臣忠義憤激，雖鼎鑊不避，敢辭貶竄。』上於座急召二府，示以奏曰：『介言他事乃可，至謂彦博因貴妃得執政，此何言也！』介面質彦博曰：『彦博宜自省，即有之，不可隱於上前。』彦博拜謝不已。樞密副使梁適叱介下殿，介辭益堅，立殿上不去，上令送御史臺劾

介。既下殿，彦博再拜言：『臺官言事，職也，願不加罪。』不許，乃召當制舍人即殿廬草制而責之。時上怒不可測，群臣莫敢諫，右正言、直史館、同修起居注蔡襄獨進言：『介誠狂直，然容受盡言，帝王盛德也，必望矜貸之。』翼日己亥，中丞王舉正復上疏言責介太重。上亦中悔，恐内外驚疑，遂敕朝堂告諭百官，改介英州別駕，復取其奏以入。」

〔一二〕罷宰相逐諫官　據本書下集卷一五唐參政介傳云時「罷彦博相，黜吴奎」。按，東軒筆録卷七云：「唐子方始彈張堯佐，與諫官皆上疏。及彈文公，則吴奎畏縮不前，當時謂拽動陣脚。及唐争論於上前，遂并及奎之背約。執政又黜奎，而文公益不安，遂罷政事。」

〔一三〕公卿大夫莫不相顧自警勑　按忠肅集卷一一唐質肅神道碑稱「自是言事官以畏嘿爲恥，而大臣亦知所鑒戒云」。

〔一四〕而天下之人識與不識至其名遂重於一時　宋史唐介傳云其時「梅堯臣、李師中皆賦詩激美」。又云：「由是直聲動天下，士大夫稱真御史，必曰唐子方而不敢名。」

〔一五〕帝特遣内侍齎告勑賜之　長編卷一七五皇祐五年八月庚申條云：「新知復州、主客員外郎、殿中侍御史裏行唐介爲殿中侍御史，充言事御史，遣内侍齎敕告賜之。介貶斥不二歲復召，議者謂『天子優容言事之臣，近古未有也』」。又忠肅集卷一一唐質肅神道碑云「帝遣中使齎告身就賜，乘驛赴朝，蓋皆異禮也」。

〔一六〕出知揚州　忠肅集卷一一唐質肅神道碑稱唐介「辭日，帝復諭曰：『卿孤立不移所守，今雖在外，無忘規補。』」

〔一七〕上改户部員外郎　長編卷一八三嘉祐元年八月癸丑條載江南東路轉運使、工部員外郎、直集賢院唐介爲户部員外郎，云：「時殿中侍御史裏行吴中復乞召（包）拯、介還朝，宰臣文彦博因言『介頃爲御史，言臣事多中臣病，其間雖有風聞之誤，然當時責之太深，請如中復所奏召用之』。故有是命。」

〔一八〕究國公主夜開皇城門　長編卷一九二嘉祐五年九月庚戌條云駙馬都尉李瑋「與公主不協，而瑋所生母又忤公主意，公主夜開皇城門入訴禁中，瑋惶恐自劾」。又癸丑條云：「知諫院唐介、殿中侍御史吕誨等亦以爲言，皆不報。」按，長編卷一九六嘉祐七年二月癸卯條載：「詔究國公主入内，安州觀察使、駙馬都尉李瑋知衛州，瑋所生母楊氏歸其兄璋，公主乳母韓氏出居外，公主宅勾當内臣梁懷吉歸前省，諸色祗應人皆散遣之。瑋貌陋性樸，公主常傭奴視之，韓氏復相離間。公主嘗與懷吉飲，楊氏窺之，公主怒，毆楊氏，夜開禁門，訴於帝所。言者皆咎公主。」

［一九］公乃與臺諫官連章請辨是非　長編卷一九一嘉祐五年五月戊申條載降右諫議大夫、權御史中丞韓絳知蔡州，云：「初，絳彈奏宰臣富弼，且言張茂實『人以爲先帝子，而引用管軍，事密難測』，既而居家待罪，自言不敢復稱御史中丞。上遣中使召，不出。翌日，臺屬官往勸之，乃出，又不秉笏穿朝堂。知諫院唐介、右正言王陶、侍御史知雜事范師道、御史陳經吕誨、裏行陳洙等皆言『茂實頃爲狂卒誣詆，已經朝廷辨白，兼復用管軍，乃中書、密院同議，人亦無間言。今絳苟欲以危法中傷人臣，而不知主無根之言，摇動衆聽，翻爲朝廷不便。兼絳舉措顛倒，不足以表率百司』。故出之。」

［二〇］卒罷新樞密副使出公知洪州　長編卷一九三嘉祐六年四月庚辰條載樞密副使、右諫議大夫陳旭爲資政殿學士、知定州，禮部郎中、天章閣待制、知諫院唐介知洪州，云：「旭始除樞密副使，或言旭陰結宦者史志聰、王世寧等，故有此命。介等遂交章論列，且言：『旭頃爲諫官，因張彦方事阿附貴戚，已不爲清議所與。及知開封府，嘗賤市富民馬，納外弟甄昂於府舍，恣行請託。』上以其章示旭，旭奏：『臣前任言職，彈斥内臣，其桀黠用事如楊懷敏、何誠用、武繼隆、劉恢輩多坐黜逐，今言者乃以此污臣。志聰臣不識面，世寧弟娶臣妻舅之孤女，久絶往來，若嘗薦臣，陛下必記其語。乞付吏辨劾。』遂家居求罷。上以手詔召出之。介等復闔門待罪，頃之復出，如是者數四。上顧謂輔臣曰：『凡除拜二府，朕豈容内臣預議耶？』而介等言不已，故兩罷之。」

［二一］居數月又以爲龍圖閣學士河東路經略安撫使知太原府　宋史唐介傳載帝曰：「朕視河東，不在中執法下，暫煩卿往耳。」按，忠肅集卷一一唐質肅神道碑、宋史唐介傳稱明年唐介出知太原府。據長編卷二〇一，唐介於治平元年閏五月己丑權御史中丞，又據永樂大典卷五二〇五引太原府志載，唐介以龍圖閣學士知太原府，於治平二年到任。

［二二］其與政事議論益有所感發上或以某事爲是公輒曰非　宋史唐介傳云：「神宗立，以三司使召。熙寧元年拜參知政事。先時宰相省閲所進文書於待漏舍，同列不得聞，介謂曾公亮曰：『身在政府，而文書弗與知，上或有所問，何辭以對？』乃與同視，後遂爲常。帝欲用王安石，公亮因薦之，介言其難大任，帝曰：『文學不可任耶？吏事不可任耶？經術不可任耶？』對曰：『安石好學而泥古，故論議迂闊，若使爲政，必多所變更。』退謂公亮曰：『安石果用，天下必困擾，諸公當自知之。』」王安石既執政，唐介因政事「數與安石爭論，安石强辯，而帝主其説」。

〔一三〕上至其家見畫像不類公即命中使取禁中舊傳本賜其家　曲洧舊聞卷一云：「唐質肅公在諫垣日，仁宗密令圖其像，置温成閤中，御題曰『右正言唐介』。時猶衣緑，外庭不知。逮質肅薨於位，裕陵澆奠，索畫影看曰：『此不見後生日精神。』乃以此畫像賜其家，人始知之。乃歎仁宗之用意深不可及也。」

邵安簡公亢墓誌銘〔一〕　文恭公王珪

公諱亢，字興宗，丹陽人。幼聰發過人，方十歲時，已能日誦書五千言。其爲賦詩縱豪，自鄉里先生見皆驚偉之。兩試進士于開封府，皆誤用韻弗中①，然而有司考其文皆第一也。范文正公舉充賢良方正科〔二〕，時布衣被召者十四人，既試秘閣，獨得公一人。及試崇政殿，除建康軍節度推官。會有欲中傷宰相者，迺密言公與之連姻，命遂中格，人莫知其所以然。蓋宰相張士遜娶馮氏，子娶邵氏，邵偶與公同姓爾〔三〕。宰相既不能自辨，公亦無言而去。

趙元昊反，兵出數不利，於是詔求方略之士。公以爲：「用兵在於擇將。今天下久不知戰，而所擇多儒臣，未必能應變。武人又老而得至長一軍，詎能身先矢石哉？間起故家恩倖子弟，彼安識攻守之計？況將與卒素不相附，又亡堅甲利兵之禦，此不待兩軍相當，而勝敗之機固已形矣。」進康定兵説十篇上之。又召試秘閣，授潁州團練推官〔四〕。晏元憲公出守，事一以屬公。民税舊移輸於陳、蔡，轉運使欲覆折緡錢而加取之②，公言：「民之

① 皆誤用韻弗中　「弗」原作「賦」，據華陽集卷五九邵公墓誌銘改。

② 轉運使欲覆折緡錢而加取之　「折」原作「析」，據華陽集卷五九邵公墓誌銘及宋史邵亢傳改。

移輸，勞費已甚。今仍歲水旱，而加取于民，不亦重困乎？」事迺止。

入爲國子監直講，歷光禄、大理寺丞，館閣校勘，同知太常禮院。張貴妃薨，下有司議立陵廟，禁樂京師一月。公累疏論之，遂弛樂，亦不立陵①[五]。同判吏部南曹，改太子中允。仁宗皇帝繼嗣未立，公以爲：「國之外患在夷狄，然禦之之術，不過羈縻勿絶而已。内患則不然，繫社稷之安危，不可不蚤定。昔漢文帝入繼之年，未立后，先立子，蓋所以定大本、銷禍原也。」於是集漢以來帝系承襲之迹②，上興亡譜論十卷[六]。

俄丁母憂，願還一官以追封其母，朝廷許之，封其母孝感縣太君[七]。服除，再以爲太子中允，公固辭。除集賢校理，判登聞鼓院，爲群牧判官，賜五品服，權開封府推官，徙提點府界諸縣鎮公事。比有放火者，一不獲則主吏皆坐罪。民或自蕘其所居③，欲以中吏。公請自今非延及旁家者，雖失捕得，勿坐。已而火亦息。又爲開封府判官。府吏馬遷、馬清者素狡獪，人憚其能動事，號「二馬」。公遽迹其姦狀而遠竄之。爲三司度支判官，接伴契丹賀乾元節使。既至德清軍，會仁宗上僊，有欲卻之者，又欲其至國門而去，議未決。公言：「不若令奉國書置柩前，因使得見上，以安遠人心。」詔從公言。其年遂使契丹。

治平二年，爲潁王府翊善，直史館、同判司農寺。英宗召對群玉殿，訪以當世治務之要，謂公曰：「學士真國器也。」明日見宰相，其言亦如此。累遷祠部員外郎、同修起居注，兼判尚書禮部。嘗言：「陛下初政，欲治天下，必自正家始。今皇子授室，顧於古昏禮不可廢④；公主下嫁，不可殺舅姑之尊，以屈人倫之序。」帝深納之。

---

① 亦不立陵　「陵」，華陽集卷五九邵公墓誌銘作「陵廟」。

② 於是集漢以來帝系承襲之迹　「帝」字原脱，據華陽集卷五九邵公墓誌銘補。

③ 民或自蕘其所居　「蕘」，庫本作「爇」。

④ 顧於古昏禮不可廢　「顧」，華陽集卷五九邵公墓誌銘作「願」。

今上在潛邸，一日自禁中還，道「帝語曰：『以翊善端直朴厚，已輟爲諫官矣。』即爲公頓首謝」。公欲辭不獲，授知制誥、知諫院，賜三品服。公曰：「夫進諫之匪難，而言從事施之爲難。今言者闊於事情，未必欲其言之行，徒自要名譽而去，顧於上何補哉？決不敢爲此也。」繇是公數言無不從。今上爲皇太子，兼太子右庶子。及即位，以爲龍圖閣直學士、兵部員外郎，同知禮部貢舉。又嘗言：「殿前都虞候竇舜卿親連樞臣，不可使典禁衛。簽書樞密院事郭逵材望輕，不可使宣撫陝西。」時御史中丞王陶彈宰相外朝不立班，參知政事吳奎反劾陶，日者陰陽不和，實繇陶所致。上令陶與翰林學士司馬光兩易之，而奎輒指手詔爲内批，留三日不下。公疏曰：「御史中丞職在彈劾，陰陽不和，咎由執政。而奎所言顛倒，失大臣體。且陛下新聽政，命出輒廢，何以令天下[八]？」上怒，遂罷奎參知政事[九]，益眷公深。

以樞密直學士知開封府。公遇事敏密，吏操辭牘至前，皆親閱之，至于反覆。人或以爲勞，公曰：「決是非於須臾爾，初雖勞，後迺省也。」籍里閭惡少年與吏之廢停者，一有所犯，皆遷處，畿下鬭訟爲之衰止。府號難治而易以毁上，公多得民所譽而稱之①。

未幾，爲英宗山陵頓遞使。甫還，拜樞密副使、右諫議大夫。會种諤以兵取綏州，又横山部落思内附，遽欲招來之，西人怨漢深，乃誘殺知保安軍楊定，拒詔使境上，朝廷命大臣欲行西討[一〇]。公曰：「方天下財力屈②，未可以用兵，宜且諭以邊臣過生事③，因撫存其人民。若不從命，然後兵出益有名。」既而諒祚死，其子縶送殺楊

---

① 公多得民所譽而稱之　「公」原在「譽」字下，據華陽集卷五九邵公墓誌銘乙改。

② 方天下財力屈　「屈」，華陽集卷五九邵公墓誌銘作「殫屈」。

③ 宜且諭以邊臣過生事　「過」，太平治迹統類卷一五神宗經制西夏作「無」，當是。

定者李文貴來①，請復和。或欲乘此更取塞門之地，公復曰：「苟得之則可，不然徒沮傷威命，非策之得也②。」果如公所料〔一一〕。

公雖蒙上知，然論事與時多不合，又言者間以傷公，迺引疾辭位，累詔不許。迨祠南郊既竣③，又以辭，以資政殿學士、給事中罷知越州〔一二〕。上即遣使就第，所以存勞之良厚。徙鄭州，奏除山陵所假都水監腐爛材木，免民破産之患。增築湖河堤，爲石撻節水以溉城中，歲省科民揵薪數百萬。又徙鄆州，兼京東西路安撫使。鄆，衣冠之聚也，自倅車、幕府、丞掾、令尉，皆其子弟，待歲月以相承，事至不敢發，民不勝其患。會有索息錢以折取民産者，公亟以法外繩之，諸族稍自戢。熙寧五年春，上過東宮，邈然思舊臣，特遷禮部侍郎，又徙亳州。上嘗遣内侍馮宗道諭公將復用，而公疾作，纔五日而終，享年六十一。初奏公疾，勑太醫馳視，既發而訃至④，上閔傷之不勝。輟視朝一日，特將幣牢以致祭，贈吏部尚書，謚安簡，録遺之恩加于典外〔一三〕。

公始以羇孤自拔，及歷事三朝，位二府，顯矣〔一四〕。其爲人忠碩方靖，莊外而敏中，與人不苟合。爲治恕以明，故其去常見思。其議論、文章堂皇温雅⑤，於時臺閣聞人蓋有所不及⑥。少歷蕼廑，及貴盛，始終無少易，禄

① 其子縶送殺楊定者李崇貴來　「李文貴」，據本書中集卷一三郭將軍逵墓誌銘、卷四八韓忠獻公琦行狀及長編卷二二〇熙寧四年二月乙丑條，當作「李崇貴」。
② 非策之得也　「策」原作「册」，據庫本、華陽集卷五九邵公墓誌銘改。
③ 迨祠南郊既竣　「迨」原作「迫」，據華陽集卷五九邵公墓誌銘改；「竣」原作「踆」，據庫本及華陽集卷五九邵公墓誌銘改。
④ 既發而訃至　「訃」原作「計」，據庫本及華陽集卷五九邵公墓誌銘改。
⑤ 其議論文章堂皇温雅　「堂皇」原作「旁皇」，據華陽集卷五九邵公墓誌銘改。
⑥ 於時臺閣聞人蓋有所不及　「於時」，文海本、庫本及華陽集卷五九邵公墓誌銘作「一時」。

賜多以賙宗族①。其終，家亡以歸，上爲治大第里中[一五]。所著文集一百卷，藏于家。公熙寧七年十二月二十五日終，明年十一月二十六日葬潤州丹陽縣上德鄉耿岡原。

曾祖諱勳，贈太子太保。妣諸葛氏，追封安定郡太夫人。祖諱遇，贈太子太傅。妣湯氏，追封太寧郡太夫人；繼湯氏，追封咸寧郡太夫人。考諱餘，贈太師。妣劉氏，追封建安郡太夫人。娶晉陵彊氏，封丹陽郡夫人，前公卒。子男二人：壎，祕書省校書郎；龥，太常寺太祝。女二人：琬，適大理寺檢法官、太常寺奉禮郎葛奉世；琰，適楚州淮陰縣尉許安石。孫男一人：縉，將作監主簿。

予少遇公於江湖之上，其後入朝與公遊，蓋嘗聞平生之言。今公子以治命屬予名，予雖久不爲文，尚能爲公銘。銘曰：

公起江湖，磥砢瓌奇。揭來京師，聲發騤騤。迺敢論兵，其辭大放。孰不公聞？國器之望。公從東朝，左右道德。大明朝升，萬物下飾。公於此時，進止雍雍。有謀有猷，天子是從。帝曰汝來，其輔予政。筦于樞兵，翟莫阻命。公雖在藩，曷止予慕？尚冀公還，公卒不顧。公喪東歸，灑以御觴。其贈伊何？尚書之章。山之嶢嶢，水之滔滔。公歸何之？帝思是勞。

辨證：

[一] 邵安簡公亢墓誌銘　本墓誌又載於王珪華陽集卷五九，題曰「推誠保德功臣資政殿學士朝請大夫守尚書禮部侍郎護軍丹陽郡開國侯食邑一千八百户賜紫金魚袋贈吏部尚書安簡邵公墓誌銘」。按，邵亢，東都事略卷八一、宋史卷三一七有傳。

① 禄賜多以賙宗族　「禄賜」，華陽集卷五九邵公墓誌銘作「禄入」。

［二］范文正公舉充賢良方正科　長編卷一二二寶元元年七月壬戌條及東都事略、宋史邵亢傳皆云其應「茂材異等」。按，涑水記聞卷三云：「宋初以來，至真宗方設制科。……今上即位，天聖六年始復置。其後每開科場則置之，有官者舉賢良方正，無官者舉茂材異等。」時邵亢布衣，故似當應茂材異等科。

［三］蓋宰相張士遜娶馮氏子娶邵氏邵偶與公同姓爾　宋史邵亢傳云：「或言所對策字少，不應式，宰相張士遜與之姻家，故得預選，遂報罷。而士遜子實娶它邵，與亢同姓耳。」然長編卷一二二寶元元年七月壬戌條稱「亢與宰相張士遜連姻，報罷」。注曰：「實録云亢策字數少，不合格。今從亢本傳。」

［四］又召試秘閣授潁州團練推官　長編卷一三一慶曆元年二月甲申條云應方略人「布衣邵亢權邠州觀察推官」，石林燕語卷七略同。按，長編卷一五二載晏殊知潁州在慶曆四年九月庚午，則推知邵亢當由權邠州觀察推官遷潁州團練推官。墓誌云云似不確。

［五］公累疏論之遂弛樂亦不立陵　長編卷一七六至和元年正月癸酉條云貴妃張氏薨。又丁丑條云「追册貴妃張氏爲皇后，賜謚温成」，「禁京城樂一月」。七月丁卯條云：「禮院言：『奉詔參定即温成皇后舊宅立廟及四時享祀之制。檢詳國朝孝惠皇后，太祖嫡配，止即陵所置祠殿以安神主，四時惟設常饌，無薦享之禮。今温成皇后宜就葬所立祠殿，參酌孝惠故事施行，仍請題葬所曰温成皇后園。』從之。」按，此時上距「禁樂一月」已有半年。

［六］上興亡譜論十卷　按，京口耆舊傳卷三邵亢傳稱：「時上自輔相大臣皆未敢言，亢以小臣首發大議，時以爲難。」

［七］俄丁母憂願還一官以追封其母朝廷許之封其母孝感縣太君　長編卷一八〇至和二年六月癸巳條載：「贈前太子中允、館閣校勘邵亢母劉氏爲孝感縣君。亢既遭母喪，願納官以求贈，特予之。」按，據宋制，此時邵亢僅官太子中允，故贈其母似當以「縣君」爲是。

［八］時御史中丞王陶彈宰相外朝不立班至何以令天下　按，宰相指韓琦。宋史邵亢傳云「亢詆奎所言顛倒，失大臣禮，蓋欲併撼琦」。

［九］遂罷奎參知政事　據宋史神宗紀一，治平四年三月癸酉，吴奎自樞密副使爲參知政事。四月丙寅，「御史中丞王陶、侍御史吴申吕景以過毁大臣，陶出知陳州，申、景各罰銅二十斤。吴奎罷知青州」。壬申，「吴奎復位」。九月辛丑，「韓琦罷宰相，吴奎罷參知政事；邵亢爲樞密副使。

〔一〇〕朝廷命大臣欲行西討　宋史卷四八六夏國傳上云時「命韓琦知永興軍，經略西方」。

〔一一〕公復曰苟得之則可不然徒沮傷威命非册之得也果如公所料　東都事略邵亢傳稱其時「亢曰：『幸人之喪，非計也，請以綏州易之。』議既定，會陳升之至闕，請城綏州，韓琦亦不欲廢綏州，事遂格」。

〔一二〕以資政殿學士給事中罷知越州　宋宰輔編年録卷七熙寧元年十二月辛酉條云：「亢資長者，然在樞府亡能有所建明，諫官孫覺嘗劾，亢引疾辭位，上容之。於是諫官吴充又劾亢，云『滑稽無丞弼之才，沉鷙無廊廟之器』，亢亦固請，遂罷政出守。」宋史邵亢傳云：「亢在樞密踰年，無大補益，帝頗厭之，嘗與諫官孫覺言，欲以陳升之代亢，而使守長安。覺遽劾亢，薦升之，帝怒其希指，黜覺，亢亦引疾辭，以資政殿學士知越州。」

〔一三〕特將幣牢以致祭贈吏部尚書謚安簡録遺之恩加于典外　長編卷二五八熙寧七年十二月戊子條云：「亳州言資政殿學士、吏部侍郎、知州邵亢卒，上遣使致祭，手詔曰：『亢，藩邸之舊，可優賜以官，賜謚。』乃賜吏部尚書，官其親屬五人，所推恩各陞二等，即其鄉造宅五十間賜之。太常謚曰安簡。」

〔一四〕及歷事三朝位二府顯矣　京口耆舊傳卷三邵亢傳称「其立朝與叔父必齊名，世號『二邵』」。

〔一五〕上爲治大第里中　長編卷二五八熙寧七年十二月戊子條稱神宗命「即其鄉造宅五十間賜之」。

名臣碑傳琬琰集中卷二十

薛簡肅公奎墓誌銘[一]　文忠公歐陽脩

明道二年，尚書禮部侍郎①、參知政事河東公以疾告歸其政，天子曰：「吾不可以數煩公。」乃詔優公不朝，而使視事如故。居歲中，數以告，乃得還第。又數以告，然後拜公爲資政殿學士、户部侍郎、判尚書都省，罷其政事[二]。景祐元年八月庚申，公薨于家，年六十有八，贈兵部尚書。

公諱奎，字宿藝，姓薛氏。薛氏之先，出於黄帝之後任姓，任姓之别爲十族，薛者奚仲之始封也。其後奚仲去遷邳，而仲虺留居薛。春秋之際，以國見經，而其子孫後以爲氏。此其譜也。隋唐之間，薛姓居河東者爲最盛。公絳州正平人也。曾王父贈太保諱某，大王父贈太傅諱某，王父殿中丞、贈太師諱某②，三世皆不顯，而以公貴。初，太宗皇帝伐并州，太師以策干行在，不見用罷[三]。公生十餘歲，已能屬文辭，太師顧曰：「是必大吾

① 尚書禮部侍郎　「禮部」原作「户部」，按居士集卷二六薛公墓誌銘、長編卷一一三明道二年十一月癸亥條及東都事略、宋史薛奎傳皆稱禮部侍郎、參知政事薛奎罷爲資政殿學士、户部侍郎、判都省，據改。

② 曾王父贈太保諱某大王父贈太傅諱某王父殿中丞贈太師諱某　按，據居士集卷二四龍武將軍薛君墓表，薛奎曾祖諱景，其祖諱温瑜，其父諱光化。按，長編卷一〇開寶二年閏五月己未條、東齋記事卷一及隆平集、東都事略、宋史薛奎傳稱其父名曰「化光」。

門，吾復何爲[四]？」乃不復事生業，務施貸以賙鄉閭，曰：「吾有子矣，後何患？」後五十年，公始佐今天子參政事，爲世名臣，如其言。

公爲人敦篤忠烈，果敢明達。初舉進士，爲州第一，讓其里人王嚴，而居其次，於是鄉里皆稱之。淳化三年，再舉乃中，授祕書省校書郎、隰州軍事推官。始至，取州獄已成書，活冤者四人[五]。徙儀州推官，士爭薦其能[六]。丁太夫人憂，服除，用薦者拜大理寺丞、知興化軍莆田縣。悉除故時王氏無名租[七]，莆田人至今以爲德。遷殿中丞、知河南長水縣，徙知興州。州舊鑄鐵錢，用工多①，人以爲苦[八]。公乃募民有力者，弛其山，使自爲利，而取其鐵租以鑄，悉罷役者，人用不勞。遷太常博士，御史中丞向敏中薦公材中御史②，判三司都磨勘司，賜緋衣銀魚。出爲陝西轉運副使[九]，坐舉人免官。居數月，通判陝府。歲餘，召還臺。安撫河北稱旨，改尚書户部員外郎、淮南轉運使③、江淮制置發運使④[一〇]。開揚州河，廢其三堰，以便漕船，歲以八百萬石食京師，其後罕及其多。轉吏部員外郎，丁太師憂去職，不許。居二歲，入爲三司户部副使，與三司使李士衡爭事省中，士衡扳時權貴人爲助，公拜户部郎中、直昭文館，出知延州[一一]。遷吏部郎中，入爲龍圖閣待制、知開封府，遷右諫議大夫、御史中丞。

契丹使蕭從順來朝。是時，莊憲明肅太后垂簾聽政，從順舉止多不遜，以謂南使至契丹者皆見太后，遂請見之。朝議患之，未有以決。公獨以理折之，從順乃止[一二]。而嫉公者讒其漏禁中語，由是拜集賢院學士，出知并

---

① 用工多　「工」，居士集卷二六薛公墓誌銘作「功」。

② 御史中丞向敏中薦公材中御史　「御史」下，居士集卷二六薛公墓誌銘有「就拜監察御史。召爲殿中侍御史」十三字。

③ 淮南轉運使　東都事略、宋史薛奎傳作「淮南轉運副使」。

④ 江淮制置發運使　「發運使」，長編卷九一天禧二年二月癸酉條作「發運副使」。

州，改知秦州[一三]。秦州宿重兵，兵嘗慊食，公爲勤儉積蓄，教民水種。歲中遷樞密直學士、知益州。而秦之餘粟積者三百萬，征筭之衍者三十萬，覈民舊隱田數百頃①，所得芻粟又十餘萬。秦州之民與其蕃落數千人詣轉運使請留，不果。

公在開封，以嚴爲治，肅清京師。京師之民至私以俚語目公[一四]，且相戒曰：「是不可犯也。」囹圄爲之數空，而至今之人猶或目之。及居蜀，尤有善政。民有得僞蜀時中書印者，夜以錦囊掛之西門，門者以白，蜀人隨之者萬計②，皆恟恟出異語，且觀公所爲。公顧主吏藏之，略不取視，民乃止。老嫗告其子不孝者，子訴貧不能養。公取俸錢與之曰：「用此爲生以養[一五]。」母子遂相慈孝。里富人三女皆孤，民或妄爭其産，公析其貲爲三，爲嫁其女，於是人皆以公爲仁恩。蜀人喜乱而易摇，公既鎮以無事，又能順其風俗，從容宴樂。及其臨事，破奸發伏，逆見隨決，如逢蒙之射而方朔之占，無一不中。蜀人愛且畏之，以比張尚書詠而不苛。開封，天子之畿，益州，蜀大都會③，皆世號尤難理者，而公尤有名。其寬猛之政，前後異施[一六]，可謂知其方矣。

入拜龍圖閣直學士、權三司使，遂拜參知政事。公入謝，上曰：「先帝嘗言卿可用，吾今用卿矣。」公益感激自勵，而素剛毅守節，不苟合，既與政，尤挺立無所牽隨。然遂欲繩天下，無小大一入於規矩，往往不可其意，則歸卧于家，歎息憂媿，輒不食。家人笑其何必若此，公曰：「吾慙不及古人，而懼後世譏我也。」公嘗使契丹，與其君臣語，而以論議服其坐中。其後契丹使來，必問公所在，及聞已用，乃皆喜曰：「是得人矣。」邊吏得諜者言契

① 覈民舊隱田數百頃　「數百頃」，長編卷一〇三天聖三年二月乙丑條、宋史薛奎傳作「數千頃」。

② 蜀人隨之者萬計　「者」原作「曰」，據庫本及居士集卷二六薛公墓誌銘改。

③ 蜀大都會　「大」，居士集卷二六薛公墓誌銘作「一」。

丹欲棄約舉兵，上亟召大臣議，或欲選將增兵。公曰：「契丹畏誓而貪利，且無隙以開其端，其必不動，不宜失持重之勢，而使其可窺。」已而卒無事。他日，上顧公曰：「果如公言。」於是益重之。

明道二年，莊獻明肅太后欲以天子衮冕見太廟，臣下依違不決，公獨争之曰：「太后必若王服見祖宗，若何而拜乎？」太后不能奪，爲改他服[一七]。太后崩，上見群臣泣曰：「太后疾不能言，而猶數引其衣，若有所屬，何也？」公遽曰：「其在衮冕也。然服之豈可見先帝乎？」上大悟，卒以后服葬。於是益以公爲果可用也。

公先娶潘氏，早卒；後娶趙氏，今封金城郡夫人。子男一人：直孺[一八]，大理寺丞。女五人：長適故職方員外朗張奇；其次適故開封府士曹參軍喬易從，早亡；次適太原王拱辰，早亡；次適廬陵歐陽脩；次又適王氏[一九]。公既貴，贈其曾祖而下三室曰太保、太傅、太師，追封曾祖妣某氏某夫人、祖妣某氏某夫人、妣某氏某夫人①。

公性孝慈，雖在大位，家人勤儉，不知爲驕奢。諸子幼孤，撫養不異。平生所爲文章四十卷②[二〇]，直而有氣，如其爲人[二一]。五年某月某甲子，其孤直孺奉其柩自京師葬于絳州，以某年某月某甲子即事。先期狀公之功行上之太常，太常議曰：「謚法：一德不懈曰『簡』，執心決断曰『肅』。今其狀應法。」乃謚曰簡肅。銘曰：

薛夏之封，以國爲姓。其後河東，隋唐最盛。公世載德，寔河東人。必大其門，太師之云。公之從事，以難爲易。參于大政，不撓不牽。屢決大議，有言炳然。公不爲相，告病還家。賵賻之榮，尚書是加。公有敏德，焯其行事。公有令名，有司之謚。事告之史，謚傳子孫。又刻銘章，納于墓門。

---

① 妣某氏某夫人　按，居士集卷二四龍武將軍薛君墓表稱薛奎母費氏，封鄭國夫人。

② 平生所爲文章四十卷　「卷」原作「養」，據文海本、庫本及居士集卷二六薛公墓誌銘改。

辨證：

［一］薛簡肅公奎墓誌銘　本墓誌又載於歐陽脩居士集卷二六，題曰「資政殿學士尚書户部侍郎簡肅薛公墓誌銘」。按，薛奎，隆平集卷七、東都事略卷五三、宋史卷二八六有傳。又按，歐陽修乃薛奎壻。

［二］罷其政事　長編卷一一三明道二年十一月癸亥條云：「始，莊獻崩，二府大臣皆罷去，奎獨留，帝且倚以爲相，而奎得喘疾，數辭位，有詔免朝謁，視事如故，又數賜告還第。久之乃罷。」

［三］太宗皇帝伐并州太師以策干行在不見用罷　東齋記事卷一云：「太祖征河東，絳州薛化光上言：『凡伐木，先去枝葉，後取根柢。今河東外有契丹之援，內有人户供輸，竊恐歲月間未能下矣。宜於太原北石嶺山，及河北界西山東静陽村、樂平鎮、黄澤關、百井社，各建城寨，扼契丹援兵；遷其部内人户於西京、襄鄧唐汝州，給閑田使自耕種，絶其供饋。如此不數年間，可平定矣。』其後卒用其策而下河東。」長編卷一〇開寶二年閏五月己未條引此文，且注曰：「按歐陽修誌薛奎墓云：父化光以策干太宗，不見用。修蓋誤也。太平興國四年平太原，得户三萬五千二百二十，兵三萬。先是，陳洪進以漳、泉二州降，得户十五萬一千九百七十八，兵一萬八千七百二十七。繼元所統，凡十一州軍，得户才及漳、泉五之一。蓋化光之策行，其耕民多南徙，所存無幾，且兵數與民數略同，殆以一户奉一兵也，欲國不亡，得乎？」按，墓誌云「太宗皇帝」者誤。

［四］是必大吾門吾復何爲　宋史薛奎傳云其「父化光善數術，嘗以平晉策干太宗行在，召見，不用罷歸。適奎始生，撫其首曰：『是子必至公輔。』」按，薛奎生於乾德五年，太宗於太平興國四年伐北漢時，已十三歲，是宋史薛奎傳亦誤「太祖皇帝」爲「太宗皇帝」。

［五］取州獄已成書活冤者四人　宋史薛奎傳云其「州民常聚博僧舍，一日，盜殺寺奴取財去，博者適至，血偶涴衣，邏卒捕送州，考訊誣伏。奎獨疑之，白州緩其獄，後果得殺人者」。又州縣提綱卷三疑似必察云：「昔薛奎爲温州軍事推官，時有民常聚博僧舍，一日盜殺寺奴，取財去，而博者四人適至，啟户濺血污衣，遽驚走。邏者因捕送官考訊，已引伏矣。奎獨疑之，請緩其獄。後數日，果得殺人者。」按，「温州」當爲「隰州」之譌。

［六］徙儀州推官士爭薦其能　東都事略薛奎傳云其徙儀州推官，「是時靈武用兵，州郡皆發兵夫調軍食。奎部至鹽州下虎砦，會久雨，粟多腐，因謂轉運使盧之翰曰：『今粟不可食，願令民還州，償所食。』之翰欲劾奏之。奎徐曰：『用兵連年，人罷轉餉。今幸軍食

有餘，安用此以徒困百姓哉？』之翰意解，聽民還，所在感悦。既久，悉奏除之」。

［七］悉除故時王氏無名租　宋史薛奎傳云其「請蠲南閩時税鹹魚、蒲草錢」。

［八］用工多人以爲苦　宋史薛奎傳云時「歲調兵三百人采鐵，而歲入不償費」。

［九］出爲陜西轉運副使　長編卷七六大中祥符四年十月戊辰條：「殿中侍御史薛奎性剛不苟合，遇事敢言。上時數宴大臣，至有霑醉者。奎諫曰：『陛下嗣位之初，勤心萬務而簡於燕幸。今天下誠無事，而飲樂無度，又大臣數被酒無威儀，非所以爲朝廷重也。』上善其言。」注曰：「奎除殿中不得其時，今年十一月乃以殿中判磨勘司，明年二月遂出爲陜漕。」按，東都事略、宋史薛奎傳云薛奎出爲陜西轉運使。

［一〇］江淮制置發運使　長編卷九一天禧二年二月癸酉條載以崇儀使昭州團練使賈宗、户部員外郎薛奎並爲制置發運副使。按，長編卷九〇天禧元年十二月壬辰條注曰：「范鎮東齋記云：『天禧初，薛簡肅公爲江淮發運使，辭王文正公，王無他語，但云：「東南民力竭矣。」薛退而謂人曰：「真宰相之言也。」』按，奎除淮南轉運乃天禧元年十二月，其年九月王旦已卒，王曾亦先罷政矣。除發運又在二月。恐鎮誤也。當是旦語張士遜事，見祥符元年四月。」

［一一］出知延州　長編卷九七天禧五年七月戊寅條載：「户部副使、吏部員外郎薛奎與三司使李士衡争事，以户部郎中、直昭文館知延州。先是，趙德明每遣吏至京師請俸予，因市禁物，隱關算爲姦利。奎請留蜀道縑帛於關中，轉致給之，遂絶其弊。」

［一二］公獨以理折之從順乃止　長編卷一〇三天聖三年正月戊子條云契丹使蕭從順等「來賀長寧節，見於崇政殿，皇太后垂簾，置酒崇政殿，遂燕崇政殿。御史中丞薛奎館伴，從順欲請見，且言：『南使至契丹者，皆見太后。而契丹使來，獨不得見。』奎折之曰：『皇太后垂簾聽政，雖本朝群臣，亦未嘗得見也。』從順乃已」。

［一三］改知秦州　長編卷一〇三天聖三年二月乙丑條云：「既而秦州闕守，上以奎屢官西邊，習其風土，即改奎知秦州，仍給集賢院學士見俸。」

［一四］京師之民至私以俚語目公　長編卷一〇〇天聖元年四月己亥條稱權知開封府薛奎「爲政嚴敏，擊斷無所貸，人相與畏憚，至私與俚語目爲『薛出油』。語上達，帝因問，奎謝曰：『臣知擊姦，安避此？』上益加重」。又東齋記事卷三云：「仁皇初，薛簡肅公知開

封府，上新即大位，莊獻臨朝，一切以嚴治，人謂之『薛出油』。其後移知成都，歲豐人樂，隨其俗與之嬉遊，作何處春遊好詩十首，自號『薛春遊』，欲換前所稱也。」

〔一五〕用此爲生以養　宋史薛奎傳稱薛奎並戒曰：「若復失養，吾不貸汝矣。」

〔一六〕其寬猛之政前後異施　長編卷一〇六天聖六年三月辛酉條云：「戎都歲市布織縑數十萬，以給秦隴軍用，吏多隱刉爲姦。奎令民自相保任，預貸其直，以期會輸官，民便之。」又云：「上元然燈，與僚吏夜燕佛寺，有戍卒殺人於市，市人皆奔走，奎密遣捕殺之，坐客莫有知者。其臨事持重明決多類此。」東齋記事卷四云：「蜀人正月二日、三日上冢，知府亦爲之出城置會。是時，薛公奎以是日會於大東門外。有戍卒扣鄭龍腦家，求富貴，鄭即以銀匙、筯一把與之，既出，隨以告人。至第二巷尾客店，升屋放火殺傷人。相次都監至，捕者益多。卒自知不免，即下就擒。都監往白薛公，公指揮只於擒獲處令人斬却。民以爲神斷。不然，妄相攀引，旬月間未能了得，又安其徒黨反側之心也。」又，自警編卷七善處事下云：「王文康公、薛簡肅公俱嘗鎮蜀，而皆有名。章獻時同執政，一日奏事已，因語蜀事。文康曰：『臣在蜀時，有告戍卒反，乃執而斬之於營門，遂無事。』簡肅曰：『臣在蜀時，亦有告戍卒反者，叱出之，亦無事。』」按，王文康公即王曙。

〔一七〕太后不能奪爲改他服　宋史薛奎傳云：「太后謁太廟，欲被服天子衮冕，奎曰：『必御此，若何爲拜？』力陳其不可，終不見聽。」皇朝編年綱目備要卷九明道二年二月「皇太后朝饗太廟」條云：「議后謁廟儀注，后欲被天子黼冕，參知政事薛奎曰：『必御此，若何爲拜？』固執以爲不可，卒不見聽。至是，后服褘衣、乘玉輅至太廟，改衮衣、儀天冠，朝饗。」涑水日記卷上云：「明道二年春二月乙巳，皇太后朝饗太廟，乘玉輅，服褘衣、九龍花釵冠，齋於廟。質明，服衮衣十章，減宗彝藻，去劍，冠儀天冠，皇太妃亞獻，皇后終獻。薛奎嘗諫，不見聽。」西塘集耆舊續聞卷三歐陽文忠薛參政墓誌引録此事，且云：「則是太后不以衮冕謁廟。而宋景文公奏議乃云：『太后晚節吝於還政，弗及永圖。厥内閫之靚閒，樂外朝之焜照。執鎮圭，乘大輅。垂十二旒之冕，被十二章之衮。率百官，陳萬騎。跪奉幣瓚，歷見祖宗。古今未聞，典禮不載。此亦一眚之咎，所共知也。』蓋是時有旨差赴編修明道參謝宗廟記所檢討校勘，故宋公奏議如此。然則墓誌又不足據。……蓋所以書於墓誌者，不欲開後世弱人主、强母后之漸，而公（歐陽脩）文必傳於不朽，其爲戒深矣。」故長編卷一一一明道元年十二月辛丑條云：「始太后欲純被帝者之服，參知政事晏殊以周官王后之服爲對，失太后旨，輔臣皆依違不決，薛奎獨爭曰：『太后必御此見祖宗，若何而拜？』固執不可，雖終不納，猶少殺其禮焉。」注曰：「奎墓誌云太后乃改他服，誤也。」又，續湘山野録：「明肅太后欲謁太廟，詔禮官草儀，時學臣皆以周官后服進議，佞者密請曰：『陛下垂簾聽大政，號兩宮，尊稱山呼，及輿御皆王者制度，人太室豈當以后服見祖宗邪？』遂下詔服衮冕。諫疏交上，復宰臣執議，俱不之聽。不得已，將誕告，賴薛簡肅公以關右人語氣明直，不文其談，簾外口奏曰：『陛下大謁之日，還作漢兒拜邪？女兒拜邪？』明肅無答，是夕報罷。」按，稱「是夕報罷」者誤。

［一八］子男一人直孺　居士集卷四三薛簡肅公文集序云：「公有子直孺，早卒。無後，以其弟子仲孺公期爲後。」

［一九］次適太原王拱辰早亡次適盧陵歐陽脩次又適王氏　按邵氏聞見録卷八云：「王懿恪公拱辰與歐陽文忠公同年進士。……後懿恪、文忠同爲薛簡肅公子壻。文忠先娶懿恪夫人之姊，再娶其妹，故文忠有『舊女壻爲新女壻，大姨夫作小姨夫』之戲。」明葉盛水東日記卷七云：「宋薛簡肅公五女，長適張奇，次喬易從，次王拱辰，次歐陽公，次又適拱辰，載於公墓文甚明。而詩話等書皆稱歐陽公兩爲簡肅公壻，公因自爲『舊女壻爲新女壻，大姨夫作小姨夫』之句，譌謬甚矣。」

［二〇］平生所爲文章四十卷　居士集卷四四薛簡肅公文集序云：「其平生所爲文至八百餘篇。……公之文既多，而往往流散於人間，公期能力收拾。蓋自公薨後三十年，始克類次而集之爲四十卷。」按，文獻通考卷二三五經籍考六二著録薛簡肅公文集四十卷。

［二一］直而有氣如其爲人　東齋記事卷三：「薛簡肅贄謁馮魏公，首篇有『囊書空自負，早晚達明君』句，馮曰：『不知秀才所負何事？』讀至第三篇春詩云：『千林如有喜，一氣自無私。』乃曰：『秀才所負者此也。』」

程文簡公琳墓誌銘［一］　文忠公歐陽脩

嘉祐元年閏三月己丑，鎮安軍節度使、檢校太師、同中書門下平章事、使持節陳州諸軍事、陳州刺史程公薨于位，以聞，詔輟視朝二日，贈公中書令。於是其孤嗣隆以狀上考功，移于太常，而博士起曰「法宜謚」，乃謚曰文簡。明年某月某日①，葬公于河南伊闕之某鄉某原。其孤又以請于太史，而史臣脩曰「禮宜銘」，乃考次公之世

① 明年某月某日　「某月某日」，居士集卷三一程公墓誌銘作「十月十八日」。

族、官封、爵號、卒葬時日，與其始終之大節，合而誌於其墓，且銘之曰：

惟程氏遠有世序，自重黎以來，其後居中山者，出於魏安鄉侯昱之後。公諱琳，字天球，中山博野人也。曾祖贈太師諱新，曾祖妣吳國夫人齊氏。祖贈太師、中書令諱贊明，祖妣秦國夫人吳氏。考袁州宜春令、贈太師、中書令、尚書令、冀國公諱元白，妣晉國夫人楚氏。

公以大中祥符四年舉服勤辭學高第，爲泰寧軍節度掌書記，改著作佐郎、知壽陽縣，祕書丞、監左藏庫。天禧中，詔舉辭學履行，召試，直集賢院。今天子即位，遷太常博士、三司户部判官。是時，契丹所遣使者數出不遜語生事，而主者應對多失辭，上患之①。已而契丹來賀即位，乃選公爲接伴使，而契丹使者言太后當遣使通書，公遽以禮折之，乃已。史官修真宗實録，而起居注闕，命公修大中祥符八年以後起居注，遂修起居注。遷祠部員外郎、提舉在京諸司庫務，以本官知制誥、同判吏部流内銓。天聖五年，館伴契丹賀乾元節使。使者言中國使至契丹，坐殿上，位次高；而契丹使來，坐次下，當陞。語甚切，不已。而上與大臣皆以爲小故，不足争，將許之。公以謂許其小，必啓其大，力争以爲不可，遂止。河決滑州，初議者言可塞，役既作，而後議者以爲不可，乃命公往視之，公言可塞，遂塞之。歲中遷右諫議大夫、權御史中丞〔二〕。

明年，拜樞密直學士、知益州。蜀人輕而喜亂，公常先制於無事，至其臨時，如不用意，而略其細，治其大且甚者不過一二，而蜀人安之，自僚吏皆不能窺其所爲。正月俗放燈，吏民夜會聚，遨嬉盛天下。公先戒吏爲火備，有失火者，使隨救之，勿白以動衆。既而大宴五門，城中火，吏救止。卒宴，民皆不知。蓋其他設施多類此。軍士見監軍，告其軍有變，監軍入白，公笑遣之，惶恐不敢去，公曰：「軍中動静，吾自知之。苟有謀者，不待告

---

① 上患之　「患」原作「忌」，據居士集卷三一程公墓誌銘改。

也。可使告者來。」監軍去而告者卒不敢來，公亦不問，遂止。蜀州妖人有自號李冰神子者①，署官屬吏卒，聚徒百餘人。公命捕寘之法，而譏之朝者言公妄殺人，蜀人恐且乱矣，上遣中貴人馳視之。使者入其境，居人、行旅争道公善。使者問殺妖人事，其父老皆曰：「殺一人，可使蜀數十年無事。」使者問其故，對「亂蜀者②，非有智謀豪傑之才，乃里閭無賴小人爾，惟不制其始，遂至於亂也」。使者視蜀既無事，又得老父語，還白，於是上益以公爲能。

遷給事中、知開封府。禁中大火，延兩宫，宦者治獄得縫人火斗，已誣伏而下府，命公具獄。公立辨其非，禁中不得入，乃命工圖火所經，而後宫人多，所居隘，其烓竈近版壁，歲久燥而焚，曰：「此豈一日火哉？」乃建言此殆天災也③，不宜以罪人。上爲緩其獄，故卒得無死者[三]。凡在府④，決事神速，一歲中，獄常空者四五。遷工部侍郎、龍圖閣直學士、守御史中丞。是歲，以翰林侍讀學士復知開封府[四]。明年，爲三司使。治財賦，知本末[五]，出入有節，雖一金不可妄取。累遷吏部侍郎。

景祐四年，以本官參知政事。司天言日食明年正旦，請移閏月以避之。公以謂天有所譴，非移閏所免，惟修德政而已，乃止。范仲淹以言事忤大臣，貶饒州。已而上悔悟，欲復用之，稍徙知潤州，而惡仲淹者復誣以事。語入，上怒，亟命置之嶺南。自仲淹貶而朋黨之論起，朝士牽連出語及仲淹，皆指爲黨人。公獨爲上開説，明其

① 蜀州妖人有自號李冰神子者　「神」原作「祌」，據居士集卷三一程公墓誌銘及本書上集卷四程文簡公琳旌勞之碑改。
② 對亂蜀者　「亂」上，居士集卷三一程公墓誌銘有「前」字。
③ 乃建言此殆天災也　「言」原作「元」，據庫本及居士集卷三一程公墓誌銘改。
④ 凡在府　「凡」，居士集卷三一程公墓誌銘作「公」。

誣枉，上意解而後已。

公爲人剛決明敏，多識故事，議論慨然。及知政事，益奮勵無所回避。宰相有所欲私，輒以語折之，至今人往往能道其語。而小人僥倖多不得志，遂共以事中之，坐貶光禄卿、知潁州[六]。已而上思之，徙知青州，又徙大名府。居一歲間，遷户部吏部二侍郎、尚書左丞、資政殿學士。北京建，與宦者皇甫繼明争治行宫事①[七]，章交上，上遣一御史視其曲直。御史直公，遂罷繼明。是時繼明方信用，其勢傾動中外，自朝廷大臣，莫不屈意下之。而公被中傷，方起未復，而獨與之争，雖小故不少假也。故議者不以公所直爲難，而以能不爲繼明屈爲難也。遷工部尚書、資政殿大學士、河北安撫使。

慶曆六年，拜武昌軍節度使、陝西安撫使、知永興軍府事。明年，加宣徽北院使、判延州。夏人以兵三萬臨界上，前三日，公諜知其來，戒諸堡寨按兵閉壁②。虜至，以爲有備，引去。訖公去，不復窺邊。趙元昊死，子亮祚立③，方幼，三大將共治其國，言事者謂可除其諸將皆以爲節度使，使各有其所部，以分弱其勢，可遂無西患。事下公，公以謂「幸人之喪，非所以示大信撫夷狄，而亮祚雖幼，君臣和，三將無異志。雖欲有爲，必無功而反生事，不如因而撫之」，上以爲然[八]。皇祐元年，加同中書門下平章事，復判大名府，兼北京留守。自元昊反河西，契丹亦犯約求地，二邊兵興，連歲不解。而公方入與謀議，更守西、北二方，尤知夷狄虚寔情僞、山川要害，所以行師制勝、營陣出入之法，於河北尤詳。其奏議頗多，雖不能盡用，其指畫規爲之際，有可喜也。再居大名府，前

① 與宦者皇甫繼明争治行宫事　「宦」原作「官」，據鐵琴銅劍樓本、庫本及居士集卷三一程公墓誌銘改。
② 戒諸堡寨按兵閉壁　「戒」原作「城」，據居士集卷三一程公墓誌銘及本書上集卷四程文簡公琳墓誌銘改。
③ 子亮祚立　「亮祚」，長編、宋史諸書皆作「諒祚」。按，下文同。

後十年，威惠信於其人，人爲立生祠。

公自罷政事，益不妄與人合，亦卒不復用。既徙鎮安，居三歲，上書曰：「臣雖老，尚能爲國守邊。」未報而得疾，享年六十有九。

公累階開府儀同三司，勳上柱國，開國廣平郡爵公，食户七千四百，而寔封二千一百，賜號推誠保德守正翊戴功臣。娶陳氏，封衛國夫人。子男四人：曰嗣隆，太常博士；嗣弼，殿中丞；嗣恭，太常博士；嗣先，大理寺丞。女五人：長適職方員外郎榮諲，次適祕書丞韓縝，次適都官員外郎晁仲約，次適大理寺丞吴得①，次適將作監主簿王偁。孫三人：長曰伯孫，次曰公孫，皆太常寺太祝；次曰昌孫，守祕書郎。有文集、奏議若干卷②。

公平生寡言笑，慎於知人，既已知之，久而益篤。喜飲酒引滿，然人罕得其驩[九]，而與余尤相好也。銘曰：

君子之守，志於不奪[一〇]。不學而剛，有摧必折。毅毅程公，其剛不屈。公在政事，有謂其言。直雖不容，志豈不完？謂公不顯，公位將相。豈無謀謨，胡不以訪？老于藩輔，白首猶壯。公雖在外，邦國之光。奄其不存，士夫曷望？吉卜之從，兆此新岡。推其休聲，愈遠彌長。

辨證：

[一] 程文簡公琳墓誌銘　本墓誌又載於歐陽脩居士集卷三一，題曰「鎮安軍節度使同中書門下平章事贈中書令謚文簡程公墓誌銘」。按，程琳，隆平集卷八、東都事略卷五四、宋史卷二八八有傳；本書上集卷四載有歐陽脩程文簡公琳旌勞之碑。

① 次適大理寺丞吴得　「吴得」原作「昊得」，據文海本及居士集卷三一程公墓誌銘改。

② 有文集奏議若干卷　「若干卷」，居士集卷三一程公墓誌銘作「六十卷」。

〔二〕權御史中丞　長編卷一〇五天聖五年九月己未條載祠部員外郎、知制誥程琳爲諫議大夫、權御史中丞，云「宰相張知白最器琳，當除命，喜曰：『不辱吾筆矣。』琳上疏請罷土木營造，蠲被災郡縣逋租」。

〔三〕上爲緩其獄故卒得無死者　長編卷一一一明道元年八月丁卯條云時「監察御史蔣堂亦言：『火起無跡，安知非天意。陛下宜修德應變，今乃欲歸咎宫人，且宫人付獄，何求不可，而遂賜之死，是重天譴也。』帝爲寬其獄，卒無坐死者」。

〔四〕是歲以翰林侍讀學士復知開封府　長編卷一一三明道二年十月己未條載龍圖閣學士、工部侍郎、權知開封府程琳爲御史中丞，云「琳辭中丞不拜，乃授翰林侍讀學士兼龍圖閣直學士、知開封府。前知開封者苦其煩劇，或不滿歲輒罷，不然被謗譏，或以事去。獨琳居數歲，久而治益精明，一歲中獄常空者四五」。

〔五〕治財賦知本末　曲洧舊聞卷三載程琳「爲三司使日，議者患民税多名目，恐吏爲姦，欲除其名而合爲一。琳曰：『合爲一而没其名，一時之便，後有興利之臣，必復增之，是重困民也。』議者雖莫能奪，然當時未知其言之爲利也，至蔡京行方田之法，則盡併之，乃始思其言而咨嗟焉」。然長編卷一一六景祐二年正月壬寅條云度支判官許申「建議以藥化銅雜鑄，輕重如銅錢法，而銅居三分，鐵居六分，皆有奇贏，亦得錢千，費省而利厚。因入都内知閣文應以納説，朝廷從之，即詔申用其法鑄於京師。然大率鑄錢雜鉛錫則其液流速而易成，雜以鐵則流澁而多不就，工人苦之。初，命申鑄萬緡，逾月才得萬錢。申性詭譎，自度言無效，乃求爲江東轉運使，欲用其法鑄於江州，朝廷又從之。詔申就江東鑄百萬緡，無漏其法。中外知其非是，而執政主之，以爲可行，然卒無成功。先是，鹽鐵副使任布請鑄大錢一當十，而申欲以銅鐵雜鑄，朝廷下其議於三司。程琳奏曰：『布請用大錢，是誘民盜鑄而陷之罪。唐第五琦嘗用此法，訖不可行。申欲以銅鐵雜鑄，理恐難成，當令申試之。』申詐得售，蓋琳亦主其議故也」。

〔六〕坐貶光禄卿知潁州　隆平集程琳傳云：「寶元二年，鄭戩知開封府，發琳使府吏馮士元抑孀婦市第及買女口，責光禄卿、知潁州。」

〔七〕與宦者皇甫繼明争治行宫事　宋史程琳傳云：「内侍皇甫繼明主營宫室，欲侈大以要賞。琳以爲方事邊陲，又事土木以困民，不可。」

〔八〕上以爲然　長編卷一六四慶曆八年四月己巳朔條云是時「判延州程琳言：『幸人之喪，非所以示國體，不如因而撫之。』或請乘隙舉兵，知慶州孫沔亦言『伐喪非中國體』。上諾其言，遂趣有司行册禮，然議者頗惜其失機會」。注曰：「程琳本傳又云：『朝廷既行册禮，夏人方圍慶陽，琳止詔使於鄜曰：「諒祚貪此，可紓慶陽之難。」乃具禮幣賜予之數移報之，果喜，即日迎册使，而慶陽圍亦解。』按諒祚此時方自保不暇，何敢更圍慶陽？本傳必誤。按附傳及歐陽修墓銘、神道碑亦不載此事，不知本傳何所據也。」

［九］喜飲酒引滿然人罕得其讙　墨客揮犀卷八云：「程丞相性嚴毅，無所推下。出鎮大名，每晨起據案決事，左右皆惴恐，無敢喘息。及開宴，召寮佐飲酒，則笑歌歡譃，釋然無間。於是人畏其剛果而樂其曠達。」

［一〇］君子之守志於不奪　長編卷一八二嘉祐元年閏三月丁酉條云：「琳爲人敏厲嚴深，長於政事。章獻時，嘗上武后臨朝圖，外人莫知。帝後於邇英講讀，謂近臣曰：『琳心行不佳。』蓋指此也。然琳卒蒙大用，議者謂上性寬厚無宿怒云。」

楊諫議偕墓誌銘[一]　文忠公歐陽脩

慶曆八年秋，翰林侍讀學士、右諫議大夫楊公年六十有九告老，即以工部侍郎致仕，歸于常州。其行也，天子召宴勞，賜以不拜。公卿大夫咸出餞于東門，瞻望咨嗟，相與言曰：「楊公歸哉！於公計爲榮，於國家計爲可惜。」其明年九月某日①，公疾革，出其兵論一篇，示其子忱、慥，而授以言曰：「臣子雖死，不敢忘其君父者，天下之至恩大義也。今臣偕不幸，猶以垂閉之口，言天下莫大之憂，爲陛下無窮之慮者，其事有五，以畢臣志，死無所恨。惟陛下用臣言，不必哀臣死也。」言訖而卒，不及其私。忱、慥以其語并其兵論以聞，天子震悼，顧有司問可以寵公者，有司舉故事以對，天子曰：「此何足以慰吾思？」乃詔特贈公兵部侍郎。

公少師事种放學問[二]，爲文章長於議論。好讀兵書，知古兵法，以謂士不兼文武，不足任大事。當四方無事時，數上書言邊事[三]。後二十餘年，元昊叛河西，契丹舉衆違約，三邊皆警，天下弊於兵。公於此時，耗精疲

① 其明年九月某日　「某日」，居士集卷二九楊公墓誌銘作「十三日」。又長編卷一六三慶曆八年二月丙子條注曰：「偕明年十月乃死。」按，稱明年（皇祐元年）十月卒者，乃宋廷聞訃告之時。

神，日夜思慮，創作兵車、陣圖、刀楯之屬，皆有法。天子以步卒五百，如公之法試于庭，以爲可用，而世多非其刀楯。脩嘗奉使河東，得邊將王吉言元昊出兔毛川，爲吉所敗者，用楊公楯也①［四］。蓋世未嘗用其術爾。然公素剛少合，而議者不一，故不得盡用其言。

夏竦經略陝西，請益置土兵。公言竦據内地，無破賊之謀，而坐請益兵，蓋虞敗事，則欲以兵少爲解。竦復論公不忠沮計，公不能忍，以語詆之［五］。其後三路農民壯者咸墨爲兵。公又言：「兵在精不在衆，衆而不練，則不整而易敗，困國而難供。」時自將相大臣議者皆務多兵，獨公之論能如此。劉平兵敗，元昊圍延州甚急，而救兵不至。公在河中，乃僞爲書馳造延州「救兵十萬至矣」，因命旁郡縣具芻粮、什器，如其數以俟。已而元昊亦解去。後公守并州，即詔公爲并代麟府路經略、安撫、招討等使，兼兵馬都部署。公執敕告其群吏曰：「天子用我矣，然任其事，必圖其効，欲責其効，必盡其方。」乃列六事以請［六］，曰：「能用臣言則受命，不然則已。」朝廷難之，公論不已，坐是徙知邢州。公志之不就，皆此類也。

公嘗爲御史，章獻太后兄子劉從德爲團練使以卒，其門人、親戚、厮養用從德拜官爵者數十人，馬季良以劉氏壻爲龍圖閣直學士。公上書言：「漢吕后王禄、産，欲彊其族，而反以覆宗。唐武三思、楊國忠之禍，不獨其身，幾亡其國。」太后大怒，貶監舒州酒税［七］。居二歲，復召爲御史，言事愈切［八］。

公祥符元年進士及第，以上書言事，真宗奇之，召試，不赴［九］。拜著作佐郎，累官至工部侍郎，爲天章閣待制，龍圖閣、樞密直學士，遂侍講于翰林。嘗爲審刑院詳議官，知淮陽江陰軍，三司度支判官，知御史雜事，判吏部流内銓，三司度支副使，河北、河東都轉運使，知河中府、陝并邢滄杭五州，所至皆有能績。爲人廉潔剛

① 用楊公楯也　「楯」，居士集卷二九楊公墓誌銘作「刀楯」。

直[一〇]，少屈而難犯。其仁心愛物，至其有所能容[一一]，人多所不及也。

公諱偕，字次公。曾祖諱某①，祖諱某，父諱某②[一二]。初娶張氏；又娶李氏；又娶王氏，太原郡君。公卒之明年秋，其子忱以其喪歸于河南。又明年某月某日③，葬于洛陽縣宣武管平洛鄉之先塋。公有文集十卷、兵書十五卷。讀其書，可以見公之志；考其始終之節，可以知公之心。嗚呼！可謂忠矣。脩爲諫官時，嘗與公爭議于朝者[一三]，而且未有識公也。及其葬也，其子不以銘屬於他人而以屬脩者，豈以脩言爲可信者歟？然則銘之，其可不信？銘曰：

遠矣楊氏，其來有始。赤泉侯功，與漢俱起。震官太尉，四世以公。於陵正直，僕射于唐。師復理卿，振左拾遺。文蔚獲嘉，其後益衰。避亂中州，曾祖始南。祖屈僞邦，令于烏江。又適南粵，皇考是生。晦顯有時，發于皇明。在考司馬，始仕坊州④。遂家中部，道德之優。司馬四子，惟公克大。非徒大之，又將長之。世有官族，孰無繫譜？或絶於微，或亡其序。不絶不亡，由屢有人。誰如楊世？愈久而審。次第弗迷，昭穆綿聯。公其歸此，安千萬年。

辨證：

[一] 楊諫議偕墓誌銘　本墓誌又載於歐陽脩居士集卷二九，題曰「翰林侍讀學士右諫議大夫楊公墓誌銘」。按，楊偕，宋史卷三〇

---

① 曾祖諱某　「某」，居士集卷二九楊公墓誌銘作「偉」。

② 父諱某　「某」，居士集卷二九楊公墓誌銘作「守慶」。

③ 又明年某月某日　居士集卷二九楊公墓誌銘作「又明年二月十七日」。

④ 始仕坊州　「坊州」原作「妨州」，據居士集卷二九楊公墓誌銘改。

○有傳。

[二] 公少師事种放學問　宋史楊偕傳云「偕少從种放學於終南山」。

[三] 當四方無事時數上書言邊事　長編卷一六三慶曆八年二月丙子條云「偕性剛而忠樸，敢爲大言，數上書論天下事，議者以爲迂闊難用」。

[四] 用楊公楯也　東齋記事卷二云：「元昊叛時，楊侍讀偕進神楯劈陣刀，嘗以步卒五百人試於殿廷。其法外環以車，內比以楯，楯刻獸狀，設機使開闔，所以驚馬，亦以禦箭，當時人皆非笑之。其後王吉陣於兔毛川，賊以鐵鷂子束陣，弓弩不可施放，乃以劈陣刀披其甲，豁馬𦟛，馬奔逸，墮崖壑死者不可勝計。自陝西用兵，惟兔毛川勝捷者，由劈陣刀也。」按，長編卷一三二慶曆元年六月丙午載：「知并州楊偕遣曲陽主簿楊拯獻龍虎八陣圖及所製神楯劈陣刀、手刀、鐵連枷、鐵簡，且言：『龍虎八陣，有奇有正，有進有止，遠則射，近則刀楯擊之。彼蕃騎雖衆，見神楯之異，必遽奔潰，然後以驍騎夾擊，無不勝者。蓋歷代用兵未有經慮及此。其陣法，臣已授拯。拯頗知兵，望特賜召問此神妙之機，願藏祕府。』帝閱于崇政殿，降詔獎諭，擢拯幕職官。其後言者以爲器重大，緩急難用云。」

[五] 公不能忍以語詆之　按，楊偕、夏竦之論奏載於長編卷一二五寶元二年「是歲」條，云：「初，夏竦請增置土兵，易戍東歸。令既下，知河中府、龍圖閣直學士楊偕言：『西兵比繼遷時十增七八，縣官困於供億。今州復益一二千人，則歲費緡錢又增百餘萬，國用民力，恐繇此屈。若訓習土卒，使之精銳，選任將帥，求之方略，自然以寡擊衆，以一當百。又竦云土兵募足，量加訓練，可代東兵。此徒虛語耳。』朝廷下其議於夏竦，夏竦奏申其議，且云：「臣嘗奏云，慮有不忠小人，以謀非出己，或爲人所使，曲要破壞，果有楊偕上書，熒惑聖聽。」云云。詔以夏竦章疏示楊偕，楊偕復奏云：「臣之所陳，蓋以增兵，習既不精，徒費國用，是虜未平而中原困矣。竦乃比臣爲不忠小人，及爲人所使，此其用意，非獨欲中傷臣，亦欲傾朝廷大臣也。」且云：「今竦在涇原，守其城壘，據其險阻，來則禦之，去則釋之，不聞出師討伐，何用兵衆？蓋竦意戰或敗衄，欲以兵少爲辭爾。」反復論辯，「竦議遂屈」。又卷一二六康定元年二月丙申條載：「徙知河中府、龍圖閣直學士楊偕知陝州，偕與夏竦議不協，故徙之。」又云：「及竦節制陝西，韓琦又言偕當避竦，乃詔與河東都轉運使高覿換任。」

[六] 乃列六事以請　宋史楊偕傳云：「偕列六事于朝，一罷中人預軍事，二徙麟州，三以便宜從事，四出冗師，五募武士，六專捕援。」

〔七〕貶監舒州酒稅　長編卷一一〇天聖九年十一月丁酉條云：蔡州團練使、知相州劉從德以病卒，「贈保寧節度使，封榮國公，謚康懷。太后悲憐之尤甚，錄內外姻戚、門人及僮隸幾八十人，從德姊壻龍圖閣直學士馬季良、母越國夫人錢氏兄惟演子集賢校理曖、及妻父王蒙正皆緣遺奏各遷兩官，屯田員外郎戴融嘗佐從德衛州爲度支判官。侍御史曹修古、殿中侍御史郭勸楊偕、推直官段少連交章論列，太后怒下其章中書，大臣請黜修古知衢州，餘以次貶。太后以爲責輕，丁酉，降修古爲工部員外郎、同判杭州，勸、偕爲太常博士，勸監濰州稅，偕監舒州稅，少連爲祕書丞、監漣水軍稅」。

〔八〕復召爲御史言事愈切　宋史楊偕傳云其「改侍御史，爲三司度支判官。時郭皇后廢，偕與孔道輔、范仲淹力爭。道輔、仲淹既出，偕止罰金。乃言願得與道輔等皆貶，不報。富民陳氏女選入宮，將以爲后，偕復上疏諫止。以尚書户部員外郎兼侍御史知雜事。馬季良以罪斥置滁州，自言得致仕。偕以謂致仕用優賢者，不當以寵罪人，又數論陞降之弊，仁宗嘉納之」。按，太后崩，楊偕始復召爲御史。

〔九〕以上書言事真宗奇之召試不赴　宋史楊偕傳云其「數上書論時政，又上所著文論。召試學士院，不中，改永興軍節度推官。又上書論陝西邊事，復召試，不赴」。

〔一〇〕爲人廉潔剛直　長編卷一一〇天聖九年六月甲申條云：「殿中侍御史楊偕言：『金耀門外有沙廟，又碧瀾橋側有木神人，多禱祠，皆假託鬼神以惑衆，請行禁止。』從之。」又卷一二九康定元年十一月丙子條載楊偕爲樞密直學士、知并州，云「有中官預軍事素橫，前帥優遇之，偕至，一繩以法，命率所部從副部署赴河外，戒曰：『遇賊將戰，一稟副部署節度。』中官不服，捧檄訴，偕叱曰：『汝知違主帥命即斬乎？』監軍怖汗，不覺墮笏，翌日告疾，未幾遂卒。於是軍政肅然」。

〔一一〕至其有所能容　長編卷一六三慶曆八年二月丙子條載其「與人少合，然亦能有所容。初，坐蔡襄等劾奏出知杭州，會襄謁告過杭，而輕遊里市，或謂偕盍言於朝，答曰：『襄嘗以公事詆我，我豈可以私報耶？』」

〔一二〕父諱某　宋史楊偕傳云其爲「唐左僕射於陵六世孫。父守慶，仕廣南劉氏，歸朝爲坊州司馬，因家焉」。

〔一三〕偕爲諫官時嘗與公爭議于朝者　長編卷一四二慶曆三年八月壬申條云：「翰林侍讀學士、左司郎中楊偕知越州。時元昊乞和而不稱臣，偕以謂連年出師，國力日蹙，宜權許之，徐圖誅滅之計。諫官王素、歐陽修、蔡襄累章劾奏：『偕職爲從官，不思爲國討賊，而助元昊不臣之請，罪當誅。陛下未忍加戮，請出之，不宜留處京師。』帝以其章示偕，偕不自安，故求外補。」

謝學士絳墓誌銘[一]　文忠公歐陽脩

朝散大夫、行尚書兵部員外郎、知制誥、知鄧州軍州事兼管内勸農使、上輕車都尉、陽夏縣開國男、食邑三百户、賜紫金魚袋謝公諱絳，字希深。其先出於黄帝之後，任姓之別爲十族，謝其一也。其國在南陽宛，三代之際，以微不見，至詩嵩高，始言周宣王使召公營謝邑以賜申伯①。蓋謝先以失國，其子孫散亡，以國爲姓。歷秦漢魏，益不顯。至晉宋間，謝氏出陳郡者始爲盛族。公之皇考曰太子賓客諱濤，其爵陳留伯；至公開國，又爲陽夏男，皆在陳郡，故用其封，復因爲陳郡人。然其官邑、卒葬，隨世而遷。其譜自八世而下可見，曰八代祖汾，爲河南緱氏人；至五代祖希圖，始遷而南，或葬嘉興，或葬麗水；自皇考已上三代，皆葬杭州之富陽[二]。

公以寶元二年四月丁卯來治鄧②，其年十一月己酉以疾卒于官。以遠不克歸于南，即以明年八月，得州之西南某山之陽，遂以葬。公享年四十有五③。初娶夏侯氏，先卒，今舉以祔。後娶高氏，文安縣君。三男六女：

---

① 始言周宣王使召公營謝邑以賜申伯　「謝」字原脱，據居士集卷二六謝公墓誌銘補。

② 公以寶元二年四月丁卯來治鄧　「二年」原作「元年」，據居士集卷二六謝公墓誌銘改。按，長編卷一二三載寶元二年二月戊辰，兵部員外郎、知制誥謝絳知鄧州。而寶元元年四月並無丁卯日，丁卯乃寶元二年四月七日。

③ 公享年四十有五　按，臨川集卷九〇謝公行狀及隆平集、東都事略、宋史謝絳傳皆稱其「年四十六」。又蔡襄集卷二八謝公堂記亦云謝絳「以寶元二年十一月終於鄧州，春秋四十六」。則墓誌云「享年四十有五」者不確。

男某①，皆將作監主簿；女一早亡，五尚幼。

公之卒，其客歐陽脩弔而哭于位，退則歎曰：「初，賓客之薨，脩獲銘其德，納諸富陽之原[三]。今又哭公之喪，哭者在位，莫如脩舊。」蓋常銘其世矣，乃論次其終始，曰：

公年十五，起家試祕書省校書郎[四]，復舉進士中甲科[五]，以奉禮郎知潁州汝陰縣，遷光禄寺丞。上書論四民失業。楊文公薦其材[六]，召試，充秘閣校理，再遷太常丞，通判常州。丁母晉陵郡君許氏憂，服除，遷太常博士[七]。用鄭氏經、唐故事議昭武皇帝非受命祖，不宜配享感生帝[八]。天聖中，天下水旱而蝗，河決壞滑州。又上書，用洪範五行、京房傳推災異所以爲天譴告之意②，極陳時所闕失無所諱。與修真宗國史，遷祠部員外郎，直集賢院，通判河南府[九]。移書丞相，言歲凶，嵩山宮宜罷勿治。又上書論妖人、方術士不宜出入禁中，請追所賜先生、處士號[一〇]。歲滿，權開封府判官，再遷兵部員外郎，爲三司度支判官。上書論法禁密花透背，詔書云自内始，今内人賜衣，復下有司取之，是爲法而自戾，無以信天下。又言後苑作官市龜筒③，亦禁物，民間非所有，有之爲犯法④，因請罷内作諸器。皆以其職言。又言有司多求上旨從中出而數更，且爲號令數變則虧國體，利害偏聽則惑聰明，請者務欲各行，而守者患於不一，請凡詔令皆由中書、樞密院然後行。郭皇后廢，上書用詩白華引申后、褒姒以爲戒。景祐元年丁父憂，服除，召試，知制誥，判流内銓。諫者言李照新定樂不可用，下其

---

① 男某　按，宋史謝絳傳云其有子景初、景温、景平、景回；而「景回早卒」。

② 用洪範五行京房傳推災異所以爲天譴告之意　「推」字原脱，據居士集卷二六謝公墓誌銘補。

③ 又言後苑作官市龜筒　「苑」原作「宛」，據文海本、庫本及居士集卷二六謝公墓誌銘改。按，宋史謝絳傳云：「又後苑作製玳瑁器，索龜筒於市。」

④ 有之爲犯法　「有」字原脱，據居士集卷二六謝公墓誌銘補。

議，議者久不決[一一]。公爲兩議曰：「宋樂用三世矣，照之法不合古，吾從舊。」乃署其一議曰：「從新樂者異署。」議者皆從公署。

公爲人肅然自脩[一二]，平居温温，不妄喜怒。及其臨事敢言，何其壯也！雖或聽或否，或論高而不能行，或後果如其言，皆傳經據古，切中時病。三代已來，文章盛者稱西漢，公於制誥尤得其體，世所謂常楊元白不足多也。公既以文知名，至於爲政，無所不達。自汝陰已有能名，佐常州，至今常人思之。錢思公守河南，悉以事屬之。是時，莊獻明肅太后、莊懿太后起二陵於永安，至於鐵石畚鍤，不取一物於民而足。修國子學[一三]，教諸生，自遠而至者百餘人，舉而中第十八九。河南人聞公喪，皆出涕，諸生畫像於學而祠之。初，吏部擬官，以圭田有無爲均。公取州縣田，覈其實者，準其方之物價差爲多少，揭之省中，它有名而無實者皆不用，人以爲便。天下之吏有定職而無定員，故選者常患其多而久積，吏緣以姦。至公爲之選，而集者有不逾旬而去，天下皆稱其平。其遇事尤劇，猶若簡而有餘。及求知鄧州，其治益以寬静爲本，州遂無事。先時有妖僧者，以僞言誘民男女數百人，往往晝夜爲會，凡六七年不廢。公則取其首惡二人寘之法，餘一不問。民始知公法可畏而安於不苛。南陽堰引湍水溉公田①，水之來遠而少能及民，而堰撤墩破。公議復召信臣故渠[一四]，以罷鄧人歲役，而以水與民；大興學舍，皆未就而卒。

始公來鄧，食其廩者四十餘人，或疑其多，及其喪，爲之制服，其治衣櫛纔二婢，至三從孤弟妹，皆聚而食之。卒之日，廩無餘粟，家無餘貲，入哭其堂，椸無新衣。然平生喜賓客談宴，怡怡如也。自少而仕，凡三十年間，自守不回，而外亦不爲甚異，此始終大節也。銘曰：

① 南陽堰引湍水溉公田　「南陽堰」，臨川集卷九〇謝公行狀、長編卷一二三寶元二年二月戊辰條、宋史謝絳傳皆作「美陽堰」，似是。

壽吾不知，命繫其偶。不俾其隆，安歸其咎？惟忠之明，惟仁之茂。惟力之爲，而公之有。

辨證：

［一］謝學士絳墓誌銘　本墓誌又載於歐陽脩居士集卷二六，題曰「尚書兵部員外郎知制誥謝公墓誌銘」。按，謝絳，隆平集卷一四、東都事略卷六四、宋史卷二九五有傳，王安石臨川集卷九〇載有尚書兵部員外郎知制誥謝公行狀。

［二］至五代祖希圖至皆葬杭州之富陽　本書中集卷四〇謝尚書濤神道碑云：「希圖卒于衢州司史。時唐季喪亂，乃葬于江東嘉興郡。子孫三世禄于吴越。曾祖諱廷徽，處州麗水縣主簿。祖諱懿文，杭州鹽官縣令，葬于富陽，遂爲富陽人。」

［三］賓客之薨脩獲銘其德納諸富陽之原　按，即歐陽脩爲謝絳父濤所撰墓誌，題太子賓客分司西京謝公墓誌銘，載居士外集卷一三。

［四］起家試祕書省校書郎　宋史謝絳傳云「絳以父任試祕書省校書郎」。

［五］復舉進士中甲科　隆平集謝絳傳稱其大中祥符八年登進士第。

［六］楊文公薦其材　歸田録卷一云：「希深初以奉禮郎鎖廳應進士舉，以啓事謁見大年（楊億），有云：『曳鈴其空，上念無君子者；解組不顧，公其如蒼生何！』大年自書此四句於扇，曰：『此文中虎也。』由是知名。」

［七］再遷太常丞通判常州丁母晉陵郡君許氏憂服除遷太常博士　宋史謝絳傳云其「同判太常禮院。丁母憂，服除，仁宗即位，遷太常博士。……尋出通判常州」。按，長編卷九七天禧五年二月壬戌條載「以光禄寺丞謝絳爲祕閣校理」；卷九八乾興元年二月戊午條云仁宗即位；卷九九乾興元年十一月戊辰條載「翰林學士承旨李維等言：準中書送下太常丞、祕閣校理、同判禮儀院謝絳狀」云云；卷一〇五天聖五年九月庚戌條載「太常博士、祕閣校理、國史院編修官謝絳上疏」云云。可證謝絳丁母憂、服除當在仁宗即位以後，宋史本傳所云不確；然未詳其通判常州之時。

［八］用鄭氏經唐故事議昭武皇帝非受命祖不宜配享感生帝　長編卷九九乾興元年十一月庚午條載翰林學士承旨李維等議謝絳

以「宣祖配感生帝」狀，以爲「感生比祈穀禮秩差輕，宣祖比太祖功業有異。今禮官請以太祖配祈穀，宣祖配感生帝，稱情立文，於禮斯協。況至道三年敕上辛祀感生帝，已定宣祖配。今請依禮官嚮所定，祈穀祭神州地祇，以太祖配；雩祀圜丘皇地祇，以太祖、太宗配；祀感生帝，以宣祖配；大饗明堂，以真宗配；親祀郊丘，以太祖、太宗配。其謝絳所上議，伏請不行」。而「詔恭依」。

[九] 通判河南府　東都事略謝絳傳云其「以父年高，請便養，通判河南府」。

[一〇] 又上書論妖人方術士不宜出入禁中請追所賜先生處士號　宋史謝絳傳云其奏言：「近歲不逞之徒，託言數術，以先生、處士自名，禿巾短褐，内結權倖，外走州邑，甚者矯誣詔書，傲忽官吏。請嚴禁止，嘗以墨敕賜封號者，追還之。」

[一一] 諫者言李照新定樂不可用下其議議者久不決　按長編卷一一二寶元元年七月丙辰條云：「右司諫韓琦言：『前奉詔詳定鐘律，嘗覽景祐廣樂記，睹李照所造樂，不合古法，皆率己意，別爲律度，朝廷因而施用，識者久以爲非。今將親祀南郊，不可重以違古之樂上薦天地宗廟。竊聞太常舊樂見有存者，郊祀大禮，請復用之。』詔資政殿大學士宋綬、御史中丞晏殊同兩制詳定以聞。綬等言：『李照新樂，比舊樂下三律。衆論以爲無所考據。願如琦請，郊廟復用和峴所定舊樂。舊樂鐘磬不經照鐫磨者，猶存三縣奇七虡，郊廟殿廷，可以更用。』乃詔太常舊樂悉仍舊制，李照所造勿復施用。」

[一二] 公爲人肅然自脩　儒林公議云謝絳「輕黠利脣吻，人罕測其心，時謂之『十一面觀音』」。

[一三] 修國子學　長編卷一一四景祐元年五月壬申條云：「以河南府府學爲國子監。後唐同光三年初建文宣王廟，咸平三年重脩，舊止名府學，於是直集賢院謝絳論奏，乃正監名。」

[一四] 而堰撤墩破公議復召信臣故渠　宋史謝絳傳云當地「濱堰築新土爲防，俗謂之墩者，大小又十數，歲數壞，輒調民增築。奸人蓄薪茭，以時其急，往往盜決堰墩，百姓苦之。絳按召信臣六門堰故迹距城三里，壅水注鉗盧陂，溉田至三萬頃，請復修之」。

名臣碑傳琬琰集中卷二十二

張文定公方平墓誌銘[一]　文忠公蘇軾

仁宗皇帝在位四十二年，蒐攬天下豪傑不可勝數，既自以爲股肱心膂，敬用其言，以致太平，而其任重道遠者，又留以爲三世子孫百年之用，至于今賴之。孔子曰：「惟天爲大，惟堯則之。」天下未嘗一日無士，而仁宗之世獨爲多士者，以其大也。賈誼歎細德之嶮微，知鳳鳥之不下，閔溝瀆之尋常，知吞舟之不容，傷時無是大者以容己也。故嘗竊論之，天下大器也，非力兼萬人，其孰能舉？非仁宗之大，其孰能容此萬人之英乎！蓋即位八年，而以制策取士，一舉而得富弼，再舉而得公。

公姓張氏，諱方平，字安道。其先宋人也①，後徙揚州。高祖克，唐末爲亳州刺史。曾祖文熙，亳州軍事推官，贈太師；娶蘇氏，追封武功郡太夫人。祖嶠，以進士及第，太宗嘗召對，選知鄆州，賜親札，給全俸，終於尚書都官員外郎；娶劉氏，追封沛國太夫人。考堯卿，生而端默寡言，有出世間意，以父命勉娶，非其意也，父没，遂居一室，家人莫得見其面者十有七年[二]。與祖、考皆贈太師、開府儀同三司，皆封魏國公。娶稽氏，追封譙國太

① 其先宋人也　按，張方平集附録行狀稱其「本貫應天府宋城縣孟諸鄉」。

夫人。

公年十三，入應天府學[三]，穎悟絶人。家貧無書，嘗就人借三史，旬日輒歸之，曰：「吾已得其詳矣。」凡書皆一閲，終身不再讀[四]。屬文未嘗起草，宋綬、蔡齊見之曰：「天下奇材也。」與范諷皆以茂材異等薦之。以景祐元年中選，授校書郎、知崑山縣。蔣堂爲蘇州，得公所著芻蕘論五十篇上之[五]，以賢良方正能直言極諫薦公，射策優等，遷著作佐郎、通判睦州[六]。

時趙元昊欲叛而未有以發，則爲嫚書求大名以怒朝廷①[七]，規得譴絶以激使其衆。公以謂：「朝廷自景德以來，既與契丹盟，天下忘備，將不知兵，士不知戰，民不知勞，蓋三十年矣。若驟用之，必有喪師蹶將之憂；兵連民疲，必有盜賊意外之患。當含垢匿瑕，順適其意，使未有以發，得歲月之頃，以其間選將厲士，堅城除器，爲不可勝以待之。雖元昊終於必叛，而兵出無名，吏士不直其上，難以決勝。小國用兵三年，而不見勝負，不折則破，我以全制其後，必勝之道也。」是時士大夫見天下全盛，而元昊小醜，皆欲發兵誅之，惟公與吳育同議。議者不深察，以二人之論爲出於姑息，遂決計用兵，天下騷動。公獻平戎十策，大略以爲邊城千里，我分而賊專，雖屯兵數十萬，然賊至，常以一擊十，必敗之道也。既敗而圖之，則老師費財，不可爲已。宜及民力之完，屯重兵河東，示以形勢。賊入寇，必自延、渭，而興州巢穴之守必虛，我師自麟府渡河，不十日可至。此所謂攻其所必救，形格勢禁之道也。宰相呂夷簡見之，謂宋綬曰：「君能爲國得人矣。」然不果用其策[八]。

召對，賜五品服，直集賢院，遷太常丞、知諫院。首論「祖宗以來，雖分中書、樞密院，而三聖英武獨運，斷歸于一。今陛下謙德，仰成二府，不可以不合」。仁宗嘉之[九]。會富弼亦論此，遂命宰相兼樞密使[一〇]。

① 則爲嫚書求大名以怒朝廷　「嫚」原作「嫚」，據蘇軾文集卷一四張文定公墓誌銘及東都事略、宋史張方平傳改。

方元昊之叛也，禁兵皆西，而諸路守兵多揀赴闕，郡縣無備，乃命調額外弓手。公在睦州，條上利害八事〔一一〕。及是，有旨遣使於陝西、河東、京東西路刺弓手爲宣毅、保捷指揮。公連上疏争之甚力，不從。宣毅十四萬人，保捷九萬人，皆市人不可用，而宣毅驕甚，所在爲寇。自是民力大困，國用一空，識者以不從公言爲恨。時夏竦并護四路，劉平、石元孫、任福之敗，皆貶主帥，而竦獨不問。賊圍麟府，詔竦出兵牽制。竦逗留不出，使賊平豐州，夷靈遠而去。公極言之，詔罷竦節制。自是四路各得專達〔一二〕，人人自効，邊備修完，賊至無所得。

及慶曆元年，西方用兵，蓋六年矣①。上既益厭兵，而賊亦困弊，不得耕牧休息，虜中匹布至十餘千。元昊欲自通，其道無由。公慨然上疏曰：「陛下猶天地父母也，豈與此犬豕豺狼較勝負乎？願因今歲郊赦②，引咎示信，開其自新之道，申敕邊吏，勿絶其善意。若猶不悛，亦足以怒我而怠彼，雖天地鬼神，必將誅之。」仁宗喜曰：「是吾心也。」命公以疏付中書。呂夷簡讀之，拱手曰：「公之及此，是社稷之福也③。」是歲，赦書開諭如公意〔一三〕。明年，元昊始請降。自元昊叛，公謀無遺策，雖不盡用，然西師解嚴，公有力焉。

修起居注，假起居舍人、知制誥使契丹④〔一四〕。戎主雅聞公名，與其母后族人微行觀公於范陽門外⑤。及

---

① 及慶曆元年西方用兵蓋六年矣　按，元昊於寶元元年稱帝叛命，宋廷遂對西夏用兵，至慶曆元年實三年餘。此言「六年」，或自景祐元年元昊攻慶州計，然至慶曆元年已七年有餘，亦不得謂之「六年」。此處疑有誤文。

② 願因今歲郊赦　「因」原作「困」，據庫本、蘇軾文集卷一四張文定公墓誌銘及東都事略、宋史張方平傳改。

③ 是社稷之福也　「福」原作「臣」，據鐵琴銅劍樓本、庫本及蘇軾文集卷一四張文定公墓誌銘改。

④ 假起居舍人知制誥使契丹　「制」原作「詔」，據鐵琴銅劍樓本、庫本及蘇軾文集卷一四張文定公墓誌銘改。

⑤ 與其母后族人微行觀公於范陽門外　「門外」原作「開城」，據鐵琴銅劍樓本、庫本及蘇軾文集卷一四張文定公墓誌銘改。

燕，親詣公前，酌玉巵以飲公，顧左右曰：「有臣如此，佳哉！」騎而擊毬于公前①，以其所乘馬賜公。朝廷知之，自是虜使挾事至者，輒命公館之②[一五]。

尋召試知制誥，遷右正言，賜三品服。誥命簡嚴，四方誦之③。兼史館修撰。章得象監國史，以日曆自乾興至慶曆廢不脩，請以屬公。於是粲然復完[一六]。權知開封府。府事至繁，爲尹者皆書板以記事，公獨不用，默記數百人，以次決遣，不遺毫釐。吏民大驚以爲神，不敢復欺。拜翰林學士，領群牧使。牧事久不治，公始整齊之。元昊遣使求通[一七]，已在境上，而契丹與元昊搆隙，使來約我，請拒絶其使[一八]。時議者欲遂納元昊[一九]，故爲答書曰「元昊若盡如約束④，則理難拒絶」。仁宗以書示公與宋祁。公上議曰[二〇]：「書詞如此，是拒契丹而納元昊，得新附之小羌，失久和之强虜也。若已封册元昊，而契丹之使再至，能終不聽乎？若不聽，契丹之怨，必自是始。聽而絶之，則中國無復信義，永斷招懷之理矣。是一舉而失二虜也。宜賜元昊詔曰：『朝廷納卿誠款，本緣契丹之請。今聞卿招誘契丹邊户⑤，失舅甥之歡，契丹遣使爲言，卿宜審處其事。但嫌隙朝除，則封册暮行矣。』如此於西、北爲兩得。」時人伏其精識。

拜諫議大夫，爲御史中丞。中外之事，知無不言，至於宮妾宦官濫恩横賜⑥，皆力争裁抑之。尋知貢舉。士

① 騎而擊毬于公前　「而擊」原作「虜射」，據鐵琴銅劍樓本、庫本及蘇軾文集卷一四張文定公墓誌銘改。
② 輒命公館之　「輒命」原作「候公」，據鐵琴銅劍樓本、庫本及蘇軾文集卷一四張文定公墓誌銘改。
③ 四方誦之　「誦之」原作「官吏」，據鐵琴銅劍樓本、庫本及蘇軾文集卷一四張文定公墓誌銘改。
④ 元昊若盡如約束　「如」原作「知」，蘇軾文集卷一四張文定公墓誌銘改。
⑤ 今聞卿招誘契丹邊户　「今」原作「令」，據庫本及蘇軾文集卷一四張文定公墓誌銘改。
⑥ 至於宮妾宦官濫恩横賜　「宦官」原作「官官」，據文海本、庫本及蘇軾文集卷一四張文定公墓誌銘改。

方以游詞嶮語爲高，公上疏以謂文章之變，實關盛衰，不可長也。詔以公言曉諭學者[二一]。宰相賈昌朝與參知政事吴育忿爭上前，公將對，昌朝使人約公，當以代育。公怒叱遣曰：「此言何爲至于我哉！」既對，極論二人邪正曲直。然育卒罷，以高若訥代之[二二]。

時當郊而費用未具，中外以爲憂。宰相欲以是危公，復拜翰林學士，爲三司使。公領使未幾，以辦聞，仁宗大喜。至于今計司先郊告辦，蓋自公始。前使王拱辰請榷河北鹽①，既立法矣，而未下。公見上，問曰：「河北再榷鹽，何也？」仁宗驚曰：「始立法，非再也。」公曰：「周世宗榷河北鹽，犯輒處死。世宗北伐，父老遮道泣訴，願以鹽課均之兩税而弛其禁②，世宗許之，今兩税鹽錢是也③，豈非再榷乎？且今未榷也，而契丹常盜販不已，若榷之則鹽貴，虜鹽益售，是爲我斂怨而虜獲福矣④。虜鹽滋多，非用兵莫能禁也。邊隙一開，所獲鹽利能補用兵之費乎？」仁宗大悟，曰：「卿語宰相立罷之。」公曰：「法雖未下，民已户知之，當直以手詔罷，不可自有司出也。」仁宗大喜，命公密撰手詔下之[二三]。河朔父老相率拜迎于澶州，爲佛老會者七日以報上恩，且刻詔書北京，至今父老過其下，必稽首流涕。

南京鴻慶宫成，奉安三聖像，當遣柄臣，特命公爲禮儀使，鄉黨榮之。仁宗遂欲用公，而公以目疾求去甚力，乃加端明殿學士歸院，判尚書都省，兼領銀臺司、審刑院、太常寺事。慶曆中，衛士夜逾宫垣爲變。仁宗且語二

---

① 前使王拱辰請榷河北鹽　「使」，蘇軾文集卷一四張文定公墓誌銘作「三司使」。

② 願以鹽課均之兩税而弛其禁　「兩税」，蘇軾文集卷一四張文定公墓誌銘作「兩税錢」。

③ 今兩税鹽錢是也　「今」原作「令」，據清鈔本、庫本及蘇軾文集卷一四張文定公墓誌銘改。

④ 是爲我斂怨而虜獲福矣　「福矣」，蘇軾文集卷一四張文定公墓誌銘作「利乎」。

府，以貴妃張氏有扈蹕之功①，樞密使夏竦倡言宜講求所以尊異貴妃之禮，宰相陳執中不知所爲。公見執中言：「漢馮婕妤身當猛獸，不聞有所尊異，且皇后在而尊貴妃，古無是禮。若果行之，天下謗議必大萃於公，終身不可雪也。」執中聳然，敬從公言而罷。修宗正寺玉牒②，補綴失亡，爲書數百卷。

自陝右用兵，公私困乏，士大夫争言豐財省費之道，然多不得其要。公自爲諫官、御史中丞、三司使，皆爲上精言之。一日，仁宗御資政殿③，召兩府、侍從賜坐，詔問天下事④。公退直禁林，是日有旨鎖院。公既草制書，又條對所問數千言，夜半與制書皆上。仁宗驚異，又手詔獨策公。明日，復出數千言[二四]，大略以謂：「太祖定天下，用兵不過十五萬人。今百餘萬，而更言不足。自祥符以來，萬事墮弛，務爲姑息，漸失祖宗之舊。取士任子、磨勘遷補之法既壞，而任將養兵皆非舊律。國用既窘，則政出一切，大商姦民乘隙射利，而茶鹽香礬之法亂矣。此治亂盛衰之本，不可以不急治。」公既明習歷代損益，又周知祖宗法度，悉陳其本末嬴虚所以然之狀，及當今所宜救治施行之略，而其末乃論：「古今治亂，在上下離合之間。比年已來，朝廷頗引輕險之人布之言路，違道干譽，利口爲賢，内則臺諫，外則監司，下至胥吏僮奴，皆可以構危其上，自將相公卿宿貴之人，皆争屈體以收禮後輩。有不然者，則謗毁隨之，惴惴焉惟恐不免，何暇展布心體，爲國立事哉？此風不革，天下無時而治也。」上益異之，書「文儒」二字以賜。月餘，御迎陽門，召兩制、近侍，復賜問目曰：「朕之闕失，國之姦蠹，朝之憸諛，

---

① 以貴妃張氏有扈蹕之功　按，長編卷一六二慶曆八年閏正月甲子條注曰：「張氏此時未爲貴妃，墓誌及附傳皆云貴妃，誤也。」

② 修宗正寺玉牒　「牒」原作「諜」，據庫本及蘇軾文集卷一四張文定公墓誌銘改。

③ 仁宗御資政殿　按，張方平集附録行狀稱天子御崇政殿，長編卷一六三慶曆八年三月甲寅條稱是「龍圖、天章閣」。

④ 詔問天下事　「詔」，蘇軾文集卷一四張文定公墓誌銘作「手詔」。

皆直言其狀。」獨引公近御榻密訪之，且有大用語。公歎曰：「暴人之私，迫人於嶮而擠之，我不爲也。」終無所言[二五]。

公既剛簡自信，不卹毁譽，故小人思有以中之。會三司判官楊儀以請求得罪，公坐與儀厚善，遂罷職[二六]，出知滁州。不數月，上悟，還端明殿學士、知江寧府。明年，加龍圖閣學士，遷給事中、知杭州。公平生學道，虚一而静，故所至皆不言而治，既去，人必思之。自杭丁太夫人憂。服除，以舊職還朝，判流内銓。建言畿内税重，非所以示天下。是歲郊赦，減畿内税三分，遂爲定制。

秦州叛羌斷古渭路，帥張昇發兵討賊，而副總管劉涣不受命，皆罷之[二七]。拜公侍讀學士、知秦州。公力辭不拜曰①：「涣與昇有階級，今互言而兩罷，帥不可爲也。」昇以故得不罷。以公爲禮部侍郎、知滑州，改户部侍郎，移鎮西蜀[二八]。

始李順以甲午歲叛，蜀人記之，至是方以爲憂[二九]。而轉運使攝守事[三〇]，西南夷有邛部川首領者②，妄言蠻賊儂智高在南詔③，欲來寇蜀[三一]。攝守妄人也，聞之大驚，移兵屯邊郡，益調額外弓手，發民築城，日夜不得休息。民大驚擾，争遷居城中，男女昏會，不復以年，賤鬻穀帛市金銀，埋之地中。朝廷聞之，發陝西步騎戍蜀，兵仗絡繹，相望於道。詔促公行，且許以便宜從事。公言：「南詔去蜀二千餘里，道嶮不通，其間皆雜種，不相役屬，安能舉大兵，爲智高寇我哉？此必妄也，臣當以静鎮之。」道遇戍卒兵仗輒遣還。入境，下令邛部川曰：「寇

① 公力辭不拜曰　「辭」原作「詞」，據庫本及蘇軾文集卷一四張文定公墓誌銘改。

② 西南夷有邛部川首領者　「邛」原作「卬」，據蘇軾文集卷一四張文定公墓誌銘改。

③ 妄言蠻賊儂智高在南詔　「賊」原作「言」，據蘇軾文集卷一四張文定公墓誌銘改。

來，吾自當之，妄言者斬！」悉歸屯邊兵，散遣弓手，罷築城之役。會上元觀燈，城門皆通夕不閉，蜀遂大安。已而得邛部川之譯人始爲此謀者斬之①[三二]，梟首境上，而配流其餘黨於湖南，西南夷大震。先是，朝廷獲智高母子，留不殺，欲以招智高，至是乃伏法。

復以三司使召還。奏罷蜀横賦四十萬，減鑄鐵錢十餘萬[三三]，蜀人至今紀之。公初主計京師，有三年糧，而馬粟倍之。至是馬粟僅足一歲，而糧亦減半。因建言：「今之京師，古所謂陳留，天下四衝八達之地②，非如雍、洛有山河形勢足恃也，將依重兵以立國耳③。兵恃食，食恃漕運。汴河控引江淮，利盡南海，天聖以前，歲發民浚之，故河行地中。有張君平者，以疏導京東積水，始輟用汴夫。其後淺妄者争以裁減費役爲功，河日以堙塞。今仰而望河，非祖宗之舊也。」遂畫漕運十四策[三四]。宰相富弼讀公奏上前，晝漏盡十刻，侍衛皆跛倚，仁宗太息稱善。弼曰：「此國計大本，非常奏也。」悉如所啓施行。退謂公曰：「自慶曆以來，公論食貨詳矣。朝廷每有所損益，必以公奏爲議本。凡除主計，未嘗敢先公也。」其後未朞年，而京師有五年之蓄。

遷吏部侍郎，復以目疾請郡，遷尚書左丞、知南京[三五]。未幾，以工部尚書知秦州。時亮祚方驕僭④，閲士馬，築堡筆築城之西，壓秦境上，屬户皆逃匿山林。公即料簡將士，聲言出塞，實按軍不動[三六]。賊既不至，言者因論公無賊而輕舉[三七]。宰相曾公亮昌言於朝曰：「兵不出塞，何名爲輕舉？張公豈輕者哉！賊所以不至者，以有備故也。有備而賊不至，則以輕舉罪之，邊臣自是不敢爲先事之備矣。」議者乃服。初命公秦州，有旨再任，

---

① 已而得邛部川之譯人始爲此謀者斬之　「川」原作「州」，據蘇軾文集卷一四張文定公墓誌銘及上文改。

② 天下四衝八達之地　「八達之地」，蘇軾文集卷一四張文定公墓誌銘作「五達之郊」。

③ 將依重兵以立國耳　「將」，蘇軾文集卷一四張文定公墓誌銘作「特」。

④ 時亮祚方驕僭　「祚」字原闕，據鐵琴銅劍樓本、庫本補。按，亮祚，即諒祚。

當除宣徽使。議者欲以是沮撓之，公笑曰：「吾於死生禍福未嘗擇也，宣徽使於我何有哉？」力請解，復知南京，封清河郡公。

英宗即位，遷禮部尚書、知陳州①。過都，留尚書都省[三八]，請知鄆州。陛辭，論天下事，英宗歎曰：「學士其可以去朝廷哉？」公力請行，加侍讀學士，徙定州，乞歸養，改徐州。英宗屢欲召還，而左右無助公者。一日，謂執政曰：「吾在藩邸時，見其蒭蕘論及所對策。近者代言之臣，未嘗副吾意。若使居典誥之任，亦國華也。」執政乃始奉詔，拜翰林學士承旨[三九]。問治道體要，公以簡易誠明爲對，言近而指遠[四〇]。上不覺前席曰：「吾昔奉朝請，望侍從大臣，以謂皆天下選人，今而不然。聞學士之言，始知有人矣。」胡宿罷樞密副使，上欲以公代之，而執政請用郭逵[四一]。英宗以語公，公曰：「自慶曆以後，擢任二府，必參之中書。臣知事君而已。」遷刑部尚書。英宗不豫，學士王珪當直不召，召公見福寧殿。上憑几不言，賜公坐，出書一幅八字曰：「來日降詔立皇太子。」公抗聲曰：「必潁王也，嫡長而賢，請書其名。」上力疾書以付公[四二]。既草制，尋充册立皇太子禮儀使。

神宗即位，召見側門。公曰：「仁宗崩，厚葬過禮，公私騷然，請損之。」上曰：「奉先可損乎？」公曰：「遺制固云以先志行之，天子之孝也。」上歎曰：「是吾心也。」公又奏百官遷秩恩已過厚，若錫賚復用嘉祐近比，恐國力不能支，乞追用乾興例足矣。從之，省費十七八。遷户部尚書。

御史中丞王陶擊宰相，參知政事吴奎與之辨[四三]，上欲罷奎。公適對，上曰：「奎罷，當以卿代。」公力辭，上曰：「卿歷三朝，無所阿附②，左右莫爲先容，可謂獨立傑出矣。先帝已欲用卿，今復何辭？」公曰：「韓琦久在

① 知陳州　「州」字原脱，據蘇軾文集卷一四張文定公墓誌銘補。
② 無所阿附　「阿」原作「何」，據庫本及蘇軾文集卷一四張文定公墓誌銘改。

告，意保全奎，奎免，必不復起。琦勳在王室，願陛下復奎位，手詔諭琦，以全始終之分。」上嗟歎久之，繼出小紙曰：「奎位執政而擊中司，謂朕手詔爲内批，持之三日不下，不去可乎？」公復論如初，上從之，賜琦詔如公言。久之，琦求去堅甚，夜召公議。公復申前論，上曰：「琦志不可奪也。」公遂建議宜寵以兩鎮節鉞，且虚府以示復用，從之。面命公爲參知政事，以親疾辭。上曰：「受命以慰親意，庶有瘳也。」是夕，復召知制誥鄭獬内東門別殿，諭以用公意，制詞皆出上旨[四四]。制出，公以親疾在告，召對，押赴中書。

御史中丞缺[四五]，曾公亮欲用王安石，公極論安石不可用[四六]。不數日，魏公捐館，上歎息不已，命近璫及内司賓存問日至，虚位以待公。尋詔起復，四上章乃免。服除，以安石不悦，拜觀文殿學士，留守西京[四七]。入覲，請南京留臺，上欲以爲宣徽使、修國史，不可，則欲以爲提舉集禧觀、判都省。所以留公者百方，公皆力辭，遂知陳州[四八]。時方置條例司，行新法，大率欲豐財而强兵。公因陛辭，極論其害，皆深言危語，曰：「水所以載舟，亦所以覆舟。兵猶火也，不戢當自焚。若行新法不已，其極必有覆舟、自焚之憂。」上雅敬公，不甚其言，曰：「能復少留乎？」公曰：「退即行矣。」上亦悵然。

至陳。陝西方用兵，卒叛慶州[四九]，聲揺關輔。京西漕檄捕盗官以兵會所屬州，白刃滿野①，民大惶駭，公收其檄不行而奏之[五〇]。上謂執政曰：「守臣不當學耶②？臨事乃見人。」詔京西兵各歸其舊。吏方以苛察爲能，小不中意，輒置司推治，一州至數獄，追逮數千里，死者甚衆。公以事聞，詔立條約下諸路。時監司皆新進，趍時

① 白刃滿野　「滿」，蘇軾文集卷一四張文定公墓誌銘作「横」。
② 守臣不當學耶　「學」，蘇軾文集卷一四張文定公墓誌銘及長編卷二二一熙寧四年三月辛丑條、宋史張方平傳作「爾」。

興利，長史初不與聞。公曰：「吾衰矣，雅不能事①，今歸與，以全吾志。」即力請留臺而歸[五一]。未幾，復知陳州[五二]。暇日坐西軒，聞外板築喧甚，曰：「民築嘉應侯張太尉廟。」公曰：「巢賊亂天下，趙犨以孤城力戰，保此州，捍大患者也②。此而不祀，張侯何爲者哉？」命夷其廟，立趙侯祠佛舍中。

未幾改南京[五三]，且命入覲。不待次[五四]，對前殿。上曰：「先帝嘗言卿不立支黨③，退朝掩關，終日無一客。」命坐賜茶。尋拜宣徽北院使、檢校太尉，判應天府。公曰：「宣徽使非寄任不除，臣求鄉郡自便而得之，恐啓僥倖路。」上曰：「朕未之思。」改判青州，告免。延和殿賜坐，問祖宗禦戎之策孰長，公曰：「太祖不勤遠略，如夏州李彝興、靈武馮暉、河西折御卿，皆因其酋長④，許以世襲，故邊圉無事。董遵誨捍環州，郭進守西山，李漢超保關南，皆十餘年，優其禄賜，寬其文法，而少遣兵。諸將財力豐而威令行，間諜精審，吏士用命，賊所入輒先知，併兵禦之，戰無不克。故以十五萬人而獲百萬之用。終太祖之世，邊鄙不聳，天下安樂。及太宗平并州，欲遂取燕薊，自是歲有契丹之虞。曹彬、劉廷謙、傅潛等數十戰⑤，各亡士卒十餘萬。又內徙李彝興、馮暉之族，至繼遷之變，三邊皆擾，而朝廷始旰食矣。真宗之初，趙德明納款，及澶淵之克，遂與契丹盟，至今人不識兵革，可謂盛德大業。祖宗之事，大略如此，亦可以鑒矣。近歲邊臣建開拓之議[五五]，皆行僥倖之人，欲以天下安危試之一

---

① 雅不能事　「事」下，蘇軾文集卷一四張文定公墓誌銘有「人」字。

② 保此州捍大患者也　「州」，蘇軾文集卷一四張文定公墓誌銘作「邦」。

③ 先帝嘗言卿不立支黨　「支」，庫本作「友」，蘇軾文集卷一四張文定公墓誌銘作「交」。

④ 皆因其酋長　「長」，蘇軾文集卷一四張文定公墓誌銘作「豪」。

⑤ 曹彬劉廷謙傅潛等數十戰　按，「劉廷謙」，長編卷二七、宋史卷二五九劉廷讓傳作「劉廷讓」。長編卷二八雍熙四年正月云：「初，曹彬及劉廷讓等相繼敗覆，軍亡死者，前後數萬人。」按，墓誌此處當爲避濮王允讓諱而改。

擲，事成則身蒙其利，不成則陛下任其患，不可聽也。」上曰：「慶曆以來，卿知之乎？元昊初臣，何以待之？」公曰：「臣時爲學士，暫詔封册，皆臣所草[五六]。」具言本末。上驚曰：「爾時已爲學士，可謂舊德矣。」時契丹泛遣使蕭禧來，上問：「虜意安在？」公曰[五七]：「虜自與中國通好，安於豢養，吏士驕墮，實不欲用兵。昔蕭英、劉六符來，仁宗命二府置酒殿廬，與語，英頗泄其情，六符變色目之。英歸，竟以此得罪。今禧黠虜①，願如故事，令大臣與議，無屈帝尊與虜交口。」上曰：「朕念慶曆再和之後，中國不復爲善後之備，故修戎事爲應兵耳。」公曰：「應兵者，兵禍之已成者也。消變於未成，善之善者也。」公每辭去，上輒迂延之，三易其期。遂詔公歸院供職[五八]。蕭禧至②，以河東疆事爲辭[五九]。上復以問公，公曰：「嘉祐二年，虜使蕭扈一言之③，朝廷討論之詳矣。命館伴王洙詰之，扈不能對。録其條目，付扈以歸[六〇]。」因以洙藁上之④。禧當辭，偃蹇卧驛中不起，執政未知爲言。公班次二府，因朝謂樞密使吴充曰：「禧不即行，使主者日致饋而勿問，且使邊吏以其故檄虜中，可也。」充啓用其説，禧即日行[六一]。

除中太一宫使⑤[六二]，進對禮秩，凡皆與執政同。公在朝，雖不任職，然多所建明。上數欲廢易汴渠，公曰：「此祖宗建國之本，不可輕議。餉道一梗，兵安所仰食？則朝廷無措足之地矣。非老臣，誰敢言此？」自王安石爲政，始罷銅禁，姦民日銷錢爲器，邊關海舶，不復譏錢之出，故中國錢日耗，而西、南、北三虜皆山積。公極論其

① 今禧黠虜　「黠」原作「點」，據文海本、庫本及蘇軾文集卷一四張文定公墓誌銘改。
② 蕭禧至　「禧」字原脱，據蘇軾文集卷一四張文定公墓誌銘及上文補。
③ 虜使蕭扈一言之　「一」，蘇軾文集卷一四張文定公墓誌銘作「嘗」。
④ 因以洙藁上之　「洙」原作「沬」，據文海本、庫本及蘇軾文集卷一四張文定公墓誌銘及上文改。
⑤ 除中太一宫使　「一」字原闕，據文海本、庫本及蘇軾文集卷一四張文定公墓誌銘補。

害，請詰問安石：「舉累朝之令典，所以保國便民者一旦削而除之，其意安在？」有星孛于軫，詔求直言。公上疏論所以致變之故，人爲恐慄，聖上皆優容之。求去愈力，上曰：「卿在朝，豈有所好惡者歟，何欲去之速也？」公曰：「臣平生未嘗與人交惡，但欲歸老耳。」上知不可留，乃以爲宣徽南院使、檢校太傅、判應天府[六三]。上曰：「朕初欲卿與韓絳共事①，而卿論政不同；又欲除樞密使，而卿論兵復異。卿受先帝末命，卒無以副朕意乎？」因泫然泣下，賜帶如嘗任宰相者[六四]。

高麗使過南京，長吏當送迎。公言：「臣班視二府，不可爲陪臣屈。」詔獨遣少尹。使者見公，恐慄不敢仰視。師征安南，公以謂舉西北壯士健馬棄之南方，其患有不可勝言者。若社稷之福②，則老師費財，無功而還。因論交阯氣俗與諸夷不類，自建隆以來，吴昌文、丁部、黎桓、李公緼，四易姓矣，皆以大校篡也，曰唐末五代藩鎮傾奪之風③，此可以計破者也，遂條上九事[六五]。時習知蠻事者皆服其精練。師還，如公言。新法既鬻坊場河渡，司農又并祠廟鬻之，官既得錢，聽民爲賈區廟中，慢侮穢踐，無所不至。公言：「宋，王業所基也，而以火王④，閼伯封於商丘，以主大火；微子爲宋始封。此二祠者⑤，獨不可免於鬻？」上震怒，批出曰：「慢神辱國，無甚於斯！」於是天下祠廟皆得不鬻。公自念將老，無以報上，論事益切，至於論兵起獄[六六]，尤爲反復深言，曰：

---

① 朕初欲卿與韓絳共事　「欲卿」二字原脱，據蘇軾文集卷一四張文定公墓誌銘及東都事略、宋史張方平傳補。

② 若社稷之福　「社稷」原作「后稷」，據文海本、庫本及蘇軾文集卷一四張文定公墓誌銘改。

③ 曰唐末五代藩鎮傾奪之風　「曰」，蘇軾文集卷一四張文定公墓誌銘作「有」，似是。

④ 而以火王　「火」原作「大」，據文海本及蘇軾文集卷一四張文定公墓誌銘改。

⑤ 此二祠者　「二祠」，張方平集卷二六論祠廟事奏、長編卷二七七熙寧九年八月壬辰條皆作「三廟」，其第三廟即「雙廟」，乃唐張巡、許遠以孤城死賊，所謂能捍大患者」。

「老臣且死，見先帝地下，有以藉口矣。」上爲感動。至永樂之敗[六七]，頗思其言。

公請老不已，拜東太一宮使[六八]，使就第。章數十上，拜太子少師，以宣徽使致仕。官制行，罷宣徽院，獨命公領使如舊。今上即位，執政輒罷公使，以太子太保致仕。元祐六年，詔復置宣徽使，乃命公復使南院，章四上不拜[六九]，璽書嘉之。以其年十二月二日薨，享年八十五。訃聞，輟視朝二日①，特贈司空，制服苑中，官其親屬五人。太皇太后對輔臣嗟歎其忠正。公遺令不請謚，尚書右丞蘇轍爲請，詔有司議謚曰文定。

娶馬氏，太常少卿絳之女，追封永嘉郡夫人。四子：邦彦，大理評事，邦直、邦傑，太常寺太祝，皆先公卒；恕，今爲右朝散郎、通判應天府，信厚敦敏篤學，朝廷數欲用之，以公老不忍去左右，詔聽之。三女：長適殿中丞蔡天申，次適右朝奉郎王鞏[七〇]，其季已嫁而復歸。孫男四人：欽咨、欽亮、欽弼、欽憲。孫女三人，並幼。

公晚自謂樂全居士，有樂全集四十卷、玉堂集二十卷，注仁宗樂書一卷。神宗嘗賜親札曰：「卿文章典雅，煥然有三代之風，書之典誥②，無以加焉，西漢所不及也。」所與交者，范仲淹、吴育、宋祁三人皆敬憚之曰：「不動如山，安道有焉。」晚與軾先大夫游，論古今治亂及一時人物，皆不謀而同。軾與弟轍以是皆得出入門下[七一]。

軾嘗論次其文曰：「孔北海志大而論高，功烈不見於世，然英雋豪傑之氣③，自爲一時所宗。其論盛孝章、郗鴻豫書，慨然有烈丈夫之風。諸葛孔明不以文章自名，而開物成務之姿，綜練名實之意④，自見於言語，至出

---

① 輟視朝二日　「二日」，蘇軾文集卷一四張文定公墓誌銘作「一日」。按，張方平集附録行狀、長編卷四六八元祐六年十二月乙卯朔條亦作「二日」，是。

② 書之典誥　「誥」原作「雅」，據蘇軾文集卷一四張文定公墓誌銘改。

③ 然英雋豪傑之氣　「雋」字原脱，據庫本及蘇軾文集卷一四張文定公墓誌銘補。

④ 綜練名實之意　「綜」，蘇軾文集卷一四張文定公墓誌銘作「總」。

師表簡而盡，直而不肆，大哉言乎，與伊訓、説命相表裏，非秦漢以來以事君爲説者所能至也。常恨二人之文不見其全，今公其庶幾乎[七二]？烏乎！士不以天下之重自任久矣，言語非不工也，政事、文學非不敏且博也，然至於臨大事，鮮不忘其故、失其守者，其器小也。公爲布衣，則頎然已有公輔之望。自少出仕，至老而歸，未嘗以言徇物，以色假人，雖對人主，必問而後言，毀譽不動，得喪若一，真孔子所謂『大臣以道事君』者。世遠道散，雖志士仁人，或少貶以求用。公獨以邁往之氣，行正大之言，曰：『用之則行，捨之則藏。』上不求合於人主，故雖貴而不用，用而不盡；下不求合於士大夫，故悦公者寡，不悦公者衆。然至言天下偉人，則必以公爲首。」世以軾爲知言。

公始爲諫官，薦劉夔、王質自代，皆即日擢用。及貝州軍叛，上欲遣公出征，舉明鎬自代，即以爲將，而貝州平[七三]。熙寧中，軾將往見公於陳，宰相曾公亮謂軾曰：「吾受知張公，所以至此者，公恩也。」軾以問公，公悵然久之，曰：「吾嘗密薦公亮，人無知者，豈仁宗以語之乎？」軾以是知公雖不偶於世，而人主信之蓋如此。

公性與道合，得佛老之妙[七四]。屬纊之日，凜然如平生，有星隕于北牖。及薨，赤氣自寢而升，里人望驚焉。以七年八月九日庚申葬於宋城縣永安鄉仁孝里①。其子恕使以王鞏之狀來求銘。銘曰：

大道之行，士貴其身。維人求我，匪我求人。秦漢以來，士賤君肆。區區僕臣，以得爲喜。功利之趨，謗毀是逃。我觀其身，夏畦之勞。紛紜叢脞，千載一律。帝閔下俗，異人乃出。是生我公，龍章鳳姿。翔于千仞，世挽留之。浩然直前，有礙則止。放爲江河，匯爲沼沚。穆穆三聖，如天如淵。前席惟誼，見黯必冠。豈不用公？

① 以七年八月九日庚申葬於宋城縣永安鄉仁孝里 「里」原作「曲」，據蘇軾文集卷一四張文定公墓誌銘改。按，張方平集附録行狀云「葬于宋城縣孟諸鄉之南原，從先塋也」。

道有不契。出其緒餘，則已驚世。公之所能，我不敢知。乘雲馭風，與汗漫期。噫天何時，復生此傑？我作名詩，以詔王國。

辨證：

［一］張文定公方平墓誌銘　本墓誌又載於蘇軾文集卷一四，題曰「張文定公墓誌銘」。朱子語類卷一二九本朝三自國初至熙寧人物云：「張安道過失更多，但以東坡父子懷其汲引之恩，文字中十分説他好，今人又好看蘇文，所以例皆稱之。介甫（王安石）文字中有説他不好處，人既不看，看又不信。」按，張方平，東都事略卷七四、宋史卷三一八有傳，張方平集附録載有王鞏行狀。

［二］遂居一室家人莫得見其面者十有七年　按張方平集卷四〇皇考金紫光禄大夫太子少師墓誌銘云：「錢塘净慈寺惟清行甚高，聞公常日宴坐，語其徒曰：『是公豈年謂未得一切凈功德三昧者耶？我爲善知識，應爲發起宿世善根。』乃至丹陽請見，公欣然接納。清問：『公住無所住耶？』公曰：『我住正住。』清曰：『公亦憶念耶？』公曰：『如是我正憶念。』後數相見，公竟别無叩問。清告其徒曰：『是不可思議。』當知公已九植衆德本，已得諸根清净，得大善寂力，住無生法忍，入甚深智慧。往者雖子孫常所親近，亦不知公所存，由是乃知公游方之外遠矣。」

［三］公年十三入應天府學　張方平集附録行狀云其「年十三，太夫人撫之曰：『揚州俗浮薄，睢陽鄉里有庠序，四方學者萃焉，吾弟爲之領袖。汝方志學，盍往依焉？吾惟汝一子，念孟母徙鄰之義，不遠千里致汝外室，俾之就業，汝往勉哉！』夫人有弟穎，時名士，有學行，故割情遣之。既至，舅氏器愛之，切磋講習，業大進」。

［四］凡書皆一閲終身不再讀　高齋漫録云：「明允（蘇洵）一日見安道，安道問云：『令嗣看甚文字？』明允答以軾近日方再看漢書。安道曰：『文字尚看兩遍乎？』明允歸以語子瞻，子瞻曰：『此老特未知世間人尚有看三遍者。』安道嘗借人十七史，經月即還，云已盡閲。其天資彊記，數行俱下，前輩宿儒罕能及之。」

［五］得公所著芻蕘論五十篇上之　按，芻蕘論載於張方平集卷六至卷一五。

〔六〕射策優等遷著作佐郎通判睦州　長編卷一二二寶元元年七月壬戌條云「御崇政殿，策試賢良方正能直言極諫」，大理評事張方平所對入第四等次，爲著作佐郎、睦州通判。按，張方平集附録行狀云：「是歲地大震河東，災異數見，詔求直言，公上疏闕下，指切時政之失，引義慷慨，援經術推明七事，極當世之弊，以大忤在勢者。制策登科，官罷，當召試，公既孤介，未嘗造要門，復此奏疏，故不召。先是，韓忠憲公解參知政事知南都，奏辟公通判應天府。既成命矣，及對策，指陳時事無所顧避，執政竟用此更除新定，實左遷。」

〔七〕則爲嫚書求大名以怒朝廷　按，元昊所上表載録於宋史卷四八五夏國傳上。

〔八〕然不果用其策　長編卷一三一慶曆元年三月辛巳條稱張方平上平戎十策，「宰相呂夷簡見之，謂參知政事宋綬曰：『六科得人矣。』然不果用其策。於是召對，賜五品服，諭執政令試學士院，俄而曰：『是再對制策者，復何試？』辛巳，除直集賢院，尋遷太常丞、知諫院。」注曰：「據哲宗實録新、舊附傳皆不載方平初議與吳育同，獨載其平戎十策，且言夷簡悉用之。按蘇軾誌方平墓，則云十策不果用，而載其初議特詳，今從之。呂夷簡以康定元年五月爲宰相，宋綬以九月爲參政。墓誌云宰相呂夷簡，則方平所獻十策，當在康定元年五月以後，恐太緩，今且從墓誌，更當考之。」張方平集附録行狀稱其所上「十策悉施用」。按，平戎十策載於張方平集卷一九。

〔九〕仁宗嘉之　長編卷一三七慶曆二年七月壬寅朔條云知諫院張方平上奏請合中書、樞密院，「不報」。注曰：「方平奏入不報，據會要。」按，據長編卷一三三慶曆元年八月壬午條已載有知諫院張方平奏疏云云，則誌文稱張方平知諫院後「首論」合中書、樞密院者，不確。

〔一〇〕會富弼亦論此遂命宰相兼樞密使　長編卷一三七慶曆二年七月戊午條載宰相呂夷簡判樞密院、章得象兼樞密使，樞密使晏殊同平章事，云：「初，富弼建議宰相兼樞密使，上曰：『軍國之務，當悉歸中書，樞密非古官。』然未欲遽廢，故止令中書同議樞密院事。及張方平請廢樞密院，上乃追用弼議，特降制命。」則富弼上奏議當在張方平之前，誌文云云不確，且命宰相兼樞密使，亦不合張方平奏疏之議。

〔一一〕條上利害八事　按，論天下州縣新添置弓手事宜載於張方平集卷二一。

〔一二〕公極言之詔罷竦節制自是四路各得專達　長編卷一三四慶曆元年十月甲午條載徙判永興軍、宣徽南院使、忠武節度使、陝西馬步軍都部署兼經略安撫緣邊招討使夏竦判河中府，知永興軍、資政殿學士、工部侍郎、同陝西馬步軍都部署兼經略安撫緣邊招討使陳執中知陝州，云：「諫雅意在朝廷，及任西事，頗依違顧避，久之無功。又與執中議論多不合，皆上表乞解兵柄。而諫官張方平亦請罷諫統帥，執中又言『兵尚神密，千里稟命，非所以制勝，宜屬四路，各保疆圉』，與方平議論略同，朝廷是之，於是兩人俱罷。」

〔一三〕赦書開諭如公意　長編卷一三四慶曆元年十一月丙寅條載詔云：「元昊背恩以來，屢求歸附，然其欲緩我師，專爲譎詐，是以拒而弗授。况河西士民，素被王化，朕爲之父母，豈不閔傷！自今仰邊臣但謹守封疆，精練軍伍，非因戰鬭，毋得枉殺老幼及焚燒族帳。」

〔一四〕假起居舍人知制誥使契丹　長編卷一三七慶曆二年八月壬辰條載太常丞、直集賢院張方平爲契丹國主生辰使，又卷一三八慶曆二年十一月丁酉條載「知諫院張方平使契丹還」。按：宋、遼遣使對方，其使臣例借官銜而行，故諸書所載官銜有不同。

〔一五〕自是虜使挾事至者輒命公館之　張方平集附録行狀云其「所賚必別題送之，禮意殊厚。使回，進語録中有對答數節，皆逆折其事端，當時禁中大黄簽摽之，以示中書。至此北使以事宜至者，輒命公館伴，慶曆中，館伴數矣」。

〔一六〕以日曆自乾興至慶曆廢不修請以屬公於是粲然復完　張方平集附録行狀云：「公始請自乾興迄慶曆，臣僚之卒薨，悉追取其閥閱功狀，而已有門緒凋喪，或子孫不能紀其先世，遺落多矣，展轉究訪，僅可條次。至於諸司沿革事典，悉責送官，乃僅有存者。及仁宗在位四十二年，撰著實録，賴公中間採集，稍有預備。」

〔一七〕元昊遣使求通　長編卷一四九慶曆四年五月丙戌條云：「元昊始稱臣，自號夏國主，復遣尹與則、楊守素來議事。」

〔一八〕而契丹與元昊搆隙使來約我請拒絶其使　長編卷一五一慶曆四年七月癸未條云：「契丹遣延慶宫使耶律元衡來告將伐元昊，其書略曰：『元昊負中國當誅，故遣林牙耶律祥等問罪，而元昊頑獷不悛，載念前約，深以爲媿。今議將兵臨賊，或元昊乞稱臣，幸無亟許。』其實納契丹降人，契丹討之，託中國爲名也。」

〔一九〕時議者欲遂納元昊　據長編卷一五一慶曆四年七月癸未條，此「議者」乃指參知政事范仲淹。

〔二〇〕仁宗以書示公與宋祁公上議曰　按長編卷一五一慶曆四年八月乙未條載，「先是（吴）育獨奏疏言」，及是「翰林學士承旨丁度、學士王堯臣吴育宋祁、知制誥孫抃張方平歐陽修、權御史中丞王拱辰、侍御史知雜事沈邈等……聚議，方平實當筆，皆不能易育初議焉」。并注曰：「張方平墓誌銘載此議出於方平，方平集有此兩篇。後一篇注云議與宋祁同上。墓誌亦云仁宗以書示方平及宋祁，然方平此時但爲知制誥，未入翰林也。蓋輔臣召兩制示以書，方平即同祁等上議。議實方平所作，而吴育議獨最先上，及是又與兩制同之。」

［二一］尋知貢舉至詔以公言曉諭學者　宋會要輯稿選舉一之一〇載慶曆「六年六月十四日，以翰林學士孫抃權知貢舉，御史中丞張方平、龍圖閣直學士高若訥、集賢校理同修起居注楊偉、錢明逸并權同知貢舉」。按，長編卷四七二元祐七年四月甲寅條載姚勔言云：「開封舉人路授倡爲長賦幾千言，但爲浮辭，不求典要，當時能文者往往效之，得張方平擯斥而其文遂正。」

［二二］既對極論二人邪正曲直然育卒罷以高若訥代之　長編卷一五九慶曆六年八月癸酉條云：宰相賈昌朝與執政吴育數争論上前，「上欲俱罷二人。御史中丞張方平將對，昌朝使人約方平助己，當以方平代育。方平怒叱遣之曰：『此言何爲至於我哉！』既對，極論二人邪正曲直，然育卒罷，世皆以方平實爲昌朝地也。」注曰：「（墓）誌謂育卒罷，而高若訥代之，蓋七年三月事，非此時也。又若訥代育，實爲樞副，非參政，墓誌似委曲爲方平諱。」

［二三］仁宗大喜命公密撰手詔下之　長編卷一九五慶曆六年十一月戊子條注曰：「食貨志云：『三司奏用其策。仁宗曰：「使民頓食貴鹽，豈朕意哉？」下詔不許。』若不許三司之請，則不須下詔。今既下詔，蓋已立法而未行，墓誌當得其寔，今從之。食貨志不載方平事，蓋踈略也。」

［二四］公既草制書至復出數千言　按，張方平對手詔一道、再對御札一道載於張方平集卷一八。

［二五］公歎曰暴人之私迫人於嶮而攘之我不爲也終無所言　長編卷一六三慶曆八年三月甲寅條注曰：「國史載甲寅詔問，近臣對者，獨稱魚周詢詳敏，蓋未及知方平所對尤敏且詳也。方平本傳因神道碑，但舉大略，今從方平集掇取附見，仍列周詢所對于後。方平神道碑又云：『上御迎陽門，召兩制、近侍復賜問，且獨引方平近御榻密訪之。方平曰：「暴人之私，迫人於險而攘之，我不爲也。」終無所言。』按正史，方平與李淑、梁適、蘇紳同時好傾陷人者，神道碑恐飾説。」按：「神道碑」似當作「墓誌」，或方平神道碑此段文字乃全録墓誌而未更動。

［二六］會三司判官楊儀以請求得罪公坐與儀厚善遂罷職　長編卷一六五慶曆八年八月丁丑條云：「儀之妻富氏，程文昌妻之從姊也，以故儀與文昌交私。文昌叔守顗爲人訟冒名買中牟死馬務，文昌請於儀，而持簡者誤達知開封縣楊日就，日就告發之，命翰林學

士錢明逸、知制誥呂公綽鞫其事」。因「方平坐嘗託儀市女口」，雖「方平法不應得罪，特貶之」。然御史何郯獨言：「方平頃爲中丞，當糾正官邪，猥與儀交，私託雇女僕，未嘗與直，而女僕隨身衣裝自直百千，皆儀所辦。雖契約有三十千之數，而儀實未嘗領，貪汙情狀，豈不曉然？今雖落職，獨以諫議大夫知滁州，於方平何損？況方平資性姦回，附下罔上，其名久已著聞，不宜更爲兩省要官，欲乞改授一閒慢官，斥之遠方，免汙清近。」不報。

〔二七〕帥張昪發兵討賊而副總管劉渙不受命皆罷之　長編卷一七五皇祐五年十二月庚子條云：「初，昪命部署劉渙討叛羌，渙逗遛不進，昪奏以郭恩代之。恩既多所斬馘，渙疾恩出己上，遂紿奏恩所殺皆老稚爾。朝廷疑焉，故罷昪而遣方平往帥，亦徙渙涇原。」

〔二八〕移鎮西蜀　長編卷一七六至和元年七月甲戌條載張方平爲户部侍郎、知益州，云：「方平初以父老不得迎侍辭，上曰：『久知此條貫不便，但以祖宗故事，不欲更變。因卿行便，可迎侍去，當令中書罷此條貫。』方平惶恐奏：『祖宗著令，安可以臣故輕議變更也？』」

〔二九〕李順以甲午歲叛蜀人記之至是方以爲憂　張方平集附録行狀云：「蜀父老相傳太皇時李順、王小波以甲午年作亂，故蜀人識之，以甲午年爲惡，仁宗每以爲憂。……及公定蜀，正甲午年也。」據長編一七六，張方平於至和元年（甲午）七月甲戌爲益州知州。

〔三〇〕而轉運使攝守事　據長編卷一七八至和二年正月丁亥條，時攝成都府事之轉運使乃高良夫。

〔三一〕妄言蠻賊儂智高在南詔欲來寇蜀　按張方平集附録行狀云其「逢本路走馬承受張勉入奏廣南蠻賊儂智高誘扇雲南寇蜀，兵已涉邛部」。

〔三二〕已而得邛部川之譯人始爲此謀者斬之　龍川别志卷下云張方平「徐問智高入蜀之報，本雅州蕃牙郎號任判官者所爲。遂呼至成都，詰其敢虚聲動摇兩蜀情狀，將斬之以狥。任震恐伏罪，乞以舉家數十口繫雅州獄，身自入蕃，窮問智高虚實，逋月不至，請舉家爲戮。公久之乃許。任如期至，得小雲南書，言智高至南詔，復謀爲亂，爲南詔所殺。公乃釋任而奏其事」。

〔三三〕奏罷蜀横賦四十萬減鑄鐵錢十餘萬　長編卷一八三嘉祐元年八月癸亥條稱「自西鄙用兵，兩蜀多所調發，方平還自益州，奏免横賦四十萬貫匹，及減興、嘉、邛州鑄錢十餘萬，蜀人便之」。

〔三四〕遂畫漕運十四策　按，張方平論京師軍儲奏載於張方平集卷二三。

〔三五〕復以目疾請郡遷尚書左丞知南京　長編卷一八九嘉祐四年三月己亥條載三司使、吏部侍郎張方平爲端明殿學士兼龍圖閣學士、尚書左丞、知陳州，云：「先是，京城富民劉保衡開酒場，負官麴錢百餘萬，三司遣吏督之，保衡賣産以償。方平因買其邸舍，保衡得錢即輸官，不復入家。會保衡姑訟保衡非劉氏子，亡賴豪縱，壞劉氏産。下吏按驗，具對以實。御史中丞包拯遂劾奏方平身主大計，而乘勢賤買所監臨富民邸舍，無廉恥，不可處大位，故命出守。尋改知應天府。」

〔三六〕公即料簡將士聲言出塞實按軍不動　長編卷一九七嘉祐七年八月癸未條云：「諒祚舉兵擊董氊，屯於古渭州，其熟户酋長皆懼，以爲諒祚且來併吞諸族，亟詣方平求救。方平懼，飾樓櫓爲守城之備，盡籍諸縣馬，悉發下番兵。……方平既發下番兵，關西震聳，仍驛奏乞發京畿禁軍十指揮赴本路。樞密使張昪言於上曰：『臣昔在秦州，邊人言敵欲入寇者甚衆，後皆無事實。今事未可知，而發京畿兵以赴之，驚動遠近，非計也，請少須之。』上從之。」

〔三七〕言者因論公無賊而輕舉　長編卷一九七嘉祐七年八月甲申條稱「諫官司馬光因劾奏方平怯懦輕舉，請加竄謫」。又云：「光奏三上」，故徙知秦州張方平知應天府。

〔三八〕過都留尚書都省　張方平集附録行狀云其「過都，值仁宗神主祔廟，故止陪位，因留判尚書都省」。

〔三九〕執政乃始奉詔拜翰林學士承旨　長編卷二〇七治平三年正月辛巳條載端明殿學士兼龍圖閣學士、知徐州張方平爲翰林學士承旨，云：「初，上謂執政，學士獨王珪能爲詔，餘多不稱職，因問方平文學如何？歐陽修對曰：『方平亦有文學，但挾邪不直。』曾公亮以爲不聞其挾邪，趙概又以爲無跡，故卒命之。」

〔四〇〕問治道體要公以簡易誠明爲對言近而指遠　張方平集附録行狀云：「一日登對，上問公：『吾昔觀卿著述，知於治道留心。所謂治道，其有體要歟？』公曰：『治道固有體要。』『何謂體要？』曰：『體要在乎易簡。』『其説云何？』曰：『易簡者，天地之理，而賢人德業之所由出也。』因爲上開陳繫辭一篇之意。上曰：『何所施行而得至於易簡？』曰：『本於誠明爾，誠則易，明則簡。誠明者，君子之性也。誠則易知而有親，明則易從而有功，故其德業可久可大，其治天下，何啻乎視諸掌矣。』是日顧問甚久。」

〔四一〕上欲以公代之而執政請用郭逵　長編卷二〇八治平二年四月庚戌條云：樞密副使胡宿罷，「或曰上本意欲用張方平，（韓）琦知方平不附己，猥曰：『西府久不用武臣矣，宜稍復故事。』上督其人，無以應，乃遽用」郭逵同簽書樞密院事。

［四二］上力疾書以付公　長編卷二〇八治平三年十二月辛丑條云：「帝疾增劇，輔臣問起居罷，（韓）琦復奏曰：『陛下久不視朝，中外憂惶，宜早立皇太子，以安衆心。』帝頷之，琦請帝親筆指揮，帝乃書曰：『立大王爲皇太子。』琦曰：『必潁王也，煩聖躬更親書之。』帝又批於後曰：『潁王頊。』琦即召内侍高居簡授以御札，命翰林學士草制。學士承旨張方平至榻前稟命，帝憑几出數語，方平不能辨，帝以手指畫几，方平因請進筆書所諭，遂進筆，帝書『來日降制，立某爲皇太子』十字，所書名不甚明，方平又進筆請之，帝再書『潁王』二字，又書『大大王』三字，方平退而草制。」

［四三］御史中丞王陶擊宰相參知政事吳奎與之辨　據東都事略卷八五王陶傳云：「初，陶事韓琦甚謹，故琦深器之，驟加拔用。至是，神宗頗不悦大臣之專，陶乃彈奏宰相不押常參班，至謂琦爲跋扈，琦等待罪。神宗以陶章示琦，琦奏曰：『臣非跋扈者，陛下遣一小黄門至，則可縛臣以去矣。』神宗爲之動，而陶連奏不已，乃以爲翰林學士。吳奎執詔不肯下，遂以陶爲樞密直學士、知陳州。」又，本書中集卷一九邵安簡公亢墓誌銘云：「時御史中丞王陶彈宰相外朝不立班，參知政事吳奎反劾陶，日者陰陽不和，實繇陶所致。」

［四四］制詞皆出上旨　按張方平集附録行狀云：「故事，自知樞密院除授，皆中書得旨，以辭頭授當制舍人具草，未嘗夜召也。惟親王、將相大除拜，乃面召，授命節旄，亦多用熟狀。」

［四五］御史中丞缺　宋宰輔編年録卷七治平四年九月辛丑條云：「初，方平代吳奎爲參知政事，御史中丞司馬光因進言：『方平姦邪，仁宗知之，故不用。不然，則方平兩登制，入二府久矣。』上作色曰：『朝廷每有除拜，衆言輒紛紛，何也？』既退，復上奏言方平。奏入，於是光有復歸翰林之命。」

［四六］公極論安石不可用　張方平集附録行狀云時「公曰：『御史中丞秉國憲度，安石以經術爲名，自處高，難居繩檢之地。』趙公抃亦以爲然，竟止」。涑水記聞卷一六云：「上將召用介甫，訪於大臣，爭稱譽之。張安道時爲承旨，獨言：『安石言僞而辨，行僞而堅，用之必亂天下。』由是介甫深怨之。」按，涑水記聞云張方平時官翰林學士承旨，不確。

［四七］以安石不悦拜觀文殿學士留守西京　宋宰輔編年録卷七治平四年九月辛丑條云：「方平服將闋，當還故官，而中丞呂公著復論方平貪邪，而王安石亦憎方平，遂除觀文殿學士、知河南。」

［四八］遂知陳州　張方平集附録行狀云除張方平判尚書都省、領集禧觀，「公復請對免，不受敕。上曰：『朕留卿，卿堅辭。卿所

請，朕所難從。且若之何？藩鎮惟卿所擇。』歷問公太原、雍、河陽、許、青、鄆孰便，公曰：『不得已，願爲潁州。』上曰：『潁支郡。』公曰：『潁實鄆郡，自舊相皆領之。』曰：『孰與陳？』公曰：『向經新行。經，國重戚也。』上曰：『經之移徙易爾。』遂領淮陽」。

［四九］卒叛慶州　東都事略卷五八韓絳傳云：韓絳駐延州，「又命蕃官王文諒自慶州出討，環慶路聽文諒節制。絳得空名告身宣勑及錦袍銀帶，撫納降附，至邊，盡召蕃官、蕃部厚犒之，宣言怨望。又奪騎兵馬，曰『此輩不能戰』，以與蕃部。有抱馬首號泣者。夏人出兵爭撫寧堡，陷之。又攻囉兀城，絳命諸路出師牽制。慶州兵再出，遂作亂，朝廷憂之」。

［五〇］公收其檄不行而奏之　長編卷二二一熙寧四年三月辛丑條載知陳州張方平言：「忠武軍牒坐西京留守牒，邠州報有軍賊約一千人騎，過三水縣涉龍泉鎮，已遍牒巡檢、諸縣部勒兵甲捕逐。臣竊以賊在陝西，而諸路移文關報，不日遍至天下，各遣巡檢、縣尉會合兵甲，急如賊至，不惟騷擾鄉村，且使人情危懼，或容姦猾乘便妄動，驚恐四方。其忠武軍轉牒未敢謄報鄰州。」

［五一］即力請留臺而歸　長編卷二二六熙寧四年八月戊寅條載觀文殿學士、户部尚書、知陳州張方平判南京御史臺，云「從所乞也」。注引司馬光日記曰：「九月初四日，張觀文判南京留臺。安道素與介甫不善，上初即位，人薦介甫之賢者甚衆，上訪於安道，安道曰：『是人有虛名，而無實用，晉之王夷甫。若果用之，恐敗天下風俗。』介甫聞而銜之，故安道以參知政事丁父憂，服除而不復舊位，知陳州，內不自安，故稱疾而去。」

［五二］復知陳州　張方平集附録行狀云：「樞密副使蔡公挺，里人也，上時問公動静，時宰之旨，欲就除南都，公揣且別有除，謂蔡寧就陳，遂授陳州。」

［五三］未幾改南京　張方平集附録行狀云：「未幾夫人卒，因請易南都便喪，又徙南都。」

［五四］不待次　張方平集附録行狀云：「閤門新制，應見而當對者並待次，次日早宣令對。已退朝，不果對。又次日方對」。張方平既退，「俄有旨下閤門，前兩府見辭日即對，不得以班次隔，遂著令」。

［五五］近歲邊臣建開拓之議　長編卷二二二熙寧三年六月丙寅條云「王韶之議開邊也，（李）師中贊成之」。皇朝編年綱目備要卷一九熙寧四年七月「以王韶爲秦鳳沿邊安撫，議開熙河」條云：「王安石進用，韶上平戎策，謂：『國家欲平西夏，當復河湟，河湟復，則西夏有腹背受敵之憂。今古渭之西，熙河蘭鄯皆漢隴西等郡，董氈雖國其間，而不能制諸羌，宜并有之，以絶夏人右臂。』凡數千言，投

匭以進。詔召對方略，安石以爲奇謀，乃以詔爲秦鳳路經略司機宜，始開熙河之役。」

［五六］臣時爲學士誓詔封册皆臣所草　困學紀聞卷一四考史云：「東坡爲張文定銘云：『神宗問：「元昊初臣，何以待之？」公曰：「臣時爲學士，誓詔封册，皆臣所草。」』李微之（心傳）考國史，誓詔在慶曆四年十月，封册在十二月。明年二月，文定始爲學士。」并注曰：「封册乃宋景文（祁）撰。」

［五七］時契丹泛遣使蕭禧來上問虜意安在公曰　按長編卷二五一熙寧七年三月丙辰條云：「遼主遣林牙、興復軍節度使蕭禧來致書，見于崇政殿。」注曰：「按方平六年十二月知陳州，七年十月徙南京過闕，蕭禧初來，方平蓋未嘗在朝也。恐墓誌誤，或指禧再來時則可。」

［五八］每辭去上輒迂延之三易其期遂詔公歸院供職　張方平集附録行狀云：「公向在内禁，英宗大漸，召公至福寧殿，憑几曰：『來日降制，册頊爲皇太子。』語少力，公請紙筆，書僅成。公亦不敢藏之私家，至是袖之面納，上曰：『何者？』公曰：『先帝御札。』欲閲之，公曰：『請内中批展。』上泫然以付侍璫。他日諭曰：『卿所納先帝親札，乃憑几末命，此真可謂之顧命矣。』公不敢當，專乞付青州。對下，上遣近璫就班次宣謂：『卿可候過正旦朝辭。』次日，中批俾就都亭驛押賜遼使御筵。都亭押宴常以兩府官，未嘗以外官主之。上曰：『卿舊望，館宴，可與戎使開懷譚話，不與新進者同矣。』元日館宴。……甫過元日，請辭赴任，面奉旨令過上元。上親諭閤門使：『張某且赴常朝。』過上元又請，上曰：『青州無事，且知州滕甫見在任，卿可留過同天節。』公對：『同天節猶遠，臣久留京闕，乞且赴任。』上曰：『卿老於朝廷典故，朕且欲時相見。』眷諭再三。是夕，中批令歸本院供職。公以爲宣徽使留京師，惟國之重戚，文臣未之有，具此瀝懇。竟不許，面諭曰：『宣徽院無事，留卿有以訪問，非但供職而已。』」然長編卷二五九熙寧八年正月乙卯條注曰：「詔方平歸宣徽院供職，實録無日月，蘇軾銘方平墓云：『方平每辭去，上輒遷延之，三易其期，遂詔方平歸院。』亦不記是何時。按御集，方平罷知青州，依舊宣徽使，乃八年正月二十二日事。又按方平新、舊傳，因辭青州得對，面進英宗立神宗手詔十五字，遂有是命。今併附此。墓銘乃不載進手詔事，似爲方平隱此，然本傳載方平自陳徙南京過闕，上欲除方平宣徽使，留京師，王安石不可。按安石以七年四月罷相，方平十月徙南京過闕，此時安石不在相位，本傳誤也。安石言方平不可留京師，實三年正月未除陳州以前事。……蕭禧初以七年三月十九日來，此時方平實在陳州，未除南京。禧再以八年三月八日來，此時方平實在宣徽院供職。」

[五九]蕭禧至以河東疆事爲辭　東都事略卷八神宗紀云熙寧七年三月「丙辰，遼主遣蕭禧來言蔚、應、朔三州地界」。

[六〇]命館伴王洙詰之扈不能對録其條目付扈以歸　長編卷一八四嘉祐元年十二月癸酉條云：「扈等言陽武寨天池廟侵北界。中書、樞密院按舊籍，陽武寨地本以六蕃嶺爲界。康定中，北界耕户聶再友、蘇直等南侵嶺二十餘里，代州累移文朔州，而朝廷以和好存大體，命徙石峯。未幾，又過石峯之南，遂開塹以爲限，天池廟屬寧化軍横嶺鋪。慶曆中，北界耕户杜思榮侵入冷泉村，近亦有石峯爲表。乃詔館伴使王洙以圖及本末諭扈等。」注曰：「王洙持地圖諭扈等，乃明年正月壬午。」

[六一]禧當辭至禧即日行　按長編卷二六二熙寧八年四月丙寅條注引墓誌此段文字，且曰：「蓋墓銘節説，禧自爲疆事如志故去耳。」

[六二]除中太一宮使　長編卷二六二熙寧八年閏四月壬午條載宣徽北院使張方平爲中太一宮使，云：「方平以同天節稱賀禮畢，欲求近京一郡，乃有是除。」

[六三]乃以爲宣徽南院使檢校太傅判應天府　長編卷二六九熙寧八年十月壬辰條注曰：「蘇軾誌方平墓云：『有星孛于軫，方平上疏，論所以致變之由，人皆爲恐慄。求去愈力，乃除應天。』按星變實初九日，方平除應天，蓋初四日，既除應天後方有星變也。」

[六四]賜帶如嘗任宰相者　長編卷二六三熙寧八年閏四月癸卯條載宣徽北院使、中太一宮使張方平判永興軍，云：「方平乞免宮使，求近郡，及有是命，仍以疾辭，詔依舊供職。其後，上欲用方平爲樞密使，既批出，王安石將行文書，吕惠卿留之曰：『當晚集更議之。』因私於安石曰：『安道入，必爲吾屬不利。』翼日，再進呈，其事遂寢。」甲申聞見二録、補遺云：「張文定造朝，神宗始欲與王荆公同執政，文定欲引進諸公，與上意不諧。又欲俾爲樞密使，文定復請罷將官，上曰：『其理如何？』文定曰：『兵行詭道，若古人以十萬號百萬之類是也。今五千人爲一將，出兩將則敵知其萬人爾。』上曰：『卿是不欲任事矣。』乃以宣徽使留視職，文定辭，上曰：『留卿非爲此職，時有訪問及諸典故耳。』歲餘，文定堅請去，上甚眷眷，及辭，賜以笏頭帶，且以前宰相禮遇之。」

[六五]遂條上九事　按，張方平論討嶺南厲害九事奏載於張方平集卷二六。

[六六]至於論兵起獄　按，張方平諫用兵書，乃蘇軾代撰，蘇軾文集卷三七有代張方平諫用兵書。

[六七]至永樂之敗　宋史卷一六神宗紀云元豐五年「九月丁亥，夏人三十萬衆寇永樂，曲珍戰不利，裨將寇偉等死之，夏人遂圍城」。「乙未，詔張世矩等將兵救永樂砦。戊戌，永樂陷，給事中徐禧、内侍李舜舉、陝西轉運判官李稷死之」。又卷四八六夏國傳下云：

「靈州、永樂之役，官軍、熟羌、義保死者六十萬人，錢粟銀絹以萬數者不可勝計。」

［六八］公請老不已拜東太一宮使　張方平集附録行狀云其「年七十請老，章累上，每賜詔不允。王丞相（珪）以上意諭公所親，以爲雖百請必不從，公致意相君：『姑就散地可哉。』相君爲言，乃除東太一宮使」。

［六九］章四上不拜　按宋史卷一六二職官志二云：元祐「六年，以馮京爲南院使，而方平亦復使名。中書舍人韓川言：『祖宗設此官，禮均二府，以待勳舊，未嘗帶以致仕。且宣徽，武官也；宮保，文官也，不宜混并。』不聽。方平亦固辭不拜」。

［七〇］長適殿中丞蔡天申次適右朝奉郎王鞏　張方平集附録行狀稱蔡天申爲「樞密副使挺之子」，王鞏爲「端明殿學士、工部尚書素之子」。

［七一］軾與弟轍以是皆得出入門下　蘇軾文集卷一〇樂全先生文集敘云：「軾年二十，以諸生見公成都。公一見，待以國士。」又卷六三祭張文定公三首之三云：「我游門下，三十八年。」蘇轍欒城第三集卷一追和張公安道贈別絶句引云：「予年十八，與兄子瞻東遊京師。是時，張公安道守成都，一見以國士相許，自爾遂結忘年之契。」

［七二］今公其庶幾乎　仇池筆記卷下孔北海引王鞏云：「張安道説：『蘇子瞻比予孔北海、諸葛孔明。孔明吾豈敢望，北海或似之，然不至若是之蠢也。』北海以忠義氣節冠天下，其勢足與曹操相軒輊，決非兩立者。北海以一死捍漢，豈所謂輕於鴻毛者，何名爲蠢哉？」

［七三］舉明鎬自代即以爲將而貝州平　澠水燕談録卷八事誌云：「慶曆七年，貝州卒王則據城叛，詔明鎬加討，久無功。參知政事文彦博請行，仁宗欣然遣之，……未逾月而捷報聞。」

［七四］公性與道合得佛老之妙　青箱雜記卷一〇云：「張尚書方平尤達性理，有人問祖師西來意，張作偈答之曰：『自從無始千千劫，萬法本來無一法。祖師來意我不知，一夜西風掃黃葉。』」又冷齋夜話卷七張文定公前生爲僧云張方平「爲滁州日，游琅琊，周行廊廡，神觀清淨。至藏院，俛仰久之，忽呼左右梯梁間，得經一函。開視之，則楞伽經四卷，餘其半未寫。公因點筆續之，筆蹟不異。味經首四句曰：『世間相生滅，猶如虚空花。智不得有無，而興大悲心。』遂大悟流涕，見前世事。蓋公前生嘗主藏于此，病革，自以寫經未終，願再來成之故也。」捫虱新話卷一〇儒釋迭爲盛衰云：「世傳王荆公嘗問張文定公曰：『孔子去世百年，生孟子亞聖，後絶無人，何也？』文定曰：『豈無？又有過孔子上者。』公曰：『誰？』文定曰：『江西馬大師、汾陽無業禪師、雪峰、巖頭、丹霞、雲門是也。』公暫聞，

意不甚解，乃問曰：『何謂也？』文定曰：『儒門淡薄，收拾不住，皆歸釋氏爾。』龍川略志卷一養生金丹訣云：「張公安道家有一道人，陝人也，爲公養金丹。其法用紫金丹砂，費數百千，期年乃成。公喜告予曰：『吾藥成，可服矣。』予謂公：『何以知其藥成也？』公曰：『抱朴子言：「藥既成，以手握之，如泥出指間者，藥真成也。」今吾藥如是，以是知其成無疑矣。』予爲公道仙都所聞，謂公曰：『公自知內丹成，則此藥可服，若猶未也，姑俟之若何？』公笑曰：『我姑俟之耶。』」